Peter Cornehl

"Die Welt ist voll von Liturgie"

kohlhammer

Praktische Theologie heute

Herausgegeben von
Gottfried Bitter
Peter Cornehl
Ottmar Fuchs
Albert Gerhards
Christoph Morgenthaler
Henning Schröer
Ulrike Wagner-Rau
Klaus Wegenast

Band 71

Peter Cornehl

„*Die Welt ist voll von Liturgie*"

Studien zu einer integrativen Gottesdienstpraxis

Herausgegeben von Ulrike Wagner-Rau

Verlag W. Kohlhammer

Alle Rechte vorbehalten
© 2005 W. Kohlhammer GmbH Stuttgart
Umschlag: Gestaltungskonzept Peter Horlacher
Reproduktionsvorlage: Andrea Siebert, Neuendettelsau
Gesamtherstellung:
W. Kohlhammer Druckerei GmbH + Co. KG, Stuttgart
Printed in Germany

ISBN 3-17-018794-5

Inhaltsverzeichnis

Vorwort (Peter Cornehl) 9

Dank (Ulrike Wagner-Rau) 11

Einleitung (Ulrike Wagner-Rau) 13

I. Öffentlicher Gottesdienst

Herausforderung Gottesdienst 25

Eröffnung des „Konzils der Jugend" Taizé – Reisenotizen Herbst 1974 41

Theorie des Gottesdienstes – ein Prospekt 44

King-Kong und die weiße Frau. Liebe und Schrecken –
ein Fest gegen die Angst 62

Individuum und Gemeinschaft im Gottesdienst. Altes Thema,
neue Herausforderungen 64

„Die andern dürfen alles!" Familiengottesdienst für Urlauber in Løkken ... 86

„Predigtstuhl" 88

Erlebnisgesellschaft und Liturgie 90

Ein Netz und ein Stuhl. Messe mit Papst Johannes Paul II. in Köln 109

Rudi schlägt Florenz. Fußball-Liturgie in Rom 113

„A Prayer for America". Der interreligiöse Trauergottesdienst in
New York am 12. September 2001 als Beispiel für Civil Religion nach
dem 11. September 116

Messe als Antiritual – Lefèbre in Lille 132

„Ave Argan" oder: Die Politik des Zunickens 134

Cultus Publicus und Streik in Polen 135

Eine Messe für Leszek 137

„Der Sonntag kam. Man ging zur Kirche". Gottesdienst im Spiegel der Literatur – ein rezeptionsgeschichtlicher Ansatz zum Verständnis von Liturgie und Predigt 138

„Die Macht deiner Lieder" – Zu Tilmann Mosers „Gottesvergiftung" 156

II. Brot brechen – Leben teilen. Eucharistie und Abendmahl

Evangelische Abendmahlspraxis im Spannungsfeld von Lehre, Erfahrung und Gestaltung 165

Brot brechen – Leben teilen. Elemente der Kirche von morgen 192

Gemeinschaft beim Herrenmahl? Probleme – Fragen – Chancen 200

Eucharistische Zugewinngemeinschaft 217

III. Gottesdienst als Integration

Gottesdienst als Integration 225

„Der Herr der Welten lässt alles gelten" 246

„Frieden auf Erden" – in Brokdorf und anderswo 249

Konfirmation in Soest 255

Liturgische Zeit und Kirchenjahr. Sinn, Gestalt und neue Gestaltungsmöglichkeiten aus evangelischer Sicht 260

Halali und Halleluja. Hubertusmesse im Michel 289

Zustimmung zum Leben und Vergewisserung im Glauben. Integrale Festzeitpraxis als volkskirchliche Gottesdienststrategie 291

John Neumeier tanzt Bachs Matthäuspassion	307
„*Schindlers Liste*" – *Passion 1994*	316
Die längste aller Nächte. Zumutungen der Osternacht	320
Sakramente oder Kasualien? Zur unterschiedlichen Wahrnehmung der lebenszyklischen Handlungen in evangelischer und katholischer Sicht	337
Auf dem Weg zum Friedhof. James Joyce „Ulysses" I, 123–163	350
Taufpraxis im Umbruch. Nachlese zu einem Artikel	355
Liturgie der Liebe zwischen Romantik und Realismus. Beobachtungen zu neuen Trauliturgien	367
The Royal Wedding	393
„*Like a Candle in the Wind*"	399

IV. Liturgische Bildung und Erneuerte Agende

Liturgische Bildung	413
Liturgische Kompetenz und Erneuerte Agende	435
Personenregister	457
Orte der Erstveröffentlichung	462

Vorwort

„Die Welt ist voll von Liturgie." Dieser Satz, Ergebnis einer längeren Entdeckungsreise, ist ein Satz des Staunens. Er formuliert die Überraschung, die sich einstellt beim Versuch aufzuzählen, was einem alles begegnet, wenn man einmal anfängt, Spuren von Liturgie (das Wort weit gefasst) in der heutigen Welt zu benennen und zu beschreiben. Überall, so zeigt sich, gibt es Rituale, Inszenierungen, Feste und Feiern, überall werden Mythen beschworen, interpretiert, aktualisiert, werden die Bilder des Lebens weitergegeben, die großen und kleinen Erzähungen ausgetauscht. Überall werden Botschaften gesendet, Heilsversprechen, Sinndeutungen, Verheißungen und Drohungen, werden Ängste und Hoffnungen artikuliert, äußern Menschen ihre Not, ihr Glück, ihre Verzweiflung, ihre Sehnsucht, finden Ausdrucksformen, Gebete und Gesänge, die es ermöglichen, diese Erfahrungen zu teilen und zu adressieren – letztlich an Gott, an das, was sie „über alle Dinge fürchten, lieben und dem sie vertrauen" (Luther). „Die Welt ist voll von Liturgie." Die Zeugnisse davon findet man oft da, wo Kirchenleute und Liturgiewissenschaftler es zunächst nicht vermuten: im Kino, im Fußballstadion, in Büchern, im Fernsehen, aber auch auf beim Spielen, im Kinderzimmer abends vor dem Einschlafen, unterwegs auf Reisen.

„Die Welt ist voll von Liturgie." In dem Satz steckt aber nicht nur Staunen, sondern auch Trotz. Denn es ist auch ein Gegen-Satz. Er richtet sich gegen die Parole, die gegenwärtig auch überall zu hören ist: „Die Kirchen werden immer leerer", Gottesdienst, Liturgie, Predigt seien (wenigstens hierzulande) unaufhaltsam auf dem Rückzug, Phänomene von gestern, langweilig, bedeutungslos. Diese Behauptung hat etwas Einschüchterndes. Die hier vorgelegten Studien und Skizzen sind ein Plädoyer, ihr nicht zu glauben.

Sie sind im Übrigen auch ein Einblick in die Werkstatt. Seit über 30 Jahren fasziniert mich als Praktischer Theologe der Gottesdienst und alles, was damit zusammenhängt. Der Band sammelt Texte, die im Laufe der Zeit entstanden sind, er zeigt die Themen, die mich beschäftigt und nicht losgelassen haben. Es sind fast alles Gelegenheitsarbeiten. Sie dokumentieren zugleich Entwicklungen. Eine besteht darin, sich mit der Beschreibung, mit dem Aufspüren von Analogien nicht zu begnügen, so reizvoll das ist. Mehr und mehr ist für mich die Frage nach der Wahrheit, nach Gott, nach der Begegnung mit Gott im Gottesdienst ins Zentrum des Nachdenkens gerückt. Die Suche nach der Vermittlung zwischen anthropologischen und theologischen Aspekten der Sache ist für die Wissenschaft vom Gottesdienst eine sehr praktische Aufgabe. Wahrnehmen und Gestalten gehören homiletisch und liturgisch zusammen. Deshalb sagt der Untertitel, worauf es mir ankommt: Es geht um Bausteine zu einer integrativen Gottesdienstpraxis.

Von daher gesehen, ist die vorliegende Sammlung inkonsequent. Denn es fehlen die im engeren Sinne homiletischen Studien. Das widerspricht meiner Überzeugung, dass wir heute eine stärkere Verbindung von Predigt und Liturgie brauchen. Integrative Gottesdienstpraxis mit dieser Zielrichtung ist vor allem für die Aus- und Fortbildung dringend erforderlich, wenn auch bislang eher selten. Nur der Umfang dieses Bandes gab den Ausschlag, auf die Arbeiten zur Predigt zu verzichten. Die Entscheidung ist mir schwer gefallen. Sie ist für mich ein Ansporn, die Verbindung von Liturgik und Homiletik in dem größeren Buchprojekt zum Gottesdienst, an dem ich seit einiger Zeit arbeite, nachzuholen.

Dass dieses Buch zustande gekommen ist, verdanke ich Ulrike Wagner-Rau. Sie hatte die Idee dazu. Sie hat die Auswahl vorgeschlagen und mich ermuntert, diesem Unternehmen jetzt Priorität zu geben. Die gemeinsame Arbeit war ein beglückendes Zeichen von Freundschaft und Kollegialität. Ihr besonders und allen, die sonst dazu geholfen haben, dass der Band nun erscheinen kann, gilt mein herzlicher Dank.

Hamburg, im März 2005 *Peter Cornehl*

Dank

Bei der Fertigstellung dieses Buches habe ich vielfältige Hilfe erfahren, für die ich an dieser Stelle herzlich danken möchte.

Die Drucklegung wurde ermöglicht durch Zuschüsse der Liturgischen Konferenz der EKD, der Vereinigten Evangelisch-Lutherischen Kirche und der Nordelbischen Evangelisch-Lutherischen Kirche. Die Vorbereitung des Manuskriptes für den Druck besorgte Heike Mevius. Die Korrekturarbeiten wurden unterstützt von Julia Koll und Kerstin Menzel. Der Lektor des Kohlhammer Verlages, Jürgen Schneider, hat den Entstehungsprozess des Buches hilfreich begleitet.

Die Herausgabe des Aufsatzbandes ist verbunden mit meinem Dank an Peter Cornehl, der mir nicht nur wichtige inhaltliche Impulse vermittelt hat, sondern mich durch sorgfältige und anregende Rückmeldungen und unbeirrbare persönliche Unterstützung auf meinem Weg in die Wissenschaft begleitet hat.

Marburg, im Februar 2005 *Ulrike Wagner-Rau*

Einleitung

Ulrike Wagner-Rau

Mehr als dreißig Jahre umfasst der Zeitraum, in dem die Texte in diesem Buch entstanden sind. Sie repräsentieren wichtige Ausschnitte aus der wissenschaftlichen Arbeit Peter Cornehls. Die Diskussion über den Gottesdienst in diesen Jahren, an der er prägenden Anteil hatte, war bestimmt durch die Wiederentdeckung der Ansätze der Liberalen Theologie für die Gottesdiensttheorie und der damit einhergehenden theoretischen Aufarbeitung der vielfältigen Verschränkungen des gottesdienstlichen Feierns mit den Phänomenen der Kultur. Peter Cornehl hat dieser Entwicklung mit seinem programmatischen Aufsatz „Gottesdienst", in dem er Schleiermachers Bestimmung des Gottesdienstes als „darstellendes Handeln" für die gegenwärtige Diskussion fruchtbar machte, einen wesentlichen Impuls gegeben, der bis heute wirksam ist[1]. Das Nachdenken über den Gottesdienst, so die wesentliche Einsicht, kann sich nicht nur seiner theologisch-dogmatischen Begründung und der Liturgiegeschichte zuwenden. Es braucht auch die Wahrnehmung der psychischen und sozialen Wirklichkeit der Subjekte und der kulturellen und politischen Realität der Gesellschaft. Denn der zentrale Inhalt des Evangeliums, die gnädige Zuwendung Gottes zu den Menschen, ist nicht plausibel darzustellen in Kommunikationsformen, die primär von Distanz, Weltfremdheit und hochgradiger Wortlastigkeit gekennzeichnet sind und die eine lebendige Beziehung zwischen den Lebens- und Glaubenserfahrungen der versammelten Gemeinde und den Texten und Symbolen der Tradition mehr verhindern als fördern.

Seit etwa zehn Jahren allerdings gibt es einen Kontrapunkt in und zu dieser Bewegung der Inkulturation des Gottesdienstes. Von Autoren wie Karl-Heinrich Bieritz, Fulbert Steffensky und Manfred Josuttis wird vor wachsender Beliebigkeit und Trivialisierung des Gottesdienstes gewarnt und der Akzent auf die Fremdheit und Abständigkeit des Gottesdienstes als kritische Gegenwelt in einer weithin banalen und distanzlosen Alltagswelt gesetzt. Gegen die Öffnung der liturgischen Gestaltung für die Themen der Zeit mahnen sie von unterschiedlichen positionellen Ansätzen her eine erhöhte Achtung vor der Eigenart der liturgischen Formen und ihrer spezifischen Ästhetik an. Der Gottesdienst müsse kulturelles Gegenspiel bleiben, damit in ihm nicht nur wiederzufinden sei, was den Alltag auch sonst ausmache. Die Subjektivierung seiner Formen widerspreche der Notwendigkeit ihrer Geläufigkeit und Wiederholbarkeit, zerstöre die tröstliche Ver-

---

[1] Vgl. P. Cornehl: Gottesdienst, in: F. Klostermann/R. Zerfaß (Hg.): Praktische Theologie heute, München/Mainz 1974, 449–463.

trautheit, aus der heraus die Liturgie wirke, und münde nicht selten in unerträgliche Beredsamkeit[2].

Abweisend gegen jeglichen liturgischen Pluralismus äußert sich Manfred Josuttis. „Ein Gottesdienst, der nicht mehr den Anspruch erhebt, sein Vollzug sei in Inhalt und Form lebensnotwendig, muss nicht mehr vollzogen werden", schreibt er – damit den Widerspruch von Peter Cornehl provozierend – bereits in seiner Reaktion auf den Vorentwurf der Erneuerten Agende[3]. Entsprechendes folgt in späteren Veröffentlichungen aus seiner Hand.

Gemeinsam ist diesen unterschiedlichen Autoren die skeptische Distanzierung von den gesellschaftlichen Entwicklungen seit den 90er Jahren. In der „Erlebnisgesellschaft"[4] müsse sich die Welt des Gottesdienstes unterscheiden von der kommerziellen Ästhetisierung der Alltagswelt. Wo die Suche nach Spaß, schnellem Konsum und Abwechslung vorherrscht, hätten im Gottesdienst die Ruhe, die Wiederholung und die sich langsam erschließenden Inhalte ihren Ort. Wo die mediale Unterhaltung immer unverhohlener die Intimität der Menschen in die Öffentlichkeit zerrt, solle im Gottesdienst die andere, die abständige Wirklichkeit Gottes betont und die Gemeinde vor unwillkommener Nähe geschützt werden.

Niemand wird bestreiten wollen, dass dieses kulturkritische Anliegen und auch der Schutz der Ästhetik und der Theologie des Gottesdienstes vor Trivialisierung und Zerstörung ein wichtiges und gegenüber manchen Erscheinungsformen der liturgischen Praxis in der Gegenwart berechtigtes Anliegen ist. Es gibt die absolut formlosen Familiengottesdienste, die zerredeten Segensformeln, die kitschigen und dummen Gebete, die von den genannten Autoren gegeißelt werden. Aber es gibt nach wie vor mindestens ebenso häufig auch die gähnende Langeweile und angestaubte Tristesse scheinbar zeitloser liturgischer Inszenierungen, die nicht angemessene Achtung vor der Tradition und einen souveränen Umgang mit ihr in der Gegenwart repräsentieren, sondern einen unlebendigen Traditionalismus, durch den sich nur noch wenige Menschen angesprochen fühlen.

Insofern sind die kulturhermeneutischen Fragestellungen nach wie vor aktuell, die Peter Cornehl mit seinen Beiträgen besonders verfolgt und gefördert hat. Seit wenigen Jahrzehnten erst haben sie ihren Platz in der praktisch-theologischen Debatte zurückgewonnen, nachdem sie ihn in der langen Phase einer dominierenden

---

[2] Vgl. z.B. K.-H. Bieritz: Spielraum Gottesdienst, in: A. Schilson/J. Hake (Hg.): Drama Gottesdienst. Zwischen Inszenierung und Kult, Stuttgart 1998; ders.: Erlebnis Gottesdienst. Zwischen ‚Verbiederung' und Gegenspiel. Liturgisches Handeln im Erlebnishorizont, in: WzM 48, 1996, 488–501; Fulbert Steffensky: Was ist liturgische Authentizität?, in: PTh 89, 2000, ähnlich in vielen weiteren Veröffentlichungen des Autors.

[3] Vgl. M. Josuttis: Die Erneuerte Agende und die agendarische Erneuerung, in: PTh 80, 1991, 504–516; P. Cornehl: Im Gespräch mit Manfred Josuttis, in: PTh 80, 1991, 517–520.

[4] Vgl. dazu die in den Konsequenzen wesentlich weniger ausschließlich kulturkritisch akzentuierte Auseinandersetzung Peter Cornehls mit den milieutheoretischen Ausführungen Gerhard Schulzes in seinen Aufsatz „Erlebnisgesellschaft und Liturgie" in diesem Band, 90–108.

Wort-Gottes-Theologie verloren hatten. Angesichts der veränderten religiösen und kirchlichen Lage in der Gesellschaft stellen sie sich heute sogar mit erhöhter Dringlichkeit. Entsprechend wäre es fatal, wenn ein neues liturgisches Formbewusstsein dazu führen würde, dass die pluralen Lebenswelten der Gegenwart, die vielerorts in die gottesdienstliche Praxis eingewandert sind und die Distanz zwischen dem kirchlichen Sonntag und dem Alltag der Menschen vermindert haben, ihren Raum im Gottesdienst wieder verlören. Auf Kirchentagen und in Frauenliturgien, in Familiengottesdiensten und Friedensgebeten, bei Feiern in Evangelischen Akademien, in City-Kirchen und in der neuen Aufmerksamkeit für die Kasualien ist viel Lebendigkeit, kommunikative Qualität und situative Aufmerksamkeit entwickelt worden. Das alles darf nicht wieder aus dem Blick geraten, auch wenn es eine Fülle berechtigter Kritik an Phänomenen im Kontext dieser Entwicklungen gibt.

Die Debatte um den Gottesdienst – das soll nicht übersehen werden – steht nicht für sich, sondern sie spiegelt an zentraler Stelle die Auseinandersetzungen wider, die der erzwungene Strukturwandel der Kirche in der Gegenwart auslöst. Wie in dieser Krise die Orientierung am Traditionsbestand der christlichen Religion zu verbinden ist mit einem offenen und dialogischen Verhältnis zur pluralistischen Kultur der Gesellschaft insgesamt, ist dabei ein entscheidendes und besonders umstrittenes Thema.

In diesem Zusammenhang repräsentieren die Arbeiten Peter Cornehls eine wichtige Stimme, die in ihrer Methodik wie in ihrer inhaltlichen Orientierung über etablierte Gegensätze hinausweist. Aktuell und frisch kommen einem oft auch ältere Texte entgegen. Und nicht selten hat er Themen und inhaltliche Impulse überraschend früh bereits ins Spiel gebracht, die später dann von vielen diskutiert wurden.

„Ich wünsche mir", so schreibt er, „dass die Liturgiewissenschaft auch in historischer Hinsicht in einer konziliaren Perspektive betrieben wird. Dazu gehört als allererstes die Bemühung, die leitenden theologischen und religiösen Motive bei denen ‚aus dem anderen Lager' wahrzunehmen und anzuerkennen"[5].

Das ist nicht nur ein Wunsch an die Qualität der Diskussion im Fach, sondern zugleich ein wesentlicher programmatischer Teil des Ansatzes und der Arbeitsweise Peter Cornehls selbst. Dass das eigene Wissen und Erkennen sich nicht genug sein darf, die eigene Position immer wieder im Licht anderer Meinungen zu befragen ist und darum Pluralität und Auseinandersetzung prinzipiell bereichernd in der wissenschaftlichen Debatte sind, ist der liberale Cantus firmus seiner Arbeit. Liberalität ist dabei nicht zu verwechseln mit fehlender Positionalität. Was ihm wichtig ist als Christ und als Bürger, ist bei diesem Autor immer deutlich.

---

5   P. Cornehl: Bilder vom Gottesdienst. Geschichtsbilder und Bilder als Geschichtequellen, in: J. Neijenhuis/W. Ratzmann (Hg.): Der Gottesdienst zwischen Abbildern und Leitbildern, Leipzig 2000, 9–55, hier: 21.

Ebenso deutlich aber ist sein Respekt vor denen, die anderer Meinung sind, und auch die Fähigkeit, von ihnen zu lernen.

Integration scheint mir insofern ein passender Leitbegriff zu sein für diesen Band mit Texten von Peter Cornehl, die eine Fülle von unterschiedlichen Perspektiven zum Thema Gottesdienst zusammenführen, dabei das vorhandene kreative Potential inhaltlicher Spannungen erschließen und nie die Komplexität der behandelten Problematiken unter positionellen Prämissen vorschnell einebnen. Eben darin liegt die inspirierende Kraft dieses Autors für die liturgische Theorie und Praxis der Gegenwart.

Dass der Gottesdienst ebenso integrierende Mitte der Gemeinde ist, wie seine jeweiligen Gestalten vielfältig und bunt sind[6], ist gleichermaßen wichtig für das Herangehen Cornehls an die liturgischen Fragen der Gegenwart wie der Vergangenheit. Immer gehe es in der liturgischen Debatte seit der Aufklärung, so hat er in seinem grundlegenden Artikel zur Geschichte des reformatorischen Gottesdienstes dargestellt, um unterschiedliche Weisen des Umgangs mit dem neuzeitlichen Bruch der Kontinuität in der gottesdienstlichen Tradition und Kirchgangssitte[7]. Pluralität und Auseinandersetzung um den richtigen Weg seien durchgehende Kennzeichen dieser Debatte. Alle sich darin abzeichnenden Positionen betrachtet Cornehl als moderne – und in ihrem jeweiligen Ertrag ambivalente – Versuche, sich mit der bereits in der Schlussphase der lutherischen Orthodoxie, also gegen Ende des 18. Jahrhunderts, zu beobachtenden Krise des Gottesdienstes auseinanderzusetzen. Insofern sei es unangemessen, das Bild von der Geschichte des Gottesdienstes als eine Verfallsgeschichte anzusehen, wie es das Muster von Paul Graffs „Auflösung der alten gottesdienstlichen Formen" darstelle[8].

Dieses Muster tauge entsprechend auch nicht dafür, einen Zugang zur gegenwärtigen Situation des Gottesdienstes produktiv zu strukturieren: Auch hier ist das Bild komplexer, die Analyse facettenreicher, als es die Suggestion vermittelt, der konsequente Rückgriff auf die Tradition könne eine Wiederbelebung der gottesdienstlichen Kultur ermöglichen. Um Cornehls Anspruch zu genügen, kommt eine Theorie des Gottesdienstes nie aus ohne eine gesellschaftstheoretische Reflexion, die die jeweiligen politischen Bezüge und kulturellen Bedingungsfaktoren der gottesdienstlichen Phänomene erhellen kann.

Unterschiedliche polar aufeinander bezogene Spannungen prägen entscheidend Cornehls Überlegungen zum Gottesdienst. In der Lektüre der Texte, die in diesem Buch versammelt sind, werden sie als integrierende Linien sichtbar:

---

6 Vgl. in diesem Band: Herausforderung Gottesdienst, 25–40.
7 Vgl. P. Cornehl: Gottesdienst VIII. Evangelischer Gottesdienst von der Reformation bis zur Gegenwart, in: TRE 14 (1985), 54–85.
8 Vgl. ders.: Bilder vom Gottesdienst, a.a.O., 10ff.

1. An erster Stelle ist zu nennen die spannungsvolle und lebendige Verbindung zwischen der aufmerksamen und engagierten Zeitgenossenschaft des Autors und der Liebe und Achtung, die er der liturgischen und vor allem der biblischen Tradition entgegenbringt.

Die Lektüre der hier versammelten Texte ist auch ein Gang durch wesentliche Ereignisse der Geschichte und der Kultur der letzten Jahrzehnte. Die Beschäftigung mit dem Gottesdienst hat bei Peter Cornehl nichts Zeitloses. Er reflektiert sein Thema als betroffener Fernsehzuschauer und Demo-Teilnehmer, als Kino- und Theatergänger, als Reisender und Patenonkel, als Lehrender und als einer, der selbst Gottesdienste hält und erlebt. „Die Welt ist voll von Liturgie"[9], schreibt er. Das ist ein Satz, der auch in seiner Umkehrung für ihn zutreffend ist: Die Liturgie muss voll Welt sein, muss die Themen der Zeit und der Menschen in die Kirche holen. Gottesdienst ist nicht ausreichend bestimmt als „ein Ausdruck und Austausch von Gewissheiten", sondern er ist ein Transitus von der Klage zum Lob, von der Anfechtung zur Gewissheit, der je und je im Gottesdienst liturgisch begangen und mitvollzogen wird[10]. Peter Cornehl weiß sich hier mit Ernst Lange und dessen Plädoyer für die Anknüpfung an die Situation verbunden. Er ist selbst entschiedener Vertreter einer induktiven Praktischen Theologie, die nicht vom vorgegebenen theologischen Gedanken ausgeht, sondern von den vielfältigen Phänomenen gesellschaftlicher und menschlicher Wirklichkeit[11]. Nicht einer Theologie, sondern einer Theorie des Gottesdienstes gilt seine Arbeit, die methodisch von den Human- und Sozialwissenschaften und der historischen Theologie lernt.

Aber zugleich schätzt Cornehl die dogmatische Gottesdienstlehre als kritisches Korrektiv, die die Größe und Sprengkraft der Inhalte biblischer Offenbarung vor einer funktionalistischen Reduzierung schützt[12]. Und vor allem ist er ein Liebhaber der biblischen Sprache, ihres eschatologischen Horizontes und des Mehrwertes ihrer Verheißungen[13]. Er ist voller Hochschätzung für die kommunikative Kraft der Sakramente und Symbole. Der Gottesdienst hat Chancen, weil seine Tradition Sprachen und Zeichensysteme von hoher Qualität bereithält, die unterschiedlichster Realitätserfahrungen aufnehmen und bearbeiten können und sie in einen Horizont der Hoffnung einzeichnen. „Die Bibel ist der größte Schatz der Kirche", schreibt er. Der Schatz müsse reichlich ausgeteilt werden. „Dabei kommt

---

9   In diesem Band: Theorie des Gottesdienstes – ein Prospekt, 44–61, hier: 59; vgl. auch 426.
10 Vgl. ebd., 62.
11 Vgl. dazu in diesem Band: Liturgische Bildung und Erneuerte Agende, 435–455.
12 Vgl. ders., Aufgaben und Eigenart einer Theorie des Gottesdienstes. Zum Stand der Debatte, in: PthI 1/1981, 12–37, hier: 28ff.
13 Vgl. ders.: Stärker als der Tod. Über die Verschränkung von Eschatologie und Alltag, in: PTh 81, 80–87.

alles darauf an, Glaubens- und Lebenserfahrung zu verknüpfen."[14] Die Tradition weiterzugeben sei nicht zuerst um ihrer selbst willen wichtig, sondern insofern sie die Auseinandersetzung mit Themen und Fragen der Gegenwart ermöglicht. Der Gottesdienst ist „ein großer Raum, gefüllt mit Tradition." Als solcher aber nicht „ein Museum, sondern ein Lebensraum"[15]. Gegenwart, Geschichte und verheißene Zukunft sind gleichermaßen in diesem Raum präsent und müssen für Theorie und des Gottesdienstes fruchtbar gemacht werden.

2. Integrierende Offenheit des Gottesdienstes ist auch das Ziel der Analyse des Kirchganges, die Peter Cornehl im Kontext der zweiten Kirchmitgliedschaftsuntersuchung vorgenommen hat und die als Hintergrund vieler seiner hier vorgelegten Texte mitzulesen ist[16]. Er beschreibt darin die unterschiedlichen Logiken des Kirchganges, die als Ausdruck unterschiedlicher Frömmigkeitsstile ihre jeweils eigene Plausibilität haben. Diejenigen Kirchenmitglieder, die nicht mehr oder weniger regelmäßig zum Gottesdienst gehen, sondern vorwiegend an den Festtagen des Kirchenjahres oder an den wichtigen Übergangspunkten des Lebenszyklus, seien als eigene Gruppe in der Volkskirche ernst zu nehmen und in der Planung und Gestaltung des Gottesdienstes zu berücksichtigen. Nicht einer bekennenden Gemeindekirche, sondern einer offenen Volkskirche redet Peter Cornehl das Wort, einer kirchlichen Kommunikationskultur, die Kontakt zu den unterschiedlichen Frömmigkeitsstilen der Gegenwart sucht[17]. Ein hohes Maß an Verbindlichkeit zu fordern, wirke polarisierend. Es gehe aber darum zu integrieren, indem man das Gespräch aufnimmt mit denen, die ihren Ort nicht im Kern der Gemeinde, sondern eher an ihren Rändern sehen. Im Anschluss an das Konzept einer integralen Amtshandlungspraxis, wie es Joachim Matthes vorgeschlagen hat[18], konzipiert Cornehl eine integrale Gottesdienstpraxis, die die unterschiedlichen Lebenskreise der Menschen in der gegenwärtigen Gesellschaft in sich aufnimmt[19]: Rhythmen des Kirchenjahres sind zu verschränken mit den jahreszeitlichen Rhythmen und solchen des gesellschaftlichen Festkalenders. Die großen Festzeiten im Jahreslauf, die Zeiten, in denen sich Kirche von ihrer stärksten Seite zeigt, sind in ihrem spezifischen inhaltlichen Profil zu entdecken

---

[14] Ders.: Herausforderung Gottesdienst, a.a.O., 34.
[15] Ebd.
[16] Vgl. ders.: Teilnahme am Gottesdienst. Zur Logik des Kirchgangs – Befund und Konsequenzen, in: J. Matthes (Hg.): Kirchmitgliedschaft im Wandel. Untersuchungen zur Realität der Volkskirche. Beiträge zur zweiten EKD-Umfrage „Was wird aus der Kirche?", Gütersloh 1990, 15–53. Vgl. auch in diesem Band: Liturgische Zeit und Kirchenjahr. Sinn, Gestalt und neue Gestaltungsmöglichkeiten, 260–288.
[17] Vgl. ders.: Teilnahme am Gottesdienst, a.a.O., 39f.
[18] Vgl. J. Matthes: Volkskirchliche Amtshandlungen. Lebenszyklus und Lebensgeschichte, in: Ders.: Erneuerung der Kirche – Stabilität als Chance? Konsequenzen aus einer Umfrage, Gelnhausen/Berlin 1975, 83–112.
[19] Vgl. in diesem Band: Gottesdienst als Integration, 225–245; Zustimmung zum Leben und Vergewisserung im Glauben. Integrale Festzeitpraxis als volkskirchliche Gottesdienststrategie, 291–306.

und mit kirchenmusikalischen, gemeindepädagogischen und seelsorgerlichen Angeboten zu kombinieren. Die offeneren Phasen des Kirchenjahres sollen Platz bieten für Predigtreihen und andere inhaltliche Schwerpunktbildungen. Vieles wird hier angeregt, was weiteres Nachdenken über eine mögliche Umsetzung wert ist.

3. Integrale Gottesdienstpraxis reflektiert darüber hinaus, dass die Themen des privaten und familiären Lebens ebenso Teil der gottesdienstlichen Praxis der Kirche sind, wie die öffentlichen und politischen Anlässe und Themen in ihm Platz haben. Im Gottesdienst, so Cornehl, müsse Raum sein für das, was die je Einzelnen bewegt in den im Kontext der Individualisierung zunehmend unterschiedlicher werdenden Geschichten ihres Lebens. Zugleich aber thematisiert er das Gegenüber des eschatologischen Horizontes der biblischen Texte, das eine privatistische und subjektivistische Reduktion des Gottesdienstes verbietet. Dieser Horizont lasse es nicht zu, im Privaten zu bleiben. Er ziele auf Weltverantwortung, auf das Schicksal aller Menschen und die Zukunft der ganzen Welt. Es sei wichtig, die biblischen Hoffnungsbilder nicht zu verkleinern und zu verharmlosen. Aber man könne und müsse sie auf den Alltag beziehen. Das Individuelle werde in der biblischen Wahrnehmungsweise nicht nur auf spezifische Weise zu sich selbst geführt, sondern auch über sich hinaus: auf die anderen und auf Gott zu und in die Weltverantwortung hinein. Dass im Gottesdienst immer wieder das Wagnis unternommen wird, mit gemeinsamer Sprache zu sprechen, sich gemeinsam um Brot und Wein zu versammeln, ist Ausdruck der verheißenen Versöhnung, die sowohl den Einzelnen als auch den ganzen Kosmos meint[20].

Entsprechend werden in den Texten Peter Cornehls individuelle und gesellschaftliche Ereignisse gleichermaßen zum Anstoß, gottesdienstliche Theorie zu reflektieren. Die Konfirmation des Patenkindes wird von ihm mit ähnlicher Sorgfalt beschrieben und analysiert wie der interreligiöse Trauergottesdienst in New York nach dem 11. September 2001. Gottesdienst hat es mit dem ganzen Leben zu tun. Reduktionen nach der einen oder anderen Seite verträgt er nicht.

4. Immer wieder wird das Interesse Cornehls an der Gemeinde und den Möglichkeiten ihrer Beteiligung deutlich. Wie wird von den Gottesdienstbesucherinnen und -besuchern rezipiert und verarbeitet, was im Gottesdienst geschieht[21]? Wie können Spielräume und einladende Möglichkeiten geschaffen werden dafür, dass viele mitwirken und ihre Fähigkeiten und Anliegen einbringen können? Gottesdienst soll seiner Intention nach nicht primär eine perfekte Inszenierung der Professionellen sein, sondern gemeinsames Fest. Eine wichtige Dimension der

---

[20] Vgl. in diesem Band: Individuum und Gemeinschaft im Gottesdienst. Altes Thema – neue Herausforderungen, 64–85 u.ö.

[21] Vgl. in diesem Band: „Der Sonntag kam. Man ging zur Kirche." Gottesdienst im Spiegel der Literatur – ein rezeptionsgeschichtlicher Ansatz zum Verständnis von Liturgie und Predigt, 138–155.

Ausbildung liturgischer Kompetenz, für deren Intensivierung und Verbesserung sich Peter Cornehl nachdrücklich eingesetzt hat, ist darum die Verbesserung der kommunikativen Kompetenz und der Fähigkeit, gemeinsames Handeln anzustoßen. Das, so Cornehl, verlange eine „gewisse Elementarisierung der Liturgie"[22]. Beteiligung meine aber nicht, den Gottesdienst in eine „Mitspielshow"[23] zu verwandeln, sondern erfordere gerade ein entwickeltes Bewusstsein für die Grundformen des liturgischen Handelns und die Fähigkeit, in den unterschiedlichen gottesdienstlichen Situationen variabel und gegenwartsbezogen mit diesen Formen umzugehen. Beteiligung der Gemeinde, so wird deutlich, ist nicht zu verwechseln oder gleichzusetzen mit einer Ermäßigung des ästhetischen oder theologischen Niveaus des Gottesdienstes. Aber die Perspektive zielt statt auf liturgischen Perfektionismus einzelner Spezialisten auf das gelungene gemeinsame Handeln, das auch dann noch eine Chance hat zu funktionieren, wenn kein Pfarrer, keine Pfarrerin anwesend ist.

5. Besonders in den neueren Texten zur Abendmahlsfrage im Umkreis des ökumenischen Kirchentages in Berlin[24] und zur Kasualpraxis[25] setzt sich Peter Cornehl mit den Spannungen evangelischer und katholischer Gottesdiensttheologie und -praxis auseinander. Auch hier zeigt sich seine Kunst, Unterschiedliches über die jeweiligen Stärken zueinander in Beziehung zu setzen, darin gesprächsoffen und lernbereit zu sein, ohne doch den eigenen deutlichen Standpunkt zu verleugnen. Die Fähigkeit, sich in einer spannungsvollen Einheit von differenten Denk- und Handlungsweisen zu bewegen, wie es das von ihm favorisierte Konzept der konziliaren Gemeinschaft der Kirchen impliziert, lässt auch hier Sichtweisen entstehen, die produktiv über die eingefahrenen Auseinandersetzungen des evangelisch-katholischen Dialoges hinausführen.

6. Schließlich integrieren die Texte Peter Cornehls Theorie und Praxis in überaus anregender Weise: Sie nehmen ihren Ausgang bei der Beobachtung gottesdienstlicher Praxis und ihren vielfältigen Phänomenen in der Gegenwart. Sie richten sich auf die Wahrnehmung gottesdienstlicher Praxis in der Geschichte, wie es in liturgischen Texten und Reflexionen, aber auch in Literatur, bildender Kunst, Musik, gesellschaftspolitischer Realität usw. sich darstellt. Dass praktisch-theologische Theorie auf einer genauen Wahrnehmung der Phänomene religiöser Praxis beruht, eine Orientierung, die die Diskussion der Praktischen Theologie in den letzten Jahren zunehmend bestimmt, ist für Peter Cornehl seit langem Bestandteil seiner Arbeit. Die Texte aus dem Liturgischen Tagebuch belegen das in

---

22 Ders.: Liturgische Bildung und Erneuerte Agende, a.a.O., 448.
23 Ebd., 449.
24 Vgl. in diesem Band: Gemeinschaft beim Herrenmahl? Probleme – Fragen – Chancen, 200–216; ders.: Eucharistische Zugewinngemeinschaft, 217–221.
25 Vgl. in diesem Band: Sakramente oder Kasualien? Zur unterschiedlichen Wahrnehmung der lebenszyklischen Handlungen in evangelischer und katholischer Sicht, 337–349.

besonderem Maße. Durch ihre Lektüre wird man zugleich aufmerksamer dafür, wie selbstverständlich und konsequent auch in den Aufsätzen Cornehls die theoretische Reflexion an die Wahrnehmung liturgischer und lebensweltlicher Phänomene aller Art angebunden ist.

Aber nicht nur die Wahrnehmung liturgischer Praxis, sondern auch die aktive Gestaltung von Gottesdiensten steht im Hintergrund der Theoriebildung Peter Cornehls. Er hatte wesentlichen Anteil an der Erneuerung des Gottesdienstes, die über den Kirchentag durch die Liturgischen Nächte und die Foren Abendmahl und Taufe initiiert wurde. Über Jahrzehnte prägte er die Hamburger Universitätsgottesdienste, in denen viele Früchte seines Nachdenkens über den Gottesdienst in gottesdienstliche Praxis umgesetzt wurden, eine Praxis übrigens, die in überzeugender Weise gemeinsames Handeln zeigte und in der nicht nur für den Universitätsprediger, sondern auch für andere Gestaltende viel Raum vorhanden war[26]. Nicht zuletzt hat er zahlreiche Kasualgottesdienste gehalten für Menschen, die ihn darum gebeten haben.

„Mich reizt eine Arbeitsweise", schreibt Peter Cornehl, „die danach sucht, der besonderen Eigenart des Gegenstandes, um den es geht, gerecht zu werden. Gottesdienst, Kult, Riten, Sakramente, Symbole, Gebete, Predigten, Feiern – das ist allemal ein Stück kultureller und ästhetischer Praxis, voller Anschaulichkeit und Lebendigkeit. Theoriebildung in Sachen Gottesdienst sollte deshalb m.E. nur einen mittleren Grad von Abstraktheit wählen. Sie sollte, statt nach perfekter wissenschaftlicher Verallgemeinerung zu streben, immer wieder den Kontakt zur sinnlichen Erfahrung suchen. Es sollte in unserer Theoriearbeit etwas davon zu spüren sein, daß wir es mit einem sehr vielschichtigen, sehr empfindsamen Bereich menschlicher Erfahrung und religiöser Praxis zu tun haben, dessen Vorgänge sich nur sehr vorsichtig generalisieren und kaum je abschließend oder eindeutig beurteilen lassen."[27]

Diese programmatischen Perspektive von 1981 hat Peter Cornehl durchgehend verfolgt. In jenem „mittlerem Grad von Abstraktheit" lässt er die Leserinnen und Leser teilhaben an seiner aufmerksamen Beobachtung, an seinen profunden historischen und systematischen Kenntnissen und an seinen anregenden Überlegungen. In all dem vermittelt er etwas von dem, was ihn selbst antreibt: eine anhaltende Liebe zum Gottesdienst und die Überzeugung, dass von ihm Kraft zur Lebensgestaltung ausgeht. Nicht zuletzt aber bestimmt ihn die Hoffnung, dass der Verheißung zu trauen ist, die im Fest der christlichen Gemeinde dargestellt wird: der der Versöhnung.

---

[26] Vgl. P. Cornehl (Hg.): Vision und Gedächtnis. Gottesdienste zur Zeit 1987–1994 (Hamburger Universitätsgottesdienste, Bd. 3), Hamburg 1994.
[27] Ders.: Aufgaben und Eigenart einer Theorie des Gottesdienstes, a.a.O., 32.

Das Buch gliedert sich in vier Hauptteile:

Teil I – „Gottesdienst und Öffentlichkeit" versammelt einige grundlegende Texte zur Theorie des Gottesdienstes, die einerseits theologische Orientierungen des Autors markieren, andererseits aber die spezifisch öffentliche Dimension des Gottesdienstes über die Auseinandersetzung mit gesellschaftsanalytischen Theoremen – Individualisierungsthese, Kommunitarismus, Milieutheorie – thematisieren. In der Analyse des interreligiösen Trauergottesdienstes am 12. September 2001 findet sich die für Peter Cornehl typische Verschränkung minutiöser Wahrnehmung des Ereignisses mit einer Reflexion, die zahlreiche theoretische Perspektiven zu nutzen versteht. Der letzte Aufsatz in diesem Teil – „Der Sonntag kam. Man ging zur Kirche" – deutet mit seinem rezeptionsgeschichtlichen, hier auf literarische Zeugnisse über den Gottesdienst bezogenen Ansatz an, wie vielfältig die Quellen sind, die Peter Cornehl für das Verständnis des Gottesdienstes in Geschichte und Gegenwart heranzieht. Es wartet noch eine Fülle von ihm gesammelter Schätze – Texte, Bilder, Musik – auf ihre Auswertung und Veröffentlichung.

Teil II – „Brot brechen – Leben teilen" – umfasst Texte zum Thema des Abendmahls. Dabei bieten die Überlegungen zur Feierabendmahlspraxis der Kirchentage und die theologische Bearbeitung der Konflikte, die sich daran entzündet haben, den einen Fokus, einen anderen die ökumenischen Spannungen des Themas, die sich im Umfeld des Berliner Kirchentages 2003 abgezeichnet haben.

Teil III – „Gottesdienst als Integration" – beginnt mit dem Aufsatz gleichen Titels. Er regt eine Gottesdienstpraxis an, die unterschiedliche Zeitstrukturierungen und damit jeweils verbundene Lebensthemen in ihre Planung und Gestaltung aufnimmt. Dieser Aufsatz ist als eröffnendes und orientierendes Portal für die folgenden Texte zum Kirchenjahr, zur Festtagspraxis und zur Kasualpraxis zu lesen.

Teil IV schließlich – der kürzeste – bietet zwei Aufsätze zum Thema liturgischer Bildung, die nicht zuletzt durch den spezifischen Charakter der Erneuerten Agende besonderer Aufmerksamkeit bedarf.

Einen besonderen Charakter erhält das Buch durch die Texte aus den Liturgischen Tagebüchern Peter Cornehls, die jeweils zwischen den Aufsätzen abgedruckt sind. Sie machen die induktive, mit der sorgfältigen und ungemein lebendigen Wahrnehmung gottesdienstlicher und anderer kultureller Ereignisse beginnende Zugangsweise zur Liturgik deutlich, die Peter Cornehl nicht nur programmatisch vertritt, sondern auch selbst seit langem praktiziert. Diese Texte – nur einige aus einer großen Fülle sind hier zu finden – sind nicht nur ein besonderes Lesevergnügen, sondern dokumentieren einen spezifischen und lehrreichen Weg, sich der Reflexion und Gestaltung des Gottesdienstes zu nähern.

I. Öffentlicher Gottesdienst

Herausforderung Gottesdienst

Wer hierzulande in der Öffentlichkeit über Gottesdienst redet, muss mit einem Vorurteil rechnen. Es lässt sich auf einen kurzen Satz bringen und heißt: „Die Kirchen werden immer leerer." Das meint nicht einfach nur: Die Zahl der Kirchenmitglieder geht zurück, die Finanzen werden knapper. „Die Kirchen werden immer leerer": Dieser Satz zielt zentral auf den Gottesdienst. Wir kennen alle die Bilder, Fotos, Karikaturen, die ihn illustrieren: Eine große Kirche. Wenige Leute, die sich über die Bänke verteilen. Eine beklemmende Atmosphäre[1]. „Die Kirchen werden immer leerer." Das ist, genau besehen, keine Beschreibung eines Sachverhalts, auch keine begründete Prognose, sondern eine Suggestion. Suggeriert wird ein schicksalhafter Trend. Und es ist eine „Killerparole"[2], die das, womit die Kirchen so große Ansprüche verbinden, entlarven will als in Wirklichkeit eher kümmerlich und komisch. Wer in der Öffentlichkeit über den Gottesdienst redet, wie diese Synode es tut, muss damit rechnen, dass die entsprechenden Bilder und Schlagzeilen schon bereitstehen, und muss sich mit diesem Satz auseinandersetzen.

Und da ist zunächst zu sagen: Der Satz ist falsch. Die Kirchen werden nicht immer leerer. Die amtliche Statistik der EKD zeigt vielmehr seit Jahren einen recht konstanten Gottesdienstbesuch, mit geringen Schwankungen, sogar mit leichter Aufwärtstendenz, was die Durchschnittszahlen angeht, mit einem deutlichen Anstieg im Bereich der Gottesdienste an Fest- und Feiertagen und bei besonderen Gelegenheiten[3].

Kann man also frohgemut verkünden: Die Kirchen werden immer voller, Gottesdienste immer beliebter und immer besser besucht? Das wäre zumindest verfrüht, auch wenn es hier und da schon so ist. Der Sachverhalt ist komplexer. Jeder weiß: Es gibt gut besuchte und schlecht besuchte Gottesdienste. Es gibt – das zeigt die Übersichtskarte – ein recht deutliches Nord-Süd-Gefälle. Es gibt Unterschiede zwischen Stadt und Land, Sommer und Winter. Das alles hat Gründe und z.T.

---

[1] Vgl. P. Cornehl: Bilder vom Gottesdienst: Geschichtsbilder und Bilder als Geschichtsquellen, in: J. Neijenhuis/W. Ratzmann (Hg.): Der Gottesdienst zwischen Abbildern und Leitbildern (Beiträge zu Liturgie und Spiritualität 5), Leipzig 2000, 9–55, hier: 52ff.

[2] Wie G. Theißen das gerade im Blick auf ähnliche Negativurteile über die Predigt genannt hat: Über homiletische Killerparolen oder die Chancen protestantischer Predigt heute, in: PrTh 32, 1997, 179–202.

[3] Vgl. Das gottesdienstliche Leben in der evangelischen Kirche. Ein Blick in die Statistik der Gottesdienste an Sonn- und Feiertagen, hg. vom Kirchenamt der EKD (mit den Zahlen von 1995). Vgl. außerdem die Statistik über Äußerungen des kirchlichen Lebens in den Gliedkirchen der EKD in den Jahren 1993 und 1994 (Statistische Beilage Nr. 91 zum Amtsblatt der EKD, Heft 2 vom 15. Februar 1997), 17ff.

eine lange Tradition. Unterschiedliche Muster der Kirchgangssitte und unterschiedliche Rhythmen der Beteiligung am Gottesdienst sind Merkmal bzw. gehören zum Erbe volkskirchlicher Verhältnisse. Die dritte Kirchenmitgliedschaftsuntersuchung der EKD hat noch einmal bestätigt, dass die sog. distanzierten Mitglieder mit ihren selektiven Kirchgangsgewohnheiten und einer erkennbaren Distanz zum Leben der Ortsgemeinden nicht einfach alle ausgetreten sind. Sie bilden nach wie vor die Mehrheit, und sie praktizieren ein eigenes, keineswegs willkürliches Kirchgangsverhalten.

Man muss also unterscheiden:

- Da sind einerseits die Gemeindeglieder, die regelmäßig im Wochen- und Monatsrhythmus, also alltagszyklisch, zum Gottesdienst kommen.
- Da sind andererseits die Festtagskirchgänger, die in weiteren Abständen, also jahreszyklisch, im Rhythmus der großen Jahresfeste und Festzeiten zur Kirche gehen.
- Da sind diejenigen Evangelischen, die lebenszyklisch, also an den großen lebensgeschichtlichen Übergängen und Höhepunkten und an darauf bezogenen Feiern an Gottesdiensten teilnehmen.
- Außerdem lässt sich vermehrt so etwas beobachten wie Gottesdienstbesuch bei Gelegenheit, bei besonderen Anlässen, zu besonders ausgestalteten Gottesdiensten, in Reaktion auf entsprechende Angebote[4].

Und es gibt mannigfaltige Kombinationen dieser vier Muster.

Die Kirchenmitgliedschaftsuntersuchung von 1992, die zum erstenmal gesamtdeutsch durchgeführt worden ist, hat übrigens gezeigt – und das ist besonders interessant –: Das ist auch in den ostdeutschen Kirchen strukturell nicht anders; nur dass dort die regelmäßige Teilnahme am Sonntagsgottesdienst etwas höher ist und die Bedeutung der Kasualgottesdienste naturgemäß geringer[5].

Wenn es nicht allzu beschwichtigend klänge, könnte man sagen: Die liturgische Lage ist normal – normal gemischt. Es besteht weder Anlass, das Bild schwarz zu malen, noch, es schön zu färben. Es gibt gut besuchte und schlecht besuchte, es gibt schöne und – Gott sei's geklagt – auch schreckliche Gottesdienste, und das ganz unabhängig von der Größe. Ich bin jetzt häufiger in Mecklenburg. In unserem kleinen Dorf sind wir an normalen Sonntagen in der Kirche oft tatsächlich nur sechs oder sieben. Das ist schon eine Belastung, und man spürt dann, wie unser Pastor in den ersten Minuten mit seiner Enttäuschung ringt. Dennoch haben

---

4   Vgl. genauer P. Cornehl: Teilnahme am Gottesdienst. Zur Logik des Kirchgangs – Befund und Konsequenzen, in: Kirchenmitgliedschaft im Wandel. Untersuchungen zur Realität der Volkskirche. Beiträge zur zweiten EKD-Umfrage „Was wird aus der Kirche?", hg. von J. Matthes, Gütersloh 1990, 15–53.
5   Vgl. Fremde Heimat Kirche. Ansichten ihrer Mitglieder. Erste Ergebnisse der dritten EKD-Umfrage über Kirchenmitgliedschaft, hg. von der Studien- und Planungsgruppe der EKD, Hannover 1993, 37f. Vgl. jetzt auch die vollständige Auswertung unter dem gleichen Titel, Gütersloh 1997.

diese Gottesdienste nichts Gespenstisches. Die Situation ist, wie sie ist. Anderswo und an den Festen ist es anders.

Ich vermute: Viele von uns erleben manches Ärgerliche im Gottesdienst: Gottesdienste, die nicht nur schlecht besucht, sondern auch leblos sind, kalt, beziehungslos, die Liturgie erstarrt, der Gesang dürftig, die Predigt belangloses Gerede, manchmal dröhnend, manchmal munter dahergeplaudert. Aber ich bin sicher: Viele erleben auch sehr Erfreuliches: lebendige Gottesdienste mit guten, gehaltvollen Predigten, Gottesdienste, die einfach schön sind, z.B. weil der Chor singt, mitreißende Gospelgottesdienste, fröhliche Familiengottesdienste, die (anders als es der Journalist Peter Iden in einem zornig-kummervollen Zeitungsartikel beschrieben hat[6]) nicht allzu chaotisch und nicht banal sind. Junge Eltern könnten von Schulanfängergottesdiensten berichten, die diesen ersten Schritt ins große Leben auf gute Weise begleiten. Ich habe neulich den ganzen Vormittag vor dem Fernseher gesessen und den Trauerzug und den Trauergottesdienst für die Prinzessin Diana verfolgt, und es hat mich seit langem kein öffentliches Ereignis so bewegt. Das Bild vom Gottesdienst ist ein buntes Bild.

Verehrte Synodale, es war unsere Absicht, dieses bunte Bild in Ihnen wachzurufen. Deshalb das kleine Heft, das Ihnen das Präsidium vor einigen Monaten zugeschickt hat, in das Sie Ihre Beobachtungen und Erlebnisse eintragen konnten – soweit ich weiß, eine bislang unbekannte Art der Vorbereitung einer Themensynode! Vielleicht haben Sie Ihre Eintragungen gemacht. Vielleicht fanden Sie es auch zu schulmeisterlich. Ich kann nur sagen: Es lohnt sich! Man lernt, genauer wahrzunehmen, mehr zu sehen und zu hören. Ich wünschte mir, dass wir uns über unsere Erlebnisse im Gottesdienst und mit Gottesdiensten austauschen und dass auch die Aussprache im Plenum davon profitiert. Denn wenn es ein Thema gibt, bei dem alle Christenmenschen und folglich auch alle Synodalen kompetent sind mitzureden, dann ist es der Gottesdienst. Wir brauchen das Gespräch über den Gottesdienst. Wir brauchen differenziertere Bestandsaufnahmen, genaue Rückmeldungen, Kritik, Anregungen, Ermutigung.

Bestandsaufnahmen sind kein Selbstzweck. Was kann eine EKD-Synode, die ja kein direktes liturgisches Mandat hat, tun, wenn sie sich mit dem Gottesdienst befasst? Ich denke, vor allem dies: Sie sollte der Überzeugung Ausdruck geben, dass der Gottesdienst wichtig ist, dass er tatsächlich die Mitte der Gemeinde ist, das geistliche Zentrum und die Kraftquelle des christlichen Lebens. Dies ist aus der Sache heraus zu begründen. Es ist an Erfahrungen zu überprüfen. Und es ist

---

6   Vgl. P. Iden: Der Pastor als Entertainer. Wenn Gottesdienste zur Mitspielschau werden, in: Frankfurter Rundschau vom 14.10.95. Vgl. dazu die treffenden Bemerkungen von K.-H. Bieritz: Erlebnis Gottesdienst. Zwischen ‚Verbiederung' und Gegenspiel: Liturgisches Handeln im Erlebnishorizont, in: WzM 48, 1996, 488–501, hier: 492ff.

im Blick auf bestimmte gesellschaftliche Herausforderungen unserer Zeit zu bewähren.

1

Der Gottesdienst ist das Zentrum des kirchlichen Lebens. Das gilt schon rein phänomenologisch, von außen gesehen: Eine Religion lebt in ihren Gottesdiensten, Festen und Feiern. Da stellt sie sich dar. Da kann man sie erkennen. Und es gilt auch von innen gesehen, theologisch-inhaltlich. Denn es geht im Gottesdienst ums Ganze: um die Begegnung mit Gott, mit dem Heiligen, mit der Wahrheit, um Gericht und Gnade, um letzte Gewissheit im Leben und im Sterben. Gottesdienst ist ein Begegnungsgeschehen. Es geht um die Begegnung mit Gott und Jesus Christus und um die Begegnung untereinander.

Wie geschieht Begegnung mit Gott im Gottesdienst? An dieser Stelle wären nun einige Eigenarten zu nennen, die für ein evangelisches Gottesdienstverständnis wesentlich sind. Und das wäre dann genauer zu entfalten[7]. Ich beschränke mich hier auf zwei Punkte: auf die charakteristische Vermitteltheit, die diese Begegnung auszeichnet, und die vielfältigen Themen, die sie umfasst.

Begegnung mit Gott geschieht nach biblischem Verständnis nicht unmittelbar, sie ist in eigentümlicher Weise vermittelt. Gott offenbart sich in der Geschichte, in den geschichtlichen Heilstaten der Errettung, Befreiung und Bewahrung Israels, nach christlicher Überzeugung abschließend und umfassend in Jesus von Nazareth, in seiner Verkündigung, seinem Wirken und seinem Geschick, in Kreuz und Auferweckung. Deshalb geschieht die Begegnung mit Gott auch im Gottesdienst medial vermittelt, in Wort und Sakrament. Sie geschieht im Medium der Texte, die von dieser Geschichte und dieser Person Zeugnis geben. Die Texte der Hl. Schrift zu Gehör zu bringen, auszulegen, in je neuen Situationen verbindlich zu machen, ist Aufgabe von Gottesdienst und Predigt. Dabei hat die Begegnung mit Gott die Struktur eines Dialogs. Sie geschieht im Dialog von Wort und Antwort, Verkündigung und Bekenntnis. Es ist ein Dialog, an dem die ganze Gemeinde aktiv beteiligt ist, sein sollte.

Dazu kommt ein Zweites: Weil es im Gottesdienst um die Begegnung zwischen der Wirklichkeit Gottes und unserer menschlichen Lebenswirklichkeit geht, zielt das gottesdienstliche Handeln darauf ab, die menschliche Lebenswelt als ganze mit Gott in Beziehung zu bringen. Es war eine besondere Absicht der Reformation, deutlich zu machen: Der Gottesdienst findet statt „im Alltag der Welt" (E.

---

[7] Vgl. dazu ausführlicher demnächst P. Cornehl: Gott begegnen. Evangelischer Gottesdienst – Biblische Kontur und neuzeitliche Wirklichkeit, Bd. I, Stuttgart u.a. 2006.

Käsemann), er ist bezogen auf die Probleme und die „Chancen des Alltags" (E. Lange). Durch die Reformation ist das weltliche Leben der Christen in Beruf und Familie in vorher nicht gekannter Weise aufgewertet worden. Das war eine kulturgeschichtlich bedeutsame Wende. Der Philosoph Charles Taylor nennt es die neue „Bejahung des gewöhnlichen Lebens"[8]. Und er sieht darin ein wesentliches Merkmal der Moderne. Es ist eine der entscheidenden Entwicklungen evangelischer Gottesdienstgeschichte in der Neuzeit, dass sich die Kirche eingelassen hat auf die Themen der Lebenswelt, der Kultur, dass sie neue Anlässe, Orte und Zeiten gefunden hat, um Gottesdienste zu feiern, sowie spezielle Zielgruppen, für die und mit denen man feiert.

Die These: Gottesdienst ist das Zentrum des kirchlichen Lebens, ist dann keine bloße Formel, sie stimmt dann (und nur dann) mit der Realität überein, wenn wir das Phänomen Gottesdienst *weit* fassen und nicht auf die Veranstaltung am Sonntag Vormittag beschränken, so wichtig diese ist, sondern auch die vielen anderen Orte und Versammlungen hinzunehmen, wo Gottesdienst gefeiert wird. Dazu gehört der ganze Bereich der lebensgeschichtlich veranlassten Gottesdienste, der sog. Kasualien, Taufe, Konfirmation, Trauung und Beerdigung, mit ihren mannigfachen Verbindungen zum Gemeindegottesdienst (denken Sie etwa an das Taufgedächtnis, die Goldene Konfirmation und den Totensonntag). Dazu gehören die Gottesdienste, Andachten und Feiern auf den verschiedenen Ebenen des kirchlichen Lebens, in den Häusern und Familien, in Gruppen und Kommunitäten, täglich, unter der Woche, auf Freizeiten, auf der Chorrüste, in Evangelischen Akademien, auf Kirchentagen und anderswo.

Gottesdienst: Das ist dies reiche Ensemble von Feiern und Veranstaltungen, und es ist zugleich eine wesentliche *Dimension* des kirchlichen Handelns und des christlichen Lebens. Friedrich Schleiermacher hat es das „darstellende Handeln" genannt. Es umfasst alle Formen symbolischer Kommunikation, Rituale, kultische und kultähnliche Feiern, gemeinschaftliche Inszenierungen des Lebens. Und es war Schleiermacher, der auch festgehalten hat: Das darstellende Handeln ist nicht nur eine wesentliche Dimension des kirchlichen, sondern auch des gesellschaftlichen Lebens. Keine Gesellschaft kommt ohne so etwas wie Kult aus, auch die moderne Gesellschaft nicht. Hat man dies vor Augen, dann verliert der Gottesdienst den Anschein von anachronistischer Kuriosität.

Allerdings, damit ist der Streit um seine allgemeine Bedeutung noch nicht entschieden. Der Gottesdienst steht heute im Spannungsfeld von Relevanz und Irrelevanz. Er wird wie Kirche und Christentum insgesamt in Frage gestellt und muss sich bewähren.

---

[8] C. Taylor: Quellen des Selbst. Die Entstehung der neuzeitlichen Identität, Frankfurt 1994, bes. Teil III, 373ff.

2

Der Gottesdienst ist in doppelter Weise herausgefordert. Er ist herausgefordert durch eine Reihe von gesellschaftlichen Entwicklungen, die sich gegenwärtig krisenhaft zuspitzen. Drei davon möchte ich im Folgenden genauer in den Blick nehmen. Die Stichworte sind: Überlebenskrise, Traditionsabbruch und Veränderungen in der gesellschaftlichen Organisation von Zeit. Der Gottesdienst wird durch alle drei Entwicklungen herausgefordert. Und er ist in allen drei Bereichen selbst eine Herausforderung – an die Christen, an die Kirchen, an die Gesellschaft.

2.1 Kraft zum Überleben – Eschatologie und Alltag im Schatten der Selbstzerstörung

Seit der Erfindung der Atombombe und ihrer ersten Anwendung ist alles Leben auf dieser Erde von der möglichen Selbstzerstörung bedroht. Es ist keine rhetorische Übertreibung, von der Überlebenskrise zu reden. Sie hat inzwischen viele Facetten: Die Gefahr einer atomaren Katastrophe ist nicht gebannt, selbst wenn der Kreislauf immer mörderischerer Aufrüstung durchbrochen werden konnte. Auch die nichtmilitärische Nutzung der Atomenergie birgt unabsehbare Risiken. Dazu kommen andere Bedrohungen, die teilweise bereits globale Ausmaße angenommen haben: Hunger, Seuchen (AIDS), Umweltzerstörung und Klimakatastrophen. Die Bedrohung hat ein neues Symbol gefunden: Die schützende Hülle um den Planeten wird immer dünner. Das „Ozon-Loch" signalisiert die kosmische Dimension der drohenden ökologischen Katastrophe.

In dieser Situation hat die Christenheit allen Anlass, die Aktualität der biblischen Eschatologie neu zu entdecken. Denn die frühjüdische und urchristliche Apokalyptik hat seinerzeit ein Bewusstsein davon ausgebildet, dass Welt und Geschichte auf das Ende zulaufen, dass Schuld und Gewalt einen Unheilszusammenhang bilden, aus dem es ohne radikale Umkehr kein Entrinnen gibt. Apokalyptiker und Bußprediger wie Johannes der Täufer haben in der Weiterentwicklung und Radikalisierung der Prophetie dramatische Bilder des endzeitlichen Geschehens entworfen. Das alles bildet den Hintergrund der Verkündigung Jesu vom anbrechenden Reich Gottes. Sie hat diesen engen Zeithorizont zur Voraussetzung und sagt zugleich etwas ganz Neues: „Die Gottesherrschaft ist nahe", das heißt für Jesus: Das Heil ist nahe, Gott ist nahe mit seiner Gnade und Barmherzigkeit! Der Grundton, in dem das Neue Testament von den „letzten Dingen" redet, ist der des Staunens. Die Eschatologie erschließt den Kern der christlichen Gewissheit, und sie öffnet einen universalen Horizont von Heil und Unheil, Tod und Leben, Schöpfung und Neuschöpfung. Das prägt das urchristliche Zeitbewusstsein und Weltverständnis – übrigens in ähnlicher Weise auch das der Reformation.

Damals sind die grundlegenden Kategorien und leitenden Vorstellungen für das eschatologische Bewusstsein ausgearbeitet worden. Heute sind sie real eingeholt. Die Apokalypse ist machbar, manche sagen: sie ist wahrscheinlich geworden. Natürlich ist die drohende Selbstzerstörung, in deren Schatten wir leben, etwas anderes als die urchristliche Erwartung vom Ende aller Dinge. Aber beides ist vergleichbar. Und wenn wir erst einmal wirklich in unser Bewusstsein hineinlassen, dass die Zeit eine apokalyptische Signatur erhalten hat, dann wird das auch unsere Verkündigung und unseren Glauben bestimmen.

Was bedeutet das für den Gottesdienst? Hat es überhaupt eine Bedeutung? Sicher wäre es völlig verfehlt, Gottesdienst und Predigt instrumentalisieren zu wollen zum Mittel für politische Ziele, sei es auch fürs „Überleben". Aber der Gottesdienst hat aus seinem eigenen Wesen heraus mit der Sache zu tun. Wenn man einmal anfängt wahrzunehmen, wo im Gottesdienst Endzeitaussagen und -bilder begegnen, macht man die überraschende Entdeckung: Sie sind an ganz vielen Stellen in das Gewebe der Lesungen, Gebete, Lieder und Liturgien eingewebt[9]. Sie finden sich gehäuft in diesen letzten Wochen des Kirchenjahres, aber auch im Advent, an Weihnachten, in der Passions- und Osterzeit. Sie prägen den Kirchenraum: Die mittelalterlichen Dome und Kathedralen sind gebaute Eschatologie. Ihre Portale und Glasfenster künden vom Ernst des Gerichts und von der Erwartung des Neuen Jerusalems. Die Taufe erhält von daher ihre Bedeutung, auch ihre aktuelle Bedeutung – als „Sakrament der Rettung in einer bedrohten Welt"[10]. Das Abendmahl steht im Horizont der endzeitlichen Mahlgemeinschaft: Der gekreuzigte und auferstandene Christus ist in der Feier der Eucharistie gegenwärtig als der kommende Herr. Die Eschatologie hat ihren Ort im Gottesdienst gefunden. Sie begegnet dort regelmäßig – wenn man sie nicht bewusst ausblendet oder weginterpretiert.

Daraus ergeben sich Aufgaben für die Gottesdienstgestaltung. Drei will ich hervorheben: Initiation, Gewissensschärfung, Vergewisserung.

(1) Initiation: Es ist eine Herausforderung an die Kirche, die damit gegebenen großen Horizonte nicht zu verkleinern, sondern die Gemeinde im Gottesdienst einzuführen in die Wirklichkeit des Letzten.

---

[9] Vgl. P. Cornehl: „Und Gott wird abwischen alle Tränen von ihren Augen ..." Bilder des Lebens in einer bedrohten Welt, in: F. Green/G. Groß/R. Meister/T. Schweda (Hg.): Um der Hoffnung willen. Praktische Theologie mit Leidenschaft (FS Wolfgang Grünberg, Kirche in der Stadt 10), Hamburg 2000, 356–368.

[10] Vgl. P. Cornehl u.a.: Auf dem Weg zur Erneuerung der Taufpraxis. Berliner Tauf-Thesen vom Deutschen Evangelischen Kirchentag 1989, in: ZGP 8, 1990, H. 1, 20–22. Ferner die Überlegungen zur Taufe in diesem Band, 355–366.

Die Lieder und Liturgien sind voller Sehnsucht: „Jerusalem, du hochgebaute Stadt, wollt Gott, ich wär' in dir!" – und voller Jubel: „Gloria sei dir gesungen!" Die Texte verheißen: „Gott wird abwischen alle Tränen von ihren Augen. Und der Tod wird nicht mehr sein, noch Leid noch Geschrei wird mehr sein ... Und der auf dem Thron sitzt, spricht: Siehe ich mache alles neu!" (Offb. 21,4f.) Das ist eine unerhörte Botschaft. Sie widerspricht aller Erfahrung in dieser Todeswelt und nimmt doch die tiefste Sehnsucht der Menschen auf. Es ist eine Botschaft, die von außen auf uns zukommt. Wir hören sie, vielleicht skeptisch, zweifelnd. Aber wir können uns von der Verheißung verlocken lassen, von ihrem Ernst, ihrer Schönheit, ihrer Leichtigkeit. Wenn wir der Botschaft vertrauen, kann sie sich mit Erfahrung anreichern. Damit versehen, bekommen wir Kraft, der Zerstörung und Entwertung des Lebens zu widerstehen. – Die zweite Aufgabe heißt:

(2) Gewissen schärfen – durch die zeitgemäße Predigt des Gesetzes. Gesetzespredigt ist nötig, und sie ist eine schwierige, verantwortliche Aufgabe für Prediger und Predigerinnen. Das Gewissen ist eine Kategorie des Einzelnen. Gewissensschärfung darf nicht unter Druck geschehen. Gewissensbildung hat es mit der freien Einstimmung in das als Gottes Gebot Erkannte zu tun. Sie geschieht heute in einem weltweiten ökumenischen Horizont. Es geht um die Öffnung des „parochialen Gewissens" – wie Ernst Lange das genannt hat – für die globalen Herausforderungen[11]. Das ist etwas, was wir erst langsam lernen, mit vielen Widerständen. Es bedeutet wohl auch, sich der Differenz zwischen dem, was eigentlich nötig ist an Veränderungen, und dem, was wir tatsächlich tun, tun können, bewusst zu bleiben und die hier bestehende Spannung auszuhalten. – Die dritte Aufgabe ist:

(3) Gewissheit stärken. Man könnte auch sagen: das Evangelium verkündigen. Es ist die eigentliche Aufgabe von Gottesdienst und Predigt. Es bedeutet, in die Dimension des Letzten hineinzuwachsen dadurch, dass wir uns im Durchschreiten der Angst der Stimme anvertrauen, die uns die Verheißung des Lebens zuspricht. Der Glaube lebt von der Hoffnung, dass der Tod nicht das letzte Wort hat, dass die Liebe stärker ist, trotz allem, was immer wieder dagegen zu sprechen scheint. Für Paulus ist das nicht nur Hoffnung, sondern Gewissheit. Und so schreibt er an die Christen in Rom: „Ich bin gewiss, ... dass nichts uns scheiden kann von der Liebe Gottes, die in Christus Jesus ist, unserm Herrn" (Römer 8,38f.). Und er benennt, was sich alles zwischen uns und diese Gewissheit drängen will und doch nicht drängen kann: Angst, Verfolgung, Hunger, Gefahren, Schwert, Tod. Wir können die Reihe fortsetzen und die Worte mit den Erfahrungen dieses zu Ende

---

11 Vgl. E. Lange: Leben im Wandel. Überlegungen zu einer zeitgemäßen Moral, Gelnhausen 1971.

gehenden Jahrhunderts füllen: Gewalt, Kriege, Massenmord, Flucht, Vertreibung, Armut, Arbeitslosigkeit, Zwänge, Macht, Geld, Waffen, Schlagzeilen, Leere und Sinnverlust – sie können uns nicht scheiden von der Liebe Gottes. Es wäre wunderbar, wenn in unseren Gottesdiensten etwas von dieser Gewissheit aufleuchtet.

2.2 In Zusammenhängen leben – Tradition, Autonomie und Heimat in der modernen Welt

Die moderne Gesellschaft ist eine „nachtraditionale Gesellschaft" (A.Giddens). Sie steht von Anfang an im Zeichen der Emanzipation. Bestimmend ist der Impuls, sich von der bindenden Macht der Herkunft, insbesondere von der religiöskirchlichen Tradition zu befreien und das Leben in die eigene Hand zu nehmen.

Doch was ist eigentlich Tradition[12]? Jedenfalls nicht nur kognitive Weltansichten und ethische Normen. Tradition: Das auch ein Zusammenhang von Geschichten, durch die wir mit Menschen, die vor uns gelebt haben, verbunden sind in der Bezogenheit auf die gleiche Überlieferung. Das sind Lieder und Musiken, die uns oft bis ins Unbewusste hinein prägen. Das sind Gesten, Bilder, Symbole, Rituale, also nicht nur Inhalte, sondern auch Formen und Figuren, Sitte und Brauchtum. Tradition ist die formative Kraft gestaltgewordener Überlieferung, in der Menschen zu Hause sind. In diesem Sinne ist Tradition lebenswichtig. Das Leben braucht einen größeren Zusammenhang, größere Erinnerungen und größere Wünsche, die über die private und familiäre Existenz hinausweisen.

Früher (und das ist noch gar nicht so lange her) war die Tradition in strengem Sinn verbindlich, sie ließ keine Wahl. Für viele war sie deshalb ein Gefängnis. Sie haben ihre Weltsicht als unglaubwürdig erlebt, die Moral als einengend, die Regeln als zwanghaft. Millionen von Menschen haben das Haus der Kirche verlassen. Die Folgen zeigen sich z.T. erst in der nächsten oder übernächsten Generation. Die Kinder derjenigen, die noch unter Protest oder auf politischen Druck hin ausgezogen sind, kennen kaum mehr, wogegen ihre Großeltern gekämpft, wovon ihre Eltern sich getrennt haben. Der Traditionsabbruch zeigt sich heute in besonders massiv in Ostdeutschland, er begegnet aber natürlich auch im Westen; vor allem in den Großstädten ist er heute fast durchweg der Ausgangspunkt für die Biographien der Heranwachsenden. Die Wissensbestände nehmen rapide ab. Der Fundus an selbstverständlicher religiöser Bildung schwindet. Ganz allgemein beobachten wir, dass die Traditionsleitung als Modus der kulturellen Vermittlung von Wissen und Erfahrung immer mehr abgelöst wird durch den Anspruch auf

---

[12] Im Folgenden nehme ich Formulierungen auf aus P. Cornehl: Tradition nach dem Auszug. Überlegungen aus Anlass einer Woche für Neue Musik in der Kirche, in: PTh 78, 1989, 454–466.

Autonomie einerseits und durch die Faktizität markt- und medienkonformer Außenleitung andererseits.

So wird Traditionsvermittlung zu einer elementaren Aufgabe der Kirche, auch im Gottesdienst. Ich konzentriere mich auch hier auf drei Aspekte. Der erste ist wiederum Initiation: der zweite Innovation, der dritte Beheimatung.

(1) Initiation: Einführen in die Tradition. Der Gottesdienst lässt sich verstehen als ein großer Raum, gefüllt mit Tradition. Kein Museum, sondern ein Lebensraum. Näher besehen, ist der Gottesdienst der Raum der biblischen Überlieferung. Im Gottesdienst hat die Bibel ein Haus. Ich bin überzeugt: Gerade angesichts der kulturellen und religiösen Vielfalt, in der wir heute und künftig leben, liegt die besondere Aufgabe und Chance des christlichen Gottesdienstes darin, dass er eine klare „biblische Kontur" hat[13]. Kontur: Etwas mit deutlich erkennbarem Umriss, das unverwechselbar das Besondere und Eigene kenntlich macht. Dieses unverwechselbar Eigene besteht in den biblischen Texten. Die Bibel ist der größte Schatz der Kirche. Diesen Schatz reichlich auszuteilen und unter die Leute zu bringen, ist die erste Aufgabe des Gottesdienstes im Blick auf die Traditionsvermittlung.

Dem entspricht homiletisch das Konzept „biblisch predigen", das Horst Hirschler vor einigen Jahren vorgelegt hat[14]. „Biblisch predigen" ist nötig, weil die Sprache des Glaubens die Sprache der Bibel ist. Das Christentum hat eine eigene Sprache, es spricht und denkt biblisch. Christen buchstabieren ihren Glauben nach biblischen Mustern, mit biblischen Geschichten, in der Identifikation und Auseinandersetzung mit biblischen Personen, Worten und Symbolen. Dabei kommt alles darauf an, Glaubenserfahrung und Lebenserfahrung zu verknüpfen. Hirschler schreibt: „Das bedeutet, es ist nur eine solche biblische Predigt sinnvoll, die auch von den bibelunkundigen Menschen als lebensnah erfahren werden kann."[15]

(2) Innovation. Die Tradition kann zur bloßen Tradition erstarren. Deshalb muss sie durch Interpretation für die Gegenwart erschlossen und in je neuen Situationen aktualisiert werden. Nein, das klingt noch zu harmlos: Die Tradition bedarf nicht nur der treuen Weitergabe, sie muss erobert werden, und d.h. auch kritisch gebrochen, aufgebrochen werden, damit sie in einer veränderten Situation Geltung haben kann. Die Tradition muss der Gegenwart ausgesetzt und mit unseren heutigen Erfahrungen konfrontiert werden. Die Art und Weise, wie das geschieht, ist sicher

---

[13] Dazu genauer P. Cornehl: Gott begegnen. Evangelischer Gottesdienst Bd. I, a.a.O. (s. Anm. 7).
[14] Vgl. H. Hirschler: biblisch predigen, Hannover 1988.
[15] A.a.O., 22.

manchmal frech und respektlos. Doch die Tradition hält das aus – vorausgesetzt es bleibt kein einseitiger Vorgang. Es ist ja nicht nur so, dass wir die Tradition befragen, ebenso gilt: Die Tradition fragt uns, sie konfrontiert und stellt uns in Frage. Ziel der Interpretation ist nicht, sie dem gegenwärtigen Bewusstsein anzupassen, sondern ihre Sprengkraft zu entbinden.

Der innovatorische Umgang mit der gottesdienstlichen Tradition ist nicht allein eine Sache der Predigt und betrifft nicht nur die biblischen Texte, sondern ebenso Liturgien und Gebete, Lieder und die Musik. Und er ist nicht nur eine Frage der Inhalte. Innovation ist strenge Arbeit an der Form!

Wir sind stolz auf die evangelische Kirchenmusik, mit Recht. Wir pflegen die Schätze, nicht nur die der barocken Meister Schütz und Bach, auch die romantische Kirchenmusik des 19. Jahrhunderts ist wieder zu Ehren gekommen. Das ist gut und schön, es ist mir gelegentlich fast zu schön. Die Hingabe, mit der wir z.B. heuer das Brahms- und Mendelssohnjahr begehen (Schubert ist katholisch, das Schubertjahr überlassen wir den Katholiken), darf nicht dazu führen, der Konfrontation mit unserer eigenen Zeit, mit den Erfahrungen und Schrecken des 20. Jahrhunderts aus dem Weg zu gehen.

Wie das aussehen kann, dafür nur ein gottesdienstliches Beispiel: In diesem Sommer hat Hans Darmstadt, Kirchenmusiker und Komponist in Kassel, parallel zur „documenta X" einen Gottesdienst gestaltet, in dem eben diese Konfrontation auf beeindruckende Weise stattfand. Es war ein Gottesdienst zum Thema Gottesdienst mit der Uraufführung einer Komposition über einen der faszinierendsten und abgründigsten Texte der Bibel: Genesis 28, Jakobs Traum von der Himmelsleiter. Er handelt von einer Begegnung mit Gott am (künftigen) Kultort. Nachdem Jakob Gott im Traum ebenso deutlich wie verhüllt gesehen hat, ruft er beim Erwachen: „Wie schrecklich, wie schaurig ist dieser Ort: Hier ist Gottes Haus, die Pforte des Himmels". Hans Darmstadt legt seiner Komposition den lateinischen Text zugrunde: „Terribilis est locus iste", er zitiert ein altes gregorianisches Graduale und schließt dann Psalmworte an, die vom Gottesdienst handeln: „Wie lieblich sind deine Wohnungen, Herr Zebaoth! Meine Seele verlangt und sehnt sich nach den Vorhöfen des Herrn" (Psalm 84) und das „Halleluja" aus Psalm 138: „Ich will anbeten vor deinem heiligen Tempel und will deinen Namen preisen!" Beides, das Erschrecken und der Lobpreis, Ehrfurcht und Anbetung, wird hart nebeneinander gestellt: eine sehr eindringliche Hörerfahrung! Und merkwürdig: Am Ende dieses Gottesdienstes erklang noch Anton Bruckners Motette „Locus iste" und klang auf einmal ganz neu. Ihre Harmonie und Schönheit war keine falsche Idylle. Wenn solche Konfrontation im Gottesdienst geschieht, ist das eine Zumutung, ja, aber eine heilsame, die dem, wozu die Tradition, wozu der Gottesdienst uns herausfordert, gerecht zu werden versucht.

(3) „Fremde Heimat Kirche". Für viele ist die Gemeinde, ist der Gottesdienst auch heute eine vertraute Heimat. Und wir sollten alles tun, damit es noch mehr werden, dass auch für junge Menschen die Kirche eine intensive Lebens- und Handlungsgemeinschaft ist: im Rhythmus des Alltags; mit enger Beteiligung an Gemeinde und Gruppen, mit Gottesdienst und Predigt von Woche zu Woche. Dafür sollten wir eintreten und werben. Aber es ist nicht die einzige Existenzform.

Wer einmal ausgewandert ist, wird nicht so leicht zurückkommen. Wer einmal im Abstand zu der geschlossenen kirchlichen Welt gelebt hat, wird seine Autonomie nicht einfach wieder preisgeben. Aber vielleicht entdeckt er/sie doch, dass es so etwas wie eine Heimat gibt, die ihrerseits in Bewegung ist – eine Art Heimat unterwegs. Tradition und Heimat braucht jeder. Man kann sich auf die Dauer nicht nur selbst produzieren. Können wir das als eine legitime christliche Lebensform respektieren: wenn man im Unterwegs zuhause ist – mit Distanz und auch mit Nähe? Das Christentum und der Gottesdienst wäre auch für solche Menschen eine Art Lebensraum. Wir sollten diesen Lebenszusammenhang und Lebensraum nicht zu eng definieren, ihn nicht einschränken auf die Kerngemeinde der Frommen oder die Basisgruppen der Engagierten. Es gibt viele Menschen, die in der Diskontinuität des Lebens nach einem Zusammenhang suchen – mag sein unbestimmt, ein bisschen unbewusst und uneingestanden, aber doch nicht unverbindlich. Man kann der Frage nach Gott letztlich nicht unverbindlich gegenüberstehen. Diesen Suchenden eine Möglichkeit zu eröffnen, Heimat zu finden, ohne ihnen eine nicht gewollte Bindung aufzunötigen, ist eine wesentliche Aufgabe der Volkskirche und ihre Chance. „Fremde Heimat Kirche" – die dritte Kirchenmitgliedschaftsuntersuchung hat einen Titel, der diesem Zwischenzustand sehr treffend Ausdruck gibt. Wird es das entsprechend geben: „Fremde Heimat Gottesdienst"?

2.3 Feiern im Rhythmus der Zeit – gegen die Zerstörung der gemeinsamen Zeit

Ein wesentliches Merkmal der modernen Gesellschaft, zumal in ihrem fortgeschrittenen Stadium, ist die Individualisierung. Davon ist zurzeit oft die Rede. Evangelische Kirche und Theologie haben keinen Anlass, das zu beklagen. Denn das reformatorische Christentum hat wesentliche Impulse für die Ausbildung selbstverantwortlicher religiöser und dann auch bürgerlicher Individualität gegeben. Aber die Individualität braucht einen Gegenpol, damit die Vereinzelung nicht zur Isolation führt und der „Eigensinn" der Privatleute dem Gemeinwesen nicht die aktive Mitgestaltung entzieht. Nötig ist eine Balance zwischen Individuum und Gemeinschaft, oder mit Begriffen von Ralf Dahrendorf: zwischen „Optionen" (Wahlmöglichkeiten, Chancen) und „Ligaturen" (Bindungen). Und dies nicht nur im privaten und familiären, sondern auch im öffentlichen Bereich, wo es sich nicht von selbst versteht und auch nicht von selbst ergibt. Wir brauchen eine neue Investition von Gemeinsinn. Das sagen die Kirchen völlig zu Recht, z.B. im gemeinsamen Sozialwort. Wo und wie entsteht solcher Gemeinsinn? Worauf gründet er sich, wovon wird er ernährt?

Klassiker der modernen Soziologie wie Emile Durkheim haben in diesem Zusammenhang auf die gesellschaftliche Bedeutung der Feste verwiesen. Und auch in der aktuellen politikwissenschaftlichen Debatte um Liberalismus und Kommunitarismus könnte der Verweis auf die Feste die kommunitaristischen Argumente stärken[16]. Ein entscheidender Beitrag der Religion für das Gemeinwesen besteht in der Einrichtung, Gestaltung und Pflege der Feste, der Feiern an den biographischen Lebenswenden, der großen Jahresfeste und -festzeiten und in der Feier des Sonntags. Diese gemeinsame Zeit ist bedroht.

Wir erleben gegenwärtig tiefgreifende Veränderungen in der gesellschaftlichen Organisation von Zeit, vor allem im Blick auf den Wochenrhythmus. Der grundgesetzlich geschützte Sonntag und das erst in den letzten Jahrzehnten politisch durchgesetzte arbeitsfreie Wochenende sind Hindernisse auf dem Weg in die „Rund-um-die-Uhr-Gesellschaft". In der Klemme zwischen verschärfter ökonomischer Konkurrenz im Gefolge der Globalisierung einerseits und verschärfter Sorge um die Arbeitsplätze andererseits drohen die kulturell eingespielten Zeitmuster aufgelöst zu werden. Dabei verläuft die Entwicklung nicht einlinig: Die freie Zeit für die Einzelnen wird nicht weniger, wohl aber die gemeinsame Zeit. Die Forschungsgruppe des Sozialwissenschaftlichen Instituts der EKD befürchtet mit guten Gründen das „Ende gemeinsamer Zeit"[17].

In dieser Situation müssen die Kirchen wachsam sein. Der verlorene Kampf um den Bußtag hat sie aufwachen lassen. Der energische Protest, der daraufhin eingesetzt hat, hat immerhin bewirkt, dass den Politikern wenigstens zurzeit die Lust vergangen ist, weitere Feiertage zur Finanzierung der Pflegeversicherung zu opfern. Der Kampf um den Bußtag wird fortgesetzt. Und es ist gut, wenn die EKD die nordelbische Initiative stützt! Wie immer er politisch ausgeht, ein Ergebnis zeichnet sich schon jetzt ab: Die Gemeinden nehmen den Bußtag wieder ernst. Und das ist letztlich das Entscheidende. Wenn ich die Signale richtig wahrnehme, die ich von verschiedenen Seiten erhalten habe, dann ist der Gottesdienstbesuch

---

16 Vgl. P. Cornehl: Individuum und Gemeinschaft im Gottesdienst, in diesem Band, 64–85.
17 Vgl. H. Przybylski/J.P. Rinderspacher (Hg.): Das Ende gemeinsamer Zeit? Risiken neuer Arbeitszeitgestaltung und Öffnungszeiten, Bochum 1988; außerdem die aufschlussreiche Studie: Die Welt am Wochenende. Entwicklungsperspektiven der Wochenruhetage. Ein interkultureller Vergleich, hg. v. J.P. Rinderspacher/D. Henckel/B. Hollbach, 1994, die deutlich macht, dass inzwischen weltweit in ganz unterschiedlich geprägten Gesellschaften im Verlauf der Industrialisierung und Urbanisierung des Lebens sich eine Art Wochenendrhythmus herausbildet. Es ist tatsächlich ein dialektischer, widersprüchlicher Prozess, eben deshalb auch der Gestaltung zugänglich und nicht einfach fatalistisch hinzunehmen.

am Bußtag sprunghaft gestiegen. Er hat sich z.T. verdoppelt, egal ob die Gottesdienste vormittags oder abends stattfinden. Da regt sich nicht nur ein bisschen protestantischer Trotz (man kann nicht alles mit uns machen!), das hat inhaltliche Gründe. Die Evangelischen merken: Der Bußtag als Tag gemeinsamer und öffentlicher Besinnung ist gerade gegenwärtig wichtig, für den Einzelnen, für die Kirche, für das Gemeinwesen.

Ähnliches lässt sich auch für die anderen Feiertage des Kirchenjahres sagen. Sie sind in den letzten Jahren in ihrer Relevanz für den Glauben wieder entdeckt worden. Heilsgeschichtliche Erinnerungen und menschheitliche Hoffnungen, Christusjahr und Naturjahr, familiäre Feier und gesellschaftliches Eingedenken, sie bilden eine spannungsvolle Einheit, deren inhaltliche Bedeutung die privaten Feieranlässe, aber auch eine rein innerkirchliche Wahrnehmung überschreitet[18]. Das haben die Kirchen in ihren Gottesdiensten zum Ausdruck zu bringen, kritisch, selbstkritisch und selbstbewusst! Die Feier der Feste, der je eigenen Feste, ist im Übrigen (darauf wurde gestern in der Aussprache zum Bericht des Ratsvorsitzenden hingewiesen) auch ein wesentlicher Beitrag zum interreligiösen Dialog.

Eine ähnliche Entdeckung steht uns im Blick auf den Sonntag noch bevor. Irgendwie ahnen wir, dass hier etwas auf dem Spiel steht, aber wir mogeln uns noch immer daran vorbei, daraus Konsequenzen zu ziehen[19]. Es wird Zeit, dem dritten Gebot wieder stärker Geltung zu verschaffen, so altmodisch das auch klingt. Das dritte Gebot lautet in Luthers Kleinem Katechismus lapidar: „Du sollst den Feiertag heiligen." Wir sollten, denke ich, heute sehr aufmerksam auch die verschärfte Fassung hören, die das Sabbatgebot im sogenannten priesterlichen Heiligkeitsgesetz (2.Mose 31,14f.) gefunden hat, wo Gott das Volk Israel ermahnt: „Wache über meinem Sabbat, denn er soll euch heilig sein. Wer ihn entheiligt, der soll des Todes sterben ... Sechs Tage darf gearbeitet werden, aber am siebten Tag ist Sabbat: völlige Ruhe, heilig dem Herrn! Denn in sechs Tagen machte der Herr Himmel und Erde, aber am siebten Tag ruhte er aus und holte Atem." Um zu merken, wie aktuell das dritte Gebot ist, müssten wir es nur ein wenig anders übersetzen, also nicht wie eine juristische Strafandrohung: „wer den Feiertag entheiligt, soll des Todes sterben" (wer sollte uns auch damit drohen!), sondern wie eine ärztliche Diagnose: „Wer den Feiertag nicht heiligt, der wird daran sterben." Der Körper hält das nicht aus, nicht auf die Dauer wenigstens.

Wir Christen haben uns angewöhnt, die strenge jüdische Sabbatpraxis zu kritisieren. Wir berufen uns viel zu schnell auf die entsprechenden Worte Jesu. Was heute Vorrang hat, ist nicht die Botschaft der Freiheit vom Sabbatzwang. Zuerst

---

[18] Vgl. P. Cornehl: Christen feiern Feste, in: PTh 70, 1981, 218–233, ferner die Konkretionen in diesem Band, 260–288.

[19] Vgl. aber jetzt K. Roth/H.-G. Schöttler/G. Ubrich (Hg.): Sonntäglich. Zugänge zum Verständnis von Sonntag, Sonntagsstruktur und Sonntagspredigt (FS L. Mödl, ÖSP 4), München 2003.

einmal sollten wir uns bemühen, die Weisheit des Sabbatgebotes zu verstehen, und großen Respekt haben vor der wunderbaren Sabbatkultur unserer jüdischen Geschwister. Manchmal kommt Umkehr nur aus Leiden. Wenn einem der Arzt sagt: „So geht's nicht weiter, Sie müssen Ihr Leben umstellen, sonst ...", dann fängt man an, ernsthaft nach Wegen zu suchen, um dem Gebot zu entsprechen. Dann ist man froh, dass es einen solchen allgemeinen Ruhetag gibt und wir die Selbstbegrenzung, die nötig ist, nicht ganz allein aus eigener Kraft schaffen müssen. Der Sabbat, für uns Christen der Sonntag, ist ein Geschenk. Wir sollten dieses Geschenk nicht mutwillig ausschlagen.

Die Kirchen haben in der Vergangenheit immer wieder öffentlich davor gewarnt, den Schutz des Sonntags auszuhöhlen. Und die Synode wird das hoffentlich wiederholen. Aber ich denke, es ist jetzt genauso wichtig, sich selbst zu fragen: Wie „wachen" wir über dem Feiertag? Wie sieht eine gute, menschenfreundliche (und einigermaßen realistische) Sonntagsheiligung aus: für uns Einzelne, in den Familien und Gemeinden? Das Gespräch darüber und der Kampf um den Sonntag hat noch gar nicht richtig begonnen.

Das dritte Gebot ist nicht nur Gebot, es ist sozusagen Gesetz und Evangelium in einem. Es ist auch eine Einladung. Der Gottesdienst ist, biblisch gesehen, das Ziel der Schöpfung: Zeit zum Aufatmen, Zeit, in die Ruhe Gottes einzutauchen und uns in seinem Atem zu bergen. Feiern wir ihn so, dass das geschieht: dass die Seele Atem holen kann, dass wir frei werden und uns Lasten abnehmen lassen, dass wir uns das Leben neu schenken lassen und darüber anfangen, Gott zu loben. Das klingt erbaulich und ist auch so gemeint.

3

Nur was wir selbst ernst nehmen, werden auch andere ernst nehmen. Wenn wir den Gottesdienst wertschätzen, die Feiertage achten, wenn wir mit Phantasie und Freude und Engagement Gottesdienste feiern, wird man das merken, es wird ausstrahlen.

Die innere Erneuerung ist letztlich nicht machbar. Aber die Kirchen können einiges dafür tun, um dem Gottesdienst die nötige Rang- und Vorrangstellung zu geben (und sie können eine Menge versäumen). Die „Erneuerte Agende", wenn sie denn in der gründlich überarbeiteten Fassung im nächsten Jahr angenommen und dann auch eingeführt wird, ist wie das neue Gesangbuch ein sehr wichtiger Beitrag für die gottesdienstliche Erneuerung. Aber es gehört noch mehr dazu. Und es wäre hilfreich, wenn die Synode in dieser Hinsicht einiges bekräftigen würde.

Um die Möglichkeiten der „Erneuerten Agende" nutzen zu können, muss z.B. die Aus- und Fortbildung intensiviert werden. Die gottesdienstlichen Beratungsstellen müssen erhalten und gestärkt werden. Der leider überall zu beobachtende schleichende Abbau qualifizierter Kirchenmusikstellen muss aufhören! Es gibt keinen lebendigen Gottesdienst ohne eine lebendige Kirchenmusik mit hohem professionellen Standard, die fähig ist, die Tradition zu bewahren und zu erneuern! Dazu gehört freilich auch, dass die geschätzten Damen und Herren der Kirchenmusik ihr Amt vor allem als Kantorenamt verstehen und mit der Gemeinde singen, einstimmig, mehrstimmig, im Wechsel zwischen Chor und Gemeinde! Hier sind auch neue Schwerpunkte in der kirchenmusikalischen Ausbildung nötig! Dazu gehört ... ach, ich verzichte jetzt darauf, die Liste der Anliegen zu vervollständigen.

Ich bin überzeugt, dass wir hier in den vor uns liegenden Jahren vorankommen werden. Nicht nur die äußere Situation, alles spricht dafür, dass die Kirche sich auf das Wesentliche konzentriert. Der Gottesdienst ist wesentlich, er ist Zentrum und Kraftquelle. Deshalb bin auch zuversichtlich, dass wir in nicht allzu ferner Zeit, vielleicht ein bisschen erstaunt, aber doch mit Genugtuung feststellen können: Die Kirchen werden immer voller, die Teilnahme am Gottesdienst nimmt immer mehr zu. Und das wäre doch schön!

Eröffnung des „Konzils der Jugend" in Taizé

Reisenotizen Herbst 1974

31. August
Schlechter Stimmung in der Bahn. Draußen regnet es. Ich hänge mit meinen Gedanken noch in Hamburg, bei der Sondersitzung der Synode, in der über das Schicksal der Studentengemeinde entschieden wurde. Man konnte fast physisch spüren, was „Tendenzwende" bedeutet. Die Mehrheit will reinen Tisch machen. Sie sind es leid, sich weiter mit dem herumzuplagen, was ihnen die ESG in den vergangenen Jahren zugemutet hat: Blutspendeaktionen für Vietnam und Chile, permanente Flugblattproduktion zusammen mit den linken Hochschulgruppen. In kalter, unversöhnlicher Sprache hat der Kirchenrat einen Vermittlungsvorschlag des Synodenausschusses abgekanzelt. Eine Art ‚Ermächtigungsgesetz' bereitet die Umwandlung in einen privaten Verein vor. Ich saß vier Stunden auf der Empore, wo sich Studenten und Sympathisanten der ESG versammelten. Verbissene Feindseligkeit auch dort. Höhnische Kommentare und Gelächter, wenn unten jemand von der anderen Seite spricht. Linke Sektenmentalität, deren Sozialismus nichts Werbendes mehr hat. Dazwischen das Häufchen der Liberalen, ganz in der Defensive, beschwichtigend, für Geduld plädierend, auf verlorenem Posten. Die Erinnerung macht mich bitter und ungerecht. Diese Art Polarisierung ist deprimierend.

Nachmittags in Taizé
Der Regen hat aufgehört. Immer noch strömt das Volk, obwohl die Feiern schon gestern begonnen haben. Zwanzig- bis dreißigtausend junge Leute, viele Sprachen, lockere, heitere Atmosphäre. Man wird freundlich empfangen und je nach Sprachkenntnissen weitergeleitet. Ein Netz von Zeltplätzen auf einem großen Acker gibt eine feste Struktur, unterteilt in Treffbereiche. Dort sind Animateure, die Kontakte vermitteln und Gespräche anregen. Ein schönes, friedliches Bild: das Lager, der Hügel, das Dorf, darüber die bunte Zeltkirche. Burgundischer Herbst. Pastellfarben in der Nachmittagssonne.

1. September, Sonntag morgen
Nicht viel geschlafen. Die ganze Nacht hindurch war Gelegenheit zu schweigender Meditation in der Versöhnungskirche. Tausende waren da, saßen, lagen, knieten, eng nebeneinander, beteten, dachten nach, schliefen, was weiß ich. Eine erstaunliche Gegenwärtigkeit, die aus dieser Stille kommt. – Eröffnung des

„Konzils der Jugend", das sind vor allem vier große Gottesdienste. Gestern waren es überwiegend politische Klagen. Einmal um die Erde. Analysen der Situation, Berichte von Gruppen. Fürbitten. Sehr ernst und ziemlich radikal. Doch irgendwie sprang kein Funke über. – Ich sitze im Kirchenzelt, auf dem Boden, an einen Mast gelehnt. Freue mich auf den Schlussgottesdienst und lasse mich einstimmen.

Nach der Feier

Es ist schwer, jetzt zu schreiben. Ich bin noch etwas benommen; glücklich und dankbar. Heute morgen stimmte alles zusammen – Worte und Lieder, Texte, Musik, Appell und Verheißung. Biblische Lesung aus Jes. 58: „Brich dem Hungrigen dein Brot und beherberge die im Elend ohne Obdach sind. Dann wird dein Licht hervorbrechen wie die Morgenröte und deine Wunden werden schnell verheilen ... Dann wirst du rufen und der Herr wird dir antworten. Wenn du schreist, wird er sagen: Siehe, hier bin ich." Ich kenne den Text und habe doch das Gefühl, ich höre ihn zum erstenmal. Das, was wir oft so verzweifelt suchen – die Einheit von Glaube und Politik – und was dann in unseren Formeln so angestrengt und abstrakt klingt, das ist an sich ganz einfach, auf eine unkomplizierte Weise wahr. In diesem Zusammenhang bekommen auch die Konzilsbotschaften Leuchtkraft. Als Joseph aus Zaire in die gespannte Aufmerksamkeit hinein zum erstenmal den „Brief an das Volk Gottes" liest, sitzen bereits die ersten Sätze. „Wir sind auf einer Erde geboren, die für die Mehrzahl der Menschen nicht bewohnbar ist ..." Sofort gibt es Beifall, der sich steigert und deutlich macht: Es hat sich in den vier Jahren der Vorbereitung eine große Übereinstimmung in der Einschätzung der Lage herausgebildet. Man weiß, was nötig ist. Die Imperative werden konkret. „Kampf" ist mehr als eine gut klingende Metapher.

Erlebbar war auch das andere – „Kontemplation": die lange Stille nach der Lesung; die Freude, die in Psalmen und Chorälen aus sich herausgeht, das Halleluja unendlich wiederholt; der gemeinsame Ausdruck der Hoffnung, die sich festmacht in den Versprechen der Bibel. Dazu die Trommeleien der Musikgruppe: ein mitreißendes fröhliches Ostertamtam. Während der Simultanübersetzungen ein kleines ökumenisches Ahaerlebnis: Da gehen fünf Sprachen durcheinander, ich höre die eigene deutlich heraus und doch die anderen immer mit. Einheit in der Vielfalt. Ich bemerke an mir eine wache Bewusstheit, in der ich das Ganze mit allen Sinnen aufnehme und in mich eindringen lasse.

Ich frage mich: Warum löst das hier, obwohl es doch gemessen an unseren bundesdeutschen Maßstäben eminent kritisch und radikal ist, warum löst es eigentlich keine Angst aus? Zumutung und Ansprüche sind erheblich. Sachlich wie methodisch gehört das „Konzil" für meine Begriffe ziemlich eindeutig in die gleiche Linie wie das Antirassismusprogramm, wie Paolo Freire, Ivan Illich, Danilo

Dolci, Helder Camara. Warum reagiert man bei uns auf Taizé nicht mit Abwehr und Ablehnung? Liegt es an der bejahenden Grundhaltung? Niemand wird hier angegriffen, verurteilt, denunziert. Keiner wird abgeschrieben, um jeden geduldig geworben. Hinzu kommt die Bereitschaft, alles, was man von der Kirche erwartet, selbst zu leben. So verliert die Forderung das Bedrohliche. „Wir werden es wagen, uns gemeinsam und endgültig zu engagieren, um das Unverhoffte zu gestalten, den Geist der Seligpreisung im Volk Gottes hervortreten zu lassen und ein Ferment zu sein für eine Gesellschaft ohne Klassen und Privilegien."

Am Ende las Frère Roger noch einige Sätze aus einem Brief, in dem er jeden Einzelnen ansprach, väterliche Sätze voller seelsorgerlicher Wärme. Er mahnt zur Lauterkeit des Herzens. Niemand soll sich über andere erheben. Der Brief geht über in ein Gebet, gerichtet an Christus: „Das Nein in mir verwandelst du Tag um Tag in ein Ja. Du willst von mir nicht einige Bruchstücke, sondern mein ganzes Dasein." „Du bist es, der jeden Morgen den Ring des verlorenen Sohnes an meinen Finger heftet, den Ring des Festes. Und ich, warum habe ich so lange gezögert?"

Irgendwo bewegt mich das sehr, und irgendwo frage ich mich doch: Wie ist das denn zu schaffen und durchzuhalten – diese unbeirrbare, angstfreie Positivität, diese penetrante Weigerung, jemanden auszuschließen? Durch solche Akte der Verwandlung? Aber wo bleiben die notwendigen Absagen? Wo bleibt der Zorn? Wie werden Konflikte ausgetragen? Und doch: Vielleicht ist diese unaggressive positive Radikalität von Taizé gegenwärtig die einzige Weise, wie unsre Kirche die Provokation des politischen Evangeliums zu ertragen und anzunehmen vermag.

Theorie des Gottesdienstes – ein Prospekt

Im Bericht der Sektion V der Weltkirchenkonferenz von Uppsala 1968 steht der bemerkenswerte Satz: „Der Gottesdienst bedarf genauso wenig einer Rechtfertigung wie die Liebe."[1] Bemerkenswert, weil damit keineswegs Schwierigkeiten verharmlost werden sollen. „Wir Christen befinden uns in einer Krise des Gottesdienstes, hinter der eine weitverbreitete Glaubenskrise steht." Zum erstenmal ist in einem offiziellen Dokument der Ökumene so kritisch über die Lage des Gottesdienstes unter den Bedingungen der säkularisierten technisch-industriellen Zivilisation geredet worden[2]. Trotzdem der zitierte Satz. Er wird von dem anderen erläutert: „Für die, die an den in Jesus Christus geoffenbarten Gott glauben, ist der Gottesdienst im Grunde eher ein Privileg als ein Problem." Diese Formulierungen drücken die Überzeugung aus, dass Gottesdienst, Gebet und Feier aus dem Leben der Christen nicht wegzudenken sind, dass sie eine elementare, lebenswichtige Funktion haben. Und sich deshalb im Grunde nicht zu rechtfertigen brauchen. Wie die Liebe sich nicht rechtfertigen muss Wir leben von ihr, wir brauchen sie. Niemand weiß das besser als der, dem Liebe verweigert oder entzogen wird. Ähnlich könnte es mit der Liturgie sein. Dass das geschieht: dass die Gemeinde Jesu zusammenkommt und das Wort hört, redet, singt, betet, dass gepredigt, getauft und das Abendmahl gehalten wird, erscheint als etwas nahezu Selbstverständliches, mit dem Dasein von Glauben und Kirche Gegebenes. D.h.: Es gibt Kritik am Gottesdienst, es gibt (vielleicht) eine Krise des Gottesdienstes, es gibt jedenfalls eine Fülle von Kommunikationsproblemen und Gestaltungsaufgaben – weil es den Gottesdienst gibt, weil die Versammlungen und Handlungen, die wir mit diesem Namen bezeichnen, wesentlich zum Vollzug christlicher und kirchlicher Existenz dazugehören.

Theorie des Gottesdienstes baut auf dieser Voraussetzung auf. Sie hat nicht die Aufgabe, das Existenzrecht des Gottesdienstes zu beweisen. Es geht vielmehr darum, das Dasein, also Ziele, Inhalte, Formen und Funktionen des Gottesdienstes, wie er geschichtlich existiert, wissenschaftlich zu reflektieren und in einen theoretischen Erklärungszusammenhang zu stellen. Eine solche Theorie unterscheidet sich von den verschiedenen Theologien des Gottesdienstes, in denen die dogmatischen Lehren einer Kirche bzw. die positionellen Grundanschauungen

---

[1] Bericht aus Uppsala, Frankfurt 1968, 83.
[2] Das gilt, obwohl der Text bereits ein den ursprünglichen Sektionsentwurf abmilderndes Kompromisspapier ist, vgl. a.a.O., 89ff. Dazu die Anschlussdiskussion auf der Faith and Order Konsultation 1969 in Genf, K.F. Müller (Hg.): Gottesdienst in einem säkularisierten Zeitalter, Kassel/Trier 1971.

theologischer Schulrichtungen vom Wesen des Gottesdienstes entfaltet werden[3]. Die dogmatische Liturgik oder liturgische Dogmatik verfährt streng normativ. Auch wenn sie – wie im katholischen „Handbuch der Pastoraltheologie" – die normative Vorgabe der dogmatischen Ekklesiologie mit einer wissenschaftlich ausgewiesenen Analyse der aktuellen kirchlichen Situation verbindet, handelt es sich nicht eigentlich um Theorie. Denn in der theoretischen Einstellung wird die unmittelbare normative Geltung der theologischen Selbstauslegung gebrochen. Der Gegenstand wird von ‚außen' angesehen und einer funktionalen Betrachtungsweise ausgesetzt. Dies allererst ermöglicht der Theologie, von den Humanwissenschaften zu lernen. Wie fruchtbar das ist, wie sehr der Fortschritt der Forschungsarbeit auch auf dem Gebiet des Gottesdienstes davon abhängt, zeigen die Ergebnisse einschlägiger Untersuchungen aus den letzten Jahren[4]. Die Theoriebildung begreift gottesdienstliches Handeln als allgemeines religiöses und humanes Phänomen und zielt darauf ab, es im Rahmen einer theologischen Anthropologie sowie einer Theorie des kirchlichen Handelns systematisch zu rekonstruieren. Dabei ist der Zusammenhang mit dem allgemeinen Religionsbegriff so zu fassen, dass die kontingente positive Bestimmtheit der christlichen Religion und ihres Kultus im historischen Prozess gesellschaftlicher Evolution gerade in diesem allgemeinen Bezugsrahmen unterscheidend zur Geltung gebracht wird. Theorie des Gottesdienstes ist kein neutrales Unternehmen. So oder so impliziert jede theoretische Konzeption auch ein inhaltliches Engagement. Aber sie führt die eigene Sichtweise als Vorschlag ein, in Form von Thesen, die zur Erklärung der komplexen Sachverhalte und zur angemessenen Wahrnehmung der mit dem Plädoyer verbundenen praktischen Optionen anleiten sollen. Sie setzt sich mit ihren Positionen, Interessen und Argumenten der wissenschaftlichen Diskussion aus.

Von den vielfachen Aufgaben, die sich einer Theorie des Gottesdienstes heute stellen, kann im folgenden nur ein kleiner Ausschnitt behandelt werden: Überlegungen zu einer anthropologischen Grundlegung und zu ihrer Entfaltung als Theorie des darstellenden Handelns. Und auch dabei kann es lediglich darum ge-

---

[3] Vgl. etwa P. Brunner: Zur Lehre vom Gottesdienst der im Namen Jesu versammelten Gemeinde, in: Leiturgia, Bd. I, Kassel 1954, 83ff., und die moderne Fortschreibung dieses Ansatzes bei A. Peters in seinen Beiträgen zu dem Sammelband: Zur Theologie des Gottesdienstes (Fuldaer Hefte 23). Hamburg 1976, 120ff., 149ff.; ferner die Abhandlungen von K. Rahner und M. Löhrer im Handbuch der Pastoraltheologie, Bd. I, Freiburg u.a. 1964, 117ff., 287ff.

[4] Vgl. den kurzen Überblick in P. Cornehl: Gottesdienst, in: F. Klostermann/R. Zerfaß (Hg.): Praktische Theologie heute, München/Mainz 1974, 449ff., bes. 455ff.; den instruktiven Literaturbericht von K.-H. Bieritz: Ansätze zu einer Theorie des Gottesdienstes, in: ThLZ 100, 1975, 722ff.; ders.: Von der Besonderheit des Gottesdienstes, in: Zur Theologie des Gottesdienstes (s.o. Anm. 3), 32ff.; M. Seitz/L. Mohaupt (Hg.): Gottesdienst und öffentliche Meinung. Stuttgart u.a. 1977. Der wichtigste Beitrag zur theologischen Durchdringung der humanwissenschaftlichen Informationen stammt von W. Jetter: Symbol und Ritual. Anthropologische Elemente im Gottesdienst, Göttingen 1978.

hen, eine frühere Skizze[5] ein wenig, etwa auf das Format eines Prospektes, zu vergrößern.

1

Für die anthropologische Fundierung einer Theorie des Gottesdienstes legt sich ein handlungstheoretischer Ansatz nahe, der von einer Reihe grundlegender menschlicher Tätigkeiten ausgeht. Die neuere Anthropologie begreift den Menschen unter dem Titel „Weltoffenheit" als ein Wesen, das seine Bestimmung noch nicht von Natur aus erreicht, sondern sie erst sozial und kulturell verwirklichen muss. Arnold Gehlen hat ihn deshalb ein „Mängelwesen" genannt. Doch es ist unzureichend, im Aufbau einer zweiten kulturellen Welt, also in Sprache, Arbeit, Politik und Religion nur ein Kompensat biologischer Ausstattungsmängel zu sehen. Der Mensch ist positiv auf Sinn verwiesen. Er lebt von der Sinnerfahrung aufgehobener Negativität. Er sucht Deutungen dieser Erfahrung und entwirft inhaltlich gefüllte Zielbilder und Werthierarchien, denen er sich verpflichtet weiß, die die bloße Selbstbehauptung stets transzendieren. Ihre Erklärung vor allem als Wunschprojektion und aus dem Bedürfnis, die Angst zu bannen[6], verkennt nämlich den tieferen Impuls, dem sich die symbolischen Sinnentwürfe verdanken. In ihnen formuliert sich zuerst und wesentlich das Erlebnis der Überwindung der Negativität, der Errettung und Bewahrung, die affirmative Erfahrung des Guten. Deshalb begehen Kulte und Feste das Grundgeschehen der Versöhnung und feiern an den wichtigen Höhepunkten und schwierigen Übergängen des kollektiven und familiären Lebens das Wunder von Glück, Heil und Segen. So sind Riten und Zeremonien „Bürgen für Ordnung und Sinn" (W. Jetter) und ihr Vollzug die „fortwährende Überredung zum Sinnvertrauen" auf der tragenden Grundlage erfahrenen Sinns[7].

Liturgien und Feste sind Ausdruckshandlungen, in denen eine Gemeinschaft anschaulich darstellt, was sie zuinnerst bewegt. Das entspricht, so Margaret Mead, dem vitalen menschlichen Bedürfnis, „sich mit dem Übernatürlichen, dem Universum und mit jedem anderen zu verbinden, und zwar nicht nur durch die einfachen und unmittelbaren Vorgänge wie Sehen, Hören, Tasten, Riechen und Schme-

---

5 Vgl. P. Cornehl: Gottesdienst (s.o. Anm. 4), 459ff.
6 Vgl. dazu P.L. Berger: Zur Dialektik von Religion und Gesellschaft, Frankfurt 1973, 24: „Gesellschaftlich gesehen, ist Nomos ein den ungeheuren Weiten der Sinnlosigkeit abgerungener Bezirk der Sinnhaftigkeit, die kleine Lichtung im finstren, unheilschwangeren Dschungel. Individuell gesehen, ist er die ‚Tagseite' des Lebens, auf der man sich, gefährdet genug, den düsteren Schatten der ‚Nacht' entgegenstellt. In beiden Perspektiven ist Nomos ein Bau, den Menschen für Menschen angesichts der Übermacht und Undurchschaubarkeit des Chaos errichtet haben."
7 W. Jetter: a.a.O. (s.o. Anm. 4), 97.

cken, sondern auch durch die vielfältigen, beschwörenden Riten, die der Mensch im Laufe seiner Geschichte entwickelt hat, um solche Beziehungen zu tanzen, zu singen, mimisch und dramatisch darzustellen"[8]. Den sozialen und emotionalen Aspekt hat besonders Emile Durkheim hervorgehoben. Religion ist mehr als ein Anschauungssystem, „ein Glaube ist vor allem Wärme, Leben, Begeisterung, Übersteigerung jeder geistigen Tätigkeit, Erhebung des Individuums über sich selbst"[9]. Kult bewirkt etwas. Er vermittelt Elan zum Handeln, Kraft zur Bewältigung des Lebens. Und Kult ist Mittel gesellschaftlicher Integration. Das gilt generell: „Es kann keine Gesellschaft geben, die nicht das Bedürfnis verspürte, in regelmäßigen Abständen kollektive Empfindungen und Ideen, die ihre Einheit und Persönlichkeit bilden, zu unterhalten und zu bekräftigen."[10]

Aber gesellschaftliche Ordnungen müssen auch autorisiert werden. Sie bedürfen höherer Legitimation, um Geltungskraft zu haben. Religion ist dafür, nach Peter L. Berger, das verbreitetste und bewährteste Mittel. „Religion legitimiert so besonders wirkungsvoll, weil sie die ungesicherten Wirklichkeitskonstruktionen ‚wirklicher' Gesellschaften mit einer äußersten und obersten Wirklichkeit verknüpft."[11] Die göttliche Ordnung ist wie ein heiliger Baldachin, der das Leben überwölbt. „Der von der Religion gesetzte Kosmos übergreift und umschließt den Menschen, der ihn sich gegenüber sieht als allmächtige Wirklichkeit, die anders ist als er selbst. Diese Wirklichkeit aber wendet sich ihm zu und gibt ihm seinen Platz in einer absolut sinnvollen Ordnung."[12]

Ich fasse diese Gesichtspunkte zusammen und unterscheide drei vorrangige Funktionen des Kultus: Orientierung, Expression und Affirmation.

1.1 Orientierung

Religion leistet Orientierung, ohne die kein sinnvolles, zweckgerichtetes Handeln möglich ist[13]. Der Kult stellt das Orientierungswissen öffentlich dar durch symbolische Repräsentation, dramatische Inszenierung und verbindliche Interpretation. So belehrt er über Herkunft und Ziel der Welt, über das Verhältnis zwischen Irdischem und Göttlichem, über die Abgrenzung und den Zusammenhang von heilig und profan, rein und unrein und über die Grundregeln der Ethik. Dabei haben die kollektiven Bezüge Vorrang. Der Einzelne lebt aus dem vorgeordneten Ganzen.

---

8   M. Mead: Hoffnung und Überleben der Menschheit, Stuttgart 1972, 123.
9   E. Durkheim: Die Grundformen des religiösen Lebens (1912), in: F. Fürstenberg (Hg.): Religionssoziologie, Neuwied ²1970, 35ff., hier: 46.
10 A.a.O., 49.
11 P.L. Berger: a.a.O. (s.o. Anm. 6), 32.
12 A.a.O., 27.
13 Vgl. M. Eliade: Das Heilige und das Profane (rde 31), Hamburg 1957, 13ff.

Deshalb wird Kult in der alten Welt primär als öffentliche Gottesverehrung, als cultus publicus, relevant. Als solcher übernimmt er auch die Legitimierung der geltenden Welt- und Wertordnung. Es hängt vom Charakter der jeweiligen Religion und vom Grad ihrer inhaltlichen Autonomie ab, ob sie nur bestätigend wirkt oder sich unter Umständen auch kritisch gegen bestimmte politisch-soziale Verhältnisse richtet. Die Orientierungsfunktion kann stabilisierend und destabilisierend wahrgenommen werden. Auch die Funktion gesamtgesellschaftlicher Integration ist ambivalent. Die Aufgabe, eine Gesellschaft nicht nur gegen äußere Feinde und Gefahren, sondern auch angesichts sozialer Ungerechtigkeit und Unterdrückung im Inneren religiös zu integrieren, ist zwiespältig. Die Integration, die der Kult feierlich begeht, kann Ausdruck bejahter Einheit und Solidarität sein, sie kann aber auch zum Mittel gewaltsamer Harmonisierung werden. Der cultus publicus gewinnt dann Zwangscharakter und wird zum politischen Instrument, um Sündenböcke zu schaffen und Abweichungen zu ächten.

1.2 Expression

Kult, Ritus, Liturgie sind mehr als Information. In Anrufung, Klage und Hymnus, in Segen und Fluch, in Prozessionen und Wallfahrten, Opfern und heiligen Mahlzeiten vollzieht sich der expressive Selbstausdruck einer religiösen Gemeinschaft. Im expressiven Gestus geschieht ein Überstieg. Der Beter geht aus sich heraus, er artikuliert seine Bedürftigkeit, seine Furcht, seine Hoffnungen. Er streckt sich aus nach dem Unendlichen und gewinnt sich neu in der Begegnung mit der Gottheit. Die Erfahrung des Heiligen, der Dank für das göttliche Errettungshandeln findet seinen Weg zurück in Akten der Anbetung und Verehrung. Seine emotionale Dynamik macht den Kult zu einer gefährlichen Kraft. Man kann mit Hilfe des Kultus Macht ausüben und Ängste mobilisieren. Der Einzelne wird dann in seinen Abhängigkeiten fixiert und durch den Einsatz der Medien überwältigt oder berauscht. Aber auch das Umgekehrte gilt. Durch ihre expressive Kraft können Gottesdienste auch zum Ort werden, an dem der Bann der Unterdrückung gesprengt wird und Freiheit zum Durchbruch kommt. Liturgie als Ausdruckshandlung sichert dem Gottesdienst ein Moment des Unzweckmäßigen. Authentischer Kult ist deshalb nie nur Mittel, sondern wesentlich zweckfreie Äußerung, absichtslose Erhebung des Menschen zum Göttlichen.

1.3 Affirmation

Das Ziel des Kultus ist Affirmation: Vergewisserung, Versöhnung, Erneuerung – im Vollzug und durch den Vollzug der kultischen Handlung. Das wird verständlich, wenn man es auf die Basisproblematik der Bewältigung der Negativität bezieht. Nicht nur in der traditionalen Gesellschaft wird die Wirklichkeit täglich als vielfach bedroht und gefährdet erfahren. Der Grundimpuls des Kultus ist daher, den Tod zu überwinden und am heilvollen Leben Anteil zu geben. Leben wird zugewendet, das sich nicht selbst begründen kann. Durch Sünde und Frevel entstandene Schuld wird gesühnt. Zerbrochene Gemeinschaft wird erneuert und der Einzelne wieder in den großen Zusammenhang des Heils hineingenommen. Auch hier ist entscheidend, welche Inhalte affirmiert, welche Gewissheit bestärkt und wie die Versöhnung verstanden wird.

Immer wieder stößt man auf das Phänomen der strukturellen Ambivalenz des Kultischen. Durch ihren Anspruch auf Letztbegründung und durch ihre emotionale Intensität wird Religion ambivalent. Wozu dienen Kultus, Symbol und Ritual? Sind sie Feier der Befreiung, Fest der Versöhnung, Bürgen für gute Ordnung – oder werden sie benutzt, um die Kräfte des Numinosen für die eigenen Zwecke einzusetzen, um Menschen zu unterdrücken und ungerechte Herrschaftsverhältnisse religiös zu sanktionieren? Die Ambivalenz lässt sich nicht ein für allemal beseitigen, sie lässt sich nicht umgehen. Man kann eine gemeinschaftliche Gottesbeziehung nicht anders vollziehen als im Medium von Kult, Symbol und Ritual. Sie sind, nach einer treffenden Formulierung von Werner Jetter, „gefährliche Unentbehrlichkeiten", „ebenso zweischneidig wie unvermeidlich"[14]. Das verlangt eine kritische Analyse der jeweiligen religiösen Sinnentwürfe, ihrer Ausdrucksmedien und Vollzugsformen sowie ihrer gesellschaftlichen Verwendung im Zusammenhang. Eine reine funktionale Interpretation, welche die Inhalte methodisch vergleichgültigt, reicht ebenso wenig aus wie der apologetische Kultbegriff einer idealen phänomenologischen Struktur, der die gesellschaftlichen Funktionen und geschichtlichen Veränderungen ausblendet, geeignet ist, die komplexen Sachverhalte angemessen zu erfassen.

Die funktionale Interpretation ist vor allem von Emile Durkheim vertreten worden. Er hat das große Verdienst, den affektiv-sozialen Aspekt der Religion und die integrative Funktion des Kultus neu entdeckt zu haben. Doch dann befestigt Durkheim seinerseits die Trennung, indem er den Inhaltsaspekt gegenüber dem Beziehungsaspekt vergleichgültigt. Die zentralen Ereignisse der geschichtlichen Begründung einer Religionsgemeinschaft, um deren symbolische Repräsentanz es im Kult geht (z.B. Exodus, Dekalog, Passion Jesu), werden funktional relativiert. Sie sind im Grunde austauschbar. Das hat systematische Gründe. Denn als Positivist ist Durkheim wie Comte davon überzeugt, dass die Religion als Deutungssystem überholt und von der Wissenschaft abgelöst worden ist. Doch während die Deutungskompetenz der Religion in der modernen Welt erloschen ist, besteht der

---

14 W. Jetter: a.a.O. (s.o. Anm. 4), 112, 75.

emotionale Bedarf nach kollektiver Integration weiter. Jede Gesellschaft schafft sich deshalb ihren Kult. Wie es allerdings zu jener affektiven Intensivierung der seelischen Temperatur kommt, durch die der Einzelne sich am „Wärmehaushalt" der Gesellschaft regeneriert, und welche Rolle dabei die jeweiligen Inhalte spielen, bleibt im Grunde ungeklärt.

Auch die apologetische Konstruktion eines normativen Kultbegriffs, wie sie neuerdings von Richard Schaeffler entwickelt wird[15], arbeitet mit Abstraktionen. Hier wird Kult als Urbild-Abbild-Geschehen begriffen, in dem im Medium bestimmter Handlungen die welterneuernde Ankunft des göttlichen Ursprungs Ereignis wird. Dementsprechend wird die Rolle des Menschen definiert: Er gewinnt seine „Würde" daraus, reines vermittelndes Organ der göttlichen Epiphanie zu sein. Aus diesen Grundbestimmungen werden dann Implikationen für ein ganzes Weltbild abgeleitet. Auf diese Weise wird der Kult bzw. die kultische Weltauslegung zu einer eigenen ontologischen Wirklichkeit hypostasiert und von den konkreten Prozessen bestimmter Religionen in bestimmten Gesellschaften und ihrem geschichtlichen Zusammenhang getrennt (die alte Schwäche der religionsphänomenologischen Typisierung). Die Beschränkung auf die eine Grundfunktion kultischer Innovation erreicht Schaeffler durch die faktische Ausblendung der anderen sozialen Funktionen des Kultus. Sie sind ohne Gewicht. Wenn man jedoch die gesellschaftlichen Funktionen von Kult und Religion, also z.B. die der Legitimierung und Integration, in ihrer Ambivalenz voll berücksichtigt, ist die strikte Trennung von immanenter religiöser Kultkritik (aus den Wesensgesetzen des Kultus selbst) und externer philosophischer Kultkritik (aus einem konträren Wirklichkeitsverständnis heraus) nicht zu halten. Die Kultkritik etwa der Propheten oder die Vergleichgültigung kultischer Kategorien in der religiösen Weisheit ist so weit entfernt nicht von der Kultkritik bestimmter Philosophenschulen, wie die prinzipielle Antithese unterstellt.

Letztlich geht es Schaeffler dann auch nicht um einen deskriptiven Beschreibungsversuch, sondern um ein normatives Modell. Die Pointe seiner Rekonstruktion liegt in der aktuellen Auseinandersetzung mit dem neuzeitlichen Bewusstsein. Die kultische Weltauslegung wird als die große „Alternative" eingeführt, die aus den Aporien der aufgeklärten wissenschaftlichen Kultur retten kann. Die Fronten werden vertauscht. Aus den üblichen Rückzugsgefechten macht Schaeffler eine Vorwärtsstrategie: Nicht die Wirklichkeitsschau des Kultus, sondern die der Aufklärung ist kritikbedürftig und ebenso die einer modernen Theologie, die sich –

---

[15] Vgl. R. Schaeffler: Kultisches Handeln. Die Frage nach Proben seiner Bewährung und nach Kriterien seiner Legitimation, in: R. Schaeffler/P. Hünermann, Ankunft Gottes und Handeln des Menschen. Thesen über Kult und Sakrament (Quaestiones disputatae 77), Freiburg u.a. 1977, 9–50; ders.: Der Kultus als Weltauslegung, in: B. Fischer/E.J. Lengeling/R. Schaeffler/F. Schulz/H.R. Müller-Schwefe: Kult in der säkularisierten Welt, Regensburg 1974, 9–62.

wie die politische Theologie der Hoffnung – nach protestantischem Vorbild der Aufklärung anpasst.

In dieser polemischen Frontstellung liegt meines Erachtens die Problematik dieser interessanten und anspruchsvollen Konzeption. Sie bedürfte einer gründlichen Diskussion. Aufklärung und neuzeitliche Emanzipation werden hier in recht einseitiger Stilisierung wahrgenommen, was die Kritik und die Empfehlung der großen Alternative erleichtert, aber die Sachproblematik kaum fördert, zumal wenn Aporien und Konflikte nur bei den anderen und nicht in der eigenen Tradition entdeckt werden. Schaeffler bedient sich der Argumentationsfiguren der Heideggerschen Spätphilosophie, sowohl was die Sicht der Neuzeit angeht als auch in der sprachlichen Tönung, mit der die kultische Parusie des Seins beschrieben wird[16], ohne die Wahl dieses kategorialen Rahmens eigens zu begründen. Im Blick auf den Gottesdienst zielt sein Programm darauf ab, die Relevanz des Bewusstseins, also die Rolle der Subjektivität zu relativieren, um an der Objektivität der Wirkungen des Kultus festhalten zu können. Das ist genau der Punkt, an dem eine Theorie des Gottesdienstes, die sich dem neuzeitlichen Ansatz bei der Erfahrung verpflichtet weiß, Stellung beziehen muss.

2

Der christliche Gottesdienst ist Kult. Es kann kein Zweifel bestehen, dass sich die genannten Funktionsbestimmungen auf ihn anwenden lassen. Und auch die Ambivalenzen gelten für ihn. Dies zumal, seit im 4. Jh. der christliche Gottesdienst die Rolle des cultus publicus im Römischen Reich übernommen hat. Die Übernahme der Aufgabe, das Heil des Staates (salus publica) zu vermitteln, hat das Grundgefüge des Gottesdienstes der Kirche tief verändert[17]. Der christliche Glaube wird legitimierendes Weltbild im corpus christianum. Abweichungen von der Kultuseinheit werden nicht geduldet. Die Skala der gottesdienstlichen Riten und Feiern erweitert sich um das ganze Arsenal gesellschaftlich relevanter Feste im Jahres- und Lebenszyklus, aber auch direkte politische Liturgien entstehen. Das gesamte öffentliche und private Leben wird kultisch reguliert. Auch wenn der christliche Gottesdienst in dieser cultus-publicus-Funktion nie völlig aufging, ist der Strukturwandel doch unübersehbar. Darstellungen der Liturgiegeschichte, die

---

16 Zum systematischen Stellenwert der Kultthese für Schaefflers Auseinandersetzung mit der politischen Theologie im Rahmen einer Interpretation der Kantschen Postulatenlehre vgl. R. Schaeffler: Was dürfen wir hoffen?, Darmstadt 1979, 322ff. Ferner ders., Frömmigkeit des Denkens? Martin Heidegger und die katholische Theologie, Darmstadt 1978.

17 Vgl. P. Cornehl: Öffentlicher Gottesdienst. Zum Strukturwandel der Liturgie, in: P. Cornehl/H.E. Bahr (Hg.): Gottesdienst und Öffentlichkeit, Hamburg 1970, 118.135ff.

diesen gesellschaftlichen Aspekt ausklammern, verlieren im gleichen Maße an Erklärungskraft.

Dies betrifft besonders die neuzeitliche Entwicklung. In ihr sind zwei Hauptprobleme bestimmend: einerseits die Folgen der Kirchenspaltung im 16. Jh., die Bewältigung des daraus resultierenden innerchristlichen Pluralismus und die Bemühungen um eine Überwindung der Trennung in der ökumenischen Bewegung, andererseits die Vorgänge, die man mit dem Stichwort Säkularisierung bezeichnet. Der Prozess der Entstehung und Entwicklung der neuzeitlichen industriellen Gesellschaft kann nicht einseitig unter dem Vorzeichen zunehmender Zurückdrängung von Religion und Kultus verstanden werden. Es handelt sich um einen äußerst komplexen Vorgang gesellschaftlicher Differenzierungen und Umbesetzungen. Mit Durkheim ist davon auszugehen, dass auch die moderne Gesellschaft nicht kultlos ist. Doch sie hat – das wäre meine These – die Funktionen des cultus publicus Zug um Zug in eigene Regie übernommen. Historisch ergibt sich dabei eine Linie, die vom Nationalismus des 19. Jh. über den Nationalsozialismus des 20. Jh. zur spätkapitalistischen Industriegesellschaft führt, in der die Massenmedien zum Träger des neuen cultus publicus werden. Dieser Prozess hat Rückwirkungen auf den christlichen Gottesdienst. Er ist als cultus publicus abgelöst worden. Seine allgemeine Bedeutung hat sich auf den Bereich des Privatkultus im System der lebenszyklisch verankerten Kasualhandlungen reduziert. Das ist eine Entlastung. Manches von der kompromittierenden Hypothek der Vergangenheit ist dadurch langsam abgetragen worden. Aber da die universale Reichweite der eschatologischen Offenbarung, die das Zentrum des christlichen Glaubens bildet, nicht zurückgenommen werden kann, lässt sich das Christentum nicht auf den Geltungsbereich privater Familienreligion einschränken. Daraus ergibt sich eine kritische Spannung zu den neuzeitlichen Weltanschauungen und Ideologien und zum neuen gesellschaftlichen cultus publicus. Der Öffentlichkeitsbezug ist für den Gottesdienst unverzichtbar, obwohl seine reale Prägekraft für den normalen Alltag (Wochenrhythmus/Alltagszyklus) der volkskirchlichen Mehrheiten spürbar nachlässt, was am Rückgang der Zahlen der Gottesdienstbesucher ablesbar wird. Der positive Effekt dieser Entwicklung liegt in einer Freigabe des Gottesdienstes, der in seine ureigene Möglichkeit wieder eingesetzt wird, Versammlung der lebendigen Gemeinde zu sein, die die Chance erhält, aus Objekten pastoraler Betreuung zum Träger des gemeinsamen gottesdienstlichen Handelns zu werden.

3

Auf diese Wirklichkeit des gegenwärtigen Gottesdienstes bezieht sich die These, die ich im Folgenden vertreten möchte: Im Gottesdienst vollzieht sich das darstellende Handeln der Kirche als öffentliche symbolische Kommunikation der christlichen Erfahrung im Medium biblischer und kirchlicher Überlieferung. Als Feier der Befreiung und Versöhnung zielt der Gottesdienst auf Orientierung, Ausdruck, Vergewisserung und Erneuerung des Glaubens.

Ein solcher Ansatz steht in der Kontinuität neuzeitlicher Theoriebildung. Denn erst die Aufklärungstheologie hat mit der bis dahin selbstverständlichen Traditionsleitung gebrochen und Gottesdienst funktional begriffen als System von verbalen und präverbalen Zeichen und als Gefüge bedeutungsvoller symbolischer Handlungen[18]. Das dabei noch vorherrschende instrumentelle Verständnis ist von Schleiermacher kritisiert worden, der doch zugleich den Ansatz beim religiösen Bewusstsein konsequent weiterentwickelt hat[19]: Gottesdienst ist „darstellendes", nicht „wirksames" Handeln. Jede magische Wirkabsicht (sei es auf Gott, sei es auf die Gläubigen) ist auszuschließen. Es geht aber auch nicht um die emotionale Verstärkung religiöser und moralischer Belehrung durch die Liturgie. Im Gottesdienst vollzieht sich vielmehr die Kommunikation des Glaubens, die diesem wesentlich ist. Denn der Glaube selbst drängt nach Mitteilung und Austausch. Der die Christen bestimmende und verbindende Geist manifestiert sich in der Versammlung der Gläubigen.

Diesen Ansatz aufnehmen heißt Gottesdienst verstehen als das Ensemble derjenigen gemeinschaftlichen Handlungen, in denen Christen vor Gott und auf Gott hin ihre Glaubenserfahrungen einander mitteilen und dadurch ihres Christseins gewiss werden. Es geht hier tatsächlich um eine Art Selbstdarstellung, im Sinne von Selbstvollzug der für die christliche Erfahrung konstitutiven Elemente. Die christliche Erfahrung konstituiert sich als solche ja allererst im Prozess der „Kommunikation des Evangeliums" (E. Lange), im Prozess der Weitergabe der biblischen Überlieferung, ihrer Auslegung und Aneignung. Insofern ist die Kommunikation der Gläubigen im Gottesdienst eine indirekte. Sie vollzieht sich öffentlich im Medium der biblischen und kirchlichen Überlieferung des Evangeliums von der Erlösung und Befreiung durch Christus, im Sprachraum seiner bereits erfolgten liturgischen und homiletischen Rezeption. Kommunikation im Gottesdienst ist Austausch über einem Dritten, der Heilsüberlieferung, deren Texte, Bilder, Geschichten und Wirklichkeitsdeutungen das Gegenüber bilden, an dem sich gegenwärtige Erfahrung als christliche qualifiziert und vor dem sie sich immer neu als solche ausweisen muss.

Auf dem Boden dieser These lassen sich nun auch die drei herausgestellten Funktionen des Kultus als Handlungsdimensionen des Gottesdienstes interpretie-

---

[18] Vgl. A. Ehrensperger: Die Theorie des Gottesdienstes in der späten deutschen Aufklärung (1770–1815), Zürich 1971.
[19] Vgl. F. Schleiermacher: Die christliche Sitte, hg. v. L. Jonas, SW I/12, Berlin ²1884, 502ff.; ders.: Die praktische Theologie, hg. v. J. Frerichs, SW I/13, Berlin 1850, 68ff.

ren. (Wobei eine genauere theoretische Durchdringung die Systematisierung unter sprach- und kommunikationslogischen Gesichtspunkten weiter vorantreiben könnte. Denn sie entsprechen den drei Hauptfunktionen sprachlicher Kommunikation, der kognitiven, expressiven und performativen Funktion sprachlicher Verständigung. Das kann jedoch im Rahmen dieses Aufsatzes nicht ausgeführt werden[20].) Die drei Funktionen des Gottesdienstes sollen hier vor allem im Hinblick auf das dreifache Spannungsfeld erörtert werden, in dem sich Orientierung, Expression und Affirmation jeweils vollziehen: a) die historische Spannung zwischen geschichtlicher Überlieferung und gegenwärtiger Aneignung, b) die ökumenische Spannung zwischen den verschiedenen kirchlichen Gottesdiensttraditionen und den damit verbundenen theologischen Positionen und c) die gesellschaftskritische Spannung zwischen Kirche und Öffentlichkeit, vor allem im Gegenüber von Gottesdienst und neuem cultus publicus.

3.1 Orientierung: Tradition und Interpretation

Im Gottesdienst geschieht Orientierung, und es gehört heute zu den wichtigsten Aufgaben, tragfähige Sinndeutungen und Orientierungsangebote zu vermitteln[21].

a) Die historisch-kritische Bibelforschung hat die geschichtliche Vielfalt und Vielstimmigkeit der biblischen Zeugnisse bewusst gemacht. Die Texte der Heiligen Schrift sind nicht Teile eines dogmatischen Lehrsystems, sondern Dokumente eines geschichtlichen Prozesses der Heilsoffenbarung und der verstehenden (und missverstehenden) Antwort der Menschen. Die Vielstimmigkeit der liturgisch rezipierten Bibel ist für die Orientierungsfunktion des Gottesdienstes von großer Bedeutung. Gegenüber manchen Versuchungen (gerade auch aufgeklärter, mo-

---

[20] Auch deshalb nicht, weil dies eine bestimmte Rekonstruktion der Funktionen der Sprache voraussetzt, die terminologische Verständigungen und Auseinandersetzungen mit Konzepten der neueren Sprachtheorie voraussetzt, die hier nicht geleistet werden kann. Wichtig wäre für mich J. Habermas: Was heißt Universalpragmatik?, in: K.-O. Apel (Hg.): Sprachpragmatik und Philosophie, Frankfurt 1976, 174ff.

[21] Dabei geschieht Orientierung nicht nur durch die expliziten Lehr-Stücke des Gottesdienstes, sondern auch durch Gebete und Lesungen, durch Musik und symbolische Handlungen. Die Maßnahmen der katholischen Liturgiereform zeigen gerade gegenwärtig, wie traditionelle Orientierungen einer semantischen Umprogrammierung ausgesetzt werden. Dies ist zunächst eine unmittelbare Folge der Einführung der Landessprache, die bewirkt, dass liturgische Vollzüge plötzlich in einer ganz anderen verbalen Ausdrücklichkeit geschehen. Sie unterliegen damit einer stärkeren theologischen Kontrolle. A. Stocks Untersuchungen zur reformierten Oster(nacht)liturgie zeigen die Tendenz, theologisch nicht korrekt erscheinende Formulierungen und missverständliche Riten auszuscheiden oder semantisch eindeutig zu machen: A. Stock: Ostern feiern. Eine semiotische Untersuchung zur Osterliturgie, in: A. Stock/M. Wichelhaus: Ostern in Bildern, Reden, Riten, Geschichten und Gesängen, Zürich u.a. 1979, 103ff. Damit erhöht sich ihre Orientierungsqualität, aber die Assoziationsbreite der Konnotationen wird eingeschränkt. Ein gewisser Trend zur Überdeutlichkeit protestantischer Liturgien zeichnet sich ab – mit allen Ambivalenzen, die sich einstellen, wenn die religiöse Sprache stärker elaboriert wird. Interessanterweise lässt sich hier auf evangelischer Seite eher eine gegenläufige Tendenz beobachten: Es wächst die Kritik an der Überverbalisierung in der liturgischen Dauerreflexion, man sucht nach mehr nonverbalen Elementen im Gottesdienst.

derner Theologen), diese Spannung zu nivellieren, ist festzuhalten: Die Weitergabe der biblischen Tradition stellt eine erste, grundlegende Orientierungsleistung des Gottesdienstes dar. Der Gottesdienst ist der Ort, an dem das geschichtliche Erbe als Vorgabe und Gegenüber begegnet, und zwar in seiner lebendigen Fülle, Unausgeglichenheit und Widersprüchlichkeit – und in seiner provozierenden Größe.

Man denke an die großen Kirchenjahresfeste. Welche ungeheuren Horizonte werden z.B. in den Texten der Advents- und Weihnachtszeit aufgerissen: Israels Messiaserwartung, die Bußpredigt des Täufers, die urchristliche Apokalyptik, die metaphysische Weite der Inkarnationstheologie, die Wärme und Innigkeit der mystischen Krippenfrömmigkeit; soteriologische Intensität und kosmologische Universalität – welche Perspektiven! Auch wenn unser Fassungsvermögen zu begrenzt ist, um dies alles konkret anzueignen, besteht doch ein theologisches Interesse daran, diese Dimensionen der Tradition, in der die Letzthorizonte unseres Lebens und der Welt im Ganzen bereits Thema sind, nicht zu verkleinern. Die Provokation sollte nicht auf das genügsame Alltagsformat hin gemildert werden. Sie verlangt Auseinandersetzung und Verstehen. Das aber wiederum setzt zunächst schlicht die Anwesenheit des Anderen voraus.

Die Tradition bedarf der Interpretation und Deutung. Sie steht ja nicht mehr fraglos in Geltung. Die Kontinuität ist gebrochen. Wir leben in einer anderen Welt als der biblischen. Deshalb muss auch im Gottesdienst der Brückenschlag gesucht werden. Die eigene Gegenwart hat ihr Recht. Unter dem Handlungsaspekt bedeutet das: Im Gottesdienst muss der Dialog zwischen Bibel und Gegenwart, zwischen Frage und Antwort inszeniert werden.

b) Die Spannung zwischen Tradition und Rezeption wird durch die Pluralität kontroverser Auslegungen des Evangeliums verschärft. Denn die Interpretation der Botschaft und ihre Anwendung auf die Gegenwart sind strittig. Der Gottesdienst ist einer der Orte kirchlichen Handelns, wo der Streit um die Wahrheit öffentlich ausgetragen wird. Jede Predigt ist immer auch ein Plädoyer für eine bestimmte Sicht der Dinge. Nun gehört es zu den weisen Regeln liberaler Homiletik, dass die Kanzel nicht zum Austragungsort theologischer Kontroversen gemacht werden soll (wenn anders das Ziel von Gottesdienst und Predigt die Erbauung ist). In ökumenischer Perspektive bedeutet dies: Der Gottesdienst erfüllt seine Orientierungsaufgabe heute dann, wenn er der konziliaren Verständigung dient[22]. Dabei ist Verständigung als umfassendes Geschehen anzusehen, das die unterschiedlichen Weisen, die Überlieferung zu hören, ebenso einschließt wie die unterschiedlichen Generationserfahrungen, soziale Schichten- und Klassengegen-

---

22 Vgl. R. Schloz: Gottesdienst und Verständigung, in: Gottesdienst und öffentliche Meinung (s.o. Anm. 4), 169ff.; P. Cornehl: Homiletik und Konziliarität, in: WPKG 65, 1976, 490ff.

sätze, politische Differenzen usw. Die Suche nach der Wahrheit hätte im Gottesdienst so zu erfolgen, dass die Konflikte, die die christliche Erfahrung prägen, ins Licht der verbindenden und verbindlichen Einheit des Christuszeugnisses gerückt werden. Der Gottesdienst wäre ein offener Prozess des Ringens um Überzeugungen, um gemeinsame Antworten und Lösungen. Er würde, so gesehen, die Dialogfähigkeit und den Konsensus innerhalb der Christenheit stärken und vertiefen – gewiss immer wieder auch kritisch belasten.

c) Die Orientierungsaufgabe des Gottesdienstes gewinnt heute dadurch erhöhte Relevanz, dass Kirchen und Christen sich mehr und mehr in Gesellschaften vorfinden, in denen die christlichen Normen und Werte angezweifelt bzw. faktisch entwertet werden. Dabei bilden sich neue Problemfronten. In den westlichen Industriegesellschaften ist es meines Erachtens gegenwärtig weniger ein offener Weltanschauungskampf, der die Christen herausfordert. Von größerer Tragweite ist die langsame, aber tiefgreifende Umorientierung der sozial anerkannten, das Alltagsverhalten prägenden Normen und Werte durch bestimmte Entwicklungsprozesse innerhalb der spätkapitalistischen Leistungs- und Konsumgesellschaft. Massenmedien und Bewusstseinsindustrie, Werbung und Propaganda sind mit ihren Verheißungen und Drohungen äußerst wirksame Kräfte von großer missionarischer Dynamik. Sie sind geeignet, alle bislang geltenden Modi kommunikativ gesteuerter Verhaltensstile zu destruieren und durch neue, angepasste, nur auf Erfolg und Verbrauch programmierte Einstellungen zu ersetzen. Damit verliert die Rede von einem neuen cultus publicus den Charakter spielerischer Analogie. Selbst wenn man gewisse Vorbehalte gegenüber den apokalyptischen Prophetien hat, die bereits eine irreversible „anthropologische Mutation" durch den hedonistischen Konsumismus der neuen „Warenreligion" beklagen[23], sind die Auswirkungen der Massenmedienkultur auf das Bewusstsein der Menschen doch kaum zu überschätzen. Die Selbstbehauptung gegenüber dieser Herausforderung ist für die Orientierungsqualität der Religion vielleicht die größte Bewährungsprobe.

3.2 Expression: Ausdruck der Betroffenheit

Während der Gottesdienst die Aufgabe, Orientierung zu vermitteln, mit anderen kirchlichen Arbeitsbereichen teilt, liegt die Besonderheit des darstellenden Handelns in der Kraft der Symbolisierung. Gottesdienst ist Feier. Lebendige Liturgie lebt von der Evidenz, mit der es gelingt, das, wovon sich die Gemeinde als christliche bestimmt weiß, ihre Erfahrung von Gott und ihre Begegnung mit Christus, anschaulich zur Darstellung zu bringen. Deshalb beruhen Faszination und Stärke

---

[23] Vgl. P.P. Pasolini: Freibeuterschriften. Aufsätze und Polemiken über die Zerstörung des Einzelnen durch die Konsumgesellschaft, Berlin 1978; K.-W. Bühler: Der Warenhimmel auf Erden. Trivialreligion im Konsum-Zeitalter, Wuppertal 1973.

des Kultus letztlich nicht auf der Überlegenheit lehrhafter Reflexion, sondern auf der Vitalität religiöser Expression, auf der Fähigkeit, die religiöse Grunderfahrung sinnlich auszudrücken und so erlebbar zu machen. Gottesdienst ist der Ort, wo Christen vor Gott als Gemeinde Jesu ihr Leben formulieren: ihre Trauer, ihre Klage, ihre Schuld, aber auch ihre Freude, ihren Dank, ihren Jubel über erfahrene Befreiung. Dabei gibt es in den verschiedenen kirchlichen Traditionen unterschiedliche Grade der Expressivität, unterschiedliche Temperamente und Temperaturen. Weil der ganze Mensch beteiligt ist, rührt Liturgie an Tiefenschichten emotionaler Betroffenheit. Das nötigt zu kritischer Überprüfung. Auch die expressive Artikulation des Glaubens bewegt sich in den drei Spannungsfeldern.

a) Liturgie als expressiver Glaubensausdruck existiert in der Spannung zwischen Wiederholung und Erneuerung. Der Gottesdienst ist geradezu der Vollzug dieser Spannung. Die Kirche erweist sich darin als großräumiges, zeitüberdauerndes geschichtliches Kontinuum. Sie verfügt in ihren Gesängen und Chorälen, Riten und Texten über einen reichen Schatz ausgedrückter Glaubenserfahrung, den sie nutzt in treuer Bewahrung und schöpferischer Veränderung: durch Auswahl, Variation, Neuübersetzung und Aktualisierung. Sie setzt in ihrer liturgischen Produktivität eine lebendige Tradition der Aneignung des Erbes fort. Dabei erleichtert die ästhetische Gestaltwerdung des Glaubensausdrucks in Musik, Poesie, Kunst und Architektur das Aushalten der Spannung. Sie nimmt der Überlieferung die zwingende Macht eines imperativen Anspruchs und lässt der gegenwärtigen Erfahrung die Freiheit, sich davon anrühren zu lassen – oder nicht. Denn die Rezeption kann auch misslingen. Oft sogar überwiegt dieser Eindruck. Viele Zeitgenossen, besonders Jugendliche, können mit den alten Formen, mit der alten Sprache nichts mehr anfangen. Das Erlebnis derartiger Fremdheit wird zum Appell, die Anstrengungen der Interpretation zu verstärken, es wird auch zum Ansporn, einen neuen, zeitgemäßen Glaubensausdruck zu suchen.

b) Die Pluralität liturgischer Expressionen verdichtet sich historisch in verschiedenen Gottesdienstformen, die in längeren geschichtlichen Entwicklungen ihr konfessionelles Profil und ihre gruppenspezifischen Konturen gewinnen. Heute, wo die geschlossenen kirchlichen Lebenswelten sich ökumenisch öffnen, erscheint die Begegnung mit der Liturgie der Anderen attraktiv und verwirrend zugleich. Deshalb kommt es nicht nur zu Übernahmen und Angleichungen, sondern auch zu Abwehrreaktionen. Misstrauen gegen Aufweichungen und Angst vor Identitätsverlust werden wach. Sie äußern sich z.B. im Vorwurf des manipulativen Einsatzes gruppendynamischer Techniken im Gottesdienst (so die evangelikale Kritik an den Kirchentagen und an der Weltmissionskonferenz in Bangkok 1973). Die Gottesdienstform erhält wieder konfessorischen Charakter. Manchmal verschieben sich dabei die Fronten. Bestimmte Stilelemente gewinnen parteilichen Signalwert (so die lateinische Messe im tridentinischen Ritual für Lefèbvres traditionalistische Bewegung). Dennoch ist der Austauschprozess insgesamt nicht rückgängig zu machen. Er wird sich eher noch interkulturell (und interreligiös) erweitern. Man kann nur hoffen, dass die großen konfessionellen Kulturen die Kraft haben, den eigenen Ausdruck ohne Angst vor nötigen Veränderungen zu bewahren und dabei auch einmal gegen den Strom zu schwimmen.

c) Die Gottesdienste der Christenheit stehen derzeit in einem gesellschaftlichen Kontext, der hochgradig expressiv besetzt ist. Der neue cultus publicus der modernen Bewusstseinsindustrie verbreitet seine Orientierungsangebote unter Einsatz expressiver Mittel mit einer genau kalkulierten Strategie emotionaler Beeinflussung. Vom Fußball bis zum Rockkonzert, vom Fernsehen bis zum Disco-Fieber geschieht eine gezielte Mobilisierung der Affekte. Libidinöse Triebenergien werden freigesetzt und befriedigt. Die Traumfabrik lockt mit phantastischen Bilderwelten, und der Kult der „elektrischen Ikone" (H. Cox)[24] lädt ein zur Identifikation mit seinen Idolen. Die Welt ist voll von Liturgie, von expressiven Symbolhandlungen und Ritualen. Wie soll sich der Gottesdienst und das darstellende Handeln der Kirche insgesamt in diesem Feld verhalten? Eine einheitliche Direktive wird es nicht geben können. Schon deshalb nicht, weil die expressive Gesellschaftskultur ja keineswegs einheitlich ist. Eine zu rigide (linke oder rechte) Kulturkritik erliegt der Suggestion einer uniformen Allmacht der Massenmediendiktatur und verkennt die zahlreichen Gegenbewegungen gegen den Einheitstrend, die z.T. Elemente und Motive enthalten, mit denen sich christliche Liturgie verbünden kann. Die faktischen Reaktionen zeigen denn auch eine große Bandbreite. Sie reichen von prinzipieller Opposition, die auch stilistisch auf Gegenkurs geht (vergleichbar dem Rückgriff auf die strenge Objektivität der altprotestantischen Liturgie und Kirchenmusik während des Kirchenkampfes angesichts der exzessiven Entfesselung der Sinnlichkeit im „Braunen Kult" der Nazis über die langsame Modernisierung und Auflockerung in Sprache und Verhalten, wie sie sich in der Gottesdienstpraxis großer Volkskirchen durchsetzt, bis zu bewusst riskierten Synkretismen bestimmter liturgischer Feste und Feiern im Umkreis der religiösen Jugendkultur (man denke an Harvey Cox' „Byzantinisches Ostern" im Hippie-Dekor, an Meditative und Liturgische Nächte auf den evangelischen Kirchentagen). Die Theorie kann der liturgischen Kreativität keine Vorschriften machen. Sie wird versuchen, theologische Urteilskraft und gestalterische Kompetenz zu stärken. Sie wird mithelfen, durch kritische Begleitung einzelner Projekte zwischen authentischem Ausdruck und manipulierter Expressivität zu unterscheiden, um dem einen zum Recht zu verhelfen und dabei der Faszination des Anderen nicht zu verfallen.

---

24 Vgl. H. Cox: Verführung des Geistes, Stuttgart 1974.

3.3 Affirmation: Vergewisserung und Erneuerung

Richard Schaeffler hat an den neuzeitlichen Gottesdiensttheorien kritisiert, dass hier unter dem Einfluss der Aufklärung der Wirkungsaspekt des Kultus eliminiert werde[25]. Diese Kritik hat ihr Recht, auch wenn Schleiermacher ernsthafte Gründe für die Abgrenzung des „darstellenden" vom „wirksamen" Handeln hatte (Ausschluss von Magie und Manipulation, Unterscheidung des Gottesdienstes von Missionsveranstaltungen, Sicherung seines Festcharakters). Wozu ist Gottesdienst für den Glauben selbst notwendig? Schleiermacher nennt als Ziel die „Erbauung" im Sinne von Bestärkung, Vertiefung, Bekräftigung. Doch im Grunde steht bei ihm ein seiner selbst sicherer Glaube im Hintergrund, der, vom Erlebnis der neuen Übereinstimmung zwischen Christentum und bürgerlicher Humanität getragen, frei und harmonisch sich entfaltet, entlastet von den Anstrengungen der Indoktrination und Abgrenzung. Differenzen, Konflikte, Entfremdungserfahrungen werden in diesem Typ der Theoriebildung (anders etwa als bei Hegel) eher heruntergespielt. Nimmt man sie schärfer wahr, wie es unserer heutigen Bewusstseinslage entspricht, dann ist Ziel der gottesdienstlichen Kommunikation nicht nur der Ausdruck und Austausch von Gewissheiten, sondern deren Konstitution. Bezogen auf das Grundproblem der Überwindung der Negativität und entfaltet als Thema der Erfahrung heißt das: Es geht im Gottesdienst zentral um die Vergewisserung des Glaubens im Aushalten und in der Überwindung der Anfechtung.

a) Die Spannung zwischen Überlieferung und Gegenwart begegnet also hier nicht als hermeneutisches Problem der Interpretation historisch vergangener Weltauslegung, sondern als existenzieller Vorgang der Glaubenserneuerung, in dem der Widerstand der Erfahrung gegen die Verheißung angenommen und überwunden wird. So hat es Ernst Lange als Herausforderung an die Predigt formuliert; es gilt für den Gottesdienst insgesamt. Dieser Widerstand – „das Ensemble der Enttäuschungen, der Ängste, der versäumten Entscheidungen, der vertanen Gelegenheiten der Liebe, der Einsprüche verletzter Gewissen, der Verweigerung von Freiheit und Gehorsam, der schlechten Erfahrungen von Christen mit der Welt, mit der Gemeinde und mit sich selbst"[26] – ist die moderne Gestalt der Anfechtung. Die Tröstung und Erneuerung des angefochtenen Glaubens ist ein Ermächtigungsvorgang. Gottesdienst ist deshalb nicht nur Lehre und Deutung,

---

[25] Vgl. R. Sckaeffler: Kultisches Handeln (s.o. Anm. 15), 40ff. Trotzdem, auch wenn man die „Wirkung" der kultischen Handlung nicht, wie hier m. R. kritisiert wird, allzu sehr verengt, sondern den ganzen Bereich vorbewusster und unbewusster Tiefenschichten des individuellen und kollektiven Erlebens mit einbezieht: eine direkte Kausalität des Kultus in Natur und Gesellschaft abgesehen von Glauben und Erfahrung kann es nicht geben. Schaefflers Argumentation ist an diesem Punkt trotz der polemischen Zuspitzung selber charakteristisch unklar. Man kann sich den neuzeitlichen Voraussetzungen nicht so einfach entziehen.

[26] E. Lange: Predigen als Beruf, Stuttgart 1976, 25, vgl. den Gesamtzusammenhang.

nicht nur expressiver Ausdruck von Betroffenheit, sondern als Prozess der Vergewisserung ein transitorisches Geschehen, ein Weg von der Klage zum Lob, vom Schuldgeständnis zum Zuspruch der Vergebung, vom Wort der Verkündigung zum antwortenden Bekenntnis. Der Gottesdienst umfasst performative Sprechakte und symbolische Handlungssequenzen, die diesen Transitus liturgisch vollziehen[27]. Ob und wie die Teilnehmer den Weg innerlich mitgehen, ob sie das Angebot der liturgischen Vorgabe annehmen, ob es wirklich zu Erneuerung der Glaubensgewissheit kommt, entzieht sich natürlich der gottesdienstlichen Regie. Aber die Gemeinde als Kollektivsubjekt des Kultus lässt den Ausgang nicht offen, sie entwirft den Prozess der Aufhebung als Ganzen, weil sie von der zentralen Voraussetzung ausgeht, dass der „Tod des Todes" in Kreuz und Auferstehung Christi geschichtlich vollbracht ist und die Versöhnung den Glaubenden zugeeignet werden kann. In den Sakramenten gewinnt dieser Grundvorgang besonders eindringliche Gestalt. Taufe und Eucharistie sind kommunikative Zeichenhandlungen, die dem Einzelnen im Vollzug Anteil am Heil geben und ihn in den geschichtlichen Lebens- und Überlieferungszusammenhang des Volkes Gottes hineinnehmen.

b) Doch gerade da, wo das inhaltliche Zentrum des Gottesdienstes ist, begegnen wir wieder der Pluralität und Rivalität im Verständnis und in der Gestaltung. Befreiung und Versöhnung, Heil und Erlösung werden unterschiedlich ausgelegt, entsprechend den unterschiedlichen Lebenssituationen und Erfahrungskontexten, in denen die feiernden Gemeinschaften Negativität und Anfechtung wahrnehmen. So ist die ökumenische Konstellation auch hinsichtlich der Affirmationsgehalte ein spannungsvoller Prozess von Bereicherung und Konflikt. Die Begegnung zeigt: Keine der Traditionen hat das Ganze. Die Kirchen können voneinander lernen. Grenzen werden überschritten, aus historischen Frontstellungen erwachsene Einseitigkeiten überwunden und verschüttete Dimensionen langsam freigelegt. Gleichzeitig wird aber auch schmerzlich bewusst, dass man an entscheidenden Punkten der Glaubensidentität uneins ist, von den anderen abgelehnt oder gar ausgeschlossen wird. Dabei gehört es zu den Charakteristika des ökumenischen Zeitalters, dass Fremdheitserfahrungen und Konflikte heute weniger zwischen den großen Konfessionen erlebt werden, sich dort sogar eher abschwächen, während sie – quer durch die Kirchen hindurch – zwischen den kontroversen theologisch-politischen Richtungen um so härter zum Ausbruch gelangen. Wenn es im Gottesdienst um den Selbstvollzug der für die Glaubenserfahrung konstitutiven Momente geht, kann die Bewältigung dieses Problems nicht auf taktischer Ebene

---

[27] Was im Übrigen nicht bedeutet, dass die Stationen des Ritus stets diese Reihenfolge haben müssten. Es lässt sich keine einheitliche, normativ allein gültige Logik des Ablaufs konstruieren. – Vgl. dazu P. Hünermann: Sakrament – Figur des Lebens (s.o. Anm. 15), 51ff.; ferner O. Bayer: Das Herrenmahl als Mitte des Glaubens, in: Ev. Komm. 12, 1979, 73ff., der die Sprechakttheorie im Rahmen einer strengen Kerygmatheologie rezipiert.

erfolgen, sondern letztlich nur dadurch, dass man sich selber dem Geschehen der Versöhnung aussetzt, um das es in der Feier der „Bundeserneuerung" (E. Lange) geht, und sich von daher verwandeln und für den Anderen öffnen lässt. Versöhnung hat die Signatur des Kreuzes. Deshalb schließt die gottesdienstlich getragene Praxis der Konziliarität auch die Bereitschaft zum Leiden für die Einheit ein.

c) Die Konzentration auf die innerkirchlichen Schwierigkeiten darf nicht darüber hinwegtäuschen, dass die eigentliche Bewährungsprobe an einer anderen Stelle erfolgt: da nämlich, wo die Anfechtung ihren Ort hat, im gesellschaftlichen Alltag. Auf diese Herausforderung ist die Vergewisserungsthematik im Gottesdienst bezogen. Deren eine Seite hat Ernst Lange eindringlich herausgearbeitet, wenn er vom Widerstand der Erfahrung gegen Evangelium und Glauben spricht. Man muss das aber auch umkehren und vom Widerstand reden, den Evangelium und Glaube heute gegen die Verheißungen und Verführungen der massenmedialen Gesellschaftsreligion zu leisten haben. Hier hat der Gottesdienst eine wichtige Aufgabe. In der Auseinandersetzung mit dem neuen cultus publicus geht es um Widerstand und Befreiung. Um Widerstand zunächst gegen die totale Austauschbarkeit der Warenbeziehungen, gegen die Entwertung aller nicht schnell und folgenlos konsumierbaren Formen und Gehalte, gegen die Entgeschichtlichung der Kultur. Den stärksten Anhalt hat der Gottesdienst dabei an seiner Tradition, an der Unzerstörbarkeit der biblischen Sprache, an der visionären Transzendenz ihrer Hoffnungsbilder und an der kommunikativen Kraft der sakramentalen Zeichenhandlungen. Wenn er die Auseinandersetzung mit seinen ureigenen Mitteln führt, dann wird er weniger auf kritische Entlarvung setzen als darauf, durch einen überzeugenden Vollzug selbst von der Faszination der Surrogate zu befreien. Die Faszination des neuen cultus publicus beruht ja darauf, dass er elementare Gefühle wie Angst und Verlassenheit, Überforderung und Ohnmacht anspricht, Trost und Bestätigung spendet und – wie scheinhaft auch immer – den fast unersättlichen Hunger nach Erleben, nach Anerkennen und Beheimatung stillt. Die kritische Analyse kann zeigen, wie regressiv, opiatisch und eskapistisch das geschieht. Man darf bei aller Faszination auch die Schwächen des Medienkults nicht übersehen: die Leere, die er hinterlässt, die Abstumpfung durch die ständige Reizüberflutung, die selbstzerstörerische Menschenverachtung der Wegwerfmentalität. Alles das kann den Betroffenen auf die Dauer kaum verborgen bleiben. Gleichwohl berechtigt das allein noch nicht zu Optimismus.

Der Gottesdienst hat in dieser Konfrontation Chancen, wo er glaubwürdig darzustellen vermag, dass die „gefeierte Versöhnung" die Negativität nicht verharmlost und verdrängt, und wo er erleben lässt, dass es eine Gemeinde gibt, der das Evangelium hilft, tragfähige Orientierungen zu gewinnen, den expressiven Ausdruck ihrer Betroffenheit zu finden und im Durchstehen der Dunkelheiten der Anfechtung die Gewissheit des Glaubens zu erneuern.

King Kong und die weiße Frau

Liebe und Schrecken – ein Fest gegen die Angst

März 1976
Im Fernseh-Spätprogramm läuft „King Kong und die weiße Frau" (der alte Schwarz-Weiß-Film). Die Familie denkt, ich schlafe schon. Es ist wie früher: Verbotene Lektüre unter der Bettdecke. Ich genieße eine Art Geheimvorstellung mit ganz leise gestelltem Ton. Trotzdem ist der Gruseleffekt beachtlich.

Die Trommeln dröhnen, und die Angstschreie gellen im Fortissimo. Als die Filmexpedition auf die Südseeinsel kommt, sind die Einwohner an der großen Mauer zu einem kultischen Fest versammelt. Verzückte Tänze, lauter Rhythmus der Bongos. Ein paar Männer, als Affen verkleidet, drehen sich und trommeln sich mit den Fäusten gegen die Brust. Man sieht ein Mädchen, schön geschmückt, etwas ängstlich guckend. Das ist King Kongs Braut, das schönste Mädchen der Insel, auserkoren als Opfer für das Monster, um seinen Zorn zu besänftigen. Tanz der Ekstase, Trommeln gegen die Angst.

Das Ungeheuer jenseits der Mauer, jenseits des CHORISMOS, der Grenze zur bewohnten Welt. Dort ist das Chaos, der Urwald, die Vorzeit der Erde mit Drachen, Sauriern, Schrecken, die nur mühsam zurückgehalten werden können, indem man alle Türen verriegelt und dem Monster regelmäßig ein Lustopfer bringt.

In dieses Fest brechen die Weißen ein. Die Filmemacher stören das Fest, aber sie bringen auch etwas mit. Die Insulaner sehen die schöne weiße Frau. Die erlösende Idee: Das ist die ideale Braut für King Kong! Sie schaffen es und rauben das Mädchen von Bord. Das Fest wird fortgesetzt. Noch mehr Ekstase, herausgetrommelte Hoffnung. Sie fesseln das Mädchen und schieben es Meter um Meter vor in jenen Bereich, der dem Grauen gehört. Langsam ziehen sie die Querbalken vor dem schützenden Tor zurück. Das Tor öffnet sich. Die Verbindung zu jenem Raum des Dunkels und des Schreckens ist hergestellt. Sie wird ausgesetzt, das Tor wieder geschlossen. Dann klettern die Leute, mit Fackeln bewaffnet, auf die Mauer. Der Priesterhäuptling bewegt seinen Speer. Zwei Knechte schlagen das große Becken. Warten auf King Kong.

Alles ist ruhig, als er kommt. Man hört nur den Schrei des weißen Mädchens und sieht die nach oben starrenden Augen, die Hände an den Kopf gepresst. Ein langgezogener Schrei, als King Kong sich den Weg zum Hügel bahnt, sie ergreift und mitnimmt.

Auch das ist Kult: Abwehr der Angst von jenseits der Grenze. Ein Opfer muss her. Ein unschuldiges, schönes Weib wird ausgesondert. Es trägt das Schicksal für alle. Es rettet die Gesellschaft und beschwichtigt das Chaos. Tauschgeschäft Kult: meine Angst gegen dein Wohlwollen. Die religiöse Balance von Terror und Ekstase, Opfer und Hingabe.

Bis das „ganz Andere" sich nicht mehr an die Regeln hält. Das geliebte Wesen, das King Kong gehört, wird ihm wieder abgelistet. Jetzt kennt sein Zorn keine Grenzen. King Kong trommelt an das Holztor. Er stößt dagegen. Seine Wut und seine Sehnsucht wachsen am Widerstand. Die Balken brechen, das Tor wird aufgestoßen. Da hilft kein Opfer mehr, kein Ritual. Es gibt nur noch Liebe oder Tod, Vernichtung oder Unterwerfung. Und so endet es dann, wie es enden muss.

Als Kong, eingeschläfert, eingefangen, gezähmt, in New York vorgeführt wird, ausbricht, die Stadt ins Chaos stürzt, am Ende mit dem Mädchen auf das Empire State Building klettert und oben angelangt ist, setzt er sie dort ab, schützt sie vor den Maschinengewehrgarben der gegen ihn aufgebotenen Flugzeuge. Langsam wird King Kong durchlöchert. Zerrissen von den Geschossen fällt er herunter, zerschmettert am Boden.

„Die Bomben haben ihn getötet", sagen die Leute, die um ihn herumstehen. „Nein", weiß ein anderer, „nicht die Flugzeuge, die Liebe hat ihn getötet."

Individuum und Gemeinschaft im Gottesdienst – altes Thema, neue Herausforderungen

„Individuum und Gemeinschaft im Gottesdienst". Das Thema verbindet Geschichte und Gegenwart. Es ist ein altes Thema, ein spannungsreiches Verhältnis seit den Anfängen der Reformation, und es sind neue gesellschaftliche Herausforderungen, die es dringlich machen, dass wir uns heute damit auseinandersetzen. Ich beginne mit zwei Szenen, die das Spannungsfeld umreißen sollen, in das uns das Thema stellt.

1 Ausgangspunkt: zwei Szenen

Erste Szene: Leipzig, Montag, 9.Oktober 1989[1]. Wir sind gestern an diesen Tag erinnert worden, an den Montag der ersten Friedensdemonstration nach dem Staatsjubiläum. Sicher waren manche von Ihnen dabei und haben die Spannung miterlebt, die über der Stadt lag: Wird es zu einer Wiederholung des brutalen Polizeieinsatzes vom Wochenende kommen? Schon am frühen Nachmittag sind die Innenstadtkirchen überfüllt, in denen um 17 Uhr Friedensgebete stattfinden werden: Nikolai, die reformierte Kirche, die Michaelis- und erstmals auch die Thomaskirche.

Der Gottesdienst in Nikolai beginnt mit Informationen. Erklärungen kirchlicher und politischer Gruppen werden verlesen. Zwei Dresdner berichten von Verhandlungen mit dem Oberbürgermeister. Der Aufruf der sechs Leipziger Bürger mit seinem Appell zum Dialog erhält Beifall und weckt Hoffnung. Es folgen „Stimmen der Betroffenheit". Zeitungsartikel, aufhetzende Leserbriefe werden zitiert, z.B. der, in dem der Kommandeur der Kampfgruppen droht, die „konterrevolutionären Aktionen endgültig und wirksam zu unterbinden. Wenn es sein

---

[1] Die folgende Darstellung basiert auf F. Magirius: „Selig sind, die Frieden stiften ..." Friedensgebete in St. Nikolai zu Leipzig, in: J. Hildebrandt/G. Thomas (Hg.): Unser Glaube mischt sich ein ... Evangelische Kirche in der DDR 1989. Berichte, Fragen, Verdeutlichungen, Berlin 1990, 92–99; S. Feydt/C. Heinze/M. Schanz: Die Leipziger Friedensgebete, in: W.-J. Grabner/C. Heinze/D. Pollack (Hg.): Leipzig im Oktober. Kirchen und alternative Gruppen im Umbruch der DDR. Analysen zur Wende, Berlin 1990, 123–135; H.-J. Sievers: Stundenbuch einer deutschen Revolution. Die Leipziger Kirchen im Oktober 1989, Zollikon/Göttingen 1990, bes. 68ff. Die Texte der Friedensgebete vom 9. Oktober teilweise (leider nicht vollständig) in: G. Hanisch/G. Hänisch/F. Magirius/J. Richter (Hg.): Dona nobis pacem. Fürbitten und Friedensgebete. Herbst '89 in Leipzig, Berlin 1990, 40–59. Vgl. im Übrigen die Bildchronik von W. Schneider: LEIPZIGER DEMONTAGEBUCH, Leipzig/Weimar 1990, darin Magirius: Wiege der Wende, 10–13.

muss, mit der Waffe in der Hand."² Die Gemeinde singt „Sonne der Gerechtigkeit"³ und betet die Seligpreisungen⁴. In seiner Predigt über die Tageslosung aus Jesaja 45 stellt Pfarrer Gotthard Weidel aus Gohlis, der mit der dortigen Friedensgruppe den Gottesdienst vorbereitet hat, nachdenkliche, selbstkritische Fragen. Jeder Einzelne muss sie für sich beantworten: „Habe ich in der Vergangenheit wirklich alles getan? Habe ich zu lange geschwiegen, in der Schule, im Betrieb?"⁵ Er legt die Tageslosung aus: „Kommt her zu mir, und lasst euch helfen, ihr Menschen der ganzen Erde! Denn nur ich bin Gott, und sonst keiner!" Es muss Reformen geben, aber es darf keine Sieger geben, „es ist in den letzten Tagen schon zu viel Blut geflossen." Die lange fälligen Reformen werden kommen, sagt er, „wenn wir den Geist der Friedfertigkeit, der Ruhe und der Toleranz in uns einkehren lassen"⁶. Am Ende steht eine Art Sendungswort für die Demonstration im Anschluss an den Gottesdienst: „Der Geist des Friedens muss aus diesen Mauern herausgehen." Keine Provokationen, keine Gewalt! „Nehmt die Steine aus der Hand, die sich in der geballten Faust befinden." Und noch einmal die Losung: „Nur bei dem Herrn gibt es Hilfe und Schutz!"⁷

Diese Gottesdienste, Friedensandachten, Gebete um Erneuerung (wie immer sie hießen), die im Herbst 1989 überall in der DDR stattfanden, in Großstädten, Kleinstädten und Dörfern, in Dresden, Wittenberg, Magdeburg, Berlin, Rostock, in Treterow, Markneukirchen und anderswo, waren öffentliche Ereignisse von herausragender Bedeutung für das Gemeinwesen im Ganzen und für den Prozess der „Wende". Im Gottesdienst fand man Orientierung. Hier wurden die Ziele der gesellschaftlichen Erneuerung formuliert und akklamiert. Hier konnten die Menschen ihre Betroffenheit artikulieren, ihre Ängste benennen und überwinden. Schriftworte, Lieder, Meditationen, das gemeinsame Gebet gaben Kraft und stärkten den Mut.

Die zweite Szene hat einen ganz anderen Charakter: Kirchliche Trauung eines jungen Paares in der evangelischen Kirche einer westfälischen Kleinstadt im Mai 1994. Beide sind sie Juristen, Sabine ist katholisch, Jan evangelisch, beide in ihrem Verhältnis zu Kirche und Glauben im Augenblick eher kritisch-distanziert.

---

2   Dona nobis pacem, a.a.O., 42.
3   Nach Sievers: a.a.O., 73.
4   Nach Magirius: Wiege der Wende, a.a.O., 13.
5   Dona nobis pacem, a.a.O., 44; vgl. Feydt/Heinze/Schanz: Die Leipziger Friedensgebete, a.a.O., 129.
6   A.a.O., 45.
7   A.a.O., 46. Auch Landesbischof Johannes Hempel mahnt in allen vier Kirchen eindringlich zu Besonnenheit und Gewaltlosigkeit (ebd., 51). In der reformierten Kirche wird eine aus Zimbabwe stammende Aktualisierung von 1. Korinther 13 verlesen: „Da wir Sklaven waren, sprachen wir wie Sklaven, begriffen wir wie Sklaven, dachten wir wie Sklaven. Da wir aber frei werden, werfen wir die Ketten der Knechtschaft hinter uns. Glaube, Liebe, Hoffnung: sie bleiben gültig; doch ohne Gott, ohne Freiheit und Menschenwürde bleiben sie leere Schatten" (Sievers: a.a.O., 74).

Aber beide wollten den Gottesdienst in der Kirche und eine festliche Feier im Kreis der Familien, mit Nachbarn und Freunden.

Wir haben ein langes, intensives Trauregespräch geführt, über den Trauspruch, den sie sich gewählt haben – 2.Tim. 1,7: „Gott hat uns nicht gegeben den Geist der Furcht, sondern der Kraft und der Liebe und der Besonnenheit" –, über ihr Verständnis von Ehe und Partnerschaft und über die Liturgie. Sie haben lange über das Versprechen nachgedacht und schließlich eine ältere Vorlage, leicht abgewandelt, gewählt. Es war ihnen wichtig, sich das Versprechen wechselseitig selbst zu geben: „Ich nehme dich zu meinem Ehemann, zu meiner Ehefrau ..." Sie haben die Formel auswendig gesprochen und auch den Ringwechsel selbst vollzogen: „Nimm diesen Ring als Zeichen meiner Liebe und Treue." Sie haben die Fürbitten formuliert und eine Schwester und eine Freundin gebeten, sie zu sprechen.

Öffentlicher Gottesdienst und private Kasualfeier, politische Gemeinde und volkskirchlicher Ritus – leicht wird daraus ein plakativer Gegensatz. Ich glaube, das wäre falsch. Beides ist wichtig, beides gehört zusammen. Sieht man nämlich genauer hin, so entdeckt man individuelle Elemente im Friedensgebet und gesellschaftliche Aspekte im Traugottesdienst.

Man entdeckt in dem beschriebenen Traugottesdienst das Wissen um die strukturellen Spannungen, die heute Partnerschaft, Ehe und Familie bestimmen, die Konflikte zwischen Berufstätigkeit und Familienalltag. Wir haben lange über die Absicht gesprochen, dass beide ihre Berufe weiter ausüben wollen und dass sie sich die Arbeit im Haus und für Kinder, die sie sich wünschen – wenn sie denn kommen – teilen wollen. Und was das kostet. Davon war dann auch in der Predigt die Rede („Liebe und Besonnenheit"). In den Fürbitten wurde für die Ehen gebetet, die zerbrechen, und in einer der Bitten hieß es: „Herr, wir leben in einer Gesellschaft, die immer stärker von Konsum, Gewalt, Einsamkeit und Angst geprägt ist. ... Lass uns nicht nur an uns selber denken, sondern daran, dass wir verantwortlich sind für unseren Nächsten und für die Welt, in der wir leben."

Es gab das Individuelle auch in den Friedensgebeten, z.B. in den „Zeugnissen der Betroffenheit"[8], in Meditationen und Ansprachen, vor allem in den Gebeten. Denken Sie an die Gebetswand in der Thomaskirche, wo seit dem 4. September jeder, der wollte, ein Anliegen auf einen Zettel schreiben und ihn an die Stellwand heften konnte. Im Gottesdienst wurden daraus einzelne Bitten vorgelesen und von der Gemeinde mit „Kyrie eleison" beantwortet. Neben den politischen waren es immer auch sehr persönliche Anliegen, selbst in der zugespitzten Situation am 9. Oktober wurden sie nicht ausgelassen, z.B. die Bitte von Simone: „Ich möchte mich mit meinen Eltern besser verstehen und möchte, dass ich mehr Selbstver-

---

[8] Ein wichtiges Element aus der Arbeit der Ökumenischen Versammlungen Magdeburg und Dresden.

trauen habe", und die Bitte von Kerstin „für alle alten Menschen und auch für uns, die auch einmal alt sein werden. Möge unser Traum von einem Leben ohne Hass, Angst und Gewalt nicht zerplatzen."[9]

Die öffentlichen Gottesdienste aus aktuellem politischem Anlass sind ein wichtiges Erbe, das die Kirchen der DDR in die größere Gemeinschaft der evangelischen Kirche im vereinten Deutschland einzubringen haben. Wir dürfen dieses Erbe nicht vergessen und nicht zu einer einmaligen historischen Ausnahme erklären. Aber auch die auf den Einzelnen bezogenen Gottesdienstformen, wie sie (nicht nur, aber auch) in den Kasualfeiern an den biographischen und familiären Lebenswenden Gestalt gewonnen haben, sind wichtig. Dies ist ein Erbe der volkskirchlichen Tradition, wie wir sie in den Kirchen der alten Bundesrepublik vorfinden. Beides, der öffentliche und der private Gottesdienst, ist in der gegenwärtigen Situation durch neue Entwicklungen herausgefordert.

Diese Herausforderungen lassen sich an Hand von zwei Debatten erörtern, die seit einiger Zeit innerhalb der Sozialwissenschaften und der politischen Philosophie geführt werden. Sie kreisen um die Stichworte „Individualisierung" und „Gemeinschaft". Beide handeln von den Risiken und Chancen moderner Gesellschaften. In der Diskussion um die Individualisierung spielt der Wandel von Ehe und Familie eine besondere Rolle. Das tangiert besonders die Amtshandlungen. Deshalb die Erwähnung des Traugottesdienstes. In der sog. Kommunitarismus-Debatte geht es um die zwiespältigen Folgen des neuzeitlichen Individualismus. Deshalb die Verbindung zum öffentlichen Gottesdienst.

Das Verhältnis von Individuum und Gemeinschaft im Gottesdienst ist für die evangelische Theologie ein altes Thema. Der Protestantismus hat sich seit langem damit auseinandersetzen müssen. Das war belastend und hat zu Zerreißproben geführt. Doch wir können heute davon profitieren. Es sind dabei Erfahrungen gemacht worden, die uns – wenn wir darauf hören – zugute kommen. So sind wir nicht unvorbereitet auf die neuen Herausforderungen. Sie sind ein Teil unserer Geschichte. Von dieser Problemgeschichte soll jetzt in einem ersten Teil die Rede sein.

2 Individuum und Gemeinschaft im Gottesdienst – ein altes Thema

Die Spannung zwischen Individuum und Gemeinschaft durchzieht das reformatorische Christentum von Anfang an. Sie bestimmt das Verhältnis zu den kultischen Institutionen von Grund auf.

---

[9] Dona nobis pacem, a.a.O., 56f. Vgl. die Analysen und Beispiele bei St. Alisch: Die Gebetswand in der Leipziger Thomaskirche: Eine Möglichkeit zur persönlichen Problemformulierung, zum Gebet und zur öffentlichen Kommunikation, in: Leipzig im Oktober, a.a.O., 136–146.

„Wir sind allesamt zu dem Tode gefordert und wird keiner für den andern sterben, sondern ein jeglicher in eigner Person für sich mit dem Tod kämpfen. In die Ohren können wir wohl schreien, aber ein jeglicher muss für sich selber geschickt sein in der Zeit des Tods: ich würd dann nicht bei dir sein noch du bei mir. Hierin so muss ein jedermann selber die Hauptstücke, so einen Christen belangen, wohl wissen und gerüstet sein ..."[10] Mit diesen Sätzen beginnt Martin Luther nach der Rückkehr von der Wartburg nach Wittenberg im März 1522 die erste seiner Invokavitpredigten. Sie sind programmatisch: Der Glaube fordert den Einzelnen. So wie wir im Tode allein sind, so stehen wir auch vor Gott als Person unvertretbar allein. Das Wissen um Gebot und Gnade und die Gewissheit im Glauben lassen sich nicht delegieren an das Kollektiv, an die Kirche. Und der Glaube setzt den Einzelnen frei.

Damit beginnt ein Individualisierungsprozess im Herzen der Religion, der dann auch für das bürgerliche Leben weitreichende Konsequenzen hat. Die gläubige Subjektivität protestantischer Gewissensreligion prägt eine kulturelle Lebensform. Freilich, das ist ein langer Prozess. Das Individuum ist ja in der Zeit der Reformation noch ganz und gar eingebunden in kollektive Lebensformen. Die reformatorische Bewegung ging, vor allem in den freien Reichsstädten mit einer enormen Aktivierung des Gemeinschaftsbewusstseins einher[11]. Daraus ergibt sich nach der Durchsetzung der Reformation in einer Stadt bzw. in einem Territorium eine Spannung: Der Glaube ist zwar Sache der Einzelnen, aber er ist nicht Privatsache. Die Verkündigung des Wortes Gottes in Gesetz und Evangelium stellt die Menschen individuell und kollektiv in einen eschatologischen Horizont. Die Obrigkeit ist vor dem himmlischen Richter verantwortlich für das Wohl und das Heil der ihr anvertrauten Seelen.

In den lutherischen Städten und Territorien ist daher noch einmal für mehr als zweihundert Jahre eine in sich geschlossene konfessionelle Lebenswelt errichtet worden, in der die evangelische Lehre nicht nur das Leben der einzelnen Christen, sondern das der ganzen Gesellschaft regelt. Das heißt für den Gottesdienst: Er ist der Ort, an dem das biblische Wort öffentlich verkündigt, verbindlich ausgelegt und für die Lebensführung der Menschen konkret gemacht wird. Der Besuch des Gottesdienstes ist nach dem 3.Gebot keineswegs beliebig. Abweichungen von der Lehre werden nicht geduldet. Es gibt keine Freiheit für die falsche Predigt und kein Recht auf individuellen Dissens. Das ändert sich erst im Laufe des 18. Jahr-

---

10 Acht Sermone D. Martin Luthers, von ihm gepredigt zu Wittenberg in den Fasten (1522), WA 10/III,1, zit. nach MA 4,33.
11 Vgl. B. Moeller: Reichsstadt und Reformation, Gütersloh 1962. Zu den Konsequenzen für den Gottesdienst: P. Cornehl: Öffentlicher Gottesdienst. Zum Strukturwandel der Liturgie, in: P. Cornehl/H.-E. Bahr (Hg.): Gottesdienst und Öffentlichkeit, Hamburg 1970, 153ff.; ders.: Evangelischer Gottesdienst von der Reformation bis zur Gegenwart, in: TRE 14 (1985), 54–85, 54ff.

hunderts, langsam, zögerlich – unter dem Eindruck der verheerenden Folgen der Konfessionskriege für das Wahrheitsverständnis und im Kontext der sich ausbreitenden Aufklärung. Es ist dann allerdings eine Sache, die an das evangelische Christentum nicht nur von außen herangetragen wird. Individualisierung wird als ein eigener Impuls des Glaubens begriffen und im Rückgriff auf Luther innerhalb von Theologie und Kirche geltend gemacht.

Die religiöse Subjektivität fängt an, die überlieferten Formen und Inhalte des Glaubens umzugestalten[12]. Dieser Prozess beginnt im Pietismus und setzt sich fort in den verschiedenen Strömungen der Aufklärungstheologie. Er wird gottesdienstlich relevant zunächst in der Predigt, in Liedern und Gebeten, dann auch in liturgischen Formeln und Formularen, besonders in der Gestaltung der Kasualfeiern, später auch in neuen Gottesdienstordnungen und ganzen Agenden[13]. Die Liturgik der späten deutschen Aufklärung, die ab etwa 1770 zu einer breiten Bewegung anwuchs, hat sich zum Träger der Individualisierung im Gottesdienst gemacht. Die auch problematischen Auswüchse dieser Umgestaltung haben dann eine Gegenbewegung ausgelöst, in der Orthodoxie und Erweckungsbewegung sich verbündet haben. Sie richtete sich gegen die „Auflösung der alten gottesdienstlichen Formen" (P.Graff[14]) und gegen die mit dem Subjektivismus einhergehende Auflösung der objektiven Gehalte der kirchlichen Lehre und Liturgie. Sie bekämpfte den modernen Individualismus, indem sie die Autorität der alten reformatorischen Gottesdienstordnungen wiederherzustellen suchte. Das verführbare, schwache Subjekt, das sich dem Zeitgeist so gern anpasst, sollte durch starke Institutionen eingebunden werden.

Wie das Verhältnis zwischen Individuum und Gemeinschaft, Einzelnem und Allgemeinem, Tradition und Gegenwart im Gottesdienst zu bestimmen ist und welche liturgische Gestalt daraus folgt, das wird seither kontrovers diskutiert. Positionelle Polarisierung einerseits, Bemühungen um Ausgleich andererseits wech-

---

12 Natürlich wurde in der lutherischen Orthodoxie die Subjektivität nicht ausgeschlossen. „Das Zeitalter der Orthodoxie ist die klassische Periode des Kirchenliedes und der Erbauungsschriften" (H. Leube: Orthodoxie und Pietismus, Berlin 1975, 20, zit. von T. Koch: Lutherische Frömmigkeit im Zeitalter der Orthodoxie, in: BThZ 8, 1991, 139–146, 141). Dem nachreformatorischen Christentum ist ebenso wie Luther selbst „eine Unterscheidung oder gar ein Gegensatz von Theologie und Religion, von Theologie und Frömmigkeit gänzlich undenkbar", betont Koch (ebd.). Aber: „In dem Sinne, dass die ‚reine Lehre' des dogmatischen Systems unverrückbar auf der Heiligen Schrift beruht, war diese Theologie ein ‚fertiges' System. Da gab es keinen internen Zweifel, keine offene Wahrheitssuche, also kein Selbstdenken. Sondern es gab nur die Übernahme des vorliegend Ausgesagten und ein Sichhineindenken in das Vorliegende" (142). Das ändert sich.
13 Vgl. A. Ehrensperger: Die Liturgik der späten deutschen Aufklärung (1770–1815), Zürich 1971; O. Jordahn: Georg Friedrich Seiler. Der Liturgiker der deutschen Aufklärung, in: JLH 14 (1969), 1–62; vgl. TRE 14 (1985), 61–64.
14 Vgl. P. Graff: Geschichte der Auflösung der alten gottesdienstlichen Formen in der evangelischen Kirche Deutschlands, Göttingen, Bd. 1: 1921; Bd. 2: 1939. Dazu jetzt J. Cornelius-Bundschuh: Liturgik zwischen Tradition und Erneuerung. Probleme protestantischer Liturgiewissenschaft in der ersten Hälfte des 20. Jahrhunderts dargestellt am Werk von Paul Graff, Göttingen 1991.

seln sich ab. Das ganze 19. und 20. Jahrhundert ist durchzogen vom Agendenstreit.

Ein Vermittlungsvorschlag besonderer Qualität stammt von Friedrich Schleiermacher. Schleiermacher hat zu Anfang des 19. Jahrhunderts den Versuch gemacht, die starren Fronten zwischen Orthodoxie und Aufklärung zu überwinden und in der Glaubenslehre wie in der gottesdienstlichen Praxis das Individuelle mit dem Allgemeinen zusammenzudenken. Allerdings – und darin liegt Schleiermachers Modernität – in einer am Individuum orientierten Fassung, d.h. auf der Basis einer subjekttheoretischen Neubestimmung des religiösen Verhältnisses selbst[15]. Der Glaube ist als individueller Akt zugleich ein gemeinschaftlicher Vollzug. Das Gottesbewusstsein impliziert Mitteilung und Austausch. Der Gemeinschaftscharakter des Gottesdienstes ist ursprünglich und nicht sekundär. Der einzelne Christ, sagt Schleiermacher, „ist ohne Gemeinschaft gar nicht zu denken; folglich ist ihm immer die Communikation seiner momentanen Zustände aufgegeben"[16]. So hat Schleiermacher die Beziehung zwischen Individuum und Gemeinschaft neu gedacht und ein Konzept von Gottesdienst entwickelt, in dem Freiheit und Ordnung, persönliche Überzeugung und kirchliches Bekenntnis, das Lokale und das Gesamtkirchliche zusammengehören[17]. Daraus ergab sich ein umfassendes Reformprogramm für die Erneuerung von Kirche und Gottesdienst. Mit ihm ist Schleiermacher zunächst gescheitert. Im Streit um die Agende, die der preußische König Friedrich Wilhelm III. seiner Landeskirche verordnet hat, unterlagen er und seine liberalen Mitstreiter. Aber die Aufgabe, einen Ausgleich zwischen dem Einzelnen und dem Ganzen herzustellen, war mit dem Sieg der konservativen Kräfte nicht erledigt.

Die Liturgiegeschichte des 19. und 20. Jahrhunderts zeigt: Das Problem lässt sich auf die Dauer nicht durch einseitige Lösungen entscheiden, obwohl man es immer wieder versucht hat. Wir sind durch eine Reihe neuerer Untersuchungen inzwischen in der Lage, das besondere Profil und die wechselseitige Zusammengehörigkeit der liturgischen Positionen der konfessionellen Lutheraner und der

---

[15] Vgl. aus der neueren Literatur zu Schleiermacher nur U. Barth: Christentum und Selbstbewusstsein. Versuch einer rationalen Rekonstruktion des systematischen Zusammenhanges von Schleiermachers subjektivitätstheoretischer Deutung der christlichen Religion, Göttingen 1993; W. Gräb: Predigt als Mitteilung des Glaubens. Studien zu einer prinzipiellen Homiletik in praktischer Absicht, Gütersloh 1988; F.W. Graf: Protestantische Theologie und Formierung der bürgerlichen Gesellschaft, in: Ders. (Hg.): Profile des neuzeitlichen Protestantismus, Bd. 1, Gütersloh 1998, 11–54; H. Luther: Praktische Theologie als Kunst für alle. Individualität und Kirche in Schleiermachers Verständnis Praktischer Theologie, in: ZThK 84, 1987, 371–393; W. Steck: Schleiermacher am Reißbrett: „Die Praktische Theologie ist nicht die Praxis, sondern die Theorie", in: PthI 12, 1992, 223–250.
[16] F. Schleiermacher: Die christliche Sitte, hg. v. Ludwig Jonas (SW I/12), Berlin ²1884, 509f.
[17] „Die Gemeinschaftsformen und Kommunikationssituationen des kirchlichen Lebens", so hat Wolfgang Steck Schleiermachers Intention zusammengefasst, „müssen so organisiert werden, dass der Einzelne den seiner kommunikativen Produktivität und Rezeptivität entsprechenden Ort im Ganzen der christlichen Lebenswelt findet" (a.a.O., s. Anm. 15, 239).

Liberalen präziser zu erkennen[18]. Das ermöglicht und verlangt eine Revision des immer noch vorherrschenden Bildes der Geschichte des Gottesdienstes seit der Aufklärung. Und es hätte durchaus aktuelle Bedeutung. Ich behaupte: Erst die „Erneuerte Agende", deren Vorentwurf 1990 erschienen ist und zur Zeit in den Landeskirchen diskutiert wird, hat daraus die richtigen Konsequenzen gezogen. Die „Erneuerte Agende" verfolgt ja das Ziel, in der Gestaltung des Gottesdienstes Individuum und Gemeinschaft, Tradition und Gegenwart, Pluralität und Einheit in einer ausbalancierten Weise zur Geltung zu bringen. Dass dies – ein liberales Anliegen – jetzt offiziell anerkannt wird, lässt hoffen, dass die Kirchen, soweit Agenden dazu beitragen können, für den Umgang mit den Herausforderungen im Spannungsfeld von Individuum und Gemeinschaft besser gerüstet sind.

Es gibt ein zweites Beispiel, das noch deutlicher erkennen lässt, wie sehr der Prozess der Individualisierung Theorie und Praxis, das Verständnis und die Gestaltung des Gottesdienstes beeinflusst hat: das sind die Amtshandlungen. Die Herausbildung eines zusammenhängenden Zyklus von gottesdienstlichen Feiern, bei denen der Einzelne bzw. die Familie im Mittelpunkt steht, ist ein spezifisch neuzeitlicher Vorgang. Natürlich gab es auch vorher Taufe, Trauung, Beerdigung, und auch die Konfirmation ist bereits im 16. Jahrhundert in vielen reformatorischen Kirchen eingeführt worden. Aber erst vom späten 18. Jahrhundert an werden die entsprechenden gottesdienstlichen Handlungen konsequent von ihrem biographischen Bezugspunkt her verstanden und gestaltet. Und sie werden Zug um Zug individualisiert. Das Allgemeine des Kasus wird auf das Individuelle appliziert. Predigt und Gebete deuten die Handlung vom Einzelfall her und auf den Einzelfall hin.

Die Individualisierung und Familiarisierung der Amtshandlungen ist ein kreativer Vorgang. Die evangelische Kirche hat damit phantasievoll und eigenständig auf den gesellschaftlichen Wandel vom „ganzen Haus" zur bürgerlichen Familie reagiert. Das hat den Kasualgottesdiensten zu einer neuen lebenspraktischen Relevanz verholfen (es hat im übrigen sein Pendant gefunden in der Personalisierung und Familiarisierung der großen Kirchenjahresfeste und Festzeiten, vor allem Advent und Weihnachten). Die nachlassende öffentliche Relevanz des normalen sonntäglichen Gemeindegottesdienstes ist auf diese Weise wenigstens zum Teil ausgeglichen worden.

---

18 Vgl. J. Kampmann: Die Einführung der Berliner Agende in Westfalen. Die Neuordnung des evangelischen Gottesdienstes 1813–1835, Bielefeld 1991; M. Kiessig: Johann Wilhelm Friedrich Höfling – Leben und Werk, Gütersloh 1991; H. Kerner: Reform des Gottesdienstes. Von der Neubildung der Gottesdienstordnung und Agende in der evangelisch-lutherischen Kirche in Bayern im 19. Jh. bis zur Erneuerten Agende, Stuttgart 1994; U. Wüstenberg: Karl Bähr (1801–1874). Ein badischer Wegbereiter für die Erneuerung und die Einheit des evangelischen Gottesdienstes, Göttingen 1995; K. Klek: Erlebnis Gottesdienst. Die liturgischen Reformbestrebungen um die Jahrhundertwende unter Führung von Friedrich Spitta und Julius Smend, Göttingen 1996.

Eine dritte Entwicklung muss in diesem Zusammenhang noch genannt werden, weil sie aufs Ganze gesehen vielleicht die stärksten Auswirkungen auf das gottesdienstliche Leben gehabt hat. Die Individualisierung macht sich seit der Aufklärung nicht nur bemerkbar im Verhalten des Einzelnen im Gottesdienst, sondern in seinem Verhältnis zum Gottesdienst. Denn seitdem bestimmen die Individuen selbst über Art und Häufigkeit des Kirchgangs.

Auch hier gibt es langfristige Entwicklungstrends, doch die Richtung ist deutlich: Der Gottesdienstbesuch wird nicht mehr von den kollektiven Instanzen Kirche oder lokale Gemeinschaft angeordnet und durch obrigkeitliche Sanktionen oder soziale Kontrolle durchgesetzt. Die Kirchgangssitte wird vielmehr Sache der Einzelnen, genauer: Sie wird (und das ist auf lange Sicht zunächst noch der Fall) in den Familien entschieden. Das ist ein Prozess, der in den Städten beginnt und sich dann langsam auf dem Lande fortsetzt (z.T. erst nach dem Zweiten Weltkrieg). Seit der Aufklärung gibt es in den staatskirchlichen bzw. volkskirchlichen Verhältnissen, wie sie in Deutschland herrschen, eine charakteristische Zweiteilung in der Teilnahme am Gottesdienst: Nur noch eine Minderheit, die sog. Kerngemeinde der Hochverbundenen, besucht den Gottesdienst von Sonntag zu Sonntag, also im Wochen- oder Monatsrhythmus. Die Mehrheit dagegen geht nur an den hohen kirchlichen Jahresfesten und bei familiären Anlässen zur Kirche, für sie ist die jahreszyklische und lebenszyklische Beteiligung das verbreitete und selbstverständliche Kirchgangsmuster[19]. Jenseits dieser Gewohnheiten müssen es besondere Anlässe sein, um einen zum Gottesdienstbesuch zu motivieren. Wie hartnäckig sich diese Muster durchhalten, hat sich nicht nur im Westen, sondern auch auf dem Boden der DDR gezeigt, wo sich keineswegs ein strukturell völlig anderes Gottesdienstverhalten ausgebildet hat[20].

Wenn man also das Verhältnis von Individuum und Gemeinschaft im Gottesdienst präzise beschreiben will, muss man die Sachverhalte auf verschiedenen Ebenen untersuchen: erstens auf der Ebene der inhaltlich-theologischen Sinndeutung, wo es um die Themen des Gottesdienstes geht, um die Auslegung der Welt, des öffentlichen und privaten Lebens im Lichte des Evangeliums; zweitens auf der Ebene der kommunikativen Beziehungen im Gottesdienst, der gottesdienstlichen Rollen, der Partizipation der Laien, der Kooperation zwischen Amt und Gemeinde, Männern und Frauen, Erwachsenen und Kindern; und drittens auf der Ebene des Verhaltens zum Gottesdienst im Blick auf die Zeitmuster der Beteiligung am gottesdienstlichen Lebens, die den Ort des Gottesdienstes in der alltäglichen und festtäglichen Lebenswelt betreffen. Auf allen drei Ebenen gibt es Konti-

---

19 Vgl. TRE 14 (1985), 63f., 68.
20 Das belegen die Ergebnisse der dritten Kirchenmitgliedschaftsuntersuchung der EKD von 1992. Vgl. zur vorläufigen Auswertung: Fremde Heimat Kirche. Ansichten ihrer Mitglieder, hg. von der Studien- und Planungsgruppe der EKD, Hannover 1992, bes. 23ff.

nuität und Wandel. Und neue Herausforderungen. Die Herausforderungen werden oft vor allem in dem dritten Bereich der Entwicklung der Teilnahmezahlen wahrgenommen. In der Perspektive der Individualisierung wirken sie als Bedrohung. Denn Individualisierung heißt Enttraditionalisierung der Beziehungen zur Institution Kirche. Und das weckt Angst. Die gängigen Interpretationen der Kirchgangszahlen suggerieren einen nahezu schicksalhaften Trend. „Die Kirchen werden immer leerer." Abnehmende Zahlen, schwindende Bedeutung. Daraus ergibt sich ein anscheinend irreversibler Prozess der Entwertung – und Selbstentwertung. Ich halte diese Deutung für einseitig. Sie beruht zum nicht geringen Teil auf Klischees der Wahrnehmung und auf mangelnder Differenzierung[21].

Ich glaube, die neuen Herausforderungen sind nicht vorrangig eine Bedrohung. Ich bin überzeugt: Der Gottesdienst hat eine wichtige allgemeine, für das Leben der Einzelnen und für den Zusammenhalt der Gesellschaft unverzichtbare Funktion. Wir haben Anlass, ohne die Schwierigkeiten zu verharmlosen, selbstbewusst auf die neuen Herausforderungen zu reagieren, sie mitzugestalten und die momentan, was den Gottesdienst betrifft, eher resignative Stimmung in ein realistisches Aufgabenbewusstsein zu verwandeln.

Dazu will ich jetzt im 3. Teil einige Überlegungen vortragen, die sich auf die Debatte um Individualisierung und Gemeinschaft beziehen. Ich kann und will diese Debatte hier nicht als solche darstellen. Mich interessieren die Folgen für den Gottesdienst. Aber ich will doch kurz andeuten, worum es jeweils geht.

3 Individuum und Gemeinschaft im Gottesdienst – neue Herausforderungen

Der Vorgang der Individualisierung betrifft die Herauslösung der einzelnen Subjekte aus vorgegebenen sozialen Lebensformen jenseits von Klasse, Stand und Religion. Die vorgegebenen, verordneten Identitäten zerfallen, kollektive Bindungen lösen sich auf. Das Individuum wird freigesetzt und muss sich selbst organisieren. Der Einzelne, die Einzelne findet sich in unübersichtlichen Lebenslagen vor und muss sich neu orientieren. Wesentlich für die Analyse, wie sie vor allem Ulrich Beck und Elisabeth Beck-Gernsheim und darauf aufbauend andere Soziologen entwickelt haben[22], ist die Einsicht, dass es sich bei der Individualisierung

---

21 Vgl. P. Cornehl: Teilnahme am Gottesdienst. Zur Logik des Kirchgangs – Befund und Konsequenzen, in: J. Matthes (Hg.): Kirchenmitgliedschaft im Wandel. Beiträge zur zweiten EKD-Umfrage „Was wird aus der Kirche?", Gütersloh 1990, 15–53.
22 Vgl. U. Beck: Risikogesellschaft. Auf dem Weg in eine andere Moderne (es 1365), Frankfurt/M. 1986; Die Erfindung des Politischen. Zu einer Theorie reflexiver Modernisierung (es 17080), Frankfurt/M. 1993; U. Beck/E. Beck-Gernsheim: Das ganz normale Chaos der Liebe (st 1725), Frankfurt/M. 1990; dies. (Hg.): Riskante Freiheiten. Individualisierung in modernen Gesellschaften (es

nicht nur um ein Phänomen eines bestimmten Lebensstils im bürgerlich-intellektuellen Milieu handelt, sondern um Entwicklungen, die von den gesellschaftlichen Basisverhältnissen selbst her erzwungen werden.

Die These von der Individualisierung der Lebensformen hat zwei Seiten. „Individualisierung meint zum einen die Auflösung vorgegebener sozialer Lebensformen – zum Beispiel das Brüchigwerden von lebensweltlichen Kategorien wie Klasse und Stand, Geschlechtsrollen, Familie, Nachbarschaft usw.; oder auch, wie im Fall der DDR und anderer Ostblockstaaten, der Zusammenbruch staatlich verordneter Normalbiographien, Orientierungsrahmen und Leitbilder."[23] Individualisierung meint zum anderen: Das Individuum muss sich selbst herstellen, der Einzelne, die Einzelne muss sich die Vorgaben, die die Gesellschaft (der Arbeitsmarkt, das Bildungssystem, der Sozialstaat) bereithält, selbständig aneignen. Die Individuen sind zur Eigeninitiative herausgefordert. Das gilt im beruflichen wie im privaten Bereich. Die Entwicklungen auf dem Arbeitsmarkt, im Bildungsbereich, in Familien und Partnerschaften nötigen die Einzelnen, sich in oft sehr komplizierten Verhältnissen zurechtzufinden. Die Freiheiten werden größer. Das Leben wird reicher, vielfältiger, aber auch widersprüchlicher, ungesicherter, stressiger – und zwar tendenziell für alle. Dieser Prozess greift nun auch auf die osteuropäischen Gesellschaften über, er führt hier in den neuen Bundesländern zu einem regelrechten „Individualisierungsschub". Es ist klar, dass dies erhebliche Auswirkungen für die Kirche, für Seelsorge und auch für den Gottesdienst haben wird.

Die Individualisierungsthese wird von Ulrich Beck allen konservativen oder linken Bedenken zum Trotz mit Optimismus und Verve vorgetragen. Er traut den zur Individualität herausgeforderten einzelnen zu, nicht nur im privaten Bereich neue Beziehungsnetze aufzubauen, sondern sich dann auch noch aktiv und offensiv in die Gestaltung der politischen Verhältnisse einzumischen, sie fröhlich aufzumischen. Aber ist dieser Optimismus so ohne weiteres berechtigt?

Da sind die sog. „Kommunitarier" („Communitarians") skeptischer. Die Debatte zwischen den Kommunitariern und den Liberalen, die seit Mitte der achtziger Jahre zunächst in den USA und in Kanada geführt worden ist, inzwischen aber auch Deutschland erreicht hat[24], geht von spezifisch amerikanischen Erfahrungen aus, beschäftigt sich aber grundsätzlich mit den ambivalenten Folgen des neuzeit-

---

1816), Frankfurt/M. 1994; U. Beck/W. Vossenkuhl/U.E. Ziegler/T. Rauter: eigenes leben. Ausflüge in die unbekannte Gesellschaft, in der wir leben, München 1995.

23 U. Beck/E. Beck-Gernsheim: Individualisierung in modernen Gesellschaften – Perspektiven und Kontroversen einer subjektorientierten Soziologie, in: Riskante Freiheiten, a.a.O., 10–39, 11.

24 Vgl. die Sammelbände von C. Zahlmann (Hg.): Kommunitarismus in der Diskussion, Berlin 1992; A. Honneth (Hg.): Kommunitarismus. Eine Debatte über die moralischen Grundlagen moderner Gesellschaften, Frankfurt/New York 1993; M. Brumlik/H. Brunkhorst (Hg.): Gemeinschaft und Gerechtigkeit, Frankfurt/M. 1993, außerdem W. Reese-Schäfer: Was ist Kommunitarismus?, Frankfurt/New York 1994.

lichen Individualismus. Die Kommunitarier, zu denen so unterschiedliche Denker wie der Philosoph Charles Taylor[25], der Politologe Michael Walzer[26] und die Forschungsgruppe um den Religionssoziologen Robert N. Bellah[27] gehören, bilden keine einheitliche Schule. Gemeinsam ist ihnen jedoch die Beunruhigung über die zunehmenden Tendenzen zur Desintegration, zur Entsolidarisierung und Entpolitisierung, wie sie überall in den westlichen Demokratien zu beobachten sind.

Verantwortlich dafür ist u.a. das Menschenbild des utilitaristischen Individualismus. Die Orientierung allein am eigenen Wohl, ein rein instrumentelles Verhältnis zu den Mitmenschen wird von der privatkapitalistischen Ökonomie gestützt und prämiert (im Hintergrund stehen Erfahrungen aus der Amtszeit der Präsidenten Reagan und Bush[28]). Besonders Bellah und seine Gruppe haben diese kritische Diagnose noch ausgeweitet auf das, was sie den „expressiven Individualismus" der „therapeutischen Bewegung" nannten. Die enorme Verbreitung der Psychotherapie in den USA und das Aufkommen neu-religiöser Strömungen wie Esoterik und New Age fördern nach ihrer Ansicht ebenfalls einen nur um sich selbst kreisenden Privatismus, der sich aus der Gesellschaft zurückzieht und ihr die Kräfte aktiver Bürgerbeteiligung entzieht[29].

Die Grundthese der Kommunitarier hat Axel Honneth deshalb auf die Formel gebracht, dass „die entscheidenden Probleme der Gegenwart nur in dem Maße vollständig in den Blick rücken können, in dem wir uns wieder auf den Begriff der Gemeinschaft zurückbeziehen"[30]. Das englische Wort „community" hat dabei nicht wie das deutsche Wort „Gemeinschaft" eine intime, gegen „Gesellschaft" abgegrenzte Bedeutung. Ihm fehlt auch der romantische Beiklang und die totalitäre Konnotation, die den Begriff „Gemeinschaft" hierzulande für viele verdächtig machen, weil er sowohl vom Nationalsozialismus wie vom Kommunismus ideo-

---

25 Vgl. C. Taylor: Negative Freiheit? Zur Kritik des neuzeitlichen Individualismus (stw 1027), Frankfurt/M. 1988; ders.: Aneinander vorbei: Die Debatte zwischen Liberalismus und Kommunitarismus (1989), in: A. Honneth (Hg.): Kommunitarismus, 103–130; ders.: Quellen des Selbst. Die Entstehung der neuzeitlichen Identität, Frankfurt/M. 1994.
26 M. Walzer: Kritik und Gemeinsinn, Berlin 1990; ders.: Die kommunitaristische Kritik am Liberalismus, in: A. Honneth (Hg.): Kommunitarismus, 157–180; ders.: Sphären der Gerechtigkeit, Frankfurt/New York 1992.
27 R.N. Bellah/R. Madsen/W.M. Sullivan/A. Swidler/S.M. Tipton: Habits of the Heart. Individualism and Commitment in American Life (1985), dt: Gewohnheiten des Herzens. Individualismus und Gemeinsinn in der amerikanischen Gesellschaft, Köln 1987; dies.: The Good Society, New York 1991. Vgl. auch R.N. Bellah: Zivilreligion in Amerika, in: H. Kleger/A. Müller (Hg.): Religion des Bürgers. Zivilreligion in Amerika und Europa, München 1986, 19–41. Dazu R. Schieder: Civil Religion. Die religiöse Dimension der politischen Kultur, Gütersloh 1987, bes. 190ff; K.-M. Kodalle: Zivilreligion in Amerika: Zwischen Rechtfertigung und Kritik, in: Ders. (Hg.): Gott und Politik in USA, Frankfurt/M. 1988, 19–73.
28 Vgl. auch A. Etzioni: The Moral Dimension (1988), dt.: Jenseits des Egoismus-Prinzips. Ein neues Bild von Wirtschaft, Politik und Gesellschaft, Stuttgart 1994.
29 Vgl. R.N. Bellah: Gewohnheiten des Herzens, bes. 143ff.
30 Honneth: Individualisierung und Gemeinschaft, in: Zahlmann (Hg.): Kommunitarismus in der Diskussion, 16–23, 17.

logisch missbraucht worden ist. Die Kommunitarier sind nicht antiliberal[31]. Die Menschen- und Freiheitsrechte des Einzelnen werden von ihnen nicht infrage gestellt, sie sind selbstverständlich bejahte Voraussetzung. Gesucht wird eine Gemeinschaft, in der es gemeinsam geteilte Werte und Normen gibt, gesucht werden Traditionen, die über die formellen Freiheitsgarantien des liberalen Rechtsstaates hinaus imstande sind, inhaltliche Orientierungen für ein bürgerliches Engagement zu geben und über das individuelle Kalkül hinausreichende Bindungen zu schaffen. Verständlich, dass sich das Interesse hier besonders auf die konkreten religiösen Gemeinschaften richtet (Michael Walzer ist Jude, Robert N. Bellah ist Protestant, Charles Taylor und Alasdair MacIntyre sind Katholiken). Und verständlich, dass von daher auch eine Einrichtung wie der Gottesdienst positiveres Interesse erfährt als bei den kirchen- und institutionenkritischen Individualisierungstheoretikern.

Dennoch scheint es angeraten, die beiden Richtungen nicht gegeneinander auszuspielen. Gerade die evangelische Theologie kann sich von ihrem ureigenen reformatorischen Ansatz und ihrer neuprotestantischen Tradition her unbefangen auf den Prozess der Individualisierung einlassen. Ich folge deshalb zunächst der Spur der Individualisierung – mit den kommunitaristischen Korrekturen, die von der Sache her geboten sind.

In fünf Thesen möchte ich meine Überlegungen zusammenfassen. Sie beziehen sich auf das Recht des Individuums (1) und auf das, was es transzendiert, auf die Bedeutung der Tradition (2), auf die Hilfe der Form (3), auf die Rolle der Sakramente (4) und auf den Wert der Feiertage (5).

1. Die Kirche nimmt die Einzelnen ernst, indem sie respektiert, dass sie ihr Verhältnis zum Gottesdienst selbst bestimmen und über das Maß an Distanz und Nähe selbst entscheiden. Im Gottesdienst wird sie alles tun, um die Menschen zu beteiligen, indem sie ihren Themen und Erfahrungen Raum gibt und die Individuen ermutigt, ihren Glauben selbst zur Sprache zu bringen.

Jeder Einzelne, jede Einzelne entscheidet selbst unvertretbar in eigener Person über ihre Beziehung zu Gott und zum Glauben. Diese reformatorische Einsicht ist heute von neuer Aktualität. In einer sich zunehmend individualisierenden Gesellschaft nimmt niemand auf die Dauer dem Einzelnen die Gestaltung des religiösen Lebens ab. „Im Ernstfall des Glaubens, in seinem Alltag ist der Christ allein", hat Ernst Lange schon vor 30 Jahren festgestellt.[32] Wer das Glück hat, in einer Familie aufzuwachsen, für die der Gottesdienst etwas bedeutet und für die die Ge-

---

[31] Zumindest Taylor und Walzer lassen keinen Zweifel daran, dass sie darin mit ihren liberalen Kontrahenten – wie z.B. Rawls – übereinstimmen.

[32] E. Lange: Chancen des Alltags. Überlegungen zur Funktion des christlichen Gottesdienstes in der Gegenwart (1965), München ²1984, 151.

meinde eine Heimat ist, hat es leichter (vorausgesetzt, er macht da gute Erfahrungen). Aber spätestens im Jugendlichenalter, wenn der Einfluss des Elternhauses nachlässt, muss sich jeder selbst entscheiden, was er, was sie will. Wer heute zum Gottesdienst geht, zum Friedensgebet kommt, ein Kirchenkonzert besucht, tut dies aus eigener Wahl und nicht selten gegen das, was in seiner Umgebung üblich ist. Wer heute getauft, konfirmiert oder kirchlich getraut werden will, weiß in der Regel, was er will. Zumindest sollten wir davon ausgehen und die entsprechenden Motivationen nicht verdächtigen. Die, die kommen, sind willkommen – und das sollten sie auch merken!

Die Freiheit der Wahl im Verhältnis zum Gottesdienst anerkennen, heißt die ganze Bandbreite unterschiedlicher Beteiligungsformen anerkennen. Es heißt auch, den Freiheitsvorbehalt respektieren, den evangelische Christen in ihrem Kirchgangsverhalten internalisiert haben, das Recht, Nähe und Abstand selbst zu regeln, auch wenn uns das manchmal schwer fällt.

Die Individuen im Gottesdienst ernstnehmen, heißt, sie beteiligen, als Einzelne oder als Gruppe – mit ihren Themen, mit ihren besonderen Erfahrungen, mit ihrem Glauben und ihren Zweifeln, ihren Beschädigungen, mit dem, woran sie leiden und worauf sie hoffen. Dafür gibt es viele Möglichkeiten, direkte und indirekte: durch ein Zeugnis, durch einen Bericht von der letzten Synode, durch einen Beitrag zur Textauslegung, durch Predigtgespräche, durch ein Bild, durch ein Stück Musik, durch eine Fürbitte oder einen Lobpreis. Die Beteiligung der Gemeinde am Gottesdienst zu fördern, ist das erste Kriterium der „Erneuerten Agende"[33]. Wenn die partizipatorische Qualität des Gottesdienstes als Ziel grundsätzlich anerkannt ist, wird man im konkreten Fall dafür auch Formen finden, die der jeweiligen Situation angemessen sind und niemanden überfordern.

Ich komme noch einmal auf die beiden Ausgangsszenen zurück. Ich sagte bereits: Zu den eindrücklichsten Elementen der Friedensgebete vor fünf Jahren gehörten die „Zeugnisse der Betroffenheit" und die Fürbitten. Und ich habe auf die Gebetswand in der Thomaskirche und die sehr persönlichen Bitten, die dort von Menschen formuliert wurden, hingewiesen. Wer ein Anliegen auf einen der Gebetszettel schrieb, tat dies anonym (oder signierte mit Vornamen). Insofern war der Ich-Einsatz zwar vorhanden, er blieb aber gleichsam voröffentlich. Einen großen Schritt weiter ging man überall dort, wo man – wie z.B. in Wittenberg – es wagte, freie Fürbitten bei offenen Mikrophonen zu halten. Das war in den Wochen vor dem November sehr wohl ein Wagnis. Denn man musste damit rechnen, dass auch solche Äußerungen von den Spitzeln der Stasi registriert wurden. Hört

---

33 Vgl. Erneuerte Agende. Vorentwurf, Hannover 1990, 10.23ff.; vgl. F. Baltruweit/G. Ruddat: Gemeinde gestaltet Gottesdienst. Arbeitsbuch zur Erneuerten Agende, Gütersloh 1994, 28ff.; G. Roth: Die Beteiligung der Gemeinde, in: H.-C. Schmidt-Lauber/K.-H. Bieritz (Hg.): Handbuch der Liturgik, Leipzig/Göttingen 1995, 746–760.

man die Tonbandaufnahmen (die von den Veranstaltern wenigstens teilweise gemacht worden sind), ist man überwältigt, in welch persönlicher Weise davon Gebrauch gemacht wurde, wie ernst, offen und mutig die Menschen geredet haben[34]. Das hat sich bei anderen Gelegenheiten, z.B. während des Golfkrieges, wiederholt. Es sollte auch in normalen Zeiten viel selbstverständlicher werden.

Nehmen wir das andere Beispiel hinzu: Wer sich heute in einem Gottesdienst kirchlich trauen lässt, weiß sehr wohl, wie riskant das Experiment einer Lebensgemeinschaft ist. Viele ziehen daraus die Konsequenzen, keine Bindungen auf Dauer mehr einzugehen. Emotionale „Investitionsvorbehalte" nennen das die Soziologen (die ja ein besonderes Vergnügen daran haben, personale Beziehungen in ökonomischer Begrifflichkeit auszudrücken)[35]. Vor diesem Hintergrund ist das Trauversprechen ein kühnes Unterfangen, zumal wenn sich zwei Menschen direkt zusprechen: „Ich nehme dich zu meinem Ehemann, zu meiner Ehefrau ..." – und zwar nicht nur bis zur nächsten Krise, sondern ein Leben lang, „in Reichtum und Armut, in Krankheit und Gesundheit, in guten wie in bösen Tagen", ja sogar „bis der Tod uns scheidet". Die so etwas versprechen, und dann auch noch öffentlich vor anderen und vor Gott, überschreiten die übliche Vorsicht (und alle guten Gründe, so vorsichtig zu sein). Sie binden sich selbst auf emphatische Weise. Sie versprechen etwas, was sie von sich aus redlicherweise kaum versprechen können. Sie sind ein bisschen außer sich. Aber sie lügen nicht. Sie lieben. Sie haben sich auf die Liebe eingelassen und sie als eine Kraft erfahren, die sie auf wunderbare Weise über ihre eigenen Grenzen hinausgeführt hat und in der sie auf ebenso wunderbare Weise Gott begegnet sind.

Deshalb folgt auf das Trauversprechen der Trausegen. In der Bitte um den Segen und im Empfang des Segens unter Handauflegung erkennen die Eheleute an, dass sie in ihrer Gemeinschaft angewiesen sind auf ein Gelingen, über das sie nicht verfügen, auf das sie aber vertrauen. Die Bitte um Segen und das Vertrauen auf Gottes Beistand sind kein Verzicht auf den Ich-Einsatz. Im Gegenteil. Der Glaube macht Mut, die Schwierigkeiten des Alltags gemeinsam zu bestehen. Aber dazu gehört auch so etwas wie Demut, die nötig ist, damit die Rede von der Selbstherstellung, zu der die Individualisierung herausfordert, nicht zu einem hybriden Zwang totaler Selbsterschaffung wird – wie es in einigen Äußerungen von

---

[34] Für die Wittenberger „Gebete um Erneuerung" existieren Tonbandmitschnitte von Friedrich Schorlemmer. Ausgewertet von K.-U. Bronk: Der Flug der Taube und der Fall der Mauer. Die Wittenberger Gebete um Erneuerung im Herbst 1989 (APrTh 16), Leipzig 1999.
[35] Vgl. T. Rauschenbach: Inszenierte Solidarität: Soziale Arbeit in der Risikogesellschaft, in: Riskante Freiheiten, a.a.O. (s.o. Anm. 22), 104. Rauschenbach nennt das auch eine „gebremste Form" der Selbstinvestition, ebd., 105. Dem entspricht die Mentalität des nur „bis auf weiteres ...", zit. Z. Bauman, ebd., 13.

Ulrich Beck den Anschein hat[36], der vielleicht doch nicht zugeben kann, dass das Leben Geschenk ist.

2. Der Gottesdienst hilft dem Einzelnen, indem er ihn nicht sich selbst überlässt, sondern ihn mit einem größeren Ganzen verbindet. Im Gottesdienst begegnet das Individuum den Geschwistern, den Vätern und Müttern im Glauben. Es begegnet der Bibel, ihren Erzählungen, ihrer Weisheit, ihren Geboten und Verheißungen, und es begegnet der Wirklichkeit des Unbedingten: Gott.

In ihrer Kritik am neuzeitlichen Individualismus haben die Kommunitarier darauf hingewiesen, dass die Konstruktion des emanzipatorischen Subjekts, das sich als Selbst konstituiert dadurch, dass es sich von allen Kontexten befreit, eine Abstraktion ist[37]. Eine solche Abstraktion mag in bestimmten Gedankengängen ein argumentatives Recht haben, sie bleibt eine Abstraktion. Der Mensch lebt auch als Einzelner immer in konkreten sozialen Zusammenhängen. Er teilt eine bestimmte Sprache, teilt bestimmte Lebensformen, wird eingeführt in Sitten und Bräuche, Riten und Symbolhandlungen der Gemeinschaft, in der er/sie aufwächst. Das Individuum bildet sich durch Teilnahme an Überlieferung. Es wird zu einem erfüllten Selbst in dem Maße, wie es an der Kultur der Gemeinschaft, in der es aufwächst, partizipiert, an ihren Geschichten und Mythen, die die Welt bewohnbar machen und das Leben deuten. Man kann dem Einzelnen nur wünschen, dass es eine reiche, keine verarmte, sprachlose Kultur ist.

Es ist wichtig für den Einzelnen und für die Gemeinschaft, dass die Tradition einen öffentlichen Ort hat, an dem sie präsent ist, wo sie proklamiert und inszeniert, ausgelegt und aktualisiert wird. Der Gottesdienst ist ein solcher öffentlicher Ort. Er ist ein Raum für die biblischen Texte, die hier zu Gehör kommen. Die Bibel ist kein Katalog von Vorschriften, kein geschlossenes dogmatisches System, sondern ein Schatz von Geschichten. Sie erzählen, wie Menschen Gott begegnet sind und wie sie auf die Offenbarung des Heiligen geantwortet haben. Sie erzählen vom Wunder der Schöpfung, von der Bedrohung durch die Sintflut, von der Befreiung aus dem Sklavenhaus. Sie erzählen von Jesus und vom Anbruch des Reiches Gottes in der Begegnung mit ihm. Sie bezeugen Kreuz und Auferstehung, sie öffnen den Blick auf die eschatologische Vollendung aller Dinge. Die Kirche ist eine Erzählgemeinschaft und eine Hoffnungsgemeinschaft. Sie lebt von dem

---

[36] Vgl. a.a.O., 12. Zugleich registriert Beck die Wiederkehr des Religiösen in der postreligiösen Gesellschaft: „Die Entscheidungen der Lebensführung werden ‚vergottet'. Fragen, die mit Gott untergegangen sind, tauchen nun im Zentrum des Lebens neu auf. Der Alltag wird postreligiös ‚theologisiert'" (ebd., 19). Vgl. dazu die aufschlussreichen Analysen in U. Beck/E. Beck-Gernsheim: Das ganz normale Chaos der Liebe, a.a.O. (s. Anm. 22), 20ff., 222ff.

[37] Vgl. M. Sandel: Die verfahrensrechtliche Republik und das ungebundene Selbst (1984), in: Honneth (Hg.): Kommunitarismus, 18–35; A. McIntyre: After Virtue (1981), dt.: Der Verlust der Tugend, Frankfurt/M. 1987; v.a. C. Taylor: Quellen des Selbst, Frankfurt/M. 1994.

Schatz der Erinnerungen. Der Gottesdienst ist der Ort, an dem dieser Schatz ausgeteilt wird.

Es ist nicht gleichgültig, welche Tradition ein Mensch kennenlernt, welche Erzählungen er hört, welche Gestalten ihn begleiten. Es ist nicht gleichgültig, welche Normen und Werte eine Gesellschaft kennt, welchem Bild vom Menschen sie sich verpflichtet weiß, welche Vision vom guten Leben in ihr lebendig ist. Es war von großer Bedeutung damals in der DDR, dass das biblische Wort öffentlich zu Gehör gebracht werden konnte und dass sich Christen mit der Bibel in den Streit um die Wirklichkeit eingemischt haben. Jürgen Ziemer hat gezeigt, welche Relevanz die biblischen Visionen, Mahnungen und Tröstungen in der Zeit der „Wende" gehabt haben: die Geschichte vom Exodus und der Wüstenwanderung, der prophetische Ruf zur Umkehr, die Utopien vom Frieden, die Mahnung des Bergpredigers zur Gewaltlosigkeit[38]. Nichts davon ist überholt. Und wenn wir es nicht allein dem Markt, der Werbung und den Medien überlassen wollen, die Bilder vom Leben zu prägen, dürfen wir nicht nachlassen, die allgemeine Relevanz der biblischen Tradition öffentlich zu Gehör zu bringen und sie in den Herzen der Menschen zu verankern.

Es gehört zur Eigenart der biblischen Überlieferung, dass sie nicht einstimmig ist, sondern vielstimmig, lebendig, widersprüchlich. Es sind geschichtliche Zeugnisse. Deshalb brauchen sie Auslegung. Sie müssen interpretiert und individuell angeeignet werden. Diese Vielstimmigkeit ist manchmal verwirrend (nicht nur für Laien). Sie mutet dem Einzelnen zu, sich selbst ein Bild zu machen. Aber auch das ist eine positive Herausforderung, sich nicht einfach abzufinden mit den Erklärungen der professionellen Schriftgelehrten, Pfarrerinnen und Pfarrer. Es setzt die Individuen frei, mit ihrer Erfahrung, mit ihrem Urteil selbst zu urteilen, was die Texte heute bedeuten. Die Persönlichkeit bildet sich im Umgang mit der Tradition. Dabei behält die Tradition gegenüber allen Auslegungsbemühungen einen Überschuss an Bedeutung, die immer wieder zu neuen Aneignungen und Aktualisierungen nötigt. Das heißt für den Glauben: Christ wird man im Dialog mit der Bibel. Das ist die reformatorische Urerkenntnis. Dafür ist auch im Gottesdienst Raum zu geben durch Beteiligung der Gemeinde an der Kommunikation des Evangeliums.

Wir werden uns im Übrigen daran gewöhnen müssen, dass es keine Einstimmigkeit im Verständnis des Evangeliums gibt und keine unkritische Rezeption der Tradition. Kritisches Hinterfragen der Geltungsansprüche der Tradition ist notwendig, denn die Tradition ist ja auch Macht, und sie ist immer wieder missbraucht worden. Michael Walzer hat am Beispiel der Gesellschaftskritik der bibli-

---

[38] Vgl. J. Ziemer: Die Bibel als Sprachhilfe. Zum Bibelgebrauch in den Kirchen während der ‚Wende' im Herbst 1989, in: PTh 81, 1992, 280–291.

schen Propheten gezeigt, dass die schärfste Kritik nicht von außen kommt, sondern von innen. Sie ist kritische Interpretation der Überlieferung aus einer engagierten Teilnahme an der Tradition heraus, sie erneuert deren ursprüngliche Intention[39].

Etwas Entsprechendes geschieht gegenwärtig in der feministischen Theologie. Sie ist in mancher Hinsicht ähnlich unbequem, wie es die alten Propheten waren. Es ist nötig, dass wir Männer das verstehen. Die Bibel ist ein Dokument einer patriarchalen Kultur, ihr Gottes- und Menschenbild ist überwiegend männlich geprägt. Die Texte spiegeln wie selbstverständlich männliche Dominanz. Das macht es vielen Frauen schwer, in dieser Tradition ganz zu Hause zu sein. Auch die Frauen, die sich nicht dezidiert als Feministinnen verstehen, leiden unter Missachtung und Diskriminierung, sie fühlen sich in ihrer Würde verletzt. Sie können sich nicht vorbehaltlos mit der Tradition identifizieren. Sie müssen den befreienden Sinn der Überlieferung immer neu durch kritische Interpretation erarbeiten. Die feministische Theologie ist die einzige Befreiungstheologie, die auf eine kritische Hermeneutik nicht verzichten kann (es gibt keinen feministischen Biblizismus!). Sie leistet damit einen stellvertretenden Dienst für uns alle, weil sie uns zwingt, unser Reden von Gott und vom Heil immer wieder zu prüfen.

Ich komme jetzt im engeren Sinne zur Funktion der Liturgie. In der dritten These geht es um die Einsicht in die Bedeutung der Form für den Gottesdienst.

3. Die Liturgie ermöglicht allererst Kommunikation im Gottesdienst, indem sie Formen bereitstellt, mit Hilfe derer die einzelnen Subjekte gemeinsam gottesdienstlich handeln können. Die Liturgie hilft dem Einzelnen, sich auszudrücken und sich zu überschreiten. Die Form ermöglicht Gemeinschaft und erlaubt doch Distanz. Sie schützt vor der Zudringlichkeit der Unmittelbarkeit.

Individuen kommunizieren im Gottesdienst im Medium eines Dritten – im Medium der Tradition und im Medium von Formen. Es gibt keine Kommunikation im Gottesdienst ohne solche gemeinsamen kollektiven Formen. Psalmen, Lieder, Litaneien, liturgische Gesänge sind expressive Sprechakte, die sich zu literarischen Gattungen verdichten: Klage, Dank, Hymnus, Vertrauenslied, Bitte, Fürbitte. Jeder dieser Gattungen eignet eine bestimmte Formkraft. Sie bündeln Anliegen in einer bestimmten Richtung. Sie strukturieren Äußerungen in einem begrenzten Sprachfeld.

Wer eine Klage anstimmt, wer in das Kraftfeld eines Klagepsalms eintritt, bedient sich geprägter Sprachmuster, benutzt vorgefundene Wendungen und Bilder. Er darf sein Herz ausschütten, das, was ihn/sie bedrängt, mit leidenschaftlichen

---

39 Vgl. M. Walzer: Kritik und Gemeinsinn, Berlin 1990, 81ff. Vgl. ders.: Exodus und Revolution, Berlin 1988; ders.: Zweifel und Einmischung. Gesellschaftskritik im 20. Jahrhundert, Frankfurt/M. 1991.

Sätzen ausdrücken und damit auch Gott bestürmen. „Gott, mein Gott, warum hast du mich verlassen ...?!" Das Individuum spricht sich aus in nicht-individuellen Wendungen und oft in archetypischen Bildern. Sie drücken Grundbefindlichkeiten aus, die mehrere Menschen in ähnlicher Situation teilen. Sie bündeln die Emotion und lenken sie in eine bestimmte Richtung. Sie führen den Einzelnen bzw. die Gruppe auf einen bestimmten Weg – z.B. von der Klage zum Dank, von der Verzweiflung zum Vertrauen. Wer die Psalmen mitbetet, lässt sich auf diesen Weg ein, folgt der Bewegung der Sprache. Das Mitsprechen und Mitsingen hat eine verwandelnde Kraft. Insofern hilft die Liturgie dem Individuum, sich selbst auszudrücken – und sich zu überschreiten. Psalmen, Lieder, Liturgien sind etwas Drittes zwischen dir und mir. Sie verbinden uns, und sie öffnen uns für Neues, Größeres, z.B. für Lob und Dank und Anbetung. Wir kommen zu uns selbst, indem wir uns verlassen. Der Hymnus erschließt einen Raum des selbstvergessenen Lobes. Singen, Danken, Loben ist eine Art Spiel im Ernst, vielleicht die höchste Form von Freiheit.

In der Form wird die Unmittelbarkeit des Selbstausdrucks und der Kommunikation auch gebrochen. Wenn wir ein Lied anstimmen, leihen wir uns eine fremde Stimme, die Stimme unserer Väter und Mütter oder der Geschwister in der Ökumene. Wir leihen uns ihren Ausdruck, wir müssen uns nicht total damit identifizieren, wir können das alte Lied so stehen lassen und müssen es nicht unserem Sprachgebrauch angleichen. Die Form ist im Übrigen auch ein Schutz gegen die Zudringlichkeit der Unmittelbarkeit und den Terror der erpressten Gemeinschaft. Sie ermöglicht Gemeinsamkeit und erlaubt dennoch Distanz.

An dieser Stelle noch einmal ein kleines Lob der „Erneuerten Agende" und des neuen Gesangbuchs: Die Besonderheit dieser Agende liegt m.E. nicht primär darin, dass sie ein imponierendes liturgisches Gesamtkunstwerk ist (was sie nicht ist), sondern darin, dass sie der Gemeinde einfache Grundelemente und Bausteine für ihr liturgisches Handeln bereitstellt. Sie leitet dazu an, wie aus solchen Grundelementen gegliederte Handlungen entstehen, liturgische Stationen und am Ende die komplexe Gesamthandlung. Vor allem leistet die EA Elementarisierung durch eine Vielfalt einfacher Formen. Solche Grundbausteine finden sich vermehrt auch im neuen „Evangelischen Gesangbuch": Kyrie-, Hallelujarufe, Responsorien, Akklamationen, Antiphonen, Refrains, einstimmige und mehrstimmige Singsprüche, Kanons – leicht zu lernen, leicht zu behalten, wiederverwendbar in unterschiedlichen Situationen, an unterschiedlichen Stellen. Diese Möglichkeit zur Variation ist kein Ausdruck postmoderner Beliebigkeit, sondern der Weg zur Konkretion.

4. Der Gottesdienst hilft dem Menschen zur Wahrheit, indem er dem Einzelnen die Konfrontation mit den dunklen Seiten des Lebens, mit Sünde und Schuld, mit

dem Bösen und Sinnwidrigen nicht erspart. Er öffnet zugleich den Weg, dieser Erfahrung standzuhalten, indem er den Sünder in Wort und Sakrament aus der Selbstverstrickung erlöst. Schulderkenntnis vereinzelt, Vergebung befreit zur Gemeinschaft.

Es gehört zu den notwendigen Zumutungen und heilsamen Störungen des Evangeliums, dass es den Menschen auch mit den dunklen Seiten der Existenz konfrontiert. Die Begegnung mit dem Bösen, mit den zerstörerischen Kräften, mit den Abgründen der Wirklichkeit ist schmerzhaft. Wir versuchen, uns ihr, soweit es geht, zu entziehen. Es ist deshalb von allgemeiner humaner Bedeutung, dass es einen Ort gibt, an dem von Gericht und Gnade gesprochen wird, dass es eine Sprache gibt, in der die Kategorien Sünde und Vergebung überhaupt noch vorkommen, dass es Handlungen gibt, die einen Umgang mit diesen dunklen Seiten des Lebens ermöglichen. Der Gottesdienst ist ein solcher Ort, vielleicht als gesellschaftlicher Ort der einzige.

In gewisser Weise geht es auch hier um Individualisierung. Schuld erkennen können letztlich nur Einzelne. Wir werden geradezu Einzelne durch das Bekenntnis der Schuld[40]. Das Wort der Vergebung, in besonderem Maße aber die Sakramente Taufe und Abendmahl sind die Formen, in denen Versöhnung und neues Leben dargereicht werden – im Medium bedeutungsvoller Handlungen, Gesten und Worte: „Nehmt hin und esst, nehmt hin und trinkt", „für dich gegeben".

Wir haben in den letzten Jahren in der evangelischen Kirche eine Wiederentdeckung der Sakramente, vor allem des Abendmahls, erlebt. Sie verbindet sich mit der Entdeckung des Gemeinschaftscharakters der Eucharistie. Dabei ist eine gewisse Umstimmung der leitenden Gehalte und Emotionen erfolgt: weg von Bußernst und Sündenbewusstsein – hin zur fröhlichen Feier. Ich glaube, das war notwendig, aber auch einseitig. Es ist an der Zeit, die Relevanz der klassischen lutherischen Abendmahlslehre mit ihrer Konzentration auf Schuld und Vergebung im Horizont der Rechtfertigungslehre neu zu würdigen und in unsere Abendmahlspraxis zu reintegrieren. Und wir werden theologisch überlegen müssen, wie wir die Bedeutung der Stellvertretungschristologie neu verständlich machen können. Nicht nur die politischen Erfahrungen der letzten fünf Jahre mit den schrecklichen Ausbrüchen von Gewalt, Hass, Selbstzerstörung, nötigen uns dazu, sondern auch anthropologische Einsichten.

Damit komme ich ein letztes Mal auf die beiden Debatten um Individualisierung und Gemeinschaft zurück. Merkwürdigerweise spielt dieser Aspekt bei den Kommunitariern keine Rolle, obwohl man es bei ihrer grundsätzlichen Offenheit für theologische Fragen eigentlich erwarten könnte. Joachim von Soosten hat die einleuchtende Vermutung geäußert, dass dies mit der Anthropologie zusammen-

---

40 Vgl. T. Koch: Schuld und Vergebung, in: PTh 76, 1987, 280–296.

hängt. Die Kommunitarier (vor allem die, die sich an Aristoteles und Thomas von Aquin orientieren) sind einer Denktradition verhaftet, in der das Böse nur als Abwesenheit des Guten verstanden wird. Dadurch wird die Spannung zwischen Selbstbehauptung und Selbstverfehlung verdeckt. Der Theologie ist aufgetragen, die hier waltende Dialektik so zur Geltung zu bringen, dass erkennbar wird, „dass sich die Bestimmung des Menschen in der Suche nach dem guten Leben unweigerlich mit der Möglichkeit der Selbstverkehrung und der Selbstverfehlung gerade im Bewältigen des Guten verknüpft (Römer 7)"[41]. Das bedeutet: „Im Disput über die Rehabilitation des Guten in der Ethik, wie sie vom ‚Communitarianism' angestrengt wird, besteht der originäre Beitrag der theologischen Ethik im Lehrstück von der Sünde." Umgekehrt finde ich bei einem Soziologen wie Ulrich Beck Anknüpfungspunkte – zwar nicht in theologisch oder religiös gedeuteter Begrifflichkeit, aber in einem bemerkenswerten Gespür für die mit dem Fortgang der Moderne sich verschärfenden Erfahrung von Ambivalenz, Gebrochenheit, Widersprüchlichkeit. Ausgearbeitet wird dies von Beck vor allem im Rahmen seiner Zeitdiagnose. Wir wechseln, meint er in Anknüpfung an Kandinsky, von einem Zeitalter des „Entweder-Oder" in ein Zeitalter des „Und", der spannungsvollen, widersprüchlichen Gleichzeitigkeit des Ungleichzeitigen[42]. Ich denke, das ist nahe an der reformatorischen Erfahrung des „simul iustus et peccator". Vielleicht wird die Kategorie des „simul" künftig eine Schlüsselkategorie für die Wahrnehmung unserer Situation, gesellschaftlich und theologisch.

5. Der Gottesdienst hat eine gesamtgesellschaftliche Funktion, indem er mit Festen und Feiertagen den gesellschaftlichen Kalender mitbestimmt. In einer Zeit, in der ökonomische Zwänge dazu führen, die knappe Ressource gemeinsamer Zeit anzutasten, um die nicht gelungene Einigung über die Finanzierung der Pflegeversicherung zu kompensieren, ist das öffentliche Engagement der Kirchen für die Erhaltung der Feiertage neu erwacht. Ob dies politische Wirkung hat, entscheidet sich letztlich daran, ob die Kirche selbst die Kraft hat, diese Tage (z.B. den Bußtag) in überzeugender Weise mit Inhalt zu füllen. Es entscheidet sich in der gottesdienstlichen Feier.

Das ist ein wichtiger Aspekt unseres Themas – und ein neuer Vortrag! Die Diskussion um die Abschaffung des Bußtages zeigt exemplarisch die Dominanz der ökonomischen Interessen. Da individuelle Urlaubszeiten Sache der Tarifparteien sind und nicht zur Disposition des Staates stehen; da es nicht zumutbar erscheint, dass die Arbeitnehmer durch das Opfer eines Urlaubstages eine Überlast bei den

---

[41] J. v. Soosten: Gerechtigkeit ohne Solidarität? Deontologische Ethik in der Kritik, in: ZEE 36, 1992, 61–74, 71. Vgl. ders.: Sünde und Gnade und Tugend und Moral. Die Erbschaft der religiösen Tradition, in: Zahlmann (Hg.): Kommunitarismus in der Diskussion, a.a.O. (s. Anm. 24), 48–56.
[42] Vgl. U. Beck: Die Erfindung des Politischen, a.a.O. (s. Anm. 22), 7ff.

Kosten für die Pflegeversicherung tragen; da die Arbeitgeber in der Lage waren, ihre Stärke auch hier durchzusetzen, war die Streichung eines Feiertages anscheinend die einzige Lösung, die politisch realisierbar erschien. Die evangelische Kirche hat offenbar den Zeitpunkt verpasst, an dem ein energischer Protest noch Aussicht gehabt hätte, das zu verhindern. Jetzt erhebt sie ihre Stimme, sammelt Unterschriften und sucht Unterstützung. Das zeigt auch ihre Schwäche, die nicht nur eine politisch-taktische Schwäche ist, sondern hinter der sich auch eine inhaltliche Verlegenheit verbirgt: Der Bußtag ist im evangelischen Kirchenvolk nicht gerade beliebt und nicht sehr tief verankert. Verordnete Buße zum bestimmten Termin scheint protestantischer Freiheit zu widerstreben. Damit werden wir uns inhaltlich auseinander zu setzen haben. Verschwindet der Bußtag, wenn ihm der staatliche Feiertagsschutz entzogen wird, wie dies beim Reformationsfest überwiegend schon geschehen ist (von Epiphanias ganz abgesehen)?

Vielleicht ist noch nicht alles ausgestanden, vielleicht entdeckt die evangelische Christenheit bei dieser Gelegenheit etwas Ureigenes auf neue Weise und erobert sich diesen Tag – so wie das in der alten DDR ja auch schon geschehen ist, wo man den Zusammenhang mit der Friedensdekade bewusst genutzt und den Bußtag als Abschluss der Friedensdekade mit einem Abendgottesdienst thematisch neu gefüllt und sinnvoll gestaltet hat. Auch das ist eine inhaltliche Herausforderung.

Es ist schön, dass das Liturgiewissenschaftliche Institut an die Arbeit gehen kann. Wir haben allen Anlass, der Vereinigten Lutherischen Kirche dafür zu danken, dass sie dies ermöglicht hat. Und es ist schön, dass das Institut in Leipzig errichtet worden ist, einer Stadt mit einer langen reichen gottesdienstlichen und kirchenmusikalischen Kultur, und einer Stadt, in der der öffentliche Gottesdienst lebendige Gegenwart ist. Wir haben im Osten und im Westen Deutschlands eine gemeinsame Tradition.

Wir haben eine teilweise getrennte neuere Geschichte, deren Folgen uns noch einige Zeit beschäftigen werden. Wir stehen vor ähnlichen Herausforderungen, die wir nur gemeinsam bewältigen werden. Ich wünsche dem Institut einen guten Start und eine segensreiche Tätigkeit.

„Die andern dürfen alles"

Familiengottesdienst für Urlauber in Løkken

20.7.1975
Hinterher waren wir alle aufgekratzt und fröhlich. Eine prima Atmosphäre. Den Durchbruch schaffte Piet Janssens Lied „Die andern dürfen alles – und ich darf nix!" Dann noch ein längeres gemeinsames Lied. Dabei bestand zwischen Predigt und Lied-Einfall kaum ein Zusammenhang.

Was mir auffiel:

1. Familiengottesdienste brauchen ‚action'. Es muss gar nicht viel sein, aber eine einprägsame Sache. Heute das Lied, letzten Sonntag die Muscheln (jeder bekam eine Muschel in die Hand: „Denkt mal darüber nach und unterhaltet euch mit dem Nachbarn: Wovor fürchtet sich wohl so eine Muschel? Und worüber freut sie sich?" Kamen tolle Antworten!). Das genügt, wenn man etwas damit macht. Hier wurde das Lied als Aktionsimpuls eingesetzt: „Erfindet neue Zwischentexte (Beispiel), oder redet mal mit euren Eltern in den Bänken (wechselseitig), ob der Refrain stimmt."

2. Was war die Botschaft? In seiner Predigt versuchte der Pfarrer, für alle verständlich zu reden. Thema: Verhältnis Eltern/Kinder. Text: Eph. 5. Aber das war einerseits zu überfrachtet (Unterordnen = Partnerschaft: „die Kinder nicht zum Zorn reizen"), andererseits zu spannungslos liberal: sich verständigen, nicht konkurrieren, nicht herrschen usw.! Die reformpädagogische Umfunktionierung des Textes war nicht schlecht gemacht (übrigens ganz ähnlich wie Schleiermacher in seinen „Predigten über den christlichen Hausstand"). Doch wenn diese aufgeschlossen bürgerlichen Erziehungsmaximen nun Sonntag für Sonntag durch die verschiedensten Themen, Lieder, Texte und Gebete durchgepaukt werden, ist das auch wieder ziemlich penetrant.

3. Trotz der Auflockerung blieb durch die Rahmenform deutlich: Wir sind hier im Gottesdienst und nicht in der Kinderstunde! Eingangsspruch vorneweg, Lieder dazwischen, Lesung, Gebet, Vaterunser, am Ende Segen. Das scheint gerade für spielerisch aufgelockerte Gottesdienste wichtig zum Wiedererkennen.

Gut fand ich einen Nebeneinfall: „Seht euch die Schiffe an, die oben an der Decke hängen! Da haben die Leute ihren Alltag mit in die Kirche genommen. Sie haben gebetet für die, die auf See sind". – Also: Arbeiten mit dem Raum und dem, was er an Anschauung und Anregung zur Meditation gibt. „Beten mit offenen Augen".

Hinterher sagte Annette: Wenn Gottesdienst immer so ist, würde ich auch regelmäßiger hingehen! Und Tim meinte: Es sind im Grund einfache Mittel. Wir könnten selber, wenn wir irgendwo mitmachen würden, ohne großen Aufwand mit dazu beitragen, dass mehr solcher Familiengottesdienste gefeiert würden, die Spaß machen.

„Predigtstuhl"

27.07.1975 Grønhoj (Dänemark)
Heute haben die Kinder zum ersten Mal im Urlaub Kirche gespielt. Christopher und Linchen bauten auf dem Platz vor Großmutters Kabäuschen aus alten Bretterteilen je ein Pult mit einer Buchablage, in der sie die Hefte „Schöner freier Tag" verwahrten, die sie heute morgen im Familiengottesdienst mitgenommen hatten. Also zwei „Predichstühle" (wie sie sich ausdrückten) im Angesicht der Gemeinde, deren Sitzbänke davor aufgebaut wurden. Das Ganze eingerahmt durch eine abgrenzende Mauer mit Eingang.

Später wurde die Kirche umfunktioniert zum Lokal der feierlichen Siegerehrung nach dem großen Fußballturnier zwischen den beiden Familien auf dem Platz vor dem Ferienhaus. Dazu legten sie auf die Bänke Blumensträuße und kleine Plastiksäckchen, ebenfalls mit Blüten. Die Bank des Gewinners wurde beschriftet: „erster Siger vom Fusbalschbiel". Alles mit viel Liebe und Geheimniskrämerei den Nachmittag über vorbereitet. Als die Sieger feststanden, nach einem anstrengenden, mit Erbitterung geführten Match, versammelte sich die ganze Gemeinde vor den Predigtstühlen, und es ging los mit der Feier. Linchen und Christopher holten ihre Bücher aus den Fächern und lasen im Wechsel Texte und Gebete aus dem Heft. Vor allem die (kürzeren) Gebete. „1.Tag", deklamierte Christopher mit sauber akzentuierender Leierstimme. „Wie bin ich leer und ausgebrannt. Hilf mir, lieber Gott, dass in mir etwas Neues wird." Usw. für 14 Tage. Er las auch das Gebet zum 3.Tag: „Herr, ich möchte frei werden von der elenden Hitze". Alles lachte. Es passte nicht schlecht, aber eigentlich war „Hetze" gemeint. Dann las Linchen mit flüssiger Routine: „O Gott, vergib mir meinen Leichtsinn am Steuer!" Wieder fröhliches Gelächter. Marianne fragte nach ihrem Führerschein. Die Vorleserei nahm und nahm kein Ende. Jetzt waren auch noch die Bibeltexte dran. Jesus in Gethsemane. Christopher kam mit den schwierigen Ortsnamen in Tüttel. Linchen probierte die Tempelreinigung. Als Tim sich besorgt erkundigte: „Versteht ihr denn auch, was ihr da vorlest?", war die Antwort wie selbstverständlich: „Nö, natürlich nicht!" Erklärungsversuche wurden bald abgewehrt: „Ich weiß, ich weiß ... nun ist ja gut!" Es wurde kühl im Schatten. So beendeten wir die Feier mit dem gemeinsamen Gesang von „Eisgekühlte Coca-Cola": „Sechs belegte Brote" – der Ferienschlager Nr. 1. Dann waren auch die unglücklichen Verlierer halbwegs ausgesöhnt mit ihrem schweren Schicksal.

Einfälle dazu:

1. Sie spielen, was ihnen Eindruck gemacht hat. Beide Kinderpaare haben noch nie „Kirche" gespielt. Also muss ihnen der Gottesdienst am Morgen gefallen haben. Im Übrigen wird nicht genau nachgespielt, sondern stilisiert. Zur „Predich" gehören zwei (!) Sitzgelegenheiten mit Pult und das Gegenüber von Amt und Gemeinde. – Umkehrschluss: Nur dann prägt sich „Kirche" ein, wenn damit unverwechselbare, bedeutungsvolle Gesten, Lokalitäten und Handlungen verbunden sind. Offenbar ist das hier der Fall. Auch Musik gehört zum Zeichensystem „Predich" dazu. Am Tag darauf basteln die Kinder Instrumente aus Zeichenpapier und ziehen damit in ihre Kirche.

2. Dominant sind Gestus und Ritual, die Inhalte sind zweitrangig. Deshalb ist es egal (zunächst wenigstens), wenn sie die Bedeutung der gelesenen Texte nicht verstehen. Pädagogisch gemeinte Erklärungen stören. Tim war traurig, dass die Texte zu Nonsense-Sätzen wurden, aber sie hatten einfach einen anderen funktionalen Stellenwert, waren nicht Information, sondern Ritus (Auslöser des Spiels waren offenbar die Hefte gewesen, die sie vom Gottesdienst mitgebracht hatten. Also den Leuten etwas in die Hand geben!).

3. Strukturprinzip für den Aufbau solcher „Liturgien" ist die additive Reihe. Es fing an mit dem „Predich"-Spielen. Die Siegerehrung kam hinzu. Nachmittags beim Aufbauen hörte ich folgenden Dialog: „Was sagen wir, wenn die nachher fragen: Was hat denn Predigt mit Siegerehrung zu tun?" – „Och, dann sagen wir einfach – irgendwas!" Der kindliche Realismus nimmt alles in gleicher Weise als Realität, Gott und Gebet, Jesus und Siegerehrung. Da gibt es keine Übergangsprobleme zwischen heilig und profan. Dem entspricht der Aufbau der Feier. Ein Buchstabenratespiel am Anfang, dann die Lesungen, schließlich die Gebete „und dazu eisgekühltes Coca-Cola …"

Abends meinte Christopher im Bett: „Und morgen halte ich euch noch einmal eine ganz lange Predigt!" Und Linchen reproduzierte aus dem Familiengottesdienst für Lotti noch ein anderes Element. Als ihre kleine Schwester nicht parieren wollte, schrie sie: „Hast du nicht im Gottesdienst gehört: Du sollst dich unterordnen?!"

Erlebnisgesellschaft und Liturgie

„Erlebnisgesellschaft". Der von Gerhard Schulze geprägte Begriff hat in kurzer Zeit eine erstaunliche Karriere gemacht. Ein soziologischer Fachterminus ist in den allgemeinen Sprachgebrauch übernommen worden, hat ein Eigenleben gewonnen und angefangen zu wuchern. Überall werden Erlebnisse gesucht und angeboten. „Erlebnispark", „Erlebnispfad", „Erlebniskino", inzwischen auch „Erlebniswahlkampf" (Möllemann schwebt im Fallschirm aus den Wolken ein und verdoppelt auf Anhieb die Wählerstimmen für seine Partei). Und die Kirchen machen mit. Aus Kirchen werden „Erlebniskirchen", aus Gottesdiensten „Erlebnisgottesdienste". Kasualfeiern stehen hoch im Kurs. Jede Trauung eine „Traumhochzeit", ein einmaliges, unvergessliches Erlebnis! Erlebnisgesellschaft, Erlebniskirche, Erlebnisgottesdienst – man kann es schon nicht mehr hören! Widerstand regt sich. Abwehr. Unwillkürlich rastet der Affekt ein: Nein! So nicht! Nicht dieser Ausverkauf an Substanz! Also gegensteuern! Auf Distanz gehen! Sich nicht anpassen an diesen Trend des Zeitgeistes!

Und dann atmet man durch und denkt: So geht's auch nicht. Mach' es dir nicht zu leicht! Irgendwas ist dran, muss dran sein. Ich glaube, es wäre töricht, sich naiv auf den neuen Trend zu stürzen, es wäre genauso töricht, das Phänomen nicht ernstzunehmen. Polemik und Abwehr, markige Gegenreaktionen helfen wenig. Ich plädiere für kritische Rezeption. „Erlebnisgesellschaft": Was heißt das? Was ist dabei bedenkenswert, was ist gefährlich? Was können wir bejahen, wovor sollten wir uns hüten? Eines ist klar: Die neue Orientierung an Erlebnissen tangiert die Liturgie der Kirche in besonderer Weise, positiv wie negativ. „Erlebnisgesellschaft und Liturgie": Das Thema ist brisant und aktuell.

Ich nähere mich dem Phänomen auf drei Wegen. Der 1. Teil ist eine kritische Rekonstruktion des Konzepts „Erlebnisgesellschaft", so wie es Gerhard Schulze entwickelt hat. Im 2. Teil verfolge ich die bisherige Rezeption von Buch und Konzept in der Praktischen Theologie. Ich schließe 3. mit einem Ausblick: Plädoyer für den Eigensinn – einige Perspektiven für das gottesdienstliche Handeln der Kirchen.

1 „Erlebnisgesellschaft" – eine Relecture

Gerhard Schulzes Buch „Die Erlebnisgesellschaft" mit dem Untertitel „Kultursoziologie der Gegenwart" ist 1992 erschienen. Es ist der Versuch, die gesellschaftliche Wirklichkeit in Deutschland zu verstehen und den epochalen Wandel, der sich gegenwärtig vollzieht, auf einen prägnanten Leitbegriff zu bringen. Wir haben auf unserer Tagung im historischen Rückblick bislang zwei entscheidende Schwellensituationen ins Auge gefasst: Mittelalter und Aufklärung, den Übergang in die frühe Neuzeit (wobei aus protestantischer Sicht naturgemäß die Reformation die entscheidende Transformation darstellt) und den Übergang in die Moderne in der Zeit der Aufklärung. Schulze ist mit anderen Zeitdiagnostikern der Meinung, dass sich gegenwärtig wieder ein epochaler Umbruch vollzieht, eine neue Zeitenwende, die nicht an das Datum des Jahrtausendwechsels gebunden ist, sondern sehr viel früher begann, nämlich in den achtziger Jahren. Welche Konsequenzen für die Inkulturation der Liturgie hat dieser Umbruch?

Zunächst also „Erlebnisgesellschaft". Das Buch verdient Respekt. Die 750 Seiten starke Abhandlung (550 Seiten plus 200 Seiten Forschungs-Anhang) ist kein feuilletonistischer Schnellschuss, es ist ein eindrucksvoller Entwurf, materialreich, komplex, anschaulich, sorgfältig gearbeitet, methodisch differenziert, durchsetzt mit vielen forschungsgeschichtlichen Reflexionen, in denen Schulze sich mit anderen Forschungstraditionen auseinandersetzt. Die Basis bildet eine empirische Erhebung, die 1985 im urbanen Raum einer süddeutschen Stadt (Nürnberg) mit Hilfe von Fragebögen und standardisierten Interviews durchgeführt worden ist. An dieses Material wird die Theorie immer wieder zurückgebunden.

Die Kultursoziologie vermittelt zwischen zwei sozialwissenschaftlichen Forschungsansätzen. Auf der einen Seite sind das sozialstrukturelle Analysen, die vor allem auf die materiellen, objektiven Bedingungen gesellschaftlichen Verhaltens rekurrieren (Stand, Klasse, soziale Schicht, Beruf, Beschäftigung, Einkommen, Land/Stadt-Prägung usw.), auf der anderen Seite ist das die neu entstandene „Lebensstilsoziologie", die das subjektive Verhalten der Menschen untersucht (die Art der Bekleidung, Konsumwahl, Esssitten, Musikstile, Geschmackspräferenzen). Die Kultursoziologie steht der Lebensstilsoziologie näher als den sozialstrukturellen Analysen, ohne diese zu ignorieren. Schulze interessiert sich vor allem für die subjektive Innenseite des Wahrnehmens und Verhaltens.

Das Buch ist 1992, also nach der Wiedervereinigung veröffentlicht worden, aber es ist klar: Schulze beschreibt die Gesellschaft der alten Bundesrepublik, allerdings mit dem Anspruch, darin wesentliche Entwicklungstendenzen auszumachen, die sich dann auch gesamtdeutsch durchsetzen werden, z.T. schon durchgesetzt haben.

Ich konzentriere mich auf drei Punkte: (1.1) Erlebnisorientierung, (1.2) Milieus, (1.3) Erlebnismarkt.

1.1 Erlebnisorientierung

Die erste Einsicht lautet: Es gibt heute eine signifikante Zunahme der Erlebnisorientierung. Die Menschen wollen nicht nur irgendwie überleben, sie wollen, dass ihr Leben auch schön ist, sie wollen ihr Leben genießen. Dieser Wunsch ist weit verbreitet und nicht (wie früher) auf die Oberschicht der wohlhabenden Bildungsbürger beschränkt. Die objektive Voraussetzung dafür ist nach Schulze, dass wir hierzulande gesamtgesellschaftlich den Übergang von der Knappheitsgesellschaft zur Überflussgesellschaft vollzogen haben[1]. Die materiellen Bedürfnisse sind gestillt. Niemand muss mehr hungern. Man hat im Prinzip das, was man braucht. Die Probleme der materiellen Lebenssicherung, die Themen Arbeit, Beruf, Einkommen, Status, spielen nicht mehr die primäre Rolle. Sie binden nicht mehr so viele Kräfte. Der Kampf ums Überleben ist abgelöst worden von dem Wunsch, das Leben zu genießen. Im Vordergrund der Erwartung steht das „Projekt des schönen Lebens"[2]. An die Stelle der traditionellen „Außenorientierung" ist eine neue „Innenorientierung"[3] getreten. Man fragt sich: Was will ich, ich selbst, für mich? Die Antwort heißt: Ich will etwas erleben, ich will mich wohlfühlen. Die Zunahme der Erlebnisorientierung geht einher mit einer Zunahme des Subjektbewusstseins im Wahrnehmen, Empfinden, Urteilen und Handeln der Menschen, und zwar wiederum tendenziell aller. Im historischen Vergleich ist das ein epochaler Wechsel. Vor allem in der jüngeren Generation hat sich die Orientierung am eigenen subjektiven Erleben durchgesetzt.

Dass dies so ist, scheint mir evident. Und doch ist hier auch eine Relativierung nötig. Schulze behauptet, das Ich-Erleben habe sich ganz vom Welt-Verhältnis abgelöst, der Wunsch nach dem schönen Leben sei allein auf sich gestellt. Aber das scheint mir so nicht zutreffend. Die Erlebnisrationalität ist nicht autonom, sie ist immer mitbestimmt durch situative Problemlagen. Und es stimmt auch nicht, dass die Überflussgesellschaft hierzulande bereits verwirklicht ist. Dabei wird die Ausgangslage der späten Bundesrepublik zu schnell absolut gesetzt und in die Zukunft verlängert. Wichtige ökonomische und soziale Aspekte, die dem entgegenstehen, werden ausgeblendet[4]. Die Situation ist widersprüchlicher. Zehn

---

1   Vgl. G. Schulze: Die Erlebnisgesellschaft. Kultursoziologie der Gegenwart, Frankfurt/New York 1992, 22.55–86f.
2   Ebd., 35.
3   Ebd., 38.
4   Vgl. die soziologische Kritik von Jens Dangschat und Hans Peter Müller: Dangschat: Soziale Ungleichheit und die Armut in der Soziologie, in: Blätter f. dt. u. intern. Politik, 1994, 872ff., wiederholt in: Deutsches Allgemeines Sonntagsblatt 1995, Nr. 26, 28–29, dort auch die Replik von Schulze, referiert bei H. Becks: Der Gottesdienst in der Erlebnisgesellschaft (Wechselwirkungen, Erg.R. 13), Waltrop 1999, 109–113. Ähnliche Anfragen äußert Müller in seiner Rezension des Buches: KZSS 45, 1993, 778–780. Vgl. ders.: Sozialstruktur und Lebensstile. Der neuere theoretische Diskurs über soziale Ungleichheit, Frankfurt a.M. 1992. Die Stichworte: „Rückkehr der Knappheit" in den 90er Jahren sowie Überrepräsentanz der jüngeren Milieus im Blick auf die Innenorientierung. Vgl. das

Jahre nach der Wende ist deutlich: Es gibt mehr Ungleichzeitigkeiten und starke Diskrepanzen. Die Kontingenzen sind gewachsen. Nicht nur in Ostdeutschland ist z.B. Arbeitslosigkeit und der Abbau von Arbeitsplätzen ein strukturelles und dann auch ein existenzielles Problem, sondern auch im Westen, wenngleich hier konzentriert auf bestimmte Regionen. Es gibt Gewinner und Verlierer von Modernisierung und Globalisierung. Man darf nicht alles nur aus der Sicht der Gewinner betrachten. Es gibt tiefgreifende Veränderungen. Im Gefolge des Umbaus der Industriegesellschaft und des Abbaus des Sozialstaats sind neue Unsicherheiten entstanden, und die sind nicht nur innerpsychischer Natur. Die „Erlebnisgesellschaft" ist auch die „Risikogesellschaft" (Ulrich Beck)[5].

In Schulzes Konstrukt hat das Stichwort Unsicherheit einen wichtigen Stellenwert (60ff.). Es bestimmt die innere Logik der Erlebnisrationalität. Der Einzelne strebt danach, sich schöne, befriedigende Erlebnisse zu schaffen. Doch er weiß auch: Der Erfolg ist mit der Wahl bestimmter Mittel nicht garantiert. Das innere Erlebnis stellt sich nicht von selbst ein durch die bloße Teilnahme an einem Erlebnis-Event, mögen die Veranstalter das auch noch so suggestiv versprechen. Das supertolle Fußballspiel in einer der neuen Sportarenen vor gigantischer Kulisse, der Urlaub im Ferienparadies, das Filmerlebnis im Cinemaxx-Kinopalast – sie allein tun's nicht. Das Angebot muss innerlich verarbeitet, das Erlebte subjektiv angeeignet werden. Deshalb gehört zur Erlebnisorientierung immer auch die Unsicherheit der Erfüllung und die Angst vor Enttäuschung[6]. – Das ist richtig und doch noch einseitig. An anderer Stelle seines Buches weist Schulze darauf hin, dass z.B. Angst und Unsicherheit im Milieu der Kleinen Leute („Harmoniemilieu") eine große Rolle spielen und dass das viel zu tun hat mit den gesamten Lebensumständen, mit dem Weltverhältnis dieser (meist älteren Menschen) und ihrer Lebenserfahrung[7]. Das ist ein wichtiger Sachverhalt. Er darf nicht vergessen werden bei der Hermeneutik der anderen sozialen Milieus und findet sich auch (wenngleich anders bestimmt) im „Niveaumilieu" des Bildungsbürgertums und im studentischen „Selbstverwirklichungsmilieu" – wenn man nur genauer hinsieht. Das Problem der Orientierung ist also komplex. Es ist nicht nur ein emotionales Problem, sondern entsteht nach wie vor im Zusammenspiel von Subjekt und Welt. Außen und Innen, Wunsch und Realität, Bedrohungen und Chancen bilden auch in der Erlebnisgesellschaft einen Zusammenhang.

Referat bei H. Kochanek: Spurwechsel. Die Erlebnisgesellschaft als Herausforderung für Christentum und Kirche, Frankfurt a.M. 1998, 38f.

[5] Vgl. dazu die Aktualisierung in meinen Überlegungen nach dem 11. September, in: JLH 41, 2002, 31–45.
[6] Vgl. G. Schulze: Erlebnisgesellschaft, 63ff.
[7] Ebd., 293ff. Auch Müller verweist kritisch auf den starken Außenbezug zumindest der drei älteren Milieus, a.a.O. (wie Anm. 4), 780, zitiert nach Kochanek: Spurwechsel (wie Anm. 4), 38f.

Gleichwohl scheint mir Schulzes These im Kern zutreffend. Die Orientierung am Erleben ist vorrangig. Der Wunsch, es jetzt schön zu haben, ist riesig und wächst ständig. Trotz aller neuen äußeren Unsicherheit ist dieser Wunsch groß, auch bei Arbeitslosen, von Arbeitsverlust Bedrohten und nicht kontinuierlich Beschäftigten. Er wird durch die Suggestionen der Werbung und die Stimuli der Medien ständig gesteigert. Dass auch die, die sich das eigentlich nicht leisten können, davon fasziniert sind und diese Erlebnisziele übernehmen, ist mit klassischer Kulturkritik allein nicht zureichend zu begreifen. Es ist nicht nur ein Symptom von Manipulation und Verdrängung. Auch darin ist Schulze recht zu geben.

1.2 Milieus

Eine weitere These von hoher Evidenz ist der Aufweis des engen Zusammenhangs zwischen Erlebnisorientierung und Milieubindung (169ff.). Hierin liegt eine wichtige Korrektur einer allzu einfachen Individualisierungsthese (Schulzes Differenzierung ist an diesem Punkt auch realistischer als Ulrich Becks Analyse). Gewiss: Die festen Vorgegebenheiten der sozialen Herkunft (Stand, Klasse) haben weithin ihre zwingende Macht verloren. Der Einzelne hat heute mehr Wahlmöglichkeiten. Es gibt eine verwirrende Fülle von Angeboten. Dennoch reagieren wir meist nicht völlig irritiert. Wir ordnen die Welt nach relativ einfachen Mustern und schließen uns auch in Fragen der kulturellen Orientierung an kollektive Muster an, die uns vertraut sind. Darin besteht die produktive Funktion der sozialen Milieus, die teilweise an die Stelle der älteren Bindungen an Stand, Klasse, Status und Weltanschauung getreten sind. Der Einzelne orientiert sich an größeren kollektiven Zusammenhängen, die Verhaltenssicherheit schaffen. Die Milieubindung ist nicht mehr schicksalhaftes Verhängnis, sie ist auch eine Sache der Beziehungswahl. Oft legt sie sich nahe. Wir übernehmen, was wir in der Kindheit gelernt haben. Aber wir können ausbrechen, uns anderen Einflüssen öffnen, das Milieu wechseln, können selbst neue Verbindungen herstellen. Das heißt: Die sich individualisierende Gesellschaft ist zugleich in starkem Maße kollektiviert und konventionalisiert. Die Vielfalt ordnet sich um einige charakteristische überindividuelle Muster mit relativ einfachen Schematisierungen.

Schulze unterscheidet drei sog. „alltagsästhetische Schemata": „Hochkulturschema", „Trivialschema", „Spannungsschema"[8]. Er ordnet diese drei Schemata dann fünf sozialen Milieus zu[9]. Die Ausdifferenzierung der Milieus geschieht nach der Vorliebe der Menschen für die genannten Alltagsschemata sowie nach

---

[8] Vgl. das Schema in: Schulze: Erlebnisgesellschaft, 163.
[9] Ebd., 219ff.

Alter und Bildung. Schulze nennt sie: 1. das „Niveaumilieu", 2. das „Harmoniemilieu", 3. das „Integrationsmilieu", 4. das „Selbstverwirklichungsmilieu" und 5. das „Unterhaltungsmilieu"[10].

Es ist deutlich, dass diese Gruppierungen nach sozialen Milieus und alltagskulturellen Schemata sich z.T. zurückbeziehen auf traditionelle soziologische Einteilungen nach sozialen Klassen und Schichten. Das „Niveaumilieu" entspricht dem Bildungsbürgertum alter Art. Der Gegenpol, das „Harmoniemilieu", entspricht dem, was man sonst Kleinbürgertum genannt hat. Zwischen diesen beiden vermittelt das sog. „Integrationsmilieu". Es kombiniert und mischt Elemente aus Hochkultur und Trivialkultur, man orientiert sich in der Hierarchie der kulturellen Wertungen mal nach oben, mal nach unten. Diese drei Milieus unterscheiden sich durch den Status formaler Bildung. Die beiden neuen Milieus, das „Selbstverwirklichungsmilieu" und das „Unterhaltungsmilieu", sind durch das Lebensalter verbunden. Es sind die Milieus der Jüngeren. Das „Selbstverwirklichungsmilieu", im Gefolge der Kulturrevolution nach 1968 entstanden, ist vor allem im intellektuellen Bereich der studentischen Subkultur angesiedelt. Hier kombiniert man auf eigentümliche Weise hochkulturelle Ansprüche mit dem Bedürfnis nach Action, Spannung und Dynamik, wie man sie aus der Rock- und Popmusik kennt und liebt. Die neue Art von Selbstverwirklichung ist im Gegensatz zu den eher kontemplativen, disziplinierten und distanzierten Verhaltensweisen des elitären Niveaumilieus expressiv, lustbetont und körperbetont (man besucht gern bestimmte Szenekneipen, geht zu kleinen freien Theatergruppen, Kunstausstellungen und Festivals). Das sog. „Unterhaltungsmilieu" dagegen ist (wenn man so will) die Proll-Variante des Spannungsschemas. Hier wird der raue Verhaltensstil der Unterschicht gepflegt und weiterentwickelt (Rockkonzert, Fußballstadion, Bier und McDonalds).

Ich will das hier nicht weiter ausmalen und auch nicht in die kritische Erörterung der einzelnen Milieus eintreten. Vieles, was Schulze beobachtet, hat eine unmittelbare Evidenz. Anderes bleibt schwierig, diskussionsbedürftig. Das beginnt mit der Bezeichnung der Milieus und alltagsästhetischen Schemata. Sie sollen eigentlich wertfrei sein, aber sind sie es? „Harmoniemilieu", „Trivialschema" – das sind keine neutralen Etikettierungen, da fließen in die Benennung immer schon Wertungen und Abwertungen mit ein. Von wo aus wird geurteilt? Wenn man die genaueren Beschreibungen im Einzelnen liest, stößt man auch da auf eine merkwürdige Mischung. Es gibt Beobachtungen, wo man spontan sagt: Gut getroffen! Genau so ist es! Und lacht. Andererseits stößt man auf latent aggressive Untertöne, auf ironische Distanzierung und denkt: Das klingt doch ziemlich arro-

---

[10] Ebd., 283ff., vgl. das Schema 261.

gant, herablassend, lieblos! Woher kommt diese Wahrnehmung und Bewertung[11]? Eine gewisse Vorsicht bei der Übernahme der Begriffe und Beschreibungen scheint geboten.

Auch das Verhältnis zwischen Sozialstruktur, Bildungsstatus und Lebensalter müsste im Einzelnen sehr sorgfältig geprüft werden. Man muss sich dann entscheiden, ob man die Rückbeziehung auf eine eher linke Denktradition für plausibler hält als auf eher rechte Sichtweisen. Schulzes Klassifizierung und Beschreibung müssten mit denen anderer Autoren und Forschungsteams verglichen werden[12]. Und vor der Anwendung auf Kirche und Gemeinde muss man sicher noch einmal zusätzliche Überlegungen einschalten.

Für die innere Matrix der Beschreibung der Milieus hat Schulze jeweils drei Suchfragen zugrundegelegt. Die Stichworte sind: Genuss, Distinktion, Lebensphilosophie. (1) Was hält man in der betreffenden Gruppe emotional für besonders erstrebenswert und genussvoll im positiven Sinne? (2) Wovon grenzt man sich ab? (3) Welche Lebensphilosophie zeigt sich darin? Welche normativen Vorstellungen sind leitend? Welche Überzeugungen werden in der Gruppe geteilt?

Besonders der dritte Punkt „Lebensphilosophie" ist theologisch relevant. Gibt es in der jeweiligen Gruppe ähnliche geistige, ethische, vielleicht sogar religiöse Überzeugungen? Und welchen Stellenwert haben sie in der Theorie? Klar ist: Religion oder gar Kirche hat bei Schulze keinen hohen Stellenwert[13]. Bei aller Reflektiertheit, mit der er seine Kategorien abwägt und rechtfertigt, ist seine Theorie und sind seine Beschreibungen in dieser Hinsicht enttäuschend undifferenziert. Religion und schon gar Kirche sind Restkategorien. Das war mal wichtig, sehr wichtig. Aber das ist lange her. Man kann es getrost vernachlässigen. Deshalb spielen auch im empirischen Untersuchungsteil Kirche, Gemeinde, religiöse oder kirchliche Gruppen, Orte, Szenen, kulturelle oder gottesdienstliche Angebote so gut wie keine Rolle. Schulze teilt wie viele seiner Kollegen das in der Soziolo-

---

11   Vor allem beim „Harmonie-" und „Integrationsmilieu" gibt es klischeehafte Beschreibungen.
12   Vgl. nur P. Bourdieu: Die feinen Unterschiede. Kritik der gesellschaftlichen Urteilskraft (1979), Frankfurt a.M. 1987; ders.: Sozialer Sinn. Kritik der theoretischen Vernunft, Frankfurt 1987; M. Vester/P. v. Oertzen/H. Geiling/T. Hermann/D. Müller: Soziale Milieus im gesellschaftlichen Strukturwandel, Köln 1993, ²2000; P. Gluchowski: Freizeit und Lebensstile. Plädoyer für eine integrierte Analyse von Freizeitverhalten (DGFF), Erkrath 1988; H. Lüdtke: Expressive Ungleichheit. Zur Soziologie der Lebensstile, Opladen 1989; ders.: Lebensstilforschung, in: O.G. Schwenk (Hg.): Lebensstil zwischen Sozialstrukturanalyse und Kulturwissenschaft, Opladen 1996, 139–164; S. Hradil (Hg.): Zwischen Bewusstsein und Sein. Die Vermittlung „objektiver" Lebensbedingungen und „subjektiver" Lebensweisen, Opladen 1992; ders.: Die Ungleichheit der „Sozialen Lage", in: R. Kreckel (Hg.): Soziale Ungleichheiten, in: Soziale Welt (SB 32), Göttingen 1983, 101–120; ders.: Sozialstrukturanalyse in einer fortgeschrittenen Gesellschaft. Von Klassen und Schichten zu Lagen und Milieus, Opladen 1987; R. Kreckel: Politische Soziologie der sozialen Ungleichheit, Frankfurt/ New York 1992; I. Mörth/G. Fröhlich (Hg.): Das symbolische Kapital der Lebensstile. Zur Kultursoziologie der Moderne nach Pierre Bourdieu, Frankfurt/New York 1994; S. Neckel: Status und Scham. Zur symbolischen Reproduktion sozialer Ungleichheit, Frankfurt/New York 1991.
13   Vgl. G. Schulze: Erlebnisgesellschaft, 197.269f.

genzunft zumindest in den siebziger und achtziger Jahren fast selbstverständliche Desinteresse an Religion und Kirche. Das ist eine empfindliche Schwäche dieses Untersuchungsansatzes. Da die entsprechenden Daten im Material, in Fragebögen und Items schlicht nicht auftauchen (oder doch nur ganz am Rande[14]), ist dieses Defizit nachträglich nicht mehr korrigierbar.

1.3 Erlebnismarkt

Das bisher Referierte spielt sich nicht im luftleeren Raum ab, sondern in aller Öffentlichkeit: auf dem „Erlebnismarkt" (417ff.). Hier stehen sich Produzenten und Konsumenten, Erlebnisanbieter und Erlebnisnehmer gegenüber. Der Erlebnismarkt ist fast vollständig kommerzialisiert. Die verschiedenen Anbieter konkurrieren untereinander. Sie wollen ihre Angebote verkaufen, natürlich gewinnbringend. Allerdings geht es auf dem Erlebnismarkt nicht nur ums Geld, es geht auch um Aufmerksamkeit. Die Anteilnahme eines möglichst großen Publikums ist entscheidend für die Selbstbehauptung gegenüber der Konkurrenz. Zwischen Erlebnisanbietern und Erlebnisnehmern besteht eine geheime Beziehung. Sie wirken aufeinander ein. Da es sich um eine Marktbeziehung handelt, ist das, was angeboten wird, angewiesen darauf, dass sich genügend Abnehmer finden. Das Angebot muss die Wünsche, Bedürfnisse, Ideale und Sehnsüchte der Menschen befriedigen, sonst geht es ins Leere.

So ist es nur konsequent, dass sich auf dem Erlebnismarkt die milieubedingten Vorlieben und Muster wiederfinden. Die Anbieter setzen alles daran, ihr Angebot zielgruppengenau zu diversifizieren, sie müssen es milieukonform produzieren und positionieren, d.h.: mit erheblichem Aufwand dafür werben. Aus diesem Grund herrscht auf dem Erlebnismarkt eine immer größere Tendenz zur Standardisierung und Schematisierung, zur Überbietung und Steigerung. Spartenprogramme, milieuspezifische Stilrichtungen, festgelegte Formate erleichtern den Konsumenten die Vorauswahl gemäß den eigenen Stilpräferenzen: Actionfilme, Abenteuer, Krimis nach dem Spannungsschema, dazu neuerdings jede Menge Quatsch und Comedy, Parodie. Klassikradio, 3SAT, Arte und Dritte Programme für die hochkulturell Orientierten und für Teile des Selbstverwirklichungsmilieus. Internationale Schlagerfestivals (gelegentlich etwas aufgemischt durch Guildo Horn und Stefan Raab), die Hitparade der Volksmusik für das Harmoniemilieu. Nachmittags die Talkshows mit Fliege & Co, abends „Big Brother" für – ja für

---

14 Vgl. die Items der mündlichen Befragung, ebd., 594ff.

wen[15]? Zwischendurch ein bisschen Crossover, weil immer mehr Leute gerade daran Spaß haben und sonst zum andern Kanal rüberzappen.

Die Konkurrenz fordert im Fernsehen immer neue Serien – nach immer den gleichen Mustern, mit ähnlichen Typen und Drehbüchern. Wiederholung und leichte Variation: Das ermöglicht Identifikation und erhöht den Genuss. Man erkennt sich selbst wieder in den Stars und Sternchen und erschafft mitunter neue Helden für kurze Zeit (das ist besonders lustvoll). Variation heißt vor allem ständige Perfektionierung der Mittel, Steigerung der Stimuli. Wer auf dem Erlebnismarkt mithalten will, muss sich etwas einfallen lassen, muss Erwartungen bedienen und zugleich etwas Besonderes bieten, muss Profil zeigen und versuchen, viele Wünsche zu bündeln.

Es ist klar, wie wichtig, schwierig und riskant es für Kirchen und Gemeinden ist, auf dem Erlebnismarkt präsent zu sein und um Aufmerksamkeit zu werben. „Korporationen, die das Primat des Publikumserfolges ignorieren", stellt Schulze lakonisch fest, „sind aller Ehren wert, aber sie gehen in Ehren unter, wenn alle anderen Korporationen primär überlebensorientiert agieren"[16].

Ich halte inne und ziehe eine

1.4 Zwischenbilanz

Im Kontext der Erlebnisgesellschaft erhält die Liturgie eine neue Beachtung. Das eröffnet Chancen. Zugleich gerät die kirchliche Gottesdienstkultur erheblich unter Druck.

Liturgie findet ein neues Interesse: In der Erlebnisgesellschaft wächst der Sinn für Rituale, Sakramente, Zeichen und Symbole[17]. Das „darstellende Handeln"

---

15 Zur Zeit der Tagung lief die erste Staffel und war ein Hauptgesprächsgegenstand nicht nur in Schulklassen, sondern auch im Feuilleton überregionaler Tageszeitungen. Vgl. die instruktive Diskussion zwischen Sighard Neckel, Detlef Kuhlbrodt, Peter Körte und Harry Nutt: „Big Brother" – ein Talk, in: Frankfurter Rundschau v. 8.6.2000, 20. Für den Soziologen Neckel war die Auswahl der Bewohner des Containers hoch selektiv. „Wir haben es im wesentlichen mit den Vertretern von nur zwei Milieus zutun. Auf der einen Seite stand die Gruppe, die in der Öffentlichkeit als Spaßgemeinschaft verschrien ist, das moderne hedonistische Arbeitnehmermilieu der Bundesrepublik, am besten verkörpert natürlich von Jürgen. Meine linken Freunde, die gewerkschaftliche Bildungsarbeit machen, würden einen Horror kriegen, wenn sie so einen Typen im Bildungsurlaub hätten. Am Rand dieses Milieus stehen Personen wie John und Zlatko, die von Deklassierung bedroht sind und auf Action und Risiko aus sind. Auf der anderen Seite war das kleinbürgerliche Aufsteigermilieu repräsentiert, also Manu, Kerstin, Jona und Andrea, mit Alex als Randfigur, dem gefallenen Sohn aus dem etablierten Bürgertum. Vertreter anderer Milieus unserer Gesellschaft tauchten gar nicht auf. Was uns als Typenvielfalt vorgekommen sein mag, war in Wirklichkeit die Variation zweier Grundtypen, die auf die erwartete Zuschauerschaft hin ausgesucht worden sind."
16 G. Schulze: Erlebnisgesellschaft, 438.
17 Vgl. A. Schilson: Das neue Religiöse und der Gottesdienst. Liturgie vor einer neuen Herausforderung?, in: LJ 46, 1996, 94–109; ders.: Die Inszenierung des Alltäglichen und ein neues Gespür für

(Schleiermacher) steht nicht mehr im Schatten des zweckorientierten „wirksamen Handelns". Die Dimension des Ästhetischen ist in ihrem Eigenwert wiederentdeckt worden. Dabei werden die in der Industriegesellschaft vorherrschenden Rationalitätskonzepte in der Erlebnisgesellschaft erweitert. Wichtig ist nicht allein das, was man messen und zählen kann. Faszinierend ist auch das, was darüber hinausgeht, das Sichtbare im Unsichtbaren, das Unsichtbare im Sichtbaren. Wünsche und Sehnsüchte werden wach, Phantasie und Träume werden freigesetzt, projiziert und inszeniert. Die Kultur der Erlebnisgesellschaft ist in hohem Maße eine Kultur der Sinnlichkeit. Mit allen Sinnen wahrnehmen: sehen und hören, gemeinsam essen und trinken, schmecken und riechen, sich bewegen, tanzen (mal wild, mal in sich gekehrt), lachen und weinen, klagen und jubeln, aus sich herausgehen und bei sich sein, Ekstase und Kontemplation – „Alles hat seine Zeit". Heilige Orte mit einer besonderen Aura werden wiederentdeckt: der atmosphärische Zauber der alten Kirchen, der mittelalterliche Dom mit Kreuzgang und Krypta, die kleine Dorfkirche, Le Corbusiers Wallfahrtskirche in Ronchamp, die Zeltkirche in Taizé. Prozessionen und Pilgerwege, die Reise zu den Europäischen Treffen der Jugend in Prag oder Wien – das reizt die mobile Gesellschaft mehr als die stabilitas loci. Aber manchmal suchen wir auch die Einkehr im Kloster und die einfache Regelmäßigkeit des Stundengebets. Das alles sind Aspekte und Dimensionen von Liturgie. Sie brauchen im Übrigen nicht neu erfunden zu werden. Es sind unsere Schätze. Wir können sie entdecken und daran partizipieren. Und wir tun dies in wachsendem Maße.

Ein weiterer Gesichtspunkt ist damit schon angedeutet: Die Erlebnisgesellschaft ist interkulturell und ökumenisch. Die in sich geschlossenen konfessionellen Welten treten gegenseitig in Austausch. Wir lernen in der Ökumene voneinander, gerade auch gottesdienstlich. Zunächst einmal hat die katholische Kirche, was das Liturgische anbetrifft, einen besonderen Vorsprung an Kompetenz. Ihre gottesdienstliche Kultur ist reicher als unsere evangelische. Ihre Liturgie ist sinnlicher, nicht gar so vernünftig, nicht ganz so pädagogisiert und wortorientiert (auch wenn sie da in letzter Zeit mächtig aufgeholt hat!). Sie ist leibhafter, geheimnisvoller, volksnäher.

Andererseits sind sie auch nicht nur gut gerüstet. Es gibt erkennbar auch spezifische Schwierigkeiten der katholischen Kirche, nicht nur gegenüber der klassischen Moderne, sondern auch in der Postmoderne. Erlebnisgesellschaft und Postmoderne sind unhierarchisch, pluralistisch, nicht so zentralistisch organisiert, wie es sich die Römer (und manche Polen und Deutsche in Rom) gern wünschen und möglichst überall durchzusetzen versuchen. Von der Erlebnisgesellschaft geprägte

---

den (christlichen) Kult?, in: A. Schilson/J. Hake (Hg.): Drama „Gottesdienst". Zwischen Inszenierung und Kult, Stuttgart 1998, 13–67.

Menschen denken eher horizontal als vertikal. Nicht Autorität und Gehorsam sind gefragt, sondern Toleranz, Spontaneität, das Geltenlassen der Unterschiede, der Widerstreit der Meinungen. In der Erlebnisgesellschaft schätzt man Eigeninitiative, Beteiligung, Mitsprache. Man ist in mancher Hinsicht demokratischer, hat Sinn für individuelle Freiheit, verweigert sich rigiden Moralansprüchen, reagiert allergisch auf Heuchelei und Doppelmoral, ist empfindlich gegen Diskriminierungen von Minderheiten. Es gibt tiefsitzende antidogmatische Affekte. Traditionen und Dogmen werden hinterfragt, relativiert, sie sind begründungspflichtig. Wer sich dem verweigert, gerät auf die Dauer ins Abseits. Die Erlebnisgesellschaft ist darin ein selbstverständlicher Teil der modernen Welt, dass sie die Aufklärung voraussetzt und nicht leugnet oder bekämpft. Sie ist in manchen Punkten aufklärungskritisch, aber, recht verstanden, nicht antimodernistisch oder gar fundamentalistisch.

Und noch etwas ist charakteristisch für die Erlebnisgesellschaft: Die vermehrte Suche nach dem Erlebnis verstärkt das Gespür, ob etwas in sich stimmig ist, besser: ob es für mich stimmig ist. Was nicht stimmig ist, wird abgelehnt, und zwar heftig. An Fragen emotionaler Konsistenz, an der Ästhetik entzünden sich ganz schnell Affekte. Sensibilität heißt deshalb oft auch erhöhte Reizbarkeit.

Damit sind wir bei den Kehrseiten. Denn das gehört inzwischen auch zu dem in der Erlebnis- und Mediengesellschaft erlernten, täglich eingeübten Verhalten: Wenn mir etwas nicht gefällt, steige ich aus, schalte ab (innerlich oder äußerlich), schalte um auf ein anderes Programm. Die Spannungsbögen sind intensiv, die Abbrüche abrupt. Frustrationstoleranz ist keine Tugend in der Erlebnisgesellschaft (vielleicht weil der Berufsalltag nach wie vor viel Frustrationstoleranz fordert?). Wahlfreiheit bedeutet auch: selektive Wahrnehmung, rascher Wechsel. Wenn das Subjekt die Suche nach Erlebnissen steuert, macht es sich in seiner jeweiligen Befindlichkeit am Ende zum ausschlaggebenden, oft zum einzigen Maßstab. Der ist dann nicht mehr begründungspflichtig. Ich will, was ich will. Punkt! Das Spannungsschema dominiert. Die Medien sind schnell – die Religion ist langsam. Da sind Reibungen unvermeidlich. Der Zwang zur Behauptung gegen die Konkurrenz auf dem Erlebnismarkt setzt die Kirchen unter Druck.

Noch etwas gehört zur Erfahrung der letzten zehn, zwanzig Jahre: die Erfahrung, wie sehr die alten Muster ihre selbstverständliche Geltung verlieren. Traditionelle Sitte zersetzt sich. Es gibt ein spürbares Nachlassen religiös-kirchlicher Traditionsleitung, nicht in jedem Falle zwangsläufig, aber doch erkennbar – sofern Sitte und Brauchtum nicht in neues selbstgewähltes, innerlich bejahtes und dann durch Gewohnheit auch habitualisiertes Verhalten überführt wird. Leider haben diese Zusammenhänge in der Liturgiewissenschaft bislang zu wenig Aufmerksamkeit gefunden. In beiden großen Kirchen hat sich die Liturgiereform allzu stark mit der Reform der gottesdienstlichen Ordnungen und Agenden befasst. Die Liturgiereform in der katholischen Kirche stand seit dem II. Vatikanum zunächst ganz im Zeichen der Überwindung des traditionellen Ritualismus und Formalismus zugunsten einer aktiven Beteiligung des Gottesvolkes („plena et actuosa participatio"); dem entsprach die Modernisierung der Sprache und Riten. Ähnliches gilt auch für die evangelischen Kirchen in Deutschland. Das Hauptanliegen bei der Arbeit an der Erneuerten Agende, die Anfang der achtziger Jahren begann und zwanzig Jahre später mit dem Erscheinen des „Evangelischen Gottesdienstbuches" zum Abschluss gekommen ist, ist die Bewahrung einer festen Grundstruktur, die zugleich Flexibilität in der aktuellen Ausgestaltung ermöglicht. Zu den entscheidenden Kriterien gehört die umfassende Beteiligung der Gemeinde, die Ausgewogenheit zwischen alten und neuen Texten, der Erhalt des konfessionellen Profils und die Öffnung zur Ökumene, inklusive Sprache und ganzheitliche Gestaltung.

Das sind zweifellos zentrale Anliegen. Doch ich glaube, wir haben darüber die Relevanz dessen vernachlässigt, was die Theorie der sozialen und kulturellen Milieus ebenfalls sichtbar macht: nämlich, dass das gottesdienstliche Verhalten auch in dem Sinne regelhaftes Verhalten ist, dass es in der jeweiligen Lebenswelt verankert sein muss. Es gibt bestimmte Zyklen und Zeiten für den Gottesdienstbesuch, differenzierte Rhythmen der Beteiligung. Sitte und Brauchtum sind entscheidende Aspekte der gottesdienstlichen Kultur. Wie kann man sie erhalten, und zwar lebendig erhalten, wenn die Traditionsleitung nachlässt? Wie werden solche Muster gefunden und eingeübt? Wie weit sind sie kompatibel mit den allgemeinen gesellschaftlich anerkannten Zeitmustern? Was ist, wenn diese sich verändern oder gar auflösen (denken Sie an den Sonntag und den Zyklus der Feste und Ferienzeiten)? Das sind nicht minder relevante Fragen. Hier reagieren die Kirchen noch weithin hilflos, und auch die Liturgiewissenschaft tut sich schwer damit.

2 Zur Rezeption des Konzepts „Erlebnisgesellschaft" in Theologie und Kirche

In der kirchlichen Praxis sind bislang zwei Reaktionsmuster vorherrschend: Mitmachen oder Warnen, Begeisterung oder Entrüstung – nach dem Motto „Wir auch!" oder „Nie und nimmer!" Viele Praktiker tun alles, um auf den fahrenden Zug aufzuspringen, sie versuchen, die Lokomotive vorsichtig in die richtige (eigene) Richtung zu steuern. Die Parole heißt „Erlebnisgottesdienste": Ein vielfältiges Angebot machen, zielgruppenspezifisch ausgewählt, in der Gestaltung eingängig locker, bunt, ein bisschen poppig (aber nicht zu sehr!), die Werbung verstärken, um vor allem bei der jüngeren Generation Aufmerksamkeit zu finden. Dies wiederum stößt bei den anderen auf Empörung. Viele Kirchenleute, besonders in den oberen Rängen, aber auch viele (eigentlich fast alle) akademischen Liturgieexperten reagieren polemisch, kulturkritisch (konservativ oder links) und plädieren energisch für Widerstand und zeichensetzende gegenkulturelle Askese[18].

Indirekte Schützenhilfe leistet dabei die Übersteigerung des Erlebnismarktes im „Kult-Marketing", wie es Norbert Bolz und David Bosshart süffig und virtuos propagiert haben[19]. Hier wird die „neue Religion" des Erlebnismarktes mit theologischer Terminologie aufgeladen. In den Augen der Kritiker ist sie damit endgültig als Götzendienst entlarvt. In der polemischen Auseinandersetzung um dieses Buch werden Erlebnisgesellschaft und Erlebnismanagement häufig recht pauschal dämonisiert. Man nimmt die religiös-funktionale Begrifflichkeit für bare Münze und reagiert mit prophetischem Protest. Die Erlebnisgesellschaft wird mit den Mitteln der antikapitalistischen Kultur- und Medienkritik Adornoscher Provenienz entlarvt[20]. Es gibt hier nur ein Entweder-Oder: „Wer sich dem Diktat der Erlebnisgesellschaft unterwirft, hat schon verloren", dekretiert Manfred Josuttis: „In diesem Bereich gibt es keine Kompromisse."[21] Das verbindet sich mit den bewährten Mustern der dialektisch-theologischen Polemik gegen den Kulturprotestantismus (wobei bei Josuttis eine bestimmte Art von Religionsphänomenologie die dogmatische Perspektive der Dialektischen Theologie abgelöst hat). Manches an der Heftigkeit der Abwehr erklärt sich für mich aus der Perspektive ostdeutscher Gemeinden, die sich von der Invasion westlichen Medienimports überrollt fühlen (diesen Erfahrungshintergrund spüre ich z.B. bei Karl-Heinrich Bieritz[22]). Vielleicht sind wir im kapitalistischen Westen daran gewöhnt, vielleicht auch ein bisschen abgebrühter im Umgang mit den pseudoreligiösen Versprechungen. Wir nehmen nicht mehr alles wörtlich und haben den suggestiven Zauber, der da be-

---

18 Vgl. z.B. K.-H. Bieritz: Erlebnis Gottesdienst, in: WzM 48, 1996, 488–450, 497f.; M. Josuttis: Die Einführung in das Leben. Pastoraltheologie zwischen Phänomenologie und Spiritualität, Gütersloh 1996, 89, zitiert und diskutiert bei Becks (wie Anm. 4), 22–24.
19 Vgl. N. Bolz/D. Bosshart: Kult-Marketing. Die neuen Götter des Marktes, Düsseldorf ²1995.
20 Vgl. „Kulturindustrie", das berühmte Kapitel in M. Horkheimer/T.W. Adorno: Dialektik der Aufklärung, Amsterdam 1947; sowie die essayistische Fortschreibung bei H.M. Enzensberger: Bewusstseins-Industrie (1962), in: Ders.: Einzelheiten I (es 63), Frankfurt a.M. 1964, 7–18.
21 M. Josuttis: Einführung (wie Anm. 18), 89.
22 Vgl. Bieritz: Erlebnis Gottesdienst (Anm. 18) sowie ders.: Kult-Marketing. Eine neue Religion und ihre Götter, in: P. Stolt/W. Grünberg/U. Suhr (Hg.): Kulte, Kulturen, Gottesdienste. Öffentliche Inszenierung des Lebens (FS Peter Cornehl), Göttingen 1996, 115–129. „Die neue Religion, daran lassen ihre Theologen keinen Zweifel, kommt über uns mit der Gewalt eines Naturereignisses. Sie gestattet uns keine Wahl. Ihr zu folgen, ist keine Sache persönlicher Entscheidung. Sich ihr zu entziehen, ist schlechterdings nicht möglich. Das ökonomische System selbst, dessen spiritueller Ausdruck sie ist, zwingt sie uns auf. Der vielberedete Pluralismus der Sinnangebote, der unsere (post)moderne Zivilisation angeblich bestimmt, entpuppt sich angesichts ihrer Allgewalt als pures Oberflächenphänomen." Wie sollen Christen, christliche Gemeinden sich dazu stellen? Argumente helfen nicht; der neue Kult ist „unempfindlich gegen kognitive Einwürfe. Wirksamer Widerstand scheint letztlich nur im Medium symbolischer Kommunikation, also rituell denkbar – als Gegen-Kult, Gegen-Kultur." (125f) Vgl. dazu auch meine Kritik an Bieritz – mit Bieritz in: JLH 41, 2002, 41ff.

schworen wird, für uns immer schon ironisch gebrochen. So scheint es nicht verwunderlich, dass sich bei Theologen der mittleren und jüngeren Generation auch gelassenere Einschätzungen finden, vor allem dort, wo sich in der Tradition des älteren Kulturprotestantismus eine liberale Praktische Theologie in der Nachfolge Schleiermachers neu formiert hat[23]. Vor allem aber gibt es inzwischen eine neue Generation jüngerer Theologinnen und Theologen, die ein unbefangeneres Verhältnis zur „Erlebnisreligion" hat und bei ihren ästhetischen Zugängen zu Religion und Kultur ganz lustvoll popkulturelle Elemente schätzt und benutzt[24].

Aufschlussreich ist zweitens auch die bisherige Rezeption von Gerhard Schulzes Milieutheorie. Hier gibt es ebenfalls zwei unterschiedliche Weisen der Bezugnahme. Der Religionssoziologe Michael N. Ebertz repräsentiert auf katholischer Seite die kirchenkritische Variante. Seine Diagnose der Lage der Kirche steht fast ganz unter dem Vorzeichen „Milieuverengung". Der Weg der katholischen Kirche, so wie Ebertz ihn beschreibt, verläuft von der universalen Gnadenanstalt hin zur kleinbürgerlichen Schwundstufe eines engen Ghettomilieus, das von fortschreitender „Vergreisung" bedroht ist[25]. Ein Prozess permanenter Selbstmarginalisierung. Den Nachweis liefern u.a. Gottesdienststatistiken, wobei zunehmendes Lebensalter (vor allem viele ältere Frauen), der Ausfall der jüngeren Genera-

---

[23] Vgl. W. Gräb: Neuer Raum für Gottesdienste – Raum für neue Gottesdienste? Die zeitgenössische Konsum- und Erlebniskultur als Herausforderung an die Ästhetik gottesdienstlicher Räume, in: Kulte, Kulturen, Gottesdienste (s. Anm. 22), 172–184. Gräbs Reaktion auf das Buch von Bolz und Bosshart ist positiver und abgewogener als die von Bieritz, ohne dass er den Suggestionen unkritisch verfällt. Ambivalent ist die Reaktion von Konrad Klek, der unter dem Titel „Erlebnis Gottesdienst. Die liturgischen Reformbestrebungen um die Jahrhundertwende unter Führung von Friedrich Spitta und Julius Smend" (VLHthKM 32), Göttingen 1996, eine prägnante Rekonstruktion der liturgischen Reformbestrebungen der älteren liturgischen Bewegung vorgelegt hat, in einem anderen Aufsatz aber ebenfalls vehement den Erlebnismarkt attackiert und als die moderne Form der „babylonischen Gefangenschaft" denunziert. Vgl. K. Klek: Kirchenmusik in der Erlebnisgesellschaft, in: Württb. Blätter f. Kirchenmusik 61, 1994, 50ff., 124ff., 155ff.

[24] Vgl. aus der Fülle von neueren Veröffentlichungen nur B. Schwarze: Die Religion der Rock- und Pop-Musik (PTHe 28), Stuttgart u.a. 1997; A. Grözinger: Das Heilige in der Erlebnisgesellschaft. Eine protestantische Deutung (Wechselwirkungen 18), Waltrop 1996; J. Kunstmann: Christentum in der Optionsgesellschaft. Postmoderne Perspektiven, Weinheim 1997, bes. II,3: „Erlebnisreligion", 107–115; III/2: „Markt-Kirche", 127–138; III/3: „Erfahrbare Kirche", 138–145, mit den Teilkapiteln „Sinnenfreudiger Gottesdienst, Ästhetische Neuentdeckung des Kirchenraumes, Erlebnis Kirche". Außerdem G. Fermor: Ekstatis. Das religiöse Erbe in der Popmusik als Herausforderung an die Kirche (PTHe 46), Stuttgart u.a. 1999; sowie G. Fermor/H.-M. Gutmann/H. Schroeter (Hg.): Theophonie. Grenzgänge zwischen Musik und Theologie (Hermeneutica 9), Rheinbach 2000.

[25] Vgl. M.N. Ebertz: Erosion der Gnadenanstalt? Zum Wandel der Sozialgestalt von Kirche, Frankfurt a.M. 1998, bes. 90–129, wo die kirchenbezogene Religion und Religiosität in den 80er und 90er Jahren referiert und die fortschreitende „Tendenz zur Vergreisung der Kirchenbesucherschaft" (91) mit der Marginalisierungs- und Beliebigkeitsthese kombiniert wird. Fazit: „Für die Mehrheit ihrer Mitglieder scheint Kirche noch interessant zu bleiben für die Schwachen und an den Grenzen des Lebens, wenn und sofern sie dieses mit ihren unverbindlichen Segnungen versorgt – und entsorgt." (116f). Später überträgt Ebertz mit ähnlichem Resultat Schulzes Beschreibungen der Erlebnismilieus auf die Kirchengemeinde (260–273). Vgl. die frühere und kürzere Fassung des Buches: Kirche im Gegenwind. Zum Umbruch der religiösen Landschaft, Freiburg u.a. 1997, ³1999. Vgl. auch die Zusammenfassung bei Kochanek: Spurwechsel (wie Anm. 4), 64ff. – Zu Ebertz' historischen Arbeiten zur Geschichte der katholischen Milieus s.u. Anm. 30.

tion und abnehmender Bildungsgrad einen circulus vitiosus bilden. In die Analyse einbezogen werden auch Ergebnisse der neueren EKD-Erhebungen zur Kirchenmitgliedschaft – freilich recht selektiv und unter Verstärkung lediglich der Daten, die das vorher schon feststehende Gesamtbild bestätigen. Die Diagnose ist ziemlich erbarmungslos. Die verordnete Therapie mündet in fast verzweifelte Appelle: Nur konsequente allseitige Öffnung kann aus der Sackgasse herausführen! Allerdings hat man nicht den Eindruck, dass Ebertz einer radikalen Selbsterneuerung unter den gegebenen Rahmenbedingungen noch realistische Chancen einräumt. Selektive Wahrnehmung prägt auch Manfred Josuttis' abschätzige Rede von der „Kirche des Milieus". Die Ortsgemeinde ist miefig, langweilig, spießig. „Das Kirchenmilieu ist Zuflucht für jene, die zu anderen Lebenswelten im kommunalen Bereich keinen Zugang (mehr) haben. Die Kerngemeinde ist Sammelstation für solche, die zu ordentlich, zu alt, zu unsportlich sind", um im richtigen Leben, z.B. im Verein, angenommen zu werden[26].

Ich möchte nicht missverstanden werden: Damit sind zweifellos richtige Tatbestände markiert. Hier besteht tatsächlich eine Gefahr – in beiden Kirchen. Wir beobachten auch in evangelischen Gemeinden eine strukturelle Überalterung und Selbstgettoisierung. Dennoch ist die Gesamtperspektive einseitig. Diese Kirchenkritik steht so stark im Banne einer Verfallstheorie („Erosion"), dass die konstruktiven Leistungen der kirchlichen Milieus, auch der Ortsgemeinden[27], sowie entsprechende Gegenbewegungen nicht mehr in den Blick kommen. Man müsste sie aber in die Betrachtung miteinbeziehen. Ich plädiere deshalb (auch in dieser Hinsicht) für eine Relativierung der „Hermeneutik des Verdachts" durch eine „Hermeneutik der Entdeckung", die sich neugierig und konstruktiv den Phänomenen religiöser und liturgischer Inkulturation zuwendet.

In dieser Beziehung gibt es, was die religionssoziologische Rezeption der Theorie von Schulze und die Übertragung der allgemeinen sozialen Milieus auf die Milieus in der Kirche angeht, erste Ansätze in der Dissertation von Hartmut Becks und in Aufsätzen von Eberhard Hauschildt[28]. – Von einer anderen soziologischen

---

26 Vgl. M. Josuttis: Einführung (wie Anm. 18), 74.
27 Vgl. H. Lindner: Kirche am Ort. Eine Gemeindetheorie (PTHe 16), Stuttgart u.a. 1994; überarbeitete Neuausgabe: Kirche am Ort – ein Entwicklungsprogramm für Ortsgemeinden, Stuttgart u.a. 1999; P. Cornehl/W. Grünberg: „Plädoyer für den Normalfall" – Chancen der Ortsgemeinde. Überlegungen im Anschluss an Ernst Lange, in: S. Abeldt/W. Bauer/W. Weiße u.a. (Hg.): „… was es bedeutet, verletzbarer Mensch zu sein". Erziehungswissenschaft im Gespräch mit Theologie, Philosophie und Gesellschaftstheorie (FS Helmut Peukert), Mainz 2000, 119–134.
28 Vgl. H. Becks: Gottesdienst in der Erlebnisgesellschaft (s. Anm. 4), 1999; E. Hauschildt: Milieus in der Kirche. Erste Ansätze zu einer neuen Perspektive und ein Plädoyer für vertiefte Studien, in: PTh 87, 1998, 392–404; ders.: Unterhaltungsmusik in der Kirche. Der Streit um Musik bei Kasualien, in: Fermor/Gutmann/Schroeter (Hg.): Theophonie (wie Anm. 23), 285–298; ders.: Der Gottesdienst in der Erlebnisgesellschaft: Thema Gottesdienst, Hg. Arbeitsstelle f. Gottesdienst u. Kindergottesdienst der Ev.Kirche i. Rheinland 14 (2000), 5–23; außerdem Hauschildts Bemerkungen zur Studie von Vögele/Vester (wie Anm. 29), 29–40.

Basis geht das Projekt der Forschungsgruppe um Michael Vester und Wolfgang Vögele: „Kirche und die Milieus der Gesellschaft" aus[29].

Eine konstruktiv-kritische Hermeneutik der Entdeckung hätte anzusetzen bei historischen Erkundungen der Religionskultur seit dem 19. und 20. Jahrhundert. Hier ist nämlich in Deutschland in den beiden Großkirchen eine Kultur unterschiedlicher kirchlicher und freier christlicher Vereine, Gruppen, Frömmigkeitsbewegungen, theologischen Strömungen und Schulrichtungen entstanden, von denen sehr kreative Impulse für eine neue Inkulturation des Glaubens ausgegangen sind[30].

Doch die produktive Kraft dieser Aufbrüche ist in der Gegenwart keineswegs erlahmt. Man darf den Blick nicht nur auf die Ortsgemeinden und Pfarreien richten und auch nicht nur die Erscheinungen distanzierter bzw. selektiver Volkskirchlichkeit einbeziehen, sondern muss das Gesamtspektrum kirchlicher und christlicher Gemeinschaftsformen im Auge behalten. Die evangelischen und katholischen Laienorganisationen repräsentieren auch heute noch beachtliche Initiativen der Frömmigkeit, und zwar in der gesamten Streubreite der gegensätzlichen theologischen Richtungen. Dazu gehören auf der einen Seite pietistische, evangelikale, charismatische Gruppen, dazu gehören auf der Gegenseite die Friedens- und Ökogruppen der siebziger und achtziger Jahre, die Gruppen des

---

[29] Vgl. W. Vögele/M. Vester (Hg.): Kirche und die Milieus der Gesellschaft (Loccumer Protokolle 56/99 I und II). Vgl. die Buchfassung: W. Vögele/H. Brenner/M. Vester (Hg.): Soziale Milieus in der Kirche, Würzburg 2002. Dazu außerdem die Arbeiten von Gerhard Wegner, zuletzt: „Niemand kann aus seiner Haut". Zur Milieubezogenheit kirchlichen Lebens, in: PTh 89, 2000, 53–70, mit einem instruktiven Vergleich unterschiedlicher milieutheoretischer Forschungstraditionen, sowie F. Benthaus-Apel: Religion und Lebensstil. Zur Analyse pluraler Religionsformen aus soziologischer Sicht, in: Religion in der Lebenswelt der Moderne, Stuttgart u.a. 1998, (wie Anm. 30), 102–122.

[30] Vgl. für den protestantischen Bereich aus der Fülle der einschlägigen Literatur nur V. Drehsen: Wie religionsfähig ist die Volkskirche? Sozialisationstheoretische Erkundungen neuzeitlicher Christentumspraxis, Gütersloh 1994; F.W. Graf: Konservatives Kulturluthertum. Ein theologiegeschichtlicher Prospekt, in: ZThK 85, 1988, 31–76; ders.: „Restaurationstheologie" oder neulutherische Modernisierung des Protestantismus? Erste Erwägungen zur Frühgeschichte des neulutherischen Konfessionalismus, in: W.D. Hauschild (Hg.): Das deutsche Luthertum und die Unionsthematik im 19. Jahrhundert (LKGG 13), Gütersloh 1991, 64–109; ders.: Die Spaltung des Protestantismus, in: W. Schieder (Hg.): Religion und Gesellschaft im 19. Jahrhundert (Industrielle Welt 54), Stuttgart 1993, 157–190; H.M. Müller (Hg.): Kulturprotestantismus. Beiträge zu einer Gestalt des modernen Christentums, Gütersloh 1992, darin bes. F.W. Graf: Kulturprotestantismus, 21–77 (Lit.); H.M. Müller: Der reformkatholische Modernismus in protestantischer Sicht, 294–310; ferner die Veröffentlichungen des Marburger Graduiertenkollegs: K. Fechtner/M. Haspel (Hg.): Religion in der Lebenswelt der Moderne, Stuttgart u.a. 1998, außerdem die umfangreichen neueren Forschungen zur Inneren Mission, zum Verbandsprotestantismus und seinen diversen Gruppen und Vereinen. – Für den katholischen Bereich bahnbrechend waren die frühen Untersuchungen von Michael N. Ebertz zum organisierten Massenkatholizismus, z.B.: Die Organisierung von Massenreligiosität im 19. Jahrhundert. Soziologische Aspekte zur Frömmigkeitsforschung, in: Jb. f. Volkskunde NF 2, 1979, 38–72; ders.: Maria in der Massenreligiosität. Zum Wandel des populären Katholizismus in Deutschland, in: M.N. Ebertz/F. Schultheis (Hg.): Volksfrömmigkeit in Europa. Beiträge zur Soziologie populärer Religiosität in 14 Ländern, München 1986, 65–83; ders.: „Ein Haus voll Glorie, schauet ..." Modernisierungsprozesse der römisch-katholischen Kirche im 19. Jahrhundert, in: W. Schieder (Hg.): Religion und Gesellschaft im 19. Jahrhundert, a.a.O., Stuttgart 1993, 62–85.

Konziliaren Prozesses und der Ökumenischen Versammlungen, die in der DDR sehr wesentlich den Prozess der Wende getragen haben, die neue Frauenbewegung und die feministische Theologie (mittlerweile generationenmäßig differenziert), die alten Orden und neuen Kommunitäten und Klöster, die vielen informellen Taizégruppen, die linken Basisgemeinden mit ihren Verbindungen nach Lateinamerika, dazu gehören auch der Deutsche Evangelische Kirchentag und die Katholikentage[31].

Für unser Thema entscheidend ist die Beobachtung: Alle diese Aufbrüche der Frömmigkeit haben auch eigene Liturgien, Verkündigungsformen, Gottesdienststile ausgebildet, mit jeweils spezifischen Sprach- und Denkmustern, oft mit eigenem Liedgut und der Vorliebe für bestimmte Musikstile. Daran sind sie in der Öffentlichkeit erkennbar, darin unterscheiden sie sich und grenzen sich untereinander ab (Distinktion!). Und das alles nicht freischwebend, sondern nach relativ festen Mustern und Figuren und verbunden mit einer bestimmten Form von Gemeinschaftsbindung und Engagement. Das Ganze bildet ein spannungsvolles Feld unterschiedlicher, kontroverser Positionen, vielfach zerstritten, mit manchen zentrifugalen Energien und nicht einfach kirchenamtlich zu integrieren – ein vitaler und dynamischer Prozess! Davon profitiert auch die offizielle Kirche als Ganze. Das hält sie lebendig.

Man kann diese alten und neuen religiös-kirchlichen Milieus den allgemeinen sozialen Milieus zuordnen, aber es wäre einseitig, sie nur von ihnen abzuleiten[32]. Denn sie verbinden drei Momente, die für Überzeugungsgemeinschaften charakteristisch sind: eine bestimmte religiöse Weltsicht, bestimmte Kommunikationsformen und entsprechende lebensweltliche Verankerungen. Der Faktor „Lebensphilosophie" (um Schulzes Begriff aufzunehmen) bildet den primären Ansatz für alle religiöse Inkulturation. Die drei Momente verbinden sich auch im gottesdienstlichen Handeln. Da geht es vorrangig um den Glauben, um die Begegnung mit Gott, mit dem Heiligen, mit der Wahrheit, um die Aneignung der Tradition, um die Vergegenwärtigung des Heilsgeschehens und der biblischen Botschaft, um Orientierung und Sinndeutung. Es geht zweitens um Kommunikation, um Gemeinschaft im Medium von Liturgie, in bestimmten Formen, Riten; denn nur so ist gemeinsames Handeln möglich. Der Wunsch nach Partizipation, der Mischungsgrad der Bedürfnisse nach Nähe und Distanz, Spontaneität und Ordnung ist unterschiedlich und gruppen- wie milieuspezifisch differenziert. Und es geht drittens um eine lebensweltliche Verankerung des Gottesdienstes, um besondere

---

31 Wenn Gerhard Wegner die evangelischen Kirchentage schlicht dem „Integrationsmilieu" zuschlägt, dann zeigt auch das die leicht ressentimentgeladenen Untertöne mancher kirchlicher Milieuforscher, vgl. ders.: Zur Milieubezogenheit kirchlichen Lebens (wie Anm. 29), 64f.

32 Das scheint mir die Schwäche der bisherigen Versuche, die Milieutheorien (sei es nach Schulze oder nach Vester) auf Gottesdienste und Kasualfeiern zu übertragen, ohne auch den kultur- und milieubildenden Faktor positioneller Frömmigkeitsbewegungen einzubeziehen, s.o. Anm. 28.

gottesdienstliche Zeitmuster, Rhythmen und Zyklen, ihre Einübung und Fortentwicklung. Das war schon immer so. Aber in allen drei Bereichen ist der Wunsch nach subjektivem Erleben und erfüllenden Erlebnissen gegenüber früher gewachsen. Ich meine: Das ist legitim, es entspricht dem christlichen Glauben, und wir sollten es nicht abwerten. Doch die drei Momente müssen zusammengehalten werden, damit sich nicht eines auf Kosten der anderen verselbständigt oder absolut setzt. Eine gute Theorie des Gottesdienstes hat das immer beherzigt. Es scheint mir kein Zufall zu sein, dass das liberalprotestantische Modell, das vor 100 Jahren die beiden Theologen Friedrich Spitta und Julius Smend in der Nachfolge Schleiermachers entwickelt haben und das von Konrad Klek unter dem Titel „Erlebnis Gottesdienst" rekonstruiert worden ist, heute an Aktualität gewinnt[33]. Es verbindet in umfassender und theologisch fundierter Weise Gotteserfahrung und Gottesdienst mit Gemeinschaftsgeist, Weltzugewandtheit und gesundem kirchlichem Selbstbewusstsein.

3 Plädoyer für den Eigensinn

Ich komme zum Schluss noch einmal auf Gerhard Schulze zurück, allerdings nicht auf die „Erlebnisgesellschaft" von 1992, sondern auf eine Essaysammlung, die er 1999 veröffentlicht hat. Sie heißt „Kulissen des Glücks. Streifzüge durch die Eventkultur". Hier finde ich den Aufsatz „In der Eventfolklore" besonders interessant[34].

Was unterscheidet eigentlich die aktuelle Eventkultur von den alten Inszenierungen, wie sie in Märchen und Mythen, in religiösen Riten geschehen? Schulze sagt: Diese sind dadurch gekennzeichnet, dass sie drei Dimensionen oder Sphären verbinden: das Subjektive, das Intersubjektive und das Objektive. Er nennt es das „Drei-Sphären-Paradigma" inszenierter Ereignisse: „Man *erlebt*; man erlebt *gemeinsam*; man erlebt etwas ,*Wirkliches*'", eine „brisante Mischung von Gefühlsbewegung, Publikumsgemeinschaft und Weltbilddramaturgie". Mythen, Märchen, religiöse Zeremonien sind „Teil einer großen kollektiven Selbsterzählung. Sie beantworten grundlegende existenzielle Fragen: Was ist das Wesen der Dinge, mit denen wir täglich umgehen? Woher kommen wir, und welchen Sinn hat unser

---

33 Vgl. noch einmal K. Klek: Erlebnis Gottesdienst (Anm. 23). Jetzt auch die Kurzfassung: Erlebnis Gottesdienst: Die liturgische Konzeption von Friedrich Spitta und Julius Smend, in: J. Neijenhuis (Hg.): Der Gottesdienst zwischen Abbildern und Leitbildern (Beitr. z. Liturgie u. Spiritualität 5), Leipzig 2000, 56–66.
34 G. Schulze: In der Eventfolklore, in: Ders.: Kulissen des Glücks. Streifzüge durch die Eventkultur, Frankfurt/New York 1999, 79–103.

Leben? Was muss man tun, um wichtige Ziele zu erreichen und um Bedrohungen abzuwenden?"[35]

Schulze bringt dafür ein überraschendes Beispiel: „Die katholische Messe etwa ist seit vielen Jahrhunderten ein Ereignis, das gleichzeitig die Sinne anspricht und das gemeinsame Bekenntnis zu einem Weltbild befestigt."[36] Alle drei Dimensionen gehören zusammen. So war es in der Vergangenheit, so ist es auch heute. Genau dies aber unterscheidet die Messe vom Event. In der Erlebnisgesellschaft werden die subjektzentrierten Motive zum Selbstzweck erhoben. Anders in der Messe: „Die Pracht der katholischen Messe, der Weihrauchduft und die Glocken- und Orgelklänge sprachen die Erlebnisbereitschaft der Gottesdienstbesucher an, trotzdem war die Messe mehr als ein Event, weil die Erlebnisbereitschaft in einen religiösen Rahmen eingebunden war." (89) Das „zirkuläre Subjekt" (91) dagegen bezieht alles nur auf sich selbst. „In Ereignissen, deren Hauptsinn darin besteht, Erlebniswünsche zu bedienen, begegnen die Menschen vor allem immer wieder sich selbst. Sie bestätigen sich durch das Gewählte so, wie sie sind oder zu sein glauben." Diese Selbstzentriertheit betrachtet der Kultursoziologe mit Sorge. Schulze empfiehlt am Ende seines Essay eine Gegenbewegung – hin zum „eigensinnigen Subjekt". Dieses eigensinnige Subjekt ist „auf der Suche nach Wirklichkeit jenseits des eigenen Horizontes, jedoch auf eigene Faust …" (102).

Man kann das Plädoyer für den Eigensinn aufnehmen und es auf das, was im Gottesdienst geschieht, zurückbeziehen. Auch die Liturgie, auch die Predigt hat ihren Eigensinn[37]. Der Gottesdienst besteht eigensinnig darauf, den Einzelnen mit Anderen zusammen zu bringen, ihn mit Gott und Welt in Beziehung zu setzen. Die Liturgie öffnet die zirkuläre Existenz des homo incurvatus in se ipsum für die Begegnung mit Gott, ohne den Sinn für Erlebnisse zu diskriminieren. Der Erlebnishunger der Menschen, die Sehnsucht nach Erleben wird nicht unterdrückt, sie wird befreit, verwandelt und kommt zum Ziel, wenn der Mensch sich der Begegnung mit der Wirklichkeit aussetzt, mit der Wirklichkeit Gottes und mit der Wirklichkeit des Leben, in all ihren Dimensionen und dramatischen Zügen, mit Höhen und Abgründen. So verbindet die Liturgie das Ästhetische mit dem Ethischen, das Hermeneutische mit dem Energetischen. Eine wahrhaft pfingstliche Perspektive: Veni creator spiritus!

---

[35] Ebd., 83.
[36] Ergänzt durch einen Seitenblick auf den Protestantismus: „In der protestantischen Entsinnlichung des Gottesdienstereignisses wurde der transsubjektive Zweck, die gemeinsame Konstruktion des Objektiven, sogar noch wesentlich verstärkt, um Religion nicht durch Lust zu profanieren" (ebd.).
[37] Vgl. auch das Plädoyer von Karl-Heinrich Bieritz für die „eigensinnige Predigt": Offenheit und Eigensinn – Plädoyer für eine eigensinnige Predigt, in: E. Garhammer/H.-G. Schöttler (Hg.): Homiletik und Rezeptionsästhetik, München 1998, 28–50. Vgl. dazu auch Cornehl, in: JLH 41, 2002, 39ff.

Ein Netz und ein Stuhl

Messe mit Papst Johannes Paul II. in Köln

15.11.1980

Das erste Bild, das in Erinnerung bleibt: Die Fernsehkamera schwenkt zum großen Kreuz auf dem riesenhaften Altar über die wartende Menschenmenge hinüber zu einem Wäldchen hinten am Horizont. Dort schweben drei große Hubschrauber ein, zuerst wie kleine Insekten, dann größer werdend. Einen Augenblick assoziiere ich „Apocalypsis now". Aber es geht kein Schrecken aus von diesen Flugmaschinen, wenn auch etwas Unwirkliches, Megalomanes aufleuchtet. Hier wird etwas inszeniert, das auf Überwältigung zielt. Dies ist das ganz große Erlebnis, die Supermesse, die alle Dimensionen sprengt!

Und doch ist das einzig Bewegende an diesem Gottesdienst am Ende das Einfachste: die Kommunion. Wie die Leute kommen und der Papst ihnen die konsekrierte Hostie reicht. Eine schlichte Geste, aus der Nähe, Zuneigung, Bekräftigung spricht. Sie knien vor dem Stellvertreter Christi. Sie empfangen das Brot des Lebens von einem Vater, dem einzigen Übervater, den die Welt noch hat. Diese Geste und die Bewegung der Austeilung, dazu das „Christe Du Lamm Gottes" in der ökumenisch vertrauten Form, das tanzende Halleluja aus Taizé – das war schön und ergreifend.

Das meiste andere habe ich mit kühler, ärgerlicher Distanz beobachtet. Schon die Anfahrt: Dieser mit einer (kugelsicheren) Plastikhaube versehene weiße Jeep mit dem Mercedes-Stern. Superstar-Allüren. Daneben die Sicherheitsbeamten, links und rechts in die Menge blickend, Schwerarbeiter, die das Volk abhalten und noch auf etwaige Gefahren achten sollen. Dann fährt der Wagen schneller, sie müssen plötzlich laufen, kommen ins Stolpern, kriegen dreckige Füße. Das Ganze von unten aufgenommen. So sieht man, wie es gemacht ist. Die Aura ist durchlöchert. Später der Blick auf den Altaraufbau. Er ist pyramidenartig hoch gebaut, rote Teppiche, rot ausgeschlagener Hintergrund für den Altar. Die Kerzen unwirklich, offenbar aus Kunststoff, mit Elektrobirnen. Darüber eine Nachbildung des Dreikönigsschreins aus dem Kölner Dom. Hoch oben das gelbe Kreuz mit den weißen Segeln. Und gleich der Gedanke: Was das alles gekostet hat! Er verlässt mich nicht mehr.

Die Messe wird wieder inszeniert. Ein Schau-Ritus: Hundertschaften von Sängern (wegen des Regens nicht so prächtig wie geplant, weil sie ihre Regenmäntel und Capes übergezogen hatten), Ministranten, Bischöfe, Würdenträger. Nur Män-

ner im engeren Kreis der Handelnden um den Altar. Erst bei den Fürbitten tauchen ein paar Frauen auf. Die katholischen Familien bringen auch die Hostien zum Altar.

Der Papst in Gold. Fröhlich, locker, seiner selbst sicher, konzentriert. Er hält die ganze Liturgie auf Deutsch, macht Pausen, ist sehr präsent, in diesem Teil als Liturg und Beter für mich glaubwürdig. Er freut sich über die Massen, er genießt das Zeremoniell, ist väterlich und spontan. Als zum ersten Mal Beifall aufkommt, bei der Zitierung paulinischer Paränese, wo es um Liebe, den Frieden Christi usw. ging, sagt er nett lächelnd: „Ich danke Ihnen im Namen des Heiligen Paulus! Das sind nämlich seine Worte!"

Dies ist also die Neuauflage repräsentativer Öffentlichkeit im Zeitalter der Massenmedien. Das öffentliche Wort an die Welt und der öffentliche Kult zur Bestärkung der Gläubigen. Was steckt dahinter? Zunächst, wenn man es einmal positiv nimmt, das Sendungsbewusstsein einer Botschaft, die ohne Skrupel und ohne jeden Zweifel ihrer selbst gewiss die Wahrheit für die Massengesellschaft formuliert: Die Lage ist schwierig, aber die Wahrheit ist einfach! Man muss sie nur ohne Wenn und Aber laut und deutlich und ohne Zögern vertreten. Man darf nicht irre werden. Genau das tut dieser Papst, und das katholische Volk jubelt ihm zu. Hier wenigstens gab es nur begeisterte Zustimmung. Das muss ihn enorm bestärken. So sieht man ihn auf seinem Stuhl sitzen, die mit Schreibmaschine getippten Seiten seiner Predigt in den Händen, langsam, mit Nachdruck Satz für Satz vorlesend, und erlebt recht bald, wie ihn das Echo trägt. Der Applaus der Menge bestätigt den Heiligen Vater. Er schmunzelt dann und weiß: Er hat wieder einmal getroffen, was die Leute denken. Sie sind froh über die einfache Wahrheit, wenn man nicht herumredet, sondern mit Autorität spricht.

Ich schreibe das am Sonntagabend (16.11.80) nach unserem Uni-Gottesdienst, und ich sehe das Gegenbild: Wie Matthias Kroeger sagt: „Denkt Euch vier Stühle um Euch herum. Vier Prediger, vier Sätze – und Ihr redet mit Ihnen, hört zu und nehmt von Ihnen an, was Ihr annehmen könnt!" Das Gegenbild neuzeitlicher frommer Autonomie: vier Stühle und das Ich, das seine Orientierung selbst finden muss, im Gegenüber zu verschiedenen Stimmen und Wahrheiten. Dagegen dort auf dem Flugfeld vor Köln: der eine Stuhl und die eine Wahrheit, die autoritativ verkündet: „Hört auf mich! Die Kirche und das Dogma, das ist Eure Autonomie! Alles andere ist Irrtum und Verwirrung, verständlich zwar, denn das Leben ist schwer, aber lasst Euch nicht irritieren: Es gibt die Lehre!"

Nimmt man die Selbstsicherheit dieses konservativen Polen einmal weg, dann steckt hinter dem Bemühen, Massenmedien und Massenliturgien für die Verbreitung des ewigen Wortes zu nutzen, auch eine Antwort auf die Erfahrung der Verunsicherung, angesichts des „atemberaubenden und oft besorgniserregenden

Fortschritts" dieser Welt, die das Heilige säkularisiert, die festen Bindungen des Humanum aufgelöst und die Menschen nicht glücklicher gemacht hat. Deshalb der Ruf zum Evangelium. „Das Reich Gottes ist wie ein Netz."

Die Predigt ist übrigens keineswegs besonders packend oder visionär, eher bieder. Sie wirkt, wenn überhaupt, dann nur durch die Person des Predigers. Einzig ein paar Sätze zu Anfang, wo etwas existenzialistische Wärme durchschien, waren bemerkenswert. „Der Mensch lebt aus der Tiefe Gottes", und er ist ein Wesen „mit einer Tiefe, die nur Gott zu erfüllen vermag."

Dann – unvermeidlich – das Loblied auf die Familie. „Zufluchtsort auf der Suche nach Geborgenheit und Glück", Keimzelle zur Erneuerung der Gesellschaft. „Kraftquelle, aus der das Leben menschlicher wird" (Beifall). „Lassen wir nicht zu, dass dieses Netz zerreißt!" Staat und Gesellschaft fördern ihren eigenen Zerfall, wenn sie neben Ehe und Familie andere, nichteheliche Lebensgemeinschaften ihnen rechtlich gleichstellen (Beifall). Die personale Würde des Menschen, nicht der Trieb, die Leidenschaft – usw. „Die volle Geschlechtsgemeinschaft hat ihren legitimen Ort allein innerhalb der ausschließlichen und endgültigen Treuebindung in der Ehe. Man kann nicht auf Probe leben, man kann nicht auf Probe sterben, man kann nicht auf Probe lieben, nicht nur auf Probe und Zeit einen Menschen annehmen." (Beifall) Deshalb braucht es die Ehe auf Dauer und Zukunft. Deshalb ist die Ehe auf Fruchtbarkeit angelegt. Sie ist Mitwirkung mit der Liebe des Schöpfers. Auch hier werden die Schwierigkeiten zugegeben: etwa die Belastung der Frauen, die engen Wohnverhältnisse und anderes. Hier appelliert der Papst, Abhilfe zu schaffen. Aber: „Die Tötung ungeborenen Lebens ist kein legitimes Mittel der Familienplanung" (andere, legitime Mittel nennt er nicht!). Das Recht auf Leben entspricht als Urrecht des Menschen der Logik des Glaubens. Sonst bricht alles zusammen. Das tiefste Geheimnis: Die Ehe ist Sakrament Jesu Christi. Umgriffen von der Treue und Liebe Christi sind Ehe und Familie Schulen des Glaubens und des gemeinsamen Gebets. „Seid Netz!"

Das war in etwa die Linie. Wenn Johannes Paul von der Liebe gesprochen hätte und die Institutionen als Gestalten und zerbrechliche Gefäße der Liebe angesprochen hätte, wäre alles gut gewesen. Alle Aussagen wären dann wahr und bedenkenswert, meine ich. Aber so ist es ein eher beschwörender Appell aus Ohnmacht, weil er das Gefäß nicht stärker macht, weil er die Abwertung der anderen Formen von Lebensgemeinschaften in den Vordergrund rückt, was den Vergleich geradezu provoziert: So gut sind Ehe und Familie ganz gewiss nicht! Im Gegenteil: Auf diese Weise wird alle Frustration, alle Wut, alle Verzweiflung über das Nichtgelingen, über Gewalt und Zwang in diesen Institutionen, die doch die Menschen vor allem anderen ausbrechen lässt, neu und vermutlich aggressiv geweckt und gegen die kirchliche Lehre gekehrt. Und wieder einmal redet der eine Stuhl, die Sedes Apostolica, nur für die Hälfte der Menschheit.

Noch einige Beobachtungen zur Schauseite dieser Messe: Da gab es wieder die großen Aufzüge – das zeremonielle Dekor bei der Evangeliumslesung; es wurde viel geräuchert. Die ökumenische Struktur der Messe und auch die Verwandtschaft zu unserer evangelischen Grundform kam deutlich heraus. Trotz der katholischen Besonderheiten. Diese zeigten sich vor allem im Visuellen: Bei den schon genannten Spezialriten um die Lesung (Einzug des Buches, Kreuzeszeichen usw.) und im eucharistischen Teil. Hier wetteiferte die Regie mit den Kameraleuten, um etwas sakrale Aura einzufangen oder sogar zu produzieren. Der Kelch schimmerte im Flutlicht golden und rötlich wie bei Parzival, und das „Ave verum corpus" drückte auf die Gefühle. Einige eucharistische Merkwürdigkeiten gab es auch: Eine gläserne Käseglocke bedeckte die Hostie, die übrigen Oblaten lagen in großen Vitrinen, ängstlich vor dem Regen geschützt. Liturgie und Television gingen eine Verbindung ein, die für die Liturgie nicht unbedingt Gewinn brachte. Die technische, televisionäre Reproduktion zerstört die Authentizität des Gestus. Sie zwingt diesem von vornherein falsche Dimensionen auf und macht durch die Banalität der Bilder (die italienischen Schmachtsänger, die Zunge des Klerikers, der die Hostie schluckt, Grimassen der Liturgen u.ä.) sowie durch die unsägliche Geschwätzigkeit der Kommentatoren viel kaputt. Überhaupt: Diese Kommentatoren! Es war wieder einmal das Letzte an Penetranz. Kein Vertrauen zur Kraft der Bilder und Worte. Ständig aus dem Off noch eine salbadernde Interpretation, eine wichtigtuerische Information. Sie arbeiten in ihrer Überbeflissenheit mit an der Zerstörung der Sache, die sie doch mit dem Vehikel der Telekommunikation aller Welt übermitteln wollen. Traurig, traurig, diese Imitation von Olympia-Ritual und Königskrönungs-Feierlichkeiten.

Rudi schlägt Florenz

Fußball-Liturgie in Rom

8.9.1990

Sonntag Nachmittag im Olympia-Stadion. Vater und Sohn an einem warmen Septembertag in Rom. Es war Christophers Idee, dass wir uns ein Fußballspiel im Olympiastadion anschauen sollten: AS Roma gegen FC Firenze. Dass es so großartig werden würde, haben wir beide nicht gedacht. Schon die Anfahrt mit der Trambahn ein Erlebnis. Die Wagen brechend voll. Überall rotgelbe Mützen, Schals, Trikots, Abzeichen aller Art. Man konnte sie kaufen, links und rechts am Weg über die Brücke, über den Platz zum Stadion. Bilder wie aus einem Science-Fiction-Film. Das Stadion ist riesenhaft, im Colosseums-Stil gebaut, modernistisch gestylt. Es gibt nur Sitzplätze. Die billigsten kosten 25.000 Lire. In der Südkurve, wo die Roma-Treuen sitzen, ist jeder Platz schon zwanzig vor vier besetzt. Bombenstimmung. Neben uns ein neuer Block, durch transparente Plastikschilde abgesperrt. Man kann hindurchsehen, aber es reflektiert, deshalb keine Fotosicht.

Ab viertel vor vier fangen sie an mit den Proben. Getrommel, Gesänge, rhythmisches Klatschen, Arme hoch! Das Warming up. Dann laufen die Spieler aufs Feld. Ein höllischer Lärm geht los, und die Liturgie beginnt. Es ist tatsächlich eine Art Liturgie. Volksliturgie nach archaischen Mustern.

Da gibt es etwas längere Gesänge: Die Lieder. Bekannte Schlager („Yellow Submarine") und Spirituals („Glory, Glory Halleluja!", „When the Saints go marching in") mit anderen Texten (die ich nicht verstehe). Folklore („Guantanamera"). Sie werden angestimmt, aufgenommen, beschleunigt, brechen ab. Das alles relativ unabhängig vom Spielgeschehen.

Wichtiger sind die nonverbalen Reaktionen. Anfeuern! Sich steigernde Schreie, wenn die eigene Mannschaft nach vorn getrieben werden soll. „Raketen" bei Freistößen. Wutgeheul über ein gegnerisches Foul. Plötzlich stehen alle auf und weisen mit den Fingern nach vorn: „Sieh nur, was für ein Unrecht!" Höhepunkt ist natürlich der Tooor-Schrei-Orgasmus, der mit allem, was man hat, unterstützt wird. Dazu auf der anderen Seite des Stadions die Anzeigentafel: „Goal! Goal! Goal!" Zum ersten Mal, als Rudi ein wirklich phänomenales Tor geschossen hat. Ein Direktschuss aus der Luft ins rechte Eck. Unhaltbar! 1:0. Die deutschen Legionäre haben einen fabelhaften Ruf. Vor allem Rudi Völler, der Star beim AS Roma. Überhaupt erstaunlich, wie viele der jugendlichen Fans hier die Trikots der deutschen Nationalmannschaft anhaben.

Es gibt bei jeder Einzelaktion der eigenen Mannschaft Beifall, wie bei einer Zirkusnummer. Und das Spiel besteht ja auch überwiegend aus solchen brillanten (oder weniger brillanten) Einzelleistungen. Rudi bekommt den Ball, dribbelt sich fest oder tankt sich durch. Gleich kommen lautstarke Akklamationen: „Ruudi Völler!" Oder „Tedesca Ola", psalmodiert und skandiert.

Die Stimmung ist aufgeladen. Ich finde sie auch ziemlich aggressiv. Christopher als St.Pauli-Fan ist anderes gewöhnt. Für ihn ist das alles ganz fröhlich und entspannt.

Das dritte Tor ist ein Elfmeter. Rudi hat sich spektakulär im Strafraum fallen lassen. Eine September-Schwalbe wie aus dem Bilderbuch (fanden wir). Aber es gibt Elfmeter. Und Carnevale, der andere Star (der gerade von Neapel zugekauft worden ist), von dem vorher nicht viel zu sehen war, verwandelt. Als der wenig später dann noch ein herrliches 4:0 beisteuert, ist die Begeisterung perfekt. Er hat seinen Einstand in Rom geschafft. Und Rudi ist sowieso der Held. Er trabt gemütlich übers Feld, ist aber brandgefährlich, wenn er in Tornähe den Ball bekommt.

Fußball-Liturgie? Sie haben ein festes Repertoire aus Körpersprache und Sprechgesang. Kollektiv gelernt, abrufbar nach standardisierten Situationen. Sehr expressiv. Spannung entlädt sich, Erregung macht sich Luft. Wir und die anderen! Da gibt es keinen Pardon. Fairplay ist Quatsch. Aber wehe, wenn einer von den Eigenen umgesäbelt wird! Die Affekte sind stark. Sie gehen sofort nach außen.

Vor uns kreist ein Joint, es riecht süßlich. Chris lacht: Da musst du erst mal zu St. Pauli kommen, in den Hafenstraßenblock! Auf einmal kriegt das Verhalten der Leute (einiger) noch einen anderen Akzent. Sie sind high. Das Spiel macht sie high, und der Hasch steigert die Spielerregung, ein schöner schwarz gekleideter Jüngling tut sich besonders hervor. Ich merke, wie meine Distanz größer wird, finde es nun gar nicht mehr fröhlich. Bin aber auch ein alter Sack.

Für eine genauere Studie müsste man mit Cassetten-Recorder herkommen und gezielt photographieren. Was ist Stereotyp, was kommt spontan hinzu? Gibt es Einpeitscher? Wie machen sie das? Welche Rolle spielen die Trommeln? Wie ist das Verhältnis von optischen zu akustischen Signalen? Wo lernt man die Parolen, die Gesänge?

Was mir noch aufgefallen ist: Es besteht ein Spannungsverhältnis zwischen den Fans und dem Betrieb. Fußball, das ist besonders hier in Italien ein eiskaltes Geschäft. Da geht es um Millionen-Summen. Da werden Mannschaften zusammengekauft, alles künstlich, wenn auch unter Aufsicht der Medien. Kapitalismus in Reinkultur. Auf der anderen Seite „das Volk", die Kids, in für unsere Verhältnisse kaum vorstellbaren Massen. Sie sind etwas Eigenes, ein Subjekt für sich. Oft agieren sie völlig autonom. Sie inszenieren sich selbst. Eigentlich brauchten sie das Spiel gar nicht. Oder es sind nur Stimuli, die das Entscheidende auslösen, nämlich die Reaktionen der Masse. Sie sind oft auch viel besser. Vielleicht wäre ein Klassespiel mit 90 Minuten Tempo, mit ständigen Angriffen, Kontern, Kampf und Bewegung gar nicht durchzuhalten. Die Dominanz des Spieler-Klerus würde die Aktivität der Zuschauer-Gemeinde ersticken. Dazu kommt es nicht. Es ist, als ob beide Partner ihre Anteile am Geschehen instinktiv aufeinander abstimmen würden. So dass sich am Ende beide gleichberechtigt wissen. Auf jeden Fall sind die hier Anwesenden ihren Fernsehgeschwistern überlegen. Die erleben eigentlich nichts. Dieser Unterschied ist mir heute zum ersten Mal richtig klar geworden. Ich bin ja sonst auch nur so ein TV-Voyeur. Aber das ist wie Feierabendmahl auf Video.

Nach dem Spiel kommt der Heimweg. Und der lässt noch einmal die Anderen am Geschehen teilhaben. Ausgelassene Stimmung beim Abmarsch. Wir haben ja gewonnen. Die Kommentare folgen später nach, wenn man die Bilder in der Sportschau sieht oder morgen den Bericht und die Spielerkritiken in der Zeitung liest. Aber da stehen wieder die Stars im Mittelpunkt. Jetzt beim Weg zurück in die Welt („Ite missa est") agieren noch einmal die Fans, zeigen es den Anderen, singen, trommeln den Sieg in der Straßenbahn, in den Bussen. Die Stadt soll die gute Nachricht hören. AS Roma schlägt FC Firenze 4:0!

Dann steigen wir aus. An der Piazza del Populo sind wir nicht mehr unter uns. Kleine Rudel von Rot-Gelben werden immer wieder gesichtet. Aber dazu kommen jetzt die Sonntags-Nachmittags-Spaziergänger, die herausgeputzten Raggazen, die eleganten Bürger. Es ist immer noch warm. Ein bisschen bummeln, einen Espresso an der Ecke, ein Eis. Der Abendverkehr knattert vorbei. Die Stadt verschluckt uns wieder.

Übrigens: Am Sonntag Vormittag waren wir eine Viertelstunde in der Messe in S. Maria Maggiore. Kamen zur Predigt und blieben bis nach den Fürbitten. Kein Vergleich. Eine langweilige Leierstimme predigte. Ohne Kontakt zur Gemeinde. Die Beschallungsanlage perfekt und steril. Das Credo gesungen. Ziemlich müde, die Hälfte sang nicht mit. Es war ein Kommen und Gehen (immer noch, man gewöhnt sich das nicht so schnell ab). Dann die Fürbitten. Alles abgelesen, mitzuverfolgen auf den ausgelegten gedruckten Ordnungen. Wenig Lebendigkeit. Anschließend ein romantischer Chorgesang. Immerhin brachte er etwas Wärme und Nähe.

Wir sind gegangen, bevor der eucharistische Teil begann. Nicht nur Christophers wegen. Auch ich hatte genug. Das war nicht meine Liturgie.

„A Prayer for America"

Der interreligiöse Trauergottesdienst in New York am 23. 09. 2001
als Beispiel für Civil Religion nach dem 11. September

Über Bedeutung und Folgen des 11. September, auch für die öffentliche Rolle der Religionen, ist viel geschrieben worden. Darüber ist ein Ereignis bislang zu wenig gewürdigt worden, das mehr Beachtung verdient: der große Gebetsgottesdienst, der am 23. September 2001, zwölf Tage nach dem Anschlag auf das World Trade Centre, im Yankee-Stadion stattfand und an dem sich die wichtigsten Religionsgemeinschaften, die in New York vertreten sind, mit eigenen Beiträgen beteiligt haben: Christen, Juden, Muslime, Sikhs, Hindus. 30 000 Menschen waren im Stadion versammelt, alles Betroffene, die Verwandte und Freunde verloren hatten, unter den Opfern viele Angehörige von Rettungsdiensten, Feuerwehr, Polizei, die ihr Leben riskiert hatten, Helferinnen und Helfer aus Krankenhäusern, Schulen, Notfallstationen. Der Gottesdienst wurde im ganzen Land übertragen. Fast alle Rundfunk- und Fernsehanstalten haben ihn live gesendet. Es gab auf öffentlichen Plätzen große Leinwände. In vielen Kirchen, Synagogen, Moscheen, Tempeln versammelten sich Menschen, um dabei zu sein. Man rechnet mit insgesamt etwa 100 Millionen Zuschauern. Auch die ARD hatte spontan entschieden, ihr Abendprogramm zu ändern und die Veranstaltung ungekürzt zu senden. Diese Übertragung mit der entsprechenden Simultanübersetzung liegt der folgenden Analyse zugrunde.

Ich halte dieses Dokument für wichtig, und zwar aus einem theoretischen und einem praktischen Interesse. Das theoretische Interesse betrifft die öffentliche Rolle der Religion und der Religionen in der modernen Gesellschaft, es wird verhandelt unter dem Stichwort Civil Religion und hat jetzt eine neue Aktualität erhalten.[1] Das praktische Interesse betrifft die Frage, ob Gebetsgottesdienste unter Beteiligung verschiedener Religionsgemeinschaften auch hierzulande möglich sind und wenn ja, in welcher Form. Diese praktischen Fragen sind nach dem 11.September noch dringlicher geworden als schon vorher. Es hat in den Tagen und Wochen danach in vielen christlichen Gemeinden spontan solche Gottes-

---

[1] Vgl. dazu R. Schieder: Wieviel Religion verträgt Deutschland? (es 2195), Frankfurt a.M. 2001, sowie seine Dissertation: Civil Religion. Die religiöse Dimension der politischen Kultur, Gütersloh 1987. Sehr lesenswert ist immer noch der Sammelband, den K.-M. Kodalle bereits 1988 herausgegeben hat: Gott und Politik in USA. Über den Einfluss des Religiösen. Eine Bestandsaufnahme, Frankfurt/M. Vgl. dort Kodalles instruktive Einleitung (9–17) und seinen Artikel: Zivilreligion in Amerika: Zwischen Rechtfertigung und Kritik, 19–73.

dienste gegeben. Dabei sind neue Erfahrungen gemacht worden, aber auch neue Fragen aufgetaucht. Wir wissen nicht, was noch auf uns zukommt an neuen Terroranschlägen, vielleicht in ganz anderen Dimensionen. Das sind Herausforderungen, auf die man sich vorbereiten muss – soweit das geht.

Es gibt allerdings einen Einwand gegen eine genauere Beschäftigung mit dieser Veranstaltung in New York: ihre Wirkungslosigkeit. Das gemeinsame Gebet der Religionen hat den „Krieg gegen den Terror" und seine verhängnisvollen Begleitumstände nicht verhindert. Es hat keine Bewegung ausgelöst, die in der Lage war, die Dominanz des Militärischen, die Eskalation von Hass und Gewalt in Israel/Palästina, die Einschränkung der Bürgerrechte und das weitgehende Verstummen der politischen Opposition in den USA aufzuhalten. In den Wochen, in denen dieser Text fertig gestellt wird (Mitte Dezember 2002), dreht sich alles um die Frage: Kommt es zum Krieg gegen den Irak? Die Bush-Administration will ihn, die amerikanische Bevölkerung anscheinend auch. Kann der Sicherheitsrat der Vereinten Nationen, können die Waffeninspektionen ihn noch verhindern? Angesichts dieser Entwicklung scheint eine solche Analyse obsolet, scheint Zeitverschwendung. Ich bleibe dennoch dabei: Das gemeinsame Gebet der Religionen ist eine Hoffnung, vielleicht eine schwache, aber eine Hoffnung. Lernprozesse in Krisensituationen brauchen Einsicht. Einsicht beginnt mit konkreten Analysen, die Selbstkritik einschließen. Halten wir uns an das New Yorker Beispiel. Was lässt sich daraus lernen? Um das zu beantworten, ist es nötig, genauer hinzusehen.

„A Prayer for America" war eine Veranstaltung, die fast drei Stunden dauerte. Sie folgte einer komplexen liturgischen Dramaturgie. Es wurden Reden gehalten (längere Ansprachen und kürzere Anreden), es wurde (in verschiedenen Sprachen) gebetet, es wurde gesungen, populäre Stars traten auf, lokale Chöre, es gab Solo-Lieder und Lieder zum Mitsingen. Eigentlich müsste man sich die Video-Aufnahme gemeinsam ansehen und dabei nicht nur auf die Inhalte, auch die Formen und die Präsentation achten, nicht nur auf die Reden, sondern auch auf die Musik, die Handlungen, die Gesten der Akteure und – soweit erkennbar – die Reaktionen der Leute. Das verlangt eine dichte Beschreibung (Clifford Geertz), die auch die eigenen Wahrnehmungen, Gefühle und Einfälle aufmerksam registriert, bevor man daraus Schlussfolgerungen zieht. Das kann in dem folgenden Beitrag nur in Ansätzen geschehen.

Ich beschränke mich (1) auf Bemerkungen zum Aufbau und zur liturgischen Dramaturgie, konzentriere mich (2) auf die zentralen inhaltlichen Aussagen, auf die Botschaft bzw. die Botschaften, und schließe (3) mit einigen Folgerungen zur möglichen Übertragung auf europäische und deutsche Verhältnisse.

1 „A Prayer for America" – Aufbau und Gliederung

Ein kurzer schematischer Überblick soll einen Eindruck von der Komplexität der Veranstaltung vermitteln und die wichtigsten Elemente benennen, aus denen sich das Ganze zusammensetzt.

A. Die Eröffnung

1. Begrüßung – Louis Washington
2. Chor und Orchester: „Glory, Glory, Halleluja!" – Battle Hymn of the Republic (Dabei Einzug der Mitwirkenden und Ehrengäste)
3. „A Prayer for America" – Einführung durch James Earl Johns
4. „We shall not be moved" – Oprah Winfrey, die Moderatorin der Feier
5. Statement von Admiral Robert Matter, dem Chef der US-Atlantikflotte
6. Salut für die Flagge und Nationalhymne, gesungen von drei Angehörigen der New Yorker Polizei (zwei Frauen und einem Mann)
7. Christliches Gebet von Edmund Kardinal Egan, dem katholischen Erzbischof von New York
8. Jüdisches Gebet (eigentlich eher ein Statement) von Rabbiner Josef Potasnik

B. Der Hauptteil: Gebete, Reden, Zeugnisse, Textrezitationen

9. Der Beitrag der jüdischen Glaubensgemeinschaft
    a) Musik: Shofar-Blasen
    b) Gebet von Oberrabiner Arthur Schneier
    c) Gebet und Ansprache von Rabbiner Alvin Kass, Polizeiseelsorger von New York
    d) Rede von Rabbiner Mark Gellman, dem Präsidenten des New Yorker Rabbinerverbandes
    e) Der 23. Psalm – auf Englisch gelesen von Rabbinerin Joan Laddit
10. „Ave Maria" – gesungen von Placido Domingo
11. Rede von Bürgermeister Rudi Giuliani
12. Die Glocke (dreimal angeschlagen)
13. Der Beitrag der christlichen Glaubensgemeinschaft – römisch-katholisch
    a) Biblische Lesung aus Römer 8,36ff. – auf Spanisch gelesen von der Schülerin Griselda Quibas – auf Englisch von Firefighter George Reece
    b) Gebet von Thomas V. Daily, dem katholischen Bischof von Brooklyn
14. Der Beitrag der Glaubensgemeinschaft der Sikhs
    a) Ansprache und Gebet von Dr. Inberith Sing
    b) Gesungenes Gebet eines zweiten Geistlichen, danach Übersetzung ins Englische, gesprochen von einer Frau
15. „Lift every Voice and Sing" – gesungen von einem Schülerchor aus Harlem
16. Vom gleichen Chor mit Vorsänger: „We shall overcome" (von allen mitgesungen)
17. Rede des Gouverneurs des Staates New York George Pataki
18. Der Beitrag der muslimischen Glaubensgemeinschaft
    a) „God is greater" – Gebetsruf eines Muezzin in Arabisch (mit Takbir und Shahada, dem islamischen Glaubensbekenntnis) sowie Aufruf zum Gebet
    b) Rezitation aus dem Koran (Sure 49,13; 5,8; 110,1–3) in Arabisch mit anschließender Übersetzung, gelesen von einer Frau
    c) Zeugnis und Ansprache (mit Rezitation von Sure 103) von Iman Izah El Pasha, Polizeiseelsorger von New York
19. „Wind beneath my Wings"– gesungen von Bette Middler
20. Die Glocke

21. Der Beitrag der anderen christlichen Glaubensgemeinschaften – evangelische und orthodoxe Kirchen
    a) Psalm 34 – gelesen von einer reformierten Pfarrerin
    b) Gebet von Rev. Mark Sisk, dem Bischof der Episcopal Church von New York
    c) Lesung aus der Bergpredigt (Matthäus 5,1–16) – von Rev. James Forbes von der Riverside Church
    d) Gebet von Bischof Annian Arapagian, von der armenischen Kirche
    e) Ansprache von Rev. Dr. Calvin Butts, dem Präsidenten des Kirchenrats in New York, Pfarrer der baptistischen Kirche
    f) Anrede und Gebet von Rev. David Bendke, Pfarrer der lutherischen Kirche (Missouri-Synode)
    g) Gebet von Erzbischof Demetrius von der griechisch-orthodoxen Kirche
22. „God bless the USA – I'm proud to be an American" – gesungen von Lee Greenwood

C. Der Schlussteil – Reden, Gebet und musikalischer Ausklang

23. Ansprache der Moderatorin Oprah Winfrey
24. Der Beitrag der Glaubensgemeinschaft der Hindus
    Ansprache und Gebet von Tundit Roop Sukrani, einem Geistlichen vom Hindu-Tempel in Brooklyn
25. „America the Beautiful ..." – gesungen von Marc Anthony (einem Sänger puertoricanischer Herkunft)

Vier Hauptelemente bestimmen Aufbau und Dramaturgie: (1) der liturgische Rahmen, (2) die Anteile der verschiedenen Religionsgemeinschaften, (3) die Reden der beiden politischen Repräsentanten und (4) die Musik.

(1) Das Ganze lässt sich als Gottesdienst lesen. Die Reihenfolge der Stationen entspricht strukturell dem Ablauf eines gottesdienstlichen Rituals christlicher Prägung.

(2) In diesen Rahmen eingefügt sind fünf (bzw. sechs) in sich geschlossene ‚Blöcke', in denen die einzelnen Religionsgemeinschaften zu Worte kommen: der jüdische Block, der christliche Block (zweigeteilt in einen kleineren römisch-katholischen sowie einen größeren Block mit den protestantischen und orthodoxen Kirchen), der Block der Muslime und der asiatischen Religionsgemeinschaften, die in New York offenbar recht zahlreich vertreten sind: der Sikhs und der Hindus. Jeder dieser Teile setzt sich zusammen aus wiederkehrenden Basiselementen: Gebete (z.T. traditionell geprägte, z.T. frei formulierte), Ansprachen und Lesungen aus den heiligen Schriften (Bibel und Koran), das muslimische Bekenntnis („Takbir" und „Shahada").

(3) Ein drittes Element sind zwei Reden von New Yorker Politikern, die Ansprachen der beiden obersten politischen Repräsentanten New Yorks, von Bürgermeister Rudi Giuliani und Gouverneur George Pataki, gattungsmäßig keine politischen, sondern religiöse, genauer: zivilreligiöse Reden.

(4) Ein wichtiges viertes Basiselement ist die Musik. Es handelt sich einerseits um kurze musikalische Signale (die Glocke – zweimal – und das Shofar), andererseits um längere musikalische Stücke, die im Gesamtgeschehen großes emotionales und inhaltliches Gewicht haben: die Nationalhymne, religiös getönte Pop-Songs, Spirituals, Gospels, „We shall overcome" – ausgeführt von Laien-Chören und bekannten Stars. Die musikalischen Beiträge trennen die Teile und verbinden sie (markieren Übergänge und Zäsuren).[2]

Das Ganze ist eine komplexe Mischung, formal-logisch nicht immer stringent, aber in sich stimmig.

2 Zum Inhalt: Beobachtungen und Anfragen

In allen Gruppen, in denen wir „A Prayer for America" gesehen und uns darüber ausgetauscht haben, hat sich gezeigt, dass die Urteile sehr stark emotional gefärbt und vom jeweiligen Kontext geprägt waren. Die Bewertung war entsprechend kontrovers. Aber es ist möglich, die subjektiven Eindrücke am Dokument zu überprüfen.

Ich beginne meine Beobachtungen mit persönlichen Eindrücken und werde daraus Folgerungen ableiten. Was hat mich beim mehrfachen Hören und Anschauen positiv und kritisch beeindruckt? Was hat mich überzeugt, was hat mich geärgert, was hat mir gefehlt?

2.1 Trauer und Trost – das Ziel der Versammlung: „to reaffirm our faith"

Am eindrucksvollsten war für mich die emotionale Dichte, die expressive Kraft und die seelsorgerliche Zuwendung zu den Trauernden, Verzweifelten, Erschütterten im Stadion. Man war ihnen sehr nahe, es wurden Namen genannt, Gruppen von Betroffenen und Beziehungen konkret angesprochen. Dieser Gottesdienst war ein großes öffentliches Requiem. Beeindruckend die Präsenz der Toten, das ehrende Eingedenken der Opfer. Doch es war nicht nur eine Trauerfeier, es war auch eine Feier des Dankes und der Verpflichtung. Der Dank galt denen, die mit ihrem Vorbild halfen, die Katastrophe zu bewältigen und die dabei ihr Leben

---

[2] Ein für die pragmatische Wirkung wichtiges Element kommt noch hinzu: der Beifall. An vielen Stellen, auch da, wo es für uns ungewohnt ist, bekommen die Redenden Applaus (z.B. auch bei Gebeten). Das signalisiert Zustimmung, und es zeigt den Grad der Resonanz, den der Beitrag gefunden hat. Auf solchen Beifall kann man auch spekulieren. Dadurch kommt eine problematische populistische Dynamik in die Versammlung. Nicht alle konnten dieser Versuchung widerstehen, auch nicht alle religiösen Führer!

gaben. „Sie haben uns gezeigt, wie wir sein können", sagte Rabbiner Josef Potasnik. Die Toten sind nicht nur Vorbilder und Instanzen, sie sind lebendig gegenwärtig. Sie leben, „sie sind jetzt Engel" (Oprah Winfrey). „Sie schauen vom Himmel auf die Lebenden herab und mahnen uns, so zu leben, dass sie stolz sein können auf uns" (Alvin Kass, Mark Gellman).

Das Ziel der Versammlung war vor allem Stärkung und Ermutigung: Affirmation. Dafür stehen drei Leitsätze. Der erste begegnet gleich zu Beginn in der Begrüßung von James Earl Johns: Wir sind hier, „to reaffirm our faith". Eine zweite Aussage benennt die Herausforderung, vor der Amerika steht: „We shall not be moved". Oprah Winfrey zitiert in ihrer Eröffnungsmoderation, in refrainartiger Wiederholung den Kehrvers aus dem bekannten Negro Spiritual: Wir lassen uns durch den Terror nicht „bewegen". Wir halten Stand, wir wanken nicht. Ein dritter Satz, von mehreren Rednern immer wieder aufgegriffen, lautet: „We are not afraid", er erneuert das Bekenntnis aus „We shall overcome". Wir haben keine Angst, genauer: gemeinsam überwinden wir unsere Angst.

Allgemeiner formuliert: In Situationen akuter Gefahr suchen die Menschen Trost, Halt, Kraft. Sie suchen eine Sprache, die – anders als die Sprache der Analysen und Kommentare – fähig ist, expressiv Schmerz, Angst, Unsicherheit, Nichtverstehenkönnen, das Unbegreifliche, Abgründige des Erlebten, Trauer, Verzweiflung auszudrücken, aber auch die Hoffnung, das „Dennoch" zu formulieren. Die Kraft der Religion(en) erweist sich darin, dass sie in solcher Situation trösten und Mut machen. Menschen suchen und brauchen in Grenzsituationen Gebete, Segen, Musik, Lieder, Meditation, Stille, vertraute Rituale und Gesten, kurz: Menschen brauchen Liturgie. Deshalb sind viele, auch solche, die sonst den religiösen Traditionen eher fremd gegenüber stehen, Distanzierte, Skeptiker, in jenen Tagen und Wochen überall in so großer Anzahl in die Kirchen, Synagogen, Moscheen und Tempel gegangen. Die primäre Aufgabe der Religion in solchen Situationen ist nicht Weltdeutung, sondern Expression und Affirmation. Es geht um den gemeinsamen, öffentlichen Ausdruck von Angst und Zuversicht und um ganz elementare Sinnvergewisserung. Das ist – so war mein Eindruck – in dieser Versammlung eindrucksvoll geleistet worden.

Allerdings zeigen sich an dieser Stelle auch Probleme. Manchmal kommt der Trost zu früh, zu ungebrochen und allzu affirmativ. Dieses Gefühl hatte ich hier über weite Strecken. In den Kategorien biblischer jüdisch-christlicher Liturgietradition formuliert: Es fehlten Klage, Kyrie, Confiteor. Klage war nicht völlig abwesend, vor allem in den jüdischen und christlichen Gebeten gab es immer wieder den Ausdruck des Schmerzes. Allerdings keine Klagepsalmen, keine Klagelieder. Zur Sprache kamen Teile aus dem jüdischen Kaddisch, aber nicht das ganze Totengebet. Warum hatte die Klage vergleichsweise so wenig Raum? Ich vermute, weil das Bedürfnis nach Trost und Stärkung („strength" war ein wiederkehrendes Stichwort) so ungeheuer stark war. Das ist verständlich, aber auch problematisch. Wie problematisch, das zeigte sich ausgerechnet im Beitrags des lutherischen Geistlichen (offenbar von der fundamentalistischen Missouri-Synode) David Bendke (Nr. 31), der sein Gebet so einleitete: „Wir sind stark, wir sind jetzt schon stärker als noch vor zwei Stunden, und wir werden bald noch stärker sein!" Das war eine befremdliche Art von Kraftbeterei (selbst wenn er dann hinzufügte: „Diese Stärke ist die Macht der Liebe, die wir in uns haben"!). Es gab auch sonst Augenblicke großer Nachdenklichkeit, wo eine neue Sensibilität im Lebensgefühl nach dem 11. September zum Ausdruck kam, z.B. als Oprah Winfrey in ihrer Schlussrede sagte: „Wir wissen jetzt wieder, wie fragil, zerbrechlich, wie kostbar und außergewöhnlich das Leben sein kann."

Was hat gefehlt? Vor allem nahezu jede Andeutung von so etwas wie kritisch-selbstkritischer Nachdenklichkeit, ein Confiteor, ein Bekenntnis eigener Schuld und Mitverantwortung. Nicht einmal in Form einer Frage hat das irgend jemand artikuliert – mit einer Ausnahme: Der muslimische Geistliche Iman Pasha sprach direkt an, welch schwere Last auf den Schultern der Muslime liegt. Allerdings war die Art der Bewältigung wenig einsichtsvoll. Diejenigen, die die Anschläge zu verantworten hatten (bzw. die Kräfte im Islam, die sich dazu bekannten), wurden kurzerhand zu Ungläubigen erklärt. „Sie glauben nicht an Allah und seinen Propheten Mohammed!" Damit hat man sich jeglicher Mitverantwortung auf einfache Weise entledigt.

Dass es auf Seiten der anderen Religionsgemeinschaften und aus dem Kontext amerikanischer Zivilreligion keine Anzeichen von Buße oder Selbstzweifel gab, lässt sich zum Teil aus der Situation heraus verstehen. Es war ein Trauergottesdienst. Im Blick waren die Opfer und ihre Angehörigen. Allerdings erklärt das die Abwesenheit von Selbstkritik nicht völlig. Es war auch ein Zeichen von Abwehr. Der Angriff war so massiv, so barbarisch, dass man den Parolen der Terroristen, die darin ja eine gerechte Bestrafungsaktion sahen, auf gar keinen Fall entgegenkommen wollte. Es wäre sicher schwer gewesen, so etwas im Angesicht der Opfer, in Gegenwart der Trauernden angemessen zu formulieren. Doch warum hat es niemand versucht? Hatten die Religionen, die dort zusammen kamen, dafür keine Sprache oder keine Sprecher? Fehlten Kraft und Mut, wenigstens einmal innerhalb von drei Stunden die Frage zu stellen: Woher kommt dieser Hass auf uns? Fragen, die man in New York in jenen Tagen sonst sehr wohl hörte. Hier jedoch nicht.

Wiederum allgemeiner formuliert: Können in solcher Situation in einem öffentlichen Gebetsgottesdienst die seelsorgerlich-tröstenden und die prophetischen Momente der Religion zusammen zur Sprache gebracht werden? Und wie müsste das geschehen?

2.2 Die Botschaft der Religionen und die Ambivalenz der patriotischen Symbole

In Situationen der Bedrohung und Erschütterung aller Sicherheiten suchen die Menschen nicht nur Halt und Vergewisserung, sie suchen auch Orientierung und neue Lebensperspektiven. Vielleicht ist Orientierung nicht das primäre Ziel, aber sie ist nötig gerade in solcher Krise. Ohne Orientierung, ohne Perspektive kann man nicht leben, nicht privat und nicht als Gesellschaft.

Religiöse Orientierung geschieht wesentlich durch Symbole, durch Memoria in Form geschichtlicher Erinnerung an kollektive Mythen und Erzählungen. Die konkreten Symbolbestände einer Religionsgemeinschaft und die zivilreligiösen Symbole einer Gesellschaft brauchen situative Auslegung und Neuerzählung, um wirksam zu werden. Auch in dieser Hinsicht war dieser Gottesdienst eindrucksvoll. Er zeigte eine eindrückliche Fähigkeit zur Symbolisierung und zur narrativen Aktualisierung der geltenden Überzeugungen.

Die Angriffe auf das World Trade Center und das Pentagon waren symbolische Aktionen. Sie galten öffentlichen Symbolen. Es war – um Samuel Huntingtons Buchtitel abgewandelt aufzunehmen – ein Zusammenprall der Symbole, „a clash of symbols". Die Antwort dieser Versammlung der Religionsgemeinschaften auf die vernichtungsfaszinierte negative Symbolisierung bestand in alternativer positiver Symbolisierung.

Im Selbstverständnis der Menschen und in ihrer Alltagserfahrung war New York und war auch das World Trade Center als Arbeitsplatz nicht Symbol der Macht des Kapitals und des US-amerikanischen Imperialismus, sondern Symbol für die friedliche multikulturelle Gesellschaft des amerikanischen Traums. Die Opfer – so hieß es immer wieder – sind nicht skrupellose Banker, nicht Agenten amerikanischer Überlegenheit, Kapitalisten, Ausbeuter, es sind ganz normale einfache, unschuldige Menschen, die dort friedlich ihre Pflicht getan haben. Der Angriff hätte jeden treffen können. Damit rückte die Versammlung die Menschen ins Zentrum, die dort starben, und solidarisierte sich mit ihnen.

Auf diese Weise wurde die Versammlung selbst zum Symbol für die Stärke des freien demokratischen und religiösen Pluralismus. Die Stärke dieser Symbolisierung lag in ihrer konkreten Anschaulichkeit. Es war etwas, was man sehen konnte: Man sah im Stadion Menschen in all ihrer Verschiedenheit: Schwarze, Weiße, Asiaten, Kreolen, Latinos, sah die Familien mit ihren Freunden. Man sah die Bilder der Opfer und Vermissten, die sie hoch hielten, sah die Tränen, die Betroffenheit, sah die Uniformen der Toten. Und es war etwas, was man hören konnte: Die Geistlichen beteten in vielen Sprachen zu Gott, jeder in seiner eigenen Sprache. In großer Vielfalt und Eigenart konnten sich die unterschiedlichen religiösen Überzeugungen äußern. Die Gemeinschaft der nach Hautfarbe und

Herkommen Verschiedenen fand in der Vielfalt der Gebete und in der Intensität der Anteilnahme einen authentischen Ausdruck.

Differenz als Ausdruck der Freiheit zeigte sich als Gehalt positiver Religionsfreiheit. Es war nicht die Differenz als solche und nicht der prinzipielle Pluralismus der Postmoderne, der hier seine Darstellung fand. Die Vertreter der Religionsgemeinschaften bezeugten mit Nachdruck: Wir sind zwar verschieden, wir denken verschieden, glauben verschieden, sprechen verschieden, haben unterschiedliche Ausdrucksformen, aber uns eint der Glaube an Gott, an eine göttliche Macht, uns eint ein gemeinsames Wertbewusstsein, ein gemeinsamer Geist. Und der ist stärker als das, was uns unterscheidet. Die Versammlung symbolisierte die Gemeinsamkeit derjenigen, die an Gott glauben, und die Gemeinsamkeit als amerikanische Patrioten. Beides ist nicht zu trennen. Beides zusammen gab dem, was hier geschah, seinen signifikanten Ausdruck

Was für Botschaften gehen von der Versammlung aus? Um auch hier mit dem Positiven zu beginnen: Es war im Großen und Ganzen eine friedliche Botschaft: keine Anstiftung zur Rache, kein Aufruf zur Vergeltung, keine Drohung an die Feinde, keine religiöse Aufrüstung zum „Krieg gegen den Terror". Dies war keine Versammlung, die der ideologischen Vorbereitung auf den militärischen Gegenschlag diente (wie manche befürchtet und unterstellt haben). Die Vertreter der Religionsgemeinschaften verurteilten einhellig Terror, Hass, Gewalt im Namen der Religion (eines missverstandenen, missbrauchten Islam). Sie beteten für den Frieden. Sie traten ein für Freiheit, Verständigung und Toleranz. Sie bekräftigten ein anderes Menschenbild als das der Terroristen. Der letzte Sprecher, der hinduistische Geistliche Tundi Roop Sukrani, brachte es am Ende auf eine prägnante Formel: „Es gibt zwei Arten von Menschen. Die einen, die sich zu einer lebenden Bombe machen, um andere zu verletzen und zu töten, und die anderen, die ihr Leben einsetzen, um Menschen zu retten." Und es sei noch einmal an die Rede des muslimischen Geistlichen erinnert. Iman Izah El Pasha sagte für den Islam eindeutig: Die Terroristen sind keine Muslime. „Sie glauben nicht an Gott, nicht an den Propheten Mohammed. Wir verurteilen ihre Handlungen, ihre feigen Taten." Wir sind alle Glieder der einen menschlichen Familie, „es gibt nur eine Menschenwürde, die Gott uns gegeben hat." Das Bekenntnis „Gott ist größer" bringt diesen Glauben an den Schöpfer zum Ausdruck. Für mich war eindrücklich, mit wie viel Strenge, Ernst und Würde dieses Bekenntnis bekundet wurde. Obwohl die Muslime durch die Ereignisse in der Defensive waren und sich verteidigen mussten, war in ihren Äußerungen keine Spur von Ängstlichkeit, keine eingeschüchtert devote Haltung. Selbstbewusst zitierten sie ihre Tradition und erklärten ebenfalls selbstbewusst: „Wir sind Muslime, aber auch Amerikaner!"

Auf diese Weise leisteten die Religionsgemeinschaften positive Orientierung. Sie demonstrierten die Solidarität der Gläubigen untereinander. Die Integrationskraft der Religionen erwies sich in der gemeinsamen öffentlichen Bekundung der Werte als überzeugend.

Trotzdem stellt sich auch hier die Gegenfrage: Warum gab es so wenig selbstkritische Töne in den Reden der religiösen Repräsentanten? Eine Auseinandersetzung mit den gefährlichen Aspekten von Religion, mit fundamentalistischen Tendenzen in den eigenen Reihen fand nicht statt.

Stellt man die Frage nach der Botschaft an das Credo des amerikanischen Patriotismus, wie es hier in Erscheinung trat, dann werden hier die Ambivalenzen sehr viel deutlicher. Sie lagen schon in den beiden Seiten eines der Grundsymbole, die Bürgermeister Giuliani unter Hinweis auf das amerikanische Wappen in St.Paul's Chapel in Erinnerung rief: Der mächtige US-Adler hält in der einen Klaue den Ölzweig als Friedenssymbol, in der anderen die Pfeile, die die Übeltäter treffen. Ölzweig und Pfeile/Blitze – eine doppelte Botschaft. Und die Drohung gegen die Feinde, die Amerika angegriffen hatten, war nicht zu überhören. Dass sie ernst gemeint waren, zeigten nicht nur die vorangegangenen Botschaften aus dem Weißen Haus, die den Kontext bildeten, es zeigte sich in dieser Versammlung ganz unverblümt in dem Votum des Flottenadmirals, der den Hymnus auf die US-Flagge anstimmte, die die amerikanischen Soldaten nicht nur im amerikanischen Bürgerkrieg, nicht nur im Ersten und Zweiten Weltkrieg, sondern auch beim Einsatz in Khe San im Vietnam-Krieg inspiriert habe, war unmissverständlich und offenbarte die aggressive Seite des amerikanischen Patriotismus.

Die Botschaft war nicht eindeutig, sie war ambivalent. Insgesamt allerdings hatte der Ölzweig Vorrang: das Bekenntnis zu Freiheit, Individualität, Frieden und Toleranz. Einige der dazugehörigen Symbole und Gründungsmythen wurden beschworen. Und es wurde klar, dass sie hier in New York von besonderer existenzieller Bedeutung waren. Im Yankee-Stadion waren Menschen versammelt, die selbst bzw. deren Vorfahren aus Situationen der Unfreiheit, Ungleichheit, Unterdrückung, Armut nach Amerika gekommen waren, und die bezeugten, dass sie in New York Freiheit, Gleichheit, Recht und Lebenschancen gefunden haben und dieses hohe Gut gegen alle Angriffe von außen bewahren wollen. Doch auch hier ist die Rückfrage nötig: War das nicht zu schön gefärbt? Sind denn die Ideale bereits voll verwirklicht (auch in New York)? Es fehlte ein Bewusstsein dafür, dass die Symbole intern auch durchaus umstritten sind, dass die Ziele immer neu ausgelegt und eindeutig gemacht werden müssen. Das Gemeinsame und Verpflichtende der zivilreligiösen Symbole bedarf kritisch-selbstkritischer Interpretation. Was angesichts der Herausforderung gelten soll, ist nicht selbstverständlich, darum muss gerungen werden.

Noch einmal: Was fehlte? Und wer fehlte? Ich habe mich gleich beim ersten Hören gefragt: Wie hätte z.B. Martin Luther King in dieser Situation geredet, wenn er noch lebte? Welche Symbole hätte er herangezogen? Woran hätte er ap-

125

pelliert? Welche Vision dessen, was jetzt zu geschehen hat, hätte er formuliert? Ich bin auf King gekommen, als ich die christlichen Beiträge hörte, besonders die Rede von Calvin Butts, dem Präsidenten des New Yorker Kirchenrates, einem baptistischen Geistlichen. Meine Assoziation war sofort: Das ist doch die King-Stimme! Der typische King-Sound, die gleiche Rhetorik (die King natürlich nicht erfunden hat, die er mit anderen teilte, aber die er so stark geprägt hat), nur forscher, zupackender, noch suggestiver – doch unter gänzlicher Abwesenheit all der Inhalte und Überzeugungen, für die Martin Luther King einstand. Calvin Butts beschwor die Freiheitsstatue, „Lady Liberty", die den Völkern sagt: „Gebt mir eure Armen, schickt sie hierher, ich helfe ihnen!" Mit hohem Pathos und in manichäisch-dualistischer Frontstellung beschwor er den Gegensatz Wir und Sie – die Guten und die Bösen! Dazu der wiederkehrende Refrain: „Wir kommen durch!" „Wir schaffen es!" „We shall overcome!" „Sie" haben vier Präsidenten ermordet. Sie haben die Kubakrise angezettelt und die Berliner Mauer errichtet, aber auf die Dauer ohne Erfolg! Sie werden es auch jetzt nicht schaffen, uns Angst einzujagen: „We are not afraid!" „Wir werden wieder in die Flugzeuge steigen! Wir sind die Vereinigten Staaten!" Kein Blick für die andern, kein Gedanke an die Armen, an die Hungernden, die Kinder in der Zweidrittelwelt. Dass so ein afroamerikanischer Theologe und Kirchenführer redete, machte es für mich noch problematischer. Und ich war erschrocken über das begeisterte Echo im Stadion! Es gab Riesenbeifall!

Kurz davor hatte Reverend James Forbes die Seligpreisungen gelesen, ebenfalls mit großer stimmlicher Intensität. Was für ein anderer Klang! Und was für eine bewegende Deutung des Textes dadurch, dass er auch die Verse danach las, die Worte vom Salz der Erde und vom Licht der Welt und der Stadt auf dem Berge, Worte, die zum festen Bestand US-amerikanischer Zivilreligion gehören, und immer wieder in den Inaugurationsreden amerikanischer Präsidenten zitiert worden sind. Hier wurden sie in den Zusammenhang der Seligpreisungen gerückt: „Selig sind die da Leid tragen, denn sie sollen getröstet werden! Selig sind die Barmherzigen! Blessed the peacemakers!" James Forbes ist Pastor in der Riverside Church, jener Kirche, in der Martin Luther King im April 1967 seine große Rede gehalten hat, in der er die Bürgerrechtsbewegung der Schwarzen mit der Bewegung gegen den Vietnamkrieg zusammengeführt hat.[3]

Der Augenblick der größten emotionalen Beteiligung war an jenem Abend der, als das Lied „We shall overcome" angestimmt wurde und alle tiefbewegt mitsangen. „We shall overcome" ist inzwischen in das zivilreligiöse Credo aufgenommen worden. Das Lied erweitert, vertieft und präzisiert das amerikanische

---

[3] Vgl. M.L. King: „… sprechen für die, die keine Stimme haben", Rede im April 1967, in: H.-J. Benedict/H.-E. Bahr (Hg.): Kirchen als Träger der Revolution, Konkretionen Bd. 1, Harburg 1968, 146–165.

Glaubensbekenntnis: „Deep in my heart I do believe: we shall overcome – we shall live in peace – we walk hand in hand – we are not afraid". Man konnte es an den Gesichtern, an den Bewegungen erkennen: Die Rührung war nicht aufgesetzt, sie war nicht manipuliert, sie war authentischer Ausdruck der Gemeinsamkeit des Glaubens und der Hoffnung.

Aber wie passte das zu den anderen Elementen? Das blieb offen. Es zeigte sich, wie instabil das Verhältnis von Friedenswunsch und Angriffsbereitschaft ist, wie prekär die Balance der Symbole in den beiden Klauen des Adlers, wie anfällig die US-amerikanische Zivilreligion für Blitze, Pfeile, Strafgericht ist – nicht nur zur Verteidigung, sondern zum Sieg über das Böse! Die aggressive Seite war nicht die dominante im Yankee-Stadion, aber je öfter ich das Band gesehen und gehört habe – inzwischen mit dem Wissen, was danach kam, innenpolitisch und außenpolitisch –, desto kritischer ist meine Einschätzung geworden.

3 Schlussfolgerungen

Warum hat das Gebet der Religionen so wenig bewirkt? Es ist das Verdienst Klaus Kodalles, alle funktionalistischen Instrumentalisierungen der Religion immer wieder kritisiert zu haben.[4] Auch interreligiöse Gebetsgottesdienste dienen nicht ‚strategischen' Zwecken und sind daher auch nicht vom ‚Erfolg' her zu beurteilen. Sie haben ihren Wert in sich. Es wäre fatal, diesen ‚Wert' vom mangelnden ‚Erfolg' her zu entwerten. Gleichwohl kann eine kritische Analyse, wie sie hier ansatzweise versucht worden ist, Aufschlüsse geben über Stärken und Schwächen öffentlicher Liturgien aus politischem Anlass.

Diese Gebetsversammlung von Gläubigen der großen Religionsgemeinschaften, das hat die Analyse deutlich gemacht, war stark in der seelsorgerlichen Hinwendung zu den Opfern, in der expressiven Kraft, mit der Trauer ausgedrückt wurde, und in der Trost gebenden Affirmation religiöser Gewissheit. Aber sie war unentschlossen in der Orientierung. Auch wenn man die Situationsgebundenheit berücksichtigt und diesen Gottesdienst nicht mit Ansprüchen überfordern darf, so war doch nicht zu übersehen: Es war ein Requiem ohne Schuldbekenntnis, ohne dass so etwas wie Mitverantwortung für den Zustand der Welt zur Sprache kam. Es fehlte der Mut zur kritischen Selbstbefragung, es fehlte auch der solidarische Blick über den eigenen Horizont hinaus. Das schwächte die Vision des Friedens. Ein wesentlicher Grund dafür war die Ambivalenz der beschworenen patriotischen Symbole. Die Spannung zwischen Ölzweig und Pfeilen blieb unaufgelöst.

---

4 Das ist der Sinn seiner Kierkegaardrezeption, vgl. bes. K.-M. Kodalle: Die Eroberung des Nutzlosen. Kritik des Wunschdenkens und der Zweckrationalität im Anschluss an Kierkegaard, Paderborn u.a. 1988.

Der feige, Menschen verachtende Terrorakt hat in einem bis dahin nicht gekannten Ausmaß elementare Ängste ausgelöst. Das Verlangen nach Sicherheit wurde übermächtig und machte die Menschen empfänglich für das Versprechen, mit aller Härte das „Böse" auszurotten und die Bedrohung durch den unsichtbaren Feind ein für allemal zu beenden. Darauf konzentrierten sich in der Folgezeit verständlicherweise alle Anstrengungen. Mit jedem neuen terroristischen Anschlag mehr.

Dennoch markiert der Gottesdienst am 23. September positiv eine neue Phase in der Begegnung der Religionen. Er gibt dem Nachdenken über Civil Religion nicht nur eine neue Aktualität, sondern erweitert auch den Geltungsbereich. Es wird künftig nicht möglich sein, die Civil Religion auf Christen und Juden zu beschränken. Es ist unabdingbar, auch die anderen Religionsgemeinschaften, die inzwischen in den demokratischen Ländern des Westens eine größere Anhängerschaft haben, mit einzubeziehen und sie einzuladen, sich an solchen Gottesdiensten aktiv zu beteiligen. Für die USA (zumindest für New York) ist das, wie das Beispiel zeigt, möglich, für Europa bislang noch nicht, wenigstens nicht in massenwirksamen Formen öffentlicher Repräsentation. Immerhin gab es nach dem 11. September auch in Deutschland auf lokaler Ebene eine ganze Reihe interreligiöser Friedensgebete. Man darf vermuten: Das ist erst ein Anfang. Was lässt sich aus dem Beispiel lernen? Sicher, vieles ist so spezifisch amerikanisch, dass es sich nicht übertragen lässt, aber einiges doch. Ich stelle vier Überlegungen zur Diskussion. Zunächst:

1. Wenn Gläubige unterschiedlicher Religionsgemeinschaften zum Gebet zusammen kommen, dann gilt die Regel: Alle beten mit eigener Stimme, benutzen ihre eigene religiöse Tradition, die für sie kennzeichnende Sprache, die charakteristischen Ausdrucksformen (Gebete, Gesänge, Gesten, Musiken). Je authentischer dieser religiöse Selbstausdruck ist, je deutlicher damit auch die Differenz in Erscheinung tritt, desto glaubwürdiger ist das Ganze.

Die Lösung ist weder ein künstlicher Synkretismus noch die Beschränkung auf das allen gemeinsame abstrakte religiöse Minimum. Was möglich und sinnvoll ist, geht weiter als das sog. Assisi-Modell, das Papst Johannes Paul II. eingeführt hat (und das unter dem Eindruck des 11. Septembers im Januar 2002 erneut praktiziert wurde). Es sieht ja nur vor, dass die verschiedenen Religionsgemeinschaften zunächst gemeinsam Erklärungen und Bekenntnissse zu Frieden und Gewaltfreiheit abgeben, dann aber getrennt je für sich beten – wenn auch zeitgleich. Für die Evangelische Kirche in Deutschland scheint sich ein Konsens abzuzeichnen, der weiter geht (und einer Empfehlung der lutherischen Kirche in Bayern von 1992 folgt): Jede Gemeinschaft betet für sich, aber die anderen sind „andächtig dabei" – ohne mitzubeten. Dafür hat man terminologisch die Bezeichnung „multireligiöses Gebet" eingeführt und es abgegrenzt gegen das „interreligiöse Gebet", bei dem man auch gemeinsam betet. Die Unterscheidung klingt sauber und trennscharf. Aber ist sie es wirklich? Wann betet man mit, wann ist man nur andächtig dabei? Das lässt sich nicht generell vorentscheiden. An der Haltung der Menschen im Yankee-Stadion konnte man ablesen: Viele haben wirklich mitgebetet, wenn ein Sprecher einer anderen Religion gebetet und Gott angerufen hat, nicht immer, aber doch an vielen Stellen, zum Beispiel bei den Fürbitten.

Es gibt ein Beten nach innen, wenn man unter sich ist, und ein Beten und Reden in Gegenwart von Gläubigen aus anderen Religionen. Das bedeutet:

2. Auch wenn die Gläubigen mit eigener Stimme beten – als Christen, Juden, Muslime, Buddhisten – so tun sie es doch in Anwesenheit der anderen. Das hat Konsequenzen. Man trifft dann stets eine Auswahl aus den eigenen Quellen. Man wird – ohne das authentische Glaubenszeugnis zu verleugnen – so beten, singen, reden und solche Texte zitieren, dass dadurch die anderen nicht provoziert, herabgesetzt oder beleidigt werden.

Unterschiede und Abgrenzungen müssen im interreligiösen Dialog benannt, das Trennende darf nicht ausgeklammert, Konflikte dürfen nicht verschwiegen werden. Aber das hat einen anderen Ort. Es gehört nicht dorthin, wo man gemeinsam betet. Die richtige Auswahl zu treffen, die angemessenen Formulierungen zu finden, ist ein kreativer Akt interner theologischer Reflexion, der zu wichtigen Klärungen führen wird: Was ist unser je eigener religiöser Selbstausdruck, den wir in die gemeinsame Gebetsversammlung einbringen können und wollen? Das Beispiel zeigt aber noch mehr:

3. Es gibt Lieder, Riten, Gesten, die alle miteinander teilen. Das ist sicher etwas spezifisch Amerikanisches. In Deutschland besteht an dieser Stelle noch viel Skepsis. Ich plädiere dafür, das offen zu halten.

Ob man daran interessiert ist und in dieser Richtung weiter sucht, hängt davon ab, ob man so etwas wie zivilreligiöse Äußerungen prinzipiell für legitim hält oder nicht. In den Vereinigten Staaten gibt es für solche Civil Religion jedenfalls eindrucksvolle Zeugnisse. Klar ist: Zivilreligion fällt nicht vom Himmel, sie wird nicht am Schreibtisch ersonnen, sie ist Frucht gemeinsamer Geschichte, gemeinsamer Erfahrungen, auch geteilter Leiden. „A Prayer for America" zeigt: Der Bestand an Erzählungen, Mythen, Liedern und Symbolen ist ergänzungsfähig. Es kann etwas hinzukommen, wie z.B. „We shall overcome". Ich meine, wir sollten uns dafür offen halten, dass es auch in Europa, in Deutschland irgendwann einmal Zeugnisse geben könnte, in denen die Menschen, die hier leben, gemeinsam formulieren, was sie verbindet, wofür sie eintreten, was ihnen wichtig ist. Verfassungspatriotismus gut und schön, aber er ist doch zu abstrakt, um Menschen zu

Liedern zu inspirieren. So etwas braucht Zeit, aber auch Aufmerksamkeit für Phänomene jenseits unserer separierten religionskonfessionellen Kulturen, z.B. für den Bereich der populären Kultur. Die populäre Kultur der Gegenwart hat ja ebenso nationale wie internationale Aspekte, sie ist in vieler Hinsicht eine globalisierte Kultur auf der Basis der Massenmedien. Und sie hat eine starke expressive Kraft. Zu fragen ist: Gibt es da Gestalten, Lieder, Texte, die eine übergreifende zivilreligiöse Funktion bekommen haben, die einen Zugang zu den Herzen vieler Menschen gefunden haben und so etwas wie grenzüberschreitende Gemeinsamkeiten zu stiften in der Lage sind?

Im Yankee-Stadion konnte man die Verbindung von Spirituals, Gospels, „Ave Maria" und religiös getönten Popsongs wie „Wind beneath my Wings" studieren. Das war nicht völlig singulär. Man denke zurück an den Trauergottesdienst für Prinzessin Diana und wie auch dort die alten anglikanischen Hymnen aus der Zeit der Erweckungsbewegung nahtlos zusammen passten mit Elton Johns Lied „Like a Candle in the Wind". Beim Gang über deutsche Großstadtfriedhöfe kann man auch hierzulande die Beobachtung machen, dass auf immer mehr Kindergräbern ganz unterschiedliche Symbole auftauchen, Kreuze und Kerzen, Kuscheltiere, Engel und Windräder, und immer wieder trifft man z.B. auch auf den Text des Songs, den Eric Clapton nach dem Tode seines Sohnes geschrieben hat: „Tears in Heaven", ein sehr schönes, zartes, tröstliches Lied, religiös getönt. Eric Clapton ist bekannt als ein durchaus gläubiger Mensch. Alles das entsteht in diesen Jahren, es bewegt die Menschen. Und es muss noch nicht alles sein, wenn wir – die Kirchen und Religionsgemeinschaften – ein Gespür entwickeln für dieses merkwürdige Phänomen neuer Formen von Zivilreligion jenseits der bisherigen Traditionen.

Sicher, es gibt eine Menge von Vorbehalten gegenüber der amerikanischen Version von politischer Civil Religion. Die verheerenden Erfahrungen mit dem nationalen Kult und der politischen Religion des Nationalsozialismus, aber auch mit der staatlich verordneten sozialistischen Staatsideologie in der DDR haben uns Deutsche heilsam ernüchtert. Das war notwendig. Zivilreligionstheologie muss Zivilreligionskritik einschließen, hat Rolf Schieder eingeschärft.[5] Und er hat in seinem neuen Buch noch auf etwas anderes hingewiesen, das in diesem Zusammenhang wichtig ist und sich nicht von selbst versteht:

4. Es ist die gemeinsame Aufgabe aller Religions-, Glaubens- und Weltanschauungsgemeinschaften, die Ziele, Ideale, Werte und Überzeugungen, auf die sich unsere Gesellschaft gründen soll, für die wir uns verbindlich einsetzen und die uns verbinden, öffentlich zu formulieren.

---

5   R. Schieder: Wieviel Religion verträgt Deutschland, a.a.O. (s. Anm. 1), bes. 201ff.

Das ist eine zivilreligiöse Aufgabe, die gerade in diesen Jahren angesichts von Terror, Gewalt, Menschenrechtsverletzungen, Unfreiheit, Ungerechtigkeit, aber auch von Diskriminierungen ausländischer Mitbürger (die bei uns wohnen, gleich in welchem rechtlichen Status) zur Herausforderung an alle wird. Von dieser Aufgabe darf sich keine Religionsgemeinschaft dispensieren (auch die Muslime nicht). Es ist ein Missverständnis von Aufklärung und Demokratie, wenn Religion zur Privatsache erklärt wird.[6] Das amerikanische Beispiel zeigt, wie es aussehen kann, wenn sich die Religionsgemeinschaften mit ihren eigenen Möglichkeiten am Zivilreligiösen beteiligen. Nicht alles ist übertragbar, aber deutlich ist, dass Liturgien, Texte, Zeugnisse, Bekenntnisse, Gesänge, Gesten und Symbolhandlungen bei der Ausgestaltung öffentlicher Gebetsversammlungen aus politischem Anlass von entscheidender Bedeutung sein werden. Es wird Zeit, dass auch die christlichen Kirchen sich dieser Aufgabe annehmen.

---

6 Schieder: ebd., 11ff., im Anschluss an den Diskussionsband katholischer Sozialdemokraten: W. Thierse (Hg.): Religion ist keine Privatsache, Düsseldorf 2000.

Messe als Anti-Ritual

Lefèbvre in Lille

2.9.1976
Erzbischof Lefèbvre zelebriert in Lille eine lateinische Messe nach dem tridentinischen Ritus. „Was verboten ist, das macht uns gerade scharf!" Solange er nur abweichende Meinungen äußerte, Priester ausbildete und Thesen vertrat, war das alles nur mäßig interessant. Jetzt betreibt er bewusst Ungehorsam und stützt ihn mit symbolischen Handlungen. Jede davon ist eine gezielte Provokation, die den Gegner zu Gegenreaktionen zwingen soll. Papst Paul VI. vermeidet, solange es irgend geht, seinerseits die Eskalation. Aber er wirkt gequält. Das ist offensichtlich viel schlimmer als alle linken Priester zusammen.

Die alte Messe wird zum Symbol, zum Antiritus par excellence. Der Traditionalismus ist durchschlagend, weil er eine eigene Kulthandlung hat (oder wieder errichtet), die seiner Haltung einen sinnlichen liturgischen Ausdruck verleiht. Die alte Messe ist ein Fanal gegen die „Bastardkirche" und gegen die „Bastardliturgie" nach dem 2. Vatikanischen Konzil.

7.9.1976
Gestern nach 23 Uhr gab es im Fernsehen eine Reihe von instruktiven Berichten über die Lefèbvre-Anhänger. Da ist offenbar doch eine sehr zielstrebig und kirchenpolitisch konsequent organisierte breite Bewegung. Die Sprecher erscheinen entweder fröhlich selbstsicher („nicht wir ändern etwas, sondern die anderen; wir sind ganz schlicht und einfältig für die Wahrheit und gegen die Lügen!"), oder sie sind – wie die Frau Gerstner – finster, aggressiv mit Märtyrer-Gestus („der Vatikan ist besetzt!").

Eine gespenstische Sache. Hans Küng sagte ganz richtig: Man hat zu wenig miteinander geredet, die Kontakte sind zu früh abgebrochen worden. Konziliarität heißt hier auch: die Liberalismusängste ernst nehmen, im Gespräch bleiben. Das Problem ist nur: Nachdem sich die Position so verhärtet hat, dass ein Kompromiss kaum noch denkbar erscheint, wie kann man da noch reden? Die Stereotypen sitzen fest, die Feindbilder sind affektiv besetzt. Wo ist die Stärke dieser Reaktion? Sie wollen sich nicht verändern, weil das Angst macht. Kann man diese Ängste therapieren? Küng sagt richtig: Der gegenreformatorische und antimodernistische Katholizismus war selber ein Problem! Aber die Zumutungen der Offenheit scheinen für nicht wenige einfach zu groß. Deshalb laufen sie zu denen über, die ihnen Schutz versprechen. Deren Weltbild ist ganz einfach konturiert.

Es ist das alte Lied ... Viele Strömungen der Unzufriedenheit fließen zusammen. Dann hat man im glücklichen Moment eine Identifikationsfigur und einen symbolischen Ausdruck. Man findet einen Kultakt, um den sich alles schart: „die alte Messe".

Dabei zeigte sich gestern auch, dass das überwiegend projektive Stilisierungen sind. Es gibt natürlich weiterhin eine lateinische Messe. Die Änderungen im Kanon und anderswo sind ja gar nicht so gravierend. Doch gebraucht wird die andere ‚Gestalt', zu der man sich bekennen kann. Auch hier stellt sich die Frage, wie man die gefährlichen und skrupellosen Führer von den Massen der Sympathisanten trennen kann. Das ist bei der personalistischen Struktur dieser Protestbewegung sehr schwer. Für vergleichbare Konflikte bei uns fällt mir wieder nur ein: Ran an die Leute! Nähe suchen, sich nicht isolieren und isolieren lassen! Und sich möglichst nicht auf die strategischen Spielzüge einlassen. Es braucht Festigkeit und Freundlichkeit, Klarheit und Positivität in der Sache ...

Aber so, wie es läuft, wird jetzt daraus in der katholischen Kirche ein weiterer Rechtsrutsch folgen. Bischof Tenhumberg hat das in der „Welt am Sonntag" schon angekündigt: An „bestimmte Gruppen in der Kirche, die sich für fortschrittlich halten", appellierte er, sich zu überlegen, „ob sie nicht durch manche maßlose Eigenwilligkeiten, vor allem in der Liturgie, dazu beigetragen haben, die Situation zu verschärfen" (nach FR v. 7.9.1976).

„Ave Argan"

Oder: Die Politik des Zunickens

Zur gleichen Zeit pflegt die andere Seite auch ihre Gebärdensprache. So gibt es zarte Andeutungen in Richtung „compromesso storico". In Rom trafen der Stellvertreter des Bischofs von Rom und der neue kommunistische Bürgermeister der Stadt bei einer Messe zum Gedächtnis an den Aufstand gegen die Deutschen in Rom 1943 in der Kirche Ara Coeli zusammen, heißt es in einer ap-Meldung. Wie das? Haben die beiden ein Schwätzchen gemacht, gab es eine offizielle Begrüßung auf einem anschließenden Empfang, wurden Botschaften ausgetauscht? Keineswegs. Ugo Kardinal Poletti zog in die Kirche ein. „Auf dem Weg zum Altar in der Kirche Ara Coeli hielt er nun kurz inne, um sich leicht vor Argan zu verbeugen. Das Stadtoberhaupt stand dort, wo seit 30 Jahren der Platz des Oberbürgermeisters in dem Gotteshaus ist, und erwiderte den stummen Gruß. ... Nach dem Ende der Messe verbeugten sich Poletti und Argan erneut kurz voreinander."

Zu diesem Gottesdienst waren Mitglieder der kommunistisch-sozialistischen Stadtregierung erschienen. Argan ist unabhängiger Kandidat auf der kommunistischen Liste. „Auf die Frage, wann er zum letzten Male eine Messe gehört habe, sagte Argan: ‚Es ist schon sehr lange her.'" Argan, ein bekannter Kunsthistoriker, ist aus der Kirche ausgetreten. Die Sache muss vorher publizistisch sehr gediegen vorbereitet worden sein, denn vor der Kirche demonstrierten Anhänger der kleinen Radikalen Partei gegen die Messe. Die „Unita" hielt das für lächerlich. Argan möchte auch noch den Papst treffen.

Cultus publicus und Streik in Polen

25.8.1980

In der Fernsehberichterstattung von der Streikbewegung in Polen fällt immer wieder auf, wie oft sie Bilder von der Messe bringen, von Beichte und Absolution. Mitten auf der Straße knien die Menschen und empfangen das Sakrament. Sechstausend Arbeiter feiern am Sonntag vor und hinter den Gittern des Werksgeländes der Danziger Leninwerft die heilige Messe. Sie knien auf dem Boden, während der Priester ihnen den Segen spendet. Der provisorische Altar steht auf einem offenen Lastwagen. Hunderte Arbeiter gehen in einer langen Schlange zur Kommunion. Der Priester verliest einen Brief des Bischofs, der den Streikenden seine Unterstützung bekundet. Die Menschen beten um ein glückliches Ende des Ausstandes. Leszek Walesa und Anna Walentynowicz, die beiden Vorsitzenden des zentralen Streikkomitees, nehmen am Gottesdienst teil (nach FR vom 25.8.1980).

Immer wieder werden patriotische Kirchenlieder gesungen. Eines hat folgenden Wortlaut: „Gott, der du Polen durch so viele Jahrhunderte mit dem Glanz der Macht und des Ruhmes umgeben hast, der du Polen mit dem Schirm deines Schutzes vor Unheil bewahrst, das es zugrunde richten sollte: vor deine Altäre bringen wir unser Flehen: Gib uns, o Herr, das freie Vaterland zurück (offizieller Refrain seit einigen Jahren: Segne unser freies Vaterland!)."

Cultus-publicus-Strophen aus der polnischen Teilungszeit als Widerstands- und Ermutigungs-Lieder. Der Cultus publicus – in Polen ist er Volksreligion! Die Zweideutigkeit der Beschwörung des mächtigen Schutzgottes der Geschichte wird hier (fast) aufgehoben, weil der Gesang zur Anti-Hymne der Befreiung gegen die kommunistische Alltagsgewalt avanciert. Im Vollzug und aktuellen Gebrauch liegt die Wahrheit, nicht im Wortlaut. Aber was für ein Symbol!

Das Dokument, das dieser symbolischen Aktion die inhaltliche Füllung und eine politisch-moralische Deutlichkeit von großer Kraft gibt, ist der Offene Brief der 64 polnischen Intellektuellen vom Donnerstag letzter Woche, datiert vom 21. August 1980, der in seinen Formulierungen sehr an die Dokumente des Prager Aufbruchs erinnert, der 1968 am gleichen Tag gestoppt wurde.

„Alles hängt jetzt davon ab, was für ein Ausweg aus der gegenwärtigen Situation gewählt wird. Wir appellieren an die politische Führung und an die streikenden Arbeiter, dass dies ein Weg von Gesprächen, ein Weg von Kompromissen ist. Niemand darf das Los des Landes auf eine Karte setzen oder die Hoffnung auf eine bessere Zukunft zugrunde richten. Niemand darf zu irgendwelchen Akten des Unrechts, der Gewalt, des Zwangs oder zu Versuchen der Gewalt greifen lassen ..." Dann die konkreten Forderungen: Materielle und politische Reformen, freie

Gewerkschaften, volle Information, die große Diskussion, „ein gemeinsames Suchen nach Wegen zur Besserung". Niemand soll aufreizen oder beleidigen. „Lasst uns alle lernen, gegenseitig unsere Würde zu achten!" „In diesem schweren Augenblick werden Maßhalten und Vorstellungskraft gebraucht." Auf beiden Seiten. „Allein Besonnenheit und Vorstellungskraft können heute zu einer Verständigung im Interesse des gemeinsamen Vaterlandes führen. Die Geschichte vergibt niemandem, der zu einer anderen Lösung als dem Weg einer solchen Verständigung greifen würde. Wir rufen dazu auf, diesen Weg zu beschreiten." (Zit. FR 22.8.1980)

Eine Messe für Leszek

(FR 8.9.1980)

Lech Walesa wird in Rom erwartet und vom Papst in Privataudienz empfangen werden. Vorher hieß es in Warschau: „Am Sonntag wurde Walesa vom Primas der katholischen Kirche in Polen, Kardinal Wyszynski, in Privataudienz empfangen. Anschließend zelebrierte der eine Messe für den Streikführer." Dieser letzte Satz ist ziemlich merkwürdig, finde ich. Aber es scheint hier die Lösung für einige spezifisch polnische Rätsel zu liegen: Der Arbeiterführer agiert als Katholik und nicht als Sozialist. Politik sei ihm egal, erklärt er. Und was bedeutet diese demonstrative Reise? Schwer zu deuten für unsereinen.

11.9.1980

Ist Lech Walesa eine Art Botschafter des Papstes? Versteht er sich so? Neulich wunderte ich mich über den überdimensionalen Kugelschreiber, mit dem er den Vertrag mit Jaruselski unterschrieb. Kinderkram? Im SPIEGEL sah man die Erklärung: Der Kugelschreiber trug das Bild Johannes Pauls II. und war ein Souvenir von der Papstreise nach Polen. Alles ist hier symbolisch!

„Der Sonntag kam. Man ging zur Kirche"

Gottesdienst im Spiegel der Literatur.
Ein rezeptionsgeschichtlicher Ansatz zum Verständnis von Liturgie und Predigt

1 Interesse und Fragestellungen

„Der Sonntag kam heran ... Man ging zur Kirche." Das Zitat stammt aus dem Roman „Anton Reiser" von Karl Philipp Moritz von 1785. Es heißt dort: „Die Straßen, welche nach der B.kirche führten, waren voller Menschen, die stromweise hinzueilten. ... Als sie herein kamen, konnten sie kaum noch ein Plätzchen der Kanzel gegenüber finden. Alle Bänke, die Gänge und Chöre waren voller Menschen ..."

So beginnt Moritz den stark autobiographisch gefärbten Bericht vom ersten Gottesdienstbesuch seines jungen Helden[1]. Was ist daran für uns heute interessant? Sicher, der Roman liefert einige instruktive Einzelheiten über die Sonntagspraxis im dritten Drittel des 18. Jahrhunderts. „Man ging zur Kirche". Das war in einer lutherischen Stadt wie Braunschweig ungebrochene Regelsitte. Der Gottesdienst dauerte lange, die Predigt allein nicht selten anderthalb Stunden. Doch solche Informationen sind nicht das Entscheidende. Interessant ist zu erfahren, wie der junge Anton Reiser den Gottesdienst erlebt, was er empfindet, was Liturgie und Predigt in ihm bewirken.

Was geht in den Menschen vor, die den Gottesdienst besuchen? Diese Frage hat Homiletik und Liturgik lange Zeit wenig interessiert. Es gab in der älteren liberalen Theologie zeitweise Ansätze zu so etwas wie einer „religiösen Volkskunde". Aber ansonsten richtete sich die Aufmerksamkeit fast ausschließlich auf die theologischen Inhalte der Predigten, Gebete und Lieder, auf die Herkunft der agendarischen Stücke und den Wandel der Liturgie. Vorherrschend waren dogmatische und genetische Fragestellungen.

Daran hat die empirische Wende in der Praktischen Theologie, die sich vor etwa dreißig Jahren vollzog, zunächst wenig geändert. Das gilt nicht nur für die erste Phase der Anwendung sozialwissenschaftlicher Methoden im Zeichen der Übertragung des kommunikationswissenschaftlichen Modells der Sender-Emp-

---

[1] Zit. nach der Neuausgabe im Winkler Verlag, München 1991, hg. mit Nachwort von K.-D. Müller (Die Fundgrube, 52), München 1971, 53.

fänger-Beziehung auf Gottesdienst und Predigt[2]. Es gilt überraschenderweise auch nach der Ablösung der Kommunikationstheorie durch die Rezeptionsästhetik, die Mitte der achtziger Jahre einsetzte. Gerhard Marcel Martin plädierte in seiner Marburger Antrittsvorlesung mit dem programmatischen Titel „Predigt als offenes Kunstwerk?" für einen Koalitionswechsel[3]. Die neuen Bündnispartner der Homiletik wurden Semiotik und Zeichentheorie. Henning Schröer replizierte mit der auch skeptisch gemeinten Frage: „Umberto Eco als Predigthelfer?"[4]. Andere haben den Ansatz aufgegriffen. Karl-Heinrich Bieritz hat ihn auf den Gottesdienst als ganzen ausgeweitet[5], Rainer Volp entwickelte auf semiotischer Basis eine umfangreiche Liturgik[6] und Wilfried Engemann eine „Semiotische Homiletik"[7].

Man verabschiedete sich m.R. von der Vorstellung, es käme darauf an, dass die Gemeinde genau reproduzieren kann, was die Prediger verkündigen. Die Hörerinnen und Hörer wurden als aktive und eigensinnige Sinnproduzenten entdeckt, die Mehrdeutigkeit und Polyvalenz der Texte als evangeliumsgemäßer Freiheitsgewinn gewürdigt.

Aber auch die neue Homiletik im Zeichen von Semiotik und Rezeptionsästhetik beschäftigte sich weiterhin vor allem mit der Konstruktion der gottesdienstlichen Zeichensysteme. Man wusste zwar theoretisch: Erst beides, das „Konzept" der Gottesdienstproduzenten und die „Perzepte" der Rezipienten, zusammen konstituiert den Gottesdienst[8]. Doch es war offenkundig reizvoller, mit dem neuen Instrumentarium das „Gesamtkunstwerk Gottesdienst" zu analysieren, als nach seiner Rezeption durch die Gemeinde zu fragen.

An dieser Stelle kann ein dritter Ansatz weiterhelfen: die Entdeckung der biographischen Dimension gelebter Religion. Die Frage nach der lebensgeschichtlichen Verwurzelung von Glauben und Frömmigkeit beschäftigt die Praktische

---

[2] Vgl. vor allem K.-W. Dahm: Hören und Verstehen, in: Predigtstudien IV/2, Stuttgart 1970, 9–20; ders.: Stationen des Hören, in: Beruf: Pfarrer, München 1971, 310–318; T. Stählin: Kommunikationsfördernde und -hindernde Elemente in der Predigt, in: WPKG 61, 1972, 296–308.

[3] Vgl. G.M. Martin: Predigt als „offenes Kunstwerk"? Zum Dialog zwischen Homiletik und Rezeptionsästhetik, in: EvTh 44, 1984, 46–58. Vgl. Martins Bilanz der dadurch angestoßenen Debatte: Zwischen Eco und Bibliodrama. Erfahrungen mit einem neuen Predigtansatz, in: E. Garhammer/H.G. Schöttler (Hg.): Predigt als offenes Kunstwerk. Homiletik und Rezeptionsästhetik, München 1998, 51–62.

[4] Vgl. H. Schröer: Umberto Eco als Predigthelfer? Fragen an Gerhard Marcel Martin, in: EvTh 44, 1984, 58–63.

[5] Vgl. K.-H. Bieritz: Gottesdienst als ‚offenes Kunstwerk'? Zur Dramaturgie des Gottesdienstes, in: PTh 75, 1986, 358–373. = Ders.: Zeichen setzen. Beiträge zu Gottesdienst und Predigt (PTHe 22), Stuttgart u.a. 1995, 107–120.

[6] Vgl. R. Volp: Liturgik. Die Kunst, Gott zu feiern, 2 Bde., Gütersloh I 1993; II 1994.

[7] Vgl. W. Engemann: Semiotische Homiletik. Prämissen – Analysen – Konsequenzen, Tübingen u.a. 1993. Vgl. zum Ganzen den Anm. 3 zitierten Sammelband von Garhammer/Schöttler.

[8] Vgl. die methodisch und inhaltlich wegweisende Untersuchung von Gunter und Maria Otto: Auslegen. Ästhetische Erziehung als Praxis des Auslegens in Bildern und des Auslegens von Bildern, 2 Bde., Velber 1987, wo der Zusammenhang zwischen Konzepten, Perzepten und Kontexten systematisch erörtert wird.

Theologie seit einigen Jahren intensiv[9]. Das Interesse an der subjektiven Innenseite der Religion hat forschungspraktische Konsequenzen. In der empirischen Religionsforschung werden quantitative Verfahren durch qualitative ersetzt oder zumindest ergänzt[10]. Es häufen sich Forschungsprojekte, in denen z.B. Erzählinterviews ausgewertet werden. Sie kreisen um die Frage, wie die subjektiven Äußerungen einzelner Menschen zu Religion und Glaube zu interpretieren sind. Die kleinen Erzählungen, die in solchen narrativen Interviews entstehen, handeln z.T. auch von Erfahrungen im Gottesdienst und mit Gottesdiensten[11]. Von daher legt es sich nahe, auch andere Quellen einzubeziehen, die bereits schriftlich dokumentiert sind: Tagebücher, Briefe, autobiographische Erinnerungen und Erzählungen. Schriftlich dokumentiert, veröffentlicht und allgemein zugänglich sind auch literarische Äußerungen.

Damit bin ich bei meinem Thema: Gottesdienst im Spiegel der Literatur. Es gibt Beschreibungen von Gottesdiensten in der Belletristik, und es sind gar nicht wenige. „Der Sonntag kam. Man ging zur Kirche." Manchmal gehen halt auch Dichter in die Kirche, erleben auch Schriftstellerinnen einen Gottesdienst oder eine Kasualfeier und bauen das Erlebte in ihre Erzählungen, Novellen, Romane ein.

Ich habe in den letzten Jahren solche Szenen gesammelt, nicht einmal systematisch und gezielt, sondern eher beiläufig, und es hat mich überrascht, wie groß meine Sammlung inzwischen ist. Sie umfasst Fundstücke u.a. aus Johann Valentin Andreaes „Christianopolis", Schnabels „Insel Felsenburg", Nicolais „Sebaldus Notanker", Goethes „Dichtung und Wahrheit", aus den „Herzensergießungen eines kunstliebenden Klosterbruders" von Wackenroder und Tieck. Eine Fundgrube sind Theodor Fontanes Romane, aber auch in Thomas Manns „Buddenbrooks" gibt es die instruktive Beschreibung einer Haustaufe („Taufe in der Breiten Straße"). In der deutschen Nachkriegsliteratur finden sich einschlägige Sze-

---

9 Vgl. D. Rössler: Grundriß der Praktischen Theologie, Berlin 1986; W. Sparn (Hg.): Wer schreibt meine Lebensgeschichte, Gütersloh 1990; V. Drehsen: Wie religionsfähig ist die Volkskirche? Sozialisationstheoretische Erkundungen neuzeitlicher Christentumspraxis, Gütersloh 1994, bes. 121ff. 147ff.; A. Grözinger/J. Lott (Hg.): Gelebte Religion (FS Gert Otto), Rheinbach/Merzbach 1997; W. Gräb: Lebensgeschichten, Lebensentwürfe, Sinndeutungen. Eine praktische Theologie gelebter Religion, Gütersloh 1998.
10 Vgl. u.a. S. Klein: Theologie und empirische Biographieforschung, Stuttgart u.a. 1994; L. Kuld: Glaube in Lebensgeschichten. Ein Beitrag zur theologischen Autobiographieforschung, Stuttgart u.a. 1997; Fremde Heimat Kirche. Die dritte EKD-Erhebung über Kirchenmitgliedschaft, hg. v. K. Engelhardt/H. v. Loewenich/P. Steinacker, Gütersloh 1997; Studien- und Planungsgruppe der EKD (Hg.): Quellen religiöser Selbst- und Weltdeutung. Die themenorientierten Erzählinterviews der dritten EKD-Erhebung über Kirchenmitgliedschaft, 2 Bde., Hannover 1998.
11 Vgl. U. Grümbel: Abendmahl: „Für euch gegeben"? Erfahrungen und Ansichten von Frauen und Männern. Anfragen an Theologie und Kirche, Stuttgart 1997; P. Zimmermann: Toten Sonntag Ewigkeit. Trauerritual und Feier der Hoffnung, in: lernort gemeinde 15, 1997, 15–19; dies.: Der Gottesdienst am Totensonntag. Wahrnehmungen aus der Perspektive der Trauernden, in: PTh 88, 1999, 452–467.

nen, mitunter auch nur kleine Miniaturen, z.B. bei Heinrich Böll, Ilse Aichinger, Marie Luise Kaschnitz, Johannes Bobrowski, Ruth Rehmann, Friedrich Christian Delius und zuletzt in Erich Loests Wenderoman „Nikolaikirche". Bezieht man die französische, die angloamerikanische Literatur mit ein, vermehrt sich die Zahl beträchtlich. Wechselt man das Genre und nimmt z.B. angelsächsische Krimis hinzu, stößt man auf lehrreiche Beschreibungen, wobei naturgemäß die Beerdigungen besonders eindrückliche, oft makabre Situationen abgeben. Das Ganze ist ein weites Feld.

Ich beschränke mich im folgenden auf drei Szenen aus der deutschen Literatur. Ausgewählt habe ich den eingangs zitierten Gottesdienstbesuch des jungen Anton Reiser, eine Stelle aus Ludwig Tiecks Roman „Franz Sternbalds Wanderungen" sowie den Bericht über den ersten Gottesdienst nach Kriegsende 1945 in Walter Kempowskis Familiensaga „Uns geht's ja noch gold". Am Schluss zitiere ich ohne weitere Interpretation noch kurz das Erlebnis einer jungen Frau im Ostermontagsgottesdienst aus Theodor Fontanes Erzählung „L'Adultera".

Ich werde ziemlich viel wörtlich zitieren, um Ihnen einen anschaulichen Eindruck von den Texten zu verschaffen. Bei der Interpretation beschäftigt mich vor allem die subjektive Wahrnehmung: Was wird erwähnt? Welche Gefühle und Empfindungen verbinden sich damit? Welche Bedeutung hat das Gottesdiensterleben für den Betrachter? Welche Funktion hat die geschilderte Begebenheit für das Ganze der jeweiligen Erzählung? Lassen sich aus der Beschreibung bestimmte Deutungsmuster ableiten, die weitergewirkt haben und heute noch aktuell sind? Und was gibt uns das alles theologisch zu denken? Dazu am Ende noch einige vorläufige Schlussfolgerungen aus dem Material.

2 Die Beispiele

2.1 „Der Donner rollte auf das Haupt des Meineidigen herab ..."
Aufgeklärte Predigtkritik in Karl Philipp Moritz: „Anton Reiser"

Wie beschreibt Karl Philipp Moritz das Gottesdiensterlebnis seines Helden? Hören wir die Fortsetzung des Berichts:

„So war die Kirche schon von Menschen erfüllt, ehe der Gottesdienst noch begann. Es herrschte eine feierliche Stille. Auf einmal ertönte die vollstimmige Orgel, und der ausbrechende Lobgesang einer solchen Menge von Menschen schien das Gewölbe zu erschüttern. Als der letzte Gesang zu Ende ging, waren aller Augen auf die Kanzel geheftet, und man bezeigte nicht minder Begierde, diesen fast angebeteten Prediger zu sehen, als zu hören.

Endlich trat er hervor, und kniete auf den untersten Stufen der Kanzel, ehe er hinauf stieg. Dann erhob er sich wieder, und nun stand er da vor dem versammelten Volke. Ein Mann noch in der vollen Kraft seiner Jahre – sein Antlitz war bleich, sein Mund schien sich in ein sanftes Lächeln zu verziehen, seine Augen glänzten himmlische Andacht – er predigte schon, wie er da stand, mit seinen Mienen, mit seinen stillgefalteten Händen.

Und nun, als er anhub, welche Stimme, welch ein Ausdruck! – Erst langsam und feierlich, und dann immer schneller und fortströmender: so wie er inniger in seine Materie eindrang, so fing das Feuer der Beredsamkeit in seinen Augen an zu blitzen, aus seiner Brust an zu atmen, und bis in seine äußersten Fingerspitzen Funken zu sprühen. Alles war an ihm in Bewegung; sein Ausdruck durch Mienen, Stellung und Gebehrden überschritt alle Regeln der Kunst, und war doch natürlich, schön, und unwiderstehlich mit sich fortreißend."[12]

Die Wahrnehmung konzentriert sich ganz auf die Person des Predigers, auf sein Aussehen, seine Gestik und Mimik, seine Stimme. Gottesdienst ist Predigt. Und die Predigt ist ein Ereignis. Beschrieben wird die dramatische Inszenierung des Kanzelauftritts nach allen Regeln der rhetorischen Kunst. Dabei erlebt Anton den Prediger nicht als gekünstelt. Alles ist natürlich, und eben deshalb überwältigend und erschütternd. Zunächst wird nur der äußere Eindruck beschrieben. Die Inhalte der Predigt folgen danach. Sie werden an dieser Stelle nur summarisch zusammengefasst. Sie erscheinen auch eher topisch und entsprechen dem, was man von einer orthodoxen Bußpredigt erwarten kann. Der Prediger klagt Ungerechtigkeit und Unterdrückung, Üppigkeit und Verschwendung an:

„... und im höchsten Feuer der Begeisterung redete er zuletzt die üppige und schwelgerische Stadt, deren Einwohner größtenteils in dieser Kirche versammelt waren, mit Namen an; deckte ihre Sünden und Verbrechen auf; erinnerte sie an die Zeiten des Krieges, an die Belagerung der Stadt, an die allgemeine Gefahr zurück, wo die Not alle gleich machte, und brüderliche Eintracht herrschte ... – Anton glaubte einen der Propheten zu hören, der im heiligen Eifer das Volk Israel strafte, und die Stadt Jerusalem wegen ihrer Verbrechen schalt."[13]

Theologisch aufschlussreich an diesem Perzept ist, dass nur der erste Teil der Predigt referiert wird, nur die Predigt des Gesetzes, nicht der darauf folgende Zuspruch des Evangeliums. Das ist keine zureichende Beschreibung, aber sie bestätigt, dass für die Rezeption orthodoxer bzw. orthodox-pietistischer Predigt Gesetz, Buße und Gericht im Vordergrund stehen.

Die Predigt hat eine ungeheure emotionale Wirkung auf die Seele des Knaben:

„Anton ging aus der Kirche nach Hause, und sagte zu August kein Wort; aber er dachte von nun an, wo er ging und stund, nichts als den Pastor P. Von diesem

---

[12] A.a.O. (s.o. Anm. 1), 54f.
[13] A.a.O., 55.

träumte er des Nachts, und sprach von ihm bei Tage; sein Bild, seine Miene, und jede seiner Bewegungen hatten sich tief in Antons Seele eingeprägt … Er zählte Stunden und Minuten bis zum nächsten Sonntage."

Anton ist aufgewühlt. Er identifiziert sich mit Person und Werk des Predigers. Der beschäftigt seine Phantasie („Einbildungskraft") bei Tag und Nacht, während der Arbeit und noch im Traum.

Die Darstellung erfährt eine Steigerung am nächsten Sonntag. Dieser zweite Gottesdienst wird noch genauer beschrieben. Und noch suggestiver wird die Predigt von Sünde und Gesetz ausgemalt (Thema ist der Meineid). Es folgt der Zuspruch des Evangeliums, freilich deutlich kürzer und weniger eindringlich. Auch die Liturgie wird erwähnt. Die Lieder und biblischen Lesungen zwischen den Predigtteilen werden ausführlich referiert. Zeitweilig geht die Predigt von Prosa über zu Poesie. Der Redner reimt:

„… O gib, wenn du noch weinen kannst,
Die Hoffnung nicht verloren –
Gott wendet noch sein Angesicht,
Er will den Tod des Sünders nicht,
Sein Mund hat es geschworen. –
Diese Worte, mit öftern Pausen, und dem erhabensten Pathos gesprochen, taten eine unglaubliche Wirkung. – Man atmete, da sie geendigt waren, tiefer herauf; man wischte sich den Schweiß von der Stirn. – Und nun wurde die Natur des Meineides untersucht, seine Folgen in ein schreckliches und immer schrecklicheres Licht gestellt. Der Donner rollte auf das Haupt des Meineidigen herab, das Verderben nahte sich ihm, wie ein gewappneter Mann, der Sünder erbebte in den innersten Tiefen seiner Seele – er rief, ihr Berge fallet über mich, und ihr Hügel bedecket mich!

– Der Meineidige erhielt keine Gnade, er wurde vor dem Zorn des Ewigen vernichtet. –

Hier schwieg er, wie erschöpft – ein panisches Schrecken bemächtigte sich aller Zuhörer. …

Aber nun begann der Zuspruch … Dem Verzweifelnden wurde zugerufen: knie nieder in Staub und Asche, bis deine Knie wund sind, und sprich: ich habe gesündiget im Himmel und vor dir – und so fing sich ein jeder Periode an mit: ich habe gesündiget im Himmel und vor dir! und dann folgte nach der Reihe das Bekenntnis: Witwen und Waisen hab' ich unterdrückt; dem Schwachen hab' ich seine einzige Stütze, dem Hungrigen sein Brot genommen … Alles zerschmolz nun in Wehmut und Tränen – Der Refrain bei jedem Perioden tat eine unglaubliche Wirkung – es war, als wenn jedesmal die Empfindung einen neuen elektrischen Schlag erhielt, wodurch sie bis zum höchsten Grade verstärkt wurde. – …

Drittehalb Stunden waren schon, wie Minuten verflossen – plötzlich hielt er inne, und schloss nach einer Pause mit denselben Versen, womit er begann."[14]

Hatte sich der Erzähler bei der Schilderung der ersten Predigt mit seinem Urteil noch zurückgehalten, es schwang ja durchaus Respekt und Bewunderung mit, ist das hier kein neutraler Bericht, sondern eine Abrechnung. So nimmt die aufgeklärte Kritik die orthodoxe Predigt wahr. Die Besonderheit besteht darin, dass Moritz nicht einfach die rationalistische Kritik an den kognitiven Inhalten der orthodox-pietistischen Predigt reproduziert. Es ist eine psychologische Kritik (der Untertitel des „Anton Reiser" lautet: „Ein psychologischer Roman"). Es geht Moritz vor allem um die verheerenden Folgen dieses theatralisch inszenierten Zusammenspiels von Gesetz und Evangelium, Gericht und Gnade für die Seele empfindsamer junger Menschen wie Anton. Anton lebt seitdem in einer Traumwelt. Seine Phantasie ist völlig besetzt. Er steigert sich immer mehr hinein in die Rolle des Predigers.

„Er konnte sich nichts Erhabeners und Reizenderes denken, als, wie der Pastor P., öffentlich vor dem Volke reden zu dürfen, und alsdann, so wie er, manchmal gar die Stadt mit Namen anzureden – Dies letzte hatte insbesondere für ihn etwas Großes und Pathetisches..."[15]

Krankhafter pastoraler Größenwahn, lautet die Diagnose. Das abschließende Urteil des Autors ist schroff:

„So war Anton nun in seinem dreizehnten Jahre, durch die besondre Führung, die ihm die göttliche Gnade, durch ihre auserwählten Werkzeuge hatte angedeihen lassen, ein völliger Hypochondrist geworden, von dem man im eigentlichen Verstande sagen konnte, dass er in jedem Augenblick lebend starb. – Der um den Genuss seiner Jugend schändlich betrogen wurde – dem die zuvorkommende Gnade den Kopf verrückte."[16]

Doch es gibt Heilung. Es gelingt Anton in mühsamer Anstrengung, sich von der ekklesiogenen Neurose zu befreien. Genauer gesagt: Die Natur heilt den Schaden.

„Aber der Frühling kam wieder heran, und die Natur, die alles heilet, fing auch hier allmählig an, wieder gut zu machen, was die Gnade verdorben hatte. Anton fühlte neue Lebenskraft in sich; er wusch sich, und seine Hände rauchten wieder ..."

„Anton Reiser" ist – soweit ich sehe – in der deutschen Literatur das erste Beispiel für eine aufklärerische Kirchen- und Predigtkritik, die mit psychologischen Kategorien arbeitet. Das hat Schule gemacht und ist – bewusst oder unbewusst – das Vorbild geworden für die psychologisch-psychoanalytische Entlarvung autoritärer Religion orthodox-pietistischer Provenienz, für die Tilmann Moser das

---

[14] A.a.O., 56–58.
[15] A.a.O., 61.
[16] A.a.O., 65.

Stichwort „Gottesvergiftung" geprägt hat[17]. Dafür gibt es zahlreiche autobiographische Beschreibungen und bis in unsere Tage hinein auch eindrückliche erzählerische Abrechnungen[18].

2.2 „Franz war in Andacht verloren"
Romantisches Gottesdiensterleben in Ludwig Tieck:
„Franz Sternbalds Wanderungen"

1798, ein Jahr vor Erscheinen von Schleiermachers Reden über die Religion, veröffentlicht Ludwig Tieck seinen Künstlerroman „Franz Sternbalds Wanderungen". Und es erscheint in mancher Hinsicht wie eine Vorwegnahme des neuen Verständnisses von Religion, wenn man genauer betrachtet, wie Tieck dort ein gottesdienstliches Erlebnis beschreibt.

Der Maler Franz Sternbald ist in das Dorf seiner Kindheit zurückgekehrt. Er hat ein Weihnachtsbild gemalt, eine Verkündigungsszene, und ist nun dabei, wie das Gemälde in der Kirche aufgestellt und der Gemeinde zum erstenmal gezeigt wird. Der Gottesdienst beginnt wie immer:

„Jetzt hatte die Glocke zum letzten Male geläutet, die Kirche war schon angefüllt, Sternbalds Mutter hatte ihren gewöhnlichen Platz eingenommen. Franz stellte sich in die Mitte der kleinen Kirche, und das Orgelspiel und der Gesang hub an; die Kirchtür Franzen gegenüber war offen, und das Gesäusel der Bäume tönte herein." [19]

Sternbald hört und sieht, es ist ein Offenbarungserlebnis in Vision und Audition. Er sieht sein Bild, er hört Gesang und Orgelmusik. Er steht mitten in der Gemeinde allein für sich. Und ist doch in seiner Andacht mit allem verbunden.

„Franz war in Andacht verloren, der Gesang zog wie mit Wogen durch die Kirche, die ernsten Töne der Orgel schwollen majestätisch herauf und sprachen wie ein melodischer Sturmwind auf die Hörer herab; aller Augen waren während des

---

[17] Vgl. T. Moser: Gottesvergiftung, Frankfurt 1976. Vgl. dazu meine Notizen „Die Macht deiner Lieder", s.u. 156ff.
[18] Vgl. z.B. F.C. Delius: Der Sonntag, an dem ich Weltmeister wurde, Reinbek 1994. Dort kommt die Heilung allerdings nicht durch die Natur. Die Geschichte spielt 1954 in einem hessischen Dorf. Das entscheidende Befreiungserlebnis ist hier ein Gegenritual. Der junge Pastorensohn hört, nachdem er morgens den Gottesdienst mit der Predigt seines Vaters überstanden hat, am Nachmittag im Radio die Übertragung des Endspiels der Fußballweltmeisterschaft in Bern und erlebt dabei wie im Rausch einen neuen Kult neuer, wahrer Götter. Herbert Zimmermanns Aufschrei: „Turek, du bist ein Fußballgott!" wird zum Initiationsruf einer neuen ekstatischen Religion, die den jungen Predigthörer von der Gefühlskälte des alten Kirchenglaubens erlöst zu einer neuen mystischen Verschmelzung mit dem größeren Ich.
[19] Zit. nach: Franz Sternbalds Wanderungen. Eine altdeutsche Geschichte. Herausgegeben von L. Tieck. Erster Theil Berlin 1798, Studienausgabe hg. v. A. Anger (Reclams Universal-Bibliothek 8715–19), Stuttgart 1974, 71ff.

Gesanges nach dem neuen Bilde gerichtet. Franz sah auch hin und erstaunte über die Schönheit und rührende Bedeutsamkeit seiner Figuren, sie waren nicht mehr die seinigen, sondern er empfand eine Ehrfurcht, einen andächtigen Schauer vor dem Gemälde. Es schien ihm, als wenn sich unter den Orgeltönen die Farbengebilde bewegten und sprächen und mitsängen, als wenn die fernen Engel näher kämen und jeden Zweifel, jede Bangigkeit mit ihren Strahlen aus dem Gemüte hinwegleuchteten, er empfand eine unaussprechliche Wonne in dem Gedanken, ein Christ zu sein."

Unter den Klängen von Orgel und Gesang werden Figuren und Farben lebendig. Die Engel der Verkündigung kommen auch zu ihm, tilgen allen Abstand, alle Ängste und Zweifel in seiner Seele, bringen Gewissheit und Seligkeit. Er spürt die Wahrheit und das Glück, „ein Christ zu sein", begnadet und erlöst zu sein, aufgenommen in den Gesamtzusammenhang der Schöpfung, die Gott verherrlicht. Und dann öffnet sich der Raum. Der Blick geht nach draußen, die Ströme der Andacht umfassen Landschaft, Bäume, Menschen, Tote und Lebende, alles betet, alles lebt.

„Von dem Bilde glitt dann sein Blick nach dem grünen Kirchhofe vor der Türe hin, und es war ihm, als wenn Baum und Gesträuch außerhalb auch mit Frömmigkeit beteten und unter der umarmenden Andacht ruhten. Aus den Gräbern schienen leise Stimmen der Abgeschiedenen herauszusingen und mit Geisterstimme den ernsten Orgeltönen nachzueilen; die Bäume jenseits des Kirchhofs standen betrübt und einsam da und hoben ihre Zweige wie gefaltene Hände empor, und freundlich legten sich durch die Fenster die Sonnenstrahlen weit in die Kirche hinein. Die unförmlichen steinernen Bilder an der Mauer waren nicht mehr stumm, die fliegenden Kinder, mit denen die Orgel verziert war, schienen in lieber Unschuld auf ihrer Leier zu spielen und den Herrn, den Schöpfer der Welt, zu loben."

Religion ist nicht Gedanke, nicht Tat, sondern Erlebnis: Ergriffenwerden vom göttlichen Geist, der in allem wirksam ist, dessen Geheimnis sich hier für Sternbald in beseligender Klarheit erschließt.

„Sternbalds Gemüt ward mit unaussprechlicher Seligkeit angefüllt, er empfand zum ersten Male den harmonischen Einklang aller seiner Kräfte und Gefühle, ihn ergriff und beschirmte der Geist, der die Welt regiert und in Ordnung hält, er gestand es sich deutlich, wie die Andacht der höchste und reinste Kunstgenuss sei, dessen unsre menschliche Seele nur in ihren schönsten und erhabensten Stunden fähig ist. Die ganze Welt, die mannigfaltigsten Begebenheiten, Unglück und Glück, das Niedre und Hohe, alles schien ihm in diesen Augenblicken zusammenzufließen und sich selbst nach einem kunstmäßigen Ebenmaße zu ordnen. Tränen flossen ihm aus den Augen, und er war mit sich, mit der Welt, mit allem zufrieden."

Gottesdienst ist Andacht. Und Andacht ist höchstes Kunsterleben. Die gegenständlichen Fixierungen sind aufgehoben in die Einheit von Anschauen und Ergriffenwerden, Aktivität und Rezeptivität. Die Grenzen des Eigenen werden überschritten. Subjekt und Objekt verschmelzen in der Hingabe an das größere Leben, Religion ist „Sinn und Geschmack fürs Unendliche" (Schleiermacher).

Alles das ist in diesem Augenblick Gegenwart. Und doch weiß der Erzähler, dass das Erlebnis der Unio nicht ewig anhält. Trennung, Entzweiung, Tod sind momentan aufgehoben, aber nicht auf ewig verschwunden. Die Romantik kennt Verdinglichung und Entfremdung. Doch das religiöse Erleben der Einheit ist wirklicher als das Trennende. Und es hat Folgen.

Im Roman ist dieser Gottesdienst eine Schlüsselszene. Sternbald, in das Dorf seiner Kindheit zurückgekehrt, erfährt, dass seine Eltern nicht seine Eltern sind. Der Vater stirbt. Vergangenheit und Zukunft sind auf einmal offen. Unmittelbar danach gibt es die rätselhafte Begegnung mit dem Mädchen aus der Kutsche. Sie verliert ihr Medaillon. Franz findet es. Erinnerungen kommen hoch an eine Kindheitsgeschichte, und zugleich wird dieses Bild das eigentliche Sehnsuchtsziel seines Lebens. Er wird unterwegs sein, weiterwandern, bis er die Frau findet und seine Liebe erfüllt wird.

Tiecks Beschreibung ist ganz auf das subjektive Erleben konzentriert. Einzelheiten spielen keine Rolle. Welches Lied gesungen wurde, welche Liturgien, Gebete, Lesungen vorkamen, wird nicht berichtet. Und doch ist das Ganze nichts nur Innerliches. Es ist eine Begegnung. Gesang, Orgelspiel, die Bilder – sie kommen von außen. Entscheidend freilich ist, was sie im Inneren auslösen. Es sind Impulse, die das innere Leben, Anschauung und Gefühl stimulieren. Allein vom Subjekt wird die Bedeutung generiert.

Tiecks Szene ist erkennbar ein Kunstprodukt. Hat sie Anhalt an der Realität? Ich glaube, sehr wohl. Sie bringt nicht nur die frühromantische Religiosität seiner Zeit zur Darstellung. Ich meine, wir haben keinen Anlass, dies Erleben für rein fiktiv zu halten.

Im Übrigen kennen wir Ähnliches auch heute. Dass sich, angeregt von Bildern, Musik, Gesang im Gottesdienst ein Glücksgefühl einstellt; dass wir ergriffen und bewegt sind; dass wir in solchen Momenten Verbundenheit mit dem Ganzen spüren, ist nichts völlig Fremdes. Ebenso wenig z.B., dass solches religiöse Erleben in eigentümlicher Weise transpersonal ist, ohne dass man es gleich als pantheistisch verdächtigen muss. Das alles und manches andere, was noch in dieser Schilderung enthalten ist, hat durchaus aktuelle Bedeutung. Und sind wir nicht in der Gegenwart in einer Situation, wo Orthodoxie und Aufklärung durch eine neue romantische Bewegung abgelöst werden, wo nach einer längeren Phase, in der vor allem Dogma, richtige Vorstellungen, Bewusstseinsinhalte, Information und Aktion Predigt und Gottesdienst bestimmt haben, ein neues Bedürfnis nach Meditation und Kontemplation entstanden ist und nach gottesdienstlichen Formen sucht? Man merkt allerdings im Vergleich mit den elaborierten Formen religiöser Wahrnehmung bei Tieck (und in anderer Form auch beim jungen Schleiermacher), dass uns heute die Sprache für die religiöse Erfahrung fehlt. Menschen haben vielleicht ähnliche Gefühle, aber kaum Worte dafür, viele sind eher sprachlos in religiösen Dingen. Bei nicht wenigen erwächst daraus eine Sehnsucht. Sie begeben sich auf die Suche. Das ist mit ein Grund, weshalb das Angebot esoterischer Religiosität so viel Resonanz findet, auch unter Christinnen und Christen, und weshalb Spiritualität ein Schlüsselwort geworden ist für das, was man auch im Gottesdienst sucht, und was man dort oft nicht findet.

Das dritte Beispiel, das ich vorstellen möchte, stammt aus dem 20. Jahrhundert. Es ist uns zeitlich näher und vielleicht mentalitätsmäßig ferner als die beiden ersten, wenigstens uns Theologen und Kirchentreuen. Wir werden in Walter Kempowskis Familiensaga „Uns geht's ja noch gold" (der Fortsetzung von „Tadellöser & Wolff") mit einer Art von Alltagsbewusstsein und Alltagsreligiosität konfrontiert, die uns zu schaffen macht, weil sie unsere Erwartungen an Gefühlsintensität und Tiefe konterkariert.

2.3 „Vergeben und vergessen"
Der erste Gottesdienst nach Kriegsende in Walter Kempowski: „Uns geht's ja noch gold"

Geschildert wird eine Schwellensituation: der erste Kirchgang nach der Kapitulation (wohl im Mai 1945) im sowjetisch besetzten Rostock. Der Krieg ist zu Ende. Kempowski beschreibt das in einem ganz eigenen Stil, es ist der typische Kempowski-Ton: assoziativ, lakonisch, schnodderig.

„Eines Tages ging ein Mann mit Ausruferglocke durch die Straßen – das war wohl noch aus dem Mittelalter, das Ding – Sonntag sei Gottesdienst in der Marienkirche. Der Stadtkommandant habe das genehmigt.

‚O fein', sagte meine Mutter, ‚nun kriegt das alles wieder seinen Schick.' Sie schloss das Fenster und steckte sich das Haar auf. Ich sollt mal sehen, das wär erst der Anfang, so würd das nun weitergehn. ... Und wenn Vati und Roberding denn erst wieder da wären, und all die andern Männer, ich sollt mal sehn, dann würd das wieder wie damals. Leuchtreklame und Autos: Frieden."[20]

Die Mutter des Erzählers, die Hauptperson, aus deren Perspektive wahrgenommen wird, ist eine resolute, praktisch veranlagte Frau, sie hat für alles einen Schnack. Sie hat ihre Familie, Eltern und Kinder heil durch den Krieg, durch

---

[20]. W. Kempowski: Uns geht's ja noch gold. Roman einer Familie, München 1972, 47.

Ausbombung und Hungerszeiten gebracht, hat ihre bürgerlich-kleinbürgerlichen Träume unbeschadet durch die Katastrophen hindurch gerettet. Und jetzt ist Frieden. Man geht zur Kirche.

„Am Sonntag läutete dann die eine schwere Glocke. Von allen Seiten kamen Leute, noch etwas scheu und faltig, aber tapfer. ... So voll war die Kirche sonst nicht einmal zu Weihnachten. ...

Da waren sie alle wieder, Frau Amtsgerichtsrat Warkentin und Frl. Huss von der Universitätsbibliothek. Matthes und Zucker-Warnke.

Tante Basta, die gute Alte, mit Haaren auf der Kinnwarze. Was die jetzt wohl so dachte. Die hatte auch so vieles schon erlebt, so manches Schlimme. ...

Leute, die man sonst nie hier gesehen hatte. Frau Merkel zum Beispiel, die war gottgläubig oder so was.

Und Frau von Lossow. Die hatte in der NS-Frauenschaft große Töne gespuckt und immer Beiderwandröcke getragen. Der Mann vermisst, die hatte wohl dazugelernt."[21]

Man kennt sich, niemand kann einem was vormachen. Für die Darstellung ist charakteristisch, dass die Gedanken hin und her flitzen, immer nah an der Außenseite dessen, was sich zeigt. Die Erzählung springt zwischen Einzelheiten hin und her. Banalitäten, die mit trockenem Witz registriert werden, und dann auch mit Rührung. Die Menschen haben viel durchgemacht. Man misstraut dem Pathos der großen Wortes – und sehnt sich doch nach den alten Gefühlen, die sich nur schwer wieder einstellen. Auch deshalb, weil die äußeren Gegebenheiten das nicht stützen. Wie soll man musikalisch in Stimmung kommen, wenn die Orgel nicht erklingen kann.

„Die Orgel schwieg – kein Strom. Der Organist trat das Harmonium. Schade, ausgerechnet an so einem Tag. Wo so viel davon abhing, ob man die Verirrten wieder auffängt. Düdellüht! Toccata und Fuge, das war doch immer so schön gewesen. Jetzt hätte sich die Musik doch breiter und immer breiter entfalten können, als ob Türen aufgingen, in unvermutete Bereiche. Die ganze Pracht sich ergießen. Und alle wären erschlagen gewesen: das haben wir nun all die Jahre hindurch leichtsinnig vertan, diesen Halt! Und dieses Schöne!"[22]

Wieder konzentriert sich die Aufmerksamkeit vor allem auf den Geistlichen.

„Der Superintendent stieg auf die Kanzel, hoch erhobenen Hauptes, die Bibel unter dem Arm, mit vielen bunten Lesezeichen. Jeder wusste, dass er Parteigenosse gewesen war und Deutscher Christ, Anhänger von ‚Rei-Bi' Müller.

Deutscher Christ – im Talar hatte er Heil Hitler gesagt – aber das war ja nun egal. Man musste auch vergessen können. Vergeben und vergessen.

---

21. A.a.O., 48f.
22 A.a.O., 49f.

An sich war er ein netter Mann. Der hatte eben bloß den Versailler Vertrag nicht verknusen können …"

„Vergeben und vergessen". Das ist die Devise. Es herrscht eine milde Nachsicht gegenüber den menschlichen Schwächen. Aber die zerstört zugleich alle Erwartungen, dass der Prediger etwas zu sagen hat. Erschreckend und entlarvend ist das Perzept der Predigt. Der Superintendent steigt mit der Bibel unterm Arm auf die Kanzel, er fängt an zu reden, aber es ist ein Reden ohne Inhalt. Worte, Sätze steigen auf und fallen wieder in sich zusammen, sprachliche Gesten ohne semantischen Gehalt:

„Behutsam und leise begann er, erst mal ein einzelnes Wort, das hallte nach und brach sich überall, dann ein weiteres, als sei es nichts Besonderes, dann noch ein Wort, bis andere folgten und sich aufbauten und wuchsen, größer und größer, höher, Türme bis in die Wolken hinein, lauter und voller; dann hob er die Fäuste hoch. Er wusste es, dass die Ärmel herabhängen würden.

Nach einer kleinen Pause ließ er die Arme sinken, als besänne er sich, kehrte auf die Erde zurück und fuhr wie mit einer Pflugschar über die samtene Brüstung. Der Bauer, auch er werde wieder das Erdreich pflügen, der Bergmann, auch er werde wieder bohren und graben, und es schien kein Spiel des Zufalls, dass gerade jetzt ein Sonnenstrahl auf all die grauen Menschen fiel."[23]

Man weiß nicht genau, wo der Beobachter real Gesagtes wiedergibt und wo es nur Mutmaßungen sind über das, was der Prediger gesagt haben könnte oder wollte:

„Vermutlich hatte er den Ton seiner Predigt nun andersartig modulieren wollen, hatte vielleicht ausschwingen wollen, ob wir das verdient hätten, dieses Aufklimmen aus Not, Elend und Herzeleid, ob wir nicht vielmehr dankbar sein wollten und wie Hiob uns das Missgeschick gefallen lassen und daraus Heil für unsere Herzen nehmen, so zurücksinken ins gleichsam Fragende hinein. …"[24]

In diesem Augenblick wird die Predigt unterbrochen. Ein Russe kommt herein, geht die Reihen entlang, blättert in der Bibel, „kuckte hinter den Altar und kriegte einen Schrubber zu fassen, Eimer, Feudel und Kehrblech. Dann ging er raus." Und die Predigt oder das, was davon berichtet wird, ist zu Ende. Eine groteske Situation. Die große Kanzelrede, das, was Anton Reiser noch so erschüttert hat, verläppert traurig und komisch.

Sieht man sich die ganze Szene an, fügt man die zerstreuten Sinnfetzen und Gedankensplitter zusammen, ergibt sich allerdings trotz allem eine Art Botschaft. Sie lautet: Das Leben geht weiter. Wir sind geschlagen wie Hiob, aber am Leben. Und sollten dankbar sein. Dies ist auch der Tenor der Liturgie. Die Gemeinde

---

[23] A.a.O., 50f.
[24] A.a.O., 51.

singt am Schluss, stehend, „so laut wie möglich" „Ein feste Burg"; erwähnt werden nur die beiden Zeilen „Und wenn die Welt voll Teufel wäre / und wollt' uns gar verschlingen" – was ihm ja Gott sei Dank nicht gelungen ist. Das Singen bringt endlich das ersehnte Gemeinschaftsgefühl, die Gewissheit. „Schade, dass es nicht noch mehr Strophen waren, man hätte immerfort so singen mögen."[25]

„Und als es zu Ende war verharrte man noch lange schweigend, bis dann, wie immer, irgendeiner zu husten anfing und seinen Hut ergriff. (Es mochte sein wie's wolle, aber er müsse jetzt gehn.)"

Draußen vor der Kirchentür gibt es schließlich noch eine Art Sendung und Segen. Es ist nicht das Sendungswort des Geistlichen und nicht der liturgische Segen. Die Menschen geben sich selbst Sendungs- und Segenworte. Sie zeigen damit, dass sie doch etwas mitnehmen in ihren Alltag. Es klingt wie ein Gelübde:

„Draußen schüttelte man sich die Hand, all die vielen Bekannten. Nun wolle man noch näher zusammenrücken, Ernst machen mit dem Christentum, nicht falschen Leumund reden wider seinen Nächsten. Alle Streitigkeiten begraben, Konkurrenz und Neid. Was gewesen ist, das ist gewesen."

Ist das auch ein Beitrag zur Walser-Rede? Wegsehen und für sich bleiben mit Schuld und Versagen, mit seinem Gewissen, wenn man denn eins hat. Jedenfalls ist diese Szene ein Dokument der Sprachlosigkeit. Die Menschen sind verletzt, sie wenden sich ab von der Vergangenheit und wollen neu anfangen. Die „Unfähigkeit zu trauern" (A.Mitscherlich) wird dokumentiert, aber sie wird nicht aggressiv attackiert und das Wegsehen nicht apologetisch verteidigt. Es ist alles menschlich, allzumenschlich. Doch man spürt auch die Enttäuschung, dass es aus lauter Schwäche und Erschöpfung kein offenes Wort gibt, das Schuld einbekennt und deshalb auch kein vollmächtiges Wort der Vergebung. Ja, Walser hat Recht: Das Gewissen ist eine individuelle Sache, nicht von außen einzufordern[26]. Aber wehe der Kirche, die in ihren Gottesdiensten nicht mehr fähig ist, das allgemeine Schweigen zu brechen und ihren Beitrag zu leisten zu einer öffentlichen Gedächtniskultur, nicht moralistisch, anklagend und besserwisserisch, nicht als pflichtgemäßes Ritual, aber doch so, dass das Verleugnen und Wegschieben ein Ende hat.

3 Schlussfolgerungen

Ich hoffe, die vorgestellten Texte haben gezeigt, wie interessant das Material ist. Das gilt für die literarischen Zeugnisse, es gilt ähnlich auch für die autobiographi-

---

25 A.a.O., 52.
26 Vgl. M. Walser: Erfahrungen beim Verfassen einer Sonntagsrede. Friedenspreis des Deutschen Buchhandels 1998, Frankfurt 1998, 21ff., unter Berufung auf Hegel. Problematisch und theologisch inakzeptabel ist jedoch die Schlussfolgerung: „Das Gewissen, sich selbst überlassen, produziert noch Schein genug. Öffentlich gefordert, regiert nur der Schein" (23).

schen Alltagsdokumente und Erzählungen, die vom Gottesdienst berichten. Also, fangen wir an zu sammeln und zu sichten und zu interpretieren, nach allen Regeln der Kunst. Wir stehen bei der Auswertung dieser Quellen erst am Anfang. Hier warten viele kleine und größere Aufgaben auf eine neue Generation von Forscherinnen und Forschern. Nicht nur die Praktische Theologie, sondern auch die Nachbardisziplinen Kirchengeschichte und systematische Theologie sind hier gefragt. Interdisziplinäre Kooperation mit Literaturwissenschaft und Kulturgeschichte wäre hilfreich und lohnend.

Darüber hinaus haben sich mir vier Punkte als bemerkenswert aufgedrängt:

1. Menschen erleben etwas im Gottesdienst. Sie nehmen mehr wahr, als wir oft meinen. Teils sind es Einzelheiten, teils ist es die Atmosphäre. Sie haben ihre eigene, je besondere Wahrnehmung. Sie ist situativ, subjektiv bedingt, biographisch gefärbt. Äußere Eindrücke, aber vor allem Stimmungen, Gefühle spielen dabei eine wesentliche Rolle. Die Menschen erleben auch die Einzelheiten auf seltsame Weise ganzheitlich. Sie ergänzen in ihrer Weise das Gesagte, Erlebte, die einzelnen Splitter, die sie wahrnehmen, zu einem eigenen Ganzen. Natürlich nehmen sie selektiv wahr, hören manches, was nicht gesagt wurde, geben dem Gehörten eine ganz eigene Bedeutung. Es ist wichtig, das zu wissen, anzuerkennen, zu achten. Es ist wichtig zu respektieren, dass sie uns, – und dabei meine ich die, die für die Gestaltung und Leitung der Feiern verantwortlich sind –, nicht alles verraten, oft nicht einmal, wo sie gerade sind. Manchmal geben sie uns nonverbal zu verstehen, dass wir sie erreicht haben, manchmal mit formelhaften Wendungen, die wir aber nur solange gering schätzen, bis wir uns klarmachen, wie formelhaft und rituell wir selbst in solchen Situationen reagieren.

2. Die Konsequenz daraus kann nicht sein, dass wir – und wieder meine ich jetzt die für Liturgie und Predigt Verantwortlichen – uns anpassen, dass wir die Bedürfnisse, die wirklichen oder vermeintlichen, der Menschen nur bestätigen. Die Perzepte der an Gottesdiensten Teilnehmenden sind nicht Instrumente der Marktforschung zur besseren Kundenbefriedigung. Es geht um Kommunikation, um Begegnung. Gottesdienst ist Begegnung. Begegnung zwischen Menschen, Begegnung mit den Texten, Begegnung mit Gott im Medium von Wort und Zeichen. Der Gottesdienst sollte Raum geben für Begegnung, er sollte Räume öffnen, in denen die Menschen Gott, dem Heiligen, der Wahrheit begegnen können.

Gottesdienst ist ein Dialoggeschehen. D.h. wieder für uns Prediger und Liturginnen: Je authentischer wir sind in der Weise, wie wir predigen, singen, beten, je mehr wir uns selbst der Begegnung mit Gott aussetzen, umso eher besteht die Chance, dass es auch bei der Gemeinde zu einer Begegnung kommt. Wir sollten uns hüten vor Suggestion, Pression, Gewissensdruck. Die abschreckenden Beispiele von „Anton Reiser" bis Tilmann Moser und vieler literarischer und autobiographischer Zeugnisse über die seelischen Schäden autoritärer Religion sind aufmerksam zu studieren. An dieser Stelle gehört Religionskritik zur Grundausbildung derjenigen, die auf die Wirkung ihrer Verkündigung zu achten bereit sind. Die Konsequenz daraus ist nicht Unbestimmtheit und vage gefühlige Allgemeinheit. Liturgie und Verkündigung sollten eine klare Kontur haben, ich meine, vor allem eine klare biblische Kontur. Deutlichkeit und Offenheit, die die Freiheit des Anderen unbedingt respektiert, gehören zusammen.

3. Die Wahrnehmungen im Gottesdienst sind individuell, die Gefühle authentisch, und doch ist der sprachliche Ausdruck in bestimmter Weise geformt. Man erkennt wiederkehrende Muster, Figuren, stereotype Wendungen. Deshalb sagen wir nachträglich: Ach ja, typisch pietistisch, aufklärerisch, typisch romantisch! Die Rezeption wird beeinflusst von der sozialen Herkunft, von Stand, Klasse, Milieu, Bildungsniveau. Theologisch-kirchliche Frömmigkeitsrichtungen, „positionelle Theologien" (D. Rössler), die eine je besondere Sprache ausbilden und in Gottesdienst und Predigt, Liedern, Gebets- und Andachtsliteratur weitertradieren, haben oft eine Langzeitwirkung, prägen ganze Generationen und Landschaften durch die beständige Wiederholung der betreffenden Formeln und Weltdeutungsmuster.

Bei aller Freiheit der Rezeption sind hier Korrespondenzen zwischen Sender und Empfänger, Konzept und Perzept erkennbar. Das ist evident bei den ersten beiden zitierten Texten. Auch die aufklärerische, die psychologische Religions- und Predigtkritik arbeitet mit ziemlich festen Deutungsmustern und Zuschreibungen. Jedenfalls sind wir hier als Theologen geübt im Wiedererkennen, einfach deshalb weil wir ja meist selbst sozialisiert sind in solchen Frömmigkeitstraditionen und die entsprechenden Sprachspiele uns vertraut sind. Sind wir in der Lage, sie auch da zu entschlüsseln, wo solche Prägungen nicht auf den ersten Blick erkennbar ist, also im dritten Beispiel? Auch dort gibt es ja Muster der Wahrnehmung und Lebensdeutung. Die fragmentarischen Deutungssplitter fügen sich auch in der weniger theologisch-kirchlich geprägten Alltagstheologie zu einem Sinnzusammenhang mit charakteristischen kognitiven Strukturen. Es fordert allerdings eine beträchtliche hermeneutische Anstrengung, sie zu identifizieren, in der geschilderten Szene ebenso wie z.B. in den Erzählungen der distanzierten Kirchenmitglieder in den narrativen Interviews, die im Zusammenhang mit der dritten EKD-Studie „Fremde Heimat Kirche" gemacht worden sind. Aber es sind notwendige Bemühungen, vorausgesetzt wir sind an der Kommunikation mit der Mehrheit der Christen „in Halbdistanz", den „treuen Kirchenfernen" interessiert.

4. Oft sind es kleine Signale, die Menschen treffen und anrühren, ein Wort, ein Satz, ein Zeichen, eine Geste, eine Liedzeile, sie treffen Menschen in ihrer beson-

deren biographischen Situation und lösen etwas aus, was wir nicht in der Hand haben. Manchmal in einem Kontext, wo alles dagegen zu sprechen scheint, wo man es nicht erwartet. Auch darauf achten zu lernen, ist eine Lehre aus der Literatur.

Ich schließe mit einer Szene aus Theodor Fontanes Erzählung „L'Adultera", ohne die Geschichte im Einzelnen zu rekonstruieren. Es ist wieder eine Schlüsselszene, und sie führt zur Lösung der schwierigen biographischen Krise einer geschiedenen Frau, die ihren ersten Mann verlassen und alle bürgerliche Sicherheit aufgegeben hat, dazu ihre beiden Kinder, die sich hart und enttäuscht von ihr abwenden, um den Mann zu heiraten, den sie liebt. Es ist eine Osterszene, im direkten und übertragenen Sinn, auch wenn sie zuerst eher traurig beginnt. Den Text zu kommentieren, wäre reizvoll und einen neuen Vortrag wert[27]. Aber er spricht auch für sich:

„Ein paar Lichter brannten im Mittelschiff, aber Melanie ging an der Schattenseite der Pfeiler hin, bis sie der alten, reichgeschmückten Kanzel gerade gegenüber war. Hier waren Bänke gestellt, nur drei oder vier, und auf den Bänken saßen Waisenhauskinder, lauter Mädchen, in blauen Kleidern und weißen Brusttüchern, und dazwischen alte Frauen, das graue Haar unter einer schwarzen Kopfbinde versteckt, und die meisten einen Stock in Händen oder eine Krücke neben sich.

Melanie setzte sich auf die letzte Bank und sah, wie die kleinen Mädchen kicherten und sich anstießen und immer nach ihr hinsahen und nicht begreifen konnten, dass eine so feine Dame zu solchem Gottesdienste käme. Denn es war ein Armengottesdienst, und deshalb brannten auch die Lichter so spärlich. Und nun schwieg Lied und Orgel, und ein kleiner Mann erschien auf der Kanzel, dessen sie sich, von ein paar großen und überschwänglichen Bourgeoisbegräbnissen her, sehr wohl entsann, und von dem sie mehr als einmal in ihrer übermütigen Laune versichert hatte, ‚er spräche schon vorweg im Grabsteinstil. Nur nicht so kurz'. Aber heute sprach er kurz und pries auch keinen, am wenigsten überschwänglich, und war nur müd und angegriffen, denn es war der zweite Feiertagabend. Und so kam es, dass sie nichts Rechtes für ihr Herz finden konnte, bis es zuletzt hieß: ‚Und nun, andächtige Gemeinde, wollen wir den vorletzten Vers unsres Osterliedes singen.' Und in demselben Augenblicke summte wieder die Orgel und zitterte, wie wenn sie sich erst ein Herz fassen oder einen Anlauf nehmen müsse, und als es endlich voll und mächtig an dem hohen Gewölbe hinklang und die Spittelfrauen mit ihren zittrigen Stimmen einfielen, rückten zwei von den kleinen Mädchen halb schüchtern an Melanie heran und gaben ihr ihr Gesangbuch und zeigten auf die Stelle. Und sie sang mit:

---

27 Vgl. dazu jetzt auch M. Nüchtern: „Das neue Christentum ist gerade das alte". Religion als Romanstoff bei Fontane, in: ZThK 95, 1998, 517–535, bes. 524f.

‚Du lebst, Du bist in Nacht mein Licht,
Mein Trost in Not und Plagen,
Du weißt, was alles mir gebricht,
Du wirst mir's nicht versagen.'

Und bei der letzten Zeile reichte sie den Kindern das Buch zurück und dankte freundlich und wandte sich ab, um ihre Bewegung zu verbergen. Dann aber murmelte sie Worte, die ein Gebet vorstellen sollten und es vor dem Ohre dessen, der die Regungen unseres Herzens hört, auch wohl waren, und verließ die Kirche so still und seitab, wie sie gekommen war.

In ihre Wohnung zurückgekehrt, fand sie Rubehn an seinem Arbeitstische vor. Er las einen Brief, den er, als sie eintrat, beiseite schob. Und er ging ihr entgegen und nahm ihre Hand und führte sie nach ihrem Sofaplatz.

,Du warst fort?' sagte er, während er sich wieder setzte.

,Ja, Freund. In der Stadt ... In der Kirche.'

,In der Kirche! Was hast du da gesucht?'

,Trost.'"[28]

---

[28] T. Fontane: L'Adultera. Zit. nach ders.: Romane und Erzählungen in drei Bänden, München 1985, Bd. 1, 130f. Ich verdanke den Hinweis auf diese Erzählung dem Aufsatz von E. Herms: „Das ist ein weites Feld ..." Christliche Weltlichkeit und weltliche Christlichkeit, in: „Was hat nicht alles Platz in eines Menschen Herzen ..." Theodor Fontane und seine Zeit (Herrenalber Forum), Karlsruhe 1993, 82–119, bes. 113ff.

„Die Macht deiner Lieder"

Zu Tilmann Mosers „Gottesvergiftung"

September 1976
Ich habe das Buch verschlungen (T. Moser: Gottesvergiftung, Frankfurt/M. 1976). Unmittelbare Reaktionen: Ärger, Betroffenheit, Verunsicherung – in dieser Reihenfolge.

Ärger: Das ist nun also nach „Lehrjahre auf der Couch" der großen Enthüllungsbeichte zweiter Teil, sozusagen „Couch II". Nach der vorläufigen jetzt die richtige, die entscheidende Abrechnung. Das Unbehagen, das sich am Ende seiner Analyse offenbar nicht verloren hat, gewinnt jetzt seinen richtigen Namen, wird als Ungeheuer endlich gestellt, entlarvt, gebannt. Der leibliche Vater war wohl eher ein schwacher Tyrann. Jetzt kommt der Mord am Übervater. Ein großer Kampf. Warum hat man (habe ich) eigentlich ständig das Gefühl, einem Schaukampf zuzusehen? Moser ist ein brillanter Fighter (wieder die brilliante Sprache, die funkelnden Pointen). Ich glaube, er findet sich toll. Endlich hat er einen würdigen Gegner, dem man alles Ungeheuerliche anlasten kann, der sich nicht wehren kann, denn er ist ja nur eine Projektionsfigur. Aber er wird angeredet. Ich halte die Zwischentöne, die Ambivalenzen und Widersprüche, in die sich heute Gottesanrufungen an einen, der sich entzieht, der angeklagt wird, vor dem man heulen, dem man fluchen kann, verstricken – ich halte das alles in der Lyrik für unendlich wichtig und ernst zu nehmen (und mich deshalb immer wieder mit den einschlägigen Texten auseinander gesetzt, vgl. „Klagemauer Nacht" Über Schwierigkeiten und Hoffnung des Gebets, in: WPKG 60, 1971, 5–16; „ ... Vorspiegelnd altgewesene Vertrautheit." Gebet und Gebetserfahrung heute, in: F.W. Bargheer/I. Röbbelen (Hg.): Gebet und Gebetserziehung (Päd. Forschungen 47), Heidelberg 1971, 86–110). Hier bei Tilmann Moser ärgert mich dieser Gestus. Das ist ein reines Spiegel-Du, punshing-ball. Mich stört ganz beträchtlich der Inszenierungscharakter, das Opernhafte dieser Abrechnung. Was für ein gigantischer Narzissmus, was für eine Egosüchtigkeit!

In diesem Ton könnte ich noch lange weiter kritisieren. Aber warum dieser Affekt? Ich habe doch keine Veranlassung, den Tilmann Moser fertig zu machen. Es gibt – wenn der Ärger sich ein bisschen Luft gemacht hat – eine zweite, tiefere Schicht, die mich berührt.

Betroffenheit: Über das, was die Religion, was das Christentum den Menschen antun kann. Das ist eine todernste, bittere Sache. „Wenn Gott uns nicht liebesfähiger machen kann, ist es Zeit, dass wir ihn wegjagen." So etwa hat es James Baldwin formuliert. Es gibt ja viele Beispiele dafür. Karl Philipp Moritz' „Anton Reiser", Schleiermachers Briefe an seinen Vater, Adolf von Harnacks Auseinandersetzung mit seinem Vater Theodor, Hermann Hesses „Unterm Rad" ... Die autoritäre Über-Ich-Religion hat etwas Zerstörerisches, Menschenfeindliches. „Was würde der liebe Gott dazu sagen?" (17) Gott als erbarmungsloser Aufpasser; das Unwertgefühl, das dadurch produziert wird; die Unfähigkeit zu lieben, zu vertrauen, das Skrupulantentum usw. – alles das ist schlimm, und wenn sich jemand daraus befreien kann, freuen sich die Engel im Himmel. Ich muss daran denken, wie Freunde erzählt haben, wie ihnen diese Gewalt eingeprügelt worden ist. „Ich kann nie wieder zu Gott ‚Vater' sagen." „Ein Teil meines Hasses auf meine Familie rührt daher, dass sie mir die Gotteskrankheit eingegeben hat."

Das Schlimmste ist die Allwissenheit Gottes: „Es ist die tückisch ausgestreute Überzeugung, dass du alles hörst und alles siehst und auch die geheimen Gedanken erkennen kannst ... In der Kinderwelt sieht es dann so aus, dass man sich elend fühlt, weil du einem lauernd und ohne Pausen des Erbarmens zusiehst und zuhörst und mit Gedankenlesen beschäftigt wirst ... – Ja, die ganze Last der Sorge um dein Befinden lag beständig auf mir. Die kränkbare, empfindliche Person, die schon depressiv zu werden drohte, wenn ich mir die Zähne nicht geputzt hatte." (14)

Was da herauskommt und mit Wut und Hass und böse geschärftem Blick beschrieben wird, ist die beängstigende Atmosphäre der religiösen Pathologie des protestantischen Sündenrigorismus. Das gibt es also noch. Das prägt noch, das destruiert mit der ganzen Energie der Verinnerlichung noch heute die Seelen von jungen Menschen. Der Kampf gegen dieses Gottesbild ist eine der Dominanten neuzeitlicher Frömmigkeit, die sich aus dem Bann des Autoritätsglaubens befreien will. Unzählige Biographien zeigen die gleiche Struktur der Revolte gegen den Vatergott, Protest, Abrechnung und Befreiung – bei Nietzsche, bei Sartre, bei Benn und (alltäglicher, weniger spektakulär) bei vielen Ex-CVJMern, in vielen Pfarrersfamilien. Der Ausgang dieser Revolte hängt davon ab, ob es im Gottesbild, im Erleben des Glaubens noch andere Züge gibt, die sich dann durchsetzen, also das wirkliche Christentum. Sonst bleibt nur die Alternative: Entweder ich übernehme die Bilder und internalisiere die Gesetzlichkeit, die ‚gelungene' autoritäre Sozialisation, oder es bleibt die Bilderzertrümmerung, die Absage an diesen Gott.

Es gibt bei Moser auch eine andere Seite. Das sind die Choräle. Der zweite Teil des Buches – wie ich finde, der interessantere – steht unter der Überschrift „Die Macht deiner Lieder" (51ff.). „Der Mond ist aufgegangen", „Nun ruhen alle Wälder" und die anderen Paul-Gerhardt-Lieder. „Es gibt einige, die mir heute noch die Tränen in die Augen treiben, weil sie verknüpft sind mit Momenten eines vollkommenen Geborgenheitsgefühls, eines geborgten freilich, mehr geahnt, als wirklich." (57) Sie sind Ausdruck für Sehnsucht, Verschmelzung und Andacht. *"Es sind Lieder, die mit der Stimme meiner Mutter gesungen, auch starke Kinderängste gebannt oder gemildert haben. Sie haben das Gefühl vermittelt, die Eltern verwalteten einen Teil deiner tröstlichen Macht und seien fähig, sie uns mitzuteilen. In diesen beiden Liedern lag ein Stück verdichteter Harmonie, Stimmungen am Übergang von Wirklichkeit und Verweisung auf unwirklich Wunderbares. Wenn der Vater gar mitbrummte und ebenfalls im Einklang mit dir schien, war die Welt in eine feierliche Schönheit getaucht. Uns alle schien dann ein ungeheuer kostbares Band zusammenzuhalten, das im Alltag verschwand und dann plötzlich wieder, aber immer nur mit deiner Mithilfe zu leuchten begann".* (59) Es gibt das also auch in dieser Frömmigkeit: Religion als Trostkraft. Angst wird gebunden, wird überwunden durch die Choräle, die auf ein Urvertrauen verweisen und Harmonie und Geborgenheit erleben lassen. Wie geht beides zusammen?

Das ist eine schwer wiegende Frage an die psychische Struktur der orthodoxpietistischen Frömmigkeit selbst. Wie gehören denn Gesetz und Evangelium, Rigorismus und Mystik, Gehorsam, Selbsterniedrigung und Annahme zusammen? Bei Luther und in der Reformation kam der Durchbruch zur Glaubensgewissheit auf dem Hintergrund der Erfahrung des Zornes Gottes zu Stande. Die Plausibilität des eschatologischen Schreckens, die Geltung des Tat-Straf-Folge-Zusammenhangs war Voraussetzung, und innerhalb dieses Rahmens entwickelten die Gewissheitsmomente des Christusglaubens ihre befreiende Dynamik. Heute besteht das Dilemma, dass angesichts des zerfallenen Normensystems auch die Angst, die Schuld, von der befreit werden soll, oft allererst vom religiösen Bewusstsein produziert werden muss. Im Paradigma dieser Frömmigkeit gehören Härte und Weichheit also auf eine viel vertracktere Weise zusammen als früher. Mosers Bericht ist dafür ein Dokument. Ein Dokument natürlich auch für den ganzen stimmungsmäßigen Kontext, in dem Gottesdienst und Frömmigkeit sich bewegen. Immer wieder die peinigenden (und lustvoll giftig geschilderten) Erlebnisse bei Gottesdiensten. Die Räume, die Töne, die Farben, die Gerüche, Gefühle, die somatischen Symptome, die damit verbunden sind ...

Noch einmal: Warum erscheint das, was in diesem Zusammenhang auch an Glück, Erfüllung, Geborgenheit erfahren wurde, eigentlich als Täuschung? Aus Mosers Beschreibung wird ein Moment einer möglichen Antwort erkennbar: weil es nicht das Leben als Ganzes formuliert, sondern Kompensation bleibt, Ersatz für sonst nicht erfahrene Liebe. „Wollte ich überhaupt Gefühle von Geborgenheit, Sicherheit und Übereinstimmung erleben, so musste ich singen und glauben." (74) Das Erlebnis der in den Chorälen gespürten religiösen Annahme ist falsch, weil es vom wirklichen Leben nicht getragen wird. Deshalb erscheinen nachträglich alle Inhalte dieser religiösen Vereinigung, Versöhnung und Tröstung nur als ohnmächtiger Ausdruck der real nicht erreichten und deshalb nur in der Sehnsucht, nur auf dem Umweg über die Gottesprojektion erlangten Identität. Die Aufhebungsgehalte der Religion sind nicht Ausdruck wirklicher Erfahrung, Ausdruck von gelebten Antizipationen und Befreiungen, sie sind nur Gegen-Welt. Deshalb werden sie später als schlechte Surrogate entlarvt. So argumentiert die klassische Religionskritik seit Kant, Hegel und Feuerbach. Mosers Bericht könnte Hinweise geben, wie dieser Vorgang des Durchschauens und der Absage psychogenetisch zustande kommt. Die Logik der bloßen Kompensation, der ständigen Nichtübereinstimmung muss in der Biographie selber verankert sein und die Unwahrheit des religiösen Vollzugs ausmachen. Die Zurücknahme der Projektionen gewinnt dann von der erfahrenen Widersprüchlichkeit her ihre Evidenz.

Sie bewirkt im Übrigen, dass die religiösen Beziehungen allesamt kategorial unter Tauschbeziehungen subsumiert werden (die Psychologie der Entschädigung: tausche Gnade gegen Abhängigkeit, tausche Isolation gegen Aufwertung usw.) und, dass in der gegenwärtigen Abrechnung letzten Endes keine Reste bleiben. Für dieses Erklärungsmuster liefert das Gesangbuch Moser reiche Belege. Offensichtlich ist die Wiederbegegnung mit diesen Texten befreiend, weil sie den dumpfen Gefühlen der Wut und der Beschämung klare Begriffe gibt. Der Schlüssel ist gefunden: „Man braucht nur die Liedertexte genauer zu studieren, dann erkennt man, dass sie sämtliche in der Psychoanalyse bisher bekannt gewordenen Übertragungsformen, einschließlich der narzisstischen wie der psychotischen enthalten." (83)

Ist also der Glaube an Gott nichts Anderes als die Symbiose von Über-Vater und Über-Mutter? Gibt es eine Synthese, die die grausamen, unmenschlichen Züge zurücknimmt, ohne Religion damit restlos zu identifizieren? Die Aufklärung wollte ein Gottesbild ohne den zornigen Richter. Das Ergebnis war eine Verharmlosung des Glaubens, der keine Tiefe gewann. Der Protest gegen den Terrorismus der autoritären Vaterreligion war notwendig. Aber gibt es nach der Sprachzerstörung, wie Moser sie für sich aufarbeitet, eine neue Rekonstruktion der Elemente? Danach geht die Suche. Sein Hass macht ihn stark. Diesen Einsprüchen muss sich die Theologie stellen.

Wie Gott als Freiheitsgrund, als Liebe, als Versöhnung gedacht werden kann, ohne die Realität des Bösen, der Entzweiung, der Selbstsucht, der destruktiven Aggression in uns Menschen und in der Gesellschaft zu ignorieren, das ist die Frage. Schwer genug, belastet genug. Was Wunder, dass einer ausbricht und die Schnauze voll hat (selbst wenn er ein Jahr später relativierende Weisheit walten lässt: „ich weiß auch, dass du anderen freundlicher beggnest bist." [100])

Verunsicherung: *Meine dritte Reaktion. Ich liebe die Lieder, die er zitiert, den* besseren Teil. Ich glaube, dass ich selber nicht von einem Strafgott vergiftet worden bin. Die Religiosität meines Vaters war nicht repressiv. Ich habe dagegen gekämpft, wo sie mir nicht gedeckt schien, aber sein Bild hat sich mir nie zur Fratze eines Monstrums (80) verzerrt, weil unsere Grundbeziehung gut war. Ich wusste, sein Glaube war keine Heuchelei, er stand in Übereinstimmung mit seiner Güte, Weichheit und Liebe. Unsere Differenzen waren erträglich, sie konnten produktiv verarbeitet werden. Wie wird das mit unseren Kindern sein? Wir beten ja mit ihnen. Was tun wir da? Wird da ein Kontroll-Über-Icht aufgebaut, Rechenschaft gegenüber big brother? Kaum.

Aber was fließt mit hinein an Übertragungen, an indirekten Wünschen? Worauf werden unsere Kinder konditioniert? Was könnte sie verkrüppeln? Wer kann da sicher sein mit der Antwort? Man strengt sich an, keinen Strafgott weiterzugeben, sondern Zusammenhänge von Dankbarkeit, Geborgenheit, Schutz, Liebe, Gerechtigkeit und Verantwortung in Sprache zu fassen und sie in diesem Sprachraum selber zum Reden, zum Überlegen, zur Ausdrucksfähigkeit zu bringen. Und doch liebt Chrissi die Kinderbibel von Anne de Vries, liebt die klare Welt von gut und böse, Licht und Finsternis, Lohn und Rache. Ist die Ambivalenz rauszukriegen?

Die Projektionshypothese bleibt eine permanente Beunruhigung. Der Atheismus zersetzt die alten Grundrisse, die sich heute nur unter Sektenbedingungen völlig fraglos stabilisieren lassen. Immerhin, soll ich sagen, es ist ein wenig beruhigend, bei Moser zu sehen, dass eine einmal vollzogene Identifikation so schnell nicht verschwindet? Stark und schwach sind reale Konstanten (nicht nur) des kindlichen Weltbildes. Superman und Robin Hood übernehmen Gottvaters Funktionen. Was bleibt? Psalm 139 ist nicht nur das Protokoll einer grenzüberschreitenden göttlichen Fahndungsaktion (siehe Dorothee Sölles „Hinreise", 1975). Aber man kann ihn so lesen. Es gibt dafür Anhalt. Also bedarf es anderer Erlebnisse und der Kraft, die Einheit der Gotteserfahrung durch die Bestreitungen hindurch festzuhalten.

Ist der Eindruck falsch, dass sich Moser selbst am Ende noch eine Hintertür offen lässt (für spätere Rückwendungen)? Er kennt im Grunde seine Einseitigkeit. Er agiert eine Wut aus, die andere Züge nicht voll zur Wirkung kommen lässt. „Wenn du in mir wütest, kommt kein Trost von außen an mich heran. Es geht mir erst besser, wenn ich gegen dich wüte." (45) Deshalb dieser „Brief".

„Deine Geschichte ist ja nichts anderes als die Geschichte deines Missbrauchs." (46) Dieses „nichts anderes als" ist die Hintertür. Es ist so überzogen, dass man sich vorstellen kann, dass Moser, diese Art Abwehr eines Tages nicht mehr braucht und dann dahinter mehr, Unverzerrtes entdecken und sich aneignen kann (Nachtrag: aufschlussreich ist Mosers neues Buch, in dem er auf die Frage nach Gott zurück kommt: T. Moser: Von der Gottesvergiftung zu einem erträglichen Gott, Stuttgart 2003). „Freut euch, wenn euer Gott freundlicher war", lautet *die Widmung, mit der der „Brief" und der Gottesclinch am Ende den Zeitgenossen überreicht wird.*

Betroffenheit, Verunsicherung, Ärger. Am Schluss ist wieder der Ärger da. Wie schon bei den „Lehrjahren". Diese Selbstdarstellung ist zu glatt, zu gefällig in ihrer Wut. Wenigstens empfinde ich das so – und denke an die Kaschnitz „Das alte Thema". Und an ihr letztes Gedicht: „du mein klein geschriebenes Ich, noch immer ...".

II. Brot brechen – Leben teilen

Eucharistie und Abendmahl

Evangelische Abendmahlspraxis im Spannungsfeld von Lehre, Erfahrung und Gestaltung

Ein Beitrag zum Gespräch zwischen den Generationen

Die Wiederentdeckung des Abendmahls, die wir seit einer Reihe von Jahren in der evangelischen Kirche in Deutschland beobachten, ist ein ebenso erstaunlicher wie irritierender Vorgang.

Er ist erstaunlich, weil es sich dabei offenkundig nicht nur um eine vorübergehende Modeerscheinung handelt, sondern um eine lebendige Bewegung von beachtlicher Breite und Intensität. Die großen Abendmahlsfeiern und Foren auf den Kirchentagen Nürnberg 1979 und Hamburg 1981 haben ja in vieler Hinsicht nur verstärkt und öffentlich sichtbar gemacht, was in einem längeren Prozess in zahlreichen Gemeinden und Gruppen gewachsen ist. Die Impulse der Kirchentage wirken ihrerseits auf den Gemeindealltag zurück.

Gleichwohl ist das Ganze auch ein irritierender Vorgang. Geschieht hier nicht auf weite Strecken eine Neubelebung evangelischer Abendmahlspraxis an der offiziellen Lehre der Kirche vorbei? Tatsächlich nimmt die Wiederentdeckung ihren Ausgang nicht bei der Lehre, sondern bei der Erfahrung, beim Vollzug der Feier und den Möglichkeiten ihrer liturgischen Gestaltung. Was gegenwärtig geschieht, muss daher in vielem als Widerspruch zu dem erscheinen, was der älteren Generation am Herzen lag. Es unterscheidet sich von der Neuentdeckung des Abendmahls, die in der Zeit des Kirchenkampfes stattfand, die ihre liturgische Gestalt in den Agenden der Nachkriegszeit gewann und die am Ende langer und schwieriger Verhandlungen die Anerkennung der Abendmahlsgemeinschaft zwischen den Gliedkirchen der EKD erbrachte. Damals stand im Mittelpunkt des Abendmahlsgespräches die Bemühung um die Erneuerung der kirchlichen Lehre und die Wiedergewinnung ihrer reformatorischen Substanz. Droht dies nicht gegenwärtig in Vergessenheit zu geraten? Im Lichte der dogmatischen Normen kirchlicher Lehre, wie sie im Kirchenkampf und in den nachfolgenden Abendmahlsgesprächen als Kriterien reformatorischer Abendmahlspraxis verbindlich gemacht worden sind, rückt der gegenwärtige Aufbruch in den Verdacht theologischer Illegitimität.

Der Sachverhalt ist indessen keineswegs eindeutig und bedarf sorgfältiger Erwägungen, soll die Diskussion nicht in der Sackgasse unproduktiver Alternativen enden. Der folgende Beitrag ist ein Versuch, das Gespräch zwischen den Generationen zu führen und die Anfragen der Väter ernst zu nehmen. Er ist gleichzeitig von dem Interesse geleitet, die Eigenständigkeit des gegenwärtigen Aufbruchs nicht nur verständlich zu machen, sondern auch theologisch zu legitimieren. Dazu wähle ich einen erweiterten methodischen Ansatz. Die Untersuchung geht davon aus, dass Lehre und Liturgie, Dogmatik und Erfahrung auch im Blick auf das Abendmahl nicht in einem einseitigen Abhängigkeitsverhältnis zu einander stehen, dass vielmehr in jedem geschichtlichen Zeitpunkt ein differenzierter Zusammenhang zwischen Abendmahlslehre, Abendmahlserfahrung und gottesdienstlicher Gestaltung der Abendmahlsfeier besteht. Das bedeutet, die alleinige Dominanz dogmatischer Normativität zu brechen, um den geschichtlichen Prozess des spannungsvollen Zusammenhangs der drei Faktoren in den Blick zu nehmen.

Die Konfrontation mit dem Anliegen der Kirchenkampfgeneration ist für die gegenwärtigen Bemühungen zunächst eine Erschwerung. Denn dadurch wird das Gewicht der normativen Elemente der Abendmahlslehre für die eucharistische Praxis verstärkt. Diesen Anfragen gilt es standzuhalten – auch wenn sich herausstellen sollte, dass wir ihnen möglicherweise noch nicht voll gewachsen sind. Umgekehrt dient der Vergleich auch zur Entlastung der Gegenwart, weil er zeigen kann, dass der Vorrang der Erfahrung kein der damaligen Generation völlig fremder Gedanke ist. Man kann das Interesse auch anders formulieren: Gibt es legitimerweise einen zeit- und generationenspezifischen Zugang zum Abendmahl und ein von daher verschieden akzentuiertes Verständnis des Sakraments? Und wie kann dabei das Anliegen reformatorischer Abendmahlslehre, die reformatorische Grunderfahrung des Glaubens, bewahrt und situationsgemäß erneuert werden?

Werner Jetter hat den Dialog zwischen der reformatorischen Theologie und den gegenwärtigen Einsichten immer wieder geführt. Er ist damit ein Brückenbauer zwischen Erbe und jeweils neuem Aufbruch geworden. Er hat die unaufgebbaren Anliegen der dialektischen Theologie uns Jüngeren so gedolmetscht, dass wir uns den Anfragen, die von dort kommen, nicht zu verschließen brauchten, und er war umgekehrt ständig bestrebt, als kritischer Hermeneut die Neuanfänge der Gegenwart aus der Umklammerung durch Wiederholungszwänge zu lösen[1]. Der Versuch, das Gespräch mit den Vätern weiterzuführen, ist auch ein Dank für das, was wir von ihm gelernt haben.

---

[1] Zur Abendmahlsfrage vgl. die vorsichtigen und behutsamen Erörterungen in: W. Jetter: Was wird aus der Kirche?, Stuttgart/Berlin 1968, 190ff.; ders.: Symbol und Ritual, Göttingen 1978, 187ff., 255ff., 274ff. Eine gewisse Zurückhaltung gegenüber einer einseitigen Forcierung einer evangelischen Abendmahlsbewegung könnte aus folgender Anmerkung herausgehört werden: „Manche Überspitzungen und Einseitigkeiten einer protestantischen Worttheologie sind heute problematisch geworden. Aber dass man beharrlich den Schwerpunkt der kirchlichen Kommunikation im bezeugenden Wort sieht, wird der ökumenische Beitrag des protestantischen Flügels der Christenheit bleiben müssen" (159, A. 20).

1 Herrenmahl und Kirchenkampf

Zum „Ertrag des Kirchenkampfes" gehört die Neuentdeckung des Abendmahls. „Die Kirche wurde wiedererkannt als Versammlung der Glaubenden um Wort und Sakrament." Edmund Schlink hat diesen Konsensus nach Kriegsende prägnant formuliert und die zentrale Rolle hervorgehoben, die das Abendmahl für die Bekennende Kirche erhalten hat.

„Eine neue Sammlung um die Sakramente fand statt. Die Zahl der Abendmahlsgottesdienste nahm zu. Mancherorts, wo nur noch zwei- oder dreimal im Jahr das Abendmahl gefeiert wurde, geschah es nun allmonatlich oder gar sonntäglich. Ein häufigerer Empfang des Abendmahls wurde begehrt. Die Gabe der Sakramente begann sich neu zu erschließen. Dies geschah zunächst nicht im Bereich der dogmatischen Reflexion oder in der Klärung einer konfessionellen Problematik, sondern in dem Ereignis des konkreten Zuspruchs des leibhaft gegenwärtigen Christus, in dem Ereignis der Darreichung und des Empfangs seiner Selbsthingabe für uns in seinem auf Golgatha dahingegebenen Leib und Blut. Inmitten aller Anfechtung und Not erwachte eine neue Sehnsucht nach dem konkreten persönlichen Empfang des Mensch gewordenen Gottessohnes, des Fleisch gewordenen Gotteswortes, das durch die Predigt die Gemeinde ruft."[2]

Diese Beschreibung enthält fast alle charakteristischen Elemente der neuen Abendmahlserfahrung. Sie zeigt bei den Veränderungen der Abendmahlspraxis auch das kritische Verhältnis zur überlieferten Abendmahlssitte in den meisten deutschen Landeskirchen.

1.1 Alte und neue Abendmahlspraxis

Polemisch ausgedrückt, war dies die Praxis der Winkelmessen. Es war allgemeiner Brauch, das Abendmahl vom Gemeindegottesdienst zu trennen und im Anschluss an den Gottesdienst im kleinen Kreis zu halten. Die Klage über den Rückgang der Zahl der Kommunikanten, über die „verödeten Abendmahlstische"[3], die von den Gemeindegliedern gemieden wurden, war verbreitet. Die protestantische Abendmahlssitte, wie sie sich in der nachreformatorischen Zeit herausgebildet und über Jahrhunderte hinweg durchgehalten hatte, hatte den Abendmahlsempfang auf wenige herausgehobene Festtage im Jahr konzentriert. Dann allerdings kommuni-

---

2 E. Schlink: Der Ertrag des Kirchenkampfes, Gütersloh ²1947, 17.
3 H. Asmussen: Abendmahlsgemeinschaft?, im gleichnamigen Beiheft 3 zur EvTh, München 1937, 20.24f. Der Tatbestand trifft keineswegs nur die reformierten und unierten Kirchen. Zahlen und Statistiken im Kirchlichen Jahrbuch, vgl. TRE 1 (1977), 312.

zierte tendenziell die ganze Ortsgemeinde, in ständischer Gliederung und in traditioneller Abendmahlskleidung, nach einer entsprechend würdigen Vorbereitung durch Beichte und Absolution[4]. Diese volkskirchliche Sitte war zwar besonders in den Städten zunehmend ausgedünnt worden, prägte aber strukturell nach wie vor das Teilnahmeverhalten. Viele ältere Bemühungen, das Sakrament öfter anzubieten, prallten an der fest verwurzelten Gewohnheit ab.

Wie dennoch im Bewährungsfall aus einer volkskirchlichen eine bekennende Abendmahlsgemeinde werden kann, hat Otto Bruder in einer anschaulichen Szene geschildert, die den Höhepunkt seiner Kirchenkampferzählung „Das Dorf auf dem Berge" bildet und die Ereignisse am Reformationsfest 1934 in Süddeutschland unmittelbar nach der Dahlemer BK-Synode festhält[5].

Ein Kirchenältester erinnert sich: „Die Kirche war gut besucht, denn man spürte, es lag etwas in der Luft." Nach einer kämpferischen Predigt über Glaubensfreiheit und Reformation trat der Pfarrer an den Altar, um die Gemeinde einzuladen, nach altem Brauch am Reformationsfest zusammen zum Tisch des Herrn zu gehen: „Es ist von alters her eine schöne Sitte im Dorf gewesen, dass man das Abendmahl gefeiert hat als ein Zeichen der Zusammengehörigkeit der ganzen Gemarkung. Es ist alles nach alter Sitte vor sich gegangen, und wir wollen auch diese äußere Sitte nicht brechen. Es liegt etwas darin, dass ein jeder in seinem Abendmahlsgewand kommt, und dass die Altersklassen nacheinander das Sakrament empfangen. Es liegt darin, dass diese Feier ganz in die Seele des Volkes aufgenommen wurde, dass das Volk sie zu seiner eigenen Feier gemacht hat, dass das Christentum sich eng mit der Volksseele verbunden hat. Solch ein Dorf, besonders solch ein befestigtes Fleckchen wie Lindenkopf früher, das war auch eine Schutz- und Trutzgemeinde, die musste zusammenstehen in mancherlei Nöten, und dass sie es im Zeichen Christi getan hat, war für viele vergangene Zeiten selbstverständlich, denn wir Deutsche waren ein christliches Volk. Heute aber sind andere Zeiten. Heute steht die Volksgemeinschaft unter einem anderen Zeichen als dem Christi. Heute meint sie, dieses Zeichens nicht mehr zu bedürfen.

Wenn wir zum heiligen Abendmahl zusammenkämen, nur um damit auszudrücken, dass wir eine Gemeinschaft von Menschen eines Volkes sind, dann gingen wir an dem eigentlichen Sinn des Abendmahls vorbei." Römer 6,3 und 1.Korinther 11,26 machen jedoch klar: „Nicht auf das irdische Leben und Gedeihen der Dorfgemeinschaft hin verbinden wir uns also im heiligen Abendmahl, sondern durch den Tod eines Menschen sind wir in diesem Brot und Wein mitein-

---

[4] Vgl. die anschauliche Beschreibung des sozialen Sinns der traditionellen Abendmahlssitte bei K.-H. Bieritz: Abendmahl und Gemeindeaufbau, in: Handreichung für den kirchlichen Dienst/Amtsblatt der ev.-luth. Landeskirche Sachsens 1981, 10f., 43ff.
[5] Vgl. O. Bruder: Das Dorf auf dem Berge, Zürich ⁶1946, 90–107. Vorbild für den darin geschilderten Pfarrer ist Peter Brunner.

ander verbunden." Abendmahlsgemeinschaft ist Bekenntnisgemeinschaft. „So lasset uns nun auch nach außen uns zu der rechten Kirche Christi stellen und damit zeigen, dass wir die Irrlehre ablehnen."

Dann verlas der Pfarrer den Aufruf der Dahlemer Synode an die Gemeinden und fuhr fort: „Ihr habt das nun alle gehört. Und ich fordre euch nun alle auf, euch zu entscheiden, ob auch ihr eine bekennende Gemeinde sein wollt, ob auch ihr euch für die Kirche Christi entscheiden wollt. Wer gesonnen ist, so zu tun, der möge hier bleiben, und das heilige Abendmahl, das wir dann miteinander feiern werden, sei das Bekenntnis eines jeden, dass wir treue Glieder unserer Kirche sein und dass wir den Herrn dazu um Beistand bitten wollen."

Niemand werde dazu gezwungen, niemandem würde es übelgenommen, wenn er nicht dabliebe, wiederholte der Pfarrer. Etwa zehn Menschen verließen die Kirche. Eine Liste wurde herumgereicht. Durch Unterschrift konnte man die Vorläufige Leitung der DEK als rechtmäßige Kirchenleitung anerkennen und sich als Glied der Bekennenden Kirche einschreiben.

„Und dann war's bei dieser Feier, wie ich's vorher noch nie erlebt habe. Es war, als wären wir alle ganz dicht zusammengerückt, so wie Bruder und Schwester daheim auf der Ofenbank ... Und dann segnete der Pfarrer Wein und Brot und ließ sich zuerst vom alten Rocker das Sakrament reichen. Dann traten die Gruppen an den Altar, erst die Männer, dann die Frauen dem Alter nach, wie es üblich ist.

So empfingen alle Leib und Blut des Herrn, und es war eine Stille in der Kirche, man hörte nur hie und da jemand sich schnäuzen, denn es standen manche Augen voll Tränen."

Diese eindrucksvolle Szene kommentiert sich weithin selbst. Sie vermittelt viel von der Atmosphäre der Kampfzeit. In der Krise bewährt sich hier die Einheit der Dorfgemeinschaft. Der Aufruf zum Bekennen wird gehört. Nazis und Deutsche Christen bleiben eine Minderheit, die sich selbst exkommuniziert. Die volkskirchliche Sitte wird ohne Bruch in die bekennende Abendmahlsgemeinde überführt.

Aufs Ganze gesehen waren solche Erlebnisse eher Ausnahmen. Die neue Abendmahlspraxis der Bekennenden Kirche trat in den meisten Fällen neben die alte Abendmahlssitte oder an ihre Stelle. Statt Integration vollzog sich Scheidung. Und nicht diese volkskirchlichen Festsituationen sind typisch für die Wiederentdeckung des Abendmahls im Kirchenkampf, sondern andere:
– Gemeinden entschließen sich, *regelmäßig*, etwa einmal im Monat, die Einheit von Wort und Sakrament im *Hauptgottesdienst mit Predigt und Abendmahl* zu vollziehen.
– Bei Abendmahlsfeiern auf den *Bekenntnisversammlungen und Synoden der Bekennenden Kirche* öffnen sich durch das gemeinsame Bekennen spontan die

Grenzen zwischen den Konfessionen. Lutheraner, Reformierte und Unierte gehen zusammen zum Tisch des Herrn[6].
- Auf kirchlichen *Rüstzeiten,* in den *Ausbildungsstätten und Predigerseminaren* der BK erhalten Beichte und Abendmahl ihren festen Ort[7].
- Später kommen dazu die Abendmahlsfeiern in den *Lagern und Gefängnissen,* in den Todeszellen des Dritten Reiches und in russischer *Kriegsgefangenschaft*[8].

Dieser „Sitz im Leben" in Kampf und Verfolgung, in den Grenzsituationen von Leiden und Tod prägt die Abendmahlsverkündigung und -erfahrung jener Jahre und gab den Feiern ihre besondere geistliche Kraft.

1.2 Abendmahlserfahrung im Kirchenkampf

Angesichts des großen Gewichts, das die Beschäftigung mit den Bekenntnisschriften und mit der konfessionellen Problematik zumindest literarisch gehabt hat, ist es wichtig, mit Edmund Schlink den Vorrang der Praxis, der zeitbezogenen Verkündigung und situativen Erfahrung des Abendmahls *vor* der dogmatischen Reflexion und der konfessionellen Auseinandersetzung herauszustellen. Vier Themenkreise stehen in den einschlägigen Dokumenten im Vordergrund: a) das Abendmahl als Bekenntnis und Entscheidung, b) als Trost in der Anfechtung, c) die Gegenwart Christi als das Zentrum der Gewissheit und d) die Konstituierung der Kirche als Gemeinschaft des Leibes Christi.

a) *Bekenntnis*. Die Erzählung von Otto Bruder hat diesen Aspekt packend vor Augen gestellt: Das Abendmahl ist Bekenntnis und Entscheidung. Die Kommunion wird zum konfessorischen Akt. Im Abendmahl konkretisiert sich die Grundfrage der Auseinandersetzung zwischen Kirche und Nationalsozialismus: Wer ist der Herr?

---

6   Vgl. H. Asmussen: a.a.O., 28; R. v. Thadden: Auf verlorenem Posten? Ein Laie erlebt den evangelischen Kirchenkampf, Tübingen 1948, 129f.
7   In Finkenwalde führte D. Bonhoeffer regelmäßig einmal im Monat Abendmahlsfeiern ein, vorbereitet durch einen Tag innerer Sammlung mit dem Angebot von Beichte und brüderlicher Aussprache. Vgl. E. Bethge: Dietrich Bonhoeffer, München 1967, 532. Vgl. die Ansprachen zur Beicht- und Abendmahlsfeier, die H.J. Iwand im ostpreußischen Predigerseminar der BK in Jordan (Neumark) gehalten hat: Von der Gemeinschaft christlichen Lebens (ThEx 52), Hamburg 1937.
8   H. Lilje: Im finstern Tal (StB 25), 1963, 99ff. berichtet von einer Abendmahlsfeier im Berliner Gestapo-Gefängnis Tegel, wo er Weihnachten 1944 einem zum Tode verurteilten Widerstandskämpfer das Sakrament reichen konnte. Ferner H. Gollwitzer/K. Kuhn/R. Schneider (Hg.): Du hast mich heimgesucht bei Nacht. Abschiedsbriefe und Aufzeichnungen des Widerstandes 1933–1945, München o.J., 159ff. (E. Bethge). Über gemeinsame Abendmahlsfeiern in russischer Kriegsgefangenschaft erzählt H. Gollwitzer, ... und führen wohin du nicht willst, München [6]1953, 314.

Im Sinne einer derartigen prinzipiellen Alternative hat Walter Künneth die weltanschauliche Auseinandersetzung mit Alfred Rosenbergs „Mythus des 20. Jahrhunderts" geführt. Der „Herrschaftsanspruch des biblischen Christus"[9] ist ebenso total wie der des Nationalsozialismus und seiner völkischen Religiosität. Verlangt diese von den Menschen eine „endgültige Entscheidung"[10], so nimmt die Kirche die Herausforderung an: „Es geht um letzte Entscheidung. Hier Pseudokirche, dort wahre Kirche, hier die Religion des Blutes, dort die Botschaft von Gottes Offenbarung, hier der nordische Mythus, dort der biblische Christus."[11] Das Sakrament des Abendmahls, in dem das Blut Christi, „vergossen zur Vergebung der Sünden", ausgeteilt wird, steht im Gegensatz zum „nordischen Blut", das nach Rosenberg „jenes Mysterium darstellt, welches die alten Sakramente ersetzt und überwunden hat"[12].

Ähnlich formuliert Wilhelm Niesel die Frontstellung des Bekenntnisses. Es geht um die Geltung des 1. Gebotes. Und so wie in der Reformationszeit Lutheraner und Reformierte zusammenstanden im Kampf gegen die Selbsterlösungslehre der katholischen Messopfertheologie, wiederholt sich heute gemeinsames öffentliches Bekennen, das dann auch zur Grundlage für Abendmahlsgemeinschaft wird:

„Wenn wir das Abendmahl als das Mahl des Herrn bezeugen wollen, müssen wir heute das Mysterium des nordischen Blutes als vermaledeite Abgötterei' (Heidelberger Katechismus Fr. 80) öffentlich ablehnen, oder wir geben das Bekenntnis der Väter preis. Würden wir geruhsam und mit innerer Befriedigung die konfessionellen Unterschiede in der Abendmahlslehre herausarbeiten, während das Mysterium des nordischen Blutes bereits in der Kirche zelebriert wird, und die Gefahr drohend heraufzieht, dass das Sakrament des Abgottes in allen Gemeinden errichtet wird, dann würden wir tatsächlich den Herrn verraten."[13]

In seiner Auslegung von 1 Kor 10,14ff. hat Ernst Käsemann diesem Entweder-Oder eine eindrückliche biblische Fundierung gegeben, indem er als Grundzug paulinischer Abendmahlslehre herausgearbeitet hat: Die Teilnahme am Herrenmahl macht den Christen die Teilnahme an heidnischen Götzenopfermahlzeiten unmöglich. Man kann nicht zugleich „Genosse des Altars" und „Genosse der

---

9 Vgl. W. Künneth: Antwort auf den Mythus, Berlin 1935, 176.
10 Vgl. A. Rosenberg: Der Mythus des 20. Jahrhunderts, München [37]1934, 82.
11 Künneth: a.a.O., 210. Vgl. 208.
12 Rosenberg: a.a.O., 114.
13 W. Niesel: Vom heiligen Abendmahl Jesu Christi, in: Abendmahlsgemeinschaft?, 36ff., 41. Vgl. dazu auch H. Vogel, Das Wort und die Sakramente (ThExh 35), München 1935, 26: „Die Ersatzreligion schafft sich ihr Pseudosakrament. Der Glaube, in dessen Mittelpunkt das vergottete Abbild einer menschlichen Idee und ihre Wertschätzung steht, schafft sich sein Sakrament des Abgottes." „Der ungestillte Hunger und Durst nach dem Sakrament sucht sich selber ein Sakrament auf seine Weise." Karl Barth hat recht: Der Streit geht heute nicht ums Abendmahl, sondern ums erste Gebot. „Der Abendmahlsartikel darf heute zwischen Lutheranern und Reformierten nicht der Streitartikel sein. Wohl aber könnten wir gerade in dem großen Kampf um das erste Gebot über Nacht dazu gefordert sein, in Sachen des Abendmahls gegenüber dem Pseudosakrament Rede und Antwort zu stehen."

Dämonen" sein. Beide Male gerät der Mensch in ein Kraftfeld übergeordneter Mächte, die exklusive Herrschaftsansprüche erheben, die jede Neutralität ausschließen. „Im einen begibt man sich dem Kyrios, im anderen den Dämonen zu Abhängigkeit und Dienst. Weil man aber nur in einem Herrschaftsverhältnis stehen kann, deshalb dürfen und sollen nach V. 21 im christlichen Leben der Tisch des Herrn und der der Dämonen nicht nebeneinander Platz finden."[14]

b) *Vergewisserung.* Im Abendmahl geschieht Tröstung und Vergewisserung des angefochtenen Glaubens. Auch das hat die Szene am Reformationsfest 1934 deutlich gemacht: Die Entscheidung für oder gegen Christus ist kein dezisionistischer Akt. Es geht vielmehr darum, ob die christliche Gemeinde bei ihrem Bekenntnis *bleiben* will.

Angesichts der Verführungen zum Abfall, der vielfältigen Angriffe und Drohungen, denen die Christen ausgesetzt sind, spitzt sich die Herausforderung zu auf die Dialektik von Treue und Verrat gegenüber Christus:

„… alle Verführung", betont Hans Joachim Iwand in einer Abendmahlspredigt, „will uns ja nicht nur von dem oder jenem Wort, von der oder jener Lehre wegbringen, sondern will uns von ihm losreißen. Sonst wären diese Stimmen gar nicht so verführerisch, sonst wäre der Kampf um das Wort gar nicht so blutig ernst, wenn es nicht um Jesus ginge, wenn es nicht um ihn, den Gekreuzigten ginge."
„Ohne ihn – das ist die Parole des neuen, freien, tatkräftigen Lebens geworden … Wir erfahren es ja heute, wie dieser Ruf Jung und Alt bezaubert, wie er tausend Münder gewinnt, die ihn weitergeben und diesen neuen Weg mit allen nur denkbaren Verheißungen und Erwartungen kränzen. Aber Jesus sagt demgegenüber ganz einfach: Bleibet! Wie ein Befehl, den ein Feldherr seiner Truppe gibt."[15]

Treue und Verrat sind Abendmahlsthemen. Judas sitzt mit am Tisch beim letzten Mahl. „Das Abendmahl ist also recht eigentlich ein Mahl für ‚Verräter'", schreibt Ernst Bizer in seinem „Evangelischen Abendmahlsbüchlein"[16]. Niemand kann von sich aus die Anfechtung bestehen. Doch Christus schenkt im Abendmahl Vergebung und Wiederannahme. So stärken und erneuern Beichte und Herrenmahl den angefochtenen Glauben – immer wieder im Leben und schließlich an der Schwelle des Todes[17].

---

[14] E. Käsemann: Das Abendmahl im Neuen Testament, in: Abendmahlsgemeinschaft?, 60ff., 78.
[15] H.J. Iwand: Von der Gemeinschaft christlichen Lebens, a.a.O., 23.
[16] E. Bizer: Evangelisches Abendmahlsbüchlein, München 1937, 13. Vgl. Schlinks Abendmahlspredigt über die Judasperikope, in: JK 6, 1938, 330.
[17] H. Lilje: Im finstern Tal, a.a.O., 111: „Die Abendmahlsfeier, bei der ich kniend selbst das Beichtgebet spreche und Poelchau mir brüderlich Absolution und Kommunion darreicht, steht unter dem Zeichen der geschenkten Gewißheit. Sie ist für mich der innere Wendepunkt meiner Haft. Unter solchen Erkenntnissen tut sich eine neue Tiefendimension des Daseins auf."

Das Abendmahl schenkt Gewissheit. Es gibt keinen anderen Inhalt als das Wort der Predigt. Aber es verleiht dem Zuspruch der Vergebung und dem Trost an den einzelnen die besondere Intensität leiblicher Vergewisserung[18]. Die Leiblichkeit der Gabe bzw. der Handlung des Abendmahls (um es mehr lutherisch bzw. mehr melanchtonisch zu formulieren) manifestiert den Gnadencharakter des Heils, das von außen auf uns zukommt und dadurch der Zweideutigkeit entnommen ist, es könnte vielleicht doch eigenes Wort, Selbstzuspruch, Selbsterlösung sein[19].

c) *Realpräsenz.* „Jesus Christus, unser Herr und Heiland, der um unsertwillen in das Fleisch gekommen ist, sich selbst am Kreuz einmal für uns geopfert hat und leiblich auferstanden ist vom Tode, ist selber die Gnadengabe des von ihm eingesetzten Abendmahls seiner Gemeinde." Dieser Kernsatz der Erklärung der Preußischen Synode der Bekennenden Kirche in Halle 1937, durch die das Abendmahlsgespräch zwischen den lutherischen, reformierten und unierten Kirchen neu eröffnet wurde, enthält den Ansatz des gemeinsamen Bekenntnisses vom Abendmahl und bringt die Abendmahlserfahrung der Kirchenkampfzeit auf den Begriff. Die wirkliche, leibliche Gegenwart Christi ist die Mitte des Herrenmahls[20].

„Die Selbstmitteilung Christi will geglaubt sein als die Selbstmitteilung des wirklichen, des ganzen Christus."[21] Gabe und Geber sind eins im Herrenmahl. Realpräsenz ist Personalpräsenz. Christus als Subjekt teilt sich uns mit unter Brot und Wein. Deshalb interessiert nicht die Frage nach dem Wie der Gegenwart Christi im Abendmahl, sondern die Frage nach dem Wer, sagt Dietrich Bonhoeffer 1933 in seiner Christologievorlesung: „Christus existiert so, dass er existenzialiter im Sakrament präsent ist."[22]

---

18 Das betont besonders H. Gollwitzer: Luthers Abendmahlslehre, in: Abendmahlsgemeinschaft?, 94ff., 121: „Nicht eine Intensivierung der Gemeinschaft mit Christus, wohl aber eine unübertreffliche Intensivierung der Gewissheit dieser durch Wort und Glauben uns gegebenen Gemeinschaft geschieht im Abendmahl."
19 „Dass das Evangelium wirklich nicht unsere Idee, nicht eines der Bilder unserer Sehnsucht, nicht eine Fata morgana unseres religiösen Selbst ist, dessen werden wir in dem uns sinnenfällig vor die Augen gestellten Ereignis des sakramentalen Geschehens tröstlich vergewissert. Hier – im Sakrament ist's mit Händen zu greifen, dass Gottes Gnadengabe nicht aus unserem Inneren, sondern von außen, wirklich *als Gabe zu uns* kommt." H. Vogel: Das Wort und die Sakramente, a.a.O., 8, in Aufnahme von K. Barth: Die Lehre von den Sakramenten, in: ZZ 7, 1929, 427ff., 429f.
20 Zit. nach: Abendmahlsgemeinschaft?, 220. Vgl. H. Vogel: Das Wort und die Sakramente, 29: „Hier schlägt recht eigentlich das Herz der Lehre von der Realpräsenz. Von hier aus möchte es uns vielleicht auch gegeben sein, nun zu erkennen den ganzen und vollen Trost des Abendmahls, der darin beschlossen ist, dass Christus sich selber leiblich gibt." Vgl. die frühe Formulierung Vogels aus: Acht Artikel Evangelischer Lehre, Berlin 1933, 5: „Wir bekennen das heilige Abendmahl als die Gnadengabe unseres Heilandes und Herrn Jesus Christus, in dem er selbst uns unter dem Brot und Wein sich leiblich gibt, seinen wirklichen für uns gekreuzigten und für uns erstandenen Leib, dem Glauben als Unterpfand des Wortes von der Vergebung der Sünden und der Auferstehung der Toten, auf dass sein Leib sich auferbaue in uns als seinen Gliedern."
21 H. Vogel: Das Wort und die Sakramente, 29.
22 D. Bonhoeffer: Ges. Schriften, Bd. III, München 1960, 191ff.

Damit wird erkennbar, wie sehr das Motiv der Lehre von der Realpräsenz von der Gewissheitsproblematik bestimmt ist. Die Realpräsenz beschreibt die Nähe Christi. Die Gegenwart des Herrn im Sakrament tilgt allen Abstand. Alle Fremdheit und Ferne wird aufgehoben in der heilvollen Begegnung mit dem, der sich hingibt für unsere Erlösung.

So sehr man sich an diesem zentralen Punkt auch einig war, so tiefe Kontroversen brachen wieder auf, als sich in der Frage der manducatio impiorum der alte konfessionelle Dissens des 16. Jahrhunderts erneuerte. Für unsere Fragestellung wichtig ist jedoch, dass die Begründung, mit der sich eine Reihe von lutherischen Theologen der Abendmahlsgemeinschaft mit Reformierten und Unierten widersetzte, unmittelbar mit dem Gewissheitsmotiv zusammenhing. Um die „unbedingte Gültigkeit der göttlichen Verheißungen" zu sichern, komme es in der Lehre von den Sakramenten darauf an, „dass wir die von allem menschlichen Tun unabhängige Objektivität der göttlichen Gnade und der Gnadenmittel" festhalten, schärfte Hermann Sasse immer wieder ein: „An den Sakramenten der Taufe und des Abendmahls lernen wir, was es heißt: Christus ist da, Christus handelt, Christus wirkt in unserem Leben – ehe wir von ihm wissen."[23]

Die Sicherung der Objektivität geschieht nicht durch metaphysische Spekulation, sondern durch den schlichten Gehorsam gegen den Befehl Christi. „Die Einsetzung durch Christus entzieht das Sakrament unserer Willkür", stellt Ernst Bizer fest. „Auf Grund seiner Stiftung geschieht, was dabei geschieht."[24]

Der Gekreuzigte ist der Erhöhte in souveräner Macht und Freiheit. Deshalb heißt, die Gegenwart Christi annehmen, sich seiner Herrschaft unterstellen. Niemand hat diesen Gesichtspunkt so radikal ins Zentrum seiner Abendmahlsinterpretation gestellt wie Ernst Käsemann. Die Präsenz Christi ist die Gegenwart seines Herrschaftswillens. Christusherrschaft ist Pneumaherrschaft. Der Mensch gerät in das Kraftfeld Christi. Das meint die bekannte Formel vom „Herrschaftswechsel": „Der Kyrios greift nach mir, indem er meinen Willen für sich beschlagnahmt und mich seinem Willen dienstbar, darin zum Gliede seiner Herrschaft

---

[23] H. Sasse: Kirche und Herrenmahl, München 1938, 12f. Vgl. den epochalen geistespolitischen Kontext, in den Sasse sein Votum stellt: „Der Weg aus dem religiösen und theologischen Subjektivismus zur Lehre der Kirche, den wir vor mehr als zwanzig Jahren antraten, ist weiter und schwieriger, als wir damals meinten. Ihn zu Ende zu gehen und damit die große Achsendrehung des Geistes vom Subjekt zum Objekt' auf dem Gebiete der evangelischen Theologie zu vollenden, bleibt die Aufgabe der Zukunft." Kirche und Bekenntnis (1941), zit. nach H. Sasse: In Statu Confessionis. Ges. Aufsätze, hg. von F.W. Hopf, Berlin/Hamburg 1966, 14.
[24] E. Bizer: Evangelisches Abendmahlsbüchlein, 3. „Es ist für uns unwichtig, warum Christus gerade in Brot und Wein und durch unser Essen und Trinken Gemeinschaft mit uns halten will. Aber nachdem er Brot und Wein eingesetzt und zu essen und zu trinken befohlen und diesen Mitteln die Verheißung seiner Gegenwart gegeben hat, wollen wir nicht klüger sein als er" (9).

macht. Gehorsam ist die Seinsweise des Christen, in die er durch die sakramentale Epiphanie des Christus gestellt wird."²⁵

d) *Gemeinschaft.* Im Abendmahl wird Kirche konstituiert als Gemeinschaft des Leibes Christi. Auch das Erlebnis neuer Gemeinschaft und Bruderschaft im Sakrament ist eine Frucht des Kirchenkampfes. „Die Gemeinschaft des heiligen Abendmahls ist die Erfüllung der christlichen Gemeinschaft überhaupt", fasst Bonhoeffer die Erfahrungen des „Gemeinsamen Lebens" zusammen. „So wie die Glieder der Gemeinde vereinigt sind in Leib und Blut am Tisch des Herrn, so werden sie in Ewigkeit beieinander sein. Hier ist die Gemeinschaft am Ziel."²⁶

Die Bekennende Kirche entdeckt die Gemeinschaftsdimension des Herrenmahls. Lange Zeit war dies in der evangelischen Kirche unter der Wirkung eines individualistischen Verständnisses von Beichte und Abendmahl verschüttet gewesen. Was die christliche Jugendbewegung in den zwanziger Jahren sich bereits neu erschlossen hatte, was die Berneuchener in ihren Gottesdienstordnungen liturgisch zu gestalten suchten, ist nun zur Erfahrung der Kirche geworden. Allerdings mit einer charakteristischen Akzentuierung.

Denn auch die Gemeinschaftserfahrung wird in die Polarität eingespannt, wonach die Koinonia im Abendmahl nicht durch den subjektiven Zusammenschluss gleichgesinnter Gläubiger hergestellt wird, sondern durch die Eingliederung in ein übergeordnetes objektives Ganzes, den Christusleib. Auch für diese Akzentsetzung ist die Interpretation von Käsemann maßgeblich geworden. Im Anschluss an Ernst Lohmeyer formuliert er prononciert antithetisch:

„Das bedeutet also, dass hier nicht etwa der Blick auf horizontal sich zusammenfindende Menschen konstitutiv ist; vielmehr werden die Menschen in der Koinonia erst zusammengeführt von einer übergeordneten Autorität objektiver Art, also vertikal. Ihre Gemeinschaft untereinander ist nicht in ihrem eigenen, selbstständigen Handeln und Wollen begründet, sondern Auswirkung einer stärkeren Macht oder Sphäre, die ihnen gemeinsam übergeordnet ist und sie kraft der ihr innewohnenden und allein bestimmenden Dynamik gemeinsam zu ihren Teilhabern macht."²⁷

Im Sinne der Teilhabe an einer vorgegebenen, übergeordneten Herrschaft konstituiert der Vollzug des Abendmahls den Christusleib der Kirche.

Ziel der gottesdienstlichen Koinonia ist der neue Gehorsam. Oder um noch einmal die härtere Formulierung von Käsemann zu zitieren: „Dass im Abendmahl ein

---

25   E. Käsemann: Anliegen und Eigenart der paulinischen Abendmahlslehre (1947), zit. nach: Exegetische Versuche und Besinnungen, Bd. I, Göttingen 1960, 19f. Dieser Aufsatz ist die konsequente Entfaltung des Ansatzes von 1937. Vgl. ders.: Das Abendmahl im Neuen Testament, a.a.O., 85.
26   D. Bonhoeffer: Gemeinsames Leben (1939), München ¹²1966, 105.
27   E. Käsemann: Das Abendmahl im Neuen Testament, 77.

Herrschaftsverhältnis über uns aufgerichtet wird, hat konkret die Bedeutung, dass sich hier über der christlichen Gemeinde die Machtsphäre des Leibes Christi als der Kirche konstituiert, welche nunmehr den einzelnen Christen in ihre Abhängigkeit und als Glied in ihren Dienst zwingt."[28]

Im Vordergrund der Neuentdeckung des Abendmahls im Kirchenkampf stand die Erfahrung der Zusammengehörigkeit der Christen im aktuellen Bekennen, in der je neuen Vergewisserung der Gegenwart Christi in Wort und Sakrament, wie sie der Bekennenden Kirche geschenkt worden ist. „Die Gemeinschaft, die das Abendmahl schafft, ist stärker als alle Trennungen." Aus dieser Erfahrung folgert Hans Asmussen: „Wir sind auch gewillt, bei unseren Bekenntnisversammlungen weiterhin zum Abendmahl zu rufen und gehen dankbar mit denen zum Sakrament, die mit uns denselben Herrn bekennen, und darum heute in derselben Bedrängnis sind und morgen mit uns vielleicht im selben Gefängnis sitzen werden."[29]

1.3 Abendmahlsgemeinschaft und Lehrkonsens

Aber diese Erfahrung neuer Einheit stieß dennoch ständig auf die Realität der alten Trennungen. Die konfessionelle Spaltung wirkte sich nirgendwo so massiv aus wie beim Abendmahl. Der theologische Ansatz beim Bekenntnis verwehrte der Bekennenden Kirche die Lösung des Abendmahlsproblems durch eine liberale Relativierung der konfessionellen Gegensätze. Der Weg der Union war ausgeschlossen: „Wir haben die Pfarrer zum Bekenntnis gerufen. Wir meinen das ernst."[30] Deshalb stellte sich bei den Bemühungen, Abendmahlsgemeinschaft zwischen den reformatorischen Kirchen zu erreichen, unabdingbar die Aufgabe einer erneuten Aufarbeitung der dogmatischen Lehrauseinandersetzungen zwischen Lutheranern und Reformierten. Nur von den Quellen her ließ sich die Trennung am Tisch des Herrn in verbindlichen Lehrgesprächen überwinden. Daraus ergab sich an die theologische Forschung der Arbeitsauftrag, durch eine historische Rekonstruktion der Abendmahlsstreitigkeiten des 16. und 17. Jahrhunderts die dog-

---

[28] A.a.O., 81. In dieser Deutung zeigt sich übrigens die Besonderheit Käsemanns in der Bultmannschule. Er hat in seiner Dissertation „Leib und Leib Christi", Tübingen 1933, bei der Interpretation des gnostischen Urmensch-Erlöser-Mythos (soweit ich sehe als einziger Schüler Bultmanns) nicht so sehr die existenziale Sinnstruktur des Selbstverständnisses, sondern die Machtstruktur des Seinsverständnisses als hermeneutischen Schlüssel für die Deutung des gnostischen Mythos benutzt. Dieses Interpretationsmuster wird dann in der Paulusexegese mit antignostischer Pointe, aber strukturell in den gleichen Kategorien, entfaltet. Von dorther bekommen die Vorstellungen vom Kampffeld, von Herrschaft und Gehorsam, Energie und Kraft ihre Konsistenz. Zweifellos ist dieses Verständnis der praesentia Christi im Abendmahl von den Kirchenkampferfahrungen geprägt (auch wenn der zugrundeliegende Interpretationsansatz schon vor 1933 gefunden worden war). Diese Terminologie ist deshalb so ungemein wirksam geworden, weil damit entscheidende Kategorien und eine kraftvolle Sprache für eine den Kampferfahrungen entsprechende einheitliche Sicht des Abendmahls zur Verfügung standen.
[29] H. Asmussen: Abendmahlsgemeinschaft?, 29.
[30] H. Asmussen: Abendmahlsgemeinschaft?, 30.

matischen Voraussetzungen für eine mögliche Abendmahlsgemeinschaft im 20. Jahrhundert zu überprüfen. Und so entstanden in den folgenden Jahren zum Teil umfangreiche theologiegeschichtliche Untersuchungen, die diese Aufgabe mit eindrucksvoller Intensität wissenschaftlicher Detailarbeit in Angriff nahmen. Sie lösten ihrerseits eine leidenschaftlich geführte Debatte aus[31]. Die historischen Gegensätze durften nicht bagatellisiert werden, wohl aber war man überwiegend bestrebt, wenn irgend möglich ihre kirchenspaltenden Auswirkungen aufzuheben.

Es ist hier nicht der Ort, noch einmal die einschlägige Diskussion nachzuzeichnen, die schließlich nach Kriegsende 1947–1957 zu den Arnoldshainer Thesen geführt hat und in einer erweiterten Form 1973 in der Leuenberger Konkordie die wechselseitige Anerkennung der Abendmahlsgemeinschaft zwischen den lutherischen, reformierten und unierten Landeskirchen ermöglichte[32].

Es dürfte den Sachverhalt nicht allzu sehr verkürzen, wenn man sagt: Der erreichte Konsens basierte theologisch auf einer Verbindung der Anliegen Luthers und Calvins und auf der gemeinsamen Abwehr des Zwinglischen Symbolismus, des humanistischen und schwärmerischen Doketismus. Helmut Gollwitzer hat darüber hinaus drei Veränderungen der Situation benannt, die das Abendmahlsgespräch der Gegenwart vom Abendmahlsstreit des 16. und 17. Jahrhunderts unterscheiden und eine bloße Repristination der historischen Problematik der konfessionellen Gegensätze verbieten[33].

a) *Veränderungen in der Exegese* haben dabei das größte Gewicht. Gollwitzer betont: Der Streit zwischen Lutheranern und Reformierten war kein Streit um

---

[31] Vgl. W. Niesel: Calvins Lehre vom Abendmahl, München 1935; H. Gollwitzer: Coena Domini. Die altlutherische Abendmahlslehre in ihrer Auseinandersetzung mit dem Calvinismus dargestellt an der lutherischen Frühorthodoxie, München 1937; W. Maurer: Bekenntnis und Sakrament, Berlin 1938; E. Bizer: Studien zur Geschichte des Abendmahlsstreites im 16. Jahrhundert, Gütersloh 1940; H. Graß: Die Abendmahlslehre bei Luther und Calvin, Gütersloh 1940, ²1953; E. Schlink: Theologie der lutherischen Bekenntnisschriften, München 1941, ²1947, 216ff. Zur Diskussion vgl. E. Bizer: Abendmahlsstreit und Abendmahlsgemeinschaft, in: EvTh 5, 1938, 358ff.; W. Elert: Der christliche Glaube, Berlin 1940, 433ff.; H. Gollwitzer: Die Abendmahlsfrage als Aufgabe kirchlicher Lehre, in: Theologische Aufsätze für Karl Barth, München 1936, 275ff.; ders.: Luthers Abendmahlslehre, in: Abendmahlsgemeinschaft?, a.a.O., 94ff.; H.J. Iwands Rezension von Gollwitzers Coena Domini, in: EvTh 5, 1938, 202ff.; W. v. Loewenich, Vom Abendmahl Christi, Berlin 1938; W. Niesel: Kirche und Sakrament, in: EvTh 2, 1935, 95ff.; ders.: Das Abendmahl und die Opfer des alten Bundes, in: Theologische Aufsätze für Karl Barth, 178ff.; P. Schempp: Das Abendmahl bei Luther, in: EvTh 2, 1935, 284ff.; C. Stoll: Vom Abendmahl Christi, München 1938; H. Sasse: Kirche und Herrenmahl, München 1938; ders. (Hg.): Vom Sakrament des Altars. Lutherische Beiträge zu Fragen des Hl. Abendmahls, Leipzig 1941. Zum Ganzen auch die Darstellung von R. Koch: Erbe und Auftrag. Das Abendmahlsgespräch in der Theologie des 20. Jahrhunderts, München 1957.

[32] Vgl. G. Niemeier (Hg.): Zur Lehre vom Heiligen Abendmahl. Bericht über das Abendmahlsgespräch in der EKD 1947–1957 und Erläuterungen seines Ergebnisses, München 1959; ders. (Hg.): Lehrgespräch über das Heilige Abendmahl. Stimmen und Studien zu den Arnoldshainer Thesen der Kommission für das Abendmahlsgespräch der EKD, München 1961. Vgl. auch den großen Übersichtsartikel von U. Kühn: Das Abendmahlsgespräch in der ökumenischen Theologie der Gegenwart, in: TRE 1 (1977), 145–212.

[33] H. Gollwitzer: Die Abendmahlsfrage als Aufgabe kirchlicher Lehre, a.a.O. (Anm. 31), 291ff.

Prinzipien, sondern um die richtige Schriftauslegung. Die Stärke der Lutheraner lag darin, dass sie den Wortlaut des Einsetzungsbefehls auf ihrer Seite wussten. Das gab ihrer Abendmahlslehre „die Kraft, jedem Angriff zu trotzen, und zugleich die unausschöpfliche Tiefe, an der jede menschliche Analogie versagte". Das Wort Christi und nur dieses gab dem angefochtenen Glauben letzte Gewissheit[34]. Doch diese Eindeutigkeit in der Interpretation der Einsetzungsworte ist durch die neuere Exegese erschüttert worden[35]. Denn wie immer man die Frage nach der Historizität des Einsetzungsberichtes und der angemessenen Deutung der verba testamenti auch beurteilt, die historisch-kritische Forschung kann die Beantwortung immer nur auf dem Wege einer hypothetischen Rekonstruktion des größeren geschichtlichen Zusammenhanges leisten. Dadurch wird der Deutungsrahmen auf jeden Fall erweitert, und die Alternative eines realistisch-dinglichen oder symbolisch-personalen Verständnisses verliert den Charakter eines einfachen Entweder-Oders. Das heißt: „Lutherische und reformierte Theologie werden neu in die Gemeinsamkeit des Fragens" geführt[36].

b) Der zweite Faktor ist *die Theologie Karl Barths*. Barth hat den konfessionellen Gegensatz dadurch verändert, dass er in seiner eigenen Theologie lutherische und calvinische Elemente zu einer schöpferischen Synthese verbunden hat[37]. Er hat damit entscheidend zur Überbrückung der konfessionellen Ausschließlichkeiten beigetragen. Im Rückblick gewinnt diese Einschätzung noch an Evidenz. Die Offenbarungstheologie Karl Barths hat in der Tat die wesentlichen Voraussetzungen für die Einheit geschaffen. Eine Analyse der Sprache, der leitenden Motive und konsensusbildenden Formulierungen der verschiedenen Dokumente zeigt seinen Einfluss. Der Ansatz der Preußensynode von Halle hat sich am Ende, wenn auch modifiziert, durchgesetzt. Und das war ganz gewiss ein Verdienst der Freunde und Schüler Barths in beiden Konfessionen.

---

[34] Vgl. Gollwitzer: a.a.O., 287f.
[35] Vgl. Gollwitzer: a.a.O., 290. Vgl. die Zusammenfassungen der Debatte in den großen Lexika: RGG, 3. Aufl. (1957), 1, 10ff. (E. Schweizer) und TRE 1 (1977), 47ff. (G. Delling). Auch der Versuch von H. Patsch: Abendmahl und historischer Jesus, Stuttgart 1972, blieb umstritten.
[36] Gollwitzer: a.a.O., 290. Der Ausweg, die dogmatisch-kirchliche Abendmahlslehre ausdrücklich von der exegetischen Beurteilung der Texte abzukoppeln, wie es Peter Brunner vertreten hat (Grundlegung des Abendmahlsgesprächs, 1954, 30f.), hat sich als methodisches Kriterium m. R. nicht durchgesetzt, was nicht hindert, dass in den ökumenischen Konsensusgesprächen weithin genauso verfahren wird.
[37] Gollwitzer: a.a.O., 293. „Kein Analytiker wird in ihm die lutherischen und die calvinischen Elemente je scheiden können; sie sind in ihm eine Verbindung eingegangen, so dass in seinem theologischen Denken ebenso sehr der Calvinismus seine bisher stärkste Wendung zu Luther hin gemacht hat als auch – man kann beides sagen! – eine wesentlich von Luther her bestimmte Theologie sich in ihrer größtmöglichen Aufnahmefähigkeit für Calvin gezeigt hat." Dem Luthertum wurden auf diese Weise „bisher genuin lutherische, lange verschüttete Elemente wieder geschenkt" (293f.). Zur Abendmahlsauffassung Karl Barths vgl. die beiden wichtigen Aufsätze: Ansatz und Eigenart in Luthers Abendmahlslehre (1923), in: Die Theologie und die Kirche, Ges. Vorträge, Bd. 2, München 1928, 26ff.; Die Lehre von den Sakramenten, in: ZZ 7, 1929, 427ff.

Während des Kirchenkampfes ist der Aufbruch zu einem verbindlichen Abendmahlsgespräch allerdings zunächst steckengeblieben. Er scheiterte am Einspruch der Lutheraner. Vor allem die strengen Konfessionalisten haben sich widersetzt. Hermann Sasse, Ernst Sommerlath, Friedrich Wilhelm Hopf haben an ihrer konträren Lageeinschätzung festgehalten, wonach es überhaupt keine ‚neue Situation' gäbe. Die alten Fronten, Probleme und Definitionen gelten unverändert. Karl Barth ist ein Reformierter, und die BK verfolgt im Grunde nur die alte Linie der Union[38]. Doch dieses Urteil fand vor allem nach 1945 in den Kirchen der EKD immer weniger Resonanz. Trotz mancher Bedenken gegen den Arnoldshainer Kompromiss und seine Mehrdeutigkeit ist der eingeleitete Prozess von den lutherischen Gliedkirchen der EKD und von der VELKD nicht mehr aufgehalten worden. Die Vertreter der lutherischen Intransigenz haben sich im konfessionell aufgelockerten Klima der Nachkriegszeit kirchlich immer mehr isoliert und z.T. ja schließlich auch selbst exkommuniziert.

c) Der dritte Faktor, der die Einigung gelingen ließ, war die gemeinsame *theologiegeschichtliche Front gegen Aufklärung und Liberalismus.* Gollwitzers Votum ist hier besonders interessant. Für ihn liegt nämlich die Veränderung der Situation zunächst umgekehrt im Traditionsabbruch. Faktisch ist die direkte Kontinuität zum Altprotestantismus und zur konfessionellen Konstellation des 16. und 17. Jahrhunderts durch zwei Jahrhunderte Aufklärung, Pietismus, Supranaturalismus und Liberalismus abgerissen. Und auch die radikale Absage Karl Barths an den theologischen Liberalismus mache dies nicht ungeschehen. „Auch in der Theologie empfiehlt es sich nicht, eine überwundene Epoche nur zu negieren und sich in eine diktierte Antithese zu ihr drängen zu lassen."[39] Zumal der Liberalismus auch das unstreitige Verdienst gehabt hat, zur Auflockerung versteifter Gegensätze beigetragen zu haben. „Das Abreißen der Tradition hat uns in eine Distanz zur Theologie der Reformationszeit gebracht, die es ermöglicht, dass wir ihr *neu,* mit neuer Wahl- und Prüfungsmöglichkeit, ohne Diktat der Tradition, gegenübertreten."

Diese differenzierte Situationsbeschreibung ist bedeutsam, weil sie – zumal 1937 – eher ein Sondervotum darstellte. Denn das Bündnis der dialektischen Theologie mit den konfessionellen Orthodoxien, das die theologische Basis des Kirchenkampfes war, richtete sich insgesamt eindeutig gegen Liberalismus und Aufklärung. Die Absage an Zwingli und das Schwärmertum in der Abendmahlslehre hatte ihre aktuelle Pointe in der Absage an Liberalismus, Union und jedwede

---

[38] So schon früh F.W. Hopf: Die Abendmahlslehre der evangelisch-lutherischen Kirche, in: Abendmahlsgemeinschaft?, 122ff.; ferner die Kommentare zu den Arnoldshainer Thesen von H. Sasse und E. Sommerlath, in: Lehrgespräch über das Hl. Abendmahl, a.a.O. (Anm. 32), 294ff., 75ff.
[39] Gollwitzer: a.a.O., 292.

Spielart natürlicher Theologie in bezug auf die Sakramente. Im Kampf gegen Liberalismus und Aufklärung stimmten die konfessionellen Lutheraner der strengen Observanz mit den dialektischen Theologen in der BK völlig überein. Die Zurücknahme des Neuprotestantismus durch die Wiederentdeckung der reformatorischen Theologie und Bekenntnisse war die gemeinsame historische Perspektive, die den Kirchenkampf mit allen Überlegungen zum kirchlichen Wiederaufbau verband[40].

Das hat Folgen für die Frage der angemessenen Gestalt der Abendmahlsfeier.

1.4 Die Rückkehr zum reformatorischen Gottesdienst

Die Eliminierung aller neuprotestantischen Elemente und eine ganz bewusste Reserve gegenüber allen freien liturgischen Gestaltungsversuchen ist die Kehrseite der entschlossenen Rückwendung zum reformatorischen Gottesdienst. Liturgisch bedeutete sie: äußerste Konzentration auf das Zentrale und Notwendige evangelischer Abendmahlsfeier.

Diese Konzentration ist zweifellos auch mitbedingt durch den Zwang zur Selbstbehauptung gegen die Feierpraxis des Nationalsozialismus und seiner deutsch-christlichen Hilfstruppen. Die exzessive Ritualpraxis des politischen Kults der Nazis[41] sowie die mannigfachen Anstrengungen der Deutschen Christen, unter der Parole der „Kultisierung" neue quasisakramentalen Begehungen und Feiern zu propagieren[42], verlangten entschiedenen Widerstand. Der Kampf wurde von der Bekennenden Kirche im Bewusstsein einer epochalen Auseinandersetzung geführt. Man sah in den „Gottesfeiern" der Deutschen Christen nur die letzte Konsequenz der Aufklärung und ihrer Aufweichung der theologischen Substanz. Jedes Nachgeben gegenüber den hier sich artikulierenden religiösen und pseudoreligiösen Bedürfnissen musste der Faszination des Führerkultus erliegen[43]. Deshalb verschärfte die äußere Front auch die interne Kritik an der liturgischen Bewegung. Bei den Berneuchenern vor allem hatte man in Aufnahme von Impulsen aus der Jugendbewegung die Erneuerung der Gottesdienst- und Abendmahlspraxis auf dem Wege einer Entfaltung der symbolischen Qualitäten des sakramentalen Handelns gesucht. Die Nähe zur natürlichen Theologie im Berneuche-

---

[40] Vgl. E. Schlink: Der Ertrag des Kirchenkampfes, 20; P. Brunner, in: J. Beckmann u.a.: Der Gottesdienst an Sonn- und Feiertagen. Untersuchungen zur Kirchenagende 1,1, Gütersloh 1949, 9ff.
[41] Vgl. H.J. Gamm: Der braune Kult, Hamburg 1962; K. Vondung: Magie und Manipulation, Göttingen 1971.
[42] Vgl. die Schriften von W. Petersmann sowie W. Bauer: Feierstunden Deutscher Christen, Weimar 1937, bes. 37ff.
[43] Vgl. nach dem Krieg die Abrechnung von O. Söhngen: Säkularisierter Kult. Eritis sicut Deus, Gütersloh 1950. Zum dahinter stehenden Geschichtsbild vgl. meine kritischen Anmerkungen in P. Cornehl: Liturgik im Übergang, in: ThP 6, 1971, 382ff.

ner Symboldenken schien nicht zweifelsfrei DC-resistent. Diese Kritik blieb nicht ohne Wirkung. Sie führte bei den Berneuchenern zu einer stärkeren Verwirklichung ihrer Gottesdienstordnungen. Die anfänglich freiere, experimentelle Haltung bei der Gestaltung der Abendmahlsfeiern wich einer größeren Anlehnung an die klassische kirchliche (allerdings nie konfessionell verengte) Tradition. Das war verständlich und in gewisser Weise sicher auch notwendig. Langfristig bedeutete es indessen, dass sich die restaurativen Kräfte auch in der liturgischen Bewegung durchsetzten[44].

So endete der Aufbruch zur Neuentdeckung des Abendmahls nach 1945 konsequent im großen Agendenwerk der VELKD und der EKU. Eine problematische Konsequenz. Denn ob die von allen Modernismen theologisch, sprachlich und musikalisch gereinigte Messordnung nach dem Vorbild des 16. Jahrhunderts tatsächlich als liturgische Summe der Kirchenkampferfahrung angesehen werden kann, lässt sich bezweifeln. Immerhin war damit im Prinzip der sonntägliche Gemeindegottesdienst in einer einheitlichen Gestalt in allen Landeskirchen als Hauptgottesdienst mit Predigt und Abendmahl konzipiert. In der Praxis allerdings ist dies von den meisten Gemeinden ebenso wenig wie bei früheren Agendenreformen angenommen worden[45].

Die These dieses Abschnittes lautete: Auch im Kirchenkampf bestand zwischen Abendmahlserfahrung (und -verkündigung), dogmatischer Abendmahlslehre und gottesdienstlicher Gestaltung kein einliniges Abhängigkeitsverhältnis, sondern ein spannungsvolles Miteinander. Den Vorrang hatte die situationsspezifische Erfahrung der Relevanz des Abendmahls in der Feier des Sakraments. Im Bewusstsein dominierte die Problematik eines angemessenen Lehrkonsens, der eine Überwindung der konfessionellen Spaltung ermöglichte, und somit die Nötigung, die aktuelle Abendmahlstheologie permanent auf die Auseinandersetzungen des 16. und 17. Jahrhunderts zu beziehen und von dorther begrifflich zu reformulieren. So erklärt sich der Überhang an Dogmatik und an auf die Bekenntnisschriften gerichteter Interpretationsarbeit. Und es erklärt sich die Überzeugung, vom Bekenntnis her auch die Gottesdienstordnungen dogmatisch normieren zu können.

2 Die Abendmahlsbewegung der Gegenwart

Soviel ist deutlich: Die Abendmahlsbewegung der Gegenwart ist keine direkte Fortsetzung dieser hier beschriebenen Traditionslinie.

---

44 Man vgl. die beiden Messordnungen der Ev. Michaelsbruderschaft von 1935 und 1948, ferner den kritischen Rückblick von W. Stählin: Via Vitae, Kassel 1968, 313ff., 345ff.
45 Vgl. A. Niebergalls Notiz zur Preußischen Agende von 1895, in: TRE 1 (1977), 810ff.

Damit soll die Bedeutung der kirchlichen Tradition nicht geleugnet werden. Auch die fachtheologische Abendmahlsdiskussion ist nicht ohne Wirkung geblieben. Gemeinden und Gruppen der liturgischen Bewegung, für die das Abendmahl Zentrum einer eucharistischen Frömmigkeit war, blieben nicht ohne Ausstrahlung. Und auch die Anregungen, die von den ökumenischen Begegnungen und den zwischenkirchlichen Abendmahlsgesprächen ausgegangen sind, sollen nicht unterschätzt werden. Das sind alles Faktoren, die im Hintergrund bedeutsam sind. Dennoch sind insgesamt davon nur wenig Anstöße für die Erneuerung der Abendmahlspraxis ausgegangen, die wir gegenwärtig beobachten.

Die neue Abendmahlsbewegung ist ein Teil der neuen Aufbruchsbewegung in der jüngeren Generation. Sie verbindet sich mit Bemühungen um Gemeindereform und um eine Verlebendigung des Gottesdienstes. Man wird diesem komplexen Phänomen nur gerecht, wenn man die veränderte Konstellation innerhalb des Spannungsfeldes der drei Momente Lehre, Erfahrung und Gestaltung erkennt. Diese Veränderungen sind eine Folge der veränderten kirchlichen Gesamtsituation.

2.1 Neue Situationen, neue Orte

Die Veränderung, von der auszugehen ist, erfolgte nicht sofort nach dem Ende der nationalsozialistischen Herrschaft. Kirchlich ist die unmittelbare Nachkriegszeit in (West-) Deutschland zunächst durch den Versuch bestimmt, als „Ertrag des Kirchenkampfes" eine einheitliche kirchliche Lebenswelt im Zeichen theologischer Orthodoxie wiederherzustellen. Die einheitliche Gottesdienstordnung war dafür die zentrale Basis. Der Versuch, die Volkskirche durch Normverschärfung in eine konfessionell geprägte Bekenntniskirche zu transformieren, ist gescheitert und dann auch mehr oder weniger bewusst aufgegeben worden[46]. Es dauerte etwa fünfzehn Jahre, bis sich die Kirchen aus den Mentalitäten und Fronten des Kirchenkampfes gelöst hatten. Erst zu Beginn der sechziger Jahre beginnt eine

---

[46] Indiz dafür ist die Preisgabe des Zusammenhanges zwischen Abendmahl, Beichte und Kirchenzucht. Welches systematische Gewicht dieser Zusammenhang gehabt hat, zeigt Asmussens Votum 1937, der den Verlust der Beichte und den Antinomismus der Volksmission als entscheidende Faktoren für die Zerstörung der Abendmahlssitte ansieht. Die Wiederherstellung der Beichte als unabdingbarer Voraussetzung für die Zulassung zum Abendmahl ist deshalb für ihn der Schlüssel sowohl zur Erneuerung der Abendmahlspraxis in den Gemeinden als auch zur Abendmahlsgemeinschaft zwischen den Konfessionskirchen. Statt einer generalisierten Zulassung hat in jedem Einzelfall die Prüfung des Glaubens und der Lebensführung der Kommunikanten zu erfolgen. Die Feier des Herrenmahls soll „nicht ohne Abendmahlszucht sein". (Abendmahlsgespräch?, a.a.O., 5. 35.) De facto ist eine solche individuelle Prüfung oder auch nur die vorherige Anmeldung zum Abendmahl nie wieder Regelpraxis geworden. Die neuere Volkskirchentheologie der VELKD hat diese Entwicklung endgültig theologisch legitimiert: Wort und Sakrament werden ohne Vorbedingung denen gespendet, die sich dazu einladen lassen. Vgl. W. Lohff/L. Mohaupt (Hg.): Volkskirche – Kirche der Zukunft?, Hamburg 1977.

erneute Öffnung der geschlossenen kirchlich-konfessionellen Lebenswelt. Erst am Ende der eigentlichen Nachkriegszeit ist die pluralistische Konstellation des neuzeitlichen Protestantismus wieder erreicht, die unsere Gegenwart bestimmt. Die andere, zweite Welt des liberalen Protestantismus bildet sich wieder neu und befreit sich aus dem Bann theologischer Illegitimität. Die Landeskirchen entwickeln sich zu offenen Volkskirchen, die abgestufte Weisen der Beteiligung am kirchlichen Leben akzeptieren und unterschiedliche Frömmigkeitsformen und Gottesdienststile tolerieren.

Auf dem Gebiet des Gottesdienstes lässt sich dieser Prozess besonders gut beobachten. Auf die Phase der Uniformierung der Ordnungen durch die Einführung der Agende I folgte recht bald eine erneute Differenzierung und Pluralisierung des gottesdienstlichen Angebotes. Fast gleichzeitig mit dem Abschluss der Ratifikation des Agendenwerkes in den Landeskirchen regten sich hier und da schon wieder die ersten Experimente. Sie hatten raschen Erfolg und wurden insbesondere von der Jugend begeistert aufgegriffen. Seit Mitte der sechziger Jahre bestimmen die „Gottesdienste in neuer Gestalt" die Diskussion. Sie sind eine liberale Ergänzung der orthodox restaurierten Einheitsagenden, erproben aber nicht nur eine größere Vielfalt liturgischer Formen, sondern folgen z.T. auch einem anderen theologischen Ansatz[47]. Man kann sagen: Die homiletische Wende vom kerygmatischen zum dialogischen Predigtmodell ist in der Gottesdienstpraxis vorbereitet worden. Die hermeneutische Theologie mit ihrem Zirkel von Glauben und Verstehen ist gottesdienstlich wirksam geworden im Sinne der Tillichschen Korrelation von Botschaft und Situation, Wort und Antwort[48]. Noch deutlicher ist die empirische Wende bei den Gottesdienstkonzepten der späten sechziger und der siebziger Jahre, die den Handlungscharakter des Gottesdienstes betonen und wo das politische Thema bzw. der festlich-kreative Charakter der gottesdienstlichen Kommunikation die liturgische Gestaltung bestimmt. In diesem Zusammenhang wird auch das Abendmahl neu entdeckt und findet über den engen Kreis der traditionell oder programmatisch auf das Sakrament ausgerichteten Gemeinden hinaus zunehmend Interesse. So wird das Abendmahl heute gefeiert – in vielfältigen Formen und Kontexten, nicht mehr nur im kerngemeindlichen Milieu, sondern mit besonderer Intensität und Lebendigkeit gerade an den ‚missionarischen' Kontaktstellen der Volkskirche:

---

[47] Vgl. K.F. Müller: Theologische und liturgische Aspekte zu den Gottesdiensten in neuer Gestalt, in: JHL 13, 1968, 54ff. Ferner W. Jetter, Bemerkungen zur Situation und zum Verständnis des Gottesdienstes heute, in: Fides et communicatio (FS f. M. Doerne), hg. v. D. Rössler/G. Voigt/F. Wintzer, Göttingen 1970, 183ff.

[48] Auch wenn die Vertreter der hermeneutischen Theologie dies vermutlich als eine Trivialisierung ihres Ansatzes ansehen werden. Vgl. das Konzept der „Predigtstudien" (1968ff.) und Ernst Langes Homiletik (Predigen als Beruf, München 1976) mit den Beiträgen von H.-H. Knipping und M. Ohly in: G. Schnath (Hg.): Fantasie für Gott, Stuttgart/Berlin 1965, 48ff., 63ff.

- auf Freizeiten mit Konfirmanden,
- in Familiengottesdiensten zusammen mit Kindern,
- in Projekt- und Aktionsgruppen, häufig im Rahmen einer gemeinsamen Mahlzeit,
- als Abschluss von gemeindlichen Friedenswochen,
- als das große Gemeindefest
- und nicht zuletzt als Feierabendmahl auf den Kirchentagen,

überall dort also, wo Kirche sich bewusst als Gemeinde und als Bewegung begreift und darstellen will.

Die Erschließung neuer Orte für die Abendmahlsfeier hat die Gewichte im Spannungsfeld der drei Faktoren verschoben. Das Abendmahl wandert ein in neue Situationen und Erfahrungskontexte. Die inhaltlichen Akzente werden anders gesetzt. Damit verändert sich seine traditionelle Gestalt und die bislang prägende Atmosphäre. Eine größere Offenheit und Vielfalt, eine gewisse Uneindeutigkeit sowie das Nebeneinander unterschiedlicher Ausdrucksstile kennzeichnen die gegenwärtige Situation.

In diesem Zusammenhang spielt das Modell des „Feierabendmahls" eine wichtige integrative Rolle. Denn mit diesem Modell einer sowohl offenen als auch der kirchlichen Tradition verpflichteten Form der Eucharistiefeier ist es gelungen, eine Brücke zu schlagen, die die neue Aufbruchsbewegung der Jugend und die Alltagswirklichkeit der Gemeinden miteinander verbindet. Stark beeinflusst von der jungen Generation, ihren Themen und Hoffnungen, ihrer Vitalität und Kreativität, ist das Feierabendmahl zugleich das Moment der Bewegung, das sich nicht kritisch vom Gemeindealltag absetzt, sondern eine Integration sucht. Es bringt ein Moment ‚Bewegung' in die Gemeinde und bindet umgekehrt den Aufbruch an die gottesdienstliche Überlieferung zurück[49].

2.2 Das Abendmahl als Antwort und Begegnung

Das Abendmahl wird gefeiert und erlebt als Antwort auf Grundfragen des Lebens und Glaubens, als eine ganzheitliche Antwort in Wort und Zeichen und in der leiblichen Handlung des Essens und Trinkens. Auf diese Weise vollzieht sich eine Begegnung mit dem Christusgeheimnis, die ein rein intellektuelles Begreifen

---

[49] Zum Folgenden vgl. die beiden Dokumentationen G. Kugler (Hg.): Forum Abendmahl (GTB 346), Gütersloh 1979, vom Nürnberger Kirchentag sowie R. Christiansen/P. Cornehl (Hg.): Alle an einen Tisch. Forum Abendmahl 2 (GTB 382), Gütersloh 1981 vom Hamburger Kirchentag; G. Kugler: Feierabendmahl, Gütersloh 1981, ferner das Themenheft „Abendmahl und Gemeindeerneuerung", PTh 72, 1983, H. 3. Darin P. Cornehl: Hineinwachsen in Spannungen. Eine theologische Zwischenbilanz der Abendmahlsbewegung, 120–132; R. Christiansen: Erneuerung der Gemeinde aus dem Abendmahl, 83–96.

transzendiert und in eine eigentümliche Tiefe der Betroffenheit hineinreicht. Diese Begegnung scheint mir das eigentlich Aufregende. Es bedarf allerdings einer besonderen Anstrengung hermeneutischen Verstehens, um bei der Beschreibung dieser Begegnung durch die Oberflächensymptome hindurch zum Kern der Erfahrung vorzudringen.

Im Vorrang der Erfahrung der Relevanz des Sakraments in einem konkreten Zeitkontext besteht neben den vielen Unterschieden die Korrespondenz zwischen der damaligen und der heutigen Wiederentdeckung des Abendmahls. Ein Vergleich der leitenden Motive zeigt Entsprechungen wie Unterschiede in der Gewichtung. Im Vordergrund steht gegenwärtig zweifellos das Gemeinschaftsmotiv[50].

a) *Gemeinschaft.* Das Abendmahl schafft Gemeinschaft und ist Ausdruck von Gemeinschaft. Das klingt banal und lässt sich leicht kritisieren („nur ein bisschen Gemeinschaft"). In Wirklichkeit ist es alles andere als banal. Wenn das Abendmahl heute primär als Gemeinschaftsmahl erlebt wird, dann ist es damit eine Antwort auf eines der elementaren Grundprobleme unserer Generation: auf Einsamkeit und Isolation. Im Abendmahl geschieht symbolisch und zugleich höchst real ein Stück Überwindung der Grundangst, allein zu sein, verlassen zu werden. Der Hintergrund dieser Angst ist die alltägliche Erfahrung, abgelehnt zu werden, bedroht zu sein, ausgeschlossen zu werden. Die Jugendlichen sind dieser Erfahrung besonders schutzlos ausgesetzt, aber sie betrifft im Grunde alle. Daraus entspringt die Sehnsucht, angenommen und geliebt zu werden, der Wunsch nach Geborgenheit in einer Gruppe, nach Beheimatung in einer Tradition. Den neuen Abendmahlsfeiern gelingt es offenbar, zeichenhaft erfahrbar zu machen, daß es das gibt: Nähe, Wärme, Zuwendung in einer Welt, die überwiegend als kalt und feindlich, in einer Kirche, die oft als erstarrt und tot erlebt wird.

Es sind tiefe Ängste und starke Wünsche mit im Spiel. Es mag auch eine narzisstische Unterströmung mitschwingen, das Aufgehenwollen in einem schönen Gemeinschaftserlebnis, der Wunsch nach Verschmelzung, ein diffuses Sichwohlfühlen in der schützenden Gruppe Gleichgesinnter[51]. Man kann fragen, ob und wie weit da nur eine psychodynamische Stimmung bedient wird. Der Einwand muss ernstgenommen werden. Das Abendmahl darf nicht zur neuen Gruppendroge werden. Und doch sollte man vorsichtig sein mit derlei Etikettierungen. Wo elementare Bedürfnisse getroffen werden und Emotionen sich frei äußeren kön-

---

50 Vgl. zum Folgenden meinen Beitrag: Brot brechen – Leben teilen. Elemente der Kirche von morgen, in diesem Band, 192–199.
51 Narzissmus diagnostizierte E. Herms z.B. schon bei der Düsseldorfer Liturgischen Nacht: Gottesdienst und Religionsausübung. Erwägungen über die ‚jugendlichen Ritualisten', jetzt in: Ders.: Theorie für die Praxis – Beiträge zur Theologie, München 1982, 337ff., 356ff.

nen, ist stets ein Moment von Ambivalenz dabei. Entscheidend ist nicht, ob etwas den individuellen Bedürfnissen entsprechend benutzt oder missbraucht werden kann, sondern wie die Handlung selbst die Akzente setzt.

Das Abendmahl unterscheidet sich dadurch augenfällig von einem bloßen Gemeinschaftsmahl, dass in seinem Zentrum die Christusanamnese steht. Die Einsetzungsworte über Brot und Wein werden gesprochen, die Gaben werden ausgeteilt und weitergereicht mit den Worten „für dich gegeben, für dich vergossen". Die Handlung selbst macht manifest: Christus ist der Gastgeber. Er lädt ein an seinen Tisch. Seine Gabe stiftet die Gemeinschaft untereinander und vertieft die Verbundenheit derer, die sich einladen und beschenken lassen.

b) *Bekenntnis.* Auch in den gegenwärtigen Feiern bekommt das Abendmahl ein konfessorisches Moment aktuellen Bekennens. Das Christuszeugnis gegenüber den Mächten der Zeit fordert Entscheidung. An diesem Punkt nimmt die gegenwärtige Abendmahlsbewegung besonders offenkundig Anliegen der Kirchenkampfgeneration auf[52]. Im Bewusstsein, in einer vom Tod vielfach bedrohten Welt zu leben, beunruhigt von Ungerechtigkeit und Unterdrückung, erhält das Bekennen einen explizit politischen Klang. Das Abendmahl wird bekannt als das „Mahl wider alle Apartheid". Unter den eschatologischen Verheißungen der Schrift wird die Eucharistie zur Vision einer neuen, gerechten und solidarischen Gemeinschaft. Die Formel aus Apg. 2,42 gibt den Blick frei auf eine eucharistische Kirche. Abendmahl feiern heißt: Brot brechen und Leben teilen.

Das Bekenntnis im Gottesdienst hat Folgen für den Alltag. „Wir können hier nicht den Schöpfer preisen und gleichzeitig die Schöpfung ausbeuten und zerstören. Unserem Dank in der Mahlfeier müssen darum Schritte eines anderen Lebens im persönlichen und gesellschaftlichen Alltag entsprechen", heißt es in den Lorenzer Ratschlägen[53]. Abendmahl und Weltverantwortung gehören zusammen. In den Gesten und in der Materie des Sakraments ist die Frage nach der christlichen Verantwortung für Frieden und „Brot für die Welt" unmittelbar eingestiftet. Das Abendmahl selbst enthält den Impuls, den allein auf sich bezogenen, in sich verkrümmten Narzissmus zu überwinden. Der Ritus weist die Richtung: Brotbrechen, Teilen, Weitergeben.

c) *Vergewisserung.* Die Suche nach Gemeinschaft und Liebe, nach Frieden und Gerechtigkeit findet im Abendmahl eine Antwort in der Begegnung mit dem Ge-

---

[52] Diese Verwandtschaft haben engagierte Theologen der Kirchenkampfgeneration gespürt und deshalb die gegenwärtige Abendmahlsbewegung kräftig unterstützt, z.B. H. Albertz, E. Käsemann, K. Scharf. Vgl. deren Beiträge zum Forum Abendmahl in Nürnberg und Hamburg in den beiden Dokumentationen (s.o. Anm. 49).
[53] Forum Abendmahl, a.a.O., 160.

kreuzigten. Auch das Motiv der Vergewisserung verbindet die gegenwärtige Generation mit der des Kirchenkampfes. Denn auch heute erscheint, wenngleich in anderer Weise, die Situation des Glaubens geprägt von Unsicherheit und Zweifel, vom Widerspruch zwischen Verheißung und Wirklichkeit, von tiefen Zwiespältigkeiten. Und wiederum spürt die junge Generation das besonders elementar. Darum bildet die ambivalente Stimmungslage der frühen achtziger Jahre den existenziellen und emotionalen Kontext der Abendmahlsfeiern. Mutlosigkeit und Depression, der Mangel an Perspektiven und das Gefühl der Ohnmacht – das ist gewiss mehr als nur eine subjektive Stimmung. Nimmt man das Abendmahl auch in dieser Hinsicht als Antwort, so geht es um die Erneuerung von Sinnvertrauen, um Vergewisserung und Hoffnung durch die Hineinnahme in die Mahlgemeinschaft Jesu, um Zuspruch und Zueignung der Heilsgabe als Stärkung für den angefochtenen Glauben. Die Antwort des Abendmahls auf den Hunger nach Gemeinschaft und den Hunger nach Sinn wird sehr persönlich appliziert: Es gibt Gnade, es gibt Versöhnung. Wir sind angenommen mit all unseren Widersprüchen, mit all unserer süchtigen Gier nach Selbstbestätigung, mit unserer großen Verletzlichkeit, mit aller Ambivalenz auch unserer guten Absichten. Wir sind angenommen, wir empfangen unter Brot und Wein die Vergebung und werden befreit zum selbstlosen Einsatz für Liebe, Frieden und Gerechtigkeit.

Das Abendmahl wird gefeiert im Spannungsfeld von Treue und Verrat. Gegenüber der anfänglichen Euphorie überschwänglicher Festfreude, die sehr aus dem Gegensatz zu den düsteren „Trauerfeiern" der Tradition lebte, wenden sich die Abendmahlsfeiern mehr und mehr auch den Themen und Topoi des letzten Mahles Jesu zu, die das Dunkle, die Nähe zur Passion aufnehmen. Trauer, Leiden, Trennung, die Verstrickung in Schuld und Gewalt, das Angewiesensein auf Vergebung – all das kommt in den Blick und wird liturgisch entfaltet. Die Erkenntnis wächst: Nicht wir haben die Lösung, wir sind eher ein Teil des Problems. Wir bedürfen der Vergebung und Erneuerung. Im Durchstehen und in der Überwindung von Angst, Isolation und Schuld schenkt das Abendmahl Gewissheit, Hoffnung und Freude, und so ist es Wegzehrung für eine lange Wüstenwanderung.

Wenn diese Beobachtungen zutreffen, heißt das: Die Abendmahlsbewegung ist von selbst, genauer: auf dem Wege der Erfahrung mit dem Sakrament, dabei, die zentrale Mitte des reformatorischen Abendmahlsverständnisses wiederzuentdecken: die Sündenvergebung.

Zweifellos ist dieses Motiv bislang nicht zentral. Hinsichtlich der Thematik von Schuld und Vergebung herrscht eine Haltung der Abwehr bzw. der Vermeidung vor. Die Abwehr gilt vor allem der mit der Dominanz dieser Thematik zusammenhängenden bedrückenden Atmosphäre beim Abendmahl. Doch sind damit auch inhaltliche Sperren verbunden. Das Motiv der Vergebung spielt in den neuen Abendmahlsfeiern bisher kaum eine Rolle. Freilich ist es ein allgemeiner Tatbestand, dass die Themen Schuld, Gericht, Vergebung in Kirche und Theologie insgesamt an den Rand gerückt sind. Es ist deshalb wenig hilfreich, wenn dieses Defizit nur der modernen liberalen Theologie (und einer entsprechenden Gottesdienstgestaltung) angelastet und polemisch eingeklagt wird[54]. Die Hermeneutik von Schuld und Sünde ist in keiner der maßgeblichen theologischen Schulen der letzten Generation der zentrale Ansatzpunkt gewesen. Selbst für die Rechtfertigungslehre gab es bekanntlich andere Interpretationsschlüssel. Hinzu kommt, dass auch die Agende I an dieser Stelle bereits eine Vorentscheidung getroffen und eine beträchtliche Akzentverlagerung vollzogen hat, indem sie Beichte, Sündenbekenntnis und Absolution (Offene Schuld) aus der Messe eliminiert bzw. auf das fakultative Rüstgebet (Confiteor) zu Beginn oder vor Beginn des Gottesdienstes reduziert hat. Auch wenn die Argumente für diese Operation ernst zu nehmen sind[55], bleibt festzuhalten: Die Agendenreform selbst hat wesentlich dazu beigetragen, dass das Zentrum des reformatorischen Abendmahlsverständnisses, das Bekenntnis der Schuld und der Zuspruch der Vergebung, als erkennbarer expliziter Akt nicht mehr Bestandteil der Abendmahlsfeier ist. Das war gewiss auch eine Entlastung. Für diese Akzentverlagerung gab es theologisch und liturgisch plausible Gründe. Die Geschichte der kirchlichen Sündenlehre und -praxis ist auch eine Geschichte des Missbrauchs und der Missverständnisse. Dieses Erbe bewältigt man nicht so leicht. Und doch ist völlig eindeutig: Ein Christentum, das die Dimension von Schuld und Vergebung ausklammert oder an den Rand drängt und dies in seinen Gottesdiensten dokumentiert, wird flach und banal. Wer aus Angst vor Schwierigkeiten und Missverständnissen hier ausweicht, beteiligt sich an einer neuen Art gesellschaftlicher Verdrängung. Vielleicht steht die Theologie hier an einer Wende. Es mehren sich Anzeichen für eine theologische Rehabilitation dieser Thematik. Es kostet allerdings erhebliche Anstrengungen, in dieser Frage nicht nur forsch zu postulieren, sondern überzeugende Hilfen zur Erschließung der schwierigen theologischen und anthropologischen Zusammenhänge zu leisten. Vieles spricht dafür, dass der Zeitpunkt dafür da ist und es gelingen kann, nicht im Gegensatz zur Erfahrung, sondern gerade von Erfahrungen her die theologische Relevanz von Schuld und Vergebung neu zu begreifen[56].

Es könnte sein, dass sich von daher dann auch ein Zugang zu dem Motiv eröffnet, das wir als „Herz" des Abendmahlsgeschehens in der Aneignung der Kirchenkampfgeneration identifiziert haben, zur Lehre von der *Realpräsenz Christi*. Auch dies ist bislang ausgeklammert oder nur konventionell behandelt worden.

---

54 Vgl. die Polemik von K.-P. Jörns: Problemlösung oder Erlösung. Tendenzen auf dem Büchermarkt zum Thema Gottesdienst, in: DPfBl 81, 1981, 315ff.
55 Vgl. P. Brunner: a.a.O. (s.o. Anm. 40), 46ff.
56 Vgl. die Überlegungen von M. Kruse: Christi Leib für dich gegeben. Mahl der Vergebung, in: Alle an einen Tisch, a.a.O., 117ff.

Darum ist hier der Abstand zu den ökumenischen Lehrgesprächen am größten. Solange allerdings ein solches Eingeständnis lediglich Angriffe und Vorwürfe provoziert, dürfte es beim Vermeidungshandeln bleiben. Chancen, in dieser Frage weiterzukommen, gibt es erst, wenn erkennbar würde, dass hier an eine *gemeinsame* Verlegenheit gegenwärtiger Glaubenserfahrung gerührt wird, die *gemeinsam* theologisch bewältigt werden muss. Der Vergleich mit der Kirchenkampfzeit macht deutlich, dass die existenzielle Relevanz der Lehre von der Realpräsenz eng mit der Gewissheitsproblematik zusammenhängt. Insofern könnte eine Vertiefung der Thematik von Schuld und Vergebung auch hier einen neuen Zugang bahnen.

2.3 Induktive Theologie und die regulative Funktion der Bekenntnisse

Die vorgetragenen Interpretationen enthalten ein Plädoyer für jenen Typus liberaler Theologie, den Peter L. Berger die „induktive Option" genannt hat[57]. Die induktive Option ist die Empfehlung für eine Erfahrungs- und Prozesstheologie, die methodisch von Glaubenserfahrungen ausgeht und es sich zur Aufgabe macht, diese Erfahrungen zu verstehen und die Praxisprozesse, die dadurch ausgelöst werden, kritisch zu begleiten und zu fördern. Theologie kann die zugrundeliegenden Erfahrungen nicht erzeugen und nicht ersetzen, wohl aber deuten, vertiefen, korrigieren und in größere Zusammenhänge hineinstellen. Eine solche induktive praktische Theologie unterscheidet sich von den geläufigen Verfahren deduktiver Dogmatik und deduktiver Anpassung, die auf dem Felde des Gottesdienstes lange genug die Diskussion bestimmt haben. Aber weder die liturgische Dogmatik ist geeignet, das, was gegenwärtig geschieht, angemessen zu beurteilen und konstruktiv weiterzuführen, noch vermag dies ein reduktionistischer Modernismus, der die Ansprüche der Tradition an dem misst, was der Zeitgeist zulässt, und alles andere weginterpretiert. Thema einer induktiven Theologie ist die „Kommunikation des Evangeliums". Mit diesem Begriff haben Ernst Lange und Werner Jetter jenen Verständigungsprozess bezeichnet, in dem es um „Ermittlung und Vermittlung von Glaubenserfahrung" geht, „um zusammenschauenden Austausch" über kirchliche und gottesdienstliche Praxis[58].

In einer induktiven Erfahrungstheologie wird das Gegenüber des Bekenntnisses und der konfessionellen Traditionen nicht negiert oder verkleinert. Das Bekenntnis behält seine normative Bedeutung als Regulativ und Korrektiv. Es verbürgt als regulative Kraft die kirchliche Identität und sichert die konfessionelle Kontinuität, aber es wird keine unmittelbare gestaltende Funktion für die Gottesdienstpraxis

---

[57] Vgl. P.L. Berger, Der häretische Imperativ. Religion in der pluralistischen Gesellschaft, Frankfurt a.M. 1979.
[58] W. Jetter, Symbol und Ritual, Göttingen 1978, 87.

im Einzelnen beanspruchen. Eine allgemeine Orientierung am Bekenntnis ist allerdings unverzichtbar. Deshalb muss auch im Blick auf das Abendmahl langfristig eine Integration der neuen Aufbrüche und thematischen Akzentuierungen mit der klassischen reformatorischen Tradition erreicht werden. Eine Ablösung von dieser Tradition würde die gegenwärtige Abendmahlsbewegung von ihren eigenen kirchlichen Wurzeln abschneiden. In der Konzentration auf Schuld und Vergebung, Gericht und Gnade liegt nun einmal das entscheidende Erbe und Anliegen der lutherischen Abendmahlspraxis. Sie hat den Kirchentyp geformt, sie hat die lutherische Abendmahlsfrömmigkeit, ihre Liturgie, ihre Musik, ihre Bilder, geprägt. Ohne die Tiefendimension gestalteter Frömmigkeit und Sitte, auf die man sich bei aller Erweiterung doch immer wieder positiv zurückbeziehen kann, bleibt der Neuaufbruch atemlos. Doch die Integration ist nichts, was man rasch anordnen und administrativ durchsetzen kann. Sie muss wachsen. Sie ist eine Aufgabe theologischer Arbeit und liturgischer Gestaltung zugleich.

2.4 Abendmahl als Gestaltungsaufgabe

Aus der induktiven Option wird im Blick auf den Gottesdienst eine *praxisbezogene liturgische Theologie,* die dazu befähigt, konstruktiv liturgisch zu denken. Da die Abendmahlserfahrung aus der erlebten Feier erwächst, wird die liturgische Gestaltung im Spannungsfeld der drei Momente der letztlich entscheidende Faktor. Von der Gestaltung der Abendmahlsfeier hängt ab, welche der Inhalte und Bezüge erlebbar werden.

Es genügt nicht, theoretisch ein Motiv als wichtig herauszustellen, solange das nicht mit einem überzeugenden Vorschlag zur liturgischen Gestaltung verbunden ist. So ist z.B. mit dem Postulat einer stärkeren Berücksichtigung der Thematik von Schuld und Vergebung allein noch nichts gewonnen. Entscheidend wird die Überlegung: Wie soll das geschehen? An welcher Stelle? In welcher Form, mit welchen Worten und Gesten? Wie verändert sich dadurch der Handlungsablauf? Was hat das für Folgen für den Mitvollzug? Die Antworten auf diese Fragen sind nie nur agendarisch-technischer Natur, sondern theologisch inhaltlich zu verantwortende Entscheidungen. Was bedeutet es, wenn der Gottesdienst mit einem Schuldbekenntnis beginnt? Wo wäre dafür sonst der angemessene Ort? Im Nachdenken über diese Fragen bekommt die liturgische Theologie einen experimentellen Zug. Entwurf und Einübung, die Umsetzung einer Idee in Sprache und Bewegung, die Anknüpfung an traditionelle Formen oder die Erfindung neuer, der Umgang mit Raum und Zeit, mit Zeichen und Symbolen, Vollzug und Reflexion der Erfahrungen, das sind Arbeitsschritte einer praktischen liturgischen Theologie, wie wir sie brauchen und wie sie bei der Entwicklung des Feierabendmahls in Ansätzen erprobt wird.

An dieser Stelle scheint sich der Gegensatz zur Liturgik des Kirchenkampfes und der Nachkriegszeit noch einmal zuzuspitzen, wo derartige Überlegungen meist als sachfremde Psychologisierung verdächtigt worden sind (umso größer ist die Nähe zu den Anfängen der liturgischen Bewegung nach dem ersten Weltkrieg). Doch sollen am Ende nicht wieder Fronten vertieft werden. Sieht man auf die tatsächliche liturgische Arbeit am Feierabendmahl, so werden nämlich aufschlussreiche Verbindungslinien auch zur Agendenreform erkennbar.

Das Feierabendmahl folgt in seinem Ablauf weithin den Stationen des klassischen Messordinarius. Es versucht, die gleichsam geronnenen Formen des Ritus wieder in die Handlungsvollzüge zu übersetzen, aus denen sie ursprünglich gebildet worden sind (Kyrie und Gloria – Litanei, Klage und Lob). Noch wichtiger und oft nicht genug gewürdigt ist die intensive Arbeit am eigentlichen Abendmahlsteil. Eine genauere Analyse könnte zeigen, dass im Feierabendmahl bestimmte Intentionen der Agende I, zu einer reicheren Entfaltung der Abendmahlshandlung zu kommen, wieder aufgenommen und weitergeführt werden. Sie hatten dort in der sog. Form B eine Gestalt gefunden, in der die Einsetzungsworte in den Zusammenhang eines eucharistischen Hochgebetes gestellt wurden. Allerdings war die Form B theologisch und sprachlich so eng an die Abendmahlslehre Peter Brunners gebunden, dass sie außerhalb des engen Schulzusammenhanges des hochkirchlichen Luthertums kaum Resonanz gefunden hat. Das verhinderte, dass man das liturgisch Produktive dieser Bemühung erkannte und auch alternative Formulierungen zuließ. Eben dies geschieht jetzt, wenn im Feierabendmahl der eucharistische Lobpreis, die Christusanamnese, die Geistepiklese, der eschatologische Ausblick und anderes neu entdeckt und liturgisch entfaltet wird[59]. Damit wird ein weiteres Anliegen der Väter der Agende aufgenommen, das bislang ebenfalls nicht voll verwirklicht werden konnte: Der reformatorische Abendmahlsgottesdienst mit seiner einseitigen Konzentration auf die Einsetzungsworte wird aus der gewissen Engführung befreit. Die evangelische Abendmahlspraxis gewinnt Anschluss an die größere ökumenische Tradition eucharistischer Feier.

---

[59] Vgl. die Ordnungen des Feierabendmahls in St. Lorenz auf dem Nürnberger Kirchentag (Forum Abendmahl, 98ff.) und in St. Katharinen auf dem Hamburger Kirchentag (Alle an einen Tisch, 106ff.).

Brot brechen – Leben teilen

Elemente der Kirche von morgen

Was ist eigentlich am Ende dieser drei Tage noch nicht gesagt? Was ist noch offen? Ich glaube, es gibt noch etwas, das gemeinsames Nachdenken lohnt, die Frage nämlich: Was hat das alles, was wir hier im Forum besprochen und vor allem gestern im Feierabendmahl getan und erlebt haben, für Konsequenzen für unsere Kirche?

Mein erster Eindruck ist: Wir haben allen Anlass, dankbar zu sein und uns noch einmal gehörig zu wundern. Es gibt also eine Wiederentdeckung des Abendmahls in unserer evangelischen Kirche, und sie ist von einer erstaunlichen Breite, Vielfalt und Lebendigkeit. Ich wage zu sagen: Es gibt so etwas wie eine Abendmahlsbewegung. Es war wunderschön hier in Katharinen, aber ich hätte etwas darum gegeben, gestern Abend sozusagen in der himmlischen Medienzentrale sitzen zu können, ich hätte zu gern all das gleichzeitig erlebt, was da in den über 200 Gemeinden in und um Hamburg, in den Messehallen und Hauptkirchen beim Feierabendmahl passiert ist. Wie viel Phantasie und Ernst, wie viel Gastfreundschaft und Beteiligung des Volkes Gottes ist da verwirklicht worden! Man braucht nur ein wenig in die Geschichte, auch die Geschichte des Kirchentages zurückzugehen, um zu wissen, wie wenig selbstverständlich das ist. Ein ganzer Kirchentag hält – nun schon zum zweitenmal – am Freitagabend Feierabendmahl und sammelt sich um das Brot und den Kelch und die Einsetzungsworte und um die große Friedensverheißung aus Jesaja 9. Das ist etwas Neues. Da geschieht ein Aufbruch.

Und weil das alles langsam gewachsen ist, von unten gewachsen und nicht von oben angeordnet, deshalb habe ich keine Sorge, dass das nur eine kurzlebige Modesache ist. Das kann mehr sein. Ich denke, es ist eine Begegnung. Eine Begegnung mit der Wahrheit unseres Glaubens, wie sie in diesem Mahl eine einfache, sinnfällige, überzeugende Gestalt findet. Das Abendmahl ist eine Antwort auf die bedrängenden Grundfragen unseres Lebens. Und deshalb kann daraus auch eine Vision von Kirche erwachsen, die wir mit nach Hause nehmen können.

Begegnungen verdichten sich in Gesten. Ich möchte einer Geste nachgehen, in der sich der Sinngehalt des Abendmahls einprägsam verdichtet. Es ist das Brotbrechen.

Eigentlich merkwürdig, dass dieser Ritus in unseren heutigen Abendmahlsliturgien kaum eine Rolle spielt, weder in den agendarischen noch in den neuen, bisher auch nicht im Feierabendmahl. Dabei ist das Brotbrechen eines der ältesten Handlungselemente. Immer wieder heißt es in neutestamtentlichen Mahlberichten:

„Und Jesus nahm das Brot, dankte, brach's und gab's seinen Jüngern" (Mk. 14,22; 6,41). Daran, dass er das Brot bricht, erkennen sie ihn (Lk. 24,35). Von diesem Gestus her bekommt die ganze Abendmahlsfeier in der Apostelgeschichte ihren Namen. Das Brotbrechen hin und her in den Häusern „mit Freude und Jubel" wird zu dem Erkennungsmerkmal der Urgemeinde. „Sie blieben aber beständig in der Apostel Lehre, in der Gemeinschaft, im Brotbrechen und im Gebet", heißt die klassische Formel (Apg. 2,42). Sie waren „ein Herz und eine Seele" (4,32) und teilten alles miteinander.

Daraus erwächst die Vision. Kirche Jesu Christi sein, das heißt: Brot brechen und Leben teilen.

Ich will das in dreifacher Richtung entfalten. Vom Brotbrechen ausgehend wird Kirche erkennbar 1. als Gemeinschaft des Miteinanderteilens, 2. als Ort der Gnade und 3. als Kraft der Integration, als Bewegung zur Sammlung der Getrennten und Zerstrittenen in die größere Einheit.

1.

Das erste ist die Geste. Jesus nimmt das Brot, rundes, flaches Fladenbrot, spricht das Dankgebet darüber, bricht es und gibt es den Jüngern. Und die brechen ab und reichen es weiter. Jeder bekommt ein Stück: Ein Brot für alle. Eine ganz einfache Geste, jeder versteht sie. Dies Brot schließt uns zusammen. Abendmahl ist Brotgemeinschaft. Warum steht eigentlich die Gemeinschaft bei unserer Wiederentdeckung des Abendmahls so im Vordergrund? Man kann das sehr banal auffassen. Dann wird daraus ein Vorwurf: Was ihr da macht, das ist doch nur ein bisschen Gemeinschaft, Stimmungsmache, Kuschelecke. In Wirklichkeit ist es viel mehr: eine Antwort auf ein elementares Grundproblem unserer Generation. Geht doch einmal in die Halle der Stille drüben auf dem Messegelände! Es ist genau wie in Nürnberg: Lest die Zettel an der Gebetswand und ihr versteht mit einem Male, worum es geht im Gebet und im Abendmahl: um die Überwindung unserer Grundangst, allein zu sein, nicht geliebt zu werden, bedeutungslos zu sein, unverstanden, ausgeschlossen. Die Jugendlichen haben es dort angeschrieben. Sie spüren das besonders intensiv, aber es betrifft uns alle. Wir sehnen uns nach Beheimatung, nach Schutz und Geborgenheit, und wir haben im Abendmahl zeichenhaft erlebt, dass es das gibt: Nähe, Wärme, herzliche Zuwendung zueinander in einer Welt, die wir überwiegend als kalt und feindlich, und in einer Kirche, die wir oft als tot und erstarrt empfinden.

Da sind starke Wünsche und tiefe Ängste im Spiel. Es mag auch eine gewisse narzisstische Unterströmung mitschwingen (wie die Fachleute das nennen), das Aufgehen-Wollen im schönen Gemeinschaftserlebnis, die Sehnsucht nach Verschmelzung. Darin liegt wohl auch eine Gefahr. Das Abendmahl darf nicht zur neuen Gruppendroge werden!

Aber ich glaube, wir können diese Gefahr bestehen – wenn wir uns an die Geste Jesu halten: Brot brechen, nehmen und weitergeben. Gemeinschaft ist hier etwas ganz Aktives: nämlich Leben teilen in einem umfassenden Sinn. Das Englische hat dafür ein wunderbares Wort, to share. Und „Sharing" ist inzwischen geradezu ein ökumenisches Programmwort geworden. Es meint sehr handfest zum Beispiel: Geld teilen, Wissen teilen, Erfahrungen teilen, aber auch: sich mitteilen, hingehen und sich besuchen, für einander Zeit haben, Anteil nehmen am Schicksal der anderen, an ihrem Hunger nach Gerechtigkeit, an ihrer Arbeit für den Frieden, an ihren Schwierigkeiten und ihrer Freude.

Das Bild der Urgemeinde um den einen Tisch herum hat einen kommunitären Grundzug. Doch am Tisch Jesu sitzt keine geschlossene Gesellschaft. Die Geste des Brotbrechens und Teilens öffnet die Gruppe und bezieht auch die Abwesenden mit ein. Die Mahlfeiern der Urgemeinde im kleinen Kreis in den Häusern stehen auch im Horizont der Geschichten von den großen Speisungen Jesu unter freiem Himmel, wo sich dies als Wunder eingeprägt hat, dass da wenig Brot war und doch alle satt wurden, als sie das austeilten, was Jesus gesegnet hatte.

Das Abendmahl verbindet uns mit den ungelösten Grundproblemen des Erdballs. Es konfrontiert uns unmittelbar und unnachsichtig mit der weltweiten Hungerfrage. Herrenmahl und Weltverantwortung sind untrennbar. Das haben wir immer wieder betont hier im Forum Abendmahl. Zu oft? Ich glaube, wir fangen erst ganz langsam an, in unserer Kirche und in unserer Gesellschaft zu begreifen, was das bedeutet, was da von uns verlangt wird und zu welchen tiefgreifenden Veränderungen dieses Brotbrechen uns herausfordert. Wir werden diese Herausforderung nicht wieder los, solange wir uns am Abendmahlstisch einfinden und Jesus das Brot bricht, damit wir es weitergeben.

Leben teilen in diesem umfassenden Sinn – darin steckt für mich eine Vision von Kirche.

Ich sehe die Kirche von morgen als eine Kirche des Teilens, als eine offene Kirche lebendiger Beteiligung. Um das etwas zuzuspitzen: Ich sehe sie nicht mehr als die große religiöse Betreuungsanstalt, als die Institution allseitiger pastoraler Versorgung und sakramentaler Verwaltung. Ich sehe sie aber auch nicht als die Gruppenkirche, die Avantgarde engagierter evangelistischer oder prophetischer Stoßtrupps. Ich sehe sie als eine Gemeinschaft, die versucht, möglichst viele ihrer Glieder an diesem Grundvorgang zu beteiligen: Brotbrechen, Leben empfangen, Leben weitergeben. Darin sehe ich den vom Evangelium gewiesenen Auftrag der Volkskirche, und das scheint mir auch ihre einzige Daseinsberechtigung; dass wir an den überlebenswichtigen Fragen, die Christus uns zumutet, und an einer Antwort des Glaubens gemeinsam arbeiten – nicht nur mit den schon Entschiedenen und Engagierten, sondern mit allen, die sich noch so oder so auf ihr Christsein ansprechen lassen. Deshalb wäre die erste Aufgabe in einer Beteiligungskirche, dass wir die passive Betreuungshaltung überwinden und möglichst viele in diesen Dialog hineinziehen, indem wir uns austauschen über unseren Glauben und unsere Zweifel und so unser Leben teilen: meine Ratlosigkeit und deinen Mut – wo immer wir zusammenkommen, ob aus Anlass einer Trauerfeier oder in der Dritte-Welt-Gruppe, ob im Konfirmandenunterricht oder auf dem Kirchentag.

Das hätte Konsequenzen für unsere Kirche. Wir könnten unseren Kirchenleitungen und Synoden zurufen: Schließt euch nicht ein in das fromme Ghetto, weil die Finanzen knapper werden! Spart, aber spart nicht bei der Ökumene! Teilt das Geld, teilt die Arbeit! Und traut endlich dem unbezahlten Gottesvolk mehr zu!

Wir könnten die Gemeinden und Gruppen, Dienste und Werke bitten: Zieht euch nicht ängstlich von den Konfliktfronten zurück, weil die Auseinandersetzungen härter werden! Seid dabei, wo die Menschen kämpfen und leiden und an etwas Neuem bauen! Riskiert, in den Streit und in die Ratlosigkeit hineingezogen zu werden! Ringt um Entscheidungen, aber ringt dann auch um vorwärtsweisende Kompromisse!

Wir könnten unsere Bischöfe und Oberverwalter in den Ämtern ermutigen: Gebt den Abstand auf! Verlasst öfter mal den Dienstweg! Geht (trotz eurer vollen Terminkalender) runter an die Basis und stellt euch dem Streit vor Ort! Stärkt das Schwächere, seht auch das Gute und werdet nicht müde, euch für konstruktive Lösungen einzusetzen!

Entscheidend wird sein, dass wir das alles nicht nur den anderen sagen, sondern uns selbst. Das führt dann in eine tiefere Schicht, mitten in das Herz der Widersprüche.

Miteinander teilen, tun wir das eigentlich? Können wir teilen? Ist nicht für unser Verhalten allzu oft eine andere Geste typischer: der Griff mit der Gabel, um den besseren Happen vom Teller zu angeln? Sind wir nicht tief verwickelt in die mörderischen Verteilkämpfe um Güter und Macht, um Ansehen und Glück? Als die Evangelische Jugend in Hamburg vor Jahren am Bußtag auf die Probleme der Entwicklungshilfe aufmerksam machen wollte, wählte man als Motto für die Veranstaltung die schockierende Formel „Nimm hin und stirb!", die verfremdete Spendeformel aus der Abendmahlsliturgie. Wie oft wird, was wir weitergeben, unter unsern Händen zur tödlichen Gabe!

2.
Deshalb ist es nötig, nun auch die Deuteworte zu hören, die zum Gestus hinzukommen. Jesus sagt, in dem er das Brot bricht und austeilt: „Das ist mein Leib, mein Leben, für euch gegeben." Der das Brot bricht, gibt sein Leben. Sein Leib wird gebrochen – für dich, für mich. Das ist das zweite, worauf wir achten wollen.

Zur Geste kommt das Wort. Die Handlung des Austeilens wird gleichsam angehalten, bei mir. Ich stehe Jesus gegenüber. Ich bekomme das gebrochene Brot. Ich höre: „Tür dich gegeben!" Zum Abendmahl gehört das Erschrecken über unsere Unfähigkeit, zu geben, zu teilen, Frieden zu machen. Wir suchen Gemeinschaft und zerstören sie. Wir leiden an der Zerbrechlichkeit unserer Beziehungen. Die Kälte ist auch in uns, es hilft nicht, sie nur ins System zu projizieren. Wir bleiben einander zu vieles schuldig. Aus Angst, zu kurz zu kommen, sichern wir uns erst mal unsern Anteil, leben auf Kosten anderer und sind beteiligt an den Geschäften der Ausbeutung. Wir sind selbst ein Teil der Todesproduktion, gegen die wir protestieren. Und vergesst nicht: Wie oft scheitern wir immer wieder an den Folgen gerade unseres guten Willens!

Die Berichte der Evangelien vom letzten Mahl sind in dieser Hinsicht von großem Realismus. Sie schließen Judas nicht aus. „Einer unter euch wird mich verraten." Da muss sich jeder selbst fragen: „Herr, bin ich's?" Wenig später in dieser Nacht ist Jesus im Garten Gethsemane allein. „Könnt ihr nicht eine Stunde mit mir wachen?" Die Abendmahlsgemeinde ist nicht der verschworene Haufen der Starken und Eindeutigen. Das Böse, die Verleugnung, Flucht, Feigheit, Müdigkeit, Versagen – alles das bleibt nicht draußen vor.

Erst wenn wir das begreifen und dem nicht ausweichen, begreifen wir dann auch das andere. „Für dich gegeben", das meint ja positiv: dir zugute, zur Vergebung deiner Sünden. Das Leben, das den Tod überwindet, wird uns von dem gegeben, der für uns das Todesgeschick übernimmt. „Sein Tod ist unser Leben." Das ist das Geheimnis des Glaubens, das Geheimnis Gottes. Wir finden es in der Geste des Brotbrechens zusammen mit den beiden kleinen Worten „für dich".

Um dieser Worte willen kann man auf vieles andere verzichten: auf ein schönes Mahl, auf eine festliche Feier. Und hat doch, worauf es letztlich ankommt: die Gnade der Vergebung, die Gewissheit der Gegenwart des Herrn. Das hat die Generation unserer Väter und Mütter gewusst. Und wenn einmal eine der seltenen Begegnungen gelingt, wo nicht Fremdheit und Unverständnis das Gespräch blockieren, dann kann es passieren, dass sie davon erzählen. Solche Geschichten etwa, wie ich sie neulich hörte. Da berichtete einer, wie sie in russischer Kriegsgefangenschaft Abendmahl gefeiert haben, heimlich abends, in einem Kartoffelkeller, nur mit einem Stück harten Brot, ohne Wein, ohne Pfarrer, aber mit den Worten Christi, an die sie sich hielten, weil es das ist, was trägt in aller äußeren Anfechtung: „Für dich gegeben zur Vergebung der Sünden."

Was ist eigentlich das Unentbehrliche an der Kirche, ihre Mitte und ihre Kraft? Doch wohl die Botschaft und die Gewissheit, dass es Gnade gibt. Das ist die Antwort des Abendmahls auf den Hunger nach Gemeinschaft und den Hunger nach Sinn: Es gibt Gnade, es gibt Versöhnung. Wir sind angenommen: mit all unseren Widersprüchen und Halbheiten, mit all unserer süchtigen Gier nach Selbstbestätigung, mit unserer großen Verletzbarkeit und mit aller Ambivalenz auch unserer guten Absichten. Wir sind angenommen und werden befreit zum selbstlosen Einsatz für Liebe, Frieden und Gerechtigkeit.

„Gott ist Liebe." Das ist sein letztes Wort und sein tiefstes Geheimnis. Die Kirche ist dazu da, dieses Geheimnis zu hüten, zu feiern – und wohl auch vor Banalisierung zu schützen. Das wäre in dieser oft so gnadenlosen Gesellschaft eine Alternative: Man kann von der Versöhnung leben. Es ist das bessere Leben. Dafür hat Kirche einzustehen. „Für dich gegeben": Damit beginnt eine Abrüstungsinitiative, die den tödlichen Kreislauf von Angriff und Gegenangriff, Hass und Vergeltung durchbricht. Das gilt im öffentlichen wie im privaten Bereich. Und vielleicht ist das Abendmahl die Brücke zwischen beiden. Immer leben wir von solchen Vorgaben. Immer muss einer damit anfangen, den Zirkel des Misstrauens zu sprengen, damit der Bann der gegenseitigen Aufrechnung, der Eskalation der Gewaltandrohung gebrochen wird. Dazu bedarf es einer Befreiung. Wo soll sie sonst herkommen als aus dem Glauben und der Erfahrung von Vergebung? Ein neuer Geist des Vertrauens kann in die Angst einströmen, den Hass lösen und uns zum Frieden fähig machen.

3.
Brot brechen, teilen, aus der Vergebung leben. Dazu kommt als drittes die Hoffnung auf Einheit. Sie gibt der Geste die große Perspektive einer endzeitlichen Utopie.

In einem der ältesten urchristlichen Mahlgebete heißt es in der Danksagung beim Brotbrechen (und einige Abendmahlsliturgien haben das in das eucharistische Gebet mit aufgenommen): „Wie dies Brot zerstreut war auf den Bergen und zusammengebracht eins wurde, so bringe zusammen deine Kirche von den Enden der Erde zu deinem Reich!" (Didache 9).

Teilen wir diese Vision der großen Sammlung aller Zerstreuten und Zerstrittenen?

Neulich saßen wir in einer Gruppe zusammen und sprachen über das Abendmahl. Da sagte einer der Studenten: „Für mich enthält das Abendmahl die Hoffnung, dass wir auch jenseits des Streits zusammenkommen können. Wir sind eine Generation, die angetreten ist mit der Überzeugung, Probleme durch mehr Kommunikation lösen zu können. Aber wir merken, zum Beispiel in der Friedensfrage, Diskussionen trennen oft nur noch mehr. Im Abendmahl liegt für mich die fast verzweifelte Hoffnung darauf, dass etwas uns verbinden kann, gerade wenn wir nicht mehr reden, sondern nur noch hören, das Brot brechen und teilen." Viele haben dem zugestimmt. Bis ein anderer sagte: „Aber dann ist das doch nur Heuchelei, nur Scheinharmonie, gar keine wirkliche Einheit!"

Ich möchte dem widersprechen. Natürlich kann die gemeinsame Mahlfeier den Streit um die Wahrheit und die harte Auseinandersetzung um Entscheidungen nicht ersetzen. Aber sie ist darin wichtig und glaubwürdig, dass sie die Utopie der Einheit festhält. Wir finden uns dann mit den Trennungen nicht ab. Das Leiden daran und die Arbeit an ihrer Überwindung wird bewusster. Und die Erfahrung anfänglicher, bruchstückhafter Einheit lässt die biblische Vision der großen Tischgemeinschaft in uns wachsen.

Vielleicht werden wir mit der Härte der Gegensätze und Trennungen erst richtig konfrontiert, wenn wir wieder nach Hause fahren. Hier auf dem Kirchentag, zumindest in unserem Forum, haben wir sie ja doch eher zitiert als wirklich erlebt. Hier auf dem Kirchentag, auch gestern beim Feierabendmahl, war ein Stück größerer Gemeinschaft auch in einem gemeinsamen Willen sichtbar. Das ist stärkend, das brauchen wir. Aber die Spannungen und Gegensätze kommen wieder.

„Wir bleiben unter dem Evangelium zusammen", hat die EKD-Synode 1958 gesagt, am Ende einer leidenschaftlichen Debatte um die atomare Aufrüstung der Bundeswehr. Die gesamtdeutsche Einheit unserer Kirchen in der Friedensfrage, wie sie die Synode von Weißensee 1951 formuliert hat, ist zerbrochen. Bischof Scharf hat uns hier gestern Abend im Feierabendmahl daran erinnert, was wir in der Bundesrepublik noch vor uns haben, wenn wir dahin zurückkehren wollen, wo die Kirchen der DDR schon sind. Trotzdem sollten wir diesen Satz „Wir bleiben unter dem Evangelium zusammen" nicht entwerten. Er wird heute oft verächtlich die „Ohnmachtsformel" genannt. Es ist ein Stück ehrlicher Ohnmachterklärung drin, aber zugleich liegt darin auch ein Stück Hoffnung, zäher Hoffnung darauf, dass die Uneinigkeit überwunden werden kann. Lasst uns vom Abendmahl her die Bilder der Einheit und die Erfahrung der Zusammengehörigkeit mitnehmen in unsere Auseinandersetzungen. Dann können wir die Zerreißproben besser, gelassener bestehen!

Wir leben in einer vielfach zerrissenen und geteilten Welt. Der Psychologe Fritz Riemann hat unsere westliche kapitalistische Industriegesellschaft die „schizoide Gesellschaft" genannt, schizoid, weil bestimmt durch starke Tendenzen zu Spaltungen und Trennungen, eine Gesellschaft, die oft nur durch Druck und Zwangsgewalt zusammengehalten wird. Das prägt auch unseren Alltag. Der Abstand der Lebenswelten zwischen Eltern und Kindern, Oberschülern und Lehrlingen, zwischen den verschiedenen Klassen und Kulturen wird eher größer. Es wachsen Entfernungen und Entfremdungen. Es wächst die Wut. Und die Aussicht auf eine rasche Lösung der Probleme nimmt ab.

Was bedeutet das für die Kirche? Ich wünsche mir, dass die Kirche in den krisenhaften achtziger Jahren inmitten der auseinanderstrebenden Teile die Kraft zur Integration wird. Die Kräfte der Desintegration sind stark genug, sozusagen von selbst. Irgendwo muss eine Gegenbewegung eingeleitet werden. Echte, nicht zwanghafte Integration kann man nicht anordnen. Wir müssen sie wollen, sie muss in uns wachsen. Dafür brauchen wir Bilder. Das Abendmahl hat solche Bilder: Alle an einem Tisch! *Ein* Tisch, *ein* Brot, *ein* Leib! Und es hat das Gebet um die Einheit: „So bringe zusammen deine Kirche von den Enden der Erde zu deinem Reich!" Wir sollten gegen alle Tendenzen zur wechselseitigen Exkommunikation unbeirrt der Verheißung der großen Interkommunion treu bleiben. Die Losung für die Zukunft der Christenheit heißt Interkommunion, nicht Exkommunikation!

Doch es kann sein, dass die Integration trotz allem nicht gelingt. Es geht ja weder um eine Zwangseinheit noch um eine Klammereinheit um jeden Preis.

Auch dann sind wir noch nicht am Ende.

Denn auf die liturgische Entlassungsformel, auf das „Gehet hin in Frieden" nach dem Abendmahl werden wir trotz allem nicht verzichten. „Gehet hin in Frieden!" Das sagen wir öffentlich. Und niemand kann uns verwehren, dass wir dabei heimlich denken: Jetzt trennen wir uns, wenn es denn sein muss. Wir gehen auseinander. Du gehst rechts, ich meinetwegen halblinks. Aber wir vertrauen darauf, dass dieser Frieden uns auf irgendeine gnädige Weise weiter begleiten und wieder zusammenführen wird. Wir werden uns wiedersehen, spätestens dann, wenn wir einmal alle an dem langen Tisch sitzen werden, von dem uns der himmlische Gastgeber hoffentlich nicht ausschließen wird – wenn's geht, auch schon ein bisschen früher!

Was bleibt? Wie geht es weiter? Das ist jetzt gleich im Anschluss unsere Frage.

Mein Grundgefühl nach diesen drei Tagen und nach einem Jahr Vorbereitung ist immer noch das Staunen. Wir haben gerade erst angefangen, das Abendmahl zu entdecken. Da ist ein unausschöpflicher Reichtum, für die theologische Erschließung und für die praktische Gestaltung. Darum bitte ich alle vielleicht überstrengen Kritiker, sich hinterher nicht auf das zu stürzen, was uns nicht gelungen ist und was wir noch nicht geschafft haben, vor allem aber diejenigen nicht zu entmutigen, die eben erst begonnen haben, sich auf die Sache einzulassen. Wir haben noch viel vor uns. Aber wir sind auf dem richtigen Weg.

Gemeinschaft beim Herrenmahl?

Probleme – Fragen – Chancen

Gemeinschaft lässt sich nicht erzwingen. Man muss sie wollen. Wollen die Kirchen die Gemeinschaft beim Herrenmahl? Soviel ist deutlich: Die Gläubigen – die evangelischen und katholischen Gläubigen hierzulande – wollen sie. Sie fordern sie mit Nachdruck. Sie erwarten mit wachsender Ungeduld, dass die Kirchenleitungen (um diesen neutralen Begriff zu benutzen) den Weg dafür frei machen. Und sie erhoffen sich vom Ökumenischen Kirchentag in Berlin 2003 mutige Schritte in dieser Richtung. Allein schon die Entscheidung, ein solches großes Christentreffen einzuberufen (bzw. zuzulassen), bei dem natürlich die Frage nach der Gemeinschaft beim Herrenmahl eine zentrale Rolle spielen wird, ist ein deutliches Signal dafür, dass auch bei den Kirchenleitungen, auf jeden Fall bei den Leitungsorganen von Kirchentag und Katholikentag die Einsicht gewachsen ist, dass die Trennung am Tisch des Herrn überwunden werden muss. Der Druck ‚von unten' zeigt Wirkung. Andererseits sind die ganz großen Hoffnungen bereits im Vorfeld gebremst worden.

In der Einschätzung der Sachlage folge ich weitgehend dem, was Otto Hermann Pesch vorgetragen hat[1]. Auch ich halte die Übereinstimmungen für größer als die Differenzen, und die Argumente für eine wechselseitige Zulassung zum Herrenmahl haben auch in meinen Augen mehr Gewicht als die Argumente dagegen. Ich habe bislang auch die eher skeptische Annahme geteilt, dass die Hindernisse bis 2003 nicht ausgeräumt sein werden – selbst wenn man trotz allem natürlich auf Überraschungen hofft. Was in Berlin möglich sein wird, ist dann weniger als erhofft. Dennoch ist es nicht nichts. Ich möchte mich im Folgenden ganz auf die Frage konzentrieren, welche Bedeutung unter den gegebenen Bedingungen das geplante Treffen haben wird, haben kann. Ich weiß, dieses Symposion ist kein Organisationstreffen zur Vorbereitung des Ökumenischen Kirchentages, aber es steht doch im Vorfeld dieses Ereignisses. Bei der Abendmahlsfrage wird es konkret. Praktische Theologen lieben das Konkrete. Und insofern erlaube ich mir als der einzige Praktische Theologe, der hier redet, dieser Neigung nachzugeben – wissend, dass das eine eingeschränkte Sichtweise für das generelle Thema ist.

Ich glaube, Berlin 2003 wird in der Frage nach der Gemeinschaft beim Herrenmahl von großer Bedeutung sein. Warum? Weil dieses Treffen eine Qualität hat,

---

[1] Vgl. Otto Hermann Peschs Vortrag mit dem gleichen Titel, in: E. Pulsfort/R. Hanusch (Hg.), von der GEMEINSAMEN ERKLÄRUNG zum GEMEINSAMEN HERRENMAHL? Perspektiven für die Ökumene im 21. Jahrhundert, Regensburg 2002, 155–175.

die über das hinausgeht, was in den offiziellen zwischenkirchlichen Lehrgesprächen, aber auch in den Dialogen der wissenschaftlichen Theologie erreicht (oder nicht erreicht) werden kann. Und zwar dadurch, dass eine andere Größe hinzutritt und sich einmischt: nennen wir sie emphatisch das Volk Gottes, oder nüchterner: das Kirchenvolk, das Kirchentagsvolk, die vielberufene ‚Basis'. Das ist ja das Besondere der Kirchentage, der evangelischen und zunehmend auch der katholischen, dass sie nicht einfach ausführende Organe der Amtskirche sind, sondern eine Bewegung des Gottesvolkes, dem Selbstverständnis nach eine Laienbewegung, auf evangelischer Seite mit einer eigenen Abendmahlstradition.

Das signalisiert Probleme. Das Drängen der ‚Basis', möglicherweise darunter Gruppen, die darauf aus sein werden, medienwirksam mit demonstrativen Aktionen öffentliche Aufmerksamkeit zu erregen, einerseits, kirchenleitende Vorsicht, diplomatische Rücksichtnahmen, theologisches Verantwortungsbewusstsein sowie die Sorge vor einem allzu ungestümen Volk-Gottes-Populismus andererseits – das ergibt eine brisante Gemengelage und verlangt eine kluge Leitung mit viel Vertrauen zu einander. Der Konflikt um das Feierabendmahl beim diesjährigen evangelischen Kirchentag in Frankfurt hat die Probleme erkennbar werden lassen, die in diesem Zusammenhang auftreten können. Was lässt sich daraus lernen? Was kann man tun, damit die Chancen genutzt werden, ohne die Probleme zu verschleiern? Dazu möchte ich einige Überlegungen beisteuern.

Ich tue das in fünf Schritten und frage: (1) Was können wir realistischerweise erwarten? (2) Worauf ist bei der Vorbereitung zu achten? (3) Worin bestehen die evangelischen Impulse, die der Deutsche Evangelische Kirchentag einbringen kann? (4) Und wo brauchen wir katholische Hilfestellungen? Ich schließe (5) mit einem Ausblick: Eucharistische Gemeinschaft als Hoffnungssymbol für eine gefährdete Welt.

1 Realistische Erwartungen und mehr

Was für Berlin offiziell erwartet werden kann, ist eine recht eingeschränkte Begegnung: Es wird aller Voraussicht nach keine gemeinsamen Eucharistiefeiern geben, stattdessen eine Fülle konfessionell getrennter evangelischer und katholischer Abendmahlsfeiern, in einiger Vielfalt und hoffentlich großer Lebendigkeit. Man wird sich gegenseitig besuchen, wird eucharistische Gottesdienste auch der anderen Konfession miterleben und über den Reichtum staunen.

Wie steht es mit der „eucharistischen Gastfreundschaft"? Die evangelische Seite wird erneut ihre Einladung zur offenen Kommunion aussprechen, die katholische Seite vermutlich nicht oder doch? Wir werden sehen. Wenn nicht, dann werden die Gläubigen sich zum Teil daran halten. Sie werden dort nicht kommunizieren, wo sie nicht willkommen sind. Dennoch ist absehbar, dass viele die Gottesdienste der anderen Konfession nicht nur besuchen, sondern dort auch kommunizieren werden. Wer will sie im Ernstfall daran hindern? Man kann sich nicht vorstellen, wie eine förmliche Kontrolle der Konfessionalität der Kommunikanten aussehen und wie sie durchgesetzt werden sollte. Es wird eine Frage des Gespürs sein. Und warum sollte das Kirchentagsvolk nicht ein feines Gespür haben für das, was dem Partner zumutbar ist? Es wird – das sehe ich ähnlich wie Otto Hermann Pesch – eine gewisse Grauzone geben, in der manches passiert, was eigentlich nicht passieren sollte – und das ist nichts völlig Singuläres. Es passiert ja auch anderswo, wie alle wissen und immer wieder erleben. Allerdings wird es in Berlin andere Dimensionen annehmen. Und das ist gut so! Das Leben ist manchmal widersprüchlich und die eucharistische Praxis auch. Manchmal sind die Widersprüche noch das Beste in einer aporetischen Situation und durchaus ein Zeichen von Lebendigkeit. Man wird in jedem Fall Erfahrungen machen. Ich glaube, es besteht die begründete Hoffnung, dass es positive Erfahrungen sein werden und dass sie den Hunger nach der vollständigen Gemeinschaft am Tisch des Herrn stärken.

2 Feiern in Gegenwart der anderen – Lernprozesse auf dem Weg von Frankfurt nach Berlin

Es werden in Berlin konfessionell geprägte Herrenmahlsfeiern stattfinden – allerdings nicht in konfessioneller Abgeschlossenheit, sondern in Gegenwart der Anderen. Reden und Handeln in Gegenwart des Anderen verändert einen selbst. Die antizipierte Präsenz der Anderen wird dazu beitragen, Lernprozesse, die bereits seit längerem im Gang sind, zu vertiefen. Das ist eine große Chance.

Es hat ja in den letzten Jahrzehnten ein erstaunlicher ökumenischer Lernprozess stattgefunden. Er ist bereits die Frucht einer neuen Gemeinschaft im Verständnis und in der liturgischen Gestaltung des Herrenmahls. Dazu gehört sehr wesentlich die Wiederentdeckung des Eucharistiegebetes und seine Einholung in evangelische Abendmahlliturgien. Dass z.B. auch im neuen „Evangelischen Gottesdienstbuch" die Entfaltung der Verba Testamenti in einem Eucharistiegebet mit Anamnese, Epiklese, Gotteslob und eschatologischem Ausblick jetzt sogar den Vorrang bekommen hat vor der klassisch-reformatorischen Tradition, die sich allein auf die Einsetzungsworte konzentrierte, ist ein bedeutender ökumenischer Lernschritt. Dadurch wird das Abendmahlsgeschehen in größere heilsgeschichtliche Zusammenhänge eingerückt. Die eucharistische Feier steht in einem weiten biblischen Horizont.

Das war übrigens, wie Kenner wissen, intern heftig umstritten. Einflussreiche

Kritiker(innen) sahen durch die sogenannte „Eucharistisierung" die konfessionelle Identität lutherischer Theologie bedroht. Daraufhin sind einige der neuen Gebete wieder ausgeschieden worden, glücklicherweise nicht alle. Vor allem sind die strukturellen Einsichten erhalten geblieben[2]. Es gibt im Übrigen vielleicht auch so etwas wie eine List der agendarischen Vernunft. Denn durch die Zurückstellung bestimmter als katholisierend geltender Texte bzw. durch deren Überarbeitung haben einige andere (wenn man so will: moderne) Eucharistiegebete Aufnahme in das „Evangelische Gottesdienstbuch" gefunden, die sich dadurch auszeichnen, dass sie eine stärkere Öffnung der eucharistischen Anamnese und Epiklese für gegenwärtige Anliegen erkennen lassen[3]. Insgesamt ergeben sich daraus gute Chancen für eine Weiterentwicklung der Abendmahlsliturgie auch im Vorblick auf 2003. Man sollte sie nutzen.

Der Rückblick auf den evangelischen Kirchentag in Frankfurt im Juni dieses Jahres nötigt uns Evangelische freilich auch zu Selbstkritik. Man hatte in Frankfurt die katholischen Gemeinden mit zum Feierabendmahl eingeladen, sie aber bei der Vorbereitung nicht wirklich im Blick gehabt. Eucharistische Gastfreundschaft hat eine innere Verbindlichkeit. Wenn man sie ernst nimmt, verändert das die Art der Vorbereitung. Man wird sich dann nämlich bemühen, nichts zu tun, was die, die man einlädt, faktisch wieder ausschließt, weil man es ihnen unmöglich macht, die Einladung anzunehmen. Ich vermute: Hätte man dies in Frankfurt rechtzeitig beherzigt, wäre der Eklat, den es dann gab, vermieden worden[4].

---

[2] Vgl. D. Wendebourg: Den falschen Weg Roms zu Ende gegangen? Zur gegenwärtigen Diskussion über Martin Luthers Gottesdienstreform und ihr Verhältnis zu den Traditionen der Alten Kirche, in: ZThK 94, 1997, 437–467; H.-C. Schmidt-Lauber: So nicht! Zu Dorothea Wendebourgs Herausforderung der gegenwärtigen Liturgiewissenschaft, in: GAGF Nr. 33, 1998, 15–30; ders.: Der Beitrag der Ökumene zur Erneuerten Agende in Deutschland – dargestellt am Eucharistiegebet, in: LJ 47, 1997, 89–98; F. Schulz: Katholische Einflüsse auf die evangelischen Gottesdienstreformen der Gegenwart, in: PTh 86, 1997, 134–152 = LJ 47, 1997, 202–220; ders.: Luther und die „Eucharistisierung" des Abendmahls, in: GAGF Nr. 33, 1998, 3–14; U. Kühn: Der eucharistische Charakter des Abendmahls, in: PTh 88, 1999, 255–268, sowie die Darstellung der Vorgänge und Positionen bei H. Schwier: Die Erneuerung der Agende. Zur Entstehung und Konzeption des „Evangelischen Gottesdienstbuches" (Leiturgia NF 3), Hannover 2000, 355ff. Die bislang gründlichsten Analysen (einschließlich sehr genauer Recherchen der zugrunde liegenden Quellen und der im Überarbeitungsverfahren erfolgten Veränderungen) stammen von J. Neijenhuis: Das Eucharistiegebet – Struktur und Opferverständnis. Untersucht am Beispiel des Projekts der Erneuerten Agende (APrTh 15), Leipzig 1999, 194ff.286ff. Zur (unveröffentlichten) Stellungnahme des Theologischen Ausschusses der VELKD zu den Eucharistiegebeten des Vorentwurfs, die wiederum wesentlich von D. Wendebourg verfasst worden ist, vgl. kritisch ebd., 271ff.

[3] Vgl. Evangelisches Gottesdienstbuch, Berlin u.a. 1999, 633ff. mit dem Vorentwurf der Erneuerten Agende, Hannover 1990, 618ff. Neijenhuis registriert die Veränderungen (nur 6 der 15 im Vorentwurf enthaltenen Gebete werden übernommen, meist deutlich überarbeitet, 6 werden neu hinzugefügt) – leider sind seine Urteile insgesamt reichlich schematisch und schulmeisterlich (erkennbar in der Äußerung über eine erfolgte Kürzung, die „zuungunsten dogmatischer Einsichten und zugunsten ethischer Ausschweifungen (!) über den Frieden in der Welt ausgefallen" sei, 290). M.E. sollte der von der Arbeitsgruppe II eingeschlagene Weg positiv gewürdigt werden.

[4] Die folgenden Bemerkungen erheben nicht den Anspruch, eine genaue Rekonstruktion der Vorgänge zu sein. Ich beziehe mich auf Unterlagen, die ich einsehen konnte, verzichte aber auf eine exakte Chronologie und auf Vollständigkeit.

Konnte man – Berlin 2003 vor Augen – wirklich annehmen, dass der römisch-katholische Ortsbischof tolerieren würde, dass in der vorgeschlagenen Ordnung für das Feierabendmahl die Einsetzungsworte in ihrem biblischen Wortlaut verändert und durch eine aktualisierende Paraphrase ersetzt worden sind? Konnte man (um den zweiten wesentlichen Punkt anzusprechen) wirklich annehmen, dass katholische Theologie darüber hinweggehen würde, dass in der Arbeitshilfe bei der Erläuterung dessen, was das Abendmahl bedeutet, der Begriff des „Opfers" kategorisch ausgeschlossen und durch den Begriff der „Hingabe" ersetzt wurde? Wohl kaum. (Die beiden einschlägigen Sätze der Arbeitshilfe lauteten: „Wichtig ist uns, dass dem Hingabe- statt dem Opfergedanken konsequent Rechnung getragen wird." Und dann folgt noch der vollends problematische und höchst missverständliche Satz: „Wir lassen die Vorstellung, Fleisch zu essen und Blut zu trinken, endgültig hinter uns". Wer hat diese Vorstellung? Was ist damit gemeint? Die Erläuterung arbeitet mit Unterstellungen, lenkt die Aufmerksamkeit in eine bestimmte Richtung, ohne sie genau zu benennen.)

Es zeugt von bemerkenswerter ökumenischer Blindheit, dass dies nicht nur in dem betreffenden Projektausschuss durchgegangen ist, sondern offenbar auch bei der ersten Vorstellung des Vorschlags in der kirchlichen Öffentlichkeit nicht beanstandet wurde. Natürlich, es gab den prompten Protest von evangelikal-konservativer Seite (durch einen Kommentar im Pressedienst Idea[5]), aber das gehört offenbar schon so sehr zum Ritual des positionellen Schlagabtauschs (hin und her), dass es eher der Selbstbestätigung dient, als Nachdenken auslöst. Es gab außerdem Interventionen durch den Rat der EKD sowie durch die beiden hessischen evangelischen Kirchen und interne Gespräche mit der Kirchentagsleitung. Doch erst der öffentliche Einspruch von Bischof Kamphaus hatte eine durchschlagende Wirkung.

Das Ganze wirft ein bezeichnendes Licht auf die innerevangelische Diskussion um das Abendmahl, die in den letzten Jahren vor allem in Süddeutschland, aber dann auch auf dem Kirchentag zwischen Vertreterinnen der feministischen Theologie und ihren konservativ-pietistischen Gegnern geführt worden ist. Es war eine notwendige und in vieler Hinsicht lehrreiche Debatte, aber sie war m.E. zu sehr von plakativen Alternativen und wechselseitigen Exklusivitäten bestimmt, so dass die Frage nach der Gemeinschaft beim Abendmahl darüber zurücktrat.

Auch diese Debatte hatte übrigens zum Ausgangspunkt das Motiv, sich bewusst zu machen, was es bedeutet, in Gegenwart der Anderen Gottesdienst zu feiern, in diesem Fall in Gegenwart von Frauen so zu feiern, dass diese sich nicht ausgeschlossen fühlen müssen. Deshalb stand im Zentrum der Diskussionen die

---

5 Vgl. den Kommentar von R. Hille: Abendmahl: Sakrament oder Happening? Wie ernst nehmen die lutherischen Kirchen ihre Bekenntnisschriften noch?, in: Idea Nr. 32 vom 14.3.2001.

(selbst)kritische Überprüfung patriarchaler Gottesbilder und Heilsvorstellungen und die Bemühung um eine gerechte, inklusive Sprache in Gebeten, Liturgien und Predigten, deshalb die Auseinandersetzung mit der traditionellen Christologie und Opfertheologie. Ich will darauf hier nicht weiter eingehen[6]. Denn für unsere Thematik entscheidend ist die Tatsache, dass es eine Debatte war, die faktisch unter Ausschluss der katholischen Theologie und Spiritualität geführt worden ist (vermutlich eher unbewusst als bewusst), und zwar unter Ausschluss nicht nur der offiziellen römisch-katholischen Sakramentenlehre, sondern auch der gelebten eucharistischen Frömmigkeit katholischer Laien[7]. Das ist nun anders geworden.

Nachdem Bischof Kamphaus (ausgerechnet er, ein für sein großes ökumenisches Engagement bekannter und deshalb unverdächtiger Vertreter der katholischen Amtskirche!), gestützt auf ein Gutachten der Professoren Löser und Kunz von der Hochschule St. Georgen, massiv Einspruch eingelegt hatte, der in der Ablehnung der Einladung gipfelte, haben auch die Leitungen der beiden hessischen evangelischen Kirchen öffentlich reagiert und klargestellt: So geht's nicht! Auch nach evangelischer Lehre stehen die Verba Testamenti nicht zur Disposition. Der biblische Wortlaut der Einsetzungsworte ist die verbindliche Grundlage evangelischer Abendmahlsfeiern. Im Übrigen sind bei der Deutung des Geschehens alle theologischen Reduktionismen abzulehnen. Das Herrenmahl ist mehr als die Fortsetzung der Tischgemeinschaft mit dem irdischen Jesus. Es wird gefeiert – ich zitiere aus der Erklärung, die Kirchenpräsident Steinacker für das Leitende

---

[6] Vgl. u.a. Frauenarbeit der Ev. Landeskirche in Württemberg (Hg.): Wir Frauen und das Abendmahl, Stuttgart 1996, ²1997. Dazu C. Hildebrand: Ein neuer Abendmahlsstreit? Zur Geschichte von „Wir Frauen und das Herrenmahl", in: ZGP 18, 2000/2, 17–19. Vgl. auch die sorgfältige kritische Aufarbeitung der Diskussion seit 1979 bei U. Grümbel: Abendmahl: „Für euch gegeben?" Erfahrungen und Ansichten von Frauen und Männern – Anfragen an Theologie und Kirche, Stuttgart 1997, 18–167 sowie die Interpretation von ausführlichen Interviews mit Frauen und Männern in Sachen Abendmahl, 169–363; dies.: Im Blickpunkt: Abendmahl. „Ich kann mir vorstellen, dass die Einstellung zwischen Mann und Frau im wesentlichen unterschiedlich ist …", in: EvTh 58, 1998, 49–73; C. Begerau/R. Schomburg/M. v. Essen (Hg.): Abendmahl – Fest der Hoffnung: Grundlagen – Liturgien – Texte, Gütersloh 2000.

[7] Dieser Aspekt wird häufig übersehen. Vgl. aber die knappen Hinweise im Referat der katholischen Liturgiewissenschaftlerin Teresa Berger auf dem Liturgischen Tag Abendmahl beim Deutschen Evangelischen Kirchentag in Stuttgart 1999: Brot und Stein. Das Sakrament der Einheit in den entzweiten Kirchen, in: Abendmahl – Fest der Hoffnung, a.a.O. (s. Anm. 6), 72–77, 73ff. In dieser Hinsicht sehr aufschlussreich sind die Stimmen von evangelischen und katholischen Christinnen und Christen, die auf eine Umfrage der beiden Zeitschriften „chrismon" und „Christ in der Gegenwart" zur Bedeutung von Abendmahl und Eucharistie in überraschend großer Anzahl geantwortet haben. Auch diese Aktion spielte auf dem Ökumenischen Kirchentag in Berlin eine Rolle. Vgl. die Berichterstattung über die Veranstaltung „Brot und Wein" am Samstag, den 31.5.03 in „chrismon plus" 97/2003, 41ff. sowie „Christ in der Gegenwart" Juli 2003, Heft 7, 108f. Dazu auch die Beobachtungen zur Erstauswertung der Einsendungen von O.H. Pesch und mir, in: epd-Dokumentation Nr. 25, vom 16.6.03: „Einheit suchen – in Vielfalt einander begegnen", 56–60. Inzwischen ist eine ausführliche Dokumentation und Auswertung durch die Leiterinnen der Ökumenischen Institute der evangelischen und der katholischen theologischen Fakultäten Münster erschienen: F. Nüssel/D. Sattler (Hg.): Menschenstimmen zu Abendmahl und Eucharistie. Erinnerungen – Anfragen – Erwartungen, Frankfurt/M. 2004.

Geistliche Amt der Evangelischen Kirche in Hessen und Nassau formuliert hat –, im Glauben, „dass Jesu Sterben für uns zur Versöhnung der Welt geschehen ist, er als der Auferstandene in geheimnisvoller Weise im Abendmahl gegenwärtig ist, das Heil Gottes vermittelt und Gemeinschaft mit ihm und untereinander stiftet"[8]. Dem hat sich dann auch das Kirchentagspräsidium angeschlossen und den Gemeinden empfohlen, dies bei der Konkretisierung ihrer lokalen Feierabendmahle zu beherzigen. Die Klarstellung war nötig. Sie kam zu spät, um den Schaden, der bereits eingetreten war, zu beheben. Man wird daraus lernen und darf ziemlich sicher sein, das ähnliches bei der Vorbereitung auf Berlin nicht wieder vorkommen wird. Nötig ist freilich dazu eine intensivere Auseinandersetzung auf evangelischer Seite mit den aufgetauchten Streitfragen, die die Diskussion der letzten Jahre ebenso einbezieht wie den Stand der ökumenischen Konsensbemühungen[9].

Nebenbei gesagt: Ich finde, die offenkundigen Schwächen des Vorschlags für das Frankfurter Feierabendmahl haben es der katholischen Seite allzu zu leicht gemacht, die Einladung zurückzuweisen. So ist es auf überraschende Weise gelungen, in der Frage nach der gegenseitigen Zulassung zum Herrenmahl argumentativ wieder in die Offensive zu gehen. Je mehr die evangelische Seite ihre eigenen Lehrgrundlagen ernstnimmt, je mehr sie die katholischen Anliegen in ihrer Vorbereitung berücksichtigt (ohne sich selbst zu verleugnen), umso schwerer dürfte es werden, die Ablehnung einer solchen Einladung plausibel zu begründen. Insofern dürfte es in den nächsten beiden Jahren noch spannend werden.

Es gibt in der Tat innerprotestantisch einige Lektionen zu lernen[10]. Es sind bei dieser Gelegenheit Probleme zu Tage getreten, die viel verbreiteter sind und zu selbstkritischer Reflexion Anlass geben. Dazu gehört – um nur einen Punkt zu nennen – das aus der Balance gekippte Verhältnis von Text und Paraphrase.

Es ist eine alte Unsitte moderner protestantischer Liturgien (in der Tradition der theologischen Aufklärung), dass man keine vorgegebene biblische oder kirchliche Formel im Wortlaut stehen lassen kann, sondern meint, sie durch aktualisierende Paraphrasen ersetzen zu müssen. Auf diese Weise werden Formulierungen, die schwierig und dem gegenwärtigen theologischen Bewusstsein unzumutbar erscheinen, wegretouchiert. Man beruft sich dabei oft auf die Außenstehenden. Was

---

[8] In: Thesen zum Feierabendmahl. Von Kirchenpräsident Peter Steinacker für das Leitende Geistliche Amt der Evangelischen Kirche in Hessen und Nassau (EKHN) formuliert am 17.5.2001, These 17; vgl. den Brief des Bischofs der Evangelischen Kirche von Kurhessen-Waldeck (EKKW) M. Hein an Gemeinden seiner Landeskirche vom 16.5.01.

[9] Vgl. dazu die vom Rat der EKD vorgelegte Studie: Das Abendmahl. Eine Orientierungshilfe zu Verständnis und Praxis des Abendmahls in der evangelischen Kirche, Gütersloh 2003.

[10] Und nur davon soll hier die Rede sein. Welche Lektionen auf katholischer Seite zu lernen wären, habe ich offen gelassen. Vgl. aber – nach Frankfurt – die deutlichen Worte von F. Steffensky: „Der Katholizismus hat nicht weniger an der Abendmahlspraxis und -theologie zu arbeiten als der Protestantismus." Ders.: Kirchentag – Ort der erlaubten Irrtümer. Der Streit um das Abendmahl, in: ZGP 19, 2001/4, 53–54, 54 sowie Steffenskys Antwort auf T. Berger in der Diskussion auf dem Stuttgarter Kirchentag 1999, in: Abendmahl – Fest der Hoffnung, a.a.O. (s. Anm. 6), 77–81.

nicht unmittelbar verständlich ist, so wird argumentiert, stößt die Außenstehenden ab, verwirrt, schließt aus. Aber hier droht auch ein rationalistisches Vorurteil verallgemeinert zu werden. Faktisch unterzieht man die Tradition einer theologischen Zensur durch die eigene positionelle Überzeugung. Das Gegenüber der geheimnisvollen, auch fremden Vorgabe wird zum Verschwinden gebracht, die Poesie der Formel zerstört[11]. Der modernistische Paraphrasierungszwang steht dem antimodernistischen Wörtlichkeitszwang in nichts nach. Nur wer die Differenz zwischen den vorgegebenen Texten und Formeln und ihrer aktuellen Deutung aushält und nicht beseitigt, öffnet einen Spielraum der Freiheit für die heute mögliche Aneignung. Nur so wird es möglich, mit unterschiedlichen Auffassungen und im Respekt vor gewachsener Frömmigkeit zusammen zu feiern und Gemeinschaft am Tisch des Herrn zu haben.

Das schließt auch harten Streit um Sinn und Bedeutung des Abendmahls nicht aus. Aber es begrenzt den Streit. Es verhindert, dass die jeweiligen Standpunkte verabsolutiert werden und rettet das gemeinsam Vorgegebene vor den sich ausschließenden Kommentierungen.

Die Frage der Gemeinschaft beim Herrenmahl berührt im Übrigen nicht nur dogmatische essentials, zur Debatte steht auch die Überzeugungskraft bestimmter liturgischer Vollzüge. Hier ist die Lage aus evangelischer Sicht nicht so eindeutig, wie das katholische Votum meint. Das Gutachten der Professoren Löser und Kunz begründet die Ablehnung der Einladung zum Feierabendmahl auch mit zwei weiteren Punkten. Beides hat sich Bischof Kamphaus zu eigen gemacht. Das betrifft den Vorschlag, dass die Gemeinde die Einsetzungsworte mitspricht bzw. dem Geistlichen nachspricht, und es betrifft die Verbindung von Herrenmahl und Sättigungsmahl[12].

---

[11] Vgl. auch F. Steffensky: „Wer die Formel verachtet, muss viel reden. Es gibt eine Störung religiöser Sprache, die in ihrer Entbilderung besteht. Die Aufgabe der Formeln mein Fleisch und mein Blut ist eine solche Entbilderung. Die angebotene Übersetzung bleibt daher blass. Das bewusstseinsmäßige Verstehen ist nur eine Form des Verstehens. Das Verstehen in Bildern, Symbolen, Gesten und Zeichen hat eine andere Eindringlichkeit, und gerade von solchem Verstehen lebt unsere Hoffnung. Es ist ein ärgerliches modernistisches Kunstproblem, zu glauben, Menschen könnten Fleisch und Blut in kruder Wörtlichkeit verstehen. Die Vorbereitungsgruppe argumentiert, die Übersetzung der Sprache und der Gesten sei notwendig, damit auch Fremde und Kirchendistanzierte teilnehmen können. Diese pädagogische Selbstäußerung halte ich für falsch und für eine Unterschätzung der Fremden. Wer fremd ist, ist fremd. Wer distanziert ist, ist distanziert. Warum soll er es nicht sein? Aber die geheimnisvollen Zeichen und die fremde Sprache des Abendmahls haben darin ihre besondere Chance, dass sie die Distanzierten mehr von der Kraft des Abendmahls ahnen lassen, als alle Aufschlüsselungsversuche ihnen sagen." Kirchentag – Ort der erlaubten Irrtümer, a.a.O. (s. Anm. 10), 54.

[12] Vgl. das Schreiben von Bischof Franz Kamphaus und das Gutachten der Professoren Werner Löser SJ und Erhard Kunz SJ von der Hochschule St. Georgen in Frankfurt vom 10.5.01. Dort heißt es: „... in einer Agapefeier tritt die eigenständige Aufgabe dessen, der ein kirchliches Amt in der Gemeinde innehat, als solche nicht unbedingt in Erscheinung. Da ist es sinnvoll, dass in gleicher Weise ‚eine/r' und ‚alle' dasselbe sprechen und tun, wie es für das ‚Feierabendmahl' (bei der Rezitation der Einsetzungsworte) auch vorgesehen ist. Aber in einer Abendmahls- oder Eucharistiefeier gibt es den, der in der Repräsentation Christi und der Gemeinde handelt, zumal wenn die eucharistischen Ein-

Ist es zulässig, dass die Gemeinde die Einsetzungsworte mitspricht bzw. dem Pfarrer oder der Pfarrerin nachspricht oder tangiert das die Zuständigkeit, die Rechte und die Vollmacht der ordinierten Amtsperson, die der Abendmahlsfeier vorsteht? Hier wird man aus evangelischer Sicht unterscheiden müssen: Ist so etwas prinzipiell theologisch-kirchenrechtlich illegitim? Nein![13] Ist es liturgisch, also vom Vollzug her, überzeugend? Hier neige ich aus der Erinnerung an die entsprechende Praxis auf dem Kirchentag in Stuttgart 1999 beim Liturgischen Tag Abendmahl zu einem eher skeptischen Nein[14]. Ist es für Katholiken eine Provokation, die ihnen nicht zuzumuten ist, so dass man schon deshalb darauf verzichten sollte? Offenbar ja.

Der andere Punkt ist der Zusammenhang von Sakrament und Sättigungsmahl, der in dem Vorschlag für Frankfurt enthalten war. Auch hier müsste man unterscheiden zwischen der Grundsatzfrage: Ist eine solche Verbindung prinzipiell illegitim oder nur unter bestimmten Umständen? Worin besteht die Überzeugungskraft des Vorschlags, und worauf wäre zu achten, damit die Unterscheidung zwischen beidem gewahrt bleibt[15]? Welcher Rahmen wäre angemessen, um diese uralte, in der gesamten frühchristlichen Zeit praktizierte Zusammengehörigkeit von Eucharistiefeier und Mahlgemeinschaft heute wiederzubeleben? Gibt es Gründe, die unter heutigen Umständen davon abraten lassen, dies in einer großen Messehalle zu tun? Ich komme darauf noch zurück.

Festzuhalten ist: Die Feier der eigenen liturgischen Tradition in Gegenwart der Anderen und in Verbindung mit einer Einladung an die Anderen kann nicht heißen, die eigenen Überzeugungen in wesentlichen Punkten zu suspendieren. Man kann aus ökumenischer Rücksicht darauf verzichten, bestimmte Ideen in allzu unbekümmerter Experimentierfreude auszuprobieren, wenn man weiß, dass dies für die Anderen ein unüberwindbares Hindernis darstellt, aber man wird die elementaren Lehrgrundlagen nicht verleugnen[16].

---

setzungsworte gesprochen werden. Diese Differenz ist in der Vorlage zum ‚Feierabendmahl' bewusst aufgehoben." (3f.)

[13] Vgl. Kirchenpräsident Steinacker: „Von unseren Voraussetzungen ist gegen gemeinsam gesprochene Einsetzungsworte nichts prinzipiell einzuwenden, sofern der Eindruck erhalten werden kann, dass wir im Abendmahl die nur Empfangenden sind." A.a.O. (s. Anm. 8), These 15, 2.

[14] Die im Vorwort der Arbeitshilfe Feierabendmahl gegebene Begründung, auf diese Weise wolle man die „Demokratisierung liturgischer Kompetenz" vorantreiben (a.a.O., [s. Anm. 5], 2), scheint mir im Übrigen eine eher kurzschlüssige Zielsetzung. Sie nimmt auf, was in der Ordnung für das Feierabendmahl beim Liturgischen Tag Abendmahl in Stuttgart 1999 so weit ich sehe erstmals auf einem Kirchentag ausprobiert worden ist – für mich schon damals nicht wirklich überzeugend. Vgl. Abendmahl – Fest der Hoffnung, a.a.O. (s. Anm. 6), 134f.

[15] Vgl. Kirchenpräsident Steinacker: "Von unseren Voraussetzungen ist gegen eine Kombination von Abendmahl und gemeinsamem Essen (Sättigungsmahl) nichts einzuwenden, sofern beides von einander theologisch und liturgisch als unterschieden und nicht getrennt erkennbar ist." A.a.O. (s. Anm. 8), These 13, 2.

[16] Zum Beispiel wird die evangelische Kirche wegen der Differenzen in der Amtsfrage die Ordination von Frauen nicht rückgängig machen und den Anblick, dass eine Frau das Sakrament austeilt, den anderen ökumenischen Partnerkirchen, die in dieser Frage nicht (oder noch nicht) so weit sind,

Gemeinschaft kann man nicht erzwingen. Man muss sie wollen. Voraussetzung ist, dass man den Partner, mit dem man die Begegnung sucht, und seine inneren Anliegen wirklich kennt. Wer ist der Partner in Berlin 2003? Nicht einfach die Evangelische Kirche in Deutschland, die Vereinigte Lutherische Kirche, die Evangelische Kirche der Union oder eine einzelne Landeskirche. Partner ist der Deutsche Evangelische Kirchentag. Und der hat seine durchaus eigene Abendmahlstradition.

3 Evangelische Impulse – zur Abendmahlstradition des Deutschen Evangelischen Kirchentages

Das Abendmahl hat nicht immer eine so zentrale Rolle auf evangelischen Kirchentagen gespielt wie heute. Das verdankt sich einer Neuentdeckung seiner Relevanz und Aktualität. Die Wiederentdeckung des Abendmahls war ein längerer Prozess, der Mitte der siebziger Jahre einsetzte und Ende der siebziger, Anfang der achtziger Jahre im „Feierabendmahl" eine besondere liturgische Gestalt bekam. „Feierabendmahl": Der Begriff ist bewusst mehrsinnig gefasst. Er verbindet auf spielerische Weise die Aspekte Feier, Feierabend, Mahl und Abendmahl. Der Begriff habe etwas „Fließendes" und „Schillerndes", kritisieren die katholischen Professoren Löser und Kunz in ihrem Gutachten, und auch Bischof Kamphaus findet das bedenklich. Damit würde das Profil der eucharistischen Feier nivelliert. Aber das ursprüngliche Anliegen war es nicht, Profil zu nivellieren, sondern durch die Kombination gerade Profil zu bilden (ohne Unterschiede zu verwischen). Es war – davon bin ich nach wie vor überzeugt – eine sehr schöne Idee, und es ist ein sehr anschauliches Symbol: Nach zweieinhalb Tagen macht der Kirchentag am Freitagabend Feierabend. Das Volk Gottes ruht aus, feiert, ein bisschen Sabbatruhe kehrt ein. Man trifft sich dezentral, in den Messehallen, vor allem in den vielen gastgebenden Gemeinden, und feiert einen festlichen, kommunikativen Abendmahlsgottesdienst, an den sich meist auch ein gemeinsames Sättigungsmahl anschließt. Das Abendmahl rückte in die Mitte des Kirchentags. Die „protestantische Appetitlosigkeit" (Georg Kugler) am Tisch des Herrn wurde überwunden. Seit 1983 feiert der Kirchentag auch seine Schlussversammlung als großen Abendmahlsgottesdienst.

Mit dieser Neuentdeckung waren eine Reihe theologischer Inhalte verbunden[17].

---

zumuten. Sie wird, in der Überzeugung, dass genau dies evangeliumsgemäß ist, und im Vertrauen auf den Zeichencharakter dieser Praxis gelassen abwarten, ob daran die Gemeinschaft beim Herrenmahl daran wirklich scheitern sollte.

17 Vgl. zum Folgenden G. Kugler: Feierabendmahl. Zwischenbilanz – Gestaltungsvorschläge – Modelle, Gütersloh 1981; die beiden Dokumentationsbände: Forum Abendmahl, hg. von G. Kugler mit Beiträgen von E. Käsemann, J.B. Metz, H.-J. Quest u.a. (GTB 346), Gütersloh 1979, und: Alle an einen

Sie sind später nicht alle in Erinnerung geblieben. Einiges ist verlorengegangen, Neues hinzugekommen[18]. Zwischendurch war die Sache auch ein bisschen zur Kirchentagsroutine geworden und in den Hintergrund gerückt. Es spricht vieles dafür, dass in der Perspektive des Ökumenischen Kirchentages und unter dem Eindruck der Ereignisse der letzten Wochen die Relevanz dieser Inhalte erneut hervortritt. Es waren vor allem vier Einsichten. Im Zentrum stand eine neue Vision von Kirche.

3.1 Eine Vision von Kirche: Einheit in der Vielfalt

Christus lädt ein an seinen Tisch. Am Tisch des Herrn wird Einheit in der Vielfalt, in versöhnter Verschiedenheit Ereignis. Das Abendmahl ist ein Gemeinschaftsmahl. Kommunion und Kommunikation gehören zusammen.

Natürlich erkennt man in dieser Vision von Gemeinschaft auch die Zeichen der siebziger, achtziger Jahre. Seitdem hat sich vieles verändert, in der Gesellschaft, aber auch in der Kirche. Der Pluralismus ist größer geworden, die Individualisierung vorangeschritten. Die jugendbewegte Gemeinschaftsromantik stößt auf Skepsis, auch im Gottesdienst. Man wahrt Abstand, Distanz, (Ironie), gerade die Jüngeren wollen auf keinen Fall vereinnahmt werden. Und doch gibt es, gerade auf dem Hintergrund nachlassender Traditionsbindung, eine neue, mag sein, un-

---

Tisch. Forum Abendmahl 2, hg. von R. Christiansen und P. Cornehl, mit Beiträgen von H. Albertz, G. Kugler, N. Greinacher, E. Rau, U. Kleinert, R. Christiansen, M. Kruse, P. Cornehl u.a. (GTB 382), Gütersloh 1981; ferner: Abendmahl und Gemeindeerneuerung. Themenheft Pastoraltheologie 72, 1983/3, mit Beiträgen von C. Zippert, R. Christiansen, G. Kugler, E. Rau, P. Cornehl, H. Schröer; H. Lindner: Feierabendmahl, in: H.-C. Schmidt-Lauber/K.-H. Bieritz (Hg.): Handbuch der Liturgik, Leipzig/Göttingen 1995, 874–884; H. Schröer: Einführung in das Feierabendmahl, in: Abendmahl – Fest der Hoffnung, a.a.O. (s. Anm. 8), 90–95. Außerdem in diesem Band, 165–191.

[18] Zum Beispiel die Gender-Frage mit all ihren Implikationen. Vgl. noch einmal die Darstellung von U. Grümbel: a.a.O. (s. Anm. 6), 24ff. Neu ist auch die Konzentration auf die Thematik Gewalt und Opfer. Vgl. dazu neben der feministisch-theologischen Kritik (in Stuttgart 1999 noch einmal formuliert von E. Moltmann-Wendel: Gott braucht kein Sühnopfer, um sich mit uns zu versöhnen, in: Abendmahl – Fest der Hoffnung [26f.], und U. Grümbel: Lebensmittel statt Opfergabe [ebd., 27–30], auch die andersartigen Überlegungen von H.-M. Gutmann: Das Abendmahl als Opfer: befreiende Gabe, nicht heilige Gewalt [ebd., 30–32]. Neu ist schließlich auch das Bemühen, in Anknüpfung an die frühchristliche Mahlpraxis den Zusammenhang von Mahlgemeinschaft und Mahlzeit praktisch wiederzugewinnen. Vgl. dazu die Auszüge aus Bibelarbeiten zu 1.Kor. 11,17–34 auf dem Stuttgarter Kirchentag 1999 von L. Schottroff, J. Ebach, K. Berger, H. Adolphsen, O. Ortega/B. Wartenberg-Potter, K. Wengst, E. Eppler u.a. ebd. – Eine genauere Darstellung der Beiträge des Deutschen Evangelischen Kirchentages zur Erneuerung des Gottesdienstes seit Mitte der sechziger Jahre ist immer noch ein Desiderat. Vgl. einstweilen H. Schröer: Anstiftung zu lebendiger Liturgie, in: R Runge/C. Krause (Hg.): Zeitansage. 40 Jahre Deutscher Evangelischer Kirchentag, Stuttgart 1989, 65–82; G. Ruddat/H. Schröer: Lebendige Liturgie – ein Programmwort und seine Geschichte, in: W. Ratzmann (Hg.): Der Kirchentag und seine Liturgien (Beiträge zu Liturgie und Spiritualität 4), Leipzig 1999, 83–116 (Lit.).

bestimmte Sehnsucht nach Zugehörigkeit. Denn inzwischen wird auch die Kehrseite der Individualisierung deutlich. Die Singularisierung macht einsam. Eine neue Balance zwischen Individuum und Gemeinschaft wird gesucht.

Tischgemeinschaft, die verbindet, ohne den Einzelnen seiner Besonderheit zu berauben, ein Mahl, das Einheit in der Vielfalt möglich und anschaulich macht, Einheit ohne Zwang zur Uniformität, Einheit auch im Konflikt („versöhnte Verschiedenheit" klingt fast etwas zu harmonistisch) – das ist nach wie vor oder heute wieder neu ein faszinierendes Modell von Kirche und Ökumene.

3.2 Eucharistische Festlichkeit: Farbenwechsel bei der Mahlfeier

Das Abendmahl ist ein eschatologisches Fest, bestimmt von Gotteslob, Freude und Dankbarkeit. Abendmahl ist „Eucharistie". Das ist auf den Kirchentagen wiederentdeckt worden. Für viele Protestanten, deren Abendmahlserfahrung geprägt war von Sündenbekenntnis, verbunden mit strenger Selbstprüfung in einer oft bedrückenden Atmosphäre, so dass die frohe Botschaft der geschenkten Vergebung kaum noch gehört wurde, war das eine Befreiung.

Sie war verbunden mit einer Art eucharistischem Farbenwechsel: vom Dunklen zum Hellen. Die emotionale Einfärbung mit dunklen Tönen hat die Abendmahlspraxis und Sakramentserfahrung vieler Generationen evangelischer, vor allem lutherischer Christen belastet. Hier hat sich seitdem viel geändert, auch durch die neue Feierpraxis auf den Kirchentagen, die auf die Gemeinden ausstrahlte.

Dieser eucharistische Farbenwechsel war seinerseits abrupt und einseitig. Er drohte, zur Diskreditierung der eigenen Abendmahlstradition zu führen, deren zentrale Themen Schuld und Vergebung theologisch verdächtigt wurden und mehr und mehr aus der Abendmahlsliturgie verschwanden. Das war problematisch. Bemühungen, hier gegenzusteuern, waren leider nicht immer erfolgreich[19]. Die Arbeit an der Integration ist weiter nötig.

---

[19] Vgl. schon die Versuche im Forum Abendmahl 2: den Vortrag von M. Kruse: Christi Leib für dich gegeben. Mahl der Vergebung, in: Alle an einen Tisch, a.a.O., (s. Anm. 17), 117–125, sowie meine eigenen Überlegungen in diesem Band, 165–191, 187ff.; Hineinwachsen in Spannungen. Eine theologische Zwischenbilanz der Abendmahlsbewegung, in: PTh 72, 1983, 120–132, bes. 126ff. Grundsatzkritik am Ansatz äußerten W. Schilling: Heiliges Abendmahl oder Feierabendmahl?, Bielefeld 1981; sowie K.-P. Jörns: Problemlösung oder Erlösung. Tendenzen auf dem Büchermarkt zum Gottesdienst, in: Dt PfBl 81, 1981, 350ff., 409ff.; vgl. ferner W. Böhme (Hg.): Feiern wir das Abendmahl richtig? Mit Beiträgen von W. Böhme, M. Seitz, G. Ruhbach und G. Kretschmar, Karlsruhe 1985.

3.3 Das Herrenmahl als Gestalt gewordene Rechtfertigung

In der Herrenmahlfeier wird die Wahrheit des Evangeliums konkret: Leben ist Geschenk. Wir sind nicht die Herren und Macher unserer selbst. Wir müssen uns nicht selbst herstellen. Wir leben von der Gnade. Wir erfahren Annahme und Rechtfertigung, Heil und Vergebung leibhaftig in der Tischgemeinschaft Jesu Christi, des gekreuzigten und auferstandenen Herrn, der im Mahl gegenwärtig ist unter Brot und Wein. Das ist das „Geheimnis des Glaubens", das wir empfangen, teilen und weitergeben.

Es mag sein, dass das seinerzeit theologisch noch nicht so deutlich artikuliert worden ist, wie es heute, auch nach der in der Gemeinsamen Erklärung erreichten Verständigung über die Rechtfertigungslehre, möglich ist. Sachlich gehörte es zu den Grundmotiven, die den Aufbruch getragen haben.

3.4 Sakrament und Weltverantwortung: Das Herrenmahl als Antwort auf die Lebensfragen unserer Zeit

Das gemeinsame Mahl hat Konsequenzen. „Brot und Wein, die wir am Tisch Jesu empfangen, machen uns hungrig und durstig nach Gottes kommender Gerechtigkeit. Wir können nicht Gäste des Gekreuzigten sein, ohne solidarisch zu leben wir er", heißt es in den Lorenzer Ratschlägen vom Forum Abendmahl 1979[20]. Das Abendmahl ist ein „Friedensmahl", ein „Mahl gegen die Apartheid". Das Engagement für Gerechtigkeit, Frieden und Bewahrung der Schöpfung wurzelt in der erfahrenen Tischgemeinschaft Jesu.

Diese Überzeugung belegen zahllose ähnliche Äußerungen aus den siebziger und achtziger Jahren. Das waren nicht einfach Bekundungen eines im Kontext von Nachrüstung, Friedens- und Ökologiebewegung politisierten Protestantismus. Darin bestand ein breiter ökumenischer Konsens. In dem lutherisch-katholischen Dokument „Das Herrenmahl" (1979), das nicht im Verdacht steht, politisch revolutionäre Ansichten zu vertreten, lesen wir: „Wer in die Gemeinschaft mit dem Herrn hineingenommen ist, muss mit ihm gegen die Mauern der Feindschaft vorgehen, welche Menschen gegeneinander errichten: Mauern der Feindschaft zwischen Stämmen, Nationen, Rassen, Klassen, Geschlechtern, Generationen, Konfessionen, Religionen."[21] Ganz ähnlich ist der Tenor der Lima-Erklärungen zu „Taufe, Eucharistie und Amt" (1982)[22].

---

20 Vgl. Lorenzer Ratschläge. Anstiftung zur Hoffnung. In: Forum Abendmahl, hg. von G. Kugler, a.a.O., (s. Anm. 17), 159–163 = Abendmahl – Fest der Hoffnung, a.a.O. (s. Anm. 8), 95–99.
21 Vgl. Gemeinsame römisch-katholisch/evangelisch-lutherische Kommission: Das Herrenmahl, Paderborn/Frankfurt ³1979, Nr. 28, 22 – ein Zitat aus der Accra-Erklärung von 1974.
22 Vgl. Taufe, Eucharistie und Amt. Konvergenzerklärungen der Kommission für Glauben und Kirchenverfassung des Ökumenischen Rates der Kirchen, Frankfurt/Paderborn 1982, und dort vor allem Ab-

Das Pathos dieser Erklärungen erscheint einem heute (so ging es mir jedenfalls beim Wiederlesen) in manchem auch fremd, pauschal, angestrengt fordernd. Andererseits: Hat nicht nach dem 11.September die Einsicht in den Zusammenhang zwischen Eucharistie und Weltverantwortung plötzlich eine neue Brisanz bekommen? Wie können wir sie so wahrnehmen, dass die Forderungen nicht gesetzlich wirken und lähmen, sondern – wie es 1979 in Nürnberg hieß – „Anstiftung zur Hoffnung" sind?

Vielleicht dann, wenn wir stärker realisieren, dass es bei dem Weltbezug des Herrenmahls nicht primär um die Einschärfung der ethisch-sozialethischen Konsequenzen geht, sondern um eine grundlegende hermeneutische Wahrnehmung der Sache. „Die Eucharistie umfasst alle Aspekte des Lebens", heißt es in der Lima-Erklärung[23]. Das war die Entdeckung auch auf dem Kirchentag. Wir haben die Relevanz und Aktualität des Abendmahls entdeckt, als wir entdeckten, dass das Sakrament eine Antwort ist auf die elementaren Lebensfragen unserer Zeit. Ungerechtigkeit und Hunger, der Hunger nach Brot und der Hunger hinter dem Hunger, der Hunger nach Anerkennung, nach Sinn und Gewissheit; Trennungen, Spaltungen und Versöhnung, Gewalt und Frieden – die Themen unserer Lebenswelt sind Abendmahlsthemen. Sie werden nicht von außen herangetragen, sie sind im Mahl enthalten. Es handelt sich hermeneutisch um eine Doppelbewegung. Sie erschließt unsere Gegenwart, und sie führt uns hinein in die Schrift. Denn in dem Maße, in dem wir die Gesten, Sprechakte, Inhalte und Vollzüge des Herrenmahls auf die Schlüsselthemen unser Zeit beziehen lernen, in dem Maße entdecken wir den biblischen Reichtum des Sakraments, die Fülle der darin enthaltenen, zitierten und assoziierten, anklingenden, mitschwingenden, erinnernden und antizipierenden Verheißungen und Weisungen der Heiligen Schrift, den weiten heilsgeschichtlichen, schöpfungstheologischen und eschatologischen Horizont des Abendmahls.

Die vier genannten Impulse drängen zur liturgischen Gestaltung. Die Inhalte wollen Gestalt annehmen, zum Teil sind es ja von Anfang an Formimpulse, Gestaltideen. Wir haben das, was uns wichtig wurde, in den Gottesdienstordnungen und Gebeten unserer Kirchen nur teilweise wiedergefunden. Deshalb war die Abendmahlsbewegung auf dem Kirchentag eine liturgische Suchbewegung. Gesucht wurden überzeugende, einladende und ansprechende, konturierte und zugleich offene Formen des Vollzugs. Was gefunden oder erfunden wurde, wurde ausprobiert, kritisch ausgewertet, korrigiert, wiederholt, weiterentwickelt. Darüber wurde gestritten, man hat sich geeinigt oder nicht. Das Ganze war und ist ein le-

---

schnitt 20. Dazu P. Cornehl: Hineinwachsen in Spannungen, s.o. Anm. 19. Vgl. zum Ganzen G.K. Schäfer: Eucharistie im ökumenischen Kontext. Zur Diskussion um das Herrenmahl in Glauben und Kirchenverfassung von Lausanne 1927 bis Lima 1982, Göttingen 1988.
23 A.a.O. (s. Anm. 22), 24.

bendiger, vielfältiger, kreativer, bisweilen chaotischer Prozess, in dem wir Erfahrungen mit dem Abendmahl gemacht haben und natürlich auch Fehler[24]. Der Kirchentag ist ein Experimentierfeld des Glaubens, er ist auch ein liturgisches Experimentierfeld – oder er ist nicht mehr Kirchentag[25]. Das ist das evangelische Erbe, das wir in die Begegnung einbringen.

Damit das Gesagte nicht den Eindruck protestantischer Selbstgefälligkeit erweckt, füge ich einen weiteren Punkt hinzu. Es ist eine Bitte: Wir Evangelischen brauchen die Hilfe der katholischen Geschwister, um eine entscheidende Dimension des Sakraments nicht zu vergessen.

4 Katholische Hilfestellungen: Die Ehrfurcht vor dem Geheimnis – mit einem Exkurs zur Verbindung von Sakrament und Mahlzeit

Die Eucharistie ist ein Geheimnis. Angesichts der tiefgreifenden Säkularisierung unseres Alltagslebens brauchen wir die Erfahrung und das Wissen der katholischen Sakramentenlehre und Sakramentspraxis, um den Tendenzen zur Profanisierung und Banalisierung zu widerstehen, deren Auswirkungen wir auch in unseren Abendmahlsfeiern beobachten.

Um das an einem Beispiel zu verdeutlichen, möchte ich kurz auf die Einwände eingehen, die in dem Votum der Professoren Löser und Kunz gegen die Verbindung von Herrenmahl und Sättigungsmahl gemacht worden sind, so wie es der Feierabendmahlsvorschlag in Frankfurt vorsah.

Aus dem Gutachten spricht die große Sorge vor Vermischungen. Die Warnung vor allem „Schillernden" und „Fließenden" beginnt – wie erwähnt – schon mit dem Begriff „Feierabendmahl". Ich spüre da auch übertriebene Berührungsängste, Abgrenzungsbedürfnisse und den Wunsch, das Feste und Unverrückbare nicht

---

[24] Vgl. F. Steffensky: „Es gibt eine protestantische Freiheit und Spielfähigkeit in der Gestaltung des Abendmahls, die ein Gewinn ist und nicht mehr aufgegeben werden kann. Natürlich wächst mit der Freiheit auch die Irrtumsfähigkeit. Gerade der Kirchentag ist der Ort, an dem man die Entstehung neuer Wahrheiten beobachten kann. So ist er auch der Ort der erlaubten Irrtümer. Wenn er das nicht mehr ist, kann er gleich durch Verlautbarungen der Kirchenleitungen ersetzt werden." Kirchentag – Ort erlaubter Irrtümer, a.a.O. (s. Anm. 11), 54.

[25] Wer dies bestreitet, nimmt dem Kirchentag einen seiner vitalsten Erneuerungsimpulse. Falls der Konflikt in Frankfurt Anlass für Bestrebungen geben würde, den Kirchentag generell auf die landeskirchlich approbierten Agenden zu verpflichten, müsste man energisch Einspruch einlegen. Z.B. zu den Äußerungen von Bischof Martin Hein in seinem Schreiben an Gemeinden der EKKW: „Verständigung in Fragen der Lehre vollzieht sich nach evangelischer Überzeugung synodal. Es kann nicht angehen, dass sich eine Vorbereitungsgruppe anmaßt, anstelle von Synoden und Gemeinden über die Angemessenheit der bei uns gültigen Abendmahlsliturgie zu befinden und diese – aus welchen Gründen auch immer – zu ändern. Die Verbindlichkeit unserer Agende, die auch die Gestaltung der Abendmahlsfeier umfasst, kommt dadurch zum Ausdruck, dass sie synodal verabschiedet wurde. Die vom Kirchentag vorgelegte Liturgie stellt eine Missachtung der Grundsätze geschichtlicher wie aktueller Lehrbildung dar." (Brief vom 16.5.01)

preiszugeben. Sehr ernstzunehmen ist allerdings, was – unausgesprochen – dahinter steht. Die Unterschiede zwischen Sakrament und Mahlzeit sind wichtig. Sie dürfen nicht verwischt, und diese Unterscheidung muss auch im Verhalten eingeübt werden. Dazu braucht es eine Haltung der Ehrfurcht, die das eucharistische Geheimnis achtet. Das geht im kommunikativen Feierstil leicht verloren.

Vielleicht ist der Rahmen einer so großen Veranstaltung in einer so gemischten Kirchentagsgemeinde eher ungeeignet, um den an sich schönen, theologisch wichtigen Zusammenhang von Eucharistie und Mahlzeit in eine überzeugende Gestalt zu bringen. Es ist eine große geistliche Zumutung, die Spannung zu halten zwischen den beiden sakramentalen Handlungen über Brot und Kelch am Anfang und am Schluss der Feier und der davon eingerahmten Sättigungsmahlzeit. Nach meinen Beobachtungen auf dem Stuttgarter Kirchentag vor zwei Jahren, wo das schon einmal probiert worden ist, ist es eine Überforderung für Menschen, die darin ungeübt sind. Vermutlich braucht ein solches Mahl nach urchristlichem Vorbild den Schutz der überschaubaren vertrauten Gruppe.

Wir brauchen an dieser Stelle die Hilfe der katholischen Geschwister, also Ihre Mithilfe. Sie haben in ihrer Sakramentspraxis und in Ihrer eucharistischen Frömmigkeit das Wissen um das Geheimnis der sakramentalen Gegenwart Christi in anderer Weise bewahrt als wir. Ich wünschte mir, dass Sie uns dabei behilflich wären, es auch für uns zu erschließen. Die beiden Begabungen der Weltoffenheit und der Achtung vor dem Geheimnis, die prophetische und die priesterliche Dimension können sich gegenseitig bereichern. Gemeinschaft beim Herrenmahl wäre so auch eine Form gegenseitigen Dienstes.

Ein kurzer Ausblick:

5 Gemeinschaft beim Herrenmahl als Symbol der Hoffnung in einer bedrohten Welt

Die Eucharistie ist mehr als ein theologischer Gedanke, sie ist als anschauliche, sprechende sakramentale Handlung ein Symbol. Wird hier in Berlin beim ökumenischen Kirchentag das Symbol der Mahlgemeinschaft erfahrbar werden? Das ist die entscheidende Zuspitzung der Frage nach der Gemeinschaft beim Herrenmahl. Sie geht weit hinaus über die interne Abwägung: Dürfen wir oder dürfen wir nicht? Was dürfen wir, was nicht, was muss erst noch gelöst werden, bevor wir endlich dürfen und volle Abendmahlsgemeinschaft haben können? Der gemeinsame Kirchentag 2003 in Berlin würde den Kirchen einen wichtigen Beitrag leisten, wenn er die Erfahrung stärkt, dass Gemeinschaft beim Herrenmahl möglich ist. Und dafür Zeichen setzt. Die alten, ungelösten Weltprobleme und die neuen Herausforderungen, mit denen wir seit dem 11.September konfrontiert sind, verlangen nach einer spirituellen Antwort. Ich bin überzeugt, sie ist im Abendmahl enthalten. Wir müssen sie dort nur entdecken. Wenn es gelingt, das eucharistische Geheimnis auf die neuen Erfahrungen hin auszulegen, kann es seine Kraft entfalten. Wir brauchen einen neuen eucharistischen Aufbruch. Er kann nur gemeinsam gelingen. Ich hoffe darauf, dass er kommt, hier in Berlin. Wenn nicht hier, wo sonst?!

Eucharistische Zugewinngemeinschaft

Vorangegangen waren der Vortrag von Prof. Dr. Harding Meyer. „,Sie lehren auch beim Abendmahl nicht recht ...' Der alte Streit und der neue Konsens" sowie Statements von Prof. Gunter Wenz (ev.-luth.) und Prof. Eva-Maria Faber (röm.-kath.): „Ein neuer Streit und alte Argumente – oder: Woran die Gemeinschaft im Abendmahl hängt". Das Podiumsgespräch stand unter dem Thema „Wohin wir gehen wollen". Unter der Leitung von Prof. Johannes Brosseder und Prof. Joachim Track diskutierten außerdem die katholische Kirchenrechtlerin Prof. Sabine Demel (röm.-kath.), Bischof Dr. Gebhard Fürst (röm.-kath.) und Landesbischöfin Dr. Margot Käßmann (ev.-luth.). Hier mein Eingangsstatement:

Ich hatte das Privileg, einer kleinen Arbeitsgruppe anzugehören, die das Präsidium des Ökumenischen Kirchentages beraten sollte und die den schönen Namen trug: „Ökumenischer Zugewinn". Ökumenischer Zugewinn. Ich finde, das ist ein treffendes Bild, um auch die Situation bei Eucharistie und Abendmahl zu kennzeichnen: Wir haben zwar noch keine volle sakramentale Gütergemeinschaft, aber wir sind so etwas wie eine eucharistische Zugewinngemeinschaft. Es gibt beträchtliche Zugewinne, die wir gemeinschaftlich erwirtschaftet haben. Wir sind reicher als vorher! Aber man kann Zugewinne auch verspielen. Wie sieht die Bilanz aus? Was hat sich getan? Wie sollte es weitergehen?

Zunächst der Blick zurück.

Eigentlich kann man nur staunen. Ja, es hat sich viel getan, auch gottesdienstlich. Wir waren uns doch im Grunde ziemlich fremd. Wir hatten mehr Vorurteile als Kenntnisse. Inzwischen ist das anders geworden. Wir haben uns in unseren Gottesdiensten besucht, haben zusammen gefeiert und von einander gelernt.

Schauen Sie sich unser neues „Evangelisches Gottesdienstbuch" an und Sie entdecken viele Ähnlichkeiten. Die Grundordnungen für die Abendmahlsfeier haben den gleichen Aufriss. Es gibt ähnliche, fast gleiche Vollzüge, liturgische Gesänge, Lieder und Gebete. Wir Evangelischen haben jetzt auch Eucharistiegebete. Wir entfalten die Einsetzungsworte. Das ist laut Agende sogar die Regel, auch wenn die Praxis oft noch anders aussieht. Einigen Konfessionsbewussten geht das im Übrigen schon zu weit. Sie sorgen sich um das lutherische Profil. Ich dagegen denke: Es ist ein echter ökumenischer „Zugewinn", der das Eigene nicht schmälert.

Dazu kommt etwas Anderes, sehr Wichtiges: In beiden Kirchen hat sich die Atmosphäre, in der wir Eucharistie bzw. Abendmahl feiern, zum Positiven ver-

ändert: Weniger Beklemmung, weniger Zwanghaftigkeit, mehr Gemeinschaft, mehr Fröhlichkeit. Gott sei Dank!

„Zugewinne" auch bei den Lehrgesprächen über das Herrenmahl. Davon war schon ausführlich die Rede. Auch wenn die Gewinn- und Verlustrechung nicht ganz eindeutig ist: Ich habe große Hochachtung vor der unendlichen Arbeit, die da geleistet worden ist. Es ist viel geklärt und viel erreicht worden. Auch hier gilt: Uns verbindet mehr als uns trennt. Trotz aller Irritationen und Rückschläge kann deshalb die Empfehlung nur lauten: Weitermachen! Weitermachen in der Überzeugung, dass die besseren Argumente für die Möglichkeit einer Verständigung sprechen und nicht dagegen. Weitermachen in der Überzeugung, dass es auf dem Weg zur vollen Abendmahlsgemeinschaft sehr wohl praktische Zwischenschritte geben kann, Teillösungen und nicht ein Alles oder Nichts. Ökumenische Gastfreundschaft ist ein solcher Zwischenschritt.

Ökumenische Gastfreundschaft wird ja in vieler Hinsicht längst praktiziert. Wir waren Gäste in den Gottesdiensten der Anderen (und sind es in diesen Tagen mit neuer Aufmerksamkeit). Wir sind keine Zuschauer, wir nehmen teil. Wir beten mit, wir singen mit, wir hören gemeinsam die biblische Botschaft, wir sprechen gemeinsam das Glaubensbekenntnis. Und wir haben kommuniziert – obwohl das offiziell noch nicht geht: Wir (viele jedenfalls) haben kommuniziert. Nicht überall, aber immer wieder. Es gab Orte und Situationen, da waren wir als getaufte evangelische Christen willkommen, da sind wir eingeladen worden (obwohl wir ganz gewiss nicht die offiziellen Voraussetzungen dafür erfüllten). Wir haben kommuniziert. Und das waren kostbare, schöne, bewegende Erfahrungen.

Wir wollen mehr und wollen das, was hier und da schon geschehen ist, nicht wieder aufs Spiel setzen. Der größere offizielle Schritt ist noch nicht möglich (auch hier in Berlin nicht). Aber wir wissen, dass wir durch unser eigenes Verhalten auch dazu beitragen können, dass er möglich wird. Das verlangt Mut, Augenmaß, Verantwortungsbewusstsein. Vor allem den entschiedenen Willen, zur Gemeinschaft am Tisch des Herrn zu kommen.

Was sind die nächsten Schritte?

Ich will das nicht zu konkretistisch mit Einzelvorschlägen beantworten. Ich glaube, es geht vor allem um zweierlei: Wir brauchen mehr Klarheit in der Sache, damit wir die Relevanz der Eucharistie für unsere Zeit erkennen. Und wir brauchen in nächster Zeit mehr Bereitschaft zu wechselseitiger solidarischer Kritik.

Solche kritische Solidarität sollten wir uns künftig noch offener zumuten – gerade, weil wir uns so nahe gekommen sind und wissen, dass wir nur mit einander voran kommen.

Wir Evangelischen wissen, wie viel wir noch viel nachzuholen und zu vertiefen haben. Zu vieles steht bislang nur auf dem Papier, in den Agenden. Wir erkennen in der Begegnung mit den katholischen Geschwistern, wie selbstbezogen manche unserer innerprotestantischen Abendmahldiskussionen waren und wie berechtigt oft die Vorwürfe eines unachtsamen Umgang mit den Elementen Brot und Wein sind. Wir bitten die katholischen Freundinnen und Freunde weiter um kritische Aufmerksamkeit und genaue Rückfragen!

Wir werden unsererseits freundlich, aber beharrlich bestimmte Probleme und Widersprüche der katholischen Sakramentspraxis benennen, die uns auffallen und Beschwer machen. Zwei will ich kurz nennen.

Das eine ist (natürlich) die Frage der gemeinsamen Kommunion konfessionsverschiedener Ehepaare und Familien. Hier brauchen wir endlich Lösungen, die hoffnungsvolle Horizonte eröffnen! Und wir versprechen, die hochwürdigen katholischen Bischöfe weiter zu nerven, bis sich hier etwas tut, damit die „Verluste" nicht größer werden! Leider hat die neue Enzyklika hier wenig Perspektiven geboten. So richtet sich der Appell an die deutschen Bischöfe, hier mehr Mut und Phantasie zu zeigen, und an die katholische Theologie, sie darin zu unterstützen. Wir wissen: Das ist schwierig. Und es ist nach Gründonnerstag noch schwieriger geworden. Aber die Probleme werden nicht verschwinden. Im Gegenteil. Und die Gefahr wächst, dass ein starres Festhalten an den bisherigen engen Regeln bei den Betroffenen nicht nur Zorn auslöst, sondern auch massiv Gleichgültigkeit und Abkehr von der Kirche bewirkt.

Ich nenne ein zweites Problemfeld, wo man eine Spannung zwischen Theorie und Praxis beobachten kann: Mit Sorge registrieren katholische Liturgiewissenschaftler die Tendenz, wonach zentrale Anliegen des Konzils und der Liturgiereform wieder zurückgenommen und durch eine im Grunde vorkonziliare Praxis ersetzt werden. Auf Grund des Priestermangels kommt es in vielen katholischen Gemeinden vermehrt zu so etwas wie einer „Konsekration auf Vorrat" und zu einer auffälligen Zunahme von Kommunionsfeiern außerhalb der Eucharistie. Dadurch wird der Communio-Charakter der Messe als ganzheitliches Geschehen und ihre heilsgeschichtliche Fundierung wieder entwertet. Im Übrigen: Wenn es eine kritische Diskussion über den Zusammenhang zwischen Eucharistie und Amt gibt, sollte dieses Problem nicht ausgeklammert werden.

Nun könnte man von katholischer Seite aus sagen: Haltet euch da raus! Das ist unsere Angelegenheit! Doch in dem einen Fall (bei den konfessionsverschiedenen Ehen) sind evangelische Gläubige mit betroffen. In dem anderen widerspräche das dem Geist ökumenischer Solidarität. Deshalb verzeihen Sie uns, wenn wir Sie damit nicht in Ruhe lassen und uns mit kritischen Anfragen einmischen. Wir hoffen, dass Sie das umgekehrt auch tun!

Die genannten Widersprüche und Probleme auf beiden Seiten lassen sich nicht einfach wegerklären. Sie existieren. Sie sind wirksam. Sie „arbeiten" dialektisch und treiben von innen her zu neuen Lösungen. Hegel hat gesagt: Der Geist ist ein „Wühler". Setzen wir auf den Geist!

Aber man kann ökumenische Zugewinne auch wieder verspielen. Wie in einer Ehe oder Lebenspartnerschaft. Dann nämlich, wenn man in der Gemeinschaft nicht mit einander haushaltet, sondern Abgrenzung und Selbstbehauptung Vorrang haben.

Was sind die nächsten Schritte? Ich meine, das Entscheidende ist, dass wir größere Klarheit im Inhaltlichen gewinnen. Wir sollten uns gegenseitig helfen, die aktuelle Relevanz von Eucharistie und Abendmahl für unsere Zeit deutlicher zu erkennen und dem in der gottesdienstlichen Feier eine überzeugende Gestalt zu geben.

Das hatte ich mir schon für den Ökumenischen Kirchentag in Berlin gewünscht. Das wäre der eigentliche eucharistische „Zugewinn" gewesen. Es ist schade, dass dafür so wenig Raum war (und ist), weil die Frage: Abendmahlsgemeinschaft Ja oder Nein; was dürfen wir, was dürfen wir nicht, und warum eigentlich nicht oder vielleicht doch? mal wieder nahezu alle Kräfte gebunden hat.

Damit haben wir eine große ökumenische Chance nicht genutzt, nämlich die, ähnlich wie in den 1970er und 80er Jahren die Eucharistie als Antwort auf die brennenden Fragen unserer Zeit zu verstehen. Das ist damals weltweit geschehen und in vielen ökumenischen Erklärungen gemeinsam zum Ausdruck gebracht worden. Und das war auch der Motor der Wiederentdeckung des Abendmahls auf den evangelischen Kirchentagen. Es war ein theologischer und ein liturgischer Aufbruch. Und wenn wir heute schon nicht zu einer gemeinsamen liturgischen Gestaltung kommen können, warum haben wir dann nicht mit der gemeinsamen theologische Arbeit an den Themen begonnen? Wir hätten an das damals Erkannte anknüpfen können.

Damals haben wir das Abendmahl entdeckt als Sakrament des Friedens gegen Unfrieden und Gewalt – wie aktuell! Als Sakrament der Gemeinschaft gegen Einsamkeit und Isolation, als Sakrament der Fülle gegen den Mangel, gegen den realen Hunger und den Hunger nach Anerkennung und Sinn (dem Hunger hinter dem Hunger) – auch das ist nach wie vor aktuell!

Heute kämen andere Themen hinzu, politisch und privat. Wir könnten – nach dem 11. September – anfangen, die Eucharistie zu verstehen als Sakrament der Gottesgewissheit gegen die Angst, gegen die tiefe Verunsicherung gegenüber der terroristischen Bedrohung, vor der man sich letztlich nicht schützen kann. Als spirituelle Alternative gegen das falsche Versprechen von Sicherheit mit Bomben und Panzern. Als Vergewisserung der „Realpräsenz" Gottes, der Anwesenheit des Abwesenden in, mit und unter den Zeichen von Brot und Wein (Aufgabe einer eucharistischen Medientheorie), in der Anamnese der Vergegenwärtigung des Todes und der Auferstehung Jesu Christi, in der Epiklese der Anrufung des Kommenden über den Gaben.

Ich stelle mir vor: Was wäre gewesen, wenn der Papst sein wunderbares Ein-

treten gegen den Krieg im Irak, für Frieden und Gewaltlosigkeit und Völkerrecht verbunden hätte mit einer großzügigen ökumenischen Geste, in der er den Zusammenhang mit der Eucharistie und der Sehnsucht nach der Einheit der Kirche hergestellt und zumindest ein kleines, ein klitzekleines Zeichen der Ermutigung gegeben hätte – nicht auszudenken. Vielleicht wären wir dann irgendwie alle katholisch geworden, wenigstens ein bisschen!

Es hat dieses Zeichen nicht gegeben. Und der Realist in uns sagt: Das war nicht drin! Und so üben wir uns abgehärtet in diplomatisch-theologischer Bescheidenheit und ersticken die Wünsche, die darüber hinaus gehen, Wünsche, die doch einmal von den verschwenderischen unbescheidenen Verheißungen des Mahls Jesu Christi genährt worden sind. Vielleicht würde die Welt, vielleicht würden die vielen Ungläubigen, Halbgläubigen und Skeptiker in diesem Lande sich etwas mehr vom Glauben anstecken lassen, wenn es ein solches Zeichen gegeben hätte und nicht nur Verbote und Vertröstungen! Doch was jetzt nicht ist, kann noch werden. Zumindest könnte Berlin den Funken der Hoffnung neu wecken. Das wäre ein „Gewinn".

III. Gottesdienst als Integration

Gottesdienst als Integration

1 Ausgangspunkt: Hohe Erwartungen – tiefe Enttäuschungen

„Im Gottesdienst ist die Gemeinde auf Gottes Gebot und Verheißung versammelt, um in Wort und Sakrament der Gegenwart ihres Herrn gewiss zu werden." „Gott hat allen Menschen sein Gebot gegeben: ‚Du sollst den Feiertag heiligen!' Darum versammelt sich die christliche Gemeinde vor allem am Sonntag, dem Tag der Auferstehung ihres Herrn, und an allen ihren Feiertagen zum Gottesdienst. Wer sich von dem Gebot Gottes rufen lässt, erfährt auch den Wechsel von Arbeit und Ruhe als ein besonderes Geschenk Gottes." „Darum wird kein Christ ohne Not dem Gemeindegottesdienst fernbleiben."[1]

„In einer kleinen Kirche. Ein moderner Bau – Platz für fünfhundert. Aber es sind nur 40 bis 50 Personen anwesend. Die Orgel setzt ein – die Gemeinde beginnt mit einem Lied. (…) Die Gemeinde hat sich erhoben. Der Pfarrer tritt zum Altar und spricht die Begrüßungsworte.

Während die Liturgie weitergeht, Kommentar des Pfarrers (aus dem Off):

‚Ich bin 37 Jahre alt, seit 11 Jahren im Amt, seit fast fünf Jahren in dieser Gemeinde. Der Ort zählt über zwanzigtausend Einwohner, davon sind rund viertausend evangelisch. Das sind meine Schafe, und ich bin ihr Hirte. Heute ist ein x-beliebiger Sonntag, da sind 44 dieser Schafe gekommen, vierundvierzig – von über viertausend. Der Küster hat sie einzeln gezählt und die Zahl in ein Buch eingetragen. 44 mir bekannte Gesichter. 12 davon sind Konfirmanden – aber die erscheinen nicht ganz freiwillig. Bleiben noch 32. Zwei Drittel sind Frauen, die Hälfte verwitwet, die meisten hier sind über sechzig. Für diese Leute hier halte ich also heute den Gottesdienst.'

Wieder O-Ton Liturgie. Wechselgesänge. Ein Lektor liest die Epistel. (…) Die Predigt beginnt. Der Pfarrer hat die Kanzel betreten. ‚Gnade sei mit Euch und Frieden …'

Die Zuhörer im Bild. Kommentar des Pfarrers (aus dem Off):

‚Ich erfülle Erwartungen, verfasse meine Predigt für diese Leute hier. Und ich hoffe sie zu erreichen, ich hoffe, sie hören mir zu und nehmen den einen oder anderen meiner Gedanken mit nach Hause – in diese nächste Woche hinein – in die

---

[1] Vgl. Ordnung des kirchlichen Lebens der VELKD [1953], Abschnitt IV.

nun folgenden sieben Tage. Denn die Predigt ist das Zentrum meines Amtes: Verkündigung!'

Ende der Predigt. Pfarrer: ‚Amen!'

Die Orgel setzt ein. Die Gemeinde wird wieder munter ..."[2]

An kaum einer anderen Stelle des kirchlichen Lebens ist der Abstand zwischen Ideal und Wirklichkeit so groß wie beim Gottesdienst. Die Einstellungen schwanken zwischen dogmatischer Überhöhung und aggressivem (oder resignativem) Fatalismus. So formuliert auf der einen Seite die Lebensordnung die amtliche Norm eines um den Gottesdienst zentrierten Gemeindelebens, das eingebettet ist in die intakte Welt von Kirchenjahr, Hausfrömmigkeit und Sonntagsheiligung. Dazu gehört die Sprache der Selbstverständlichkeiten. Indikative beschwören Tatbestände, von denen jedermann weiß, dass sie keine mehr sind („Darum wird kein Christ ohne Not ..."). Auf der anderen Seite markiert Rainer Erlers Pfarrerfilm überscharf das Endstadium einer Entwicklung, in der sich die Gottesdienstgemeinde auf zwei voneinander isolierte Restgruppen (Konfirmanden und Senioren) reduziert, und er zeigt die bedrückenden Folgen für die Atmosphäre im Gottesdienst. Die Liturgie erstarrt zum leblosen Formelritual. Die Predigt vermag den Abstand zu den Hörern nicht zu überbrücken. Ein Teufelskreis wechselseitiger Beziehungslosigkeit, der sich zu undurchdringlicher Schicksalhaftigkeit verdichtet. Zweifellos gibt es solche oder ähnliche Situationen. Oft genug leiden Pfarrer und Gemeinden darunter. Und doch ist auch dieses Szenario nicht die ganze Wirklichkeit. Die Unterstellung, nur dies sei typisch, dient der Einschüchterung, nicht der Erklärung. Aber wie ist die wirkliche Lage des Gottesdienstes – zwischen Idealisierung und Krise?

So viel ist deutlich: Der Gottesdienst ist – ungeachtet seiner offiziellen kirchlichen Hochschätzung – nicht mehr automatisch der Mittelpunkt der Gemeindearbeit und der zentrale Bezugspunkt des christlichen Lebens. Tradition und Kirchgangssitte sind in unserer Gesellschaft einem Erosionsprozess ausgesetzt, der die Besucherzahlen hat schrumpfen lassen. Aber auch viele Gemeinden setzen inzwischen andere Akzente. Für sie ist der Gottesdienst nur noch eine Veranstaltung unter anderen. Soll das gottesdienstliche Handeln seine integrierende Bedeutung wiedergewinnen, dann bedarf es klarer Schwerpunktsetzungen im Gemeindeaufbau und im Prioritätenkatalog der Pastoren und Mitarbeiter.

Eine solche bewusste und konzentrierte Arbeit am Gottesdienst vorzuschlagen und dafür zu werben, ist Ziel dieses Beitrags. Der erste Schritt ist eine Bestandsaufnahme.

---

[2] R. Erler: Sieben Tage. Modell einer Krise? Manuskript für einen Film, Nürnberg 1974, 11ff.

2 Feldbeschreibung: Der gottesdienstliche „Spielplan"

Die folgenden Beobachtungen und Beschreibungen sind der Versuch, eine Art Landkarte des gottesdienstlichen Lebens auf Gemeindeebene zu erstellen (bescheidener: dafür erste Anregungen zu geben).

Dafür variiere ich das Handbuchverfahren. Statt von einzelnen Fallbeschreibungen auszugehen, wähle ich eine etwas distanziertere Perspektive: Panoramablick statt Nahaufnahme. Folgen wir dem Küster, der die Gottesdienstbesucher „einzeln gezählt und die Zahl in ein Buch eingetragen" hat, und nutzen wir das Sakristeibuchwissen. Ich empfehle, sich einmal die Mühe zu machen und eine Jahreskurve anzulegen, die den Gottesdienstbesuch eines ganzen Kirchenjahres mit allen Höhen und Tiefen grafisch darstellt. Der Aufwand ist nicht groß. Man trägt in ein Koordinatensystem auf der Waagerechten die Sonntage des Kirchenjahres ein, dazu weitere Informationen, z.B. die Namen der verantwortlichen Pastoren und Mitarbeiter, besondere Anlässe, Themen, Medien. Auf der Senkrechten notiert man die Besucherzahlen und verbindet die Punkte zu einer Kurve.

Um Missverständnissen vorzubeugen: Es geht dabei nicht um Konjunkturforschung oder Effektivitätskontrolle, sondern zunächst schlicht um eine Wahrnehmungshilfe. Eine solche Jahreskurve macht nicht nur deutlich, wie das gottesdienstliche Angebot einer Gemeinde aussieht, sondern auch, wen es erreicht und wie es aufgenommen wird. Dieser Perspektivenwechsel ermöglicht, den Gottesdienst auch einmal von den Besuchern her wahrzunehmen. Der Vergleich mehrerer Jahreskurven erlaubt, einmalige Besonderheiten von Regelvorgängen und Langzeittrends zu unterscheiden.

Das erste, was auffällt, wenn man solche Jahreskurven betrachtet, ist nur scheinbar trivial. Sie zeigen anschaulich: *Den* Gottesdienst gibt es eigentlich gar nicht. Es gibt vielmehr eine ganze Reihe sehr unterschiedlicher Arten und Anlässe für Gottesdienst und Feier mit teilweise recht charakteristischen Unterschieden in der Beteiligung. Und es wird ein Muster wiederkehrender und wechselnder Elemente erkennbar. Deshalb die Assoziation „Spielplan". Vor allem vier Faktoren sind bei näherem Zusehen von Bedeutung: der Bezug zum Jahreskreis, zum Lebenszyklus, zu Themen und Gruppen sowie die Rolle der Pastoren.

2.1 Der Jahreskreis

Jahresfeste sind beliebt, auch heute. Die Kurven weisen aus: Der Gottesdienstbesuch an den größeren Festen ist nach wie vor signifikant höher als an normalen Sonntagen. Allerdings deckt sich der Festkalender vieler Gemeinden und Gottesdienstbesucher nicht mehr ohne weiteres mit den Vorgaben des Kirchenjahres.

Die Zahlen machen eine eigene Rangordnung in der Beliebtheit der Feste sichtbar, die in mancher Hinsicht von der in der Kirchenjahrestheorie enthaltenen Wertung abweicht.

Absolut an der Spitze aller Feste liegt natürlich Weihnachten. Aber meist folgt gleich darauf das Erntedankfest (nicht nur auf dem Lande!), danach – mit unübersehbarem Abstand – Karfreitag und Ostern. In zahlreichen Gemeinden erreicht der Gottesdienst am Toten- bzw. Ewigkeitssonntag genau so viele, z.T. mehr Menschen (Voraussetzung: Gedächtnis der Toten des vergangenen Jahres, persönliche Einladung). Noch einmal mit Abstand folgen Pfingsten, Bußtag, Himmelfahrt, am Schluss Gründonnerstag; schwierig sind die zweiten Feiertage. Fehlt hier überall ein zusätzliches Angebot (Kirchenmusik, Bilder, Themen o. ä.), sinkt der Besuch nicht selten noch unter den Sonntagsdurchschnitt. Die kleineren Feste und Gedenktage wie Johannis, Michaelis, aber auch Epiphanias und das Reformationsfest – alles keine arbeitsfreien Feiertage mehr – sind kaum noch Anlass für eigene Gottesdienste. Sie werden (von Lokaltraditionen und bewussten Wiederbelebungen abgesehen) am nächsten Sonntag „nachgefeiert". Dagegen gibt es eine Reihe von Neuschöpfungen jenseits des Kirchenjahres. Viele Gemeinden nutzen einen der Sonntage vor oder nach den Sommerferien für Gemeindefeste, z.T. im Zusammenhang mit den beliebten Kinderbibelwochen. Auch die neuen kommunalen Stadtteilfeste werden immer häufiger von den Kirchengemeinden mitgestaltet. Festgottesdienste in diesem Rahmen finden gute Resonanz.

Leider fehlen genauere statistische Erhebungen. Die amtlichen Zählsonntage sind wenig aussagekräftig, die wenigen Daten aus den großen Umfragen[3] zu allgemein, und auch die Praktische Theologie hat sich für den Jahresfestkreis lange kaum interessiert.[4] Dennoch lassen sich einige allgemeine Entwicklungen erkennen:

Offenbar kann und will keine Gemeinde auf so etwas wie einen Festkalender verzichten. Das Bedürfnis, den Lauf des Jahres durch Feste zu gliedern und diese auch gottesdienstlich zu feiern, ist ungebrochen. Doch hat das Kirchenjahr als ganzes keine absolut bindende Autorität mehr. Es wird zu einem Angebot, aus dem man etwas auswählt und anderes hinzufügt, so dass etwa ein Kranz von fünf oder sechs Jahresfesten entsteht, deren Gottesdienste man intensiv vorbereitet und

---

[3] Vgl. G. Schmidtchen: Gottesdienst in einer rationalen Welt, Stuttgart/Freiburg 1973, 75f. 203; H. Hild (Hg.): Wie stabil ist die Kirche?, Gelnhausen/Berlin 1974, 110. 115 (Materialband). Vgl. die Fortschreibung der Analyse mit der Auswertung der Daten der KMU II in: P. Cornehl: Teilnahme am Gottesdienst. Zur Logik des Kirchgangs – Befund und Konsequenzen, in: J. Matthes (Hg.): Kirchenmitgliedschaft im Wandel, Gütersloh 1990, 15–53.

[4] Vgl. aber G. Rau: Rehabilitation des Festtagskirchgängers, in: M. Seitz/L. Mohaupt (Hg.): Gottesdienst und öffentliche Meinung, Stuttgart u.a. 1977, 83ff.; P. Cornehl: Christen feiern Feste. Integrale Festzeitpraxis als volkskirchliche Gottesdienststrategie, in: PTh 70, 1981, 218–233.

mit viel Phantasie gestaltet. Dieser gemeindeeigene Festkalender knüpft an das Kirchenjahr an, wo die Popularität eines Festes noch selbstverständlich gegeben ist (Advent und Weihnachten) oder wo ein aktuelles Interesse einen vorgegebenen Feiertag neu entdecken lässt. Dessen Thematik wird dann erweitert und neu akzentuiert. So könnte beispielsweise die Beliebtheit des Erntedankfestes auch eine Folge des veränderten Stellenwertes sein, den die ökologische Problematik heute erhalten hat. Thema und Interaktion verbinden sich neu. Das Erntedankfest ist Anlass zum Dank für die Schöpfungsgaben und zum Appell an die Verantwortung gegenüber der Umwelt. Gleichzeitig wird es zum großen Herbstfest der Gemeinde, an dem die verschiedenen Gruppen und Generationen sich treffen; als solches hat es eine Ausstrahlung weit über den engeren Gemeindekern hinaus. (Ähnliche Verbindungen probieren manche Gemeinden mit dem Bußtag oder mit einer Kombination von Advent, Basar, Missionsfest und Dritte-Welt-Thematik).

Die Kurven zeigen aber auch, wie sehr die Gestaltung des Festkalenders von den gesellschaftlichen Rahmenbedingungen abhängig ist. Die Gemeinde muss auf Schulferien und Freizeitgewohnheiten Rücksicht nehmen, und hier hat sich die ursprüngliche Situation paradoxerweise nahezu umgekehrt. Was einst (auch) zum Schutz des Gottesdienstes und zur Förderung des Kirchgangs eingerichtet worden war („Wechsel von Arbeit und Ruhe" als „Geschenk Gottes" unterm 3. Gebot), ist inzwischen eher zu einer Gefährdung der kirchlichen Feier geworden. Während der Schulferien ruht das Gemeindeleben. Für die gesetzlich geschützten Feiertage oder die verlängerten Festwochenenden gilt: Selbst wenn sie nicht für den Kurzurlaub, die Fahrt ins Grüne oder den Besuch bei Freunden und Verwandten genutzt werden, blockiert die Ferien- und Freizeitmentalität mit ihrer Privatisierungstendenz viele Planungen der Gemeinden. Auch deshalb werden manche Festgottesdienste lieber auf Sonntage gelegt, die außerhalb der eigentlichen Kirchenjahrestermine liegen.

Die Umbesetzung des Jahresfestkreises bedeutet allerdings nicht die Abschaffung des Kirchenjahres. Festtage und Festzeiten werden weiter begangen, nur ist der Vorbereitungsaufwand geringer. Man behandelt sie liturgisch sozusagen mit Respekt und Routine. Das merkt das Kirchenvolk. Und auch das trägt dann dazu bei, dass der Gottesdienstbesuch sich den normalen Sonntagsgewohnheiten angleicht.

2.2 Der Lebenszyklus

Die Berührungen zwischen Gemeindegottesdienst und Amtshandlungen sind unterschiedlicher Natur. Während Konfirmation und Konfirmandenunterricht den gottesdienstlichen „Spielplan" im Laufe des Jahres mehrfach bestimmen, ist dies bei den übrigen Kasualien nur in geringerem Maße der Fall. Dennoch gibt es erkennbare Zusammenhänge auch hier.

Kirchliche Bemühungen, die Taufe wieder in den Gemeindegottesdienst hineinzuholen, haben nur teilweise Erfolg. Dagegen finden Tauftagsfeiern, die es da und dort schon gibt und in denen bestimmte Elemente der Taufhandlung (Kerze, Tauflied) wiederholt werden, ein positives Echo. Sie knüpfen den Kontakt auch zu den Familien, die nicht regelmäßig zur Kirche gehen.

Der wichtigste Bezug besteht zur Konfirmation. Die Konfirmanden bilden nahezu überall eine stabile, wenn auch oft unruhige Besuchergruppe. Sie haben Schwierigkeiten mit dem Gottesdienst, finden ihn fremd und langweilig. Deshalb versucht man häufig, sie durch spezielle Gottesdienste für Konfirmanden oder von Konfirmanden für die Gemeinde, in denen ihre Interessen Thema und Atmosphäre bestimmen, anzusprechen und aktiv zu beteiligen. Aus den früheren „Konfirmandenprüfungen" sind heute meist Konfirmandenvorstellungsgottesdienste geworden. Der Gemeindebezug wird gestärkt, wenn man diese Gottesdienste in den Rahmen eines ganzen Gemeindetages stellt und ihn mit den Konfirmanden zusammen vorbereitet. Alle Jahreskurven zeigen: Die Konfirmationen bringen den absoluten Rekord im Gottesdienstbesuch. Sie sind so etwas wie die jahrgangsbezogene Vollversammlung der Ortskirchengemeinde und ihrer Familien. Ungeachtet aller Probleme ist der Konfirmationsgottesdienst als eine für die Konfirmanden, ihre Eltern und auch für die Gemeinde wichtige Feier ernst zu nehmen (und man sollte der Versuchung widerstehen, die – positiv bewertete – Gruppenarbeit mit den Konfirmanden gegen den festlichen Abschluss der Einsegnung auszuspielen).

Gegenprobe: Nirgendwo wird versucht, die kirchliche Trauung in den Gemeindegottesdienst einzubeziehen. Das ist logisch und zeigt nicht nur den privaten „Sitz im Leben" der Trauung, sondern signalisiert darüber hinaus: Für die Gemeindepraxis wird die Ehe im Grunde gottesdienstlich erst da relevant, wo aus ihr eine Familie mit Kindern wird. (Das wird uns noch beschäftigen.)

Erst im Alter hat regelmäßiger Gottesdienstbesuch wieder eine feste biographische Verankerung. Die Senioren bilden die zweite stabile Besuchergruppe. Bezogen auf den Kasualzyklus kommt hier neben der Goldenen Konfirmation (s. u.) besonders die Beerdigung in den Blick, einerseits über die sonntäglichen Abkündigungen und Fürbitten für die in der vorausgegangenen Woche Verstorbenen (deren Familien dann aus diesem Anlass häufig im Gottesdienst erscheinen), andererseits über das bereits erwähnte jährliche Totengedenken am Ewigkeitssonntag.

Die Muster der Kirchgangsgewohnheiten erklären sich zum nicht geringen Teil aus der Phasenstruktur des Lebens.[5] Phasenbezogene (und begrenzte) Kirchgängerrollen sind tief im volkskirchlichen Bewusstsein verankert. So gehört Got-

---

[5] Vgl. J. Matthes: Volkskirchliche Amtshandlungen, Lebenszyklus und Lebensgeschichte, in: Ders. (Hg.): Erneuerung der Kirche, Gelnhausen/Berlin 1975, 83–112.

tesdienstbesuch während der Konfirmandenzeit dazu und ist sozial abgesichert (dass dies „nicht ganz freiwillig" geschieht, wie Erler feststellt, spricht nicht dagegen). Ebenso gehört dazu, dass er nach der Konfirmation für die Mehrheit meist abrupt endet. Treffend sprach ein Pfarrer von seinen „Zwei-Jahres-Christen" und erzählte von einer Konfirmandenmutter, die sich nach der Konfirmation freundlich von ihm verabschiedete: „Vielen Dank, Herr Pastor, und auf Wiedersehen in drei Jahren. Ich war während der Konfirmandenzeit meines Sohnes regelmäßig mit im Gottesdienst. Es war schön und hat mir gefallen. Doch jetzt sehen Sie mich erst wieder, wenn unsere Tochter dran ist!" Pfarrer und Gemeinden erleben das immer wieder auch als persönlichen Affront. Darin zeigt sich aber auch, dass das Kommunikationsnetz des Gottesdienstangebotes Lücken hat. Das Netz der Kontakte, das durch die volkskirchlichen Amtshandlungen geknüpft wird, ist meist zu weitmaschig, um engere kirchliche Bindungen herzustellen. Das Netz der kerngemeindlichen Aktivitäten ist umgekehrt für viele zu eng. Die Angebote von Tauftagsfeiern, aber auch das Totengedächtnis und der „Zwei-Jahres-Kontakt" sind Versuche, von der einen oder anderen Seite aus Zwischenformen der Beteiligung zu finden. Die Jahreskurven der Gemeinden, die hier bewusst und kontinuierlich eigene Traditionen aufbauen und die Menschen immer wieder persönlich dazu einladen, weisen aus, daß solche Angebote dankbar genutzt werden. Der Gottesdienstbesuch ist auch hier signifikant höher als sonst.

2.3 Gruppen, Themen, Perikopen

Der größte Teil des Jahres wird von den Sonntagen der sog. festlosen Zeit ausgefüllt. Diese umfasst (anders als die Kirchenjahresschaubilder es darstellen) nicht nur die Trinitatissonntage, sondern auch die Zeit zwischen Weihnachten und Passion und nach Ostern. Das thematische Proprium dieser Sonntage ist durch Agenden und Perikopenordnung festgelegt, es enthält Lesungen, Lieder, Psalmen, Gebete und den sechsjährigen Zyklus der Ordentlichen Predigttexte.[6] Vieles spricht dafür, dass die Mehrzahl der Pfarrer die Gottesdienstvorbereitung mit einem Blick in den Pfarrerkalender beginnt, der einem die Entscheidung über den Predigttext in heilsamer Weise abnimmt. Gleichwohl wird auch die Perikopenordnung heute kaum noch als strenges Pflichtpensum aufgefasst. Flexibler Pragmatismus herrscht vor. Man bleibt offen für Varianten und Ergänzungen und unterbricht den Turnus ohne Skrupel aus aktuellem Anlass.

In fast allen Gemeinden heben sich im Laufe des Jahres eine Reihe von Gottesdiensten heraus, die durch besondere Themen, durch Bezug auf bestimmte Ge-

---

6 Vgl. H. v. Schade/F. Schulz (Hg.): Perikopen. Gestalt und Wandel des gottesdienstlichen Bibelgebrauchs (reihe gottesdienst 11), Hamburg 1978.

meindeereignisse, auf bestimmte Gruppen, durch die Wahl einer bestimmten Form oder durch den Einsatz bestimmter Medien geprägt werden. Themengottesdienste aller Art, besonders zu politischen Problemen, Predigtreihen, Meditationsgottesdienste, Familiengottesdienste, Gottesdienste in Mundart („Plattdüütsch Sünndag"), Zielgruppengottesdienste, Feierabendmahl – mittlerweile gibt es eine fast unübersehbare Fülle neuer Formen, Stile und eine erstaunliche Erweiterung der Ausdrucksmittel auch auf der Ebene der Gemeinde.

Dies ist der freie, bewegliche Teil des Gesamtspielplans. In manchen Gemeinden sind es nur wenige Gottesdienste in anderer Gestalt, in einigen (besonders großstädtischen) Gemeinden hat man zu Zeiten den Eindruck, dass es vor lauter Sondergottesdiensten kaum noch „normale" Sonntagvormittage gibt. Daran, welche Fragen wie aufgegriffen werden, in welchen Abständen das geschieht, welche Gruppen sich an der Vorbereitung beteiligen und welches Echo das Ganze in den Gemeindekreisen und in der Öffentlichkeit des Ortes findet, kann man ein Stück weit die Lebendigkeit einer Gemeinde ablesen. Hier zeigt sich vor allem, in welcher Weise der Gottesdienst mit dem übrigen Gemeindeleben verbunden ist.

Die Besucherzahlen steigen bei Sondergottesdiensten, freilich nicht automatisch. Es gibt auch eine Themeninflation. Sie kann leicht zur Immunisierung insbesondere gegenüber politischen Problematisierungen führen. Man weicht dann aus. Die damit verbundenen kritischen Anfragen gehen ins Leere. Da solche besonderen Gottesdienste meist mit hohem Zeitaufwand vorbereitet werden, führt mangelndes Echo rasch zur Resignation. Oft genug stellt sich auch so (vorschnell) Enttäuschung ein, wenn allzu hochgesteckte Aktionsziele nicht erreicht werden oder eine Wirkung, wie häufig, nicht sofort sichtbar wird.

Der Atlas des gottesdienstlichen Lebens müsste im Übrigen außer den Sonntagsgottesdiensten auch das breite Feld der sog. „Nebengottesdienste" in der Woche verzeichnen. Das sind ja nicht nur die verschiedenen Andachten, Abendgottesdienste oder Versammlungen am besonderen Ort (Gottesdienst im Altersheim). Dazu gehört auch der ganze Bereich der Gruppenfeiern, der Gottesdienste auf Freizeiten, der Agapen und Eucharistien, z.T. auch der Kirchenmusik. Das alles hat eine kaum zu überschätzende Bedeutung für das darstellende Handeln einer Gemeinde. Wahrscheinlich bildet sich nur dort so etwas wie eine gottesdienstliche Kultur, wo der Sonntagsgottesdienst in vielfältiger Weise in ein Netzwerk von Andachten, Liturgien und Feiern auf Gruppenebene eingebettet ist.

2.4 Pastorenverhalten und Einheit der Gemeinde

Die Pastoren haben auch für den Gottesdienst eine Schlüsselrolle („die Predigt ist das Zentrum meines Amtes", sagt der frustrierte Pfarrer im Film). Noch immer ist der Gottesdienstbesuch in evangelischen Gemeinden im starken Maße vom Prediger abhängig. Heute müssen Pastorinnen und Pastoren mehr können als nur predigen. Die Anforderungen an ihre liturgische Kompetenz sind mit der Zunahme von Gottesdiensten in neuen Formen gestiegen. Doch zunächst geht es hier um die Grundeinstellung.

Die Gemeinden spüren sehr wohl, welche Bedeutung Gottesdienst und Predigt, Liturgie und Feier für ihre Pastoren haben. Vor allem dort, wo mehrere Pfarrer oder Pfarrerinnen in einer Gemeinde tätig sind, zeigt die Jahreskurve ziemlich unbestechlich an, ob es Kooperation im Gottesdienst gibt oder ob jeder nur seine eigenen liturgischen Hobbies kultiviert und seine Personalgemeinde pflegt. Die Kurve bekommt dann sofort deutlichere Zacken, das Durchschnittsniveau des Gottesdienstbesuches sinkt. Vieles spricht dafür, dass auffällige Unterschiede in den Besucherzahlen weniger darauf zurückzuführen sind, dass die eine „besser" ist als der andere. Vielmehr sind vor allem fehlende Zusammenarbeit, Rivalität und Konkurrenz Faktoren, die sich demotivierend auswirken. Es gibt dazu einige einfache Testfragen: Gehen die Pfarrer selbst nur zum Gottesdienst, wenn sie „dran" sind, oder kann man sie auch dann dort treffen, wenn eine der Kolleginnen predigt? Wie oft halten mehrere oder alle Geistlichen einer Gemeinde zusammen den Gottesdienst? Das ist mehr als eine Zeitfrage.

Alles Reden vom Gottesdienst als dem Zentrum der um Wort und Sakrament versammelten Gemeinde wird unglaubwürdig, wenn sich nicht einmal die Pfarrer danach richten. Ihr Verhalten hat Modellcharakter und überträgt sich bewusst oder unbewusst auch auf die Gemeinde. Der Aufbau relativ trennscharfer Personalgemeinden, die auf „ihren" und nur ihren Pfarrer, ihre Pfarrerin orientiert sind, erfolgt rascher, als man denkt. Wie von selbst entstehen verschiedene Gottesdienstgemeinden, die sich aus dem Wege gehen und nur zufällig eine Kirche teilen.

Dieser Tatbestand erhält zusätzliches Gewicht, wenn sich in der Gemeindearbeit feste Aufgabenschwerpunkte herausgebildet haben, aus denen sich bestimmte Rollen, Fähigkeiten und Zuständigkeiten ableiten. Das Problem verschärft sich, wenn unterschiedliche theologische Ausrichtungen hinzukommen und sich die verschiedenen Frömmigkeitstraditionen im Gottesdienst der einzelnen PastorInnen einen unterschiedlichen liturgischen Ausdruck verschaffen. Sicher, es gibt verschiedene Interessen, Begabungen, Prägungen, es gibt verschiedene Predigertypen und berufliche Spezialisierungen. Das soll nicht nivelliert werden. Aber, wie kann man das für das Ganze produktiv machen? Wie kann man verhindern, dass jeder nur seinen eigenen Selektionen folgt? Das Nebeneinander unterschiedlicher und vielleicht in manchem konträrer Frömmigkeitsstile und Einstellungsprofile macht die Frage dringlich, wie sich in aller zu bejahenden Vielfalt die Einheit der Gemeinde gottesdienstlich darstellt.

Deutlich ist: Je größer die Differenzierung, um so wichtiger die Integration; je stärker die zentrifugalen Kräfte, um so notwendiger die Gegensteuerung. Das verlangt klare Absprachen über den Rahmen der Liturgie, über Texte und Themen, über das, was für alle gilt. Und es verlangt immer wieder Austausch, Gespräch und gemeinsame Planung. Dennoch funktionieren organisatorische Absprachen nur, wenn sie von einem gemeinsamen Geist getragen werden. Gottesdienst ist darstellendes Handeln. Was stellen unsere Gottesdienste dar, was symbolisieren sie? Kann es gelingen, den Gottesdienst zu derjenigen Veranstaltung der Gemeinde zu machen, in der das bei aller Verschiedenartigkeit Gemeinsame des Glaubens, die Einheit des Leibes Christi, zur Darstellung kommt?

Damit schließt sich der Kreis.

Am Anfang unserer Feldbeschreibung stand die Beobachtung, dass es den einen Gottesdienst so nicht gibt. Das führte zur Unterscheidung verschiedener Lebenskreise, Programmlinien und Beteiligungsmuster, aus denen sich der Jahres-„Spielplan" des Gemeindegottesdienstes zusammensetzt. Am Ende zeigt sich, dass gleichwohl Entscheidendes davon abhängt, ob in alledem eine Einheit erkennbar wird. Letztlich wird Gottesdienst doch als ein Zusammenhang wahrgenommen.

3 Zwischenüberlegung: Gottesdienst und Gemeindeaufbau

Bisher war immer von *der* Gemeinde die Rede. Auch da ist Differenzierung angebracht. Denn wie der gottesdienstliche „Spielplan" konkret aussieht und welche Möglichkeiten genutzt werden, das hängt mit ab von dem Gemeindebild, das für Pfarrer, Mitarbeiter und Kirchenvorstände leitend ist. Wichtiger als ausformulierte theologische Kirchenkonzepte sind strukturelle Grundentscheidungen, nach denen sich die Prioritätensetzung im Gemeindeaufbau richtet. Diese Zusammenhänge beschäftigen die homiletische Fachdiskussion gegenwärtig neu, seit Rolf Zerfaß eine von Hermann Steinkamp entwickelte dreifache Gemeindetypologie aufgenommen und für den Prozess von Predigt und Gemeinde fruchtbar gemacht hat.[7] Steinkamp unterscheidet Gemeinde als „kirchliche Verwaltungseinheit" (Typ A), als „religiöse Organisation" (Typ B) und als „Gemeinwesen" (Typ C) und kennzeichnet damit die traditionelle Pfarrei der „vorbürgerlichen Betreuungskirche" (A), die moderne Ortsgemeinde der „bürgerlichen Angebotskirche" (B) und den von ihm als Zukunftsmodell herausgestellten Typ C der „nachbürgerlichen Basisgemeinde". Diese zunächst am katholischen Beispiel gewonnene Typologie läßt sich mit einigen Varianten auch auf evangelische Verhältnisse übertragen und zu unserer Feldbeschreibung in Beziehung setzen.

---

[7] Vgl. H. Steinkamp: Gemeindestruktur und Gemeindeprozess, in: N. Greinacher u.a. (Hg.): Gemeindepraxis, München/Mainz 1979, 77ff.; Rolf Zerfaß: Predigt und Gemeinde, in: werkstatt predigt Nr. 40, Juni 1981, 1ff.; ders. (Hg.): Mit der Gemeinde predigen, Gütersloh 1982.

Typ A ist das alte Modell der Parochie mit ihrem pyramidalen Aufbauprinzip und dem eindeutigen Autoritätsgefälle von oben nach unten. Auch für protestantische Gemeinden gilt die gleiche Kommunikationsstruktur des strikten Gegenübers von Amt und Gemeinde, auch hier ist der Gottesdienst die zentrale (im Grunde die einzige) Gemeindeveranstaltung. Unterricht und Seelsorge sind auf dieses Zentrum bezogen. Im Mittelpunkt des Gottesdienstes steht die Predigt, die ihre Themen ausschließlich aus der vorgegebenen Ordnung des Kirchenjahres und der Perikopen bezieht.

In der modernen volkskirchlichen Ortsgemeinde vom Typ B ist ein reich entwickeltes Gemeindeleben mit einer Fülle von geselligen, erzieherischen und diakonischen Aktivitäten neben den Gottesdienst getreten. Das Team der haupt- und ehrenamtlichen Mitarbeiter hat den Pfarrer als Alleinverantwortlichen abgelöst. Bedürfnisorientierte Gemeindearbeit erweitert die Themen. Während in der katholischen Kirche für Typ B die zentrale Rolle des Gottesdienstes erhalten bleibt, hat sich im evangelischen Bereich das gesellige Gemeindeleben und die projektbezogene Gruppenarbeit häufig ganz vom Gottesdienst gelöst. Das kann dazu führen, dass der Gottesdienst an den Rand des aktiven Gemeindelebens rückt (extreme Formulierung: „Gottesdienst ist Altenarbeit"). Doch kann eine nach B organisierte Gemeinde auch hier immer wieder besondere Angebote machen. Ein vielfältiges Programm bietet dann für jeden etwas. Allerdings wird die Autonomie der gemeindlichen Teilbereiche und die Suffizienz der Gruppensubkultur als gegeben hingenommen. Faktisch und auch im Selbstverständnis vieler Pfarrer ist der Gottesdienst eine Gemeindeveranstaltung unter anderen.

Der Typ C, die Basisgemeinde des intensiven gemeinsamen Lebens, ist für bundesdeutsche Verhältnisse bisher kaum irgendwo erlebbare Gemeindewirklichkeit. Als kritisches Gegenbild zu den herrschenden Verhältnissen bezieht es seine Attraktivität vor allem aus Berichten aus Lateinamerika (faszinierendes Vorbild: Solentiname). Gesellschaftlich und kirchlich setzt es so andere Sozialstrukturen voraus, dass es als allgemeines Zukunftsmodell wenig geeignet erscheint. Wenn man wie Steinkamp eine direkte historische Entwicklungslinie von A nach C zieht und nicht hinreichend klar zwischen deskriptiven und normativen Aspekten unterscheidet, droht die Gefahr, dass wichtige Impulse der Kritik an der „bürgerlichen Religion" (J. B. Metz) durch allzu umstandslose Identifizierung mit bestimmten Beschreibungsklischees eher ins Gegenteil verkehrt werden, u.a. weil sie eine unbefangene Wahrnehmung lebendiger Potentiale in den vorfindlichen volkskirchlichen Gemeinden verstellen.[8] Was passiert, wenn Pfarrer auf dem Boden einer Gemeinde mit B-Struktur nach dem ekklesiologischen Wunschbild der C-Utopie arbeiten? Muss man nicht befürchten, dass die Vorbehalte gegen die Bürgerlich-

---

8 So auch Zerfaß: Predigt und Gemeinde, 5ff.

keit der Kerngemeinde, die dieser nicht ganz unverborgen bleiben werden, über kurz oder lang nur zu einer einfachen Auswechslung der Gottesdienstgemeinde führen werden? Das aber wäre eine „kulturelle Invasion" (Freire) mit umgekehrten Vorzeichen. Durch das Verstummen oder die Auswanderung der bisherigen Stammgruppen (besonders der Senioren) wäre die angestrebte Lebendigkeit des Erfahrungsaustauschs unter dem Evangelium schwerlich zu erreichen.[9]

Den folgenden Überlegungen liegt ein anderes Leitbild zugrunde. Ich verstehe Gemeinde im Sinne der ökumenischen Theologie als konziliare Gemeinschaft an der Basis der alltäglichen Lebenswelt im Wohnbereich. Das konziliare Modell bildet keine schlechthinnige Alternative zu den drei anderen. Es nimmt wichtige Motive und Strukturen aus allen drei Typen in sich auf, aber es gibt ihnen einen anderen Rahmen und eine andere Richtung. Für das konziliare Gemeindemodell sind vor allem zwei Momente konstitutiv: die Orientierung an der Einheit in der Vielfalt und die Überzeugung, dass der Gottesdienst der genuine Ort für die „Kommunikation des Evangeliums" (E. Lange) ist. Beide Male transzendiert diese Vision von Gemeinde die gegebene Wirklichkeit. Das gilt für die Hoffnung auf Einheit. Eine Gemeinde, die sich am Leitbild der Konziliarität ausrichtet, wird die Entwicklung zu einem vielstimmigen und vielgestaltigen Gebilde vorantreiben, aber sie wird zugleich die Kommunikation zwischen den verschiedenen Gruppen und Richtungen intensivieren, um im Spannungsfeld von Konflikt und Konsens Einheit als Prozess zu begreifen. Kontrafaktisch ist in mancher Hinsicht auch die Überzeugung, dass der Gottesdienst in einem ausgezeichneten Sinne das Integrationsfeld der Gemeinde ist. Warum solche großen Erwartungen an den Gottesdienst?

4 Zieleinstellung: Wozu Gottesdienst?

Worum geht es im Gottesdienst? Die theologische Auskunft kann nur lauten: Es geht um Gott, um die Frage nach Gott und um die christliche Antwort darauf. Nach christlichem Verständnis geschieht Begegnung mit Gott und Erfahrung Gottes, zumindest als gemeinschaftliche, immer nur indirekt, vermittelt durch Wort und Zeichen.

Die Frage nach Gott wird (im neuzeitlichen Denkhorizont) im Zusammenhang mit der anthropologischen Frage nach Grund und Sinn menschlicher Existenz entfaltet. Luthers Erklärung des 1. Gebotes weist dafür den Weg. „Wir sollen Gott über alle Dinge fürchten, lieben und vertrauen" (Kl. Katechismus). Das lässt sich in Fragen zurückverwandeln: Was fürchten und lieben wir denn „über alle

---

[9] Vgl. zum Ganzen Zerfaß: Mit der Gemeinde predigen, a.a.O., 17ff. 26ff. 30ff. und die Diskussion a.a.O., 56ff.

Dinge", worauf setzen wir unser Vertrauen? Welche Normen und Werte sollen unter uns gelten? Worauf richtet sich unsere Hoffnung? Diesen Fragen nicht auszuweichen, sondern in den vielfältigen Bezügen des Lebens dies eine immer wieder zum Thema zu machen, mutet der Gottesdienst dem Einzelnen zu; das erst gibt dem Leben Ernst und Tiefe.

Auch die Antwort des Glaubens begegnet nicht unmittelbar, sondern vermittelt. Sie gewinnt ihre inhaltliche Füllung und Präzision aus der geschichtlichen Überlieferung der Bibel von Jesus als dem Christus Israels. Luther hat die Grundbewegung des Gottesdienstes deshalb in der Beziehung von Wort und Antwort gesehen. Die Gemeinde hört den Anspruch und die Verheißung der Offenbarung, dass in Jesus, in seiner Lehre und Praxis, in Kreuz und Auferweckung die eine Wahrheit Gottes in letzter Tiefe und umfassender Geltung geoffenbart ist: als Liebe, die stärker ist als der Tod, als radikale Befreiung, als universale Versöhnung der ganzen Schöpfung. Und sie antwortet darauf mit Dank und Bekenntnis, mit Lob und Anbetung.

So formuliert die Gemeinde im Hören und Antworten ihr Leben – ihren Glauben und ihre Zweifel, ihre Anfechtungen und Ängste, ihre Schuld und Verantwortung, ihre Bitten und Fürbitten, ihre Freude, ihren Jubel. In der Leidenschaftlichkeit dieser Äußerungen, im Aussichherausgehen und Sichüberschreiten auf Gott hin, im Singen, Beten und gemeinsamen Bekennen liegt das expressive Moment des Gottesdienstes, wodurch er sich von den anderen Weisen der Kommunikation des Evangeliums, von Unterricht und Gruppenarbeit, Seelsorge und Beratung, Diakonie und Sozialarbeit unterscheidet. Der Gottesdienst ist ein komplexes Gebilde. Er enthält Elemente aus den anderen Handlungsbereichen. Er enthält Lehre und Unterweisung, also ein katechetisches Element. Er impliziert Seelsorge und Selbsterfahrung; in Liturgie, Sakrament und Segen liegen heilende Kräfte. Er soll praktische Konsequenzen haben und zum Handeln führen. Und doch liegt darin nicht sein primärer Zweck, wie überhaupt alle Versuche, den Gottesdienst konsequent zu instrumentalisieren, sei es zu einem Lernprozess, sei es zu einem therapeutischen Prozess, sei es zur Motivation für Aktionen, auf einem Missverständnis beruhen. Gottesdienst ist Feier, ist darstellendes und nicht wirkendes Handeln, ist symbolische Kommunikation.[10] Es geht um Darstellung und Vergewisserung des Glaubens. Der Gottesdienst gewinnt immer dort an Ausstrahlung, wo es gelingt, das, wovon die Gemeinde Christi lebt, ihre Begegnung mit Gott, dem „Geheimnis der Welt" (Jüngel), so zu kommunizieren, dass sich alle daran beteiligen können, und wo für diese symbolische Kommunikation überzeugende Handlungsvollzüge gefunden werden. Weil dies im Abendmahl in einer

---

[10] Vgl. W. Jetter: Symbol und Ritual. Anthropologische Elemente im Gottesdienst, Göttingen 1978; K.-H. Bieritz: Von der Besonderheit des Gottesdienstes, in: Zur Theologie des Gottesdienstes, Hamburg 1976, 32ff.; P. Cornehl: Theorie des Gottesdienstes – ein Prospekt, s.o. S. 44ff.

unvergleichlichen Verdichtung geschieht, ist die Eucharistie als Feier der Befreiung und Versöhnung und als Sakrament der Einheit das unersetzliche Zentrum der Gemeinde.[11]

5 Konsequenzen

Arbeit am Gottesdienst ist Arbeit an der Integration.
In vier Schritten sollen mit dieser These Folgerungen aus den bisherigen Überlegungen gezogen werden.

5.1 Integration durch Themen

Die Gottesfrage, das eine Thema des Gottesdienstes, begegnet in der Mannigfaltigkeit verschiedener Themen. Die Beobachtungen zum „Spielplan" lassen vier große Themenkomplexe erkennen[12]:
(1) die lebensgeschichtlichen Themen der individuellen Biographie, des familiären Lebenszyklus, der zwischenmenschlichen Beziehungen,
(2) die Themen der kirchlichen Gemeinschaft aus Kirchenjahr, Bibel und Glaubenslehre,
(3) die Themen des gesellschaftlichen Nahbereichs und
(4) die universalen politisch-ökonomischen Themen des Fernbereichs sowie die globalen Überlebensprobleme der Gattung (Umweltzerstörung, Atomkatastrophen, Weltkrieg).
Diese vier Themenkreise sind in den Gottesdiensten unserer Ortsgemeinden nicht mit gleichem Gewicht vertreten. Der soziale Ort in der Wohnwelt und die Nähe zur familiären Sozialisation bedingen, dass die lebensgeschichtliche Thematik des Bereiches (1) eindeutig im Vordergrund steht. Sie bildet gleichsam den Fokus für alle anderen Thematisierungen. Das ergibt sich aus den primären Aufgaben der Ortsgemeinde. Sie liegen nun einmal in der Lebensbegleitung an den großen biographischen Übergängen und in den Lebensphasen, für die eine starke Ortsbindung charakteristisch ist: Kindheit, Jugend, Alter. Hier hat die Gemeinde in den Augen der Mitglieder ihre Zuständigkeit und Kompetenz.[13] Daraus folgen

---

[11] Vgl. K.-H. Bieritz: Abendmahl und Gemeindeaufbau, in: Handreichungen für den kirchlichen Dienst, Amtsblatt der Ev.-Luth. Landeskirche Sachsens, 1981, Nr. 10–12; R. Christiansen/P. Cornehl (Hg.): Alle an einen Tisch – Forum Abendmahl 2 (GTB 382), Gütersloh 1981; Abendmahl und Gemeindeerneuerung, PTh 72, 1983/3.
[12] Vgl. Zerfaß: Mit der Gemeinde predigen, a.a.O., 54ff.
[13] Vgl. E. Lange: Kirche für die Welt. Aufsätze zur Theorie des kirchlichen Handelns, hg. von R. Schloz (Edition Ernst Lange 2), München/Gelnhausen 1981, 71ff. Vgl. jetzt P. Cornehl/W. Grünberg: „Plädoyer für den Normalfall" – Chancen der Ortsgemeinde. Überlegungen im Anschluß an Ernst Lange, in: S. Abelt/W. Bauer u.a. (Hg.): „… was es bedeutet, verletzbarer Mensch zu

die Themen, die das Leben im Erfahrungsfeld Wohnwelt bestimmen: Geburt und Tod, das Heranwachsen der Kinder und ihre Erziehung, die Suche nach Freunden und Partnern, Liebe und Sexualität, Streit und Versöhnung, die Konflikte mit den Eltern und die Ablösung von zu Hause, die Schwierigkeiten und das Glück der Ehe („des vermutlich prekärsten und riskantesten Lebensauftrages, den es für Menschen von heute gibt" [Lange]), die Krisen der Lebensmitte, Altwerden, Zurückbleiben, Gebrechlichkeit, Krankheit, Sterben – Themen und Topoi, die immer wiederkehren. In der Konzentration darauf findet die gemeindliche Lebenswelt ihre Konkretion, ihre Vitalität – und ihre Grenze. Das hat Konsequenzen für die anderen Themenbereiche.

Denn die personale Sicht wird wie von selbst zum Schlüssel der Wahrnehmung von Evangelium und Welt insgesamt. Die Themen der kirchlichen Gemeinschaft (2) erhalten eine familiäre Färbung, besonders an den Festen. Die Familiarisierung der Feste betrifft nicht nur Sitten und Gebräuche, sondern auch die Inhalte (am deutlichsten an Weihnachten). Dem korrespondiert eine generelle Auslegung der Bibel in personalen Kategorien. Das hat oft genug zur Folge, dass die Bereiche (3) und (4) ausgegrenzt oder nur in einer privatisierten Gestalt aufgenommen werden. Das Motiv der Abwehr ist die Angst, dadurch Streit und Aggressivität in die Gemeinde zu bringen. Daher neigt nicht nur die konservative, sondern auch die moderne, auf Harmonie und Ausgleich bedachte liberale Mitmenschlichkeitstheologie oft dazu, politische Konflikte nur soweit zuzulassen, wie dadurch die Einheit in der Gemeinde nicht gefährdet wird. Vor allem das Protestpotential der Jugend wird domestiziert und neutralisiert. Vielleicht aber besteht hier die größte Gefahr in theologischer Hinsicht. Die personale Auslegung tendiert dazu, die transpersonalen Dimensionen der biblischen Offenbarung auszublenden. Wenn die politischen, die mythischen und eschatologischen Gehalte der Botschaft nur am Leitfaden existentialer Interpretation gedeutet werden, droht eine bedenkliche Verengung und Verkleinerung ihrer eigentlichen Sprengkraft.

Thematische Arbeit an der Integration heißt deshalb: Arbeit an der Verschränkung der Themen und an der Öffnung der Bereiche für einander; heißt erkennen, dass die politischen Probleme im persönlichen Lebenszusammenhang bereits enthalten sind und umgekehrt, dass moralische und religiöse Aspekte in der Politik zur Geltung zu bringen überlebensnotwendig ist; heißt die Fragen der Identität ernst nehmen und zugleich die Wahrnehmung für die gesellschaftlichen Bedingungen der Mitmenschlichkeit zu erweitern. Es geht um eine ganzheitliche Sicht. Wer die Konflikte im Privaten nicht verdrängen muss, weil er etwas von Gnade weiß, kann sich auch den Konflikten im Politischen stellen. Je ehrlicher das im

---

sein". Erziehungswissenschaft im Gespräch mit Theologie, Philosophie und Gesellschaftstheorie (FS H. Peukert), Mainz 2000, 119–134.

Gottesdienst geschieht, um so offener können auch die ungelösten Streitfragen aufgegriffen werden. Erfahrungsgemäß wächst in dem gleichen Maße auch das Interesse an Theologie. Die biblischen Texte werden lebendig und gewinnen eine neue Aktualität. Ihre provokative und ihre integrative Kraft kommt zum Tragen. Die Gemeinde lernt im Gespräch mit der Schrift verstehen, dass und wie prophetischer und priesterlicher Auftrag, Buße, Rechtfertigung und Nachfolge, persönliche Vergewisserung und soziale Verantwortung zusammengehören.

5.2 Integration durch Liturgie

Vor allem die Liturgie an den großen Kirchenjahresfesten kann helfen, zu dieser ganzheitlichen Sicht zu gelangen. Denn die Zusammengehörigkeit von Glauben und Politik, von Individuellem und Allgemeinem wird selten so evident wie dort. Sie ist z.B. in der Advents- und Weihnachtszeit ein wesentlicher Aspekt der Sache selbst. Die Geburt Jesu steht im Erwartungshorizont der prophetischen Eschatologie; die Botschaft der Engel vom messianischen Frieden ergeht im bewussten Kontrast zur pax Romana des Kaisers Augustus. Und diese politische Dimension des endzeitlichen Heils verbindet sich mit der Innigkeit mystischer Frömmigkeit, die vor dem Kind in der Krippe niederfällt und das Geheimnis der Menschwerdung Gottes anbetet. In der Karwoche begleitet die Gemeinde Jesus auf seinem Weg ans Kreuz und nimmt den Kreuzweg von Millionen unterdrückter und leidender Menschen in die Passion des Gottessohnes hinein. Wenn die Osterliturgie den Sieg Christi über den Tod und die Entmachtung der Mächte durch Gottes Erbarmen feiert, gewinnt das Gotteslob kosmische Dimensionen.

Das ist ein nachdrückliches Plädoyer dafür, die Bindung an vorgegebene Festinhalte und Perikopen im Gottesdienstmodell nach Typ A nicht vorschnell als Relikt einer überholten Traditionsfixierung abzutun. Der autoritäre Modus der Vermittlung ist von der Struktur der Konfrontation mit einem Gegenüber, das wir nicht selbst setzen, zu unterscheiden. Der Gottesdienst an den großen Festen führt uns – um unseres eigenen Heiles willen – zunächst von uns weg in die Geschichte Jesu, in die Bundesgeschichte Gottes mit seinem Volk. Diese geschichtliche Überlieferung gerade auch in ihrer spannungsreichen Vielschichtigkeit, die jeder einseitigen Vereinnahmung Widerstand leistet, gegenwärtig zu halten, ist eine wichtige Aufgabe der Liturgie.

Der Anschluss an die Tradition geschichtlicher Erinnerung ist zugleich Einweisung in das, was größer ist als wir selbst, in die Hoffnung, die in den Bildern und Symbolen der Endzeit enthalten ist. Die biblische Eschatologie formuliert Krise und Gericht in letzter Radikalität. Das gewinnt heute eine bestürzende Aktualität. Denn seit Hiroshima lebt die Menschheit im Schatten der möglichen Selbstvernichtung. Damit erhält Leben auf dieser Erde insgesamt eine apokalyptische Signatur. Was in der urchristlichen Eschatologie theologisch schon vorweggenommen ist, wird real eingeholt. Die „letzten Dinge" greifen in unseren Alltag hinein. Gibt es eine Hoffnung, gibt es einen Sinn? Vor diesem Hintergrund geschieht im Gottesdienst „eine fortwährende Überredung zum Sinnvertrauen".[14]

Die Liturgie ist der Ort, an dem die großen Bilder des Lebens in uns festgemacht werden gegen die Übermacht der Bilder des Todes, des Schreckens, der Zerstörung, um uns und in uns. Der Glaube, der sich durch Wort und Sakrament mit Hilfe von Sprache und Musik, in Gesten und Zeichen gewiss machen, stärken und erneuern lässt, gewinnt dann vielleicht auch Kraft, sich der Herausforderung nach radikaler Veränderung unseres auf Konkurrenz, Expansion und Herrschaft programmierten Gesellschaftsprozesses zu stellen. Vor dieser Herausforderung stehen wir auf allen Ebenen und in allen Bereichen des Lebens.

5.3 Integration durch Beteiligung

Ob nun die Vorgabe der Tradition oder die Probleme der Gegenwart den Ausgangspunkt bilden: der Gottesdienst hat grundsätzlich eine dialogische Struktur. Es geht um den Dialog zwischen Tradition und Situation und darin um das Gespräch in der Gemeinde. Kommunikation des Evangeliums ist der Prozess der Verständigung über die Relevanz der Überlieferung für unser Leben.[15] Wo das ernstgenommen wird, erfolgt eine Ablösung des alten amtskirchlichen Gottesdienstmodells vom Typ A. Recht besehen bedeutet die Abkehr vom Verkündigungsmonopol des Pfarrers keine Entwertung des Predigtamtes. Sie enthält vielmehr die Chance, aus der frustrierenden Isolation auszubrechen, in die der Pfarrer/die Pfarrerin geraten ist, nachdem ihre Alleinzuständigkeit für die Verkündigung in einer Situation wachsender Entfremdung vom Alltag der Hörer auch das Evangelium selbst irrelevant zu machen drohte. Deshalb ist Beteiligung der Gemeinde am Dialog zwischen Wort und Antwort kein formaler Akt, sondern ein geistlicher Vorgang.

In der Praxis geschieht Beteiligung am Gottesdienst in vielfältiger Weise: durch gemeinsame Vorbereitung, durch Predigtnachgespräche, durch Gesprächsphasen im Gottesdienst, durch persönliche Beiträge, durch Fürbitten, durch eine reiche dialogische Liturgie. Immer wieder sollte einzelnen Gruppen die Möglichkeit gegeben werden, einen ganzen Gottesdienst selbständig zu gestalten und ihr besonderes Anliegen, ihre besondere Auslegung der Botschaft den Anderen darzulegen.

---

14 W. Jetter: Symbol und Ritual, a.a.O., 97.
15 Vgl. E. Lange: Predigen als Beruf, hg. von R. Schloz, Stuttgart 1976 (Neuauflage [Edition Ernst Lange 3], München 1982), 401; R. Schloz: Gottesdienst und Verständigung, in: Seitz/Mohaupt (Hg.), Gottesdienst und öffentliche Meinung, a.a.O., 173ff.

Mehr Beteiligung führt freilich dazu, dass auch die Unterschiedlichkeit der Überzeugungen, die Gegensätzlichkeit mancher Urteile deutlicher werden. Das Bemühen, dem nicht auszuweichen, sondern sich im Austausch über die kontroversen Standpunkte vom Anderen in Frage stellen zu lassen und immer wieder um den größeren Konsens zu ringen, unterscheidet das konziliare Gemeindeverständnis vom pluralistischen Nebeneinander nach Modell B, aber auch von einer homogenen Gesinnungsgemeinschaft nach Modell C. Die Arbeit an der Überwindung der alltäglichen Apartheid der Trennungen, Abgrenzungen und Ausgrenzungen zwischen den verschiedenen Traditionen, Generationen und sozialen Schichten setzt voraus, dass es irgendwo eine Basis der Verständigung gibt. Der Glaube an Jesus Christus und die Bezugnahme auf die gleiche biblische Überlieferung als Maßstab der Orientierung ist die Basis, auf die hin Verständigung in der Gemeinde möglich wird. Darum geht es im Gottesdienst. Sich den Konflikten zu stellen und nach Wegen der Verständigung zu suchen, das wird nur in dem Maße gelingen, wie in der gottesdienstlichen Communio auch die Zusammengehörigkeit der Streitenden erfahren, die Einheit in Christus bekannt und gegen alle Spaltungstendenzen immer wieder erneuert werden kann.

Die harten Kontroversen sind nicht die Regel. Beteiligung und Verständigung können im Normalfall eingeübt werden. Hier gibt es ermutigende Erfahrungen. Zwei Jahrzehnte Gottesdienstreform haben das Kommunikationsklima in vielen Gemeinden positiv verändert. Liturgie ist als gemeinschaftliches Handeln wiederentdeckt worden. Was man in Gottesdiensten auf Freizeiten, in Gruppen, auf den Kirchentagen erlebt und gelernt hat, beginnt sich auch auf den Sonntagsgottesdienst auszuwirken. Die starren Alternativen zwischen Gottesdiensten in agendarischer oder neuer Gestalt, die noch Ende der sechziger Jahre die Diskussion belastet haben, sind überwunden.[16] Mehr und mehr setzt sich ein offenerer und kommunikativerer Stil gottesdienstlicher Feier durch.

Dazu haben die Kinder Wesentliches beigetragen. Deshalb haben Familiengottesdienste für die Verlebendigung der Gemeinden entscheidende gottesdienstliche Entwicklungshilfe geleistet. In der Begegnung mit Kindern, mit ihrer erfrischenden Kreativität und Spontaneität, aber auch mit ihrer religiösen Tiefe, lernen Erwachsene, Jugendliche und Senioren, ihre Blockaden zu lösen und sich ebenfalls unbefangener zu beteiligen. Insofern waren die Familiengottesdienste die vielleicht wichtigste liturgische Erfindung der letzten zehn Jahre. Durch eine konsequente Familienorientierung ist es nicht wenigen Gemeinden gelungen, das missing link zwischen Konfirmanden und Senioren aufzufüllen und einen Teil der verlorengegangenen Erwachsenen für den Gottesdienst wiederzugewinnen.

---

[16] Dies ist auch u.a. Verdienst des Strukturpapiers: Versammelte Gemeinde. Struktur und Elemente des Gottesdienstes. Vorgelegt von der Lutherischen Liturgischen Konferenz, Hamburg 1974.

Integration durch Beteiligung bedeutet insgesamt: Stärkung der Beziehungsqualität des Gottesdienstes. Das verlangt von den Pfarrern und Pfarrerinnen neue Fähigkeiten. Liturgische Kompetenz schließt ein: Gespür für Handlungen und Handlungsabläufe, musikalische Sensibilität, Gefühl für den Umgang mit Raum und Zeit, für die Ästhetik des Gottesdienstes. Es bedeutet Abkehr vom unpersönlichen amtlichen Zeremoniell und Hinwendung zu einem gemeindenahen Stil des Liturgierens. Die Arbeit daran ist nötig, um den Ertrag der gottesdienstlichen Erneuerung in den Gemeinden zu sichern.

5.4 Integration als Netzwerk

Wenn die Vision einer integrativen Rolle des Gottesdienstes nicht bloße Utopie bleiben soll, darf die Realität der volkskirchlichen Verhältnisse nicht übersprungen werden. Die Jahreskurven zeigen: Es gibt offenbar ganz verschiedene Arten von Kirchgängern. Gottesdienstbesuch ist regelgeleitetes Verhalten, auch wenn es nicht leicht ist, die Regeln, nach denen Menschen heute „zur Kirche gehen", exakt zu definieren. Wir befinden uns da (übrigens seit langem) in einem Übergang. Die offizielle kirchliche Norm ist die Sonntagsregel (3. Gebot, s. Lebensordnung): Gottesdienst Sonntag für Sonntag, Fest für Fest. Damit wird der Wochenrhythmus zum verbindlichen Zeitmaß des Kirchgangs gemacht. Dagegen lassen die Jahreskurven wenigstens drei Zeitmuster erkennen:

(a) Gottesdienstbesuch im Wochenrhythmus bzw. im Monatsrhythmus,[17]

(b) Gottesdienstbesuch nur noch einmal im Jahr, am Heiligabend, und sonst ganz selten im Zusammenhang mit Familienfeiern.[18]

(c) Dazwischen gibt es vermutlich einen Typus mittlerer Beteiligung, den Festtags-Kasual-und-Gelegenheits-Kirchgänger, für den ein häufigerer Gottesdienstbesuch aus verschiedenen Anlässen zumindest denkbar ist. Ohne auf die Schwierigkeiten solcher hypothetischer Konstruktionen näher eingehen zu können, lässt sich doch soviel sagen: Arbeit an der Integration bedeutet zu allererst Anerkennung der Verschiedenartigkeit der Kirchgangsgewohnheiten. Natürlich wird eine Gemeinde alles tun, um zunächst den regelmäßigen Gottesdienstbesuch nach dem Muster (a) plausibel und attraktiv zu machen. Familienorientierung ist auch dafür sicher die beste „Strategie". Denn die Regeln für die Kirchgangssitte werden im Primärbereich der Familie ausgebildet.[19] Aber das ist nicht der einzige Zeittakt. Ich empfehle nachdrücklich, den Alles-oder-Nichts-Standpunkt aufzugeben und

---

[17] Zu dieser Spanne vgl. J.M. Lohse: Kirche ohne Kontakte? Beziehungsformen in einem Industrieraum, Stuttgart/Berlin 1967, 32f.
[18] Vgl. H. Hild: Wie stabil ist die Kirche, a.a.O., 46ff.
[19] Vgl. G. Schmidtchen: Gottesdienst in einer rationalen Welt, a.a.O., 66ff.

auch den dritten Typ (c) ernst zu nehmen. Das mutet der Gemeinde ein Umdenken zu. Man muss zunächst die Logik dieses Verhaltens verstehen (negativ: die Angst vor der Vereinnahmung, die Habitualisierung der Freiheit, sozusagen das protestantische Erbe, andere Prioritäten im Familienkalender), man muss das positive Interesse in dieser Art selektiver (auswählender und nicht nur distanzierter) Kirchlichkeit sehen, um dann durch eigenes Verhalten mitzuhelfen, es zu stabilisieren gegen ein Abgleiten in die gänzliche Distanz von (b). Die Gemeinden sollten bei ihrer Gottesdienstplanung sorgfältiger darauf achten, im Zuge der Differenzierung des „Spielplans" auch denjenigen Mitgliedern erkennbare Angebote zu machen, die nach einem Gottesdienstrhythmus jenseits des Wochenzyklus suchen, der ihnen dennoch eine verlässliche Beziehung zur Sache ermöglicht. Sie müssten dies in ihren Ankündigungen öffentlich kenntlich machen, im Rahmen des Konfirmandenunterrichts bei Jugendlichen und Eltern dafür werben und in der Gestaltung der Festgottesdienste darauf Rücksicht nehmen.

Es kann nicht darum gehen, alle bestehenden Differenzierungen im Teilnahmeverhalten aufzuheben und die verschiedenen Zeittakte, Distanzen, Intervalle auf die Sonntagsregel der Institution zurückzuführen. Wohl aber sollte man alles fördern, was Grenzen fließend hält und Übergänge möglich macht. Integration als eine Art Netzwerk bedeutet dann immer wieder neu: Fäden ziehen, Verknüpfungen herstellen und darauf vertrauen, dass Beziehungen wachsen.

Vielleicht hilft die Beobachtung zum Phasenverlauf des Lebens zu einer gewissen Gelassenheit. Wechsel in der Intensität des Gemeindebezuges und des Gottesdienstbesuchs sind etwas Normales. Das kann eine Zeitlang zu einer sehr engen Bindung führen (nach dem Muster a), die u. U. auch die Mitarbeit in Kreisen, Gottesdienstvorbereitungsgruppen u.ä. einschließt. Und es kann aus verschiedensten Gründen in ein distanzierteres Verhältnis übergehen, um sich möglicherweise erneut zu intensivieren. Leider erlaubt das Angebot vieler Gemeinden und vor allem die innere Erwartung der Pfarrer oft nur einen Wechsel zu ganz großem Abstand (nach dem Muster b), während man sich doch vielleicht eine mittlere Nähe (im Sinne von c) als den angemessenen Regelwert für seine Teilnahme wünschen würde. Weist nicht auch das Stichwort „Zwei-Jahres-Christen" in diese Richtung?

Wie die Dinge stehen, kann die Leitidee integrativer Gottesdienstpraxis nicht die sein, jeden Gottesdienst zu einer „Vollversammlung der Gemeinde" zu machen.[20] Das würde erkauft durch eine problematische Einschränkung der Gemeinde auf ihren aktiven Kern. Doch die Perspektive ist richtig. Gottesdienst zielt

---

[20] Hier liegt die Grenze in der sonst bahnbrechenden Arbeit von E. Lange: Chancen des Alltags. Überlegungen zur Funktion des christlichen Gottesdienstes in der Gegenwart, Stuttgart/Gelnhausen 1965 (Neuauflage [Edition Ernst Lange], München 1983); vgl. ders.: Kirche für die Welt, a.a.O., 103.

auf die Integration aller. Deshalb wird man im Laufe des Jahres immer neue Versuche machen, die verschiedenen Teilgruppen der Gemeinde zusammenzuführen und möglichst viele der distanzierten Mitglieder dazuzuladen. Der Ort für die Integration des Leibes Christi ist der Gottesdienst, ihre besondere Chance sind die Feste.

6 Gottesdienst – nur Arbeit?

Mag sein, dass dies für manche Leser ziemlich anstrengend klingt. Es ist viel von Arbeit die Rede gewesen. Droht eine neue Überforderung? Nun, gegen den Trend anzugehen, wie er im Szenario des „Sieben-Tage"-Films seinen drastischen Ausdruck gefunden hat, verlangt zunächst in der Tat Arbeit. Integrale Gottesdienstpraxis fordert Prioritätensetzung. Man muss abwägen, wie viel man investieren will und kann. Andere Schwerpunktsetzungen behalten ihr Recht. Wer allerdings die Diskrepanz zwischen Ideal und Wirklichkeit dadurch abbaut, dass er die Sollnorm der kirchlichen Lebensordnung schlicht streicht, macht es sich zu einfach.

Das eigentliche Motiv einer Schwerpunktsetzung im Bereich des Gottesdienstes ist ein theologisches. Letztlich ist es der Verlust an inhaltlicher Relevanz, der die Krise des Gottesdienstes ausmacht, wodurch er für viele Menschen und nicht wenige Christen so entbehrlich geworden ist. Ein noch so differenziertes Angebot, ein noch so geschickt gesponnenes Netz von Beteiligungen bleiben belanglos, wenn es keine religiöse Substanz gibt, die den Besuch des Gottesdienstes sinnvoll oder gar notwendig macht. Weil es diese Substanz gibt, weil sie kommunizierbar ist, deshalb lohnt sich die Arbeit am Gottesdienst. Denn es bleibt ja nicht Arbeit. Irgendwann merken wir: Der Gottesdienst trägt uns. Darum gibt es kein besseres Argument für den Gottesdienst als die Erfahrung lebendiger Liturgie selbst. Ein Freund erzählte, wie er davon etwas erlebt hat, als ein kleines Mädchen in einem Feierabendmahl mit Kindern vor dem Segen laut und vernehmlich zu seinem Vater sagte: „Mensch, nächstes Mal müssen wir aber Mutti überreden, dass sie mitkommt. Sonst verpasst sie wieder was!"

„Der Herr der Welten lässt alles gelten"

Weihnachten 1975

Weihnachten verändert sich für uns mit dem Größerwerden der Kinder. In diesem Jahr wächst das Fest in die Breite und bezieht den Advent stärker mit ein. Im Vergleich zum Vorjahr ist auch die christliche Thematik ausdrücklicher.

Christopher (7 J.) ist der Joseph im Krippenspiel seiner Grundschulklasse. Ein zuerst recht wacher, später ein bisschen zerstreuter und wenig aufmerksamer Joseph. Frau L. lässt keine Texte auswendig lernen, sondern schafft Szenen und Spielsituationen, in denen die Kinder frei improvisieren. Das ist viel spannender und lebendiger. Die ganze Klasse macht mit. Sie sitzen an der Längswand, sind kostümiert, aber gar nicht aufgeregt, haben sichtlich Spaß am Spielen. Die Regie tritt zurück. Die Kinder kennen selber Übergänge und Einsätze. Nur ab und zu kommt ein Stichwort. So treten die Pfiffigkeiten der einzelnen Schüler deutlich hervor. Jeder hat eine Rolle, einige flöten zwischendurch, andere sagen ein Gedicht auf. Die kleine Katrin spielt eine Einwohnerin von Jerusalem, bei der die heiligen drei Könige sich nach dem neugeborenen König erkundigen. Sie erfindet jedes Mal eine neue Antwort. „Unser König ist 80 Jahre und nicht neugeboren ..." Oder: „Was sagen Sie? Ein neugeschorener König?"

So ist viel Spielwitz und Aktion dabei. Und sie verstehen durch das Mitspielen mehr, als wenn ein vorgegebener Text heruntergeleiert wird. „Wenn sie schon keinen Religionsunterricht haben", sagt Frau L., „will ich doch wenigstens, dass sie die Weihnachtsgeschichte kennen!"

Auch Caroline (5. J.) hat ihr Krippenspiel im Kindergarten. Zur Weihnachtsfeier ist der Konfirmandenraum gerammelt voll. Da die Aufführung morgens um 11 Uhr stattfindet, sind allerdings nur vier Väter da. Es gibt zuerst Saft, Tee, selbstgebackenes Früchtebrot und Kekse. Kerzen brennen. Viel Hallo und lautstarkes Gewimmel. Dann das Krippenspiel. Auf Liedbasis, Texte und Musik z.T. von Frau J. selbst geschrieben. Nini ist bei den Vorsängern:

> *„Augustus, Cyrenius, die römischen Herren,*
> *Die schicken die Menschen von Lande zu Land.*
> *Was meint damit Lukas, der dies uns berichtet;*
> *Was meint damit Lukas, der dies uns erzählt?*
> *Geboren ist Christus,*
> *Geboren ist der Herr,*

> *Ein Mensch unter Menschen,*
> *Und Gott liebt uns sehr.*
> *Wir sind nicht mehr traurig,*
> *Und sind nicht mehr allein.*
> *Denn Jesus ist gekommen*
> *Der zieht jetzt bei uns ein ..."*

Vier Phasen, viele Strophen, schwungvoll und fröhlich vertont und gesungen. Das müsste man eigentlich weiter bekannt machen, so nett und originell ist es.

Nini ist die Vorsängerin der letzten Strophe. Sie haucht ihren Vers schüchtern, zart und fast ohne Stimme. Aber es rührt das Elternherz.

Solche Spiele leben von der Identifikation mit den Darstellern. Sie blühen auf im vertrauten Rahmen, wo sich jeder kennt und eine persönliche Resonanz da ist. Dann kann – wenn es gut kommt – auch inhaltlich einiges ins Schwingen geraten. Vielleicht müsste das von den Leitern den Eltern gegenüber noch zur Sprache gebracht und ein bisschen gedeutet werden („Was meint damit Lukas?").

Das dritte Krippenspielchen erlebten wir am Heiligabend im Gemeindezentrum. Das war erheblich mühsamer und stockeriger. Es ist doch problematisch, Vorschulkinder in eine fremde Atmosphäre hinein zu bringen, die ihre Spontaneität erstickt und sie eher verstummen lässt. Dann müssen die Erwachsenen doppelt aufdrehen und Zugpferd spielen oder immer um die Kinder herumhuschen.

Was mir dabei noch auffiel und was ich uns Weihnachts-Predigern ins Stammbuch schreiben möchte: Hört auf, die Leute umständlich abzuholen! Kommt rasch zur Sache, macht eine inhaltliche Aussage! Die Ambivalenzen kommen immer noch genug durch. Aber verstärkt nicht das Unbehagen! Weihnachtsverkündigung muss und kann einfach sein.

Gern hätte ich über das Weihnachtsgedicht gepredigt, das Christopher uns aufgeschrieben und gemalt hatte:

> *„Christkind ist da",*
> *sangen die Engel im Kreise*
> *über der Krippe*
> *immerzu.*
>
> *Der Esel sagte leise:*
> *I-a*
> *und der Ochse sein Muh.*

Der Herr der Welten
lässt alles gelten.
Es dürfen auch nahen
ich und du.

Eine einfache, einleuchtende Umschreibung von Gnade: Wir dürfen kommen, wie wir sind. Wir brauchen nichts zu verstecken, der Esel nicht sein kümmerliches „I-a", wir Ochsen nicht unser brummelndes „Muh". „Der Herr der Welten lässt alles gelten." Gelten lassen heißt Ja sagen, akzeptieren. Die Engel schweben im Kreise über der Krippe – „immerzu". Da ist ein kleiner Funke Ironie drin. Ein bisschen Lächeln über das Dauerlob aus der Höhe. Und die Kreatur darf dabei sein. „Der Herr der Welten lässt alles gelten."

Lassen wir einander auch gelten? Oder verlangen wir Vorbedingungen dafür? Lassen wir uns selbst gelten – mit unserem schwierigen Seelenleben, mit unseren Empfindsamkeiten oder Dickfelligkeiten, mit unserem Männertrotz, mit unserer Wehleidigkeit, mit unseren Ängsten und Sorgen? „Es dürfen auch nahen: ich und du." Nach Ochs und Esel. Wir haben nicht viel mehr zu bieten, wir sind nicht viel verständiger – und werden doch zugelassen.

Friede auf Erden – in Brokdorf und anderswo

Weihnachten 1976

Am 23. Dezember Abend kriegte ich den Anruf. Die Gruppe der Vierzig will am Heiligabend in Brokdorf vor dem Tor des geplanten Kernkraftwerkes einen Gottesdienst halten. Das wäre doch etwas für den Liturgiefachmann. Die Sache wird vertraulich behandelt. Es soll keine Show werden. Deshalb sprechen sie nur Freunde und Bekannte an, die auch tatsächlich einen solchen Gottesdienst mittragen werden, keine rein politischen Gruppen. U. erzählt von den Schwierigkeiten, die Bischof Hübner macht, mit dem ständig telefoniert werden muss. Er ist gegen die Aktion. Die Polizei hat aber ihre Genehmigung gegeben. Also ein Gottesdienst – Abfahrt vom Rauhen Haus um 0.15 Uhr.

Als wir dort sind, stehen nur drei Wagen da. Ein kleines Häufchen. Von den Studierenden, die wir zu treffen hofften, keine Spur. Wir fahren los. Es ist sehr kalt draußen. M. hat Großmutters Pelzmantel und ihre Fellschuhe an. Wir halten uns wach, indem wir singen – Weihnachtslieder, die man vielleicht auch in so einem Gottesdienst singen könnte: „Gloria in excelsis Deo", „O Heiland, reiß die Himmel auf!"

Fahrt in die Dunkelheit. Über uns ein phantastischer Sternenhimmel. Auf einmal ist das Größere der Welt gegenwärtig. Die ganze Schöpfung, der Kosmos insgesamt – die Themenhorizonte von Weihnachten. Die universalen Friedensverheißungen der Propheten meinen diese größere Welt. Sie reißen ungeheure Dimensionen auf. Unsere eigenen Ängste und Hoffnungen, Wünsche und Erwartungen erweitern sich. Sie werden geöffnet für das, was über den normalen Alltag hinausgeht. Zugleich ist der Kontrast da – zur umgebenden Wirklichkeit, nicht nur unserer kleinen eigenen Kapazität, sondern auch zur Wirklichkeit der Macht. Vielleicht wird dieser Gottesdienst eine ganze hilflose Sache. Viel guter Wille und viel Unvermögen. Macht nichts. Ein Zeichen ist es doch. Ein Zeichen der Bereitschaft, in die größeren Horizonte der Verantwortung und der Hoffnung hineinzuwachsen. Wenn wir nur auf unsere Fassungskraft sehen, ist klar: Unser Vermögen ist klein, so klein und beschränkt, dass die irrsinnigen Probleme der Bewältigung der Zukunftsfragen gar nicht hineinpassen. Das blitzt mal auf, wenn es uns auf den Leib rückt. Dann raffen wir uns auf zu Aktivitäten, betroffen, empört, wütend und ohnmächtig zugleich. Doch wer schafft es wirklich, für die nächste Generation Verantwortung zu tragen? Die Probleme dieses Erdballs haben seit Hiroshima endzeitliche Konturen bekommen. Aber unser Bewusstsein und unser Ge-

wissen ist nicht mitgewachsen. Die Gefahren der Atomrüstung sind gegenwärtig seltsam abgeblendet. Und woran wir uns da gemacht, wird erst langsam klar, in dem Maße, in dem wir mit den Folgeproblemen der friedlichen Atomenergienutzung zu tun kriegen. Eine merkwürdige Situation. Das Bewusstsein der Bedrohung und die Bewältigung der rationalen Probleme klaffen auseinander. Doch das Gefühl wird lastender, dass wir in ungeahnte, kaum kalkulierbare Risiken hineinschlittern.

Wir haben kraft eigener Macht die apokalyptischen Letzthorizonte wieder erreicht, die den Konstruktionsrahmen der christlichen Botschaft im Urchristentum gebildet haben. Und ich glaube, dass allererst diese eschatologischen Inhalte der biblischen Offenbarung uns eine Chance geben, mit den Zumutungen umzugehen, sie nicht weiter auszublenden und der Herausforderung standzuhalten. Und zwar deshalb, weil die Gehalte der Offenbarung größer sind als unser Alltagsbewusstsein. Wir dürfen sie nicht reduzieren und domestizieren. Wir müssen ihnen nachgehen und auf ihrer Spur in das Größere zu gelangen suchen. Das ist die Brücke. Deshalb sind an Weihnachten gerade die großen Ausblicke und Verweisungen so wichtig. Davon etwas zu sagen und durch die Lieder ein Stück wirkliche Hoffnung und gefeierte Versöhnung an den Stacheldraht in Brokdorf zu bringen, wäre eine Reise in die Kälte wert. Auch wenn wir selbst noch unsicher sind, wie sich das alles zusammenreimt, auch wenn wir als Christen der Herausforderung durch die Zukunft der einen, auf dem Spiel stehenden Welt noch kaum gewachsen sind.

Das ist alles noch nicht wirklich klar, während wir in die Wilster Marsch fahren. Wir sind ja auch nicht mehr taufrisch gegen zwei Uhr nachts.

Dann erreichen wir das Gelände. Ein riesenhaftes Feld, durch Zaun und Mauer abgesperrt, die Gräben vereist. Elektrisch beleuchtete Tannenbäume auf den Gittern. Tiefstrahler. Ein hoher Turm. Man braucht nicht viel Phantasie, um auf die naheliegenden Vergleiche zu kommen. Nicht nur Mauer und Todesstreifen drängen sich auf – Posten patrouillieren mit Hunden und Helmen wie in Berlin-Staaken. Die Eiseskälte lässt an den Archipel Gulag denken, an Sibiriens Lager. Aber durch den Wachtturm und die großen Kräne ist auch etwas Cap Canaveral-Atmosphäre dabei. Unwirklich und gespenstisch.

Wir werden von der Polizei auf einen Parkplatz geleitet. Es sind schon eine Menge Leute da. Wir entdecken jetzt auch Bekannte und Freunde. Joachim K. fährt einen Bus mit dem Altar und einem handgezimmerten Kreuz. Zwei Pastoren aus Harburg haben ihren Talar an, sind darunter dick vermummt. Es werden Fackeln ausgeteilt. Das wärmt. Wir gehen um die Ecke zum Tor. Dort ist eine windgeschützte Nische, in die wir uns stellen können. 100 bis 150 Leute werden es sein. Gute Stimmung, der Temperatur angemessen. Gelassenheit, keine Hektik.

Es geht los. Neben und hinter dem Altar, auf dem große Brote liegen, die Musikanten mit Posaunen und Gitarren. Sie spielen sich zunächst ein bisschen *ein. Ortwin Löwa vom NDR macht Aufnahmen. Ein Fernsehteam filmt. Hinter dem Tor eine Gruppe von Wachleuten, z.T. in den Autos, z.T. draußen. Sie bleiben auf Distanz, lassen sich auf nichts ein, sind abwartend, unsicher oder verlegen. Zwischendurch bellen Hunde. Über Megaphon kommen Anweisungen, metallische Stimmen, die ich nicht verstehe. Sie halten sich sehr zurück, vor allem, wenn die Kameras laufen. Erst später nähern sich Einzelne dem Zaun. Niemand nimmt vom Brot. Es kommt, so weit ich sehe, zu keinen Kontakten, die inhaltlich irgendwie von Belang sind. Es ist auch schwierig. M. hat eine Tüte mit Keksen und Nüssen mitgebracht. Sie lässt sie in der Tasche. Verlegenheit auf beiden Seiten des Zauns.*

Der Gottesdienst hat drei Teile: I. Was uns Angst gemacht hat. II. Was uns Mut gemacht hat. III. Wie wir uns Frieden auf Erden vorstellen. Dabei jeweils Statements, Refrains, Lieder. Zum Schluss das Vaterunserlied. We shall overcome. Segen.

1 Was uns Angst gemacht hat

Pastor H. beginnt mit einer Begrüßung. Leider kein Bezug zur Situation, eine ganz formale Anrede, ein stilisierter Text, ziemlich pastoral gesprochen. Es gibt keine Verstärkeranlage. Das macht die Sache sympathisch persönlich. Doch die Stimme transportiert nichts. Einzelheiten sind mir nicht in Erinnerung geblieben. Irgendwann singen wir „Die Nacht ist vorgedrungen", alle Strophen. Die Posaunen spielen dazu einen schönen Satz. Er gibt dem Lied Kraft. In unserer Ecke wird kräftig mitgesungen.

Dann sagen drei Sprecher etwas zum Thema „Was uns Angst gemacht hat". Ein Demonstrant, ein Pastor, ein Jugendlicher, der für die Polizisten und ihre Zwänge steht. „Wir kehren zurück an den Ort unserer Angst." Es sind eindrucksvolle, authentische Statements, inhaltlich das Beste am ganzen Gottesdienst.

2 Was uns Mut gemacht hat

Eine Frau berichtet, wie sie in ihrer Angst vor der Polizei, vor dem Tränengas, und in der allgemeinen Panik von einem Mann mitgenommen und geschützt wurde, der ihr Sicherheit gab und den Arm um sie legte. „Es ist alles gut". Beruhigende Worte. Joachim K. erzählte, wie sie im Altenkreis der Gemeinde über Brokdorf gesprochen haben und über Römer 13: „Jedermann sei Untertan der Obrigkeit ...", und wie ein älterer Herr, der zunächst ganz gegen die Protestdemonstration eingestellt gewesen sei, langsam seine Meinung geändert habe. Bis er zum Schluss einen anderen Satz aus der Bibel dagegen gehalten habe: „Man muss Gott mehr gehorchen als den Menschen" (Apg. 5,29). Joachim ist der einzige, der frei spricht. Er redet die Leute an. Und sie hören gespannt zu. Ein lebendiges Zeugnis. Im ersten Teil war der Refrain das „Herr, erbarme dich" aus der Düsseldorfer Liturgischen Nacht. Diesmal: „Halleluja ... gelobet sei Christus, Marien Sohn!" aus dem Osterlied „Wir wollen alle fröhlich sein". Die Posaunen reißen mit. Es kommt gut und fröhlich.

Am Ende dieses Teils singen wir „Trotz alledem", das Brokdorf-Lied von Michael Reiter. Es ist nicht sehr bekannt, der Text ziemlich markig. Warum nicht.

3 Wie wir uns Frieden auf Erden vorstellen

Auch hier drei Beiträge, jeweils eingeleitet durch die gleiche Eröffnung („Ich sehe ..." oder so ähnlich). Hymnisch-visionäre Passagen. Keine schlechten Texte. Trotzdem ist nichts hängen geblieben. Vielleicht, weil nicht aus unmittelbarer Betroffenheit formuliert wird. Es ist liturgische Lyrik. Es geht um Frieden, weltweite Solidarität und Schöpfungseinheit ..., aber es fehlt eine Leitidee, ein zentrales Bild. Als Refrain: „Amen". Dazwischen Kurt Rommels „Ich möchte gerne Brücken bauen". Ein mitreißendes Lied, aber hier ist der Gesang nun wirklich kümmerlich. Fast keiner kennt es. Und leider rafft sich niemand auf, die Melodie einmal vorzusingen und etwas in den Text einzuführen. So verkleckert das.

Gegen Ende das Vaterunserlied. Kein Gebet. H. teilt große Brotfladen aus. Eine gute Geste. Man nimmt sich, bricht ein Brötchen heraus und gibt weiter. Die Wachmannschaften halten an dieser Stelle noch mehr auf Abstand. Schließlich „We shall overcome", viele Strophen. Kollekte für die Verletzten der Demonstration.

Die Fackeln geben ein wenig Wärme, sie erleuchten (und verqualmen) den Platz. Ein freundliches Bild. Über uns sind die Sterne nicht mehr erkennbar.

Langsam kriecht die Kälte nach innen. Aber ich fühle mich wohl, bin froh, dass wir zusammen da sind. Ich wüsste keinen angemesseneren Ort in dieser Nacht. Die Bilder bleiben haften: Der Himmel über der Marsch. Das eisige Licht über dem Kraftwerk. Wachttürme und Zaun. Lametta und Glocken am Stacheldraht. Daneben unsere Fackelstümpfe und die kleine Gruppe der Klampfenspieler und Sänger, die noch einmal das „Trotz alledem" üben. Dampfender Tee aus Thermosflaschen. Und dann die Rückfahrt durch die dunkle Kälte in den Morgen.

Nachtrag

Es ist natürlich problematisch, zu einem solchen Gottesdienst nachträglich kritische Anmerkungen zu machen oder Alternativen vorzuschlagen. Trotzdem notiere ich ein paar Einfälle und Überlegungen, die mir hinterher gekommen sind.

1. Die beiden ersten Teile waren gut. Angst und Hoffnung, unsere Betroffenheit – eingefügt in die Klammer von „Kyrie" und „Halleluja". Es wäre wichtig, so etwas (nach Stichworten) frei zu formulieren. Wir müssen es lernen, konkrete Bilder und Situationen zu beschreiben und mit einem Gefühl oder einer Einsicht, einen Text oder einem Wort zu verbinden. Je echter und erlebnisnäher, um so besser.

2. Den dritten Teil (die Utopie) fand ich eher schwach. Hier würde ich lieber einen biblischen Text hinstellen. Eine prophetische Verheißung oder ein Jesuswort oder sonst etwas zur Orientierung, an dem sich die eigenen Friedenswünsche ausrichten können (z.B. Jesaja 64 und „O Heiland, reiß die Himmel auf"). Dann geht etwas mit, und man kann etwas behalten.

3. Überhaupt: Symbolisch reden und arbeiten! Aus der Situation heraus bildhafte Verknüpfungen herstellen zu zentralen theologischen und biblischen Gehalten. Die Bilder der Bibel beziehen auf die Situation dieser Nacht (Sterne, Kosmos, die Verbindung nach Seveso (das hat U. getan). Und die Lieder einbeziehen. Gut und unverzichtbar sind Musikinstrumente: Gitarren und Posaunen (ja, die guten alten Posaunen!) Aber auch sichtbare Zeichen: Plakate und das Kreuz. Auch der Talar ist ein Zeichen. Gottesdienst ist symbolische Interaktion.

4. Der kommunikative Rahmen: Es ist wichtig, die Leute anzureden. Je stilisierter die Liturgie (Reihungen, Refrains, Statements, Lieder), desto direkter und persönlicher muss durch Begrüßung, aber auch zwischendurch und am Ende die Situation zur Sprache gebracht werden. Eine Atmosphäre der Zusammengehörigkeit schaffen. Auch die Anrede der KKW-Wachleute war zu unsicher, zu wenig gezielt, eher verlegen (übrigens schon die Aufstellung trennte: Altar und das Kreuz standen mit dem Rücken zum Tor). Niemand wandte sich den Wachleuten direkt zu. Es gab keine performativen Gesten.

5. Ich hätte mir auch eine Schweigezeit gewünscht. Gebetsstille. Dann erst das Vaterunser. Auch hier direkt und nicht um drei Ecken herum formulieren. Gebet ist Gebet.

6. Noch etwas zum Inhalt: Man sollte Ambivalenzen nicht verschweigen. Die anstehenden Probleme dürfen nicht verdrängt und nicht einfach kämpferisch überspielt werden. Sondern: Mitnehmen auf den Weg des Friedens und seine Zumutung. Dazu gehört inklusives Reden, die Bereitschaft, sich mit anderen (auch mit den Arbeitern der Kernkraftwerke, mit den Wachmannschaften, der Polizei und den Politikern) auf den Weg der Zieldiskussion zu begeben. Als Christen räumen wir dabei der Stimme Christi, dem Zeugnis der Bibel einen Vorschuss an Vertrauen und Loyalität ein. Das gibt uns die Gewissheit größerer Perspektiven und verbindlicherer Wahrheit.

Nachträglich lese ich, was der Rat der EKD in einer Stellungnahme zu Brokdorf nach dem üblichen einerseits/andererseits (viele befürchten ... andere weisen hin ...) meint, bekunden zu sollen. In seinem Wort Anfang Dezember 1976 heißt es zum Schluss: „Es muss der Eindruck vermieden werden, dass gottesdienstliche Veranstaltungen als Mittel politischer Demonstration und Pression eingesetzt werden. Die Verwendung kirchlicher Symbole in gesellschaftspolitischen Auseinandersetzungen stellt einen Missbrauch des Vertrauens in die kirchliche Verkündigung dar und dient nicht der Versachlichung der Diskussion." Ach ja, das Übliche: der offizielle Neutralitätsanspruch des Evangeliums! Wie weit sind unsere kirchenleitenden Gremien von der Wirklichkeit entfernt.

Konfirmation in Soest

09.05.1976
Rückfahrt im Zug. Ein schwüler Tag. Erst jetzt gegen halb neun kühlt es sich langsam ab. Ich versuche, meine Eindrücke nach der Göttinger „Stufentechnik" zu sortieren: Wahrnehmungen, Gefühle, Einfälle, Schlussfolgerungen.

1 Wahrnehmungen

Die Konfirmanden schienen mir in eigenartiger Weise zurückgenommen. I. war nicht unfreundlich, aber abwartend. Darauf angesprochen, wie sie dies und das fand, antwortete sie höflich, aber in einem Satz. Heute, am frühen Abend, als wir noch einmal in der großen Runde auf der Terrasse saßen, machten wir Versuche, mit Erinnerungen an Konfirmationen einen Austausch herzustellen und sie hineinzuziehen. Sie reagierte einsilbig, zögernd, deutlich ohne Interesse am Gespräch. Sie ruht in sich, geht aber nicht nach außen.

Lebhaft wurde das Gespräch erst, als wir plötzlich auf unterschiedliche Einschätzungen des Konfirmations-Gottesdienstes kamen: das Vaterunser-Lied, das Vater St. und Mutter St. (die Großeltern) unpassend fanden. Udo Lindenberg, Schlager, Rock und Pop („die haben doch keine Stimme!"). Da gab es ein Geplänkel, da schaltete I. sich aktiv ein.

Für uns Erwachsene war dieser Austausch interessant. Gestern hatte C. mit dem Kassetten-Recorder Interviews mit allen Beteiligten gemacht. Erinnerungen an die eigene Konfirmation – 1915, 1916, 1941, 1943, 1952. Z.B. die Kleidersitten: Die Alten waren noch mit Zylinder und Myrthensträußchen in die Kirche gegangen. Viele Erlebnisse hatten Initialcharakter: „Zum ersten Mal" – das kam oft: Zum ersten Mal ein Glas Wein, die erste Armbanduhr, ein erster Blumenstrauß ... Konfirmation war eben doch ein Stück Aufnahme in die Erwachsenenwelt. Danach fängt „der Ernst des Lebens" an: Lehre, Ausbildung. Frau St. über Altona: Die Volksschüler saßen im Kirchenschiff, die Oberschüler unter den Konfirmanden im Chor! Nach der Konfirmation wurde man gesiezt. Für die heutige Konfirmandin gibt es kaum etwas „zum ersten Mal", wenigstens nicht in der Kategorie Tun, Erleben, Behandeltwerden. Nur noch in der des Habens und Bekommens. Oder?

Der Konfirmationstag beginnt morgens mit einem festlichen Frühstück. I. sieht nett aus. Schwarzer Samtrock, weiße hochgeschlossene Bluse. Anschließend zu Fuß zur Kirche. Es ist heiß, aber in St. Petri angenehm kühl. Viele Familien, die sich kennen und begrüßen. In Pulks werden Bankreihen besetzt. Begrüßungen rundum. Mir fallen zwei Männer auf, die sich betont distanziert verhalten. Ein bisschen Ironie in ihren Gesten und im Gesicht. Der eine schäkert mit seiner Frau, der andere ist demonstrativ nur Beobachter, dreht sich immer zur Seite, sehr überlegene Miene („Ach Gott, was für ein Theater!").

Pfarrer R. hält den Gottesdienst. Er macht das gut. Hat zwei Sprechebenen. Einmal den vorbereiteten Text, sehr genau gesetzt und artikuliert. Dann Seitenbemerkungen. Nebenbei im small talk, als eine Konfirmandin schon ohne Segen wieder wegspazierte: „Halt stopp!", und dann eine Bemerkung zur Gemeinde hin: „Kann ja mal vorkommen". Er hat sich einiges ausgedacht. Der Gottesdienst ist sorgfältig vorbereitet und lebendig.

Was mir besonders auffällt, sind die nicht miteinander verbundenen Stilebenen. Altprotestantische Festlichkeit und neuer ökumenischer Jugendstil: Vaterunser-Lied, unterbrochen von Fürbitten, dazu zwei neuere Lieder, Spirituals und „We shall overcome" während der Austeilung. Das Ganze etwas zaghaft, kommt gegen die allgemeine Festlichkeit nicht an. Auffallend außerdem: Die Gitarrengruppe erscheint als einzige Gruppe nicht in Festtagskluft.

Raumeindruck: Vorne im Chorraum ist ein schöner kommunikativer Raum. Eine gute Idee: Die Konfirmierten gehen zusammen mit ihren Familien zum Abendmahl. So gibt es sie am Ende als eigene Gruppe nicht mehr. Sie sind in die Gemeinde integriert.

Mittags um 14 Uhr endlich Essen. Natürlich ein opulentes Menü. Konfirmation satt. Die Rede des Vaters: herzlich, umfassend, ausladend und bewegt: Das Stück Gemeinde, das wir hier sind. Die Familie in ihren Schichtungen. Der eigene Weg. Dann noch etwas Nettes über Paten und Freunde. Eine barocke Familienpredigt des fröhlichen Hausvaters. Nach der Ente kollabiert C., der jüngere Sohn. Als wenn er heimlich bei der Sektflasche gewesen wäre. „Plötzlich dreht er durch", sagt I. ungerührt, die selbst einen Teller Erdbeeren über den schönen Rock kippt. Nun, es war vollendet.

Meine Rede, die Patenabschiedsrede: Vom Vertrauen zwischen den Generationen, auf sich selbst, auf den Weg und die gemeinsame Suche nach der Wahrheit Gottes usw. Im Kammerton. Ab und zu sah ich I. an, konnte aber keine Reaktion feststellen. Auch nicht bei dem Tauschvorgang: statt Tante Marianne und Onkel Peter, jetzt vielleicht die Freunde Peter und Marianne. Ob sich da was tut?

Nach dem Essen fiel ich erst einmal wie tot ins Bett und pennte anderthalb Stunden. Erlebte im Traum eine erste, komplizierte Reitstunde, wobei ich aufwachte, als es nun ganz und gar nicht klappte mit dem Gaul und mir.

2 Gefühle

Man kommt nicht richtig ran an die Jugendlichen. Ich spüre wenigstens einen großen Abstand. Sie sind in einer eigenen Welt für sich, umgeben sich mit einem Hof von Distanz.

Ich erlebe auch, wie sehr die Erwachsenen am Konfirmationstag dominieren. Es wird viel geredet und schwadroniert. Ein Strom von Wohlwollen und Aufmerksamkeit ergießt sich über die Jugendlichen. Mein Gefühl: Die müssen sich sehr komisch vorkommen angesichts solcher plötzlicher Rührungen und Anerkennungen. Und vielleicht ein wenig mißtrauisch werden: Ist das wirklich ernst gemeint?

3 Einfälle

– *Ist I.'s Verhalten individuell oder typisch? Eine mögliche Hypothese: Die Konfirmanden antworten auf das plötzliche Überangebot von Sinn, Gefühl, Betriebsamkeit, das von der Erwachsenenwelt und von der Erwachsenenkirche ausgeht (samt entsprechender festlicher Kleidung, Geschenken, Reden, dem Festessen), mit einer gewissen emotionalen Distanz. Sie verhalten sich abwartend. Sie nehmen etwas entgegen, aber sie haben eine strukturell passive Rolle. Sicher werden sie es auch genießen, so im Mittelpunkt zu stehen. Aber vielleicht ist da auch das Misstrauen, in wieweit diese Großoffensive des allseitigen Wohlwollens, des Umarmens ehrlich gemeint ist. Sind die vielen Bekundungen, man wolle sie ernst nehmen, nur Festrhetorik – oder kann man sich darauf verlassen?*

– *Es wäre interessant, dies alles einmal zu überprüfen, indem man sich mit den Beteiligten und den Betroffenen ein paar Wochen später über ihr Erleben unterhält. Auf der anderen Seite: Ist das nicht doch eine unzulässige Neugier? Wird man je die ‚Wahrheit' erfahren? Ich fände es schon schön, irgendwann einmal mit der Patentochter darüber reden zu können. Aber es müsste sich von selbst ergeben.*

– *Gibt es etwas wie besondere Rollen im Zusammenhang einer Konfirmation? Deutlich wird (zumindest in dieser Familie) die Verteilung der Elternrollen: Die Mutter ist Hintergrundregisseurin und organisiert das Ganze, vor allem natürlich die verschiedenen Mahlzeiten. Der Vater ist der Vordergrundregisseur und Interpret des Geschehens. Er deutet! Er betreut den Sinnbedarf. Die Großeltern und Verwandten liefern den familiengeschichtlichen background. Und sie dominieren häufig. Daneben gibt es Geschwisterrollen: Die (jüngere) Schwester K. sollte ursprünglich eine Hilfsrolle übernehmen, ein Muttertags-Konfirmations-Gedicht schreiben und Tischkarten malen. Sie hat sich dem entzogen und war am Samstag Nachmittag mit ihrem Freund weg! Vermutlich war es nicht ihre Idee und nicht ihre Initiative. Deshalb nutzte sie eine Lücke, entwischte der Aufsicht und gab stillschweigend den Auftrag zurück. Der kleine Bruder C. dagegen spielte seine Rolle noch treu und interessiert. Er machte die Interviews mit dem Kassettenrecorder und hatte auf diese Weise nicht nur etwas zu tun, sondern bekam auch Anerkennung, als die Interviews später vorgespielt wurden.*

Idee: Weitere Rollen entwickeln und in Gestaltungsangebote verwandeln: z.B. Aufgaben für die etwas älteren Freunde, für die peergroup – Spiele, Inszenierungen, gemeinsames Singen, Malen, usw.

4 Schlussfolgerungen

1. Das Konzept der „integralen Amtshandlungspraxis" (J.Matthes) weiterentwickeln und mit konkreten Material auffüllen. Besonders der Faktor der Überschneidung der Perspektiven, der Wahrnehmung der Gleichzeitigkeit im Erleben zwischen den verschiedenen Generationen, die bei so einem Fest zusammen sind, wäre zu berücksichtigen.

2. Mir scheint, das Problem der Dominanz der Elterngeneration kann auf dem Boden der Familie kaum bearbeitet bzw. nicht wesentlich verändert werden. Deshalb ist die Distanz ein nötiger Schutz. Andererseits: Wo sind die Jugendlichen an diesem Tage selbst aktiv? Vielleicht ist es die Aufgabe des Gottesdienstes, ihnen hier eigene Ausdrucksmöglichkeiten zu geben. Ansätze dazu waren in Soest vorhanden. Man müsste sie ausbauen.

3. Die Idee mit den Interviews ist gut. Jeder der Gäste kommt dran und wird nach seinen eigenen Erinnerungen an seine Konfirmation gefragt, bekommt Stimme und steht durch die Reproduktion am zweiten Tag (nachmittags nach dem Mittagsschlaf) noch einmal im Mittelpunkt der Aufmerksamkeit. Das Abspielen der Interviews ermöglicht es, in der ganzen Runde Erinnerungen auszutauschen – an damals und an heute. Vielleicht ergibt sich daraus auch ein Austausch über die Eindrücke und Erlebnisse beim Gottesdienst.

4. Schön war, dass der Vorabend in das Fest mit einbezogen wurde. Die Gäste von außerhalb sind schon angereist. Nach dem Abendbrot, nachdem die Kinder und Jugendlichen im Bett sind, gibt es zwanglose Gespräche, z.B. über die Konfirmandin, ihre Person, ihren Weg, die Beziehungen usw. So etwas geht nur vor dem eigentlichen Fest, später nicht mehr. Erst Rückblick und Besinnung, dann Aktion und Feier.

5. Die Konfirmation selbst gehört der Familie. Die Gemeinde kommt da zu kurz.

In Soest hat man deshalb den Konfirmanden-Vorstellungs-Gottesdienst ein oder zwei Wochen vor der Konfirmation her ausgebaut zu einem ganzen Konfirmanden-Tag. Im Gottesdienst stellten sich die Konfirmanden vor. Im Anschluss daran blieb man zusammen. Es gab eine Ausstellung mit den Arbeiten aus der Konfirmandenzeit: selbstgemalte Bilder, die Arbeitshefte, Töpfereien, Fotos von den Freizeiten. Dazu ein Dritte-Welt-Basar, wo die Konfirmanden Waren verkauften, Projekte erklärten und für Rückfragen zur Verfügung standen. Mittags wurde ein Eintopfgericht serviert. Am Nachmittag gab es ein offenes Singen. Eine sehr gute Idee, die man auch andernorts verwirklichen könnte.

5 Mitbringsel

Eine neue Einsegnungs-Formel: „Gott selbst gebe Euch Kraft und Vertrauen und Freude, dass Ihr auf diesem Wege bleiben möget bis an das Ende Eures Lebens."

Liturgische Zeit und Kirchenjahr

Sinn, Gestalt und neue Gestaltungsmöglichkeiten aus evangelischer Sicht

Welchen Sinn hat das Kirchenjahr? Welche Bilder stehen uns vor Augen, wenn wir davon reden? Es sind meist Metaphern aus dem Bereich der Architektur. Karl-Heinrich Bieritz hat das Kirchenjahr als „Haus in der Zeit" bezeichnet.[1] Es ist ein Haus, das wir geerbt haben, in dem wir wohnen, an dem aber ständig weiter gebaut werden muss. In den dreißiger Jahren, als die Liturgische Bewegung das Kirchenjahr wiederentdeckte, erschien es als eine Art Dom, eine große Kathedrale. Rudolf Spieker hat in seiner Einführung in die „Lesung für das Jahr der Kirche" dieses Bild eindringlich ausgemalt: „Das Kirchenjahr ist ein Dom, an dem die Jahrtausende gebaut haben. Wie am Dom von Chartres oder dem Straßburger Münster die ganze Heilsgeschichte von Melchisedek bis zu Christus und dem jüngsten Gericht, aber auch die Geschichte der Kirche mit ihren Propheten und Aposteln, Heiligen und Märtyrern, Kirchenlehrern, Priestern und Königen dargestellt ist, so spiegelt sich im Kirchenjahr die ganze Geschichte des Heils und seiner Einpflanzung in diese Erdenwelt wieder. Das Kirchenjahr begehen, bedeutet, dass wir die ganze Heilsgeschichte durchschreiten, von der Ankündigung des Heils bis zum Ende aller Dinge."[2] Die ganze Schrift und das ganze Dogma begegnen auf diesem Weg durch das Jahr.[3]

Einen Dom betritt man in ehrfurchtsvoller Haltung. Man bestaunt die Konstruktion in ihrer Größe und Weisheit, in ihrem unausschöpfbaren Bedeutungsreichtum. Man tritt ein in einen heiligen Raum, um durch Nachvollzug der vorgezeichneten Wege immer tiefer in das Geheimnis, das dort gebaut ist, hineinzufinden. Ein „Haus in der Zeit" dagegen ist nicht fertig. Wir haben es nicht selbst errichtet. Wir nehmen es in Gebrauch, wir achten das Erbe, doch wir müssen das Gebäude – wenn nötig – für unsere Bedürfnisse umbauen, vielleicht vergrößern, vielleicht

---

[1] Vgl. K.-H. Bieritz: Ein Haus in der Zeit. Kirchenjahr und weltliches Jahr, in: ZGP 9, 1991/2, 26–32.
[2] R. Spieker: Lesung für das Jahr der Kirche (1936), Kassel ²1950, 8f. Das Bild vom Kirchenjahr als Dom taucht (erstmals?) auf bei T. Harnack: Praktische Theologie, I, Erlangen 1877, 369.
[3] Den autoritativen Charakter der dahinterstehenden Ganzheitsvorstellung zeigt die Fortsetzung des Zitates: „So führt uns auch die Lesung für das Jahr der Kirche durch das Ganze der Heiligen Schrift, nicht im Sinne einer äußeren Vollständigkeit, aber doch so, dass alle wesentlichen Aussagen der Schrift über die Inhalte unseres Glaubens darin zu Worte kommen und dass immer das Ganze der Schrift mitgehört werden muss. Damit ist zugleich ausgesprochen, dass das ganze Dogma der Kirche betrachtet wird. Es gibt keine Aussage des christlichen Dogmas, welche nicht durch die Begehung des Kirchenjahrs zur Sprache käme. Es wird auch hierdurch offenbar, dass das Dogma als die verbindliche Glaubensaussage der Kirche umfassend und gewaltig ist wie die Architektur jener Dome, welche uns durch die Fülle der Gestalten das Ganze der Heilsgeschichte vor die Augen stellt." (R.Spieker, ebd.)

verkleinern. Gelegentlich ist eine Sanierung nötig, um es für die Menschen der Gegenwart bewohnbar zu machen. Wer am „Haus in der Zeit", genannt Kirchenjahr, arbeitet, wird die Baupläne studieren, sich für die Baugeschichte interessieren, wird sich bemühen, Fundamente, Grundrisse und bisherige Umbauten und die Motive dafür zu verstehen und er wird nach einer situationsgerechten und zukunftsfähigen Erneuerung fragen. Ich gestehe, mir ist dieses Bild lieber als das der Kathedrale. Es ist nicht so hierarchisch, freilich auch noch etwas zu privat. Ich suche eigentlich noch ein anderes Bild, das weniger statisch ist und das Kirchenjahr eher als einen Lebensraum begreift, eine gestaltete Landschaft, die dazu anleitet, die Begegnung mit Gott, mit Christus, mit dem Heiligen, mit der Wahrheit als Begegnung auf einem Weg, dem Weg durch das Jahr zu verstehen und zu vollziehen.

Wo stehen wir in der Arbeit am Kirchenjahr? Ich glaube, den evangelischen Kirchen in Deutschland stellt sich im Blick auf das Kirchenjahr gegenwärtig eine dreifache Aufgabe: Sie müssen erstens die Erneuerte Agende vollenden. Sie ist erst halb fertig. Nötig ist eine Erneuerung des Propriums de tempore. Und das ist nach meiner Meinung nicht nur eine kleine ‚technische' Revision der Perikopenordnung von 1976/77, sondern erfordert mehr. Es betrifft die innere Konstruktion des Kirchenjahres.

Die Kirchen brauchen zweitens ein differenziertes Konzept für die Kirchenjahrespraxis. Ich behaupte: Die praktische liturgische Gestaltung des Kirchenjahres entscheidet mit über die Frage, ob die evangelischen Kirchen im vereinten Deutschland Volkskirchen bleiben können oder werden wollen. Ich plädiere weiterhin für so etwas wie eine integrative oder „integrale Festzeitpraxis", eine Sache, die seit längerem angemahnt, noch kaum konsequent umgesetzt worden ist.

Schließlich gibt es drittens eine gesellschaftliche Aufgabe. Die Kirchen stehen vor der Herausforderung, die allgemeine, öffentlich-kulturelle Bedeutung des Kirchenjahres, der christlichen Feste und Feiertage überzeugend zur Geltung zu bringen. Es geht um den Erhalt gemeinsamer Zeit und um ihre inhaltliche Füllung. Es geht um einen kirchlichen Beitrag zur aktuellen Kommunitarismus-Debatte, die gegenwärtig in die Phase der praktischen Realisierung eintritt. Es ist die Frage: Was hält eine moderne, pluralistische, multikulturelle und zunehmend auch multireligiöse Gesellschaft zusammen – jenseits von Ökonomie und rechtsstaatlichen Verfahren?

Unser Thema ist heute das Verständnis des Kirchenjahres aus evangelischer Sicht.[4] Ich beginne in einem ersten Hauptteil mit einem historischen Rückblick, weil sich auf diese Weise immer noch am angemessensten die Besonderheit des

---

4. Vorangegangen war das Referat des katholischen Liturgiewissenschaftlers Manfred Propst zum gleichen Thema.

evangelischen Verständnisses vom Kirchenjahr darstellen lässt, die Eigenart und die kontroverse Vielfalt der Ansätze.

I Zur Geschichte des Kirchenjahres in den evangelischen Kirchen

In der Geschichte des Kirchenjahres lassen sich Phasen der Strukturierung, der Entstrukturierung und der Neustrukturierung beobachten. Feste werden eingerichtet oder abgeschafft, Texte und Themen festgelegt, umgruppiert, fallengelassen oder neu gefasst. Sitte und Brauchtum werden gepflegt oder geraten in Vergessenheit. So entsteht und wandelt sich der Festcode. Manchmal herrscht eine als problematisch empfundene Überstrukturierung, dann ergreift man Maßnahmen, um die Codierung an bestimmten Punkten zu löschen. Manchmal existiert ein Vakuum, und man muss neue Strukturierungen vornehmen – und gelegentlich ist beides gleichzeitig nötig.

Die Reformation war so gesehen sicher primär eine Phase der Entstrukturierung. Sie hat einen Festkalender und eine Festpraxis vorgefunden, die überdeterminiert und nach reformatorischer Überzeugung auch falsch programmiert waren. Deshalb steht für die Reformatoren die Festkritik im Vordergrund. Frieder Schulz hat die einschlägigen Äußerungen zusammengestellt.[5] Sie sind unverblümt. So schreibt Luther im „Sermon von den guten Werken" (1520): „Wollte Gott, dass in der Christenheit kein Feiertag wäre als der Sonntag, dass man unserer Frau und der Heiligen Feste alle auf den Sonntag legte. Dann unterblieben durch die Arbeit der Werktage viele böse Untugenden, würden auch die Länder nicht so arm und ausgezehrt. Aber nun sind wir mit vielen Feiertagen geplagt."[6] Ökonomische Probleme und disziplinarische Aspekte spielen in der reformatorischen Kritik eine große Rolle (manches klingt für uns heute wie Argumente von Arbeitgeberseite und erinnert an das preisgekrönte Kanzlerwort vom „kollektiven Freizeitpark Deutschland"). Eigentlich könnten für Luther alle Feste abgeschafft werden,

---

5. Vgl. F. Schulz: Die Ordnung der liturgischen Zeit in den Kirchen der Reformation, in: LJ 32, 1982, 1–24; ders.: Gottes Werktage. Die Heiligung der Zeit in den Kirchen der Reformation bis zur Mitte des 20. Jahrhunderts, in: KuD 28, 1982, 90–112. Vgl. im Übrigen die älteren Darstellungen von G. Rietschel: Lehrbuch der Liturgik, Bd. 1, Berlin 1900, 154–230 (zur Reformation 205ff.) sowie die Überarbeitung von P. Graff: G.Rietschel/P.Graff: Lehrbuch der Liturgik, Göttingen ²1951, 127–195, bes. 171ff.; ferner G. Kunze: Die gottesdienstliche Zeit, Leiturgia Bd. 1, Kassel 1950, 437–534 (zur Reformation 498ff.). Leider werden die historischen Entwicklungslinien in der nachreformatorischen Zeit in dem sonst so instruktiven Artikel Kirchenjahr von Karl-Heinrich Bieritz und Klaus-Peter Jörns nur recht summarisch behandelt (TRE 18 (1989), 575–599, zu den Kirchen der Reformation vgl. 587ff. Vgl. aber die materialreiche Darstellung bei K.-H. Bieritz: Das Kirchenjahr. Feste, Gedenk- und Feiertage in Geschichte und Gegenwart, Berlin(DDR) 1986; München 1987.
6. WA 6, 243,13–16. Zit. bei Schulz: Ordnung, ebd.

eigentlich reicht der Sonntag.⁷ „Wir wissen ohne Ostern und Pfingsten, ohne Sonntag und Freitag selig zu werden und können wegen Ostern, Pfingsten, Sonntag, Freitag nicht verdammt werden, wie Paulus (Kol. 2,16) lehrt."⁸

Zu einer Abschaffung der Feiertage ist es im Bereich des Luthertums allerdings nicht gekommen. Die Beibehaltung der großen christologischen Hauptfeste und einer Reihe von Marienfesten, Apostel- und Heiligentagen wurde recht pragmatisch begründet. Melanchthon, der Pädagoge, meinte: „Man kann nicht alle Stücke des Evangeliums auf einmal lehren. Darum hat man solche Lehre auf das Jahr verteilt."⁹ Die meisten lutherischen Kirchenordnungen enthielten einen gestrafften, theologisch gereinigten Festtagszyklus, der außer den drei christologischen Hauptfesten auch kleinere Gedenktage umfasste. Die Liste der Marien-, Apostel- und Heiligentage ist für heutige Verhältnisse sogar umfangreich.[10] Kriterium ist, ob eine biblische Grundlage existiert. Das Kirchenjahr ist Verkündigungsjahr. Für die liturgische Gestaltung benutzte man den klassischen Bestand an Lesungen und Gesängen und schuf für die Hauptfeste neue Lieder und Kirchenmusiken.

Im Ergebnis kann man sogar von einer gewissen Neustrukturierung durch Selektion reden. Später gab es auch einige neue Feste: Der Reformationsgedenktag wurde in den Jahresfestkranz aufgenommen (31. Oktober, seit dem Jubiläum 1617). Dazu kam das Erntedankfest (seit dem 17. Jh., zunächst mit beweglichem Termin); außerdem Buß- und Bettage, die aus zunächst aktuellen, Anlass bezogenen im Laufe der Zeit in wiederkehrende Begehungen überführt wurden (seit dem 19. Jh. kalendermäßig fixiert, meist auf den letzten Mittwoch im Kirchenjahr).[11]

Die Ausgestaltung des Kirchenjahres konzentrierte sich vor allem auf zwei Punkte: auf die Advents- und Weihnachtszeit und die Passionszeit mit Karfreitag (der später zu dem protestantischen Feiertag wurde). Predigten, Gemeinde- und Hausandachten, Kirchenmusik, Lieder, Gebete, Sitte und Brauchtum sorgten für eine liebevoll-volkstümliche bzw. von nachdrücklichem Ernst getragene Intensität der Beteiligung. Liturgische Begehung und private Frömmigkeit ergänzten sich. Im Übrigen bestand auch keine Veranlassung zu einer konzeptionellen Neuordnung, solange in den lutherischen Territorien Kirchenjahr und gesellschaftliches Jahr eine Einheit bildeten und der Gottesdienstbesuch an den Sonn- und Feiertagen selbstverständliche Sitte der Mehrheit der evangelischen Bevölkerung war.

---

7. Vgl. M. Luther: An den christlichen Adel (1520), WA 6,445,33–446,8, zit. bei Schulz: Ordnung, ebd.
8. Vgl. M. Luther: Von Konziliis und Kirchen (1539), WA 50,559,6–9, zit. Schulz: Ordnung, ebd.
9. „Deus ordinavit festa, sapienter distributa certis anni temporibus, ut sint commefactiones de rebus maximis, quas Deus operatus est in Ecclesia." (CR XXIV,884, zit. Schulz: Ordnung, 6).
10. Maßgeblich wird die Festliste in Melanchthons „Unterricht der Visitatoren" (1528). Sie umfasst: Christtag, Circumcisionis, Epiphanias, Ostern, Himmelfahrt, Pfingsten; dazu drei Marientage (Purificationis, Annuntiationis, Visitationis), ferner Johannis, Michaelis und Maria Magdalena (soweit sie noch in Gebrauch stehen). Vgl. Seling I, 163–165, Beleg bei Schulz: Ordnung, 7.
11. Vgl. K.-H. Bieritz: Das Kirchenjahr, München 1987, 159.

Das änderte sich im Verlauf des 18. Jh. Deshalb wurden dann auch neue Überlegungen zum Kirchenjahr erforderlich.

Wir sind gewohnt – und die These von der „Auflösung der gottesdienstlichen Formen" im Zeitalter der Aufklärung und des Rationalismus (P. Graff) bestimmt wenigstens auf diesem Gebiet immer noch das liturgiewissenschaftliche Geschichtsbild[12] –, die Aufklärungstheologen für den damals einsetzenden Verfall des Kirchenjahres verantwortlich zu machen. Sie waren aber viel weniger Agenten der Entstrukturierung als vielmehr bemüht, eine zeitgemäße Neustrukturierung des Kirchenjahres vorzunehmen. Allerdings setzten die Liturgiker der späten deutschen Aufklärung andere Schwerpunkte.

Vorausgegangen waren Veränderungen im Verhalten des Kirchenvolkes, die eine kritische Situation für Gottesdienst und kirchliche Sitte heraufbeschworen. Der Gottesdienstbesuch ging fast überall deutlich zurück, vor allem in den Städten. Die Ursachen dafür waren vielfältig. Einer der Gründe war der Plausibilitätsverlust der orthodoxen Kirchenlehre und Predigt für die von der Aufklärung erfassten gebildeten Schichten, hinzu kam die Aufhebung obrigkeitlicher Sanktionen bzw. die Lockerung der sozialen Kontrolle im Blick auf den sonntäglichen Kirchgang sowie eine erhöhte Mobilität mit erweiterten Freizeitmöglichkeiten und alternativen Sonntagsbeschäftigungen. Die Aufklärungsliturgiker reagierten auf diese Krise mit einem konstruktiven Programm der Gottesdienstreform.[13] Sie betrieben keineswegs eine Abwertung des Sonntagsgottesdienstes, aber sie setzten die Hauptakzente an zwei Stellen, die für das ganze spätere Kirchgangsverhalten der Mehrheit der Menschen in der evangelischen Volkskirche bis heute charakteristisch sind: bei den lebenszyklischen Kasualfeiern und den jahreszyklischen Festgottesdiensten. Beide, der Amtshandlungszyklus und der Jahresfestzyklus, wurden theoretisch und praktisch neu gestaltet. Die Bemühungen um eine Reorganisation des Kirchenjahres von den Festen her sind von den theologischen Gegnern meist verkannt oder lächerlich gemacht worden (man hielt sich in der Polemik an problematische Auswüchse und fand dort natürlich auch manch Kurioses[14]). Sie sind aber strukturell durchaus beachtenswert.

Der Ansatz der Neugestaltung lag bei den Festen, zunächst bei den großen Kirchen- und Christusfesten, dann bei den allgemein anerkannten und gefeierten Jahresfesten wie Erntedank oder Neujahr. Dieser Festkranz sollte durch neu zu schaf-

---

12. Vgl. P. Graff: Geschichte der Auflösung der alten gottesdienstlichen Formen in der evangelischen Kirche Deutschlands, Bd. 2. Die Zeit der Aufklärung und des Rationalismus, Göttingen 1939, 71ff.; vgl. noch das Urteil von Schulz: a.a.O., 19. Zu Graff die instruktive Arbeit von J. Cornelius-Bundschuh: Liturgik zwischen Tradition und Erneuerung. Probleme protestantischer Liturgiewissenschaft in der ersten Hälfte des 20. Jahrhunderts dargestellt am Werk von Paul Graff, Göttingen 1991, zu seinem Geschichtsbild bes. 166ff.
13. Vgl. meine Skizze: P. Cornehl: Evangelischer Gottesdienst von der Reformation bis zur Gegenwart, TRE 14 (1985), 54–85, bes. 61ff.
14. Vgl. Graff: Geschichte der Auflösung, 2.Bd., a.a.O., 89ff.

fende Feste und Gedenktage an den natürlichen Zäsuren und Übergängen im Jahreslauf ergänzt werden (Frühjahrsfest, Herbstfest[15]), außerdem durch Gedenktage für die Verstorbenen (Totenfest bzw. Totensonntag[16]). Auch politische Anlässe wurden einbezogen, die dynastischen, patriotischen Gedenktage, die mit Gottesdiensten begangen wurden. Im Vordergrund der Gestaltung standen liturgie- und festpädagogische Überlegungen zu einer ästhetisch befriedigenden, stimmungsvollen gemeinschaftlichen Festfeier, die den frohen oder auch ernst-erhabenen Anlässen entsprachen.[17] Nicht alles davon war sinnvoll, manches leistete dem sentimentalen und pathetischen Zeitgeist zu viel Tribut, einiges hat sich durchgesetzt (z.B. der Totensonntag als Abschluss des Kirchenjahres in der preußischen Agende 1822/29).

Der Ansatz bei den Festen scheint mir für volkskirchliche Verhältnisse richtig. Und auch die Grundintention halte ich nach wie vor für relevant, nämlich: den Lebensbezug des Gottesdienstes[18] zu stärken dadurch, dass man den Gottesdienst nicht vom übrigen Leben, das Kirchenjahr nicht vom bürgerlichen Feierjahr, von der Wahrnehmung der Jahreszeiten separiert, sondern versucht, Verbindungen herzustellen und Entwicklungen, die auseinanderstreben, zusammenzuhalten. Dabei ist die Gefahr nicht vermieden worden, die Unterschiede einzuebnen und eine bedenkliche Anpassung der spezifisch geschichtlichen Gehalte der christlichen Feste an den aufgeklärten Zeitgeist vorzunehmen. Darin liegt die Schwäche der Aufklärung. Die produktive Spannung im Gegenüber von heilsgeschichtlich-religiös fundierten, natürlichen, bürgerlichen und politischen Festanlässen darf nicht nivelliert werden.

Die Bemühungen der Aufklärungsliturgiker wurden von den Vertretern des im 19. Jh. neu erwachten konfessionellen Bewusstseins nicht gewürdigt. Im Gegenteil, die Liturgiker des Luthertums machten die Aufklärung und die Aufklärungstheologen verantwortlich für den Verfall des kirchlichen Lebens und die Zerstörung des Kirchenjahres. Ihre eigene Arbeit hatte deshalb zum Ziel die entschlossene Neustrukturierung des Kirchenjahres im Zeichen der Rückkehr zur Reformation. Das neue Kirchenjahr, das sie anstrebten, war das alte. Freilich, um dieses Ziel zu erreichen, genügte nicht eine getreue Bewahrung gewachsener Tradition; die war ja unterbrochen. Erforderlich war die dogmatische Rekonstruktion aus theologischen Prinzipien heraus. Darin besteht die Modernität dieser ihrem Selbstverständnis nach so antimodernistischen dogmatischen Liturgik. Praxisrele-

---

15. Vgl. Graff: a.a.O., 93f.
16. Vgl. Graff: a.a.O., 82ff.
17. Vgl. A. Ehrensperger: Die Theorie des Gottesdienstes in der späten deutschen Aufklärung (1770–1815), Zürich 1971, 267ff.
18. Ein Stichwort, das – wenn auch mit anderem Akzent – im Mittelpunkt der Überlegungen von Klaus P. Jörns steht. Vgl. ders.: Der Lebensbezug des Gottesdienstes. Studien zu seinem kirchlichen und kulturellen Kontext, München 1988.

vante Konstruktionen, theoretisch-theologische Begründungen und pastorale Deutung greifen ineinander. Die Verflechtungen des Kirchenjahres mit dem Naturjahr und dem bürgerlichen Feierjahr werden gelöst. Das Kirchenjahr wird autonom und als eine in sich geschlossene Einrichtung neu konzipiert, und zwar als Wiederherstellung des reformatorisch-altprotestantischen Kirchenjahres und unter bewusstem Rückgriff auf die altkirchlichen Grundlagen.

Wie die theologische Fundierung des Kirchenjahres aussieht, kann hier nicht im Einzelnen dargestellt werden. Einige Grundlinien seien aber doch hervorgehoben. Das Ganze ist – vor allem bei Theodosius Harnack, dem bedeutendsten Systematiker der Praktischen Theologie im Kreis der Erlanger Theologischen Fakultät – eine hochinteressante Mischung aus modernen und traditionellen Elementen.

Festzuhalten ist zunächst die theoretisch-dogmatische Begründung. Harnack hält als lutherischer Theologe daran fest, dass es „an sich" keinen heiligen Raum, keine heilige Zeit gibt. Das Neue Testament kennt im Unterschied zum Alten „keine göttlich gebotenen Festfeiern, keine ceremonialgesetzlich angeordneten Zeiten".[19] Alle Zeit ist vielmehr Gottes Zeit. Daraus folgt der „Grundsatz der Freiheit" in der Gestaltung der liturgischen Zeit[20] (vgl. CA XXVIII). Daraus folgt jedoch keine Beliebigkeit. Das „Prinzip der Ordnung" (Vgl. CA XV) verlangt durchaus verbindliche gemeinsame Ordnungen für die Kirche. Denn: „Der Cultus ist kein privater und localer, sondern ein kirchlicher und gemeinsamer."[21]

Hier wie auch sonst bei der Definition des Gottesdienstes als darstellendes Handeln folgt Harnack in der Begründung zunächst ganz dem Ansatz Schleiermachers, wenn er ausführt: Die Kirche hat „ihren Glauben und ihr Leben auch in die Zeit gestaltend eintreten lassen, hat die Zeit zu einem Organismus verarbeitet, in welchem ihr Geist sich reflectiert, und hat so eine heilige Woche und ein heiliges Jahr gebildet. Sie assimilirt sich dadurch die Zeit, macht auch diese zu einem Organ ihrer Selbstdarstellung, so dass ein aus dem abstractesten Medium, nämlich dem der Zeit, gebildetes symbolisches Werk entsteht, durch welches sie ein aus diesem Stoffe gewobenes, thatsächliches Bekenntniss ihres Glaubens vollzieht." Tag, Woche, Jahr sind das Medium der Symbolisierung, der „Alles bestimmende Factor" ist das Glaubensleben. Das Kirchenjahr, das in diesem Prozess der Durchdringung der Zeit entsteht, ist „ein in Zeitform gekleidetes Bekenntniss ihres Glaubens". „Das Kirchenjahr als solches predigt den Glauben der Kirche, darum hat die römische Kirche ein anderes, als die lutherische."[22]

Dieser Ansatz beim Glaubensbewusstsein erfährt dann freilich seine spezifische Härtung dadurch, dass im zweiten, entscheidenden Schritt dann doch wieder die

---

[19]. T. Harnack: Praktische Theologie, Bd. I, Erlangen 1877, 348ff., 348f.
[20]. A.a.O., 349.
[21]. A.a.O., 350.
[22]. A.a.O., 351.

Ordnung des Kirchenjahres, wie es sich geschichtlich auf dem Boden des lutherischen Bekenntnisses herausgebildet hat, für verbindlich und unveränderlich erklärt wird. Denn die Kirche ist nicht willkürlich verfahren. Deshalb besteht kein Recht zu Veränderungen. Das gilt nicht nur für die Abschaffung des Sonntags im antichristlichen Kontext der Französischen Revolution, sondern auch für die rationalistischen Vorschläge neuer Feste. Sie sind „Abfall von der hergebrachten Ordnung der Kirche und ein Nichtachten auf die göttlichen Weisungen, welche die Kirche für die Gestaltung ihres Lebens empfangen hat. Denn allerdings hat jene Einrichtung, so frei dieselbe auch ist und so wenig von ihrer Beobachtung an sich die Seligkeit des Einzelnen abhängt, doch ein objectives kirchliches Recht und eine objective Wahrheit."[23] Dabei ist wichtig, dass die Grundlage für Kirchenjahresfeste nach Harnack nicht Inhalte des Bekenntnisses oder der Dogmen als solche sind, sondern die Glaubens-„Thatsachen", die ihnen zugrunde liegen, die heilsgeschichtlichen „Grossthaten Gottes".[24]

Zum erstenmal erfolgt hier eine aus dogmatisch-theologischen Grundsätzen gewonnene konsequente Systematisierung der Kirchenjahres. Die Konstruktion umfasst drei Relationen, in Harnacks Terminologie: das „Grund-„ oder „Wesensverhältniss", das „Gemeinschaftsverhältniss" und das „Berufsverhältniss" der Kirche.[25]

Das Grundverhältnis betrifft das Verhältnis zu Christus und den geschichtlichen Heilstaten. „Weihnacht, Ostern und Pfingsten, denen Thatsachen aus der Geschichte des Herrn, nicht aber ... zunächst Dogmen oder Lehren zu Grunde liegen, bilden mit den je in ihren Kreisen liegenden Nebenfesten[26] und ihren Vor- und Nachfeiern an den Sonntagen ... drei große Festcyclen, welche zusammen das Kirchenjahr ausmachen."[27]

Das zweite Segment bilden die Gedenktage, an denen die Kirche Christi das Gedächtnis der Glieder des Gottesvolkes begeht. Dazu gehören die auf Christus verweisenden Zeugen des Alten Bundes (exemplarisch Johannis der Täufer), die Apostel (exemplarisch: Petrus und Paulus), die Märtyrer (exemplarisch: Laurentius) sowie repräsentative Zeugen und Lehrer aus den Hauptphasen der Geschichte der Kirche (z.B.: Cyprian). Es geht also um die Erinnerung an „Personen und Momente aus dem Leben der Kirche ..., welche ein bleibendes Andenken" beanspruchen können. Dazu gehören dann auch Gedenktage an Personen und Ereignisse der Reformationszeit.[28]

Das dritte Segment bilden die sog. „Casualtage", die aus dem „Berufsverhält-

---

[23]. A.a.O., 352.
[24]. A.a.O., 353.
[25]. A.a.O., 371.
[26]. Dazu zählt Harnack Marientage, Beschneidung, Taufe, Verklärung, Himmelfahrt Jesu (a.a.O., 371).
[27]. A.a.O., 377.
[28]. A.a.O., 378.

niss" der Kirche abgeleitet werden. Gemeint sind Anlässe, die in Beziehung der Kirche „zum Naturleben und zu den natürlichen Lebensordnungen und -Potenzen (Staat und Obrigkeit, Volk, Haus und Beruf, Schule und Cultur)"[29] ergeben, in denen sich die Kirche je konkret vorfindet. Dazu rechnet Harnack die diversen Dank-, Buß- und Bettage, den Erntedanktag, aber auch besondere Schulfeiern zu Beginn des Winterschulsemesters; außerdem Kirchweihtage, Staatsgedenktage (die sich in der Staatskirche „sehr vermehrten"[30], ferner Einrichtungen, denen Harnack dezidiert ablehnend gegenübersteht wie z.B. eigene Naturfeste oder das in Preußen 1816 durch Kabinettsordre verfügte und seit 1822/29 durch König Friedrich Wilhelm III. in der Preußischen Agende fest verankerte Totenfest am Ende des Kirchenjahres.

Dass das Gedächtnis der Verstorbenen den Abschluss des Kirchenjahres bilden soll, ist „unstatthaft, zugleich unevangelisch und unliturgisch. Was hat das Kirchenjahr mit den Todten als solchen zu tun? ‚Lasst die Todten ihre Todten begraben, du aber folge mir nach' (Matth. 8,22). Soll vom Tode die Rede sein, und es muss davon gehandelt werden, so kommt dieses ernste Moment zu seinem Recht in den letzten Sonntagen des Kirchenjahrs und anders als in dem isolirten sogenannten Todtenfeste, indem der Tod nicht als Gegenstand der Klage der Hinterbliebenen um ihre Verstorbenen, sondern in seinem Zusammenhange mit der Sünde und mit dem Heilsplan, mit den Thatsachen der Wiederkunft des Herrn und der Auferstehung, des Gerichts und der Vollendung vorgeführt wird. Sofern sich's aber um die im letzten Jahre Verstorbenen handelt, so gibt die Kirche ihrem Kirchenjahre einen durchaus trübenden, ja natürlich-sentimentalen Ausgang, wenn sie mit einer Todtenfeier den Abschluss macht. Auch kann sie nicht alle Verstorbenen ohne Weiteres selig preisen oder für sie beten. Sie kann nur die Hinterbliebenen trösten und mahnen: lehre uns bedenken, dass wir sterben müssen, auf dass wir klug werden."[31]

Eine Erinnerung der Gemeinde an die aus ihrer Mitte Geschiedenen hätte allenfalls seinen Ort am Schluss des bürgerlichen Jahres. Harnack sieht in dieser Vertauschung eine Folge falscher Theologie und der Preisgabe der Bindung an die alte Leseordnung. „Es rächt sich hier das gänzliche Fallenlassen der letzten Tage des Kirchenjahrs mit ihren eschatologischen Perikopen." Es geht also auch hier um eine Wiederherstellung des seit der Aufklärung „verstümmelte(n)" und „ver-

---

[29.] A.a.O., 372, vgl. 391.
[30.] A.a.O., 383.
[31.] A.a.O., 385f. Von daher ergibt sich folgende Untergliederung der Sonntage nach Trinitatis: „Gründung und Ausbreitung der Kirche unter Juden und Heiden" (1.-9. n.Trin.), „Entwicklung und Kampf, Leben und Leiden der Kirche und der Gläubigen; Rechtfertigung und Erneuerung, Heiligung und christliches Leben in den verschiedenen Beziehungen nach innen und aussen" (10.-23. n.Trin.), schließlich „Zukunft und Vollendung der Kirche; Tod und Auferstehung, Gericht und ewiges Leben" (24.-27. n.Trin.) (388).

schlechterte(n)" evangelischen Kirchenjahres. So hat das Kirchenjahr die Aufgabe – als „Reflex des grossen Gnadenjahrs Gottes" – die ganze „Oekonomie der Erlösung" zum Ausdruck zu bringen.[32]

Es verdient festgehalten zu werden, dass Theodosius Harnack bei aller Konzentration auf die in der Heilsökonomie begründeten Christusfeste und die darin eingeschlossenen Gedenktage der Glaubenszeugen das Kirchenjahr nicht abschottet gegen die gesellschaftlichen Feieranlässe. Bei einer gewissen Zurückhaltung gegenüber den vom Staat verordneten Feiern legt er großen Wert auf die Verbindungen zu Bildung und Kultur. Hier gibt es keine Berührungsängste. Die Kirchenjahrespraxis ist Teil der kirchlichen Kulturarbeit.[33] Auf diesem Gebiet hat die konfessionelle Theologie – mit dezidiert konservativen Zielsetzungen – große Anstrengungen gemacht, um die von der Säkularisierung bedrohte kirchliche Sitte neu zu stabilisieren.

Harnack schließt seine Ausführungen mit einer energischen Aufforderung, an der Wiedergewinnung des Kirchenjahres zu arbeiten. Er mahnt die Kirche, zu halten und ausbilden, was sie hat; „alle ihre Mittel, in Cultus und Predigt, Katechese und Gemeindepflege treu und voll zu entbinden und zu verwerthen, um sich nach innen zu bauen und zu festigen, nach aussen zu stählen".[34] Dieser Aufgabe hat sich die Erlanger Liturgik intensiv zugewandt, auf dem Wege praktischer liturgischer Strukturierung (Höfling[35], Bunsen, Löhe[36]) und katechetischer bzw. spiritueller Erschließung (v.a. Löhe).

Obwohl die konfessionelle lutherische Liturgik im 19. Jh. in der Lage war, in nicht wenigen Landeskirchen die Agenden zu erarbeiten oder doch ihre Erstellung maßgeblich zu beeinflussen, und trotz der beachtlichen gesamtkirchlichen Fortschritte, die durch die Arbeit der Eisenacher Konferenz an einheitlichen Perikopenordnungen und erweiterten Predigttextreihen erzielt wurden, herrschte den-

---

32. A.a.O., 389.
33. Vgl. V. Drehsen: Konfessionalistische Kirchentheologie. Theodosius Harnack 1816–1899, in: F.W. Graf (Hg.): Profile des neuzeitlichen Protestantismus, Bd. 2/1 (GTB 1431), Gütersloh 1992, 146–181, bes. 166ff.; F.W. Graf: Konservatives Kulturluthertum, in: ZThK 85, 1988, 31–76; ders.: „Restaurationstheologie" oder neulutherische Modernisierung des Protestantismus? Erste Erwägungen zur Frühgeschichte des neulutherischen Konfessionalismus, in: W.D. Hauschild (Hg.): Das deutsche Luthertum und die Unionsthematik im 19. Jahrhundert, Gütersloh 1991, 64ff.; U. Rieske-Braun: Zwei-Bereiche-Lehre und christlicher Staat. Verhältnisbestimmungen von Religion und Politik im Erlanger Neuluthertum und in der Allgemeinen Ev.-Luth.Kirchenzeitung, Gütersloh 1993.
34. A.a.O., 391f. Vgl. die Fortsetzung: „... und also in der Kraft des Herrn zu wirken, ehe die Nacht hereinbricht, da Niemand mehr wirken kann, für die aber das Oel in den Lampen vorräthig gehalten sein will. Es will und soll die Kirche auch in Zeiten und Cyklen verkündigen lassen die Ehre Gottes und unser Heil, damit ein Tag dem andern und ein Jahr dem andern es kund thue, was der Herr Grosses an uns gethan hat und thut und thun wird, und dass er sich unter uns ein ewiges Gedächtniss seiner Wunder gestiftet hat."
35. Vgl. M. Kießig: Johann Wilhelm Friedrich Höfling. Leben und Werk, Gütersloh 1991, 246ff.
36. Vgl. H. Kressel: Wilhelm Löhe als Liturg und Liturgiker, Neuendettelsau 1952, 97ff., v.a. unter Bezug auf Löhes Haus-, Schul- und Kirchenbuch für Christen lutherischen Bekenntnisses, Stuttgart I 1845, II 1859.

noch in den ersten Jahrzehnten des 20. Jh. eine weitverbreitete Klage über die mangelnde Wirkung dieser Bemühungen.

Noch 1934 beginnen Wilhelm Stählin und Theodor Knolle ihre Denkschrift „Das Kirchenjahr" mit dem dramatischen Resümee, in dem wiederum Architekturmetaphern als ‚Pathosformeln' [Aby Warburg] eine bedeutende Rolle spielen): „Kurzum, es ist ein Trümmerfeld, und wie sehr dieses Trümmerfeld der festen Wegmarken und Fluchtlinien entbehrt, zeigt sich dann darin, dass zwischen diesen Ruinen wie zwischen den Trümmern einer zerstörten Stadt die unternehmungslustigen Bauleute irgendwo sinn- und planlos ihre Hütten oder Villen nach persönlichem Geschmack zu errichten unternommen haben."[37]

Der Weg zum Neubau des großen Domes war weit. Aber er wurde energisch beschritten. Auch diese Arbeit der Berneuchener und der regionalen Vorläufer der Lutherischen Liturgischen Konferenz am Kirchenjahr, von der wir alle leben, weil sie – wenn auch mit gewissen Abstrichen – Eingang gefunden hat in das Agendenwerk und die Lektionare der Nachkriegszeit, ist ein programmatischer Versuch der Neustrukturierung. Und auch sie ist als Rekonstruktion auf weite Strecken eine Neukonstruktion der Zusammenhänge der Kirchenjahreszeiten im Einzelnen. Das muss festgehalten werden, auch wenn sich die Verfasser immer wieder kritisch absetzen sowohl gegen die liturgischen „Traditionalisten" wie gegen die „Konstrukteure", die das Kirchenjahr unbeschadet seiner historischen Komplexität aus reinen theologischen Ideen deduzieren wollen[38] – ein Vorwurf, der sich gegen den liberalen Kulturprotestantismus, aber auch gegen das Kirchenjahreskonzept von Rudolf Otto richtet (zu Unrecht übrigens, wie Katharina Wiefel-Jenner herausgearbeitet hat[39]).

Das Ergebnis dieses Kirchenjahresaufbauwerkes ist eindrucksvoll: eine imponierende Leistung sowohl in der Gesamtkonzeption wie in der Detailgliederung und in den Einzelbausteinen. Die elementare Basis des Ganzen sind die Sonntage, die im Entwurf der Berneuchener ein deutliches thematisches Profil bekommen haben. Damit sollten die Zufälligkeiten der Tradition überwunden und die größeren Zusammenhänge sichtbar gemacht werden. Das Grundanliegen der Gestaltung der Sonntage und der dazu gehörigen Wochen wird nicht mehr allein durch das jeweilige Sonntagsevangelium bestimmt, sondern besteht aus mehreren Komponenten. Es „schwingt", schreibt Rudolf Spieker, „gewissermaßen zwischen folgenden vier Stücken hin und her und ist durch sie wie von einem Kräfteparallelogramm dynamisch bestimmt: Hauptlesung, Losung („Wochenspruch"), Leitbild

---

37. Das Kirchenjahr. Eine Denkschrift über die Kirchliche Ordnung des Jahres. Im Auftrag der Niedersächsischen Liturgischen Konferenz und des Berneuchener Kreises hg. v. T. Knolle und W. Stählin, Kassel 1934, 8.
38. A.a.O., 9ff. Zu Rudolf Otto vgl. 14ff.
39. Vgl. K. Wiefel-Jenner: Die Liturgik Rudolf Ottos, Göttingen 1997, bes. 146–170.

(Wochenname) und Wochenlied."⁴⁰ Leitbilder sind mehr als Themen, betonen die Berneuchener (wohl auch deshalb, um die zu erwartende Kritik, es handele sich doch um verbotene Wege neuprotestantischer Thematisierung der Gottesdienste, im Voraus zu entkräften). Es sind geistliche Bilder, die geschaut und meditiert werden wollen. Solche Überschriften und Leitbilder sind z.B. in der Fasten- und Passionszeit: „Der Weg zum Kreuz", „Den Menschen ausgeliefert", „Bereit zum Verzicht", „Der Hohepriester", „Der Schmerzensmann".⁴¹

Die Besonderheit des Berneuchener Kirchenjahresentwurfs besteht darin, dass er nicht nur die Sonntage, Feste und Festzeiten ordnet, sondern von den Leitbildern und Hauptlesungen des Sonntags her auch die ganze Woche. Jeder Tag erhält eine Morgen- und eine Abendlesung. Dazu kommen Wochen- und Tagespsalmen. Die „Lesung für das Jahr der Kirche" enthält ferner Kommentare zum Verstehen der Zusammenhänge und Kurzauslegungen der Lesungen. Sie bilden ein Netzwerk von Texten und Interpretationen und erschließen das Kirchenjahr für die Laien, denen auf diese Weise eine intensive vom Kirchenjahr geprägte Alltagsspiritualität ermöglicht wird.⁴² Mit der Kirche leben heißt: im Kirchenjahr leben.

Wir verdanken dieser Arbeit viel. Dass wir heute in den deutschen evangelischen Kirchen ein ausgebautes Kirchenjahr haben, das den Reichtum der Tradition bewahrt, ohne in bloßen Traditionalismus zu verfallen, das konstruktive thematische Gestaltung einschließt, ohne einem abstrakten theologischen oder dogmatischen Konstruktivismus zu folgen; dass es wieder ein Gespür gibt für Rhythmen, Zyklen, für geprägte Zeiten, für den spannungsvollen Zusammenhang zwischen den natürlichen Jahreszeiten und ihrer Bedeutung für den Menschen und den geschichtlich geprägten Christusfesten, von Fasten und Feiern, von strömender Zeit und Ereigniszeit (Chronos und Kairos), von Kreis und Linie, ohne dass aus diesen Polaritäten Gegensätze gemacht werden – das alles verdanken wir der Arbeit der Berneuchener und ihrer Kooperation mit den Theologen der Lutherischen Liturgischen Konferenzen.⁴³

In der Substanz ist dieses Konzept die Grundlage für die derzeit gültige Lese- und Perikopenordnung. Damit hat die evangelische Kirche heute offiziell wieder eine ‚starke' Kirchenjahresstruktur. Auf dem Papier zumindest, in den Agenden

---

40. R. Spieker: Lesung für das Jahr der Kirche, ²1950, 9.
41. Vgl. Spieker, ebd. Später wechseln die Leitbilder.
42. Eine genauere Untersuchung könnte freilich auch zeigen, dass auf diese Weise eine ganz bestimmte Theologie Auswahl und Deutungen der Lesungen dominiert. Die Homogenisierung dieses Gesamtkosmos ist nicht unproblematisch, gerade weil das Kirchenjahr eine intensive Prägekraft für Laien erhält.
43. V.a. der Liturgischen Konferenz Niedersachsens, vgl. das aus diesem Kreis stammende sog. Isenhagener Kirchenbuch: Das Kirchenbuch für die Gemeinde, Kassel 1940. Neben Rudolf Spieker, Wilhelm Stählin und Wilhelm Thomas, den „Vätern" der liturgischen Bewegung, sind an dieser Arbeit übrigens auch einige prägende „Mütter" beteiligt gewesen, z.B. Edith Thomas und Esther von Kirchberg.

und in den Pfarrerkalendern. Auch in der normalen Gemeindepraxis, im Bewusstsein des Kirchenvolkes, in Frömmigkeit und Brauchtum? Wie weit ist es gelungen, die Intensivprägung über den kleinen Kreis der liturgisch und hochkirchlich bewegten Christen hinaus auch nur der Mehrheit der kerngemeindlich Orientierten nahe zu bringen? Hier sind Zweifel angebracht. Noch kritischer gefragt: Verstärkt nicht sogar die Überstrukturierung der offiziellen Landkarte des Kirchenjahres die Diskrepanz zu den Menschen, die davon nicht erfasst werden? Hat nicht die Konzentration auf alle Kirchenjahreszeiten, auf Sonntag und Woche, haben nicht die endlosen Debatten um eine plausible Gliederung der Trinitatiszeit auch davon abgehalten, an einigen Stellen Schwerpunkte zu setzen? Ist das Verständnis für das Kirchenjahr bei der volkskirchlichen Mehrheit der Kirchenmitglieder nicht in der gleichen Zeit eher geschwunden? Und ist nicht das gesellschaftliche Ansehen der christlichen Feste und Feiertage ebenfalls zumindest schwankend, wie sich gegenwärtig bei der Frage der Streichung eines Feiertages zur Finanzierung der Pflegeversicherung zeigt?

Manchmal ist eine Art Umcodierung des Festcodes nötig, eine zumindest teilweise Entstrukturierung des liturgischen Kalenders, um Freiräume zu schaffen und die Kräfte zu konzentrieren. In diesem Sinne verstehe ich das, was die römisch-katholische Kirche mit ihrem neuen Ordo Lectionum Missae von 1969 probiert. Sie reagiert damit, wenn ich recht sehe, auch auf eine Krise der Prägekraft des traditionellen Kirchenjahres, und zwar mit einer Mischung aus partieller Entstrukturierung und partieller Neustrukturierung. Sie konzentriert sich auf die geprägten Festkreise und verzichtet darauf, die Zwischenzeiten und Übergänge dem lückenlos zuzuordnen. Sie werden sozusagen freigeben für lectio continua-Zusammenhänge. Dadurch bekommt man Kraft zu einer neuen Gestaltung der Kernzonen des Kirchenjahres.[44] Ich halte das für eine kluge Entscheidung. Trotz der ökumenisch bedauerlichen Preisgabe der Gemeinsamkeit im Grundzyklus der Alten Evangelien und Episteln durch die neue Dreijahresregelung ist dies eine beachtliche Leistung, die gewürdigt werden sollte und m.E. durchaus Nachahmung verdient. Ich komme darauf noch einmal zurück.

Ich wiederhole mein Fazit in diesem historischen Rückblick: Die Geschichte des Kirchenjahres zeigt: Es gibt Zeiten der Entstrukturierung, und es gibt Zeiten der Neustrukturierung – und manchmal beides gleichzeitig. Das macht die Komplexität unserer Situation aus. In dieser Lage sind die drei Gestaltungsaufgaben in Angriff zu nehmen, von denen jetzt im zweiten Hauptteil zu handeln ist, nämlich:

---

44. Vgl. die Pastorale Einführung in das Messlektionar gemäß der Zweiten Authentischen Ausgabe des Ordo Lectionum Missae (1981), in: Verlautbarungen des Apostolischen Stuhls 43, Bonn o.J. Ferner die Einführung zum Kirchenjahr in: Der große Sonntagsschott für die Lesejahre A-B-C, hg. von den Benediktinern der Erzabtei Beuron, Freiburg/Basel/Wien 1975, 38*ff. Ferner H. Kahlefeld: Ordo Lectionum Missae, in: LJ 3, 1993, 55–59.301–309; E. Nübold: Entstehung und Bewertung der neuen Perikopenordnung des Römischen Ritus für die Messfeier an Sonn- und Feiertagen, Paderborn 1986.

1. die Vollendung der Erneuerten Agende, 2. die Entwicklung einer integrativen Festzeitpraxis, 3. die „kommunitaristische" Interpretation und Wahrnehmung der Feste und Feiertage als christlicher Beitrag für die demokratische Kultur der Gegenwart.

2 Praktische Konsequenzen

1. Aufgabe: Wir müssen die Erneuerung der bisher nur halb Erneuerten Agende fortsetzen, nötig ist eine gründliche Überarbeitung des Propriums.

Die Erneuerte Agende hat das Lektionar, den Festkalender und die Perikopenordnung, die seit 1977 gilt, einfach übernommen und nichts daran geändert. Das war zunächst auch ganz plausibel, denn die letzte Revision war gerade eben erst abgeschlossen, als die Arbeit an der Erneuerten Agende mit der Erstellung des gottesdienstlichen Ordinariums begann. Man konnte von einer soliden Basis ausgehen, über die in einem längeren Diskussionprozess Einigung erzielt worden war.[45] Doch inzwischen sind wieder vierzehn (wenn man von der Verabschiedung der neuen Leseordnung 1972 ausgeht, sogar zweiundzwanzig) Jahre vergangen. Und es zeigt sich, dass das Proprium der Erneuerten Agende Mängel aufweist und Wünsche offen lässt, über deren Erfüllung gründlich nachgedacht werden muss. Einige Desiderate will ich benennen. Und da das Kirchenjahr in der Tradition der reformatorischen Kirchen v.a. Predigtjahr ist („Liturgische Zeit wurde ‚Bibelzeit'" hat Frieder Schulz festgestellt[46]), beginne ich mit der Ordnung der Predigttexte.

1.1 Die Perikopenordnung von 1977/78 braucht eine neuerliche Revision.

Die Probleme und Defizite sind vor allem bei den historisch jüngeren Reihen III-VI unübersehbar. Wieviel Stöhnen habe ich von Pastorinnen und Pastoren gehört, wenn sie über die IV., V. oder VI. Reihe predigen müssen! Wieviel Beschwer macht die Auswahl von Texten für Examenspredigten. Wieviel Klagen liest man auch in den einschlägigen Predigthilfen!

Es ist verdienstvoll, dass sich der Perikopenausschuss der Lutherischen Litur-

---

45. Vgl. H. v. Schade: Perikopenrevision in Deutschland, in: JLH 21,1977, 100–110 und v.a. die materialreiche Abhandlung von H. Schade/F. Schulz: Perikopen. Gestalt und Wandel des gottesdienstlichen Bibelgebrauchs (reihe gottesdienst 11), Hamburg 1978; ferner K.-H. Bieritz: Die Ordnung der Lese- und Predigtperikopen in den deutschen evangelischen Landeskirchen, in: LJ 41, 1991, 119–132.
46. Vgl. Schulz: Die Ordnung der liturgischen Zeit, (s. Anm. 5), 12.

gischen Konferenz der Sache angenommen hat. Das Ergebnis der Revisionsarbeit war mir bei der Abfassung dieses Referates noch nicht bekannt; der Vorschlag verlangt eine sorgfältige Erörterung.[47]

Es sollte klar sein: Was wir brauchen, sind nicht auf den ersten Blick eingängige, vermeintlich ‚leichte' Texte. Die Auseinandersetzung mit unbequemen, sperrig und fremd erscheinenden Perikopen kann produktiv sein und sollte nicht erspart bleiben.

Dennoch liegen manche Schwierigkeiten auf der Hand. Sie beginnen mit der Textabgrenzung, die oft nicht plausibel ist. Sie setzen sich fort mit einer nicht überzeugenden Favorisierung bestimmter Teile der neutestamentlichen Schriften (z.B. unverhältnismäßig viele Texte aus dem Johannisevangelium, und zwar häufig recht abstrakte Passagen aus den Reden mit viel Redundanz).[48] Dem entspricht die bedauerliche Nichtberücksichtigung anderer neutestamentlicher Schriften (z.B. zu wenig Texte aus der Apostelgeschichte).[49] Bei einer gründlichen Überprüfung sollte nicht nur der Rat exegetischer Fachleute eingeholt werden. Man sollte auch die Erfahrungen möglichst vieler Pastorinnen und Pastoren berücksichtigen, besonders derjenigen, die regelmäßig Predigtmeditationen schreiben (und zwar aus allen Lagern und Generationen!). Und man sollte auch auf die Regelungen des katholischen Leseordnung achten.[50]

Eine mehrfach geäußerte Klage berührt die unbefriedigende Repräsentanz alttestamentlicher Texte in der Perikopenordnung.

1.2 Die LPO nutzen immer noch zu wenig den Reichtum der Schrift. Vor allem das Alte Testament ist unausgeschöpft. Hier besteht ein Nachholbedarf.

Immerhin, einiges ist erreicht: In der Erneuerten Agende ist (nachdem die katholische Liturgiereform hier vorangegangen ist) regelhaft für jeden Sonntagsgottesdienst eine dritte Lesung aus dem Alten Testament vorgesehen. Das ist ein deutlicher Fortschritt.

Bei der Abwehr der Forderung nach einer eigenen Reihe mit Predigttexten nur

---

47. Vgl. auch die Ergebnisse der Arbeitsgruppe Perikopenrevision der Lutherischen Konferenz Niedersachsens, eine Aufstellung von Änderungsvorschlägen, die den LLK-Vorschlag bereits eingearbeitet hat (beide Ausschüsse sind weithin identisch). Der Text ist wenig später zurück gezogen worden.
48. Johanneische Texte sind v.a. in Reihe V überrepräsentiert, wie man schon im Register des Perikopenbuchs von 1985 feststellen kann.
49. Vgl. meine Anmerkungen: Predigen über Texte aus der Apostelgeschichte, in: P. Cornehl (Hg.): Vision und Gedächtnis. Gottesdienste zur Zeit, 1987–1994, Hamburger Universitätsgottesdienste, Bd. 3, Hamburg 1994, 187–190, bes. 187.
50. Vgl. die Arbeit von Nübold (s. Anm. 44) sowie Einzeluntersuchungen zum Schriftgebrauch in bestimmten Zeiten, z.B. B. Kleinheyer: Schriftlesungen in Karwoche und Ostertriduum, in: LJ 40, 1990, 3–25.

aus dem Alten Testament (wie sie im Perikopenbuch der Eisenacher Konferenz 1886 enthalten war) ist geltend gemacht worden, dass die in die Reihen III-VI eingefügten AT-Texte vermehrt worden sind, so dass dort etwa alle vier Wochen über einen alttestamentlichen Text gepredigt wird.[51] Gleichwohl wäre eine Überprüfung fällig mit dem Ziel, noch mehr Erzählstoffe aus den alttestamentlichen Geschichtsbüchern aufzunehmen[52], bei der Auswahl prophetischer Texte nicht ganz so selektiv zu verfahren wie bislang[53], mehr Texte aus dem Bereich der Weisheit (Sprüche, Hiob, Hoheslied, Kohelet[54]) zu berücksichtigen und – ein wichtiges Desiderat – auch regulär Predigten über Psalmen zu ermöglichen.

Die Kritik an der Perikopenordnung hat, geschichtlich gesehen, zwei Motive gehabt: das Streben nach mehr Freiheit und die Suche nach inhaltlichen Alternativen. Das Freiheitsmotiv richtet sich gegen eine zu starre Festlegung der Predigttexte und -themen durch kirchenamtliche Verfügung. Das Alternativmotiv ist inhaltlich ausgerichtet. Man will Textmonopole brechen und andere Perikopen als die bisher üblichen aufnehmen, und zwar solche, die für die eigene Sicht des Christlichen maßgeblich sind und die bei der bisherigen Auswahl übersehen, unterdrückt oder ausgegrenzt worden sind. In diesem Sinne lässt sich z.B. der Streit zwischen Pietismus, Aufklärung und Orthodoxie verstehen.[55] Heute geht es weniger um Freiheit vom Perikopenzwang (von Zwang kann ja auch kaum noch die Rede sein) als um die angemessene Vertretung bestimmter Anliegen in den geltenden Ordnungen. Hier ist heute v.a. von den Initiativen der Frauen zu reden, die darauf dringen, mehr für Frauen relevante Texte in die Lektionare und Perikopenreihen aufzunehmen.

---

51. Vgl. v.Schade/Schulz: Perikopen, a.a.O., 68f.
52. Dass z.B. eine so tiefgründige Erzählung wie Jakobs Kampf am Jabbok, die eine unübersehbar dichte Wirkungsgeschichte auch in der Predigt gehabt hat, nur noch als Marginaltext zum 17.n.Trinitatis auftaucht, ist schlechterdings nicht akzeptabel. Bis 1977 war Gen. 32,23ff. wenigstens Predigttext in der V.Reihe – wenn auch etwas versteckt am 21.n.Trinitatis. Im Übrigen fehlen – u.a. – die Brautwerbung um Rebekka (Gen. 24), die Erschleichung des Segens (Gen. 27), bis auf Josephs Tod die gesamte Josephsgeschichte (Gen. 37ff.). Die so zentrale Schilfmeergeschichte (Gen. 14) taucht nur als Lesung in der Osternacht auf. Die Geschichten aus Israels Königszeit fehlen fast ganz (von wenigen Marginaltexten abgesehen). Die Perikope von der Zerstörung Jerusalems (2.Kg. 25) am 10.n.Trinitatis erscheint nahezu kontextlos. Und auch das nachexilische Israel taucht in der evangelischen Perikopenordnung nicht auf.
53. Positiv gewürdigt werden muss die reiche Auswahl aus dem Buch Jesaja, wogegen Jeremia sehr viel sparsamer vertreten ist. Die Sozialkritik des Amos taucht nur in Marginaltexten auf, Hosea erscheint nur in Form von Marginaltexten. Die Auswahl aus Micha ist einseitig, die Abgrenzung fragwürdig (z.B. sind aus Micha 6 nur die Verse 6–8, nicht aber der wichtige Kontext V. 1–5 aufgenommen worden – 22.n.Trin. V.Reihe).
54. Die Auswahl ist hier spärlichst und kommt über den Bereich der Marginaltexte kaum hinaus. Einzige Ausnahme: eine Reihe von Continua-Texten aus dem Buch Hiob. Dazu gibt es immerhin die verdienstvollen Bemühungen von Klaus-Peter Jörns in den von ihm hg. Beiheft 1 zu den Göttinger Predigtmeditationen: Predigtmeditationen zu Continuatexten. Markuspassion – Hiob – Jona, Göttingen 1985, 109–173.
55. Vgl. M. Schian: Orthodoxie und Pietismus im Streit um die Predigt, Gießen 1912.

1.3 Das feministisch-theologische Anliegen, die Perikopenordnung verstärkt durch Texte anzureichern, die für die Glaubenserfahrung von Frauen (und Männern) wichtig sind, ist ernst zu nehmen und angemessen zu berücksichtigen.

Beachtlich ist wiederum, dass die Erneuerte Agende sich dieses Anliegen wenigstens grundsätzlich bereits zu eigen gemacht hat, indem sie in die leitenden Kriterien der Erneuerung ausdrücklich auch die Forderung nach inklusiver (nicht ausgrenzender) Sprache aufgenommen hat[56]. Das ist aber erst ein Anfang. Was für die Sprache der Gebete gilt, muss auch für die Auswahl der Texte und Lesungen gelten.

Viele Frauen sind unzufrieden mit dem Propriumsteil der Erneuerten Agende, sie sind es zu Recht. Noch immer enthält die Lese- und Perikopenordnung zu wenig Texte, in denen Frauen eine zentrale Rolle spielen, oder platziert sie – z.T. gegen die Tradition – in diskriminierender Weise am Rande. Dafür ein neueres Beispiel aus jüngster Zeit: In der letzten Revision 1976/77 hat man die großartig-provokative Perikope von der kanaanäischen Frau Mt. 15,21–28, die als Evangelium des Sonntags Reminiscere einen prominenten Ort im Kirchenjahr hatte und seit Luthers Predigten darüber eine kaum zu überschätzende Bedeutung für das reformatorische Glaubensverständnis gehabt hat, auf den 17.Sonntag nach Trinitatis verschoben – wo sie nicht stört![57]

Bei den vorhandenen Perikopen ist also immer auch zu prüfen, ob die Platzierung sinnvoll ist und ob es nicht neue Zusammenhänge geben sollte, um die Texte anders zu gruppieren. Eines scheint mir deutlich: Ein eigenes, ‚reines' feministisches Lektionar ist wenig sinnvoll. Es geht auch hier um eine überzeugende Mischung. Es gibt eine ganze Reihe von Frauengruppen, die an dieser Frage arbeiten. Das Ganze ist ein internationaler ökumenischer Suchprozess. Interessante Entwürfe für feministische Lektionare stammen aus den USA und aus der katholischen Frauenbewegung.[58] Auch diese Arbeit braucht Zeit und wird sicher nicht in einem halben Jahr beendet sein.

Es reicht nicht aus zu fragen: Wo fehlt etwas?, sondern: Welche Entdeckungen

---

56. Vgl. Erneuerte Agende. Vorentwurf, Hannover/Bielefeld 1990, 11.
57. Die Begründung bei v. Schade/Schulz: Perikopen, a.a.O., 60 zeigt, dass dies gewiss arglos und ohne antifeministische Absicht geschehen ist: Man wollte die aus der alten Kirche stammende Dominanz der „Evangelien mit exorzistischen Inhalten", die mit dem Katechumenat zusammenhing, reduzieren. Dass Mt. 15,21ff. durch das Gleichnis von den bösen Winzern (Markus 12,1–12) ersetzt worden ist, einem Text, den die markinische Redaktion mit starken antijudaistischen Akzenten versehen hat, ist allerdings doppelt problematisch. Vgl. jetzt zum Ganzen die vorzügliche Untersuchung von C. Usarski: Jesus und die Kanaanäerin (Matthäus 15, 21–28). Eine predigtgeschichtliche Recherche (PTHe 69), Stuttgart u.a. 2005.
58. Vgl. den kurzen Bericht von T. Berger in LJ 42, 1992, 70–78, bes. 74f. sowie die kritische Analyse des katholischen OLM durch B. Janetzky: Ihre Namen sind im Buch des Lebens. Frauengeschichte und erneuertes Lektionar, in: T. Berger/A. Gerhards (Hg.): Liturgie und Frauenfrage. Ein Beitrag zur Frauenforschung aus liturgiewissenschaftlicher Sicht, St.Ottilien 1990 (Pietas Liturgica 7), 415–431.

sind hier zu machen?! Und auch hier sollten die unbequemen Texte nicht ausgespart oder an den Rand gedrängt werden. Die Konfrontation mit den Teilen der biblischen Überlieferung, in denen Frauen sozial und auch theologisch diskriminiert werden, mit der Leidensgeschichte von Frauen, ist genauso wichtig. Die Bibel ist ein Dokument grundlegender Konflikte. Nur so ist sie auch Urkunde der Befreiung. Es war immer eine Stärke protestantischen Bibelgebrauchs, dies nicht zu verschweigen.

Frauentexte in der Bibel sind sehr oft Erzählungen, in denen Frauen im Mittelpunkt stehen. So ist die Wiederaneignung der entsprechenden Texte in den letzten Jahren auch eine Identifikation mit bestimmten biblischen Frauengestalten (von Sara und Rahel, Hanna über Maria und Maria Magdalena bis zu Junia der Apostelin[59]). Von dort komme ich auf die Frage nach einer Neufassung des Kirchenjahreskalendariums.

1.4 Der Namenskalender als Bestandteil des agendarischen Propriums bedarf einer grundlegenden Überarbeitung.

Das gilt für die „Tage der Apostel und Evangelisten", deren Auswahl nicht nur rein männlich ist, sondern auch vorkritisch-konventionell[60], aber auch für die Liste der „Besonderen Tage und Anlässe", wo – fast ist man geneigt, „natürlich" zu sagen – ausschließlich Gedenktage „eines Märtyrers" bzw. „eines Lehrers der Kirche" vorgesehen sind.[61]

Die evangelischen Kirchenjahresplaner tun sich schwer mit dem Heiligenkalender. Trotzdem gibt es seit dem 19. Jh. immer wieder Bemühungen, neben den biblischen Personen auch kirchliche Gedenk- und Gedächtnistage in das Kirchenjahr mit aufzunehmen. Die entsprechenden Überlegungen bei Theodosius Harnack habe ich kurz erwähnt. Ist das Kirchenjahr nicht legitimer Weise auch, wenigstens exemplarisch, ein Ort des kollektiven Gedächtnisses an „die Wolke der Zeugen" (Jörg Erb), an bestimmte Personen, die zu Zeugen und Zeuginnen Jesu Christi, an Lehrer und Lehrerinnen der Kirche sowie an wichtige Ereignisse aus der Kirchen- und Missionsgeschichte, und zwar nicht nur der älteren Zeit, sondern aller Perioden bis in die Gegenwart? Ich halte das für eine Frage, die Aufmerksamkeit beanspruchen darf.

Lassen Sie mich an dieser Stelle einen weiteren Aspekt in die Diskussion ein-

---

59. Vgl. die beiden Bände von K.-P. Jörns (Hg.): Von Adam und Eva bis Samuel. Frauen und Männer in der Bibel I; Von Rut und Boas bis Judas. Frauen und Männer in der Bibel II, Göttingen 1993, bes. die Einleitung von Jörns, Bd. I, 7–16.
60. Vgl. Erneuerte Agende. Vorentwurf, a.a.O., 326ff.
61. A.a.O. 418ff.

bringen, der die durch die Perikopen festgelegte Kirchenjahresordnung betrifft und das Stichwort partielle Entstrukturierung aufnimmt.

1.5 Wir brauchen auch im evangelischen Kirchenjahr Freiräume für Predigtreihen. Die wichtige Aufgabe „biblisch predigen" (Horst Hirschler)[62] verlangt nach zusammenhängender Darstellung biblischer und theologischer Sachverhalte in größerer homiletischer Kontinuität auch im Gemeindegottesdienst.

Ein Ansatz liegt in der von der katholischen Kirchenjahresneuordnung vorgenommenen Freisetzung bestimmter Sonntage, die zu „Sonntagen im Jahreskreis" erklärt worden sind. Man hat sie aus dem Zusammenhang der Festzeiten entlassen und mit eigenen Texten versehen. Die auf diese Weise geschaffenen Zeiten könnten auch genutzt werden für das Angebot von Predigtreihen über biblische Zusammenhänge (lectio continua).

Dafür scheint einmal die Zeit vor der Fasten/Passionszeit (Februar/März) ein geeigneter Ort, zum andern die Zeit nach Pfingsten oder der frühe Herbst. Natürlich sollten nicht in jedem Jahr die gleichen Themen in solchen Gottesdienstreihen zur Sprache kommen. Aber wäre es nicht denkbar, dass die Perikopenkommission für jeweils einen Sechs-Jahres-Turnus Vorschläge für derartige Predigtreihen macht und dieses Angebot an die Gemeinden weitergibt? Dass dafür ein Ort im Kirchenjahr gefunden wird, ist wichtig, damit es nicht bei Initiativen einzelner Prediger oder Gemeinden bleibt und die betreffenden Vorschläge in den einschlägigen Predigtmeditationswerken bearbeitet werden. Bisher gibt es Vorschläge für Predigten über Continua-Texte nur außerhalb der Perikopenreihen. Klaus-Peter Jörns hat sich mehrfach dafür eingesetzt und entsprechende Arbeitshilfen herausgegeben[63] (über ihre Verwendung liegen keine Angaben vor). Aber man darf vermuten, dass eine solche Praxis in den Gemeinden nur schwer durchsetzbar ist, wenn sie keine Verankerung im offiziellen Textkalender findet. Die Bedeutung solcher zusammenhängender Bibelpredigt (oder auch Katechismuspredigt[64]) in einer Zeit des Traditionsabbruchs und allenthalben nachlassender Bibelkenntnis liegt jedoch auf der Hand.

---

62. Vgl. H. Hirschler: biblisch predigen, Hannover 1988.
63. Vgl. K.-P. Jörns (Hg.): Predigtmeditationen zu Continuatexten. Markuspassion – Hiob – Jona (GPM Beiheft 1), Göttingen 1985; ders.: Advent, Weihnachten, Epiphanias. Predigtmeditationen zu Textreihen aus der Offenbarung, Jesaja und Johannes (GPM Beiheft 2), Göttingen 1987; ders.: Karwoche, Osterzeit, Pfingsten, Trinitatis. Predigtmeditationen zu Textreihen aus Johannes und der Apostelgeschichte (GPM Beiheft 3), Göttingen 1991. Auch andere biblische Reihenpredigten sind möglich, vgl. P. Cornehl (Hg.): Vision und Gedächtnis. Predigten zur Zeit 1987–1994 (Hamburger Universitätsgottesdienste Bd. 3), Hamburg 1994, und dort die Übersicht 457ff.
64. Vgl. dazu den materialreichen Artikel von W. Jetter, in: TRE 17 (1987), 744–786.

1.6 Es muss eine Diskussion über das bisherige Profil auch der geprägten Kirchenjahreszeiten geführt werden, in die neuere praktisch-liturgische Erfahrungen aus den Gemeinden Eingang finden.

Dieser Punkt berührt sich eng mit dem, was ich gleich im Rahmen der Überlegungen zur „integralen Festzeitpraxis" noch etwas genauer entfalten möchte. Es handelt sich sozusagen um die materialen Voraussetzungen dafür, die in der Anlage des agendarischen Propriums gegeben sein müssen. Das sei exemplarisch an zwei Punkten erläutert: an der Passionszeit und am Ende des Kirchenjahres.

1.6.1 Zur Passions- und Fastenzeit

Hier scheint mir eine generelle Überprüfung nötig. Es ist an der Zeit, neuere Praxiserfahrungen aufzunehmen und ihnen den Ort im Kirchenjahr zu geben, den sie dort früher hatten. Das betrifft vor allem den Zusammenhang zwischen Passionszeit und Fastenzeit. Für die Berneuchener war die Verbindung von Fastenzeit und Passionszeit, von Naturjahr und Kirchenjahr grundlegend. Dazu hieß es bereits in der Denkschrift von 1934:

„... wenn zu irgend einer Zeit des Jahres, dann (ist) eben in diesen Wochen das Fasten wohl begründet ... Denn hier ist der eigentlich tiefste Zusammenhang dieser kirchlichen Zeit mit dem natürlichen Rhythmus des Jahres zu suchen. Man kann gewiss auch sehr eindrücklich davon reden, dass nur in den Frühlingsstürmen die Fesseln des Winters wirklich zerbrochen werden und die Bahn frei gemacht wird für das neue Wachsen und Blühen, und dass ebenso die Seele durch Kampf und Leiden hindurch gehen müsse, um den vollen Sieg des Lebens zu erfahren. Aber tiefer greift doch die andere Erwägung, dass der Organismus nach den winterlichen Monaten der Reinigung bedarf, wie sie eben ein sinnvolles und geordnetes Fasten bewirkt; die natürliche, physiologische Bedeutung solchen Fastens trifft zusammen mit der uralten Erfahrung von dem Wert des Fastens in der Bereitung auf die großen Festzeiten des Jahres."[65]

Die Gliederung des Kirchenjahres und die Gestaltung der einzelnen Sonntage in der Ordnung der Predigttexte nach 1977 nimmt darauf keine Rücksicht.[66] Das zeigt sich schon in der Terminologie. Es ist nur noch von der „Passionszeit" die Rede, der Begriff „Fastenzeit" ist aufgegeben worden. Dem entspricht auch die

---

65. Das Kirchenjahr, a.a.O. (s.o. Anm. 37), 49, unter Verweis auf den Aufsatz „Fastenzeit" im Gottesjahr 1924.
66. Obwohl die Perikopenrevision von 1977 gerade in der Zeit vor Ostern erhebliche Eingriffe in das überlieferte Gefüge der Lesungen gebracht hat. Vgl. v. Schade/Schulz: Perikopen, a.a.O., 60. Eine Übersicht der Texte und Themen bei Bieritz: Das Kirchenjahr, a.a.O. (s. Anm. 5), 90ff.

Belegung der Sonntage von Estomihi bis Palmarum. Etwas überspitzt formuliert: In dem Augenblick, in dem das Fasten für immer mehr Menschen innerhalb und außerhalb der Kirche anfängt, wieder zu einer realen Praxis zu werden, nimmt die evangelische Kirche (anders als die katholische, die nach wie vor von fünf Fastensonntagen spricht) diesen Aspekt zurück! Ich halte das – gelinde gesagt – für eine Fehlentscheidung. Es ist dringend nötig, den ganzen Zusammenhang der Lesungen und Leitbilder nach Aschermittwoch unter der Frage neu zu überdenken: Wie können beide Schwerpunkte – die memoria passionis Jesu Christi und die Fastenzeit – in ihrer wechselseitigen Verbindung wieder zur Geltung gebracht werden?[67] Hier ist die Gestaltung dieser Zeit im katholischen OLM mutiger und konsequenter.[68]

1.6.2 Zum Ende des Kirchenjahres

In der Gottesdienstpraxis der meisten evangelischen Gemeinden wird die letzte Woche des Kirchenjahres bestimmt durch die Sequenz Volkstrauertag – Bußtag – Toten/Ewigkeitssonntag. Dazu tritt in jüngster Zeit die von nicht wenigen Landeskirchen geförderte „Friedenswoche" oder „Friedensdekade". In den Nachkriegsagenden, aber auch in der Erneuerten Agende ist dafür kein Raum. Den Volkstrauertag[69] gibt es nicht. Ihn überlässt man als staatlichen Feiertag dem Volksbund Deutsche Kriegsgräberfürsorge und den lokalen Traditionsverbänden. Und auch die Friedensdekade ist liturgisch kein Kasus.

Im agendarischen Proprium haben die drei letzten Sonntage des Kirchenjahres ausschließlich eschatologische Themen und Perikopen. Ich vermute, dahinter steht noch immer die alte Polemik lutherischer Liturgiker gegen die Einrichtung des Totensonntags (oder „Totenfestes") und seine Platzierung am Ende des Kirchenjahres, wie es nach ersten Anregungen der Aufklärung 1816 durch den preußischen König Friedrich Wilhelm III per Kabinettsordre eingeführt und in der Preußischen Agende 1822/29 für die gesamte evangelische Landeskirche verbindlich

---

[67]. An dieser Stelle lohnt es sich übrigens, die interessanten Vorschläge wieder aufzugreifen, die Rudolf Otto seinerzeit zum Weg des Kirchenjahres zwischen Epiphanias und Ostern gemacht hat: Das Jahr der Kirche in Lesungen und Gebeten. 2.Auflage von Emanuel Linderholms Neues Evangelienbuch, vermehrt und überarbeitet mit Wilhelm Knevels und Gustav Mensching von Rudolf Otto, Gotha 1927, vgl. Ottos Geleitwort, XVIIff. und „Die Fastenzeit", 92ff. Dazu K. Wiefel-Jenner: Die Liturgik Rudolf Ottos, a.a.O. (s. Anm. 39), 142ff. unter Beachtung der charakteristischen Unterschiede zwischen Otto und Linderholm.

[68]. Vgl. die Texte in: Der Große Sonntagsschott, Freiburg u.a., o.J. (1976), „Die österliche Bußzeit", 1.-5.Fastensonntag, 87ff.796ff.1111ff. Dazu Nübold: Entstehung, a.a.O. (s. Anm. 44), 248ff.302ff. 348ff.

[69] Vgl. dazu jetzt A. Kapust: Der Beitrag der Evangelischen Kirche in Deutschland zum Volkstrauertag (EHS Reihe XIII, Bd. 777), Frankfurt/M. u.a. 2004.

gemacht wurde (zur Kritik von Theodosius Harnack, s.o. 266ff.).[70] Die Nachwirkung dieser Frontstellung wird bis heute daran erkennbar, dass sich die Erneuerte Agende in den Anweisungen zum Ewigkeitssonntag ausdrücklich dagegen ausspricht, ein namentliches Gedächtnis der Verstorbenen des vergangenen Jahres in den Hauptgottesdienst aufzunehmen, dafür vielmehr einen eigenen zusätzlichen Früh- oder Vespergottesdienst („ggf. am Vortag") vorsieht.[71] Das ist ein problematischer antivolkskirchlicher Rigorismus!

Die Angst, dass die eschatologische Dimension des Ewigkeitssonntags durch die Aufnahme des Totengedächtnisses verdrängt werden würde, ist unbegründet, vorausgesetzt, die Gemeinden lassen sich vom Proprium des Ewigkeitssonntags leiten, das Gedenken an ihre Verstorbenen im Horizont der Verheißung des kommenden Reiches zu begehen. Das wäre ein Totengedächtnis mit Texten wie Offenbarung 21 und mit Liedern wie „Jerusalem, du hochgebaute Stadt" und „Wachet auf, ruft uns die Stimme", ein Gottesdienst also, der die spannungsvolle Verschränkung von Eschatologie und Alltag, Leben und Sterben, Trauer und Hoffnung wahrnimmt und vollzieht. Genau darauf kommt es an.[72]

2. Aufgabe: Wir brauchen eine Kirchenjahres-Praxis für die Volkskirche – Erneutes Plädoyer für eine „integrale Festzeitpraxis"

Ich habe einen entsprechenden Vorschlag bereits vor 15 Jahren gemacht.[73] Es gibt Anlass, diese Vorschläge wieder aufzugreifen. Denn ich habe nicht den Eindruck, dass in dieser Hinsicht viel getan worden ist. Die Argumente für ein solches Praxiskonzept gelten nach wie vor. Eigentlich ist es eher noch wichtiger geworden (wenn auch nicht einfacher).

2.1 Die Vermutungen haben sich erhärtet: Es gibt den Festtagskirchgänger. Es gibt sogar eine recht große Gruppe von Christen, die nicht im Rhythmus des All-

---

[70]. Vgl. auf der Linie dieser Kritik den Vorschlag von H. Kressel und F.W. Hopf: Das Fest des Jüngsten Tages, Essen 1941, und seine Begründung, 6ff.
[71]. EA 322; vgl. die entsprechen Texte für den separaten „Gedenktag der Entschlafenen", 422ff.
[72]. Vgl. dazu die neueren Gestaltungsvorschläge z.B. in: E. Domay (Hg.): Volkstrauertag, Buss- und Bettag, Totensonntag (Gottesdienstpraxis Serie B), Gütersloh 1994 mit der theologisch-homiletischen Einführung von H.-D. Knigge, 11–22; K.F. Becker: Frieden – Umkehr – Heimkehr. Die letzten Wochen des Kirchenjahres (Dienst am Wort 68), Göttingen 1994; Petra Zimmermann: Toten Sonntag Ewigkeit. Trauerritual und Feier der Hoffnung, in: Lernort Gemeinde 15, 1997, H. 3, 15–19; dies.; Der Gottesdienst am Totensonntag. Wahrnehmungen aus der Perspektive der Trauernden, in: PTh 88, 1999, 452–467; dies.: Den Totensonntag erleben. Zur liturgischen Gestaltung und seelsorgerlichen Bedeutung eines Gottesdienstes, in: PrTh 37, 2002, 209–214.
[73]. Vgl. P. Cornehl: Christen feiern Feste, in: PTh 70, 1981, 218–233; außerdem ders.: Zustimmung zum Leben und Vergewisserung im Glauben, in diesem Band, 291–306. Ferner: G. Ruddat: Art. Feste und Feiertage, in: TRE 11 (1982), 134ff.

tags, sondern im Rhythmus der Jahresfeste und bei familiären Anlässen den Gottesdienst besuchen und am Leben der Kirche partizipieren. Wir sollten diese Menschen respektieren und ihr Kirchgangsverhalten nicht abwerten.

Die Kirchgangssitte, das sich im 18. Jh. herausgebildet hat, ist in volkskirchlichen Verhältnissen auch heute noch für die Mehrheit der Kirchenmitglieder gültig. Die Verbindung zwischen lebenszyklischem und jahreszyklischem Gottesdienstbesuch ist ein stabiles Muster und hat eine durchaus plausible Logik.[74] Die Kirchenmitgliedschaftsuntersuchungen von 1982 und 1992 haben gezeigt: Ungefähr 30% der Evangelischen, nämlich die mit mittleren Verbundenheitsgraden, orientieren sich daran. Sie geben an, dass sie nur oder überwiegend Gottesdienste an den großen Jahresfesten besuchen, dies aber durchaus bewusst. Das bestätigen die Kontrollfragen bezüglich der einzelnen Feiertage. Die Zahlen sind 1992 noch einmal gestiegen.[75] Aufschlussreich ist: Das gilt strukturell auch für die Kirchenmitglieder in den neuen Bundesländern.[76]

Das Gottesdienstverhalten differenziert sich. Wann werden wir in den Gemeinden endlich unsere Planungen darauf einstellen, dass nach wie vor gilt: In den Gottesdiensten der großen Jahresfeste versammelt sich tendenziell die Volkskirche in ihrer Breite. Alle Gruppen der Kirchenmitglieder werden angesprochen: die hochverbundenen Kirchentreuen, die Christenmenschen mit mittlerer Verbundenheit und ein nicht unbeträchtlicher Teil der Distanzierten. Die Feste haben eine geistliche Ausstrahlungskraft, die im großen Ganzen trotz aller zu beobachtenden Mobilität an den Festen ungebrochen ist.

2.2 Die Teilnahme an den Festgottesdiensten ist theologisch gesehen keine marginale Angelegenheit, sondern Begegnung mit zentralen Inhalten und Vollzügen des christlichen Glaubens in exemplarisch verdichteter Form. Es geht um das „Gedächtnis der großen Taten Gottes". Wer an den Kirchenjahresfesten zum Gottesdienst geht, will dazugehören und sucht ein Stück Heimat. Auch das sollten wir achten.

Die Feste haben eine repräsentative Funktion.[77] Jedes Fest steht für das Ganze.

---

74. Vgl. P. Cornehl: Teilnahme am Gottesdienst. Zur Logik des Kirchgangs – Befund und Konsequenzen, in: J. Matthes (Hg.): Kirchenmitgliedschaft im Wandel. Untersuchungen zur Realität der Volkskirche. Beiträge zur zweiten EKD-Umfrage „Was wird aus der Kirche?", Gütersloh 1990, 15–53, bes. 27ff.
75. Vgl. die Tabelle (37) und erste Darstellung in: Studien- und Planungsgruppe der EKD (Hg.): Fremde Heimat Kirche. Ansichten ihrer Mitglieder. Erste Ergebnisse der dritten EKD-Umfrage über Kirchenmitgliedschaft, Hannover 1994.
76. Vgl. Fremde Heimat Kirche, a.a.O., 23ff.
77. Vgl. Cornehl: Teilnahme am Gottesdienst, a.a.O., 37f.

Und dieses Ganze der Heilsoffenbarung kommt in einer je besonderen Inhaltlichkeit zur Darstellung. In der Begegnung mit den großen Kirchenjahresfesten erschließen sich auch Zusammenhänge des Glaubens. Und die Feste haben eine partizipatorische Struktur. Die Feste wollen gefeiert werden. Sie zielen auf Beteiligung: durch eigenes Handeln, durch Brauchtum, durch Vorbereitung und Nachfeier.

2.3 Das Kirchenjahr ist ein Weg durch eine geprägte Landschaft. Dieser Weg führt die Menschen von außen nach innen. Auch das ist für die Wahrnehmung der Feste und Festzeiten ein wichtiges Strukturmoment.

Darauf hat in letzter Zeit v.a. Fulbert Steffensky aufmerksam gemacht.[78] Der Weg der Liturgie im Jahreskreis baut Frömmigkeit „von außen nach innen". Die Feste sind reich an äußeren Zeichen. Leibliche Gesten, Vorgänge, Handlungen, Symbole, Sitte und Brauchtum dominieren zunächst. Sie werden von außen an die Beteiligten herangetragen. Wir können mitmachen, soweit wir wollen, graduell, abgestuft. Das kann wechseln – zwischen Nähe und Distanz. Man kann zuschauen, zuhören oder auch einstimmen und mitmachen, selber eine aktive Rolle übernehmen. Und das alles verändert sich unter Umständen von Zeit zu Zeit, von Jahr zu Jahr.

2.4 „Integrale Festzeitpraxis" ist ein volksliturgisches und gemeindepädagogisches Konzept, das dazu anleiten will, den Gesamtzusammenhang, in dem die Feste stehen, bewusst wahrzunehmen.

Merkmale integrativer Festzeitpraxis sind:
- Konzentration der Kirchenjahrespraxis auf die großen Feste und Festzeiten.
- Integration der wesentlichen Handlungsdimensionen kirchlicher Praxis: Verkündigung und Gottesdienst, Kirchenmusik, Erwachsenenbildung, Konfirmandenunterricht, religiöse Erziehung, Seelsorge.
- Die Verbindung zwischen Kirchenmusik und Gottesdienst hat dabei eine Schlüsselbedeutung. Die großen Oratorien haben ihren festen Ort im Jahr. Für viele Menschen ist das Erlebnis einer Bach-Passion oder des Deutschen Requiems von Brahms oder von Händels „Messias" eine tiefe religiöse Erfahrung.

---

[78]. Vgl. F. Steffensky: Wo der Glaube wohnen kann, Stuttgart 1989, 40ff.; sowie ders.: Segnen. Gedanken zu einer Geste, in: PTh 82, 1993, 2–11; und jetzt den Vortrag zum Auschwitzgedenken: Über die Institutionalisierung von Trauer (Mskr. 1995) mit Verweis auf Maurice Halbwachs, Mary Douglas und Jan Assmann.

Es kann eine Hilfe sein, wenn diese großen Werke nicht nur aufgeführt werden, sondern wenn es dazu auch musikalisch-theologische Einführungen gibt, die zu vertieftem Verständnis anleiten.
- Religions- und gemeindepädagogisch sind die Verbindungen zwischen Unterricht und Kirchenjahresfesten enger zu knüpfen. Der Mitvollzug und die Interpretation der Feste, auch der Streit um ihre angemessene Deutung und Feier sollten stärker zu Medien der Auseinandersetzung und Aneignung wesentlicher christlicher Glaubensinhalte gemacht werden. Hier wird nicht nur über die Dinge geredet, man kann erleben, wo und wie die Botschaft Gestalt annimmt.[79]
- Entscheidend ist, ob es gelingt, die Laien aktiv zu beteiligen und in ihrer Rolle als Träger der Festfeier und Festgestaltung in den Häusern und Familien, in den Gruppen, Kreisen und Chören zu stärken. Dabei sind die Kinder wichtig. Kinder lieben Feste, und Feste brauchen Kinder. Von dem, was die Gemeinden in den kirchlichen Kindergärten tun, um die Feste zu feiern, können wir alle viel lernen! Das ist immer etwas sehr Praktisches. Basteln, Schmücken, Backen, Malen, Vorlesen, Erzählen und Singen, Beten. Und das prägt!

2.5 Integrative Festzeitpraxis ist ein Konzept, das für die Gemeindeplanung und auch für die Zeitplanung der Mitarbeiter und Mitarbeiterinnen Schwerpunkte setzt und eine Entscheidung über Prioritäten verlangt. Es ist ein volkskirchliches Konzept, das aber auch der Gemeinde zugute kommt. Seine Umsetzung erfordert langen Atem, geistliche Kraft und planerische Konsequenz.

Vielleicht ist das ein Grund, warum an dieser Stelle so wenig konsequente Arbeit geleistet wird. Aber es lohnt sich! Wir brauchen Gemeinden, die das wollen und die es sich etwas kosten lassen. Es ist eine Aufgabe für theologische, kirchenmusikalische, gemeindepädagogische und seelsorgerliche Fortbildung, das darauf abzielt, durch Zusammenarbeit der für diese Bereiche Verantwortlichen eine entsprechende Praxis in Gang zu setzen und kontinuierlich zu begleiten. Hier stehen wir nach wie vor erst am Anfang.

3. Aufgabe: Wir müssen in den kommenden Jahren auch unter teilweise erschwerten Umständen versuchen, die allgemeine, öffentliche Bedeutung der christlichen Feste und Feiertage für eine pluralistische und d.h. zunehmend auch multikulturell und multireligiös geprägte Gesellschaft zu verdeutlichen.

---

[79]. Vgl. C. Bizer: Liturgik und Didaktik, in: JRP 5, 1988, 83–111; sowie die Lehrerhandbücher für den Religionsunterricht von Hubertus Halbfas.

Halten wir fest: Das Kirchenjahr war nie nur eine innerkirchliche Angelegenheit, es war eine Einrichtung von allgemeiner kultureller Bedeutung. Es hat das öffentliche und das private Leben in tiefer Weise geprägt. Die religiösen Feste und Feiertage haben den Kalender bestimmt.[80] Sie haben dem gesellschaftlichen Leben seinen Rhythmus gegeben. Sie haben die Jahreszeiten gedeutet. Das Kirchenjahr war mehr als nur ein „Haus", mehr auch als ein „Dom". Es war ein Lebensraum, eine gebaute Landschaft. Ist diese öffentliche Bedeutung erledigt? Gefährdet ist sie schon. Auf jeden Fall ist es eine große Herausforderung, wenn die Kirche sich dieser dritten Aufgabe stellt.

Nach meiner Meinung handelt es sich dabei nicht um die Funktion einer inhaltsneutralen allgemeinen „Civil Religion"[81], die für den symbolischen Zusammenhalt der Gesellschaft Rituale, Symbole und Feiern bereitstellt und sozusagen eine Art neue „natürliche Religion" darstellt, die zeitgenössische Form einer allgemeinen Vernunftreligion (das liturgische Pendant zum Projekt „Weltethos"). Gemeint sein kann nur der spezifische Beitrag der konkreten geschichtlichen Religion biblisch-christlicher Überlieferung für das Ganze des Gemeinwesens. Kann es das noch geben? Das rührt an Begründungsfragen einer freiheitlich-demokratischen Gesellschaft, wie sie derzeit kontrovers diskutiert werden. Populär formuliert geht es dabei – auf Fest und Freizeit bezogen – um den Gegensatz „Freier Tag statt Feiertag" (wie der Titel des Leitartikels im Deutschen Allgemeinen Sonntagsblatt der letzten Woche lautete – eine treffende Überschrift für einen leider eher hilflosen Kommentar zur politischen Debatte um die Feiertagsstreichung[82]).

Ich sehe das Problem so: Die Politik kann allenfalls formal ein bestimmtes Maß an persönlicher Freizeit und gemeinsamer Zeit sichern (letzteres ist durch die neue Arbeitszeitgesetzgebung und die Streichung eines Feiertages zur Finanzierung der Pflegeversicherung gerade erst erheblich gefährdet worden[83]). Aber sie kann die

---

[80]. Vgl. den informativen Literaturbericht von A. Schilson: Fest und Feier in anthropologischer und theologischer Sicht, in: LJ 44, 1994, 3–32; sowie in: P. Cornehl/M. Dutzmann/A. Strauch (Hg.) „... in der Schar derer, die da feiern". Feste als Gegenstand praktisch-theologischer Reflexion (FS für F. Wintzer), Göttingen 1993, die Beiträge von Hans-Dieter Bastian: Kampf um die Feste – Kampf um die Köpfe. Eine Skizze zur politischen Religion der Neuzeit, 15–32; D. Rössler: Unterbrechung des Lebens. Zur Theorie des Festes bei Schleiermacher, 33–40; H. Schröer: Kirchliche Feste im Spiegel der zeitgenössischen Literatur, 41–55. Grundsätzliche Erwägungen, allerdings mit problematischen begrifflichen Abgrenzungen bei W. Gebhardt: Fest, Feier und Alltag. Über die gesellschaftliche Wirklichkeit des Menschen und ihre Deutung, Frankfurt u.a. 1987.
[81]. Zur Debatte vgl. die aufschlussreiche Studie von R. Schieder: Civil Religion. Die religiöse Dimension der politischen Kultur, Gütersloh 1987. Schieder informiert v.a. über das Konzept von R.N. Bellah und seine Wirkungsgeschichte in den USA und in Deutschland. Ferner K.-M. Kodalle: Zivilreligion in Amerika. Zwischen Rechtfertigung und Kritik, in: Ders. (Hg.): Gott und Politik in den USA. Über den Einfluß des Religiösen. Eine Bestandsaufnahme, Frankfurt 1988, 19–73.
[82]. H.N. Schultz: Freier Tag statt Feiertag, in: Deutsches Allgemeines Sonntagsblatt vom 18.3.1994.
[83]. Vgl. die wichtigen Untersuchungen von H. Przybylski und J.P. Rinderspacher (Hg.): Das Ende gemeinsamer Zeit? Risiken neuer Arbeitszeitgestaltung und Öffnungszeiten, Bochum 1988. Darin bes. Rinderspacher: Sonntags nie. Über den Sinn einer gemeinsamen Wochenruhezeit, 11–28; A. Ermert. Kollektive Zeiterfahrung und soziale Integration, 117–137. Außerdem J.P. Rinderspacher: Die Kirche

freie Zeit und auch die gemeinsame Zeit nicht inhaltlich füllen. Sie kann es nicht, und sie verbietet es sich, sofern sie ihre vom Grundgesetz garantierte pluralistische, liberale Konstitution ernstnimmt. Denn wer kann noch für alle sprechen? Keine Religion, keine Ideologie, keine Weltanschauung hat mehr die Möglichkeit und das Recht, ihren Glauben, ihre Werte, ihre Kultur als die einzig wahre und für alle gültige nicht nur zu beanspruchen, sondern auch durchzusetzen. Aber was hält dann die pluralistische Gesellschaft zusammen – jenseits einer (hoffentlich) funktionierenden Wirtschaft und jenseits einer die Freiheitsrechte der einzelnen garantierenden rechtsstaatlichen Verfasstheit? Die Individualisierung allein führt in Aporien. An dieser Stelle setzt die Debatte zwischen den sog. „Kommunitariern" (communitarians) und Liberalen ein. Diese Debatte hat die politische Philosophie der achtziger Jahre in den USA, Kanada und England maßgeblich bestimmt. Sie wird jetzt auch in Deutschland zunehmend rezipiert und beginnt, praktisch zu werden.[84] Man kann sie auch auf die Thematik von Fest und Freizeit übertragen.

Die Kommunitarier haben z.B. gegenüber dem abstrakten Universalismus eines liberalen Verfassungspatriotismus auf die Relevanz der besonderen geschichtlichen Traditionen aufmerksam gemacht, die nötig sind, um ein modernes, freiheitliches Gemeinwesen zusammenzuhalten und zu bewahren. Dabei spielen die großen Erzählungen und die sich daraus speisenden Visionen und Werte einer guten Gesellschaft eine bedeutende Rolle.[85] Es war immer die Funktion der Feste, der Ort zu sein, wo das kulturelle Gedächtnis einer Gesellschaft öffentlich zur Darstellung kam.[86] Die grundlegenden Erzählungen wurden im Festkult rezitiert, in Szene gesetzt, rituell vollzogen und dadurch neu in Geltung gesetzt. Diese Funktion hat m.E. auch heute noch die Feier der großen Kirchenjahresfeste und das

---

im Dorf lassen? Der Wandel in Arbeit und Freizeit und die Zukunft kirchlicher Gemeindearbeit, in: PTh 81,1992, 313–323. Dazu jetzt die laufenden Kommentare zur Streichung des Bußtages in der allgemeinen und kirchlichen Presse.

[84]. Vgl. C. Zahlmann (Hg.): Kommunitarismus in der Diskussion, Berlin 1992; A. Honneth (Hg.): Kommunitarismus. Eine Debatte über die moralischen Grundlagen moderner Gesellschaften, Frankfurt/New York 1993; M. Brumlik/H. Brunkhorst (Hg.): Gemeinschaft und Gerechtigkeit, Frankfurt 1993; W. Reese-Schäfer: Was ist Kommunitarismus?, Frankfurt/New York 1994; den Buchbericht von J. v. Soosten: Civil Society. Zum Auftakt der neuen demokratietheoretischen Debatte, mit einem Seitenblick auf Religion, Kirche und Öffentlichkeit, in: ZEE 37, 1993, 139–157, sowie die Wertedebatte im Wahlkampf 1994; P. Cornehl: Individuum und Gemeinschaft im Gottesdienst, in diesem Band, 64–85.

[85]. Vgl. dazu die grundlegenden empirischen Untersuchungen der US-amerikanischen Mentalitäten von R.N. Bellah u.a.: Habits of the Heart. Individualism and Commitment in American Life (1985), dt.: Gewohnheiten des Herzens. Individualismus und Gemeinsinn in der amerikanischen Gesellschaft. Mit einem Vorwort von H. Scheer, Köln 1987; ders.: The Good Society, New York 1991.

[86]. Vgl. J. Assmann: Der zweidimensionale Mensch. Das Fest als Medium des kollektiven Gedächtnisses, in: J. Assmann/T. Sundermeier (Hg.): Das Fest und das Heilige. Religiöse Kontrapunkte zur Alltagswelt, Gütersloh 1991, 13–30; zum religionsgeschichtlichen Hintergrund außerdem J. Assmann: Das kulturelle Gedächtnis. Schrift, Erinnerung und politische Identität in frühen Hochkulturen, München 1992.

Begehen der dazugehörigen Festzeiten. Wenigstens sollten wir Christen davon überzeugt sein! Das ist kein religiöser Imperialismus. Es besteht ja alle Freiheit, sich dem zu entziehen. Niemand wird genötigt, niemand sollte Nachteile haben, wenn er sich dem entzieht. Je deutlicher die Gesellschaft multikulturelle und multireligiöse Züge annimmt, umso mehr wird sich dies auch auf der Ebene des Festkalenders abbilden.[87] Doch führt die Pluralität gefeierter religiöser Feste nicht zur Neutralisierung der Inhalte und auch nicht zwangsläufig zu weiterer Privatisierung. Die christliche Kirche hat allen Anlass, selbstbewusst, offensiv und argumentativ die öffentliche Relevanz, die nach ihrer Überzeugung den großen Jahresfesten eingestiftet ist, zur Sprache bringen – durch ihre Feier, durch Liturgie und Verkündigung, durch Sitte und Brauchtum.

Es geht an Weihnachten, Ostern, Pfingsten um Frieden und Versöhnung in messianischer Perspektive, um Rettung von der Macht des Todes, um Geist und neue Schöpfung. Das Ende des Kirchenjahres steht im Zeichen von Gericht, Umkehr und Hoffnung, im Zeichen der Verheißung eines neuen Himmels und einer neuen Erde, im Zeichen der neuen Stadt, in der Gott gegenwärtig ist. Diese Botschaft darf die Kirche der Welt nicht verschweigen. Wenn sie das im Zusammenhang der großen Feste und Gedenktage verkündigt, riskiert sie Konflikte. Denn sie konfrontiert die Gesellschaft mit Fragen, die diese von sich aus lieber verdrängt, ratlos, verlegen verleugnet oder privatisiert: mit Tod und Trauer, mit Schuld und Versagen, mit den dunklen Seiten des kollektiven Gedächtnisses. Hat sie selbst die Kraft, dies zu tun aus der Freude der Ostergewissheit heraus?

Auch die Fasten- und Passionszeit rührt an Systemprobleme unserer Lebenswelt und Lebensweise, und auch sie hat eine politisch-gesellschaftliche Relevanz. Es geht nicht nur um Reinigung, Verzicht, Verinnerlichung. Es geht auch um den Hunger, den leiblichen, seelischen und geistlichen Hunger, um Überfluss und Mangel. Auf einmal sind die Hungerkatastrophen und die Problematik einer ungerechten und zu verändernden Weltwirtschaftsordnung, unter der die Menschen in vielen Ländern der Dritten Welt leiden, sehr nahe. Auf einmal treten – so widersprüchlich ist das Leben – auch die zunehmenden Krankheitssymptome im Zusammenhang mit Essstörungen, wie wir sie bei vielen jungen Menschen hierzulande erleben, in unser Bewusstsein und werden zu Anfragen und fordern unser Verstehen und unsere Hilfe heraus. Das alles kann einem beim Fasten auf den Leib rücken.

Und sie wird in zunehmendem Maße auch die interreligiösen Aspekte jahres-

---

[87]. Vgl. die an verschiedenen Orten entstehenden multireligiösen Festkalender, z.B. in W. Grünberg/ D.L. Slabaugh/R. Meister-Karanikas (Hg.): Lexikon der Hamburger Religionsgemeinschaften, Hamburg 1994, Tabellenanhang für die Jahre 1995–1997. Solche Auflistungen machen die sehr komplexe Synchronizität der Feste und Festzeiten erstmals bewusst. Die Konsequenzen für die religiöse Feierpraxis und die Zukunft des Kirchenjahres sind noch nicht abzusehen.

zeitlicher Festpraxis mitbedenken. Was bedeutet es z.B., dass Fastenzeit und Ramadan sich zeitweise überschneiden? Was ist hier (wechselseitig) zu entdecken und zu lernen – etwa in Kindergärten und Schulen?[88]

Die Feier der Kirchenjahresfeste leistet dem modernen Menschen an einer Stelle eine besondere Hilfe – paradoxerweise durch einen charakteristischen Widerstand: Sie setzt gegen den allgegenwärtigen Trend zur Beschleunigung die Verlangsamung – nicht moralinsauer und verbissen kulturkritisch, sondern durchaus freundlich und geradezu genussvoll. Um einen Vortragstitel aus einer Hamburger Ringvorlesung abzuwandeln: „Die Medien sind schnell – das Kirchenjahr ist langsam". Es sperrt sich gegen den raschen Konsum, es nimmt sich Zeit und gibt Zeit. Das Kirchenjahr ist langsam. Deshalb hat die Kirche nicht nur eine Festpraxis, sondern eine Festzeitpraxis entwickelt:

– Vier Wochen Advent. Da baut sich langsam eine wunderbare Spannung auf (Kinder fürchten und genießen das!).
– Sieben Wochen Fasten/Passionszeit, bevor die Osterfreude triumphiert.
– Fünfzig Tage von Ostern bis Pfingsten (keinen Tag länger!).
– Eine ganze Osternacht mit Wachen und Beten.
– Und jede Woche Sonntag, ein ganzer Ruhetag!

Das nötigt den Menschen zum Innehalten. Es ermöglicht das Aufatmen. Und es gibt der Seele Raum, auf einem langen Weg langsam Erfahrungen mit sich und mit Gott zu machen. Das ist der Sinn des Kirchenjahres, ich meine: Sinn genug.

---

[88]. Vgl. die neuerdings vermehrt wahrgenommenen Themen der unterschiedlichen Fest- und Feierpraxis im Religionsunterricht.

Halali und Halleluja

Hubertusmesse im Michel

27.10.1979
Die Plakate an den Litfasssäulen verkünden stolz, wer alles mitwirkt bei der Hubertusmesse im Michel: „Parforce-Bläserchor Nordheide, Norddeutscher Jagd- und Gebrauchshund-Verein mit 89 Jagdhunden, 120 Jagdhornbläser der Landesjägerschaft Hamburg, Schleswig-Holstein und Niedersachsen, Falkner mit Beizvögeln (ich sehe sie schon beim großen Gloria mit den Flügeln schlagen!) ..." Mir rieselt nun doch ein Schauer über den Rücken. Grenzt das nicht an Tempelprostitution? Ich muss alle meine Sympathien für H.J.Quest mobilisieren, um mich zu beherrschen – und allen analytischen Liturgieverstand, damit die Emotionen nicht überschwappen.

Noch nie, sagte Q., war der Michel so voll. 4000 Jäger! „Und ich habe ihnen in der Predigt nichts geschenkt!" Wie auch immer: Es gibt offenbar eine Ansprechbarkeit in Kategorien der Volksreligion, die hier getroffen worden ist. Religiöse Hintergrundbedürfnisse und -erfahrungen im Zusammenhang mit dem Jagdmetier, deren Dimensionen mir fremd sind, die aber vermutlich zusammenhängen mit Jagd und Hege, Verfolgung und Bewährung im Ernstfall (der jedoch eher symbolischen Charakter hat); die Gemeinschaft der Jäger mit entsprechenden Ritualen (Sprache, Kleider-Code, Essriten, Trinksitten, vorwiegend Männersache!). Auf der Jagd selbst dann auch Erlebnisse von Einsamkeit. Das Warten auf dem Anstand. In die Stille gehen. Lauschen. Eine bestimmte Aufmerksamkeit für die Natur, für Lebendiges. Offenbar wird da auch viel Emotionalität gebunden und entbunden, so etwas wie „säkulare Ergriffenheit" (Schmidtchen). Vielleicht fehlt heute eine Sprache dafür, da ja die jägerinterne Sprache so stilisiert und ritualisiert ist (wie ich seinerzeit, als Vati verspätet seinen Jagdschein gemacht hat, mit bekommen habe), dass sie diese überschießenden Elemente kaum ohne Kitsch und Schwulst benennen kann, wenn überhaupt.

Zur religionssoziologischen Einordnung dessen, was der Michel probiert, gehört die Wiederanknüpfung an mittelalterliche Bräuche und Gemeinschaftsformen: die religiöse Praxis der Bruderschaftsmessen, der Gilden und Zünfte. Sie waren in Hamburg vor der Reformation äußerst beliebt (vgl. H.Reincke: Hamburg am Vorabend der Reformation, Hamburg 1966, 55ff.). Was ist daraus geworden? Hier wird eine Wiederaufnahme ziemlich katholischer Dinge versucht. Steht dahinter ein Bedürfnis? Wie groß ist die Bindekraft? Ein Kriterium wäre, ob die Leute von sich aus eine Wiederholung wünschen und eine neue Tradition begründen wollen.

In diesem Fall müsste der Trägerkreis selbst aktiv die Organisation der Sache in die Hand nehmen. Die Gemeinde St. Michaelis würde sozusagen nur subsidiär handeln, den Ort und den Rahmen zur Verfügung stellen und bei der Ausgestaltung helfen.

Solche Liturgien sind riskant. Aber wenn man von der bloßen Betreuungskirche weg will und zugleich die Volksreligion wiederentdecken möchte, sind auch das Möglichkeiten, die man prüfen muss.

Zustimmung zum Leben und Vergewisserung im Glauben

Integrale Festzeitpraxis als volkskirchliche Gottesdienststrategie

Ich möchte die Gelegenheit dieses Referates benutzen, um ein paar Hausaufgaben zu erledigen. Die dritte Sitzung unseres homiletischen Seminars über ‚Festtagspredigten' in diesem Semester hatte das Thema ‚Vom Sinn der Feste'. Es sollte eine Diskussion über das Für und Wider der Feiertage geführt werden. Eine Arbeitsgruppe hatte zur Vorbereitung darauf einige Texte gelesen, darunter das Kirchenjahresbuch vom Adolf Adam und einen Aufsatz von mir mit einem kräftigen Plädoyer für die kirchliche und gesellschaftliche Bedeutung der Jahresfeste[1]. Ergebnis der Lektüre waren indessen keine abgewogenen Statements, sondern Gegenthesen. Die Studierenden stellten die behauptete allgemeine Relevanz der Feste und Feiertage radikal in Frage. Die Kernsätze aus ihrem Thesenpapier lauteten: „Es gibt kein allgemeines Feierbedürfnis mehr für kirchliche Feste." „Die Menschen haben den kirchlichen Festen bereits einen eigenen Sinn gegeben, losgelöst vom kirchlichen Fest." „Kirchliche Feste sind verarmt zu sinnlosen Ritualen, die nur noch Bedeutung für die Kerngemeinde haben." „Die Konsequenz wäre die Abschaffung der kirchlichen Feste, so wie sie jetzt praktiziert werden." Ich hatte diese Reaktion nicht erwartet und war wohl auch etwas beleidigt, weil ich das Votum für die Feste und ihre allgemeine Relevanz überzeugend fand. Ich habe Kompromissangebote der Gruppe überhört, mich ziemlich gereizt in die Diskussion eingeschaltet und die kritische Festkritik mit Gegenangriffen beantwortet. Ich spürte in den Thesen der Studenten ein unfestliches protestantisches Reinlichkeitsbedürfnis, einen „reinen kerygmatischen Rigorismus", der sich gegen alle Vermischungen wehrt und gegen alle nicht hundert Prozent überzeugenden Weisen zu feiern. Das fand ich theologisch falsch und arrogant gegen die

---

[1] Vgl. A. Adam: Das Kirchenjahr mitfeiern, Freiburg/Basel/Wien 1979; ferner G. Rau: Rehabilitation des Festtagskirchgängers, in: M. Seitz/L. Mohaupt (Hg.): Gottesdienst und öffentliche Meinung. Kommentare und Untersuchungen zur Gottesdienstumfrage der VELKD, Stuttgart/Freiburg 1977, 83–99; Art. Feste und Feiertage, in: TRE XI, 93–143 (bes. den praktisch-theologischen Teil von G. Ruddat 134ff.) sowie P. Cornehl, Christen feiern Feste. Integrale Festzeitpraxis als volkskirchliche Gottesdienststrategie, in: PTh 70, 1981, 218–233. Wenn ich mir nachträglich überlege, was die Studenten an meinem eigenen Aufsatz so besonders gestört haben mag, so vermute ich, dass es das ‚technische' Vokabular und die ‚strategischen' Absichten waren, die den Verdacht nährten, als ginge es bei dem Ganzen nur um äußerliche Marketing-Strategien und kirchliche Image-Werbung. Aber das wäre ein Missverständnis. Im Vordergrund stand für mich auch damals die inhaltliche Entfaltung des Themenzusammenhanges und die Wahrnehmung der Sache in ihrer Mehrdimensionalität. Fragt man dann allerdings genauer nach den Konsequenzen für das kirchliche Handeln, so sind Analyse und Auswertung, Konzeptbildung und Planung (und eine entsprechende Sprache) unverzichtbar.

Leute. So wurde die Diskussion leider scharf und schlecht. Was ist der Sinn der Feste und Feiertage? Ich bin den Studierenden darauf noch eine ruhige Antwort schuldig.

Etwas muss ich noch erzählen: Eine Woche nach der geschilderten Seminarsitzung hatten wir einen außerordentlichen Seminartag verabredet. An einem langen Samstag haben wir viele Stunden damit zugebracht, uns gegenseitig zu erzählen von unseren Erfahrungen mit den Kirchenjahresfesten, vor allem mit Weihnachten. Das war bewegend und spannend. Die Fronten lösten sich. Auf einmal wurde deutlich, welche persönlichen Hintergründe die negativen Urteile hatten, wie viel familiäre Schwierigkeiten sich dahinter verbargen, wie viel gemeindliche Enttäuschungen, Wut über gesellschaftliche Zerstörung, Ratlosigkeit gegenüber den großen Inhalten – vor allem Zwiespältigkeit. Das heißt, es gibt auch positive Erinnerungen an schöne Feiern, die einen geprägt haben, und viel Sehnsucht. Die Radikalität der Kritik ist auch ein Versuch, mit dieser Zwiespältigkeit fertig zu werden, sie auf radikale Weise loszuwerden.

Ich habe durch die Kritik und durch das Erzählen gelernt, dass die Frage nach dem Sinn der Feste und Feiertage nicht allein dogmatisch beantwortet werden kann. Ihr Sinn ergibt sich noch nicht allein aus den Lehren und Liturgien der Religionsgemeinschaften. Hinzu kommt das, was die Menschen selbst damit verbinden, in welcher lebensgeschichtlichen Phase sie gerade stehen, in welcher gesellschaftlichen Umgebung sie leben. Neben den religiösen Aspekten müssen auch kulturelle, ökonomische, soziale und biographische Aspekte berücksichtigt werden. Aus all dem folgt für mich: Der Sinn der Feste ist die Summe der Spannungen, die das Kräftefeld der verschiedenen Festfaktoren im Ganzen bilden. Die ‚Zustimmung zum Leben und zum Glauben', um die es in der Tat geht[2], ist nicht ohne Zweifel und Kritik, die Affirmation nicht ohne Ambivalenz.

Ich will versuchen, das zu verdeutlichen. Um die Zusammenhänge zu ordnen, behandle ich 1. den religiösen Sinn der Feste in der Spannung zwischen Synkretismus und Synthese, 2. die gesellschaftliche Herausforderung der Feste in der Spannung zwischen Öffentlichkeit und Kommerzialisierung, 3. die biographische Bedeutung der Feste in der Spannung zwischen Aufbruch und Beheimatung und 4. die daraus folgende pastorale und festpädagogische Aufgabe der Gestaltung der Feste in der Spannung zwischen Stellvertretung und Beteiligung.

---

2   Das Thema des Vortrags war mir vorgegeben worden. Zu den Anklängen an J. Piepers Festtheorie s. u. Anm. 14.

1 Der religiöse Sinn der Feste und die Spannung zwischen Synkretismus und Synthese

Man erkennt eine Religion an ihrem Kult. Oder genauer: Man erkennt eine Religion an ihren Festen und Feiertagen, die das Besondere und Eigentümliche der Glaubensüberzeugungen und der Offenbarungsgeschichte, auf die sie sich gründen, dramatisch und anschaulich zur Darstellung bringen. Wer am Sederabend in einer jüdischen Familie ist oder am Jom Kippur in einer Synagoge, wer in der Heiligen Woche eine katholische Osternachtfeier im Aachener Dom miterlebt oder Heiligabend in einer deutschen Familie das Weihnachtsfest mitfeiert, mit häuslicher Bescherung und mitternächtlichem Gottesdienst, mit Luthers Weihnachtsliedern in einer von Kerzen erleuchteten evangelischen Kirche, der erfährt dabei viel vom Wesen der betreffenden Religion. Die großen Feste mit ihren Gottesdiensten und Bräuchen, mit familiären Riten und gemeindlichen Feiern, mit dem kulturellen Ambiente, das Häuser, Straßen und Kirchen prägt, sind Symbolisierungen des Glaubens in nuce.

Allerdings: Das Eigene und Besondere darstellen und feiern kann man nur, wenn man sich zugleich auf Anderes einlässt, auf Überlieferung und Umwelt. Feste sind nie ortlos, zeitlos, geschichtslos. Immer tritt man bei der Gestaltung der Feiertage ein in das Erbe der Verheißungstraditionen, die vorgegeben sind. Man besetzt Räume und Zeiten, die bereits religiös und kulturell besetzt sind. Man muss die allgemeine Relevanz des Festes für die eigene Gegenwart immer wieder neu im Medium der allgemeinen menschheitlichen Ängste und Hoffnungen zur Sprache bringen, so dass die Zeitgenossen es als sie angehend verstehen können. Anknüpfung, Besetzung und Neuinterpretation der Feste: dabei handelt es sich um einen Prozess kritischer Rezeption, in dem es stets um Übernahme und Auseinandersetzung geht, um Weiterführung des Erbes und um kontroverse Deutung gemeinsamer Überlieferung. Das lässt sich an den Festen des biblischen Israel zeigen. Das zeigen auch die christlichen Feste.

Das ist im Zusammenhang der anderen Referate genauer zu studieren[3]. Wir werden die überaus spannende Geschichte des biblischen Passa/Mazzoth-Festes mit seiner Verbindung von Ernteritus und heilsgeschichtlichen Befreiungstraditionen kennen lernen und den Weg verfolgen von den nomadischen Anfängen des Passa, über die Verknüpfung mit dem bäuerlichen Mazzenfest, zu den Veränderungen des Festvollzugs durch die Kultzentralisierungsreform des Josia, die

---

3   Zu den Aachener Referaten von J.J. Petuchowski „Das Pessachfest im Zyklus der landwirtschaftlichen und historischen Feste des jüdischen Kalenders" und „Der jüdische Versöhnungstag im Rahmen der Ernsten Tage des jüdischen Jahres" vgl. J.J. Petuchowski: Feiertage des Herrn. Die Welt der jüdischen Feste und Bräuche, Freiburg u.a. 1984, 25ff., 82ff. Ein ergreifendes Zeugnis ist auch das Sammelwerk: Jüdisches Fest, jüdischer Brauch, hg. von F. Thieberger, 1937, dessen 1. Auflage von den NS-Behörden beschlagnahmt und vernichtet wurde (Königstein ²1967).

aus dem häuslichen Fest der Familie ein Wallfahrtsfest zum Jerusalemer Tempel machte, bis hin zur nachexilischen Parallelisierung von Tempelfeier und Familienfeier und schließlich zur rabbinischen Neuinterpretation nach der Zerstörung des zweiten Tempels[4].

Denken Sie aber auch an die Aufnahme und Einschmelzung kanaanäischer Kulttraditionen in Jerusalem, nachdem David die alte Jebusiterstadt zur Hauptstadt des vereinigten Königreiches gemacht hat. In den Psalmen dokumentiert sich, wie hier im Jerusalemer Tempel z.B. die Schöpfungsthematik in den Glauben Israels integriert und die Universalität der Königsherrschaft Gottes mit Hilfe von Vorstellungen aus der religiösen Umwelt neu formuliert wurde[5].

Immer stehen die großen Feste im Spannungsfeld von Synkretismus und Synthese. Durch die Übernahme religiöser Elemente und Vorstellungen aus der Umwelt kann eine Religion ihr eigenes Gesicht verlieren. Synkretismus ist eine Gefahr. Israel kann JHWH an Baal verraten. Deshalb richtete sich der Protest der Propheten gegen Kult und Feste. Es kann aber auch eine schöpferische Synthese entstehen, die etwas vom Ureigensten des Glaubens auf neue Weise entdeckt und formuliert und die Identität eines Festes im kulturellen Wandel auf einer neuen Stufe neu zur Geltung bringt. Das Eigene lässt sich nicht ohne Bezug auf das Andere ausdrücken.

Ich bin mir unsicher, ob das für das nachbiblische Judentum auch gilt. In gewisser Weise scheint es, als ob die Besonderheit der permanenten Diasporasituation, der Diskriminierung und Verfolgung hier andere Gesetze der Selbstbehauptung und Tradierung aufgenötigt hat[6].

Aber für das Christentum gilt es auf jeden Fall. Es gilt in doppelter Hinsicht: Das Besondere der christlichen Feste ist nicht aussagbar und nicht darstellbar ohne Bezug auf Israels Feste. Und es drängt andererseits dazu, die Universalität der Heilsbedeutung der Christusoffenbarung in einem allgemeinen religiösen Horizont und mit Mitteln der philosophischen Gotteslehre auszudrücken. Die messianische Perspektive verbindet die christlichen Feste bleibend mit dem Judentum. Die inkarnatorische Perspektive (wie ich dies nennen möchte) öffnet sie

---

[4] Vgl. E. Otto: in: TRE XI (1983), 96–99 (Lit.). Ferner E. Otto/T. Schramm, Fest und Freude (Biblische Konfrontationen), Stuttgart u.a. 1977, 9–38; W.H. Schmidt: Wort und Ritus, in: PTh 74, 1985, 68ff.

[5] Zur Diskussion über S. Mowinckels Thesen zum Jerusalemer Kult (in: Psalmenstudien II, 1922) vgl. E. Otto: Sigmund Mowinckels Bedeutung für die gegenwärtige Liturgiedebatte, JLH 19, 1975, 18–36; zur Sache F. Stolz: Strukturen und Figuren im Kult von Jerusalem, Berlin 1970; O.H. Steck: Friedensvorstellungen im Alten Jerusalem (ThSt 111), Neukirchen 1972.

[6] Vgl. die Beiträge von J.J. Petuchowski: Zur Geschichte der jüdischen Liturgie; sowie: ders.: Liturgiereform im Judentum heute, in: H.H. Henrix (Hg.): Jüdische Liturgie. Geschichte – Struktur – Wesen (QD 86), Freiburg u.a. 1979, 13–32; 111–121. Hier werden auch die innerjüdischen Unterschiede in dieser Frage deutlich. Denn zumindest das liberale Reformjudentum hat sich immer wieder direkt und indirekt bestimmten Einflüssen aus der Umwelt geöffnet.

für den Dialog mit den anderen Religionen und mit dem spekulativen Denken der Metaphysik, für die Anthropologie.

Das Besondere der christlichen Feste und Feiertage ist nicht darstellbar ohne Bezug auf Israels Feste, auf die hebräische Bibel und die prophetischen Verheißungen. Das ist evident im Blick auf die Ursprungssituation, im Blick auf das eine christliche Hauptfest Ostern, das christliche Passa. (Wir vergessen im Deutschen diesen elementaren Zusammenhang oft aus dem einfachen Grund, weil das Deutsche eine der wenigen europäischen Sprachen ist, in denen dieses Fest nicht Passa, Pasqua oder Pâques heißt, sondern eben Ostern[7]. Aber historisch und sachlich ist der Zusammenhang natürlich evident.)

Jesus verkündigte den Anbruch des Reiches Gottes. Am Ende suchte er die Entscheidung in Jerusalem am Passafest. Wallfahrt zum Passa, Anspruch Jesu, Gefangennahme, Prozess, Verurteilung und Kreuzigung sowie die Erscheinungen des Auferstandenen vor seinen Jüngern, das alles bildet einen engen zeitlichen Konnex. Dieses Beieinander ist eingegangen in die Deutung des Geschicks Jesu durch das Urchristentum, in die Christologie und später dann auch in die Liturgie der Karwoche. So ist der Bezug auf verschiedene alttestamentlich-jüdische Feste und Traditionen im Zentrum der christlichen Jahresfeiern verankert worden. Dabei sind traditionsgeschichtlich durchaus verschiedene Überlieferungskomplexe miteinander verbunden worden:

- die typologische Deutung des Todes Jesu als Passalamm („das für uns geschlachtet ist", 1. Kor 5,7), aber auch der Bezug auf den Asasel-Ritus des Großen Versöhnungstages („Siehe, das ist Gottes Lamm, das die Sünde der Welt wegträgt", Joh 1,29);
- die Interpretation des Todes Jesu durch die Sühnetheologie;
- die Deutung seines Leidens und Sterbens nach Jes 53 als stellvertretendes „Leiden des Gottesknechtes für die vielen";
- die Deutung des letzten Abendmahls Jesu am Gründonnerstag als Passamahl (im Zusammenhang der Passionsberichte der synoptischen Evangelien[8]) und damit der Bezug auf Auszug und Befreiung Israels aus Ägypten mit den Lesungen aus Ex 12 und 14;
- die ursprüngliche Gestaltung der christlichen Osterfeier als eine nächtliche Vigil in Anknüpfung an die jüdischen Passafeiern und in Erweiterung des zeitlichen Rahmens über Mitternacht hinaus bis zum Ostermorgen – usw.

Wichtiger als der Reichtum der Einzelbezüge ist die Übernahme der Grundstruk-

---

7 Vgl. H. Auf der Maur: Feiern im Rhythmus der Zeit I. Herrenfeste in Woche und Jahr (Gottesdienst der Kirche. Handbuch der Liturgiewissenschaft, Teil 5), Regensburg 1983, 64.
8 Ob das letzte Abendmahl Jesu, so wie es die Synoptiker darstellen, tatsächlich ein Passamahl war, ist in der neutestamentlichen Forschung umstritten. Vgl. Art. Abendmahl II in TRE 1 (1977), 47–58 (G. Delling) (Lit.).

tur der christlichen Osterfeier aus der Grundstruktur der jüdischen Feier. Ich meine damit die Struktur des Übergangs, des Transitus vom Tod zum Leben, von der Knechtschaft zur Befreiung, so wie es im Midrasch Pesahim 10,5 a heißt: „Er (JHWH) hat uns herausgeführt aus der Knechtschaft in die Freiheit, aus dem Kummer in die Freude, aus der Trauer in die Festlichkeit, aus der Finsternis in das große Licht, aus der Knechtschaft in die Erlösung."9 Dieser Übergang wird in der Feier vollzogen und erlebt, wenn die heilsgeschichtlichen Ereignisse gottesdienstlich vergegenwärtigt werden.

Die Bezugnahme im Zentrum des christlichen Hauptfestes implizierte einen Konflikt. Sie war in der Geschichte der Karwoche jahrhundertelang überwiegend ein polemischer Bezug. Der Prozess gegen Jesus, das Todesurteil durch das Synhedrium, seine Kreuzigung durch die römische Besatzungsmacht bilden den Kern des Dissenses zwischen Christen und Juden. Der Nachvollzug der Passion Jesu in der Liturgie der Karwoche vom Einzug in Jerusalem bis zum Ostermorgen ließ Bezugnahme und Auseinandersetzung jedes Jahr neu in das Bewusstsein der feiernden Gemeinde treten. Wir wissen, was das für Folgen gehabt hat. Das verlangt heute eine theologische Interpretation, die von dieser Nachgeschichte nicht absieht, eine christliche Passafeier ‚nach Auschwitz'. Die Umkehrung der Rollen von Täter und Opfer, welche nahezu 2000 Jahre das Verhältnis der Christen zu den Juden geprägt hat, bringt den leidenden und gekreuzigten Jesus an die Seite der unschuldigen Opfer von christlichem Antisemitismus und ideologischem Rassenwahn. Wir Christen beginnen erst langsam zu begreifen, was das heißt: für die Christologie, für ein neues Verständnis und eine neue Gestaltung der Karwoche. Die Kirchen stehen erst ganz am Anfang mit dem Versuch, das aufzuarbeiten und die Zusammengehörigkeit des einen Volkes Gottes, den ‚ungekündigten Bund' neu zu denken und von daher auch Gründonnerstag neu zu verstehen, das Abendmahl neu zu feiern, die synoptischen Passionsberichte neu – und auch kritisch – zu hören, die Bedeutung des Kreuzes und der Auferstehung Jesu neu zu denken, – ohne dass andererseits das spezifisch Christliche dabei versteckt wird oder ungesagt bleibt[10]. Die Versuche, zu einer neuen Interpretation zu kommen, sind umstritten. Aber eines ist sicher: Für die Zukunft wird noch elementarer gelten als für die Vergangenheit: Man kann den authentischen geschichtlichen Sinn der christlichen Feste und Feiertage nicht formulieren ohne Bezug auf die alttestamentlich-jüdische Verheißungsgeschichte.

---

9 Zit. nach Auf der Maur: a.a.O. (Anm. 7), 62.
10 Vgl. B. Klappert/H. Stark (Hg.): Umkehr und Erneuerung. Erläuterungen zum Synodalbeschluss der Rheinischen Landessynode 1980 „Zur Erneuerung des Verhältnisses von Christen und Juden", Neukirchen 1980. Ferner v.a. B. Klappert: Der Verlust und die Wiedergewinnung der israelitischen Kontur der Leidensgeschichte Jesu (das Kreuz, das Leiden, das Passamahl, der Prozess Jesu), in: H.H. Henrix/M. Stöhr (Hg.): Exodus und Kreuz im ökumenischen Dialog zwischen Juden und Christen (Aachener Beiträge zu Pastoral- und Bildungsfragen 8), Aachen 1978, 107–153.

Die Festgeschichte zeigt allerdings, dass dies nur die eine Seite ist. Zugleich wird deutlich, dass die Kirche bei der Entfaltung ihrer Feste den jüdischen Bezugsrahmen auch überschritten hat. Das lässt sich vor allem an Weihnachten studieren, dem zweiten großen Jahresfest der Christen.

Weihnachten hat ja keinen Anhalt am jüdischen Festkalender. Es bezieht sich nicht auf eines der Feste Israels, sondern ist eine christliche Neukonstruktion und bekanntlich eine relativ späte.

Erst im 4. Jahrhundert, nach der konstantinischen Wende, als das Christentum die Rolle der Reichsreligion für das Imperium Romanum zu übernehmen begann, wurde ein Geburtsfest Christi (Natalis Domini – Natale, Noel) am 25. Dezember gefeiert. Wie es zu dieser Datierung gekommen ist, lässt sich nicht mehr zweifelsfrei rekonstruieren. Es gibt dazu zwei Hypothesen[11]. Nach der sog. ‚Berechnungshypothese' sind dafür heilsgeschichtliche Datierungen maßgeblich. Indem man vom 25. März als dem angenommenen Datum für Empfängnis und Tod Christi vorausgerechnet hat, kam man nach neun Monaten auf den 25. Dezember als Geburtstag Jesu. Doch ist das Datum 25. März nicht nur selbst spekulativ, die ganze Datierung ist uneinheitlich und widersprüchlich bezeugt. Deshalb scheint die zweite, sog. ‚religionsgeschichtliche' Hypothese plausibler. Danach war die Wahl des 25. Dezember ein Akt bewusster missionarischer Anknüpfung und religionspolitischer Kontrastbildung: Der 25. Dezember war der dies natalis des Sol invictus. Die Kirche besetzte diesen Tag und erklärte damit: Christus ist die wahre, unbesiegbare Sonne der Gerechtigkeit!

Gleichwohl ist sachlich gesehen auch der Sinn des Weihnachtsfestes ohne Bezug auf das Alte Testament nicht zu formulieren. Lk. 2 als Weihnachtsevangelium ist nur verständlich als Erfüllung der prophetischen Verheißungen. Insofern gehören die ‚messianischen Weissagungen' Jes. 9 und 11, Mi. 5 und andere prophetische Texte unmittelbar zum Corpus der Lesungen des Weihnachtsfestes. Die messianische Perspektive der Verheißung des Messias bzw. der messianischen Heilszeit, des endzeitlichen Schalom, teilen Christen und Juden, auch wenn die Identifikation mit Jesus zwischen beiden umstritten ist. Das hat inhaltliche Konsequenzen. Denn Weihnachten erhält dadurch seine politisch-soziale Konkretion. Die messianische Perspektive gibt dem Fest den herrschaftskritischen Zug (vgl. das Magnifikat aus der lukanischen Vorgeschichte Lk. 1,45ff.) und den utopischen Horizont der Ankündigung des umfassenden Friedens, der mit der Geburt dieses Kindes anbricht. Nur der Realismus der hebräischen Bibel bewahrt die christliche

---

11   Vgl. die Zusammenfassung der Diskussion bei Auf der Maur: a.a.O. (Anm. 7), 166ff. (Lit.). Zum ganzen auch T. Klauser: Der Festkalender der Alten Kirche im Spannungsfeld jüdischer Traditionen, christlicher Glaubensvorstellungen und missionarischen Anpassungswillens, in: Frohnes/Gensichen/Kretschmar (Hg.): Kirchengeschichte als Missionsgeschichte, Bd. I, Die alte Kirche, München 1974, 377–88.

Weihnachtsbotschaft vor falscher Spiritualisierung, nur der alttestamentliche bzw. gesamtbiblische Bezugsrahmen macht das Weihnachtsfest widerstandsfähig gegen alle Verkleinerungen und Verkitschungen, denen es sonst wohl hilflos ausgesetzt wäre.

Und doch ist die messianische Perspektive nur die eine. Christliche Theologie und Liturgie ergänzen sie bald durch eine andere; man könnte sie die inkarnatorische Perspektive nennen. Es gehört zum Kern der christlichen Gotteserkenntnis der Glaube, dass Gottes Offenbarung in dem einen Menschen Jesus von Nazareth seine umfassende und abschließende Manifestation gefunden hat. Es ist Inhalt christlicher Überzeugung, dass sich Gott, der Schöpfer der Welt, in der Person Jesu, in seiner Verkündigung, seinem Weg, seinem Geschick als der eine Gott aller Menschen gezeigt hat. Christus ist Gottes eschatologische Initiative zur Befreiung und Rettung der Menschheit und zur Versöhnung der Welt. Seine letzte Verdichtung findet dieser Glaube im Bekenntnis: In Christus ist Gott Mensch geworden. Die christliche Theologie, die versucht, die Menschwerdung Gottes zu denken, wird spekulativ. Ihren ursprünglichen Sitz im Leben hat diese Theologie im Gottesdienst, im liturgischen Lobpreis. Die ersten Zeugnisse dafür finden wir im Neuen Testament in der Epiphanie-Theologie des hellenistischen Heidenchristentums, in hymnischen Texten wie 1.Tim. 3,16 und im Prolog des Johannesevangeliums, kulminierend in Joh. 1,14: Der ewige Logos wird Fleisch, wird Mensch im geschichtlichen Jesus. So viele Anknüpfungspunkte an die jüdische Weisheits- und Schechina-Theologie auch hier bestehen dürften, der Versuch, das Geheimnis der Inkarnation gedanklich zu durchdringen und gottesdienstlich zu entfalten, hat christliche Theologie und Liturgie dazu geführt, die heilsgeschichtliche Theologie des Judentums zu überschreiten. Man hat sich eingelassen auf die religiösen Vorstellungen und Hoffnungen der Umwelt und hat begonnen die Menschwerdung Gottes in Christus zunehmend mit den begrifflichen Mitteln der Philosophie, der philosophischen Theologie zu explizieren[12]. Daraus entwickelte sich die Theologie der Kirchenväter, und davon lebt ein Großteil der Liturgie der Alten Kirche. Beide Denkrichtungen haben sich dann verschränkt, doch zunächst ist es nötig, das Eigengewicht dieser anderen Wahrnehmung in der inkarnatorischen Perspektive zu sehen.

Sie hat eine eigene Sprache und entfaltet einen eigenen Reichtum an inhaltlichen Bedeutungen für die Feier des Weihnachtsfestes.

Gott wird Mensch, d.h. mit allen Konsequenzen geht er ein in die menschliche Geschichte, nimmt er in dem einen Menschen die ganze Menschheit an. Alle Fremdheit, aller Abstand ist damit getilgt, alles Elend, jede Schuld aufgehoben.

---

[12] Vgl. W. Pannenberg: Die Aufnahme des philosophischen Gottesbegriffs als dogmatisches Problem der frühchristlichen Theologie, in: Ders.: Grundfragen systematischer Theologie, Ges. Aufs., Göttingen 1967, 296–346.

Und indem Gott Mensch wird, geht er ein in Niedrigkeit und Armut, in Leiden und Tod – zu unserem Heil. Die Inkarnationstheologie vermag die Dynamik der Selbsterniedrigung Gottes in der Annahme des Menschlichen eindrucksvoll zur Sprache zu bringen[13]. Das bedeutet für den Sinn der Feiertage: Wir können das Leben annehmen, weil Gott es angenommen hat. Wir können dem Leben zustimmen – oder wie Josef Pieper gesagt hat, der Welt zustimmen[14] – weil Gott in Christus Ja gesagt hat zum Leben.

Über das Geheimnis der Menschwerdung staunen die Weihnachtslieder. Das preisen die Hymnen und Gebete. Um das Kind in der Krippe anzubeten und zu verehren, wird der ganze Reichtum der Poesie, der Malerei, der Musik aufgeboten.

Man kann die Theologie der Inkarnation triumphalistisch missverstehen. Und die religionspolitische Absicht der Überbietung des dies natalis des sol invictus durch die Geburt des Christus victor in der neuen römischen Reichsreligion legt eine herrschaftliche Interpretation nahe. Um die Menschwerdung vor einem triumphalistischen, herrschaftlichen Missverständnis zu schützen, hat insbesondere die mystische Frömmigkeit (im weitesten Sinn) die Paradoxalität der Offenbarung betont: „Den aller Welt Kreis nie beschloss, / der liegt in Marien Schoß; / er ist ein Kindlein worden klein, / der alle Ding erhält allein. Kyrieleis", dichtet Luther[15]. Und Nikolaus Herman fasst das Bild vom „seligen Tausch" und „fröhlichen Wechsel" in die Worte: „Er wird ein Knecht und ich ein Herr; / das mag ein Wechsel sein ..."[16]. Die reformatorischen Weihnachtslieder nehmen altkirchliche und mittelalterliche Frömmigkeit auf und führen sie weiter.

Die inkarnatorische und die messianische Perspektive schließen sich nicht aus. Sie ergänzen sich und verschmelzen in mancher Hinsicht, auch wenn es nötig ist, die unterschiedlichen Ansätze und ihre je eigene Logik zunächst für sich herauszuarbeiten.

Noch einmal: Die großen Feste der Christenheit sind schöpferische Synthesen. Sie enthalten einen großen Reichtum der Bedeutungen, was Spannungen und logische Widersprüche durchaus einschließt. Immer wieder geht der Glaube, der die Feste feiert und Gott preist, neue Verbindungen ein, gewinnt er eine neue Seite der Deutung hinzu. Die stete Beziehung auf die biblische Substanz und die alttestamentlich-jüdische Basis ist der Weg, um die Feiertage vor dem Aufgehen in

---

[13] Vgl. Pannenberg: Grundzüge der Christologie, Gütersloh 1964, 150ff., 317ff. P. Lapide hat die jüdischen Ansätze zu einer Lehre von Gottes Selbsterniedrigung, wie sie G. Scholem in seinen Studien zur Kabbala (Die jüdische Mystik in ihren Hauptströmungen, Frankfurt 1967) erforscht hat, für die Deutung der Passion herangezogen: Das Leiden und Sterben Jesu von Nazareth. Versuch einer jüdischen Sinngebung, in: Henrix/Stöhr (Hg.): Exodus und Kreuz, a.a.O. (Anm. 10), 94–106.
[14] Vgl. J. Pieper: Zustimmung zur Welt. Eine Theorie des Festes, München 1963. Zur Bedeutung dieses Ansatzes, aber auch zur notwendigen Kritik vgl. G.M. Martin: Fest und Alltag (Urban-TB 604), Stuttgart u.a. 1978, 12ff.
[15] EG 23,3.
[16] EG 27,5.

einem allgemeinen religiösen Synkretismus zu bewahren. Denn es besteht die Gefahr, dass der Glaube sonst geschichtslos und das Fest gesichtslos wird, dass sie von den Wünschen und Feierbedürfnissen der Zeitgenossen überfremdet werden. Gleichwohl waren und sind die produktiven Zeiten des Christentums immer auch Zeiten, in denen es die Kraft hatte, sich neu zu öffnen, neue Synthesen zu wagen und den Glauben in einem neuen Deutungshorizont neu zu explizieren.

Ich denke, das ist auch heute eine Herausforderung. Wir erleben gegenwärtig, wie sich Schritt für Schritt die Grenzen der Konfessionskirchen zu einer ökumenischen Feierpraxis öffnen. Wir Protestanten haben dabei viel gelernt (wir haben z.B. Ostern neu entdeckt), und wir werden noch viel dazu lernen. Die christliche Festpraxis insgesamt öffnet sich wieder ihren alttestamentlich-jüdischen Ursprüngen. So gewinnt sie biblische Konkretion und geschichtlich-welthafte Dynamik. Nun kommt aber in der heutigen Situation noch eins hinzu: Die christliche Feierpraxis wird sich in zunehmendem Maße auch öffnen für den Dialog mit den anderen Weltreligionen. Ohne dass man in einen falschen Synkretismus verfällt, aber auch ohne falsche Berührungsängste werden sich daraus neue Feiererfahrungen ergeben. Und es gibt Anzeichen dafür, dass in diesem Zusammenhang auch Nichtchristen und säkulare Humanisten die Möglichkeit erhalten, ihre eigenen Hoffnungen im Medium der religiösen Feste, an denen sie kulturell, wenn auch ohne Glauben partizipieren, zu artikulieren[17], ohne dass die Religionsgemeinschaften Anlass haben müssten, sich dagegen zu wehren.

2 Die gesellschaftliche Herausforderung der Feste und die Spannung zwischen Öffentlichkeit und Kommerzialisierung

Die wirklich großen volkstümlichen Feste sind nie nur reine Produkte der Religion (oder gar der Theologie). Sie sind immer auch Ausdruck gesellschaftlicher Bedürfnisse und Interessen, öffentlicher Ausdruck der Werte und Hoffnungen, die in einer Gesellschaft gelten. Der religiöse Festzyklus enthält auch einen anthropologischen Themenkreis. Deshalb stehen die großen religiösen Feste heute in den westlichen Industriestaaten im Spannungsfeld zwischen öffentlicher Thematisierung von anthropologischen Grundfragen und kommerzieller Nutzung und Ausbeutung des Festsinns.

Ich betone: So ist es mit den großen, wirklich volkstümlichen Festen. Dort mischt sich etwas. Dort verbinden sich religiöse und gesellschaftliche Themen und Interessen, und diese Mischung macht die Sache spannend. Reine Kirchen-

---

17 Vgl. G. Szczesny: Warum ich als Nichtchrist Weihnachten feiere, in H. Nitschke (Hg.): Was fällt ihnen zu Weihnachten ein, Gütersloh 1974, 64ff.

feste sind nämlich nicht nur gesellschaftlich meist ohne Belang, sie verlieren damit zugleich auch religiös, innerkirchlich an Relevanz. So bedauerlich das ist: Ohne die Basis eines staatlichen Feiertagsschutzes haben zumindest für die Protestanten wichtige, im liturgischen Festkalender verankerte kirchliche Feiertage wie das Reformationsfest oder Epiphanias spürbar an Bedeutung verloren (meist werden, wenn sie terminlich auf einen Werktag fallen, nicht einmal eigene Gottesdienste angeboten; allenfalls wird am darauf folgenden Sonntag ‚nachgefeiert'). Aber auch bei den ‚geschützten' Festen ist der Abstand in der Beliebtheit deutlich erkennbar – etwa zwischen Pfingsten und Himmelfahrt gegenüber Ostern einerseits und Ostern gegenüber Weihnachten andererseits. Rein dogmatisch-liturgisch lässt sich das nicht erklären[18].

Deshalb plädiere ich dafür, die gesellschaftliche Verankerung der religiösen Feste theologisch neu zu gewichten und die öffentliche Bedeutung der religiösen Feste und Feiertage ernst zu nehmen – im Interesse der Religion und im Interesse der Gesellschaft. Denn diese Feste und (jüdisch präzisiert) die ernsten Gedenk- und Feiertage sorgen dafür, dass bestimmte Themen einen Ort im öffentlichen Bewusstsein der Gesellschaft behalten.

Sie verteidigen diesen Platz gegen das Vergessen und gegen die Verdrängung. Einige Beispiele mögen das verdeutlichen.

Weihnachten als das Fest der Liebe und das Fest des Friedens im umfassenden Sinn hält fest, dass Liebe und Frieden zusammengehören – das Familiäre und das Politische, die Zartheit der zwischenmenschlichen Beziehungen und die Universalität des auf Gerechtigkeit gegründeten Friedens der messianischen Heilszeit.

So sorgt der Karfreitag dafür, dass Leiden und Qual einen öffentlichen Ausdruck behalten. Für mich ist in diesem Zusammenhang John Neumeiers getanzte Matthäuspassion in der Hamburger Michaeliskirche ein unvergesslicher Eindruck. Bachs Musik, der biblische Text und dazu die getanzte Darstellung der Leidensgeschichte Jesu: das verbindet sich zu Bildern, die ich nicht vergesse. Etwa in der Szene, in der Jesus von den Soldaten gegeißelt und verspottet wird: ein wehrloser Gefangener in einer modernen Folterkammer, Zug um Zug seiner Menschenwürde beraubt, gedemütigt, misshandelt, der Brutalität der Geheimpolizei ausgeliefert. In dieser Konfrontation gewinnen die Choräle und Arien, der lakonische Text der Passionsgeschichte eine ganz neue Kraft und Aktualität.

---

18 Vgl. die Beobachtungen zur Rangfolge im Festkalender in meiner Skizze: Gottesdienst als Integration, in diesem Band, 225–245. Auf charakteristische Weise überspielt auch Hansjörg Auf der Maur die Differenz zwischen der dogmatisch-liturgischen Bewertung von Ostern und Weihnachten und der faktischen Bedeutung für die westlichen Kirchen, wenn er in seiner Monographie über die Herrenfeste (s. Anm. 7) der jährlichen Osterfeier ein eigenes Kapitel und fast 100 Seiten widmet (56–153), während Weihnachten und (noch einmal davon getrennt) Advent nur als Unterabschnitte des Kapitels „Weitere Herrenfeste" auftauchen und sich mit 12 bzw. 6½ Seiten begnügen müssen (165–176. 179–85).

Oder Ostern, die Feier der Auferstehung. Ich denke, das bedeutet für die Gesellschaft die Artikulation der Hoffnung, dass unsere Welt nicht der Selbstzerstörung anheimfallen soll, sondern von Gott zum Leben bestimmt ist. Ostern ist das öffentliche Bekenntnis, dass das Leben nicht im Zeichen und im Banne des Todes steht, sondern im Horizont der Auferstehung. Das ermutigt den Kampf gegen die Todesmächte.

So könnte man weitergehen und z.B. auch das Erntedankfest in seiner gesellschaftlichen Relevanz bewusst machen: Der Dank für die Schöpfungsgaben schließt die Übernahme der Verantwortung für die Umwelt ein. Gerade die von den jüdischen Festen viel unbefangener bewahrten Bezüge des religiösen auf den natürlichen Kalender könnten uns helfen, den Zusammenhang von Schöpfung und Bund, Natur und Heilsgeschichte neu sichtbar zu machen – und öffentlich zu feiern[19]. Schließlich wäre auch an die Bedeutung der sog. stillen Woche am Ende des Kirchenjahres zu denken. Volkstrauertag, Buß- und Bettag, Totensonntag – dieser Zusammenhang ist vermutlich charakteristisch protestantisch geprägt. Er macht auf seine Weise deutlich, dass Tod und Sterben, kollektive und private Trauer, der Aufruf zur Umkehr und das Engagement für den Frieden öffentliche Dimensionen gelebten Glaubens sind, die nicht nur innerkirchlich, sondern allgemein bedacht werden sollten. Da, wo kirchliche Friedenswochen im gleichen Zeitraum stattfinden, wird das Bewusstsein für den Zusammenhang geschärft – wenn es gelingt, über dem Streit um den Frieden die gemeinsame Betroffenheit durch Sterben und Trauer und den Glauben an Gott, den Herrn über Leben und Tod, nicht zu verlieren.

Die Kirche hat eine Mitverantwortung für den Kalender der Gesellschaft, in der sie lebt. Sie würde ihre eigene Botschaft verraten, wenn sie sich aus der Öffentlichkeit zurückzöge. Und auch die Gesellschaft braucht dieses kritische Gegenüber, damit sie mehr ist als der bloße Kreislauf von Arbeit und Konsum.

Hier beginnen dann die Auseinandersetzungen. Denn die Feste stehen im Spannungsfeld zwischen Öffentlichkeit und Kommerzialisierung. Die großen Feste sind für Werbung und Industrie interessant, die für deren Attraktivität eine ziemlich untrügliche Witterung haben. Sie brauchen die Feste, und sie beuten sie aus. Sie kurbeln das Interesse an, und sie zerstören ihre Basis. Sie nutzen die Festzyklen, und sie versuchen, sie zugleich, soweit es irgend geht, zeitlich auszudehnen; und wo harte Termingrenzen dies verhindern, versuchen sie durch die Intensivierung der Kaufanreize eine forcierte Mobilisierung der Konsumenten. Dadurch, dass jederzeit alles verfügbar ist, was man haben und genießen kann, arbeiten sie an der tendenziellen Abschaffung der Spannung zwischen Fasten und Feiern.

---

[19] Das hat mit Recht Klemens Richter in seinem Aachener Vortrag „Das Kirchenjahr in Nähe und Differenz zum jüdischen Kalender" auf der gleichen Tagung am 20.1.1985 betont.

Alles das betrifft nicht nur die materielle Basis der Feste, sondern auch ihre Inhalte. Die Kommerzialisierung der Feste verlangt die Eliminierung der gefährlichen Inhalte. Die messianische Utopie wird entpolitisiert und unschädlich gemacht, die mystische Innerlichkeit verniedlicht und verkitscht. Die Feste sind deshalb immer auch Kampfplätze. Man kann der damit gegebenen Spannung nicht entgehen, man muss sich ihr stellen. Und man soll sich über die Kräfteverhältnisse nicht täuschen. Auf der anderen Seite empfiehlt sich auch ein bisschen Selbstbewusstsein. Dazu gehört, dass man kommerzielle Interessen, Werbung, Massenmedien und Bewusstseinsindustrie nicht dämonisiert, sie nicht zu Ungeheuern aufbläht, denen man dann Allmachtskräfte zuschreibt.

Die Leute sind nicht nur dumm und verführbar. Sie merken neben dem Glanz auch die Öde, die falschen Versprechungen der Werbung, die Kälte der Beziehungslosigkeit, die Leere des bloßen Konsums. Allerdings, die Macht der Medien über den Kalender und das Bewusstsein wird wachsen, ihre Macht, Zeit zu strukturieren, den Tagesrhythmus, den Rhythmus der Woche und des Wochenendes, des Jahres, aber auch die Macht über die Bilderwelten. Hier fallen derzeit wichtige politische Entscheidungen. Und die Widersprüche zwischen den hehren Beschwörungen christdemokratischer Familienpolitik und den harten Fakten christlich-liberaler Medienpolitik sind schon einigermaßen gespenstisch. Ich sehe hier viele Gefahren, auch für die Feste. Wird sich etwa Neil Postmans Vision vom „Verschwinden der Kindheit" in der Fernsehgesellschaft[20] auch auf das ‚Verschwinden der Feste' auswirken, zumindest auf das Verschwinden der Fähigkeit der Einzelnen und der Familien, die religiösen Feste selbst aktiv zu feiern und mitzugestalten? Noch gibt es ein Reservoir an Widerstand. Es liegt einmal in den Festgehalten der religiösen Traditionen selbst, und es liegt zum andern in der starken biographischen Verankerung der Feste.

3 Die biographische Verankerung der Feste und das Leben in der Spannung von Aufbruch und Beheimatung

Die großen Feste reichen tief bis in die Untergründe der Biographie. Sie wurzeln in der Kindheit – als Erlebnis oder als Sehnsucht. Das ist mir bei den Erzählrunden mit den Studierenden noch einmal deutlich geworden. Da sind die Erinnerungen an den Glanz und den Zauber der Feste. Natürlich sind solche Erinnerungen geprägt durch die besonderen Familienverhältnisse, durch Wohnung, Haus, Nachbarschaft, Gemeinde, Wohnort, später dann auch durch Fahrten und Reisen. So

---

20 Vgl. N. Postman: Das Verschwinden der Kindheit, Frankfurt 1983; zu den homiletischen Konsequenzen vgl. H. Albrecht: Arbeiter und Symbol. Soziale Homiletik im Zeitalter des Fernsehens, München 1982.

haben die Feste als Erlebnisse herausgehobener, verdichteter Wirklichkeit ihre Spuren im Unbewussten hinterlassen. Sie sind gesättigt mit inneren Bildern, mit Farben und Klängen. Sie haben einen eigenen Geschmack und Geruch. Feste schmecken nach Heimat. Sie signalisieren Heimat, Beheimatung in einer Kultur, in einer Landschaft, in einer Familie, in einer religiösen Tradition. Und sie stiften, stärken und erneuern die Zugehörigkeit zu dieser religiösen Tradition.

Deshalb ist die biographische Zeitstruktur des Festerlebnisses zugleich eine zyklische und eine geschichtliche, Wiederholung und Weg. Alle Jahre wieder – wird gefeiert. Und zugleich wachsen wir, werden älter, ermessen an der Abfolge der Feste unser Alter, ermessen die Brüche, die Abschiede, die Veränderungen.

An den großen Festen, die für uns etwas bedeuten, die uns geprägt haben, erfahren wir die Spannung des Lebens als Spannung zwischen Aufbruch und Beheimatung.

Ich will eigentlich gar nicht erwachsen werden. Ich möchte wieder klein sein, mich noch einmal so freuen können wie damals, noch einmal so gespannt sein. Und wenn wir erwachsen geworden sind, wiederholt sich das auf einer neuen Ebene: Ich möchte noch einmal mit den Kindern feiern und das Fest für sie gestalten. Noch einmal den dritten Hirten spielen. Noch einmal die Osternacht in Taizé erleben ... Aber der Bruch ist unvermeidlich und die Trauer und die Umstellung unter Schmerzen. Dazu kommt die Lust am Aufbruch, das Ausbrechen und Weggehen, die Erwartung des Neuen. Alles das gehört dazu.

Ich denke: Entscheidend ist, ob die religiösen Feste uns auf unserem Lebensweg begleiten können. Die großen Feste – ich rede von den christlichen Festen, weil ich nur die aus eigener biographischer Erfahrung kenne – tun das. Sie enthalten Heimat und Aufbruch, den Überstieg über die gewohnte Welt, den Auszug aus der Knechtschaft in die Freiheit; Nacht und Morgen, Dunkelheit und Licht. Sie schenken uns die Innigkeit der Begegnung mit dem Kind in der Krippe und die Konfrontation mit dem Fremden, dem Auferstandenen, der uns mit dem Friedensgruß begrüßt und in die unbekannte Weite sendet. Die Feste sind konkret und großräumig – unausschöpfbar, uns voraus.

Das freilich muss irgendwann persönlich erlebt sein, sonst bleibt es Behauptung und leere Beschwörung. Deswegen ist die Gestaltung und die überzeugende Feier der großen Feste für die Lebendigkeit einer Glaubensgemeinschaft so wichtig. Nur wenn einer in der Kindheit oder als Jugendlicher oder später prägende Feiererfahrungen gemacht hat und von daher tiefe Bilder und Erlebnisse in sich trägt, kann auch eine Phase der Distanz, der Entfremdung, des Sich-Abstoßens produktiv sein. Das ist meine Hoffnung für unsere eigenen Kinder, die im Augenblick als Vierzehn- und Sechzehnjährige mit all dem nur wenig anfangen können, die Kirche und Gottesdienst und Feste eher langweilig und ätzend finden. Ich versuche mir zu sagen, dass der Bruch wohl nötig ist und ein Teil des Aufbruchs und der

Ablösung. Und ich hoffe, dass sie zurückfinden. Denn auch die Suche nach Beheimatung wird nicht aufhören. Und irgendwann wird jeder auf diesem Weg wieder auf die Feste treffen. Und vielleicht ziehen sie uns wieder in ihren Bann. Vielleicht erwächst daraus so etwas wie Zustimmung zum Glauben und Vertrauen zum Leben.

4 Pastorale und festpädagogische Aufgaben und die Spannung von Stellvertretung und Beteiligung

Wenn das alles einigermaßen schlüssig ist, dann hat es Konsequenzen für das kirchliche Handeln. Dann ergeben sich daraus vorrangig zwei Aufgaben, die gleichzeitig zu bewältigen sind[21]:

Die Kirche (die Religion) muss ihre Feste feiern – unbeirrt und unverzagt, gleichsam stellvertretend für die Menschen, die dies selbst kaum noch können. Sie muss das öffentlich darstellen, deuten, inszenieren und feiern, was sie glaubt. Das ist ein Stück repräsentatives Handeln, repräsentativ nicht im Sinne von Pracht und Prunk, sondern von Bürgschaft und Stellvertretung.

Sie muss gleichzeitig alles tun, um die Menschen an der Feier der Feste zu beteiligen. Ihr Festhandeln muss partizipatorisches Handeln sein. Dazu gehört ein Feierstil, der viele einbezieht und aktiv beteiligt und die Fähigkeit der Leute stärkt, selber zu feiern.

Das ist ein volksliturgisches Konzept für eine Kirche als Volkskirche, als Gemeinschaft des Volkes Gottes. Es richtet sich kritisch gegen die Perfektionierung der Amtskirche in ihren verschiedenen konfessionellen Varianten als Priester- oder Pastorenkirche und gegen die Fernsehkirche unserer Medienzukunft. Dabei sollte man zugeben: Diese beiden Modelle, Amtskirche und Medienkirche, haben eine nicht unbeträchtliche Attraktivität. Beide steigern den Feierglanz durch Perfektion und Professionalität. Vor allem die Feierkirche der Massenmedien, wie sie sich bei uns entwickeln dürfte, wird sich vermutlich (gegenüber anderen, z.B. den nordamerikanischen Vorbildern) auszeichnen durch Stil und Geschmack. Sie wird aller Wahrscheinlichkeit nach durchaus exquisite und kostbare Produktionen anbieten, mit allem Aufwand von Kunst und Kultur, den die Medien sich leisten können. Aber beide verdammen die Gemeinde zur Passivität, das Volk zu bloßen Empfängern und Konsumenten.

Wenn es darum geht, die Partizipation und Feierkompetenz der Laien zu stärken, dann schaue ich mit Bewunderung (und Neid) auf die jüdische Festpraxis.

---

21 Vgl. im Einzelnen P. Cornehl: Christen feiern Feste, a.a.O. (Anm. 1), 226ff. und G. Ruddat: in: TRE XI (1983), 141ff.

Sie hat ihre Verankerung in den Familien. Sie legt – an vielen Festen und Feiertagen – die Verantwortung in die Hände der Hausväter (wie ist es mit den Müttern?). Sie beteiligt die Familie, sie sieht die Begegnung mehrerer Familien vor, sie hat aktive Rollen für Kinder und Gäste. Das ist ein ungeheurer Vorzug und Vorsprung. Davon können wir Christen viel lernen. Daraus ergeben sich dann weitere Aufgaben und Perspektiven.

Das wären meine Überlegungen zum Sinn der Feste und Feiertage. Es ist ein Plädoyer für das Gemischte (nicht für den Mischmasch!), ein erster Versuch, die religiösen, gesellschaftlichen und biographischen Aspekte zusammenzusehen und daraus pastorale und pädagogische Aufgaben abzuleiten. Ich weiß nicht, ob die Studierenden im Seminar damit zufrieden sein werden. Vielleicht ist es für uns eine Anregung zur Diskussion.

John Neumeier tanzt Bachs Matthäuspassion

„Aus Liebe will mein Heiland sterben" – zur Grammatik der Passion

1 Die „Skizzen" (1980)

22.11.1980
Interessant, wie Günter Jena in seinem Essay im Programmheft der „Skizzen zur Matthäuspassion" den Eindruck bestätigt, den ich gestern Abend spontan hatte. Jena gruppiert die ausgewählten Szenen der „Skizzen" um drei Zentren. Erstes Zentrum: der Verrat des Petrus, Versagen und Schuld als das menschlich und theologisch ergreifende Thema. „Nicht das Offensichtliche, den eigenen Vorteil suchende Böse: der Verrat des Judas, nicht das Zulassen des Bösen: die staatspolitisch möglicherweise einsichtige Entscheidung des Pilatus – sondern das alltägliche, durch menschliche Schwäche, durch Entfremdung vom eigenen Willen entstehende Böse: das Versprechen und Scheitern des Petrus – nimmt Bach zum Anlass, um an der wichtigsten Stelle des ersten Passionsteiles von der Ursache, der Notwendigkeit der ganzen Passion zu sprechen: Von menschlicher Schuld."

Genau das habe ich auch erlebt. Der ganze Eingang hat mich unberührt gelassen, auch die Gethsemane-Szene. Aber der Petrus hat mich getroffen, und zwar gerade durch den Verzicht aufs Ausspielen der tänzerischen Mittel (vielleicht musste erst einiges vom Reichtum dieser Mittel vorgeführt worden sein, bevor das möglich wurde). Die plötzliche Einsamkeit, das Erschrecken vor der Banalität der Verleugnung. Das Erkennen war deutlich so blitzartig, so tief und ungeschützt, dass es wirklich zu erschüttern vermochte. Hier illustrierte im Übrigen der Tanz nicht einfach Text und Musik, es gab keine Verdoppelung der Gesten, sondern Neumeier fand einen anderen, der Tiefe des musikalischen Inhalts selbständig antwortenden Ausdruck. Freie Antwort dessen, der verstanden hat.

Günter Jena: „Wir alle legen immer wieder das Versprechen des Petrus ab. Oft ebenso hochtönend, hoffend wie er: Am Beginn einer Freundschaft, verheißungsvollen Anfang einer erblühenden Liebe. Öfter noch still, ohne Worte oder Taten, einfach durch unser Dasein: Unseren Kindern, Kranken, Untergebenen gegenüber – Menschen, die uns anvertraut sind, die an uns glauben, die auf uns hoffen – und die wir enttäuschen. So gewaltig der Abfall durch sieben Quinten abwärts ist, der die beiden sonst notengleichen Lieder trennt, so groß ist der Schritt zwi-

schen unserem Wollen und Vollbringen. Und so gering der damit überwundene Abstand von nur einem Halbton abwärts ist, so klein ist der verhängnisvolle Schritt zur Schuld. Wie Bach die Tonarten-Modulation nicht etwa durch eine dramatische Rückung, sondern eher unscheinbar einführt, so nebensächlich, oft gar nicht wahrnehmbar, beginnt unsere Schuld."

In der Arie Nr. 47 gewinnt Petrus (Francois Klaus) seine Sprache wieder. Erst als er für sich ist und die Menge, die ihn entdeckt hat, weg ist, erst da, in der Einsamkeit löst sich die Starre der Schulderkenntnis auf, gewinnt die Affektspannung Ausdruck.

Die nächste Station Nr. 48 zeigte dann auch in der tänzerischen Darstellung die gleiche Dichte: „Bin ich gleich von Dir gewichen / stell' ich mich doch wieder ein ..." Eine Gruppenszene, in der die Dialektik von Flucht, Weggehen, Zurückkommen, Zurückfinden anschaulich wird.

Nach meinem Eindruck ist diese Realisation der Passion dadurch ‚modern', dass sie das religiöse Thema, Leiden, Schuld und Vergebung, am Leitfaden personaler Beziehungen erschließt. Die zwischenmenschlichen Beziehungen und Erfahrungen von Versprechen und Scheitern, der Schmerz der Entfremdung und die Zärtlichkeit der Wiederannahme, mit allen schönen und genauen Nuancen: sie sind der Schlüssel für die Interpretation der Passion. Mit der getanzten Grammatik von Liebe und Trennung, Entzweiung und Versöhnung öffnet John Neumeier einen Zugang zur religiösen Bedeutungsschicht dieses Geschehens. Er macht damit in moderner Form etwas Entsprechendes, wie Bach und seine Texter es in den kommentierenden Teilen seiner/ihrer Antwort getan haben. Er antwortet mit der Subjektivität auf das Geheimnis des Geschehens. Damals ist es die Antwort einer frommen Orthodoxie. Die Stellvertretungschristologie wird ganz in den Affekt übersetzt und musikalisch hochexpressiv formuliert. Darin liegt Bachs Kühnheit. Neumeier und Jena entnehmen dieser Sprache der Frömmigkeit noch einmal eine Essenz: die Verdichtung in der personalen Dynamik. Das ist überzeugend und echt. Und es spricht mehr für Jenas existentiale Interpretation als für Neumeiers katholische Wünsche nach Kulterneuerung. Den ‚Schlüssel', den John Neumeier sucht, findet er nicht im religiösen, mythischen Bereich, nicht im Kultus. Die „verschollene Sprache" bleibt verschollen. Aber was er findet und anrührend umsetzt, ist die Sprache der Liebe.

Dafür erfindet er eine staunenswerte Vielfalt an Gebärden. Christus ist (abgesehen von wenigen Szenen) nie allein, immer umgeben von den beiden Figuren, an denen und mit denen er agiert. Dann die Antwort auf die Pilatusfrage: „Was hat er denn Übles getan?" In den beiden ergreifenden Stücken Nr. 57 und 58: „Er hat uns allen wohlgetan ..." und „Aus Liebe will mein Heiland sterben ...": wunderbare Gesten der Zuwendung, der Zärtlichkeit zwischen Lynne Charles und Kevin Haigen. Getanzte Stellvertretung. Schließlich der Chor: „Wenn ich einmal soll scheiden". Hier steht allerdings am Ende nur die Solidarität in der Angst. Die in der Gruppe jeweils sich gegenüberstehenden Paare zittern und zagen zusammen. Das „so reiß mich aus den Ängsten kraft Deiner Angst und Pein" ist nicht formulierbar.

Was bleibt von den Dimensionen der Passion, die diese Ebene interpersonaler Erfahrung übersteigen? Das Böse in den kollektiven, politischen Szenen bleibt blass. Da zuckt einiges hin und her, aber es macht einem keine Angst. Diese Thematik wird nicht erschlossen.

Dagegen gelingt N. an anderer Stelle eine starke Aktualisierung. Das Passionsgeschehen verdichtet sich in ikonographischen Konstellationen, in denen die Tradition der Leidensstationen eine einfache und überzeugende Gestalt erhält. Requisiten dafür sind die Bänke. Mit ihnen erfindet er archetypische Symbole, die sich einprägen. Die Gefangennahme: Jesus im Block der drei Balken. Die Aufstellung während der Prozess-Szenen: Jesus, gefesselt, stehend zwischen den aufgerichteten Pfählen. Der Galgen für Judas. Das Volk hinter den Absperrungen, das sich am Pogrom-Spektakel ergötzt. Und schließlich das Kreuz. Hier bricht etwas ein von den mythischen Elementen, die im Christlichen eben an den geschichtlichen Zeichen der historisch kontingenten Passion Jesu haften. Eindrucksvoll auch das Erdbeben. Der Riss im Vorhang des Tempels. Das Heraustreten der Toten aus dem Grab. ... Aber das blieben Andeutungen.

Ist das Personale gleichnisfähig? Ja, aber gelingt es darin, die transzendierende Tiefe von Schuld und Versöhnung deutlich zu machen? Ich hatte an dieser Stelle eigentlich keine grundsätzlichen Einwände. Ich habe die Transparenz als glaubwürdig empfunden, weil das Gegenüber der Tradition und ihrer festen, unauflösbaren Figurenhärte erhalten blieb. Und weil die Musik da war, die ohnehin größer und um Dimensionen tiefer ist. Vor diesem Gegenüber Interpretationsversuche zu machen, die unsere modernen Mittel entschlossen einsetzen – und zugleich den Abstand im Bewusstsein erhalten, das ist genug. Und wer kann denn mehr?

2 Die Langfassung im Michel 1982

Mich haben die Bilderfindungen der Langfassung fasziniert und sich mir ganz stark eingeprägt. Die Erweiterung zur ganzen Passion setzt andere Akzente. Was mir bei den „Skizzen" fehlte, ist jetzt da: das Politische und eine weitere Vertiefung des Religiösen. Dadurch wird die interpersonale Gebärdensprache stärker eingebunden. Das Ganze ist härter, hat mehr Realitätsbezug und ist in der theologischen Aussage überzeugender.

Im Übrigen ist die Fülle der Bilder und Bedeutungen beim ersten Sehen nicht vollständig zu erfassen. Es ist mir vieles entgangen oder wieder entfallen. In Erinnerung bleiben fünf szenische Verdichtungen, die über die „Skizzen" hinausgehen.

Die Salbung

Die Szene, in der die Hohenpriester beschließen, Jesus zu töten, wird nicht ausgespielt. Hier löst sich schon eine weibliche Gestalt, die hinter ihn tritt, ihn unendlich liebevoll mit ihren Händen umfängt, ihm mit ihrer Gabe dient und ihn am Ende in ihren Armen hält. Eine Pietà. Vorwegnahme der letzten Zärtlichkeit gegenüber dem Toten. Diese Gestalt ist Mutter, Frau, Liebende in einem. So antwortet sie – weiblich – auf den Beschluss der Männer, den Unbequemen zu beseitigen.

Das Abendmahl

Die Jünger bilden einen Kreis. Jesus gibt sich hinein: „Nehmet hin und esset; das ist mein Leib." Statt Brot und gemeinsamem Mahl eine symbolische Verdichtung. Jesus ist selbst die Gabe. Er gibt sich in ihre Hände, lässt sich fallen, wird von ihnen gehalten. Sein Körper verschwindet im Kreis ihrer Körper. Sie werden „ein Leib". Beim Kelchwort taucht er wieder auf, wird hoch gehoben (dann verlässt mich mein Gedächtnis. Irgendwie gab es noch eine zweite Symbolisierung des „für euch vergossen" ...)

Gethsemane

„Ich will bei meinem Jesus wachen ..." (Nr. 26). Haigen, Kirk und Klaus tanzen die Arie mit ihren kecken, selbstbewussten Rhythmen mutig und herausfordernd. Sie feiern ihre Stärke, bis sie schließlich vom eigenen Bekenntnisschwung ermüdet, einer nach dem andern umsinken und einschlafen. Im Kontrast zum Text. Nicht: „so schlafen unsere Sünden ein!", sondern: so schlafen wir selbst ein, wenn's ernst wird!

Die Gefangennahme

Eine schöne, sehr zarte Begegnung zwischen Jesus und Judas. Der Kuss ist nicht nur ein äußerliches Erkennungszeichen, er offenbart den Schmerz und die Verbundenheit durch den Verrat hindurch. Jesus tröstet Judas, nimmt ihn in den Arm – so wie er später auch Pilatus annimmt. Dadurch wird auch Nr. 33 („Sind Blitze, sind Donner ...") etwas verändert. Ich hatte den Eindruck, als ob Neu-

meier die aggressiven Affektentladungen in der Chorpartie gegen den teuflischen Verräter bewusst einbinden will. Die Musik zuckt, die Körper zucken, Rache, Wut entlädt sich. Aber die Frauen nehmen die Gebärde Jesu auf („Lasst ihn, haltet, bindet nicht!") Es geht nicht nur um das Wüten der Soldaten gegen Jesus, sondern auch um das Wüten der Gemeinde gegen Judas und die Juden. Es geht um eine grundsätzliche Überwindung von Hass und Gewalt – die ausagiert und überwunden werden. Der mörderische Affekt in Picanders Text wird so auf einmal erschreckend deutlich. Das zeigt die Fortsetzung Nr. 34: Die Gewalt ergreift auch die Jünger. „Stecke dein Schwert in die Scheide!" Der Einspruch Jesu gegen die Gegen-Gewalt unterbricht den Zirkel der Aggression. Vorher war das Spannungsmoment in der Massenszene erregend. Hin- und Herrasen, Anspringen, hinterrücks Anfallen, Zustechen – das Klima der Gewalt breitete sich aus. Individueller und kollektiver Terror eskalierten, schaukelten sich gegenseitig auf. Das wird von Jesus unterbrochen.

Die Geißelung

Jesus in der Folter. Auch dies eine neue Szene. Die beklemmendste. Die Bänke grenzen einen engen Raum ein. Zwei Bänke bilden die Tür. Soldaten schleichen sich in die Folterkammer. Dann wird Jesus hineingestoßen. Und die Tür geschlossen. Einer stellt sich davor auf. Und man weiß sofort: Hier kommt keiner wieder raus. Jetzt haben sie ihn für sich und werden ihn fertig machen. Es ist nur eine kurze Szene und doch unvergesslich. Schläge, Tritte, Brutalität und Sadismus, Schweiß, Gier und die Erniedrigung des Opfers. Wie in vielen Polizeigefängnissen Lateinamerikas, Südafrikas und anderswo. Der Körper wird mit Lust entblößt und gequält. Die Erfahrungen unseres blutigen Jahrhunderts gehen ein in die Deutung des Chorals „O Haupt voll Blut und Wunden". Noch nie habe ich die beiden Strophen so atemlos ergreifend erlebt wie hier. Sie ziehen Jesus die Hose über den Kopf. Eine lächerliche Mütze. Ein dem Tod Geweihter, dem die Augen verbunden werden. Die Verachtung findet in eher beiläufigen Scherzen ihre Zuspitzung. Einige treten vor ihn, machen ihre Witze und lassen das Hosenbein um den Kopf baumeln. Und doch demonstriert der so Verhöhnte und Geschundene nicht nur die Erniedrigung des Opfers, sondern zugleich die Würde und verborgene Hoheit des letztlich Unantastbaren. Der Choral bekommt Recht. „Erscheine mir zum Schilde ... und lass' mich sehn dein Bilde".

„Wenn ich einmal soll scheiden, so scheide nicht von mir" (Nr. 72) Der Schlussvers des Chorals bekommt eine ganz neue Dichte. Ich weiß nicht, ob ich es nur neu sehe oder ob sie hier weitergearbeitet haben. Aber die Einheit der gemeinsam geteilten Angst, des Zitterns und Klagens mit den zappelnden Gliedern, mit der Starre, der Isolation – Szenen wie aus der Psychiatrie – und der trösten-

den Zuwendung zu einander, zu zweit, zu dritt, in kleinen Gruppen, das In-den-Arm-Nehmen, das die Angst löst: Beides ist sehr stark, sehr innig und transzendiert zusammen mit der Musik und dem Text des Chorals „so tritt du dann herfür" das rein zwischenmenschliche Geschehen. Hier geschieht Lösung und Erlösung durch die Intervention einer größeren Macht, die ihre Kraft in den Schwachen zur Geltung bringt.

Der Schluss
Ein Bild bleibt unvergesslich: Die Frauen vor dem Kreuz, die mit den Tüchern die Totenwache halten. Immer wieder die Frauen.

3 „Nicht wie wir ..." Die dritte Aufführung (1985)

Ebenfalls im Michel. Mein Erleben ist nicht mehr so spontan. Ich notiere mehr mit dem Kopf und vergleiche meine Notizen jetzt beim Aufschreiben mit den Fotos aus dem Bildband (John Neumeier: Photographien und Texte zum Ballett der Matthäus-Passion von Johann Sebastian Bach. Ein Arbeitsbuch, Hamburg 1983).

Trotzdem gibt es diesmal einen beherrschenden Eindruck: Das ist John Neumeiers Darstellung des Christus. Er hat die Rolle selbst übernommen und sehr einfach, sehr präsent, ganz von innen her gestaltet, eigentlich fast untänzerisch, ohne alle Artistik, mit einer schlichten Würde selbstverständlicher Identifikation. Medinet war zarter, zerbrechlicher, war stärker das Opfer. Neumeier hat eine messianische Aura. Er bleibt die ganze Zeit das Gegenüber der Compagnie, ist von großer innerer Ruhe und Souveränität bestimmt. Er ist nicht wie wir, keiner von uns („Du bist ja nicht ein Sünder wie wir und unsre Kinder"). Dieser Jesus ist Subjekt der Passion. Ganz am Anfang in Nr. 2, der Leidensweissagung, wird das deutlich. Jesus wird „überantwortet". Er lässt sich fallen, stürzt, von den beiden Begleitern gehalten. Es ist eine Geste der Hingabe. Er gibt sich, gibt sein Leben für die Anderen, die dies nicht sehen, die erst im Nachhinein den Sinn dieses Leidensweges erkennen. Die überlegene Hoheit spüre ich auch in der Abendmahlsszene und dann, als er, den anderen auf der Schulter tragend, zum Kreuz geht.

Ein Problem ist mir seit der Tagung in Aachen (mit Jakob Petuchowski) überdeutlich: der Antijudaismus der Matthäuspassion! John Neumeier hat das Problem gesehen. Er druckt im Buch längere kritische Passagen eines Briefpartners dazu ab (107ff.). Gibt es eine Lösung – generell für Bachs Matthäuspassion, speziell für die getanzte Fassung? Neumeier bemüht sich bei den Personen um Ambivalenzen. Judas und Pilatus werden näher gebracht, auch gegen die Vorlage.

Aber die Massenszenen behalten ihre gewalttätige Dynamik. Die Hohenpriester und Ältesten, das Volk, sie agieren brutal und böse wie die Soldaten. Hier liegt die politische Komponente dieser Interpretation, ihre menschheitliche Dimension. Vorgeführt und denunziert werden Fanatismus, Macht, Sadismus. Entscheidend ist: Die Jünger werden einbezogen. Die Gewalt greift bei der Gefangennahme auf sie über, steckt sie an, bringt sie in einen Blutrausch. Dem stellt sich Jesus zornig entgegen. Es ist eine Tempelreinigung in der Gemeinde. Er wirft die Bänke um, geht dazwischen.

Und doch kann man die Kritik an den jüdischen Obrigkeiten und am Volk nicht aus dem Matthäustext eliminieren. Da stecken auch die tiefsten musikalisch ausgedrückten Emotionen: „Lasst ihn kreuzigen!" „Nicht diesen, sondern Barrabam!" „Sein Blut komme über uns ..." Das wird ausgespielt. N. vermeidet jeden Antijudaismus. So wird klar: Wir sind mitgemeint. Wir wählen den Mörder, wir ziehen ihn dem Lamm Gottes vor! Dennoch lässt sich aus dem Text das Todesurteil durch Israel, seine Führer, Priester und Massen nicht tilgen.

Im Buch schreibt John Neumeier: „Es war schwer, die Matthäus-Passion zu erarbeiten; schwerer aber ist es wohl, sie immer wieder von neuem aufzuführen" (a.a.O., 158). Das gilt auch fürs Erleben.

4 „Mimetischer Furor" Die aktualisierte Matthäuspassion 2003 in der Oper

21.4.03
Sitze in Damekow und sortiere Eindrücke aus den letzten Wochen. Wie sich die Themen überlagern, verbinden, stören, verschärfen: Die Passions- und Siegesgeschichte im Irak. Das Imperium, das seine Macht demonstriert, die Bilder prägt und die Medien kontrolliert. Und daneben wieder die Beschäftigung mit der Matthäuspassion ...

Am 7.4. waren wir in der Oper, wo John Neumeier seine getanzte Matthäuspassion überarbeitet hat. Was mir auffiel (ohne dass ich jetzt einen genauen Vergleich anstellen kann, was sich im Einzelnen geändert hat oder was ich nur als Veränderung empfunden habe): Die Aktualisierung geschieht durch eine stärkere Betonung der Gewaltszenen. Als ob er René Girard gelesen hat („Ich sah den Satan vom Himmel fallen wie einen Blitz." Eine kritische Apologie des Christentums, München/Wien 2002). Der hermeneutische Schlüssel für das Verhältnis des Einzelnen und der Gruppe ist die „Mimesis" des „Ärgernisses" (skandalon). Jesus, der exemplarische Einzelne, provoziert überall den Ausbruch der Gewalt. Ansteckende Mordlust, die plötzlich ausbricht und die Menschen erfasst, und zwar die Jünger ebenso wie die Kriegsknechte, die Hohenpriester wie die Volksmenge. Auf einmal flammt sie auf. Einer geht dem Andern an die Gurgel, würgt, reißt, fällt ihn an – und wird dann gebändigt, überwunden, pazifiert. Verrat, Destruktion, Zerstörung, Alle-gegen-Alle. Und daraus sich entwickelnd der Opfermechanismus: Alle-gegen-Einen. Gegen den Einen, der sich nicht wehrt, von dem die Überwindung der Gewalt ausgeht.

Girard spricht vom „Zyklus der mimetischen Gewalt": „Jäh richtet sich die Menge, die Jesus beim Einzug in Jerusalem noch zugejubelt hatte, gegen ihn, ihre Feindseligkeit wirkt dermaßen ansteckend, dass sie sich auf ganz unterschiedliche Personen überträgt. Den Passionsbericht, besonders in der Version der drei ersten Evangelien, beherrscht die Einförmigkeit der Reaktionen der Zeugen, die Allmacht des Kollektivs, anders gesagt: die Allmacht des Mimetischen." (35) Sie alle verfallen jener Mimetik: Petrus, Pilatus in seiner Angst vor Aufruhr, selbst die mit Jesus gekreuzigten Schächer werden erfasst und lästern. „Die am tiefsten erniedrigten, geschändeten Menschen führen sich auf wie die Herrscher dieser Welt. Sie heulen mit den Wölfen. Je mehr man mit einem Kreuz geschlagen ist, desto begieriger ist man, an der Kreuzigung eines Menschen teilzunehmen, der mit einem noch härteren Kreuz geschlagen ist." (37) Auch die Jünger sind davon nicht ausgenommen: „sie alle werden ein wenig auf der Seite der Verfolger an der Passion teilnehmen." „Die Ärgernisse zwischen Individuen sind Rinnsale, die sich in den Strom der kollektiven Gewalt ergießen. Das lässt sich dann als mimetischer Furor bezeichnen, der die zuvor voneinander unabhängigen Ärgernisse bündelt und gegen ein und dasselbe Opfer richtet. Wie ein Bienenschwarm sich um seine Königin ballt, so konzentrieren sich sämtliche Ärgernisse auf das einzige und alleinige Opfer und wenden sich gegen es." (40f.)

Gesteigert ist auch die Folterszene. Die römische Soldateska tobt sich aus, trampelt auf dem ihr übergebenen Jesus mit sadistischer Lust herum. Mit den Bildern der Invasion im Hintergrund ahnt man, wie viel Angst sich da entlädt. So wenn US-amerikanische Soldaten ein Auto mit Zivilisten, das die Aufforderung zum Halten nicht sofort befolgt, mit MP-Salven zersieben und zehn Frauen und Kinder töten, weil sie befürchten, dass in dem Wagen ein Selbstmordkommando versteckt sein könnte, das sich dann in die Luft sprengt. All das ist vorgekommen und in der Westbank tägliche Praxis. Diese Erfahrungen sind eingegangen in die Ballettfiguren, nicht direkt und plakativ, aber indirekt im Kontext der Entwicklungen der letzten Jahre. Ebenso wie man später bei den Szenen der Plünderung in Bagdad den Furor der entfesselten Gewalt wiedererkennt, der im Chor „Sind Blitze, sind Donner ..." wütet. Dazu Pilatus Rumsfelds zynische Kommentare über Freiheit und Chaos.

Anrührend übrigens, wie zugleich auf alle denunziatorischen Projektionen verzichtet wurde. „Herr, bin ich's"? Diese Frage lief mit. Keiner war endgültig auf der Seite der Entlasteten, der Guten, keiner nur auf der Seite der Bösen. Jesus weicht Judas nicht aus. Petrus, Judas, die Hohenpriester und Pilatus tauschen die

Rollen. Jesus bleibt noch lange in der Menge, bis er ans Kreuz geht. Ist uns noch nahe, bleibt nahe und taucht auch danach wieder in die Gruppe ein. Die Identifikation geht weiter.

"Schindlers Liste" – Passion 1994

Zur Vorbereitung auf ein Podiumsgespräch am Ostersamstag in der Evangelischen Akademie

1.4.94
Worüber sollen wir reden? Was ist das Thema dieser (hundertsten) Diskussion über Steven Spielbergs Film „Schindlers Liste"? Möglich und nötig: (1) Der Film als Film. (2) Kontext Passionszeit. (3) Reaktionen im Kino.

1 Der Film als Film

Beim ersten Sehen kam er mir sehr lang vor, beim zweiten Mal nicht mehr. In Erinnerung blieben vor allem die wiederkehrenden Dinge und Zeichen: Die Steine. Die Namen. Die Lichter. Die Koffer. Die Schabbat-Gesänge.

- *Die Steine. Die Grabsteine des jüdischen Friedhofs, die die Straße im Lager pflasterten. Und sofort die Erinnerung an den alten jüdischen Friedhof in Prag. Am Ende: Die lange Schlange der „Schindler-Juden", die zusammen mit den Schauspielern an Oskar Schindlers Grab auf dem Zionsberg vorbei gehen und einen Stein darauf legen. Ich habe im Sommer in Prag ebenfalls kleine Gedenksteine für unsere Toten auf die Gräber gelegt.*
- *Die Namen. Von der ersten bis zur letzten Szene immer wieder Namen. Die Listen der zu Rettenden. Die Listen der fürs Gas Bestimmten. Die Namen halten die Einzelnen fest inmitten der Anonymität der Millionen von Getöteten. Gegen die Auslöschung der Namen: das Festhalten der Identität. „Ich habe dich bei deinem Namen gerufen, du bist mein" (Jes. 43,1). Es ist übrigens nicht nur Sterns Liste, auch Schindler nennt Namen, er hat die Namen vor Augen. Die Namen, die Personen, die Familien, die zusammen gehören. Die Namen signalisieren auch das zentrale Problem: das Verhältnis der Einzelnen zu den Vielen. Die 1200, die gerettet und die 6 Millionen, die ermordet wurden. Was bedeutet der Einzelne? Darf man sich auf diese Ausnahmen konzentrieren, gar auf den einen „guten" Deutschen, verliert man nicht die Anderen dabei aus dem Blick? Aber das Eingedenken der Namen ist vielleicht das Erste, was wir tun können und müssen. Gegen das Vergessen. Wieder die Erinnerung an Prag. Die Namen der Holocaustopfer, die in der Meiselsynagoge sorgfältig, einer nach dem anderen an die Wand geschrieben werden. Die Konzentration, die*

dafür nötig ist. Aber auch: Die Liste mit den Namen der Toten aus dem Namensbuch und das Verlesen der Namen im Gomorrha-Gedenkgottesdienst im Michel im letzten Sommer. Und vorige Woche: Die Namen auf den Kreuzen im Lager Mühlberg und das Kreuz für M.s Vater, das noch fehlt.

– Die Koffer. Hundertmal gesehen auf den Fotos und doch in diesem Film plötzlich ganz neu gesehen. Bei der Verladung in Güterwagen die Anweisung: „Schreiben Sie ihren Namen auf die Koffer. Sie werden Ihnen dann nachgeschickt." Der Zug fährt ab. Die jüdischen Ordnungskräfte ziehen die Gepäckstücke in einen Extraraum. Sie werden ausgeleert und sortiert. Ein Kasten für die Fotos. Regale für Leuchter, Kannen, Silber. Ein Haufen Schmuck, Ketten, Edelsteine, von einem Fachmann taxiert. Dann eine Ladung Zähne mit Goldplomben. Auch später noch mehrmals: Koffer, die bei der Räumung des Gettos einfach aus den oberen Stockwerken geworfen werden. Abgeschnittene Haare ...

Es ist ein Film! In jeder Minute bleibt bewusst: ich bin im Kino. Und das ist angemessen. Es ist ein Film mit filmischen Mitteln und einer genau kalkulierten Dramaturgie. Er gibt uns Zeit hineinzukommen, fast beiläufig, gibt Zeit, Alltag und Werbung, Cola und Popcorn um einen herum zu vergessen. Er beginnt langsam, anfangs mit einer Mischung aus bürokratischen Registrierungsmaßnahmen. Siegerverhalten gegenüber den Fremden. Soldaten schneiden einem orthodoxen Juden unter gröhlendem Feixen der Anderen die Schäfchenlocken ab. Landserszenen im schicken Nachtlokal. Offiziere werden von Schindler eingeladen, ein Saufgelage entwickelt sich, Mädchen animieren die höheren SS-Chargen. Auch da zwischendurch radikale Töne, die man aber noch nicht ganz ernst nimmt. Langsame Eskalation, immer noch vermischt mit burlesken Episoden. Die Selbstbehauptung jüdischer Gauner und Händler in der Kirche. Oskar Schindler, der überlegen lässige Geschäftsmann, der seine Fabrik mit gepumptem jüdischen Geld und jüdischen Arbeitern aus dem Nichts aufbaut und die Nazis überlistet. Bei diesen Szenen beifälliges Lachen um mich herum. Ein Spielberg-Film.

Doch dann ebenso rasch das Umkippen ins Entsetzen. Die erste Erschießung des einarmigen Juden. Die Suchaktion nach Stern und wie Schindler die Wachmannschaften austrickst. Der souveräne, selbstsichere Umgang mit den beiden Subalternen. Schnelle, kurze Szenen. Dann Amon Göths Ankunft in Krakau. Die Erschießung der Ingenieurin. Die erste Sequenz, in der das ganze Ausmaß des Grauens bis zum Exzess gesteigert in Erscheinung tritt, ist die Räumung des Krakauer Gettos. Und hier vor allem die Säuberung der Häuser am Abend. Wie die Verstecke aufgespürt werden (Experten mit Stethoskopen horchen die Decken ab). Die unvorstellbare Grausamkeit bei der Liquidierung. Diese Szenen (in die, wenn ich richtig gelesen habe) dokumentarische Aufnahmen eingeblendet wurden, *haben einen Realismus, wie ich ihn im Film noch nicht erlebt habe (einzig in Elim Klimows „Komm und sieh" gibt es Vergleichbares). Aber immer wieder der Wechsel auf die andere Seite. Schindlers Umgang mit den KZ-Größen. Die Bestechungsaktionen. Amon Göths Innenleben, seine Sadismen, seine Unberechenbarkeit. Das Sportschießen. Die Szenen mit Helene Hirsch. Das Schachern um die Liste. ...*

Dann weitere Wellen von Terror: die Selektion im Lager Plaszow. Der Abtransport der Kinder und die Fahrt nach Auschwitz. Besonders erschreckend zwischendurch die kurzen spotartigen Szenen, wo deutsche Kinder die Juden anpöbeln, oder die stumme Geste des Halsabschneidens! Auschwitz. Die Ankunft. Die Duschaktion ...

Andreas Kilb schreibt in der ZEIT vom 4.3.94: „Die letzte Stunde des Films ist seine schwächste. Denn statt endlich die Geschichte der jüdischen Familien zu erzählen, die nicht die Hauptpersonen, aber die wahren Helden von ‚Schindlers Liste' sind, windet Spielberg einen Strahlenkranz nach dem anderen um Oskar Schindlers Haupt ... Unter Tränen verflucht er seine Großmannssucht und seinen mangelnden Mut, und tränenreich versichern ihm seine Arbeiter, wie viel er für die Welt getan hat. Durch dieses flaue Ende verspielt der Film einen Teil der Wahrhaftigkeit, mit der er bis dahin allen Versuchungen seines Stoffes getrotzt hat ..." Mag sein. Und trotzdem: Ich konnte auch beim zweiten Mal bei dieser Schlussszene meine Tränen nicht zurückhalten. „Ich hätte noch mehr retten können, müssen ..." Sicher, das war zu sehr ausgespielt. Aber ist das nur peinlicher Druck auf die Tränendrüse, wenn der „gute Mensch" einer ist, der weiß, dass er schuldig geworden ist? Was ist „gut"? Schindler ist ein gerissener Hund, ein Genießer, ein Spieler, ein Frauenheld und doch ein „Gerechter". Das Gute ist im Film kaum glaubwürdig zu inszenieren. Besser gelingt das Böse, die Unberechenbarkeit eines Amon Göth oder eben der gebrochene Sarkasmus, die Eleganz des Schlitzohrs ... Und doch diese Szene am Schluss. Ist es nur meine Sentimentalität? Ja, das hätte man lakonischer, trockener inszenieren können. Ich fand es trotzdem wahrhaftig. Ein Plädoyer für den Hollywoodfilm, für Emotionen, Katharsis, Menschlichkeit auch im Zugeben, dass man nicht genug getan hat.

2 Der Film und sein Kontext: Passionszeit 1994

Für mich ist dieser Film meine Passionsgeschichte in diesem Jahr. Ich sehe ihn und reagiere darauf in verschiedenen, sehr deutschen Kontexten:
– *im Kontext des Brandanschlags auf die Lübecker Synagoge,*
– *im Kontext der Verleumdungen des Neonazis Schönhuber gegen Ignaz Bubis,*
– *im Kontext des BGH-Urteils der laxen Auslegung des Verbots der „Auschwitz-*

Lüge", *die den ewig Gestrigen geradezu eine Lizenz zur Verbreitung dieser infamen Behauptungen gibt,*
- *und im Kontext der Karwoche, also der Inszenierung der Passion Jesu, wie sie die Christenheit in diesen Tagen in ihren Gottesdiensten vollzieht. In Erinnerung daran, dass im Mittelalter die meisten Pogrome an den Juden im zeitlichen Zusammenhang mit Ostern standen.*

Wie begehen wir die Passion Christi, ohne diese Assoziationen bewusst oder unbewusst freizusetzen, dass die Juden die Christusmörder sind („sein Blut komme über uns und unsere Kinder", noch gestern gehört)? Und ohne andererseits den Konflikt zwischen Jesus, seinem Volk und seinen religiösen Führern zu leugnen ...

3 Reaktionen im Kino

Was bewirkt dieser Film? Ich glaube, mehr, als wir argwöhnen. Doch es fehlt dafür eine Sprache, und was da aufgerissen wird, droht recht bald wieder von der Alltagsroutine überlagert zu werden. Meine Erlebnisse im Kino: Vor dem Film und während der ersten halben Stunde Reklame herrschte eine Stimmung wie vor einem Western. Urlaubsberichte, Bierkonsum, Eis, fröhliche aufgeräumte Feiertagsatmosphäre. Doch dann vollzog sich langsam eine Veränderung. Je länger der Film dauerte, umso stiller wurde es. Die Menschen waren berührt. Einige weinten. Man sah es den Leuten hinterher beim Herausgehen an, dass sie aufgewühlt waren. Wie lange? Nun, wenigstens länger als normalerweise im Gottesdienst.

Tim Schramm würde sagen: Oskar Schindler ist ein „unmoralischer Held", wie der betrügerische Verwalter aus Lk. 16. Auch einer, den der Rabbi aus Nazareth uns vor die Augen stellen würde. „Macht euch Freunde mit dem ungerechten Mammon."

Die längste aller Nächte

Zumutungen der Osternacht

„Es gibt einen besonderen Tag in der Geschichte des Westens, von dem weder historische Aufzeichnung noch Mythos oder Bibel Bericht geben. Es ist der Samstag. Und er ist zum längsten aller Tage geworden. Wir wissen von jenem Karfreitag, der der Christenheit als der des Kreuzes gilt. Doch der Nichtchrist, der Atheist weiß von ihm ebenso. Das heißt, dass er von der Ungerechtigkeit weiß, von dem unendlichen Leiden, vom Verfall, von dem brutalen Rätsel des Endens, aus denen in so breitem Maße nicht nur die historischen Dimensionen der Conditio humana bestehen, sondern auch das alltägliche Gewebe unseres persönlichen Lebens. Wir wissen unauslöschlich vom Schmerz, vom Versagen der Liebe, von der Einsamkeit, welche unsere Geschichte und unser privates Geschick sind. Wir wissen auch vom Sonntag. Für den Christen bedeutet dieser Tag eine Ahnung, sowohl voller Gewissheit wie Gefährdung, sowohl evident wie jenseits des Verstehens, von der Auferstehung, von einer Gerechtigkeit und einer Liebe, die den Tod überwunden hat. Wenn wir Nichtchristen oder Ungläubige sind, wissen wir von jenem Sonntag in analogen Begriffen. Wir fassen ihn als Tag der Befreiung von Unmenschlichkeit und Sklaverei auf. Wir hoffen auf Lösungen, seien sie therapeutisch oder politisch, seien sie gesellschaftlich oder messianisch. Die Züge jenes Sonntags tragen den Namen der Hoffnung … Die erkennenden Wahrnehmungen und Gestaltungen im Spiel metaphysischer Vorstellung, im Gedicht und in der Musik, die von Schmerz und Hoffnung sagen, vom Fleisch, das nach Asche schmeckt, und vom Geist, der den Geruch des Feuers hat, sind immer des Samstags. Philosophisches Denken, poetisches Schaffen sind Samstagskinder. Sie sind einer Unermesslichkeit des Wartens und Erwartens entsprungen. Gäbe es sie nicht, wie könnten wir ausharren?"

George Steiner[1]

Der Karfreitag ist im liturgischen Kalender der Kirche der Tag der memoria passionis Jesu Christi. Der Ostersonntag feiert die strahlende Gewissheit der Auferstehung. Die Osternacht verbindet beides. Die Liturgie leitet die Gemeinde durch das Dunkel zum Licht. Sie vergegenwärtigt noch einmal Leiden, Tod, Gewalt, Ungerechtigkeit, Schmerz und führt dann in die Freude des Ostermorgens.

---

[1] G. Steiner: Von realer Gegenwart, München 1990, 301f.

Die Osternacht ist eine Prozessliturgie mit starken Spannungen. Sie mutet denen, die sie feiern, viel zu, physisch, seelisch, geistlich. Umso erstaunlicher ist es, dass immer mehr Menschen auch in den Kirchen der Reformation sich dieser Zumutung aussetzen.

1

Die evangelische Christenheit in Deutschland hat auf dem Felde des Gottesdienstes in den letzten Jahren drei große Wiederentdeckungen gemacht: Abendmahl, Taufe, Osternacht. Die Eroberung der Osternacht ist in der Öffentlichkeit am wenigsten bemerkt worden. Das mag damit zusammenhängen, dass Ostern für den Protestantismus bislang nur in der Theorie das zentrale christliche Fest ist[2]. Im volkskirchlichen Bewusstsein und in der Feierpraxis der meisten Gemeinden hat Ostern nie die Popularität von Weihnachten erreicht. Und im konfessionellen Gegenüber war stets der Karfreitag der protestantische Feiertag. Das beginnt sich zu ändern, und zwar in dem Maße, in dem immer mehr Gemeinden die Osternacht entdecken.

Freilich, *die* Osternacht gibt es nicht. Die Osternacht wird in den evangelischen Gemeinden und Gemeinschaften auf ganz unterschiedliche Weise begangen. Neben den an der klassischen Tradition orientierten Osternachtsliturgien gibt es Osternächte in neuer Gestalt mit vielen lokalen Varianten[3]. Dabei wird die Gestaltung der Osternacht wesentlich geprägt durch Zeitpunkt und Dauer des Gottesdienstes. Drei Möglichkeiten sind vorgegeben: (1) die Feier am Ostermorgen, mit dem Beginn vor Sonnenaufgang, (2) die Feier am späten Karsamstagabend bzw. ab Mitternacht und (3) eine Langform, die beides verbindet, abends beginnt, die Nacht einbezieht und in eine Lichtfeier am Ostermorgen mündet. Für die evangelischen Osternachtfeiern ist (1), für die katholischen ist (2) die Regel[4]. Die Lang-

---

[2] Vgl. dazu G. Sauter: „Kein Jahr von unserer Zeit verflieht, das dich nicht kommen sieht". Dogmatische Implikationen des Kirchenjahres, in: Cornehl/Strauch (Hg.): „... in der Schar derer, die da feiern." Feste als Gegenstand praktisch-theologischer Forschung (FS F. Wintzer), Göttingen 1993, 56–68.

[3] Vgl. Agende II der VELKD, 1960, 239ff; C. Mahrenholz (Hg.): Die Feier der Osternacht, Hamburg 1961, ³1980; die Ordnungen der Ev. Michaelsbruderschaft: W Stählin/H. Schumann (Hg.): Die Heilige Woche, Kassel 1951, 81ff.; K.B. Ritter: Die Eucharistische Feier, Kassel 1961, 305–322; A. Völker (Hg.): Die Feier der Osternacht, Kassel 1983; ferner H. Fischer (Hg.): Osternacht (Neue Texte zum Gottesdienst 3/4), Hannover 1979. Außerdem gibt es Veröffentlichungen von Einzelentwürfen in den Sammelbänden von H. Nitschke (Hg.): Gottesdienst '76, 92ff.; Gottesdienst 77, 70ff (H.R. Müller-Schwefe, Hamburg); E. Domay (Hg.): Ostern, Gütersloh 1992; ferner die eindrucksvolle Osternachtliturgie von H. Oosterhuis (Amsterdam), in: Ders.: Im Vorübergehen, Freiburg u.a. 1969, 307–356, weiterentwickelt in: Ders.: ‚Dein ist die Zukunft', Freiburg u.a. 1992, 84–105.

[4] Für den Beginn der Osternacht ist nach A. Völker (7) die „erste Stunde des beginnenden Tages" die angemessenste Zeit (4.30h oder 5.00h). In der römisch-katholischen Kirche ist der Beginn seit 1970 auf die Zeit zwischen Sonnenuntergang bis Mitternacht festgelegt worden. Vgl. H. Auf der Maur: Feiern im Rhythmus der Zeit I (Gottesdienst der Kirche, Handbuch der Liturgiewissenschaft Bd. 5), Regensburg 1983,134. Vgl. im Übrigen die Kommentierung der verschiedenen Vor- und Rückver-

form (3) bildet immer noch die Ausnahme. Sie entfaltet das Ostergeschehen nicht nur auf eine besonders intensive Weise, der Mitvollzug verlangt von den Teilnehmenden auch ein großes Maß an Bereitschaft, sich auf einen spannungsvollen Prozess einzulassen.

Prozessliturgien wie die Osternacht stellen nicht nur die Gemeinden, sondern auch die Praktische Theologie vor neue Aufgaben. Liturgiewissenschaftliche Untersuchungen haben sich bislang fast ausschließlich auf die Analyse der liturgischen Programme beschränkt. Das Erleben der Gemeinde blieb unberücksichtigt. Das ist aber gerade bei Liturgien vom Typ der Osternacht unbefriedigend. In solchen Gottesdiensten, in denen die Gemeinde lange Wege geht, wo Phasen gemeinsamen Tuns sich abwechseln mit Phasen individueller Beschäftigung, wo leibliche Vollzüge und Bewegungen im Raum mit einbezogen werden, atmosphärische Zustände wie Dunkel und Licht das Erleben beeinflussen, wo visuelle Symbole und Zeichen, aber auch unterschiedliche Weisen des Singens, verschiedenartige Klänge und Formen der Musik einen Platz haben, erhält die Gemeinde eine wichtige und höchst aktive Rolle. Deshalb muss man beides zusammen in den Blick nehmen: die Konzepte und Intentionen derjenigen, die die Liturgie entworfen haben, gestalten und leiten, und die Erlebnisse und Beiträge der Gemeinde, wenn man verstehen will, was in dem betreffenden Gottesdienst wirklich geschieht. Die „Konzepte" der „Liturgie-Produzenten" und die „Perzepte"[5] der „Rezipienten" sind nie deckungsgleich. Sie können sich entsprechen oder widersprechen. Zumindest in den Gottesdiensten, deren Inhalt und Ablauf nicht völlig festgelegt sind, beeinflusst der Mitvollzug der Gemeinde auch das Handeln der für die Durchführung Verantwortlichen. Positive Reaktionen oder Störungen während der Feier werden ebenso betrachtet wie zustimmendes oder kritisches Echo hinterher. Beides geht ein in die Auswertung, bestätigt oder verändert das Konzept der nächsten ‚Aufführung'.

Das gilt nicht nur für die scheinbar äußerlichen Dinge im Ablauf der Handlung, sondern auch für das theologische Konzept im engeren Sinne. Was Ostern ist, was Tod und Auferstehung Jesu im Kontext unserer gegenwärtigen Erfahrungen bedeuten, wie unser Leben und Sterben, im politischen wie im privaten Bereich, mit den biblischen Vorgängen, die in dieser Nacht vergegenwärtigt werden, zusammenhängen, das steht nie ein für allemal fest. Über die aktuelle Osterbotschaft der Kirche, über die Kraft oder Schwäche ihrer Darstellung der Auferstehungsgewissheit wird im Vollzug der Osternacht mitentschieden.

---

legungen im Laufe der neueren Entwicklung bei A. Stock: Ostern feiern. Eine semiotische Untersuchung zur Osterliturgie, in: A. Stock/M. Wichelhaus (Hg.): Ostern in Bildern, Reden, Riten, Geschichten und Gesängen, Zürich u.a. 1979, (103–128),104ff.

5 Vgl. zum Begriff „Perzept" G. Otto/M. Otto: Auslegen. Ästhetische Erziehung als Praxis des Auslegens in Bildern und des Auslegens von Bildern, Seelze 1987, 51ff.

Wir haben noch nicht lange Erfahrungen mit freien Liturgien und sind methodisch erst am Anfang, die feiernde Gemeinde als produktiven liturgischen Faktor ernst zu nehmen. Die Osternacht eignet sich in besonderem Maß als Untersuchungsfeld für eine empirische Liturgik, die verschiedene methodische Zugänge in fruchtbarer Weise kombiniert[6]. Die folgende Skizze bleibt demgegenüber im Vorfeld und ist weniger ambitioniert. Sie ist eine Art Werkstattbericht, der dazu anregen möchte, eigene oder fremde Gottesdienstpraxis von beiden Seiten des Geschehens aus zu bedenken.

Ich wähle als Beispiel die Osternacht der Hamburger Hauptkirche St. Katharinen, an deren Entwicklung und Durchführung ich einige Jahre beteiligt war. Es handelt sich um eine Osternacht in neuer Gestalt mit klassischen Elementen. Und es handelt sich um eine Osternacht in der denkbar längsten Form. Sie beginnt am Karsamstag abends um 22 Uhr, dauert die Nacht hindurch und endet am Ostermorgen gegen 8 Uhr[7].

2

Das Konzept der Osternacht von St. Katharinen entstand nach dem Amtsantritt von Hauptpastor Peter Stolt im Herbst 1982. Die Osternacht wurde erstmals 1983 gefeiert und wird seitdem jedes Jahr wiederholt. Die Vorbereitung geschieht in einer Gruppe, deren Zusammensetzung wechselt. Dazu gehörten neben dem Hauptpastor der Gemeindevikar, zeitweise der Universitätsprediger, außerdem Studierende des theologischen Fachbereichs der Universität Hamburg, Vikarinnen und Vikare des Hamburger Predigerseminars, Gemeindeglieder, Gäste aus anderen Gemeinden sowie Experten und Betroffene zu einzelnen Stationen des ersten Teils. Es gab im Laufe der Jahre Umstellungen im einzelnen, vor allem am Be-

---

[6] Wichtige Anregungen verdankt die Liturgik den semiotischen Untersuchungen von K. H. Bieritz: Zeichen der Eröffnung, in: R. Volp (Hg.): Zeichen. Semiotik in Theologie und Gottesdienst, München/Mainz 1982, 195–221; ders.: Lutherischer Gottesdienst als Überlieferungs- und Auslegungsprozess, in: LJ 34, 1984, 3–20; ders.: Gottesdienst als offenes Kunstwerk? Zur Dramaturgie des Gottesdienstes, in: PTh 57, 1986, 358–373; ders.: Das Wort im Gottesdienst, in: Gottesdienst der Kirche. Handbuch der Liturgiewissenschaft 3, Regensburg 1987, 41–76. Vgl. außerdem R. Roosen: Taufe lebendig. Taufsymbolik neu verstehen, Hannover 1990, 86ff.; H.E. Thome: Gottesdienst frei Haus? Fernsehübertragungen von Gottesdiensten, Göttingen 1991, bes. 171ff. sowie jetzt die umfassende methodische Erörterung bei R. Volp: Liturgik 1, Gütersloh 1992, 114ff., vgl. bereits dessen exemplarische Analyse: R. Volp/H. Immel: Beten mit offenen Augen, in: R. Volp (Hg.): Zeichen, a.a.O., 250–265.

[7] Basis für die folgende Darstellung sind Programme, Texte und Auswertungsprotokolle aus der Vorbereitungsgruppe, eigene Eindrücke sowie Ergebnisse aus einer Fragebogenaktion und einige Tonbandinterviews mit Teilnehmern und Teilnehmerinnen der Osternacht 1991. Ich danke Ilsabe Stolt, die die Fragebögen entworfen und die Interviews geführt hat, für die Überlassung der Unterlagen und viele Anregungen. Mein Dank gilt ebenso Thies Gundlach für eine ausführliche Dokumentation der Osternacht 1989 und ganz besonders Peter Stolt für langjährige freundschaftliche Zusammenarbeit in St. Katharinen.

ginn und an den Übergängen. Das Grundkonzept der liturgischen Dramaturgie ist jedoch beibehalten worden. Es besteht aus vier großen Teilen

I. Prozession auf dem Kreuzweg der Gegenwart
   1. Station mit einem aktuellen politischen Thema
   2. Station mit einem gesellschaftlichen Problem
   3. Station mit einer persönlich-privaten Thematik
   4. Station „unter dem Kreuz" in liturgisch gebundener Form.
II Nächtliches Konzert mit Lesungen
III. Wachen in der dunklen Kirche
   mit Andachten jeweils zur vollen Stunde im Altarraum
IV. Osterlichtfeier
   mit biblischen Lesungen, Taufgedächtnis, Osterlachen und Eucharistie.

Am Beginn steht eine Begrüßung im Vorraum (der sog. Winterkirche) mit einer kurzen Einführung. Es folgt der Einzug mit brennenden Vigilkerzen in die nur sparsam erleuchtete Kirche. St. Katharinen ist eine gotische Hallenkirche mit zwei Seitenschiffen und einem Chorumgang, die während der Osternacht ausgeräumt sind und für die Prozession genutzt werden. Die Prozessionen zu den Kreuzwegstationen führen von einem Ende des südlichen zum anderen Ende des nördlichen Seitenschiffs und zurück. Die Orte der Stationen sind durch Tafeln, Bilder oder durch die Kunstwerke, die sich dort befinden, optisch markiert.

Die ersten beiden Kreuzwegstationen haben wechselnde Themen: z.B. „Zerstörte Schöpfung" (1983), „Der Giftberg vor unserer Tür" (1984), „Angst vor der Abrüstung?" (1987), „Vor 40 Jahren" (1988), „Das Kreuz der Asylsuchenden" (1989), „Das Kreuz der Kriegsfolgen" (1991), Arbeitslosigkeit (1983), Vergewaltigung (1987), Sucht (1989), Obdachlosigkeit (1991).

Die dritte Station ist ruhig und meditativ. Sie schließt eine Schweigephase ein. Wolldecken liegen aus, man kann sich lagern. Sie findet vor dem Christus-Altar von H. Lander statt. Daher bestimmt diese eindrückliche Eisenplastik immer wieder die Thematik. Außerdem werden Dias mit moderner Kunst verwandt oder Großfotos zum Gegenstand der Betrachtung gemacht. Themen waren u.a. „Zerbrochenes Leben" (1991), „Sehet, welch ein Mensch!", „Risse, Spaltungen, Trennungen".

Alle vier Stationen werden verbunden durch „Ankomm-Responsorien" (Mt 25,40;18,20;11,28), die vom Liturgen gesprochen und von der Gemeinde mit dem „Adoramus" aus Taizé beantwortet werden: „Du bist unser Gott, das ist wahr!" Als Prozessionsgesänge singt die Gemeinde ebenfalls mehrstimmige Taizé-Kehrverse: „Bleibet hier und wachet mit mir! Wachet und betet", „Bekennen will ich dich, o Gott, denn du bist das Leben! Bekennen will ich dich, o Gott, Halleluja!" und den Kanon „Ostende nobis Domine misericordiam tuam. Amen. Maranatha!" Die vierte Station hat eine feste liturgische Form. Unter dem großen mittelalterlichen Triumphkreuz (das von einem Scheinwerfer angestrahlt wird) beginnt der Liturg mit dem Text aus dem vierten Gottesknechtslied Jes 53,4f („Fürwahr, er trug unsere Krankheit …"), dessen Zeilen jeweils von der Gemeinde nachgesprochen werden. Es folgt „O Haupt voll Blut und Wunden", V. 1–4, danach die „Litanei vom gekreuzigten Zeugen" sowie die letzten beiden Verse: „Erscheine mir zum Schilde" und „Wenn ich einmal soll scheiden". Der Liturg beendet den Kreuzweg. Anschließend ist Zeit, zurück zu den Stationen zu gehen, zu verweilen oder in den Bänken zu sitzen und das Erlebte nachklingen zu lassen. In der Osternacht 1991 wurde an dieser Stelle noch einmal spontan „Bekennen will ich dich, o Gott" angestimmt und von der Gemeinde aufgenommen. Der leise Gesang schwang noch lange durch den dunklen Kirchenraum.

Nach den Kreuzwegstationen trifft man sich wieder in der Winterkirche. Hier ist eine halbe Stunde Pause, Zeit für Gespräche bei Tee und Butterbroten.

Eine besondere Zäsur, die den ersten Hauptteil der Nacht abschließt, bildet das mitternächtliche Konzert. Eine Stunde Musik, meist von zwei Instrumenten gespielt, z.B. von Gitarre und Flöte oder Orgel und Horn, gelegentlich mit Gesang. Dazwischen Lesungen moderne Lyrik, kurze Texte zeitgenössischer Literatur, in letzter Zeit stärker versetzt mit biblischen Texten.

Danach wird es still in der Kirche. Wer dableibt, sucht sich einen Platz zum Wachen (oder zwischendurch auch zum Schlafen). Die Zeit der Nachtwache wird jeweils zur vollen Stunde unterbrochen durch eine kurze Gebetseinheit. „Bleibet hier und wachet mit mir" – der Gesang ruft die Gemeinde in den Altarraum. Es folgen eine biblische Lesung, gelegentlich eine kurze Betrachtung, freie Fürbitten. Seit 1988 ist als weiteres Element eine Bewegungsmeditation hinzugekommen. Nach der letzten Wache ist der tiefste Punkt der Nacht erreicht. Die letzten Lampen und Kerzen werden gelöscht. Es ist so dunkel und still, wie es in einer Großstadtkirche sein kann. Höhepunkt der Osternacht ist vor Sonnenaufgang die Osterlichtfeier. Hier schließt sich die Liturgie stärker an die abendländische Osternachtstradition an. Sie beginnt[8] noch in der dunklen Kirche mit drei alttestamentlichen Lesungen (Schöpfungsgeschichte nach Gen 1; Exodus nach Ex 14f, die prophetische Vision von der Totenauferstehung nach Ez 37), von der Gemeinde aufgenommen durch „Ostende nobis Domine". Es folgt der Einzug der Liturgen und der Vorbereitungsgruppe mit der Osterkerze, mit Altarkreuz, Blumen, Kerzen, Altarbibel und Abendmahlsgeräten. Nach dem Wechselgesang „Christus, Licht der Welt" – „Gott sei ewig Dank!" werden die Altarkerzen und alle Kerzen der Gemeindeglieder an der Osterkerze entzündet. Das Licht breitet sich aus. Die Kirche wird hell. Liturg und Gemeinde grüßen sich: „Der Herr ist

---

8   Nach dem Vorbild der Ordnung der Berneuchener, vgl. K.B. Ritter: Die eucharistische Feier, Kassel 1961, 305ff.

auferstanden, Halleluja!" „Er ist wahrhaftig auferstanden, Halleluja!". Erstmals setzt die Orgel wieder ein, und die Gemeinde singt: „Christ ist erstanden". Es folgen die neutestamentlichen Lesungen: das Osterevangelium aus Mk 16 und die Epistel aus 1.Kor 15.

Der nächste Teil steht im Zeichen der Taufe. Anfangs fanden an dieser Stelle tatsächlich Taufen statt. Seit 1988 beschränkt man sich (in Ermangelung von erwachsenen oder jugendlichen Täuflingen) auf ein Taufgedächtnis mit Wassermeditation, Glaubensbekenntnis und Wasserkreuz.

Danach begibt sich die Gemeinde singend auf den „Osterweg" rund um die Kirche. Ein spontaner Einfall aus der ersten Osternacht ist zum Katharinenbrauch geworden. „Nach der langen Nacht im dunklen Kirchenraum ist es sehr belebend, mitten im Gottesdienst an die frische Luft zu gehen, sich zu bewegen und draußen das nächste Osterlied zu singen (EKG 78, ein langes Erzähllied in schlichten Knittelversen). Der ‚Osterweg' ist keine feierliche Prozession, sondern eine lockere, bisweilen kicherige Angelegenheit. Der im Freien ohne Orgelbegleitung etwas unbeholfenen Gesang, der wegen unterschiedlicher Tempi bald auch unterschiedliche Strophenstand zwischen Anfang und Ende des Zuges, das insgesamt eher ungewöhnliche Tun zu ungewohnter Tageszeit in der menschenleeren Nachbarschaft der Kirche – all das wirkt ziemlich komisch."[9]

Zurück in der Kirche nimmt die Gemeinde noch einmal im Mittelschiff in den Bänken Platz und hört eine kurze Osteransprache: keine Predigt, eher eine launige Rede, die den alten Brauch des „Osterlachens" (risus paschalis) aufnimmt – eine Spezialität des Hauptpastors Peter Stolt.

Danach kommen alle zur Feier der Eucharistie nach vorn in den Altarraum und bilden einen großen Kreis um einen dort in der Mitte aufgebauten und festlich geschmückten Abendmahlstisch. Als „Sanctus" singt die Gemeinde „Gloria sei dir gesungen" von Ph. Nicolai, im vierstimmigen Satz von J.S. Bach. Die Osternacht schließt offiziell mit dem Auferstehungssegen und einem letzten Osterlied. (Wer mag, bleibt noch zum anschließenden Osterfrühstück.)

3

Aus der Verlaufsbeschreibung lassen sich die Motive und Intentionen erschließen, die dem Konzept der Katharinen-Osternacht zugrunde liegen.

1. Ein wesentliches Ziel war von Anfang an die Entwicklung einer mehrdimensionalen („ganzheitlichen") liturgischen Dramaturgie. Die Osternacht ist ein vielfältiger ‚Text', gewebt aus Sprache, Musik, Bewegung, Berührung. Man kann

---

[9] I. Stolt in einer Verlaufsbeschreibung der Osternacht 1991.

viele Codes unterscheiden: Der räumliche – hodologische und kinetische – Subcode bildet sozusagen den ‚cantus firmus', unterstützt vom reichlich ausgearbeiteten musikalischen Subcode. In diesen durch Bewegung, Bilder, Singen, Klänge und Musik geöffneten Raum sind reichlich Wortanteile eingelassen, auch hier bewusst in einer Mischung aus gebundenen und freien Redegattungen, teils streng liturgisch-objektiv, teils persönlich-subjektiv in freier Ansprache. Die Verteilung erfolgt bewusst so, dass am Ostermorgen (schon aus Gründen der körperlichen Kondition) die gebundenen Wortanteile dominieren und die kommentierenden Deutungen zurücktreten. Es gibt also viel zu hören und zu sehen. Distanz und Nähe wechseln sich ab. Die Osternacht hat Raum für gemeinsames Feiern und für persönliches Erleben. Es gibt (vorsichtige) Ansätze zu Gesten gegenseitiger Zuwendung mit Berührungen und Bewegungen (z.B. Tanz, Wasserkreuz, Friedensgruß, Austeilung der Eucharistie).

2. Die strukturierende Grundidee ist der Weg durchs Dunkel zum Licht. Die Osternacht ist ein Weg. Das gilt wörtlich und übertragen. Es werden weite Wege gegangen, einzeln und gemeinsam. Das beginnt für viele mit einem längeren Anmarschweg, denn St. Katharinen liegt in der Hamburger City. Man braucht z.T. über eine Stunde mit dem Auto oder mit der Bahn, bis man die Kirche erreicht hat. Während der Osternacht führt die Prozession mehrfach durch die ganze Kirche. In dieser Nacht wird die Kirche zum Lebensraum. Jeder sucht sich seinen Platz zum Wachen und Beten. Die nächtlichen Gebetseinheiten rufen die Menschen nach vorn in den Altarraum, von wo aus sie an ihre Plätze zurückkehren. Auch während der morgendlichen Lichtfeier geschieht immer wieder ein Ortswechsel. Der Osterweg führt die Gemeinde um die Kirche herum. Dazu gibt es innere Wege im Wechsel von Stille, Gesang, Anrede, Aufbruch und Verweilen, Meditation und gemeinsamer Aktion.

Der Osterweg hat eine transitorische Qualität. Er vollzieht den Übergang vom Dunkel ins Licht. Dabei vermitteln die brennenden Vigilkerzen in der sonst abgedunkelten Kirche im abendlich-nächtlichen Teil bereits einen Vorschein des Osterlichts. Erst in der späteren Nacht taucht die Gemeinde ein in die Finsternis, bevor dann in der Frühe mit der Osterkerze erneut das Licht einzieht und sich ausbreitet, parallel zum Sonnenaufgang, der mit dem aufgehenden Tag die Schatten der Nacht vertreibt.

3. Der Weg vom Dunkel ins Licht wird inhaltlich vollzogen in der Begegnung mit den Leidenssituationen der Gegenwart. Dabei wird im Konzept sehr darauf geachtet, dass der enge Zusammenhang zwischen den politischen, den gesellschaftlichen und den persönlichen Leidenserfahrungen zum Tragen kommt. Deshalb wechseln die öffentlichen und privaten Themen sich ebenso ab wie Phasen des gemeinsamen Erlebens und Phasen, in denen die Einzelnen für sich sind. Das heißt: Nicht nur zeitlich hat der Karsamstag-Teil ein Übergewicht. Unverkennbar liegt hier der Schwerpunkt der aktuellen Gestaltung. Die Strukturierung der Phasen (die sich in den nächtlichen Wachen fortsetzt) signalisiert: Nur wer den Weg durch die Nacht mitgeht, kommt zum Osterlicht. Nur wer sich dem Leiden, der Not, den Todeserfahrungen in der Welt und bei sich selbst stellt, wird die Osterbotschaft als Befreiung recht hören. Nur wer das Kreuz nimmt, wird begreifen, was Auferstehung ist.

4. Was hält die Osternacht an theologischen Deutungshilfen und Bewältigungsangeboten bereit? Die Antwort ist nicht einfach. Zunächst ist es der Vorgang selbst, der bedeutsam ist. Der Weg durch die Nacht führt diejenigen, die sich auf ihn einlassen, am Ende zur Osterfreude. Die Stärke des Ostermorgenteils besteht vor allem in der Evidenz der liturgischen Vollzüge, in der gottesdienstlichen ‚Inszenierung' der Osterbotschaft selbst. Das Konzept verlässt sich hier auf die performative Kraft der Tradition. Man hat in St. Katharinen die traditionellen Vorgaben der klassischen Osternacht im großen und ganzen übernommen, wenn auch gestrafft (Reduktion der Lesungen, Wegfall des Exsultet), mit einigen kommunikativen Elementen angereichert („Osterweg", „Osterlachen", der ausgeteilte Friedensgruß) und mit neuen Liedern durchsetzt.

Schwieriger ist die theologische Beurteilung der Kreuzwegstationen. Gewiss, die Konfrontation mit dem Leiden erfolgt im Licht der Ostererwartung, auf die die Gemeinde zugeht und die in einzelnen liturgischen Stücken bereits anklingt. Aber das Konzept lässt den Gruppen einen großen Freiraum in der Gestaltung, und das heißt auch, es lässt vieles offen. Die theologische Deutung der „Stationen auf dem Kreuzweg der Gegenwart" ist oft sehr verhalten, manchmal undeutlich. Und auch die Qualität der Beiträge und ihre Präsentation ist naturgemäß unterschiedlich. Das entspricht dem Gewicht der angesprochenen Probleme. Nicht selten bleiben Ratlosigkeit und ein Gefühl der Ohnmacht zurück, wenn man zur nächsten Station geht. Getragen wird der Kreuzweg durch die Prozessionsgesänge, deren spirituelle Bedeutung viel größer ist als zunächst gedacht. Die angesprochenen Probleme werden eingebunden in den Vollzug des Gehens, Singens, Schweigens. Werden sie dadurch auch in ihrem Gewicht nivelliert? Wird die Härte der Konfrontation mit dem Kreuz durch den Wohlklang der harmonischen Gesänge abgemildert?

5. So viel steht fest: Diese Osternacht enthält für die Gemeinde eine dreifache Zumutung. Sie ist zunächst eine physische Zumutung. Man muss den Weg mitgehen, muss wach bleiben (oder wieder wach werden), und allein das ist eine nicht geringe Anstrengung! Sie ist sodann eine seelische Zumutung. Man muss bereit sein, die Begegnung mit Leiden und Destruktivität, mit dem Schweren, Ungelösten auszuhalten, mit der Dunkelheit, der Stille und mit sich selbst. Die Osternacht ist schließlich auch eine theologische Zumutung. Wer daran teilnimmt, ist herausgefordert, die vielfältigen Informationen, Texte, Bilder, Lieder, Gesänge, Symbole und Zeichen, die im Laufe der Nacht angeboten werden und die keineswegs einer einheitlichen theologischen Logik folgen, zu verarbeiten, um das für sich selbst Wichtige auszuwählen und sich anzueignen.

4

Wie reagiert die Gemeinde auf diese Zumutungen? Merkwürdigerweise hat es lange gedauert, bevor diese Frage überhaupt gestellt wurde. Erst nach acht Durchgängen entstand (zunächst im Rahmen eines Dissertationsprojektes) der Wunsch, Teilnehmer und Teilnehmerinnen der Osternacht nach ihren eigenen Wahrnehmungen, Gefühlen und Urteilen zu befragen. Die Ergebnisse der Befragung sind nicht repräsentativ und doch in vieler Hinsicht aufschlussreich.

1. Die wichtigste Einsicht ist: Die Zumutung wird nur zum Teil angenommen. Sie wird von den Einzelnen auf das ihnen jeweils mögliche und zuträgliche Maß reduziert. Das geschieht in erster Linie durch eine bewusst selektive Teilnahme. Es hat sich herausgestellt, dass offenbar nur eine Minderheit den ganzen Weg mitgeht. Die anderen wählen aus, sie kommen entweder nur zum ersten oder nur zum zweiten Hauptteil. Es gibt charakteristische Verkürzungen, Aus- und Einstiege. Entweder man macht die Kreuzwegstationen mit, bleibt vielleicht noch bis zum Konzert und geht dann irgendwann im Dunkel. Oder man kommt erst am Morgen zum Beginn der Osterlichtfeier (die Möglichkeit, zwischendurch nach Hause zu gehen und dort zu schlafen, scheidet für die meisten wegen der großen Entfernungen aus). Für diese Verkürzungen gibt es zunächst plausible äußere Gründe. Für viele ist es eine Frage der Kräfte („Vermutung mangelnder Kondition" (53j. Mann). „Die ganze Nacht ist mir zu anstrengend, ich hatte es im Jahr davor ausprobiert. Meine Erfahrung war, dass der Ostersonntag dann zu kurz kommt. Ich war so müde, dass Ostern mehr oder weniger ‚ins Bett' verlegt wurde" (25j. Frau). „Ähnlich wie von den Jüngern überliefert, sah ich mich zu so langem ‚Wachen und Beten' nicht imstande" (26j. Frau)). Recht praktischer Art sind auch familiäre Verpflichtungen und Osterpläne am kommenden Tag. Einige wechseln ab. Ein Teilnehmer war mehrfach beim abendlichen Kreuzweg dabei, diesmal wollte er die Feier am Ostermorgen erleben. Oft hat die Auswahl aber auch inhaltliche Gründe. Man hat negative Erlebnisse gehabt. Die Erwartungen sind einmal enttäuscht worden, und so vermeidet man durch die Auswahl die Gefahr einer Wiederholung („Mir haben die ‚neuzeitlichen' Kreuzwegstationen 1989 nicht sehr gefallen. Da ich den Morgenteil bedeutend schöner finde und Angst habe, dass ich zu müde werde, wenn ich versuche, die ganze Nacht zu bleiben, habe ich den morgendlichen Teil gewählt. Ich habe außerdem Angst vor der langen Zeit, wo ‚nichts' passiert" (41j. Frau)). Nur diejenigen, die die Zumutungen des ganzen Prozesses als für sie wichtig und positiv erlebt haben (was partielle

Kritik nicht ausschließt), nehmen erneut die Anstrengung des gesamten Weges auf sich.

Nun ist durchaus verständlich, dass diejenigen, die nur zur Osterlichtfeier kommen, gleichwohl das Gefühl haben, an einer ‚ganzen' Osternacht teilgenommen zu haben. Denn das entspricht ja der üblichen Praxis. Doch wie steht es mit denen, die nur abends kommen und nur den Kreuzweg miterleben? Offenbar ist das auch für sie eine „Osternacht". In der subjektiven Perzeption wird also der Teil, den man miterlebt hat, zu einem Ganzen ergänzt. Die Komplettierung erfolgt bei einigen wenigen ganz real am anderen Ort. Sie gehen anderswo, in einer anderen Gemeinde zum Osterfrühgottesdienst. Andere ergänzen das Fehlende aus der Erinnerung vergangener Jahre. Wiederum andere antizipieren aus dem, was sie am Karsamstag-Abend erleben, für sich den Oster-Morgen. Für diese Menschen sind die Prozessionsgesänge eine Art Osterzeugnis und Ostererlebnis.

2. Im Übrigen zeigt sich: Es wird überraschend viel wahrgenommen, wenn auch sehr unterschiedlich empfunden und bewertet. Die Antworten sind außerordentlich differenziert. Fast alles, was in dieser Nacht geschieht, taucht in den Perzepten der Teilnehmer auf. Die Mehrdimensionalität des Geschehens, die reiche Einbeziehung der nonverbalen Codes wird registriert und positiv beurteilt („die Vielgestaltigkeit: Gehen, Singen, Sprechen, Hören, Beten, biblische Texte in ihrem Bezug zu den heutigen Vorkommnissen, Bildbetrachtung" [53j. Frau]). Und fast jedes Element der Liturgie hat für den einen oder anderen eine persönliche Bedeutsamkeit. Dabei werden die einzelnen Dinge recht unterschiedlich erlebt und z.T. gegensätzlich bewertet. Das betrifft vor allem die politischen Stationen und ihre Gestaltung, aber auch die Litanei in der vierten, liturgischen Station, die von einigen als zu formelhaft empfunden wird („wegen der massiven Aneinanderreihung der Bedeutungen Christi habe ich bald abgeschaltet"), während eine andere die „Litanei des gekreuzigten Christus" unter dem Triumphkreuz als einen besonderen Höhepunkt bezeichnet. Wichtig – sowohl in der Erwartung als auch im tatsächlichen Erleben – ist für viele vor allem das Atmosphärische: „Ruhe, Stille, Meditation, die Möglichkeit, zu mir zu kommen" (31j. Frau), außerdem die leiblichen Vollzüge: „Gang mit den Kerzen und dem Gesang" (39j. Frau); „Texte hören, singen, Musik hören, schweigen, mich bewegen, neue Gesichter entdecken, auch bekannte wiedersehen" (25j. Frau).

3. Die Intentionen des Konzepts werden von vielen wiedererkannt und als für das eigene Erleben relevant benannt. „Es war mir wichtig, mir das ‚Kreuz unserer Zeit' bewusst zu machen, die meditative Stille und die Gesänge in der Kirche zu genießen und mir die Auferstehung Jesu neu bewusst zu machen" (28j. Mann, der im übrigen nur den ersten Teil mitgemacht hat). Eine 30j. Frau beschreibt ihre Erwartungen so: „Glauben und Verkündigung zu erleben – Aushalten der Spannung zwischen Besinnung auf Leiden und Tod und Freude über das Auferstehungsgeschehen – Erleben der Wache in der Nacht – Wahrnehmung des Kirchenraums als Lebensraum." Daneben gibt es andere, die auf die Inhalte (etwa einzelner Stationen) nur summarisch verweisen. Das, was sie angesprochen hat, sind offenbar weniger bestimmte einzelne Aussagen als ein emotionales Angerührtwerden. Das entspricht dann auch den Erwartungen, mit denen diese Menschen in die Osternacht gekommen sind. Es bedeutet nicht, dass ihnen das andere gleichgültig gewesen ist oder dass sie die Inhalte gar nicht wahrgenommen haben. Doch das entscheidende Erleben spielt sich auf einer anderen, tieferen Ebene ab. Vieles ist nicht sagbar, und einige betonen auch, dass es schwierig ist, das Erlebte auszudrücken. Manches wird wohl auch in einem solchen Fragebogen und selbst in einem längeren Interview nicht mitgeteilt und entzieht sich folglich der Auswertung. Doch ab und an erfährt man dann doch von dem, was einem Menschen passiert ist, der sich auf den Prozess und seine Zumutung eingelassen hat. Und es ist bewegend, das zu lesen. Es zeigt sich auf diese Weise:

4. Jeder erlebt ganz persönlich sein Osterfest. Innerhalb des liturgischen Rahmens und der spezifischen Gestaltungsschwerpunkte, die jeweils vorgegeben werden, vollzieht jeder eine eigene theologische Deutung des Geschehens. Wie intensiv dieses Erlebnis ist, hängt mit davon ab, was die Menschen gerade persönlich bewegt, was sie mitbringen in diese Nacht an Unruhe oder Freude, Belastungen oder Offenheit.

Ein 36j. Mann berichtet zunächst von seinem Erleben während der dritten Kreuzwegstation: „Das Bild mit dem zerrissenen Kopf, das große leuchtende Bild, hat mich besonders angesprochen. Es öffnete meine Innenwelt mit Schmerzen, Zweifeln, Leiden, aus eigener Erfahrung und als Eindruck für das Leiden in meiner nächsten Umgebung. Damit eröffnet mir das Bild einen unmittelbaren Zugang zum Leiden Christi." Er geht dann sehr detailliert am Geschehen der Nacht entlang: „Ein Höhepunkt für mich war die Bewegungsmeditation in der Nacht. Ganz behutsam wurde die Stille mit dem Kehrvers aufgenommen, dann kam etwas Bewegung hinzu, bis sich die Menschenkette langsam wiegend und singend in Bewegung setzte. Das Bild: ich trage das Kreuz des anderen, ein anderer trägt mein Kreuz, wir alle sind eine geschlossene Kette, zusammen mit dem meditativen Gesang, löste in mir befreiende Gefühle aus: Geborgenheit, Gemeinschaft, Freude." Der nächste Höhepunkt am Morgen: „Ich hatte ein wenig geschlafen, wurde geweckt, gleich sollte die Osterfeier losgehen. Die Kirche war dunkel, gespannte Erwartung. Dann plötzlich aus der Dunkelheit erklang das ‚Ostende nobis' wie ein kleines Licht. Die anschließenden alttestamentlichen Lesungen hielten die Spannung, gleich müsste es passieren, und dann, mit einem Donnerschlag öffnete sich die Tür, und mit lautem Getöse wurde feierlich das Osterlicht hereingetragen. Die Spannung war geplatzt. Die Nacht war überwunden. Betriebsamkeit verbreitete sich, Freude stieg in mir auf. Das Osterlicht wurde verteilt, die Kirche erstrahlte im Kerzenlicht. Diese Freude in mir, unterstützt und neu geweckt durch den weiteren Verlauf, hielt sich durch den ganzen Gottesdienst, bis nach dem Gottesdienst eine wohlige Erschöpfung ihren Raum nahm."

Ein 29j. Arzt, der auf einer Krebsstation arbeitet, notiert zur ersten Kreuzwegstation: „Das ‚Du bist unser Gott, das ist wahr!' ließ mir im Zusammenhang mit dem Thema Golfkrieg wichtig und deutlich werden: Auch wenn Christus Karfreitag und heutzutage als der ohnmächtige Liebende erscheint, der eben (leider) nicht die Lösung für alles hat und durchsetzt, im weltlichen Sinne also zu scheitern scheint: Ich will mich zu Ihm stellen und Ihn als meinen Gott bekennen (und nicht lieblose, gewalttätige Lösungswege suchen)." Und zur Stille nach dem Nacht-Teil: „Beim meditativen Singen des ‚Bekennen will ich dich, o Herr, denn Du bist das Leben' erlebte ich inneren Frieden (vielleicht ja als Gegensatz zu der Hektik und dem Druck des Arbeitsalltags, der die inneren Wurzeln meines Lebens zu überwuchern droht"). Ein 50j. Diplomingenieur, der von sich sagt: „Ich befinde mich zur Zeit in einer starken Übergangssituation, persönlich, beruflich etc. Meine Erwartungen, mein Bedürfnis waren, in mir mehr Ruhe und Klarheit zu finden durch das Erleben dieser Nacht, durch Aktivität, Alleinsein, in Gemeinschaft sein, durch Stille finden, berührt werden", fand die Station „Zerrissenheit" nicht überzeugend. Er kritisiert auch die Texte während des mitternächtlichen Konzerts als zu „intellektuell" („sie rissen noch mehr an mir"), setzt dann aber fort: „Die Nacht habe ich genossen, unter dem hohen Gewölbe zu liegen, mit Stille, etwas Gesang, Schlaf. Die Lichtwerdung und das Abendmahl haben mich angesprochen. Mir ist das erste Mal innerlich spürbar geworden, mit Brot und Wein mich dem Christus zu öffnen – das war ein schönes Geschenk."

Eine 41j. Frau erzählt: „Noch während des Kreuzweges tat sich eine Menge in mir, ich saß danach in der Kirche und überließ mich meinen Gefühlen, was nicht so alltäglich bei mir ist. Irgendwann merkte ich, dass ich von Tränen ganz nass war. Ich war angekommen, etwas in mir war angekommen. Dann fuhr ich meine Freundin nach Hause und kam zurück. Alles war nun leer in mir, ich fand mich nicht mehr zurecht, wieder waren viele laute Fragen in mir. Unsicherheit. Der Gedanke kam: Ich gebe auf, es ist alles gelaufen. Dieser Zustand blieb, bis wir uns im Altarraum wiedertrafen. Nach dem Tanz etc. kam ich langsam wieder zur Ruhe, ich versuchte, für mich selbst Worte des Gebetes zu finden, nachdem ich merkte, dass ich nicht laut reden musste, das kann ich nämlich nicht. Aber für mich selber war es wichtig, ich konnte bitten, aber auch danken für die Möglichkeit, bis zu dieser Stunde nicht weggelaufen zu sein, dass ich meine Ängste aushalten konnte, dass all die Menschen mich nicht erdrückten. Hier erlebte ich dann Gottes Anwesenheit für mich ein zweites Mal in dieser Nacht. Er war da, er zeigte sich mir durch viele Kleinigkeiten. Ich fühlte mich angenommen. Meine Angst löste sich für den Rest der Nacht fast auf. Ich konnte mich auch der Osterfeier stellen. Das Wort ‚Ich bin bei dir alle Tage' hat diese Nacht für mich eine neue Aussage erhalten. (Sicher sind einige Formulierungen nicht sehr gut gewählt, aber ich kann Gefühle nicht so gut in Worte fassen). Meine Kreuz-Angst, Panik, Berührungsängste etc. waren am Anfang sehr schwer, eine Last, an der ich seit Jahren fast zerbreche. Aber in dieser Nacht merkte ich, dass es mir zwar nicht abgenommen, aber das Ertragen leichter gemacht wird. Panik haben, aushalten, nicht weglaufen und dann innere Ruhe finden, das war das wunderbarste Ostergeschenk, was ich je bekommen habe."

5

Der Prozess der Auswertung solcher Beobachtungen, der Vergleich zwischen Konzepten und Perzepten hat erst begonnen. Ich notiere zum Schluss einige Punkte, die mir – über St. Katharinen hinaus – wichtig zu sein scheinen.

Die Osternacht ist eine Zumutung. Gut, dass es Gemeinden gibt, die sich dieser Zumutung stellen! Allerdings sollte jede Gemeinde, die sich anschickt, eine eigene Osternacht zu planen, sich fragen, was in ihrer Situation angemessen ist, damit nicht aus einer heilsamen Zumutung eine problematische Überforderung wird.

1. Die erste Aufgabe ist also, die eigene Gestalt der Feier zu finden und in die größeren Dimensionen der Osternacht hineinzuwachsen. Dazu sind einige elementare Fragen zu klären: Welche Form, welchen Termin, welche Zeitdauer wählt man? Legt sich eine Konzentration nur auf den Abend (bis Mitternacht) oder nur auf den Morgen (mit wie viel zeitlichem Vorlauf vor Sonnenaufgang?) nahe? Entscheidet man sich für die klassische Form mit feststehenden Stücken oder für eine freie Form, die jeweils neu gefüllt wird, oder für eine Mischform, die innerhalb eines vorgegebenen Rahmens situative und spontane Gestaltung ermöglicht? Wie ist das Verhältnis zwischen Tradition und Gegenwart, zwischen Zitat und Deutung?

Es gibt Grundentscheidungen, die, wenn sie einmal gefallen sind, nur schwer revidiert werden können, ohne dass das ganze Projekt seine Identität verliert. Sie bedürfen sorgfältiger Überlegungen und sollten von einem möglichst breiten Konsens getragen werden. Allerdings, auch wenn die einmal gewählte Form im Ganzen nicht ständig zur Disposition gestellt werden kann, im Einzelnen werden immer wieder Verbesserungen sich nahe legen. Dazu sollte man auf die Erfahrungen der Teilnehmenden (und nicht nur der Vorbereitungsgruppe) hören, mit möglichst vielen sprechen, ihre Wahrnehmungen, Erlebnisse, Urteile ernstnehmen und sie in die Überlegungen künftiger Gestaltung einbeziehen. Je mehr dabei Vorschläge aus der Gemeinde berücksichtigt werden, umso größer ist die Akzeptanz und die Chance, dass die Osternacht zu einer echten Gemeindetradition wird.

Erfahrungen ernst zu nehmen, heißt im Übrigen nicht unbedingt, auf jede Problemanzeige mit Korrekturen oder Rückzug zu reagieren. Man kann es nicht allen recht machen, und es gibt Schwierigkeiten, die in der Sache begründet sind, und Spannungen, die man durch einfache Entscheidungen nicht los wird. Umso wichtiger ist es, nach Möglichkeiten zu suchen, die der Gemeinde helfen, die Zumutungen der Osternacht anzunehmen. Es gehört zum Wesen der Osternacht, dass sie diejenigen, die sich darauf einlassen, in Dimensionen führt, die das subjektive Fassungsvermögen zunächst übersteigen. Es käme darauf an, diese übergroßen Dimensionen nicht zu verkleinern, sondern schrittweise in sie hineinzuwachsen. Dazu gehört ein differenziertes Angebot von Vorbereitung und Nacharbeit in besonderen Veranstaltungen, wenn möglich unterstützt durch einschlägige Dokumentationen und Schrifttum. Denkbar sind:

– vorherige Erläuterungen des Unternehmens, eine Vorstellung des Konzepts der Osternacht, ein Vergleich mit anderen Modellen sowie Erfahrungsberichte von Teilnehmern und Teilnehmerinnen;
– Einführungen in die bibeltheologischen Zusammenhänge, die in den Lesungen der Osternacht auftauchen[10], Interpretation der Bilder, Erzählungen und Motive, die sich im Laufe der Liturgiegeschichte mit der Osternacht verbunden haben (wie z.B. der Zusammenhang zwischen Taufe und Osternacht[11]), Betrachtungen besonders eindrücklicher Darstellungen in der bildenden Kunst der älteren und neueren Zeit[12];
– Einführungen in die musikalische Welt der Osternacht, Einübung der einstimmigen und mehrstimmigen Gesänge, Erweiterung des musikalischen Repertoires, Vorstellung neuer Kompositionen (wenn es gelingt, die Kirchenmusiker/innen dafür zu gewinnen!);
– eine nachträgliche Erschließung der literarischen Texte[13], die im Laufe der Osternacht gelesen werden (vorausgesetzt, dass sie dort, wie es in St. Katharinen Brauch ist, einen Ort haben);
– Einführungen in die politischen und gesellschaftlichen Themen, die in den Kreuzwegstationen zur Sprache kommen.

Bei einer Osternacht, die wie in St. Katharinen aktuelle Themen aufgreift, hängt viel davon ob, dass man rechtzeitig mit der Vorbereitung beginnt. Gemeinsame Vorbereitung braucht Zeit. Und es ist wichtig, dass neben der inhaltlichen Arbeit

---

[10] Vgl. B. Fischer: Redemptionis mysterium. Studien zur Osterfeier und zur christlichen Initiation, hg. von A. Gerhards u.a., Paderborn 1993.
[11] Vgl. U. Steffen: Taufe. Ursprung und Sinn des christlichen Einweihungsritus, Stuttgart 1988, bes. 87ff. die biblischen „Geschichten zur Taufe".
[12] Vgl. u.a. L. Schreyer: Der Sieger über Tod und Teufel. Ein Schaubuch und ein Lesebuch, Freiburg 1953; H. Möbius: Passion und Auferstehung in Kultur und Kunst des Mittelalters, Wien 1979.
[13] Vgl. W. Erk (Hg.): Ostern – Gottes großes ja. Gedanken zu Kreuz und Auferstehung aus Dichtung und Theologie, Stuttgart 1972.

am Thema auch die Kommunikation in der Gruppe und die didaktische Arbeit an der Vermittlung des Themas im Gottesdienst genügend Aufmerksamkeit findet. Im Übrigen ist die Sammlung einer offenen Vorbereitungsgruppe eine Chance, immer wieder neue Menschen in unterschiedlichem Lebensalter zu gewinnen, Betroffene und Interessierte, Experten und Laien, Frauen und Männer, und sie am Prozess der Gestaltung zu beteiligen.

Es geht aber nicht nur um vorbereitende Aktivitäten, fast noch wichtiger dürfte sein, inwieweit es gelingt, die Beteiligung der Gemeinde in der Osternacht selbst zu fördern und den Menschen Gelegenheit zu geben, auf verschiedene Weise eigene Beiträge zu leisten. In den Perzepten zur Katharinen-Osternacht sind dazu Vorschläge gemacht worden. Sie reichen vom Aufstellen einer Gebetswand bis zur Einrichtung von Ecken und Räumen, in denen man für sich oder mit anderen malen oder mit anderem Material etwas gestalten kann.

2. Die theologische Zumutung der Osternacht kommt erst dort in Sicht, wo man im Zusammenhang der Vergegenwärtigung der Auferstehungsbotschaft auch die aktuellen Todeserfahrungen mit zur Sprache bringt. Nur eine Osternacht, die sich auf das Kreuz der Gegenwart einlässt, dürfte wirklich imstande sein, die todüberwindende Kraft des Kreuzes Jesu zu verkündigen und die Entmachtung des Todes in der Auferweckung Christi zu bezeugen. Das kann auf verschiedene Weise geschehen; der hier vorgestellte Versuch ist nur einer, und er ist erkennbar mit theologischen Schwierigkeiten behaftet. Auch Osternächte sind ein Spiegel ihrer Zeit. Die Hamburger Osternacht von St. Katharinen ist in besonderer Weise geprägt durch die Erfahrungen der 80er Jahre des 20. Jh. Sie ist im Sinne George Steiners sehr karsamstagslastig. Die Anlage der „Stationen auf dem Kreuzweg der Gegenwart" birgt die Gefahr, dass die Wahrnehmung des Leidens und der Destruktivität einen unheilvollen Sog zu negativer Eindeutigkeit erhält, der man nur durch eine Verstärkung der Anklagen und Appelle beizukommen vermag – oder der man dann beziehungslos am Ostermorgen die reine Affirmation des liturgischen Osterjubels entgegenstellt. Die problematischen Folgen solch depressiver incurvatio in se ipsum sind theologisch benannt und kritisiert worden[14]. Doch das bedeutet nicht, dass die überzeugenden Alternativen liturgisch bereits gefunden sind. Man halte es nicht für modernistische Arroganz gegenüber der klassischen Gestalt der Osternachtliturgie, wenn hier für eine strukturelle Verschränkung von Tradition und Situation geworben wird. Aber es scheint mir immer weniger möglich, diese Tradition einfach weiterzuführen, „als sei nichts geschehen", als hätten Auschwitz und Hiroshima nicht stattgefunden; als gebe es nicht die massenhafte Realität der Gewalt, des Völkermordes, des Hungers, der erzwungenen Flucht, der tödlichen Krankheiten, der persönlichen und gesellschaftlichen Sinnverdunke-

---

14 Vgl. die einschlägigen Arbeiten von M. Josuttis und R. Bohren.

lung; als lebten wir nicht in einer Welt, deren Zukunftshorizont von ökonomischen, militärischen, ökologischen Katastrophen bedroht ist, die längst ein apokalyptisches Ausmaß angenommen haben. Wie kann es gelingen, Osterbotschaft und Weltwirklichkeit so aufeinander zu beziehen, dass das Bekenntnis, der Bann des Todes sei gebrochen und die Liebe sei stärker als der Tod, glaubwürdig wird, und ohne dass im österlichen Licht das Dunkle und Lebensgefährliche nur weggefeiert wird? Was Friedrich Wintzer Ende der siebziger Jahre als Aufgabe für die Auferstehungspredigt formuliert hat, gilt genauso für die liturgische Gestaltung der Osternacht: „Die christliche Rede von Hoffnung und Auferstehung wird deshalb daran gemessen, ob sie sowohl die Wirklichkeit, in der der Mensch handelt, glaubt und leidet, als auch die Hoffnung auf Gottes Zukunft gleicherweise zur Sprache bringt. Exemplarisch bildet sich das Ineinander von Anfechtung und Hoffnung in der Zweieinheit von Kreuz und Auferstehung ab. Weil das Kreuz und die Agonie Jesu Christi nicht als ein bedauernswerter Zufall abzutun sind, darum kann die Christenheit auch nicht an den sichtbaren und unsichtbaren Kreuzen gequälter Menschen vorübergehen. Das eine Kreuz Jesu Christi und die Kreuze der Menschen lassen sich nicht trennen"[15].

3. Die Osternacht hat eine ganz eigene Gemeinde. Ostern ist heute nicht mehr ein Fest mit allgemeiner volkskirchlicher Verankerung, wenigstens nicht, was die Beteiligung an den Gottesdiensten angeht. Ostern ist aber auch nicht nur ein Fest der Kerngemeinde. Die Gestaltung der Karwoche als ganzer, zumindest der Zeit zwischen Gründonnerstag und Ostersonntag/-montag enthält die Chance, dass sich in den Feiern, Konzerten, Begehungen eine Gemeinde zusammenfindet, die in besonderer Weise offen ist, die auch Distanzierte, Skeptiker, Kritische und Beunruhigte anspricht und einzubeziehen in der Lage ist. Die Osternacht hat im Ensemble der Gottesdienste einen unverwechselbaren Ort. Vielleicht ist der Karsamstag der „längste aller Tage" (G. Steiner) und die darauf folgende „längste aller Nächte" doch nicht nur ein Charakteristikum der achtziger Jahre, sondern die unserer Zeit angemessene Weise, dem Kreuz Jesu Christi und seiner Auferstehung zu begegnen.

---

[15] F. Wintzer: Art. Auferstehung III. Praktisch-theologisch, in: TRE 4 (1979), 529–547, hier: 544.

Sakramente oder Kasualien?

Zur unterschiedlichen Wahrnehmung der lebenszyklischen Handlungen in evangelischer und katholischer Sicht

Eine ökumenische Arbeitsgemeinschaft wie die AGH hat die große Chance, bei ihren Verhandlungen sowohl die Gemeinsamkeit der homiletischen Aufgabe als auch die unterschiedlichen konfessionellen Zugänge zur Sprache zu bringen, um so die eigene Sichtweise im Licht der anderen Tradition neu zu überdenken. Als die Arbeitsgemeinschaft für Homiletik (AGH) im September 2000 die Amtshandlungen zum Thema machte, signalisierte schon der Titel der Tagung in Magdeburg, dass die protestantische Perspektive im Zentrum der Aufmerksamkeit stand: „Hineingesprochen in die eigene Lebensgeschichte erschließt sich die Botschaft – Die Kasualpredigt neu bedacht". Die biographisch-lebensgeschichtliche Perspektive bildet seit einiger Zeit den Fokus der Wahrnehmung der Kasualien in der evangelischen Praktischen Theologie. Das war nicht immer so. Es ist eine liberal-protestantische Sichtweise, die von der Dialektischen Theologie des Wortes Gottes bekanntlich heftig bekämpft worden ist; und auch die Amtshandlungstheorie und -praxis der älteren lutherischen Theologie hatte einen anderen Ansatz (mit Akzent auf Kirche und Amt). Die liberale Auffassung ist seit Mitte der 60er Jahre des 20. Jahrhunderts, im Kontext der empirischen Wende in der Praktischen Theologie wieder in Erinnerung gerufen worden und hat sich seitdem weithin durchgesetzt[1]. Sie ist, das zeigen die Beiträge in dem Band, der die Magdeburger Tagung dokumentiert, - zumindest unter homiletischen Aspekten – inzwischen weithin auch ökumenisch konsensfähig.

Dennoch wäre es einseitig, darüber die in mancher Hinsicht andere Perspektive zu übersehen, in der die katholische Praktische Theologie die Kasualpraxis betrachtet. Die Differenz lässt sich holzschnittartig auf die Alternative bringen: Sakrament oder Kasualie. Es ist verdienstvoll, dass Heinz-Günther Schöttler in seinem Beitrag die katholische – sakramentale – Sicht zum Thema gemacht hat – allerdings ohne diese Besonderheit als solche zu reflektieren. Ich möchte das hier nachholen. Im ökumenischen Dialog ist das Gemeinsame ohne Bewusstsein für die Differenz nicht hinreichend zu bestimmen. Konziliare Orientierung am Ge-

---

[1] Vgl. W. Steck: Art. Kasualien, in: TRE 17 (1988), 673–686 (Lit.); D. Rössler: Grundriss der Praktischen Theologie, Berlin/New York 1986, 198–231, außerdem die in Anm. 9 genannte Literatur sowie die Beiträge v.a. von Wilhelm Gräb, Ulrike Wagner-Rau, Kristian Fechtner in: E. Garhammer/ H.-G. Schöttler/G. Ulrich (Hg.): Zwischen Schwellenangst und Schwellenzauber. Kasualpredigt als Schwellenkunde (ÖSP 3), München 2002.

meinsamen schließt, recht verstanden, differenzhermeneutische Reflexionen der bleibenden Verschiedenheit nicht aus, sondern ein[2]. Zumal dann, wenn es sich nicht nur um theoretische Konzeptionen handelt, die zur Debatte stehen, sondern um Phänomene kirchlicher und pastoraler Praxis, die in mancher Hinsicht Ausdruck unterschiedlicher „gelebter Religion" sind – so wie das bei den lebensbegleitenden Kasualien bzw. Sakramenten der Fall ist.

Warum haben die je spezifischen Differenzen bei den Verhandlungen keine tragende Rolle gespielt? Ich vermute, dass es dafür noch einen zweiten Grund gibt und dass er zusammenhängt mit Zuordnung des Gegenstandes zur Homiletik bzw. Liturgik. Die Konzentration auf die Fragen der Kasualpredigt lässt es – prima vista jedenfalls – zu, dass die liturgischen Aspekte der Gestaltung der betreffenden gottesdienstlichen Ordnungen in den Hintergrund treten. Sie sind aber real nicht verschwunden, wenn sie methodisch ‚unsichtbar' gemacht werden[3].

Deshalb möchte ich in den folgenden Bemerkungen auf diese Verschiedenheit aufmerksam machen und einige damit verbundene Aspekte benennen, die bei der Behandlung im Blick zu behalten sind. Ich tue das, indem ich zunächst zwei Bilder einführe und dann einige Überlegungen zu Heinz-Günther Schöttlers Einlassungen[4] anschließe.

---

[2] Vgl. dazu F.W. Graf/D. Korsch (Hg.): Jenseits der Einheit. Protestantische Ansichten der Ökumene, Hannover 2001, und besonders den Beitrag von Jörg Dierken: Weder ‚Kirche zweiter Klasse' noch ‚kanonisierter Subjektivismus'. Für einen selbstbewussten Protestantismus im ökumenischen Dialog, 149–179.

[3] Im Hintergrund steht die disziplinäre Arbeitsteilung zwischen der „Arbeitsgemeinschaften für Homiletik" (AGH) und der „Arbeitsgemeinschaft katholischer Liturgikdozentinnen und –dozenten" (AKL), die auch zur Folge hat, dass eine ‚ganzheitliche' Betrachtung nicht die Regel ist. Dass sich nur die AGH strukturell ökumenisch geöffnet hat, während die AKL zu ihren Tagungen nur fallweise auch ökumenische Gäste einlädt, zeigt im Übrigen auch, dass die Liturgiewissenschaft in katholischer Sicht stärker die kirchliche Identität berührt und deshalb – zumindest organisatorisch – intern verhandelt wird.

[4] Vgl. H.-G. Schöttler: „Der Gewinn des Suchens ist das Suchen selbst" (Gregor von Nyssa). Kasual-Predigt zwischen Krise und Herausforderung, in: Zwischen Schwellenangst und Schwellenzauber, a.a.O., 13–34.

1

Das erste Bilddokument ist das Deckblatt der Erstausgabe von Martin Luthers „Sermon von dem heiligen hochwirdigen Sacrament der Tauffe" von 1519[5]. Es ist mit einem Holzschnitt versehen, der in sehr charakteristischer Weise den theologischen Zusammenhang der Kasualien nach mittelalterlich-katholischer Auffassung anschaulich macht. Dargestellt sind die sieben Sakramente Taufe, Firmung, Beichte, Priesterweihe, Eheschließung, letzte Ölung sowie in der Mitte hervorgehoben die Eucharistie. Alle sieben Sakramente sind verbunden durch den Bezug zu Christus. Das Bild im oberen Mittelfeld zeigt Christus in einer stilisierten Position. Der Gekreuzigte steht (nur mit dem Lendenschurz bekleidet) auf dem Boden – vor dem (angedeuteten) Kreuz. Er hebt segnend die linke Hand, während er die rechte auf die Seitenwunde legt, aus der in sieben Fäden das Blut zu den sieben Sakramenten fließt. Die in diesem Bild enthaltene Botschaft ist klar: Segen und Heil, die den Menschen in den Sakramenten zugeeignet werden und ihr Leben von der Geburt bis zum Tode begleiten, sind direkter ‚Ausfluss' des Opfers Christi.

---

[5] Dritter Druck: Leipzig, W. Stöckel, 1520. Das Bild, offenbar aus vorreformatorischer Zeit stammend, wurde noch im gleichen Jahr durch einen Titelholzschnitt mit der Kindertaufe ersetzt. Abbildung aus Katalog 289 des Hamburger Antiquariats vom Januar 2001, Nr. 260.

Unter den Sakramenten gibt es im Übrigen eine klare Rangordnung. Zentrum ist die Eucharistie. Während es zu allen anderen Sakramente kleine charakteristischen Szenen gibt, in denen die einzelnen Handlungen und die daran Beteiligten beschrieben werden, ist es im Abendmahl nur die Gabe, die gezeigt wird. Man sieht nur die gewandelte Hostie, den Leib Christi, im geöffneten Tabernakel als irdische Repräsentanz des sich opfernden Christus. Die kleinen Szenen in den Randfeldern signalisieren zugleich die unterschiedlichen biographischen Lebenssituationen wie die Relevanz der kirchlichen Amtsträger für die Vermittlung der Heilsgaben an die Gläubigen.

Das heißt für die Bedeutung der Sakramente, mit denen die Kirche die Lebensstationen der Menschen begleitet: Nicht die Deutung der Lebensgeschichte stiftet den Zusammenhang zwischen ihnen, sondern die vom Christusgeschehen ausgehende Gnadengabe, die durch die Institution Kirche ausgeteilt wird.

Das ist die originale katholische Sichtweise, die allerdings von dem, was Luther in seinem Taufsermon inhaltlich ausführt, nicht gedeckt wird (die er aber auch nicht explizit abgelehnt hat, immerhin hat er sich gegen die Abbildung offenbar nicht gewehrt). Ein Jahr später, in der Schrift De captivitate babylonica ecclesiae von 1520, kommt Luther zu einer Neubewertung der Sakramente[6]. Sie werden an die Einsetzung durch Christus gebunden, was dazu geführt hat, dass in den reformatorischen Kirchen statt der sieben nur noch zwei, Taufe und Abendmahl, als Sakramente anerkannt wurden – mit der Konsequenz, dass Luther bei der Neuordnung der einschlägigen liturgischen Formulare lediglich Agenden für Taufe, Messe und Trauung entworfen hat, nicht für die Beichte, nicht für die Beerdigung; eine eigene evangelische Konfirmationsfeier, die das Sakrament der Firmung ablöste, gab es in Wittenberg und Sachsen zunächst nicht, sie ist allerdings wenig später auf Initiative Martin Bucers in Hessen (Kassel und Ziegenhain) eingeführt worden, und zwar wesentlich unter katechetischen Aspekten. Wie sich aus diesen reformatorischen Anfängen dann doch noch ein vollständiger evangelischer Kasualzyklus herausgebildet hat, dessen zweites, in gewisser Weise eigentliches Zentrum die Kasualpredigt wurde, ist hier nicht zu nachzuzeichnen. Es ist eine Entwicklung, die in mancher Hinsicht erst Ende des 18. Jahrhunderts, in der Liturgik der deutschen Aufklärung, als systematischer Zusammenhang theoretisch begriffen und praktisch-liturgisch gestaltet worden ist. Sie bildet seitdem auf evangelischer Seite mehr oder weniger den Rahmen der Wahrnehmung des Zyklus der „Amtshandlungen" – in der konzeptionellen Fassung, die gegenwärtig wieder vorrangig die Kasualpraxis bestimmt.

---

6 Vgl. A. Peters: Kommentar zu Luthers Katechismen. Bd. 4: Die Taufe, Das Abendmahl, hg. v. G. Seebaß, Göttingen 1993, 11ff.; G. Wenz: Art. Sakramente I, in: TRE 29 (1998), 663–684, bes. 670ff.

2

Das zweite Bilddokument visualisiert diese neuzeitliche biographische Perspektive eindrücklich. Es handelt sich um einen (französischen) Bilderbogen aus dem 19. Jahrhundert mit dem Titel „Die Alterstreppe"[7]. Sie bildet sozusagen das moderne Gegenmodell zu dem mittelalterlichen Konzept. Dargestellt ist die Entwicklung des Menschen von der Kindbett bis zum Sterbebett in der Abfolge von 0–100 Jahren. Die Alterstreppe führt aufwärts bis zur Lebensmitte (die hier reichlich euphemistisch mit 50 Jahren angegeben wird) und wieder abwärts über das Greisenalter (Stock und Krücken) bis zum Totenbett. Subjekt der Entwicklung ist interessanterweise nicht der einzelne Mensch, gezeigt wird jeweils ein Ehe-Paar (wobei die Geschlechterspannung nicht ganz logisch schon in der Wiege beginnt, was ja eher auf Zwillinge hinweist als auf zwei Neugeborene, die sich später zum Paar verbinden; das gilt noch für das Kinder- und Jugendalter, wo man auch eher Geschwister assoziiert). Der einheitsstiftende Bezugsrahmen ist nicht individuell, sondern familiär strukturiert. Und es ist ein ‚bürgerlicher' Lebenslauf. Die begleitenden kirchlichen Sakramente oder Kasualhandlungen werden nicht gezeigt. Weder die Kirche als Institution noch etwa priesterliche Vermittler tauchen auf. Man kann sie sich allerdings unschwer hinzudenken.

Vorausgesetzt ist im Übrigen nicht ein völlig säkulares oder gar atheistisches

---

[7] Quelle unbekannt. Das Motiv der Alterstreppe bzw. der Lebensstufen ist populär. Vgl. eine analoge Darstellung lebenszyklischer jüdischer Kasualzeremonien, die sich auf einer farbigen Oblate mit dem Titel „Von Stufe zu Stufe" im Jüdischen Museum in Berlin findet. Abbildung im Katalog: Geschichten einer Ausstellung. Zwei Jahrtausende deutsch-jüdischer Geschichte, hg. v. Stiftung Jüdisches Museum Berlin, Berlin 2001, 96.

341

Verständnis von menschlicher Biographie. Das Ganze ist – in einer Weise, die traditionelle katholische Eschatologie verrät – eingepasst in transzendente Bezüge, in die Spannung zwischen Himmel und Hölle. Das zeigt sich im unteren Lebensbogen, wo einerseits der Satan mit Macht bemüht ist, die sterbende Seele in die Hölle zu reißen, während andererseits ein Engel den Sterbenden mit seinem Finger zum Himmel weist, wo Gott der Herr über den Wolken segnend seine Hände ausstreckt und zwei Engel die Gerichtsposaune blasen.

3

Sakramente oder Kasualien? Das muss kein prinzipieller Gegensatz sein. Und doch entsprechen den beiden Ansätzen unterschiedliche Schwerpunkte in der theoretischen und praktischen Wahrnehmung. Für die katholische Sichtweise sind mindestens drei Aspekte charakteristisch:

- 1. Die Verbindung zwischen Kasualien und Kirche ist konstitutiv.
- 2. Lebensgeschichte und Heilsgeschehen, der biographische Weg und das Christusmysterium sind unlösbar miteinander verbunden.
- 3. Vollzug und Deutung sind nicht gleichberechtigt; entscheidend ist der Ritus, die Verkündigung ist dem untergeordnet. Die Kasualansprache ist auf jeden Fall stärker eingebunden in den Handlungsvollzug, die Predigt hat dienenden Charakter.

Wenn also die lebensgeschichtliche Konkretion der Gott-Suche – wie bei Heinz-Günther Schöttler – in den Vordergrund rückt, dann ist diese biographische Schwerpunktbildung eine Bereicherung des sakramentalen Ansatzes. Die Gefahr, dass die Predigt sich gegenüber dem Ritus verselbständigt, besteht gleichwohl nicht.

In der Zusammengehörigkeit der drei Momente besteht – theologisch gesehen – die Stärke der katholischen Position. Das hat allerdings auch eine Kehrseite. Denn es führt dazu, dass die gegenwärtige kirchliche Situation der Kasualien von der nachkonziliaren Pastoraltheologie sehr elementar als „Krise" (Schöttler) erlebt wird. Aus (liberaler) evangelischer Sicht ist das verwunderlich, es erscheint aber plausibel, wenn man das Selbstverständnis des modernen Reformkatholizismus im Blick hat. Das durch das II. Vaticanum neu gewonnene ganzheitliche Verständnis von Glauben, Sakrament und Kirche vom Pascha-Mysterium ist im Grunde mit einer nur distanzierten Praxis nicht vereinbar. Die enge Nähe von Glaubensvollzug, Christusmysterium und Gemeinde verlangt eine bewusstere, intensivere Weise der Beteiligung, als es in der traditionellen katholischen Volksfrömmigkeit üblich war. Distanzierte Kirchlichkeit erscheint von daher als problematisch. Die „smarten Auswahlchristen" (Zulehner)[8], die sich dieser Intensivform von Glauben im Sinne der „plena et conscia participatio" verweigern, werden von der modernen katholischen Pastoraltheologie besonders kritisch angesehen. Auch Heinz-Günter Schöttler hat damit Schwierigkeiten, auch er diagnostiziert die derzeitige Situation sehr prinzipiell als Krise des „Zusammenhangs zwischen Sein und Sinn". Beides fällt unter den Bedingungen der Postmoderne tendenziell auseinander, und das bedeutet eine tiefgreifende Infragestellung des kirchlichen Handelns. Die Verankerung der lebensgeschichtlichen Kasualien als Sakramente im Zentrum des Heilsgeschehens hat das Krisenbewusstsein deutlich verschärft. Die vorkonziliare Frömmigkeitspraxis abgestufter Partizipation mit teilweise nur gradueller Identifikation konnte von einem objektivistischen Sakramentsverständnis her eher toleriert werden, und auch die Amtskirche konnte sich mit einer ritualistischen Praxis ebenfalls eher zufrieden geben. Das wird heute infrage gestellt.

Auf dem Hintergrund des Krisenbewusstseins ist Schöttlers Plädoyer für eine Pastoral der Suche nach Gott und Sinn, auch und gerade an den Übergängen des Lebens, einerseits ein Akt kirchlicher Solidarität. Es behaftet die Kasualchristen nicht bei ihren Defiziten, es begegnet ihnen nicht vorwurfsvoll, sondern nimmt sie als Suchende religiös ernst. Das homiletische Ethos der bedingungslosen Zuwendung und helfenden Mitsuche ist vorbildlich, und die Erinnerung an altkirchlich-mittelalterliche Beispiele auch für eine evangelische Kasualhomiletik lehrreich.

Andererseits bestehen weiterhin erhebliche Spannungen in der Wahrnehmung zwischen den Beteiligten. Man wird davon ausgehen können, dass die inhaltlich neu qualifizierten Erwartungen an das Verhalten durch Kirche und Theologie von der Mehrheit der katholischen Kirchenmitglieder (ähnlich wie der Mehrheit der evangelischen) als Normenverschärfung empfunden wird, auf die viele mit weiterer Distanzierung antworten werden. Jedenfalls besteht hier ein Konflikt, der sich immer wieder in der pastoralen Praxis bemerkbar machen wird und dessen man sich zumindest bewusst sein sollte.

An dieser Stelle könnte die Entwicklung in der evangelischen Praktischen Theologie den katholischen Freunden vielleicht zu denken geben. Es ist ja auffällig, dass sich hier in den letzten dreißig Jahren fast eine gegenläufige Lagebeurteilung eingespielt hat. Die erstaunliche Stabilität in der Inanspruchnahme der Amtshandlungen durch die Mehrheit der Kirchenmitglieder gilt im Unterschied zur Ära der Dialektischen Theologie heute in der Regel nicht mehr als Symptom für einen problematischen Substanzverlust, sondern als Ausdruck volkskirchlicher

---

8   Vgl. Paul M. Zulehner: Heirat, Geburt, Tod. Eine Pastoral an den Lebenswenden, Freiburg u.a. 1976, zit. bei Schöttler, 13 und 34.

Normalität. Vor allem die großen Kirchenmitgliedschaftsuntersuchungen der EKD haben dazu beigetragen, die distanzierte, genauer: selektive Kirchlichkeit, die sich auf die lebenszyklische und jahreszyklische Beteiligung konzentriert (und beschränkt), nicht mehr an der Idealnorm regelmäßiger Partizipation am Gemeindeleben und hoher Identifikation mit der kirchlichen Lehre zu messen und – weil sie diese doppelte Norm nicht erfüllt – als defizitären Modus bekennender Glaubensexistenz zu beurteilen, sondern als eigenen Typus neuzeitlicher Christlichkeit und „gelebter Religion" zu sehen und anzuerkennen[9].

Die Begegnungen mit Ritus und Verkündigung an den großen Höhepunkten und Übergängen des Lebens bleiben zwar meist punktuell, aber sie sind für die Betroffenen keineswegs beliebig und oft sehr intensiv. Die empirisch erfahrene Spannung zwischen Gemeindechristen und Kasual- bzw. Festtagschristen besteht weiter, und sie enthält auch Probleme, aber sie wird nicht mehr im Horizont epochaler Verfallstheorien gedeutet. Sie gehört strukturell zum volkskirchlichen System dazu, ist jahrhundertelang eingeübt worden und hat – in den Augen der Menschen – eine durchaus plausible Logik[10]. Die Folge dieser theologischen Aufwertung der Kasualien ist eine Entdramatisierung der Situation. Sie ermöglicht es, realistisch nicht nur die Grenzen der Kasualpraxis, sondern vor allem die Chancen zu erkennen und als pastorale Herausforderung anzunehmen – so wie das von anderen Voraussetzungen her auch Heinz-Günter Schöttler empfiehlt.

Ein kritischer Vergleich gibt Anlass zu Rückfragen in beide Richtungen. Möglicherweise könnte die katholische von der evangelischen Kasualtheologie lernen, die „Auswahlchristen" positiver zu sehen und Distanz im Verhältnis zur Kirche differenzierter zu bewerten. Umgekehrt ergeben sich aus der katholischen Sicht auch Rückfragen an die protestantische Amtshandlungspraxis. Zwei relevante

---

[9] Vgl. aus der Fülle der Literatur nur die frühe Studie von Y. Spiegel: Gesellschaftliche Bedürfnisse und theologische Normen. Versuch einer Theorie der Amtshandlungen, in: ThP 6, 1971, 212–231; V. Drehsen: Die Heiligung von Lebensgeschichten. Zur gesellschaftstheoretischen Bedeutung volkskirchlicher Amtshandlungen, in: Ders.: Wie religionsfähig ist die Volkskirche? Sozialisationstheoretische Erkundungen neuzeitlicher Christentumspraxis (1981), Gütersloh 1994, 174–198; W. Gräb: Rechtfertigung von Lebensgeschichten. Erwägungen zu einer theologischen Theorie der kirchlichen Amtshandlungen, in: PTh 76, 1987, 21–38, ferner U. Wagner-Rau: Segensraum. Kasualpraxis in der modernen Gesellschaft (PThe 50), Stuttgart u.a. 2000; die Kirchenmitgliedschaftsuntersuchungen (KMU I–IV) der EKD: H. Hild (Hg.): Wie stabil ist die Kirche? Bestand und Erneuerung. Ergebnisse einer Umfrage, Gelnhausen/Berlin 1974, bes. Teil III, 233ff. Wegweisend für die neue Sicht wurde der Aufsatz von Joachim Matthes im Kommentarband zur KMU I: Volkskirchliche Amtshandlungen, Lebenszyklus und Lebensgeschichte. Überlegungen zur Struktur volkskirchlichen Teilnahmeverhaltens, in: J. Matthes (Hg.): Erneuerung der Kirche. Stabilität als Chance? Folgerungen aus einer Umfrage, Gelnhausen/Berlin 1975, 83–112; J. Hanselmann/H. Hild/E. Lohse (Hg.): Was wird aus der Kirche? Ergebnisse der zweiten EKD-Umfrage über Kirchenmitgliedschaft, Gütersloh 1984; K. Engelhardt/H. v. Loewenich/P. Steinacker (Hg.): Fremde Heimat Kirche. Die dritte EKD-Erhebung über Kirchenmitgliedschaft, Gütersloh 1997, bes. 67ff.

[10] Vgl. dazu P. Cornehl: Teilnahme am Gottesdienst. Zur Logik des Kirchgangs – Befund und Konsequenzen, in: J. Matthes (Hg.): Kirchenmitgliedschaft im Wandel. Untersuchungen zur Realität der Volkskirche. Beiträge zur zweiten EKD-Umfrage „Was wird aus der Kirche", Gütersloh 1990, 15–53.

Punkte seien genannt. Sie betreffen den Zusammenhang von Ritus und Verkündigung und die Verbindung von Lebensthemen und Glaubensthemen.

4

Die katholische Auffassung der Kasualien als Sakramente enthält für die evangelische Seite die Herausforderung, das Verhältnis von Liturgie und Predigt, Ritus und Verkündigung im Kasualgottesdienst neu zu bedenken. Hier besteht noch immer Nachholbedarf, auch wenn die Einsicht in die Relevanz von Symbol und Ritual, Wort und Zeichen mittlerweile gestiegen ist[11]. Es ist nötig, bei der Arbeit an der Kasualpredigt neben den homiletischen auch die liturgischen Aspekte sorgfältig zu bedenken. Die Zusammengehörigkeit von Ritus und Verkündigung und ihre wechselseitige Erschließung sollte bei der Erstellung der konkreten Tauf-, Konfirmations-, Trau- und Beerdigungspredigten noch konsequenter zur Geltung gebracht werden[12].

Der Dialog mit der katholischen Theologie könnte in diesem Zusammenhang für die evangelische Kasualpraxis auch insofern ein wichtiges Korrektiv sein, als er helfen könnte, die neuerdings zu beobachtende Tendenz, dass sich die Rezeption symbolischer Zeichenhandlungen allzu sehr subjektiv verselbständigt und der Hang zu wortreichen Erklärungen den Vollzug der Handlungen überwuchert, zumindest einzudämmen. Wir Evangelischen könnten lernen, bei der liturgischen Gestaltung die agendarischen Vorgaben ganz anders, als es zu Zeit vielfach üblich ist, wertzuschätzen. Wenn man in der Kasualpredigt zu Recht den individualisierenden biographischen und seelsorgerlichen Belangen der beteiligten Menschen Raum gibt, dann bilden die in den gesamtkirchlichen Agenden kodifizierten Vollzüge, Formen und Formeln in ihrer ‚Objektivität' und Strenge dazu ein wichtiges Gegengewicht. An dieser Stelle ist die Selbstverständlichkeit, mit der die katholische Predigt die geltenden Gottesdienstordnungen voraussetzt und sich auf sie bezieht, für Evangelische ein positiver Anstoß.

Das gilt auch für den zweiten Punkt: die Verbindung von Lebensthemen und Glaubensthemen. Auch sie ist für die katholische Kasualpredigt selbstverständlich. Der Ansatz bei den Amtshandlungen als Sakramenten ist die Gewähr dafür, dass das Christusgeschehen und seine sakramentale Vergegenwärtigung in allen lebensgeschichtlichen Übergängen den zentralen Bezugspunkt bildet. Katholische

---

[11] Der erste bedeutsame Anstoß zur Neuorientierung kam von W. Jetter: Symbol und Ritual. Anthropologische Elemente im Gottesdienst, Göttingen 1978.
[12] So wie das schon vor dreißig Jahren Hans-Joachim Thilo mit Blick auf die seelsorgerlicher Dimension der Amtshandlungspraxis gefordert hat: Beratende Seelsorge. Tiefenpsychologische Methodik dargestellt am Kasualgespräch, Göttingen 1971.

Kasualpredigt dürfte deshalb in der Regel dogmatischer und kirchlicher sein als evangelische (zumindest, sofern sie in liberal-protestantischer Tradition steht). Doch die Aufgabe der Vermittlung des lebensgeschichtlichen Deutungsrahmens mit den heilsgeschichtlichen, christologischen und ekklesiologischen Themen ist auch für die evangelische Kasualpraxis entscheidend. Und sie stellt sich bei den einzelnen Kasualien auf differenzierte Weise, gerade weil nicht alle den Status eines Sakraments haben. Bei der Taufe ist der Bezug zum Heilsgeschehen im Prinzip unstrittig (und der biographische Faktor bei der Kindertaufe naturgemäß noch nicht so ausgeprägt wie etwa bei einer Erwachsenentaufe). Bei der Konfirmation lässt er sich durch den Rückbezug auf die Taufe und die Relevanz der Glaubensthematik ebenfalls einsichtig machen. Bei Trauung und Beerdigung, wo die sakramentale Komponente nach evangelischem Verständnis nicht gegeben ist, muss er jeweils neu bedacht werden – und das insbesondere im Blick auf die distanzierten Kirchenmitglieder (bzw. Nichtmitglieder), die die betreffende kirchliche Handlung erbitten.

Eine exegetische Beobachtung kann an dieser Stelle weiterführen. Der Alttestamentler Rainer Albertz hat darauf aufmerksam gemacht, dass es bereits im alten Israel eine gewisse Selbständigkeit der „persönlichen Frömmigkeit" gegenüber der „offiziellen Religion" gegeben hat, die nie ganz verloren gegangen ist[13]. Es blieb allerdings nicht bei einem unverbundenen Nebeneinander, die Arbeit an der Integration von Heilsgeschichte und Lebensgeschichte, an der wechselseitigen Durchdringung von persönlich-familiärer Frömmigkeit und gesamtisraelitischem JHWH-Kult wurde – spätestens seit der Krise des 8. Jahrhunderts – zur permanenten theologischen Aufgabe. Alle bedeutenden Reformprojekte, angefangen vom Deuteronomium über die Propheten bis zu den umfassenden Entwürfen der exilisch-nachexilischen Zeit (Priesterschrift, deuteronomistisches Geschichtswerk) waren bemüht, beides miteinander in Beziehung zu setzen und die Spannungen zwischen Lebensgeschichte und Heilsgeschichte auszugleichen[14]. Das konnte auf die Dauer nur gelingen, wenn beide Perspektiven in ihrem jeweiligen Recht anerkannt wurden. Das wiederholt sich später in der Geschichte der Kirche, und gilt bis heute.

Die harte Kritik der Dialektischen Theologie an der volkskirchlichen Praxis z.B., der Vorwurf der „Baalisierung" der Amtshandlungen (Bohren) verstand sich als prophetischen Protest gegen eine Funktionalisierung des Wortes Gottes durch eine lebensgeschichtliche ‚natürliche Theologie'[15]. Dieser Einspruch ist auch vier-

---

13 Vgl. R. Albertz: Persönliche Frömmigkeit und offizielle Religion. Religionsinterner Pluralismus in Israel und Babylon, Stuttgart 1978; ders.: Religionsgeschichte Israels in alttestamentlicher Zeit, Göttingen 1992.
14 Vgl. Albertz: Persönliche Frömmigkeit, 169ff.178ff.; Religionsgeschichte 330ff.413ff.
15 Vgl. R. Bohren: Unsere Kasualpraxis – eine missionarische Gelegenheit? (TEH 83), München 1960; H. Vogel: Unsere Predigtaufgabe in Kasualreden, in: PTh 32, 1936, 214–220.

zig Jahre später nicht völlig verstummt, auch wenn die damit verbundenen Verdächtigungen sich abgenutzt haben, eine polemische Revitalisierung der alten Frontstellungen bringt nicht weiter[16]. Die Integration bleibt eine ständige Aufgabe, die man nicht einfach als Rückfall in Dogmatismus denunzieren sollte. Der sakramentale Ansatz der katholischen Kasualtheorie ist auf andere Weise eine Herausforderung, diese Verbindung immer wieder neu zu suchen.

5

Sakramente oder Kasualien? Das muss kein Gegensatz sein. Und für viele ist es auch keiner. Dafür gibt es einen bemerkenswerten literarischen Beleg, den ich zum Abschluss zitieren möchte. Er stammt von Goethe (und ist sozusagen ein Pendant zu Goethes Kommentar zum Abendmahl, auf den Heinz-Günter Schöttler verwiesen hat). In seinen Lebenserinnerungen „Dichtung und Wahrheit" findet sich eine aufschlussreiche längere Passage, eine Art Exkurs, in dem der alte Goethe im Rückblick auf seine Jugend über die Bedeutung der Religion im Lebenszusammenhang nachdenkt[17].

„Bei dieser Gelegenheit kann ich nicht unterlassen, aus meiner früheren Jugend etwas nachzuholen, um anschaulich zu machen, wie die großen Angelegenheiten der kirchlichen Religion mit Folge und Zusammenhang behandelt werden müssen, wenn sie sich fruchtbar, wie man es von ihr erwartet, beweisen soll." (288)

Und dann kommt Goethe auf die lebensgeschichtliche Rolle der Sakramente zu sprechen, deren unverzichtbare Leistung im Prozess der Sozialisation er herausstellt:

„In sittlichen und religiösen Dingen, ebenso wohl als in physischen und bürgerlichen, mag der Mensch nicht gern etwas aus dem Stegreife tun! Eine Folge, woraus Gewohnheit entspringt, ist ihm nötig, das, was er lieben und leisten soll, kann er sich nicht einzeln, nicht abgerissen denken, und um etwas gern zu wiederholen, muss es ihm nicht fremd geworden sein. Fehlt es dem protestantischen Kultus im ganzen an Fülle, so untersuche man das einzelne, und man wird finden, der Protestant hat zu wenig Sakramente, ja er hat nur eins, bei dem er sich tätig erweist, das Abendmahl: denn die Taufe sieht er nur an anderen vollbringen, und es wird ihm nicht wohl dabei."

---

16 Wie es z.B. bei Christian Schwarz der Fall ist: Verheissenes Leben. Bestattungspredigt und Biographie (Wechsel-Wirkungen Erg.Reihe 10), Waltropp 1999. Vgl. dazu die Rezension von M. Laube, in: ThLZ 126, 2001, 1095–1097.
17 Aus meinem Leben. Dichtung und Wahrheit. Zweiter Teil, 7. Buch, zit. nach: Goethes Werke (Hamburger Ausgabe, hg. und kommentiert von Erich Trunz), Bd. 9, Autobiographische Schriften I, 288–292.

Dabei wird Goethe emphatisch:

„Die Sakramente sind das Höchste der Religion, das sinnliche Symbol einer außerordentlichen göttlichen Gunst und Gnade."

Das gilt aus der Perspektive der gläubigen Rezipienten für das evangelische wie für die katholische Verständnis der Sakramente, das bei allen theologischen Unterschieden im entscheidenden Punkt übereinstimmt:

„In dem Abendmahle sollen die irdischen Lippen ein göttliches Wesen verkörpert empfangen und unter der Form irdischer Nahrung einer himmlischen teilhaftig werden. Dieser Sinn ist in allen christlichen Kirchen ebenderselbe, es werde nun das Sakrament mit mehr oder weniger Ergebung in das Geheimnis, mit mehr oder weniger Akkommodation an das, was verständlich ist, genossen; immer bleibt es eine heilige, große Handlung, welche sich in der Wirklichkeit an die Stelle des Möglichen oder Unmöglichen, an die Stelle desjenigen setzt, was der Mensch weder erlangen noch entbehren kann."

Gegen eine Isolierung des Abendmahls besteht Goethe auf dem Zusammenhang zwischen Sakrament und Kasualien:

„Ein solches Sakrament dürfte aber nicht allein stehen; kein Christ kann es mit wahrer Freude, wozu es gegeben ist, genießen, wenn nicht der symbolische oder sakramentliche Sinn in ihm genährt ist. Er muss gewohnt sein, die innere Religion des Herzens und die der äußeren Kirche als vollkommen e i n s anzusehen, als das große allgemeine Sakrament, das sich wieder in so viel andere zergliedert und in diesen Teilen seine Heiligkeit, Unzerstörbarkeit und Ewigkeit mitteilt."

In diesem Sinn beschreibt Goethe dann die einzelnen Szenen, in denen die übergreifende Sicht im Laufe des Lebens realisiert wird, und zwar in der Reihenfolge Trauung, Taufe, Konfirmation, Beichte, Abendmahl (ohne Kelchkommunion!), Letzte Ölung und Priesterweihe[18]. In familiärer Logik beginnt er mit der Eheschließung:

„Hier reicht ein jugendliches Paar sich einander die Hände, nicht zum vorübergehenden Gruß oder zum Tanze; der Priester spricht seinen Segen darüber aus, und das Band ist unauflöslich. Es währt nicht lange, so bringen diese Gatten ein Ebenbild an die Schwelle des Altars; es wird mit heiligem Wasser gereinigt und der Kirche dergestalt einverleibt, dass es diese Wohltat nur durch den ungeheuersten Abfall verscherzen kann. Das Kind übt sich im Leben an den irdischen Dingen selbst heran, in himmlischen muss es unterrichtet werden. Zeigt sich bei der Prüfung, dass dies vollständig geschehen sei, so wird es nunmehr als wirklicher Bürger, als wahrhafter und freiwilliger Bekenner in den Schoß der Kirche

---

[18] Als den Höhepunkt bezeichnet Goethe am Ende die Ordination: „Ja, in der Weihe des Priesters ist alles zusammengefaßt, was nötig ist, um diejenigen heiligen Handlungen wirksam zu begehen, wodurch die Menge begünstigt wird, ohne dass sie irgend eine andere Tätigkeit dabei nötig hätte, als die des Glaubens und des unbedingten Zutrauens." (292)

aufgenommen, nicht ohne äußere Zeichen der Wichtigkeit dieser Handlung. Nun ist er entschieden ein Christ, nun kennt er erst die Vorteile, jedoch auch die Pflichten." (289f.)

Nachdem so die Wohltaten von Beichte, Vergebung und Abendmahlsempfang gewürdigt worden sind, folgt ein Blick auf die letzte Station am Lebensende:

„Und was nun durch das ganze Leben so erprobt worden, soll an der Pforte des Todes alle seine Heilkräfte zehnfach tätig erweisen. Nach einer von Jugend auf eingeleiteten, zutraulichen Gewohnheit nimmt der Hinfällige jene symbolischen, bedeutsamen Versicherungen mit Inbrunst an, und ihm wird da, wo jede irdische Garantie verschwindet, durch eine himmlische für alle Ewigkeit ein seliges Dasein zugesichert. Er fühlt sich entschieden überzeugt, dass weder ein feindseliges Elemente, noch ein misswollender Geist ihn hindern könne, sich mit einem verklärten Leibe zu umgeben, um in unmittelbaren Verhältnissen zur Gottheit an den unermesslichen Seligkeiten teilzunehmen, die von ihr ausfließen …" (291).

Das Fazit lautet:

„Und so ist durch einen glänzenden Zirkel gleichwürdig heiliger Handlungen, deren Schönheit von uns nur kurz angedeutet worden, Wiege und Grab, sie mögen zufällig noch so weit aus einander gerückt liegen, in einem stetigen Kreise verbunden." (291)

Ich kann und will hier diese Äußerungen nicht weiter kommentieren, obwohl dies in vieler Hinsicht reizvoll wäre. Deutlich wird, dass die Verbindung von Sakrament und Kasualien so geschieht, dass er den Sakramentsbegriff – in einem weiten Sinn – als theologische Klammer benutzt, um die lebensbegleitenden Handlungen zusammenzuschließen. Goethe erweist sich damit als eine Art moderner Katholik evangelischer Herkunft, der recht kritisch gegenüber der eigenen Tradition (die er eigentlich nur im Blick auf Konfirmation und Konfirmandenunterricht als konfessionelles Proprium zur Geltung bringt) das Sakrament als Rahmen begreift, in den die lebensgeschichtliche Sicht eingeordnet wird – genau umgekehrt, wie wir es in Magdeburg praktiziert haben.

Es ist die Stimme eines Laien, der sich sein Leben lang in einiger Distanz zum kirchlichen Christentum bewegt hat. Insofern doppelt interessant, sie zu hören. Könnte diese Stimme den ökumenischen Dialog über die Kasualpredigt bereichern?

Auf dem Weg zum Friedhof

James Joyce „Ulysses" I, 123–163

17.3.1979
„Martin Cunningham schob, als erster, seinen zylinderbedeckten Kopf in den quietschenden Wagen, stieg zackig hinein und setzte sich. Mr. Powers lange Gestalt folgte ihm, achtsam gebückt.
– Los, Simon, nur immer herein!
– Nach Ihnen, sagte Mr. Bloom.
Mr. Dedalus bedeckte sich rasch, stieg ein und sagte dabei:
– Ja, ja.
– Sind wir denn alle da? fragte Martin Cunningham. Kommen Sie schon, Bloom."
(Aus: James Joyce: Ulysses. Übersetzt von Hans Wollschläger, Frankfurt 1975, Bd. I, 123).

Leben heißt Mitschwimmen im Gedankenstrom, im Strom der Assoziationen, die kommen und gehen, z.B. wenn man sich in einer Droschke auf den Weg zu einer Beerdigung begibt. Alle assoziieren. Nicht einmal immer ganze Sätze. Es geht von Stichwort zu Stichwort. Man lässt sich tragen vom Reiz der Bilder und Wortverbindungen. Zwischendurch vermischen sich die Ströme, weil jemand etwas sagt und der Andere reagiert. Es werden nicht etwa Eindrücke und Gefühle verarbeitet, wichtig ist das schnelle Registrieren und Kombinieren. Das Eine auf das Andere beziehen, dem Assoziationsfluss nachgeben bis zum nächsten Reiz. Alle Dinge erscheinen auf der gleichen Ebene und mit der gleichen Wertigkeit.

In diesem Zusammenhang gewinnt das Ritual Bedeutung. Zunächst der nonverbale Vorgang: Der Trauerzug zum Friedhof durch die Stadt fährt sozusagen durch den Alltagsstrom hindurch. Mit witziger Aufmerksamkeit werden semantische Pointen notiert. Mit Lust überlässt man sich der absurden Slapstick-Logik der Einfälle.

„ ... Und, sagte Martin Cunningham, es gäbe keine Szenen mehr wie damals, wo der Leichenwagen an der Ecke bei Dunphy's umschlug und den Sarg auf die Straße kippte.
– Das war entsetzlich, sagte Mr.Powers schockiertes Gesicht, und die Leiche rollte aufs Pflaster. Schrecklich!
– Als erste durchs Ziel bei Dunphy's, sagte Mr. Dedalus, nickend. Gordonbennet-Pokal.

– Lob und Preis sei Gott! sagte Martin Cunningham fromm.
Bumms! Umgekippt. Ein Sarg polterte auf die Straße. Barst auf: Paddy Dinam schoss heraus und überschlug sich, steif im Staub, in braunem Anzug, der ihm zu groß ..." (139)

Trauer-Dada. Ganz schön makaber. Von Joyce lustvoll genossen. Aber wer hätte nicht schon selbst solche Phantasie gehabt.
 Ich assoziiere, also bin ich. Mit dieser Technik wird eines überdeutlich herausgestellt: Die Differenz zwischen dem Ritual und seinen Phasen einerseits und dem subjektiven Erleben der Beteiligten andererseits. Was sehe ich? Wen entdecke ich? Was fällt mir dazu ein? Ständig flitzen Einfälle hin und her zwischen den Leuten, die sich kennen und rasch durch Kürzel verständigen. Alle erleben ja ähnlich, registrieren reflexhaft. Kühle Verachtung wechsel mit plötzlich aufkommender Sentimentalität, fast ohne Übergang. Und die vorgeschriebenen Gesten werden auch beim anschließenden Gottesdienst korrekt und gekonnt ausgeführt. Das meint „fromm": den äußeren Gestus, nicht die subjektive Überzeugung. Das ritualisierte Verhalten entlastet vom inneren Mitvollzug. Es ermöglicht das freie Schweifen auch während der Liturgie. Die Fassade schützt.

„Mr. Bloom stand weiter hinten neben dem Weihwasserbecken, und als alle niedergekniet waren, ließ er sorgsam seine auseinandergefaltete Zeitung aus der Tasche zu Boden gleiten und kniete sich mit dem rechten Knie darauf. Er setzte seinen schwarzen Hut sachte auf sein linkes Knie und beugte sich, die Krempe haltend, fromm nach vorn.
 Ein Ministrant trat aus einer Tür, in der Hand einen Messingeimer mit irgend etwas darin. Der weißbehemdete Priester kam ihm nach, mit der einen Hand seine Stola ordnend, mit der andern ein kleines Buch balancierend vor seinem Krötenbauch. Wer liest uns den Schmeh? Ich, sprach die Kräh. Sie machten am Katafalk halt, und der Priester begann aus seinem Buch zu lesen, fließend krächzend, sonor.
 Pater Coffey. Ich wusste doch, sein Name klang nach Koffer irgendwie. Domine-namine. Bullig ums Maul sieht er aus. Schmeißt die ganze Chose. Muskulöser Christ. Wehe, wer den mal schief anguckt: so einen Hochwürden. Du bist Petrus. Platzt noch mal allseits aus den Nähten wie ein Schaf im Klee, sagt Dedalus. Tatsächlich, bei so einem Bauch, wie ein vergifteter Köter. Ganz amüsante Ausdrücke, die der Mann findet. Pfiff: allseits aus den Nähten platzen.
 – Non intres in iudicium cum servo tuo, Domine.
 Kommen sich gleich werweißwie viel wichtiger vor, wenn Latein über ihnen gebetet wird. Requiem. Trauerschleier. Schwarzumrandetes Briefpapier. Der

Name auf der Altarliste. Ziemlich fröstelig hier. Da muss es einen ja nach gutem Futter gelüsten, wenn man hier so den ganzen Morgen im Dunkeln hockt, Däumchen dreht und wartet, dass der nächste bitte ... " (146)

Die Distanz vom gemeinten Sinn und die Stabilisierung einer eigenen Ebene der Wahrnehmung im Gegenüber zum Ablauf des Rituals gehörten hier dazu, ebenso wie die leichte Bereitschaft, wenn etwas Signifikantes geschieht, sofort und willig einzuschwenken, eine neue Assoziationsschiene zu legen, sich aber auch zurückführen zu lassen. Keine Abschweifung verschenken, sich aber auch in keine verbohren!

Die Autonomie der beiden Ebenen des Szenarios gibt ein beruhigendes Gefühl. Es kann nichts passieren, was einen zur Betroffenheit nötigen könnte, wenn man's nicht selber will. Zwei Sprachen, zwei Grammatiken nebeneinander.

„Die Kniescheibe tut mir weh. Aua. So ist's besser.

Der Priester nahm einen Stock mit einem Knauf am Ende aus dem Eimer des Jungen und schüttelte ihn über dem Sarg. Dann trat er ans andere Ende und schüttelte ihn wieder. Dann kam er zurück und steckte ihn zurück in den Eimer. Wie du warst, bevor du zur Ruhe gingst. Ist alles schriftlich festgelegt: er muss es machen.

– Et ne nos inducas in tentationem.

Der Ministrant respondierte in piepsigem Diskant. Ich hab ja schon oft gedacht, man sollte sich im Haus am besten auch Jungens nehmen, Dienstjungens. So bis fünfzehn ungefähr. Anschließend natürlich ...

Weihwasser war das, nehm ich an. Schüttelt Schlaf daraus. Also eigentlich muss ihm das doch bis zum Hals stehen hier, andauernd dieses Dings da über all den Leichen zu schütteln, mit denen die Leute hier angetrabt kommen. Wenn der mal sehen könnte, was er da so alles beschüttelt. An jedem Tag, den Gott werden lässt, ein neuer Schub: mittelalte Männer, alte Frauen, Kinder, Frauen im Kindsbett gestorben, Männer mit Bärten, kahlköpfige Geschäftsleute, schwindsüchtige Mädchen mit kleinen Spatzenbrüsten. Das ganze Jahr lang hat er dasselbe Zeug über ihnen allen gebetet und sie mit Wasser beschüttelt: Schlaf. Jetzt Dignam hier.

– In paradisum.

Hat gesagt, er ginge ins Paradies ein oder wäre schon drin im Paradies. Sagt das von jedermann. Ein ödes Geschäft das. Aber irgendwas muss er ja sagen ... " (147)

Irgendwas muss er ja sagen. Und dann geht's weiter. Das klingt entlarvend, ist aber keine prinzipielle Religions- oder Kultkritik. Eher ein distanzierter Skeptizismus. Man braucht sich nicht festzulegen. Man trägt die fromme Maske und kann dahinter ein bisschen motzen. Doch das wird nicht öffentlich. Die Ebenen getrennt zu halten, gehört zum Spiel.

„Mr. Kernan fügte hinzu:
— Das Ritual der irischen Kirche, wie es am Mount Jerome üblich ist, wirkt viel einfacher, eindrucksvoller, muss ich sagen.
Mr. Bloom stimmte vorsichtig zu. Die Sprache, das war natürlich ganz was anderes.
Mr. Kernan sagte mit Feierlichkeit:
— Ich bin die Auferstehung und das Leben. Das packt einen doch im innersten Herzen.
— Ja, das packt, sagte Mr. Bloom.
Dein Herz vielleicht, aber was soll's dem Burschen in dem sechs Fuß mal zwo da, der die Radieschen von unten besieht? Bei dem gibt's nichts mehr zu packen. Sitz der Gemütsbewegungen. Gebrochenes Herz. Eine Pumpe doch letzten Endes, die tausende von Gallonen Blut täglich umwälzt. Eines schönen Tages verstopft sie sich, und man ist erledigt. Haufenweise liegen sie hier herum: Lungen, Herzen, Lebern. Alte rostige Pumpen: einen Schmarren was andres. Die Auferstehung und das Leben. Wenn man erst mal tot ist, ist man tot. Dieser Einfall mit dem jüngsten Tag. Die ganze Bagage aus ihren Gräbern trommeln. Lazarus, komm herfür! Und er kam herfünf, und Pustekuchen. Alles aufstehen! Jüngster Tag! Jeder grapscht wie wild nach seiner Leber, seinen Glotzern und den restlichen Siebensachen. Dabei findet er doch nicht mehr wieder an dem Morgen. Ein Pennyweight Staub bloß noch im Schädel. Zwölf Gramm ein Pennyweight. Troy-Maß. Corny Kelleher tauchte an ihrer Seite auf und hielt Schritt mit ihnen.
— Hat ja alles erstklassig geklappt, sagte er. Was? ..." (149)

Das ist mehr als Gemotze. Da sind Kohelet-Töne drin. Die Ebenen haben sich grotesk verselbständigt, aber das Gefüge aus Sinn-Unsinns-Konstruktionen stürzt nicht zusammen. Noch provozieren die eschatologischen Bilder wenigstens Ärger und Aufbegehren. Die Formeln halten eine Transzendenz fest, gegen die man zwar gegenan wüten kann, aber die als Gegenüber noch bewusst ist, die Repräsentanz in der Wirklichkeit hat. Siebzig Jahre später ist diese religiöse Vorstellungswelt in den Köpfen der Mehrheit abgelöst von der einprägsameren Sprache der Werbespots und der BILD-Schlagzeilen, der Schlagertexte, der Politikersprüche. Auch das sind Rituale und Gesten. Aber sie repräsentieren nichts Anderes mehr. Eindimensionalität ohne Transzendenz, ohne Widerstand.

„Der Lehm fiel leiser. Geht schon los mit dem Vergessen. Aus den Augen, aus dem Sinn." (157)

Sich treiben lassen, wegschwimmen mit dem Strom der Bilder und Einfälle ...

Ach, ich bin auch nicht besser. Wollte vorhin eine kleine Unterbrechung haben vor dem Wiedereinstieg in den Aufsatz für die Theologische Quartalschrift (1979, 178ff., s.o. 44ff.). Und ließ mich über eine Stunde lustvoll ablenken. Schande! Aber schön. Jetzt: Marsch an die Theorie-Arbeit!

Taufpraxis im Umbruch

Nachlese zu einem Artikel

Die Arbeitsgemeinschaft für Homiletik (AGH) hatte sich auf ihrer Tagung 2000 in Magdeburg das Thema Kasualpredigt gestellt und mich gebeten, dort in einem Workshop meine Thesen zur Taufe, die ich für die Theologische Realenzyklopädie verfasst hatte[1], vorzustellen. Die lebhafte Diskussion hat mir zu denken gegeben. Im Folgenden nehme ich einige Anfragen auf, erläutere und ergänze den Text.

1 Taufpraxis im Umbruch – zwischen Krise, Normalität und Chance

Es gibt seit einiger Zeit Bemühungen, die Taufe wieder ins Zentrum des praktisch-theologischen Interesses zu rücken[2]. Man kann aber nicht übersehen, dass sie (noch) nicht überall das erhoffte Echo gefunden haben. Woran liegt das?

Die erste Antwort in der Runde der am Workshop Teilnehmenden lautete: Die Taufe steht nicht im Brennpunkt des Interesses an den Kasualien, weil sie (anders als z.B. Trauung und Beerdigung) ein relativ unproblematischer, normaler Kasus ist. Im näheren Austausch über die eigene Taufpraxis traten dann aber so viele aufschlussreiche, wichtige und widersprüchliche Aspekte hervor, dass klar wurde: Es liegt sicher nicht am mangelnden Interesse, schon eher an einer charakteristischen Unübersichtlichkeit. Mit der Taufe verbinden sich existenziell bewegende Szenen, die einem wieder vor Augen treten, wenn man sich gegenseitig davon erzählt. Doch die Themenkonstellationen sind so vielschichtig, dass sie sich nicht mehr auf einen einfachen Nenner bringen lassen. Daraus resultiert eine gewisse Zögerlichkeit: Die Taufe ist irgendwie ‚dran' – und sie ist schwer fassbar. Sie lässt sich auch emotional nicht auf eine Situation hin bündeln (Glück und Erfül-

---

[1] Vgl. P. Cornehl: Art. Taufe praktisch-theologisch, in. TRE 32 (2001), 734–741 (Lit.).
[2] Vgl. das zweimalige „Forum Taufe" auf dem Deutschen Evangelischen Kirchentag: Berlin 1989 und Hamburg 1995; P. Cornehl u.a.: Auf dem Weg zur Erneuerung der Taufe. Berliner Taufthesen 1989, in: ZGP 8, 1990, H. 1, 20–22; C. Grethlein: Taufpraxis heute. Praktisch-theologische Überlegungen zu einer theologisch verantworteten Gestaltung der Taufpraxis im Raum der EKD, Gütersloh 1988; ders.: Taufe als Leitfaden des Lebens. Wichtige Phasen im Lebenslauf einer Familie, in: ZGP 8, 1990, H. 4, 27–28; Unterwegs zu einer Neuentdeckung der Taufe, in: E. Domay (Hg.): Taufe, Gütersloh 1993, 9–17; R. Blank/C. Grethlein (Hg.): Einladung zur Taufe – Einladung zum Leben. Konzept für einen tauforientierten Gemeindeaufbau, Stuttgart 1993; H.G. Maser/J. Opp (Hg.): Erwachsene taufen, Gütersloh 1995; C. Möller: Die Bedeutung der Taufe für den Gemeindeaufbau, in: Ders.: Gottesdienst als Gemeindeaufbau, Göttingen 1988, 148–174.

lung oder Verlust und Trauer), sondern ist verbunden mit komplexen Gefühlslagen. Anders gesagt: Die Taufe ist ein Phänomen der Lebensvielfalt, und gerade so ist sie relevant.

Die Statistiken bestätigen auf den ersten Blick die Normalität. Die Kindertaufe findet unter den Evangelischen nach wie vor hohe Zustimmung[3]. Der Tauftermin scheint sich langsam etwas zu verschieben[4], aber eher undramatisch. Solange die Taufe, selbst wenn sie im Säuglings- oder Kleinkindalter aus welchen Gründen auch immer versäumt worden ist, im Zusammenhang mit der Konfirmation nachgeholt wird, scheint Alarmismus fehl am Platz. Trotzdem ist die These, dass sich die Taufpraxis im Umbruch befindet, nicht aus der Luft gegriffen.

Es gibt Veränderungen, die irgendwann zahlenmäßig zu Buche schlagen werden, wenngleich die statistischen Instrumente zu ihrer Erhebung meist noch nicht greifen, auch weil sie zu grob sind. Nicht zu leugnen sind die Entwicklungen in den Großstädten. Dort sind oft bis zu einem Drittel der Jungen und Mädchen bei der Anmeldung zur Konfirmation noch nicht getauft. Und dass alle aus evangelischen Familien stammenden Jugendlichen eines Jahrgangs wie selbstverständlich auch konfirmiert werden, ist auch nicht mehr überall üblich. Die Situation in Ostdeutschland signalisiert den Umbruch besonders deutlich. Der Abbruch volkskirchlicher Tradition macht verstärkte Bemühungen um Taufe und Mission notwendig[5]. Wenn es den Kirchen nicht gelingt, neue Zugänge zum Glauben und neue Wege zur Taufe zu erschließen, droht dort die Selbstisolation dauerhaft zu werden.

Im größeren geschichtlichen Vergleich zeichnet sich ab, dass die Christenheit ökumenisch und weltweit gesehen mit dem Übergang ins dritte Jahrtausend in eine neue – dritte – Epoche der Taufpraxis eintritt.

Der erste epochale Umbruch war eine Folge der konstantinischen Wende. Im Urchristentum und in der Alten Kirche war die Taufe ein Sakrament der Erwachsenen, sie basierte auf radikaler Lebensumkehr und bewusster Entscheidung und war verbunden mit einem mehrjährigen Prozess der Einführung und Unterweisung (Katechumenat). Nachdem die Kirche Reichskirche geworden war (bzw. spätestens nach Abschluss der Germanenmission im Mittelalter) wurde die Taufe

---

[3] Vgl. K. Engelhardt/H. v. Loewenich/P. Steinacker (Hg.): Fremde Heimat Kirche. Die dritte Kirchenmitgliedschaftsuntersuchung der EKD, Gütersloh 1997, 95f. Eine knappe Zusammenfassung der Ergebnisse der einschlägigen Statistiken auch bei K.-F. Daiber: Pastoralsoziologische Einführung, in: E. Domay (Hg.): Taufe, Gütersloh 1997, 10–16.

[4] Vgl. den Beitrag von K. Fechtner in: Garhammer/Schöttler/Ulrich (Hg): Zwischen Schwellenangst und Schwellenzauber, 111–125; = ders.: Von Fall zu Fall. Kasualpraxis in der Gegenwart – eine Orientierung, Gütersloh 2003, 81–98.

[5] Vgl. die Anregungen v.a. aus ostdeutscher Sicht bei Maser/Opp: Erwachsene taufen (s. Anm. 2) sowie die instruktive Darstellung des zukunftsweisenden katholischen Modells eines dreistufigen Taufkatechumenats, das in einigen Diözesen Frankreichs (z.B. in Lyon) entwickelt worden ist, durch L. Zodrow: Gemeinde lebt im Gottesdienst. Die nachkonziliare Liturgiereform in Frankreich und ihre Voraussetzungen (PTHe 42), Stuttgart u.a. 2000, 275ff.

ein Sakrament, das in der Regel an Säuglingen unmittelbar nach der Geburt vollzogen wurde. Das Sakrament der Initiation rückte an den Anfang des Lebens. Das ist auch in der Zeit der Reformation von den lutherischen und reformierten Kirchen beibehalten worden (während auf dem ‚linken Flügel' Täufer, Mennoniten und später die Baptisten die Kindertaufe als unbiblisch bekämpft und allein die Gläubigentaufe anerkannt haben). In mancher Hinsicht ist die religiöse und soziale Funktion der Taufe als Kindersakrament erst in der Neuzeit begriffen worden. Die Taufe wurde in den Zyklus der Amtshandlungen eingegliedert, Ritus und Verkündigung wurden familiarisiert und individualisiert. In den Taufagenden und Taufpredigten der Aufklärungszeit (auf evangelischer, mit Einschränkungen auch auf katholischer Seite) und in der neuprotestantischen liberalen Theologie wurde die Taufe aus dem Sakrament der Grenze und des Kampfes zur freundlichen Feier des Lebensbeginns. Nicht mehr (nur) die Aufnahme in die christliche Gemeinde stand fortan im Mittelpunkt, sondern vor allem das Fest der christlichen Familie (sichtbarer Ausdruck: Haustaufen). Mit der Ausbildung der modernen Familie und der bürgerlichen Subjektivität wurde die lebenszyklische Funktion der Taufe biographisch fixiert (wenn man von der Familiengenese ausgeht, hat sie nicht den ersten, sondern den zweiten Rang: nach und als natürliche Folge der Eheschließung). Heute steht die Taufpraxis erneut im Umbruch.

Das grundlegende Paradigma des neuzeitlichen Christentums mit seinem Bündnis zwischen Volkskirche und Familie auf der Basis der Begleitung des Lebensweges von Anfang an durch die Kasualien wird mehr und mehr abgelöst durch eine Vielfalt verschiedener Zugänge zum Glauben, die untereinander ‚ungleichzeitig' sind. Im 21. Jahrhundert wird ein neues Nebeneinander unterschiedlicher biographischer Orte für die Taufe ‚normal' sein. Neben der Säuglingstaufe bzw. der Taufe im ersten Lebensalter tritt vermehrt die Taufe im Vorschul- oder Grundschulalter, in der Konfirmandenzeit, die Taufe Jugendlicher und Erwachsener. Dadurch verschieben sich auch Bedeutungen. Die Taufe wird aus dem Sakrament am Anfang des Lebensweges wieder stärker zu einem Sakrament der Grenze, an der die Frage nach der Identität des Christlichen sich neu stellt.

Diese neue Konstellation ist noch ungewohnt, und sie vollzieht sich auch nicht überall im gleichen Tempo. Das sorgt für mancherlei Verunsicherungen. Es nötigt die Gemeinden zu neuer Flexibilität, öffnet aber auch die Chance, dass die Taufe wieder neue Relevanz gewinnt. Das wird nur dann gelingen, wenn der Zusammenhang der biographischen, christologischen und ekklesiologischen Momente der Taufe neu einsichtig gemacht werden kann. Dafür ist eine Hermeneutik zu entwickeln, die beides auf einander zu beziehen versteht und in der Lage ist, auf diese Weise den Reichtum der theologischen Gehalte der Taufe zur Geltung zu bringen, ohne sie – wie bisher oft geschehen – gegen einander auszuspielen. Das Ganze ist eine pastorale Herausforderung, sie verlangt von den Geistlichen nicht nur viel seelsorgerliches Einfühlungsvermögen[6], sondern auch Bereitschaft und Fähigkeit zu konstruktivem theologischem Denken und in der Gemeindearbeit zu konsequenter langfristiger Planung. Es geht darum, die Einheit der Taufe in der Vielfalt der Lebenssituationen und Lebensalter wahrzunehmen und dem in der gottesdienstlichen Feier, in Liturgie und Predigt einen angemessenen Ausdruck zu verschaffen. Ich habe in dem genannten Artikel in der gebotenen Kürze dafür einen Vorschlag gemacht. Er konnte unter den gegebenen Umständen nur skizzenhaft ausfallen.

Zum Konzept gehört die These, dass die Arbeit an einem zeitgemäßen Rahmen für ein dogmatisch-hermeneutisches Verständnis von Taufe Priorität haben sollte vor pragmatischen Überlegungen.

2 Vermittlung von Lebensgeschichte und Heilsgeschehen als Aufgabe für Tauftheologie und Taufpredigt

Die Verschränkung der lebensgeschichtlichen und der heilsgeschichtlichen, genauer: der christologischen, ekklesiologischen, pneumatologischen und eschatologischen Perspektiven in der Wahrnehmung der Taufe ist eine elementare Aufgabe für Tauftheologie, Taufliturgie und Taufpredigt. Dabei hat der dogmatische Themenkreis zunächst Vorrang.

Ich bin mir bewusst (und die Diskussion in Magdeburg hat das bestätigt), dass diese These angesichts der derzeitigen Hochschätzung des biographischen Ansatzes sperrig wirkt und ein Moment von Widerspenstigkeit enthält. Geschieht damit nicht die Rehabilitierung der dogmatischen Begründungen ohne Rücksicht auf den konkreten Sitz im Leben, den die Taufe im Einzelfall hat? Wird damit nicht jene theologische Überhöhung wieder ins Recht gesetzt, die wesentlich dafür verantwortlich ist, dass Tauftheologie, Taufbewusstsein und Tauferfahrung auseinanderfallen und die kirchlich-dogmatischen Aussagen über die Bedeutung der Taufe eine Art Eigenleben führen, das zwar in Agenden kodifiziert ist und in Taufpredigten weitergegeben wird, aber von den Gläubigen kaum noch als subjektiv relevant erlebt wird und das mittlerweile auch von vielen Pfarrerinnen und Pfarrern als kaum noch handlungsleitend für ihre Taufpraxis empfunden wird? Ich verstehe den Einwand, aber ich halte ihn nicht für zwingend. Viel wird darauf ankommen, ob der Versuch der Verschränkung der Themenkreise und Perspektiven sachlich überzeugt und die dabei probierte Systematik ergiebig erscheint.

---

6   Vgl. dazu den Beitrag von Peter Kohl in: Garhammer/Schöttler/Ulrich (Hg.): Zwischen Schwellenangst und Schwellenzauber, a.a.O., 103–110.

Weil es sich in den betreffenden 6 Thesen um bereits sehr verdichtete Formulierungen handelt, die eigentlich eine weitere Entfaltung und nicht eine nochmalige Verknappung verlangen, zitiere ich die einschlägigen Passagen noch einmal wörtlich (es handelt sich um eine Weiterentwicklung der „Berliner Taufthesen", die zuerst auf dem „Forum Taufe" beim Deutschen Evangelischen Kirchentag 1989 vorgetragen worden sind):

„Taufe: das Sakrament der Rettung in einer bedrohten Welt – theologische Rahmenüberlegungen
Die urchristliche Taufe steht in einem eschatologischen Horizont. (…) Dieser endzeitliche Bezug der Taufe ist vorgegeben. Die Taufe ist das Sakrament der Rettung vor dem kommenden Gericht. Dieser eschatologische Deutungshorizont war lange Zeit eher befremdlich. Heute ist er uns wieder sehr nahegerückt. Im „Zeitalter der Lebensgefahr" (M. Josuttis) bzw. in der „Risikogesellschaft" (U. Beck) erfahren Menschen täglich, dass ihr Leben bedroht ist. Die Christenheit feiert die Taufe als Zusage des neuen Lebens in einer von Selbstzerstörung bedrohten Welt. Auch der christologische Bezug ist konstitutiv. Die Taufe geschieht auf den Namen Jesu von Nazareth. Sie verbindet mit der Person und dem Geschick Christi. Sie hat zwei Seiten. Die Taufe ist Gabe und Verpflichtung, sie ist wie das Bekenntnis zu Christus Zusage und Absage zugleich. Dieser Ansatz lässt sich in sechs Punkten entfalten.

(1.) Die Taufe ist das Sakrament der Befreiung aus dem Bann des Bösen. In der Taufe wird die Vergebung der Sünden zugesprochen. Wir werden aus dem tödlichen Kreisen um uns selbst befreit. Die Zwangsläufigkeit des Verhängnisses ist gebrochen. Umkehr wird möglich.

Dies ist ein Versuch, bei dem biblischen Motiv einzusetzen, das für die abendländische Tradition seit Augustin und Luther im Zentrum steht: Taufe ist Sündenvergebung, und zwar im umfassenden Sinn als Befreiung aus dem Machtbereich der Sünde und des Bösen. Auch dieser Gedanke war – wie der eschatologische Bezug – für die aufgeklärte, liberale Theologie befremdlich und anstößig. Er wird in seiner Aktualität neu einsichtig, wo bewusst wird, wie stark auch das Leben des Einzelnen von überpersonalen Strukturen geprägt wird und in verhängnisvolle Schuldzusammenhänge, in den Kreislauf von Hass, Aggression und Destruktion verstrickt ist (der aktuelle Gehalt dessen, was die Tradition ‚Erbsünde' nennt). (…)

(2.) Die Taufe ist das Sakrament der Annahme. Gegen die Angst, nicht geliebt zu werden, gegen die Erfahrung, austauschbar und überflüssig zu sein, stellt Gott sein Versprechen: ‚Ich habe dich bei deinem Namen gerufen, du bist mein' (Jes. 43,1). Die Taufe appliziert auf alle, was die himmlische Stimme in der Erzählung von der Taufe Jesu dem Gottessohn zuspricht: ‚Du bist mein geliebter Sohn, meine geliebte Tochter' (nach Mk. 1,11). Das Leben jedes einzelnen Geschöpfes Gottes hat unendlichen Wert und steht unter seinem Schutz.

Die Botschaft der Annahme des Einzelnen ist die entscheidende Antwort auf die Ersetzbarkeitserfahrung unserer Tage. In allen neueren Taufliturgien und in den meisten Taufpredigten steht deshalb dieses Motiv im Zentrum. Denn an dieser Stelle liegt heute eine elementare Infragestellung menschlicher Existenz und eine ebenso elementare Zusage des Evangeliums. Das Ja Gottes eröffnet einen Raum des Vertrauens, in dem man leben kann. ‚Jeder ist von Gott gewollt.' Die Taufe macht gewiss, ‚dass wir von der Gnade leben' (Traugott Koch[7]). Das ist die affirmative Seite der Rechtfertigungslehre und die existenzielle Zuspitzung der Taufe. Wir sind von Gott angenommen so wie wir sind, unabhängig von allen Leistungen. Das ist die christliche Grundbotschaft in der Leistungsgesellschaft.

(3.) Die Taufe ist das Sakrament der Gemeinschaft. Sie gliedert den Einzelnen ein in den Zusammenhang des Volkes Gottes. Sie gibt uns Schwestern und Brüder und lässt uns nicht allein. Gegen alle Formen von Diskriminierung setzt Gott die Solidarität seiner Kinder. Aus der in der Taufe begründeten Gleichheit vor Gott (Gal. 3,26–28) folgt der Kampf um Menschenrechte und Menschenwürde, für die Gleichberechtigung, gegen den täglichen Rassismus, für eine gerechte und barmherzige Welt. Die Taufe gilt dem Einzelnen, aber sie hat soziale Folgen und ethische Konsequenzen. Sie ist ‚das Sakrament gegen die Apartheid'.

Die Taufe begründet und begrenzt den modernen Individualismus. Die dem Einzelnen geschenkt Freiheit hat einen kommunikativen und kooperativen Gehalt (Wolfgang Huber[8]). Auch das ist eine aktuelle Pointe der Taufbotschaft. Dieser kommunitäre Grundzug der Taufe sollte in der gottesdienstlichen Feier Ausdruck finden, und im Gemeindealltag sollte erfahrbar werden, dass die Kirche der ‚Leib Christi' ist, die Gemeinschaft der Verschiedenen, in der man Lasten und Glück,

---

[7] Vgl. T. Koch: Der Sinn der Taufe, in: PTh 78, 1989, 308–328, 318.315.
[8] Vgl. W. Huber: Kirche in der Zeitenwende. Gesellschaftlicher Wandel und Erneuerung der Kirche, Gütersloh 1998, 176ff.

Leiden und Freuden, Stärken und Schwächen miteinander teilt (‚sharing community' nach 1.Kor. 12,12ff.).

(4.) Die Taufe ist das Sakrament der christlichen Einheit. Sie lässt Grenzen überschreiten, sie weitet die engen Horizonte und verbindet mit den Geschwistern in der Ökumene. Gegen mancherlei Tendenzen, die Grenzen zwischen den Konfessionen wieder fester zu schließen, ist es die aus der Taufe fließende Verpflichtung, an der Überwindung der Spaltung zu arbeiten. Die Tauferinnerung stärkt den Einsatz für die sichtbare Einheit des Leibes Christi.

Dies ist die ökumenische Seite des Leib-Christi-Gedankens. Die wechselseitige Anerkennung der Taufe ist – anders die Abendmahlsgemeinschaft – nicht ein noch vor uns liegendes Ziel, sondern bereits gegenwärtige Realität. Die Taufe in der einen Kirche wird (wenn sie denn stiftungsgemäß vollzogen worden ist), von den (allermeisten) anderen Kirchen anerkannt. Das ist ein hohes Gut, das wertgeschätzt werden sollte und aus dem praktische und liturgische Konsequenzen gezogen werden können.

(5.) Die Taufe ist das Sakrament der neuen Schöpfung. Das Wasser ist Urelement des Lebens, der Geist die Gabe der neuen Schöpfung, die in Christus anbricht und die Welt verwandet. In der Taufe erfahren wir uns als Teil der Schöpfung. Wir hoffen auf Erlösung, wir werden aufgenommen in den Bund des Friedens. Die Taufe mahnt die Gläubigen, Anwälte des Lebens zu werden und gegen die rücksichtslose Ausbeutung der Natur, gegen die Verseuchung des Wasser, gegen die Verschmutzung der Umwelt, an der wir mitbeteiligt sind, einzutreten. Im Lob des Schöpfers findet die Gemeinde zur Ehrfurcht vor dem Leben (A. Schweitzer) zurück.

Die Betonung der schöpfungstheologischen und ökologischen Implikationen der Taufe ist keine modische Anpassung an den ‚grünen' Zeitgeist (ein Bedenken von Grethlein[9]). Sie hat biblischen Grund. Auch dieser Aspekt ist ein Teil einer aktuellen Relevanzerfahrung. Und er kann anknüpfen an die liturgische Tradition. Die Ambivalenz des Symbols Wasser, seine bedrohliche und seine lebensspendende Seite, kommt in vielen alten Taufgebeten zur Sprache (z.B. in Luthers Sintflutgebet). Dabei verbinden sich schöpfungstheologische, heilsgeschichtliche,

---

[9] Vgl. C. Grethlein: Zur Erneuerung der Taufpraxis – Bedenken auf dem Weg, in: ZGP 8, 1990, H. 3, 24–26.

pneumatologische und eschatologische Motive. An dieser Stelle ist in neueren Taufliturgien vieles wiederbelebt worden, was (zumindest auf evangelischer Seite) lange Zeit in den Hintergrund geraten war. Die Mehrdimensionalität der Bedeutungen sollte erhalten bleiben.

(6.) Die Taufe ist das Sakrament der Christusverbundenheit. Sie verbindet den Einzelnen in geheimnisvoller Weise mit der Person und dem Geschick Jesu, mit seinem Sterben und Auferstehen. Die Taufe stiftet eine innige, schicksalhafte Verbindung zwischen Christus und den Christen. ‚So sind wir mit ihm begraben durch die Taufe in den Tod', schreibt Paulus Röm. 6,4, um futurisch fortzusetzen: ‚Und so wir mit ihm verbunden und ihm gleichgeworden sind in seinem Tod, so werden wir ihm auch in der Auferstehung gleich sein.' (V. 5) Paulus deutet an, dass die Begegnung mit Christus den Glaubenden sich selbst entzieht und ihm einen anderen Existenzgrund gibt. ‚Ich lebe, aber nun nicht ich, sondern Christus lebt in mir.' (Gal. 2,20) Die Taufe stärkt die Gewissheit, ‚dass nichts' – weder Tod noch Leben, weder Gegenwärtiges noch Zukünftiges – ‚uns scheiden kann von der Liebe Gottes, die in Christus ist, unserm Herrn' (Röm. 8,38f.).

Die Taufe transzendiert das rationale Verstehen. Deshalb greift Paulus Vorstellungen auf, wie sie in den antiken Mysterienreligionen verwendet werden, um die Teilhabe der Initianten am Leben der Kultgottheit zu beschreiben. Luther spricht in der Tradition der Mystik von der unio cum Christo. Diese mystische Dimension der Christusverbundenheit scheint dem rationalen Zeitgenossen besonders fremd und unzugänglich. Andererseits wächst bei vielen die Ahnung, dass rein personale, ethische (oder gar substanzhafte) Kategorien nicht ausreichen, um die sakramentale Wirklichkeit zu erfassen. Die esoterischen bzw. neognostischen Strömungen knüpfen da an. Umso wichtiger ist die kreuzestheologische (antignostische) Zuspitzung in Römer 6. Die Taufe verbindet mit dem Todesgeschick Jesu, die Teilhabe an der Herrlichkeit des Auferstandenen steht aus, sie ist in diesem Leben Gegenstand der Hoffnung. Dieser eschatologische Vorbehalt hat aktuelle Relevanz. Die Getauften sind der Anfechtung, dem Leid, der Sterblichkeit nicht entnommen. Verbundenheit mit Christus ist Teilhabe am Leiden Christi. „Christen stehen bei Gott in seinem Leiden" (D. Bonhoeffer). „Mystik und Widerstand" (D. Sölle) gehören zusammen."[10]

---

[10] A.a.O., 735–737.

Die sechs Motivkreise wollen wesentliche Momente zur Sprache bringen, erheben aber keinen Anspruch auf Vollständigkeit. Sie können ergänzt, die Reihenfolge kann variiert werden. Es sind katechismusartige formulierte Sätze, die einen theologischen Zusammenhang skizzieren, der den allgemeinen Hintergrund konkreter Taufpredigt bildet, aber natürlich nicht jedes Mal umfassend zur Sprache gebracht werden muss. Im Gegenteil: Er erlaubt es, situationsgerechte Schwerpunkte zu setzen und doch die Fülle der Bedeutungen der Taufe nicht zu vergessen. Der Ort für die Beschäftigung mit dem theologischen Rahmen ist der Taufkatechumenat (Taufseminare, Taufvorbereitung in Gruppen), nicht das auf den besonderen Kasus gerichtete punktuelle Taufgespräch. Damit ist allerdings die Hoffnung verbunden, dass die theologische Aufwertung der Taufe auch dazu führt, ihr im Gemeindeaufbau einen angemessenen Platz einzuräumen (vgl. dazu die Überlegungen zu so etwas wie einer integrativen Taufpraxis[11]).

Ich komme noch einmal zurück auf die kritischen Anfragen an dies Vermittlungskonzept. Eine hat mich weiter beschäftigt. Sie lautete: Die biographische Interpretation der Kasualien ist doch noch gar nicht alt. Wir fangen gerade erst an, sie in unsere homiletisch-liturgische Praxis umzusetzen. Warum muss dann sofort gegengesteuert werden? Meine Antwort: So neu ist die „lebensgeschichtliche Wende" aber auch nicht. Sie existiert als theoretisches Konzept seit Mitte der siebziger Jahre[12] und bestimmt inzwischen (mehrheitlich) die Kasualpraxis einer ganzen Generation von evangelischen Pfarrerinnen und Pfarrern. Die biographische Deutung ist so selbstverständlich geworden, dass eine gewisse Unterbrechung dieser Selbstverständlichkeit vielleicht ganz gut tut. Damit wird die biographische Relevanz ja nicht geleugnet. Doch gerade, wenn man sich gegen die von der Dialektischen Theologie forcierten Alternativen wehrt, bleibt die Vermittlung eine wesentliche Aufgabe.

Zur Überprüfung der eigenen Praxis eignet sich im Übrigen die Taufe in besonderer Weise. Die Forderung nach einer Verschränkung der lebensgeschichtlichen und der dogmatisch-theologischen Aspekte trägt dem Tatbestand Rechnung, dass die Taufe auch nach evangelischem Verständnis nicht nur Kasualie ist, sondern Sakrament, und zwar das für die Glaubensexistenz grundlegende. Die Taufe hat als Sakrament eine Eigenbedeutung, die in der biographischen Topik nicht aufgeht. Sie enthält einen theologischen Überschuss, der ein Gegenüber bildet, das in allen Aneignungs- und Vermittlungsprozessen zu beachten ist. Anders gesagt: Die Taufe hat sowohl eine individuelle wie eine ekklesiologische Basisfunktion. Sie ist das Sakrament der Initiation in die Gemeinschaft der Gläubigen, die ihrerseits nicht nur eine aktuelle Realität ist, sondern eine institutionelle Größe, die in ge-

---

11 Im 3.Abschnitt des TRE-Artikels, a.a.O., 737ff.
12 Ich verweise noch einmal auf die Artikel von Yorick Spiegel (1971), Joachim Matthes (1975) und Wilhelm Gräb (1987), s.o. Cornehl: Sakramente oder Kasualien, in diesem Band, 337–349, Anm. 9.

schichtlicher Kontinuität zur Gesamtkirche steht (mit Schleiermacher gesprochen: ein „Gesamtleben"), das dem Einzelnen vorgegeben ist und in das er in der Taufe eintritt. Eine nur individuelle, biographisch-familiäre Interpretation der Taufe verkürzt diesen Sachverhalt.

Fragt man nach den theologischen Aussagen zur Taufe, dann steht von den oben genannten sechs Aspekten nach meinen Beobachtungen als Hörer (und Leser) von Taufansprachen und Taufliturgien der Topos der „Annahme" zur Zeit so einseitig im Mittelpunkt (und zwar nicht selten in einer recht trivialisierten Fassung), dass hier eine Selbstkorrektur m.E. durchaus am Platz ist. Ich frage mich, ob die fast ausschließliche Konzentration auf diesen einen (in der Tat zentralen) Aspekt nicht auch damit zusammenhängt, dass es uns so wenig gelingt, die anderen dogmatischen Topoi in überzeugender Weise hermeneutisch zu erschließen. Manchmal empfinde ich das Argument, dass die Menschen außerhalb der Kerngemeinde das nicht mehr verstehen, auch als Ausrede. Ob hier auch eine gewisse theologische Bequemlichkeit mit im Spiel ist? Lassen wir uns von der Distanz der Distanzierten so einschüchtern, dass wir gar nicht mehr wagen, ihnen (und uns) die anderen, größeren, sicher auch sperrigeren Aussagen der Tradition zuzumuten? Oder haben wir es auch deshalb aufgegeben, uns verstärkt darum zu bemühen, weil wir selbst damit so wenig anfangen können? Ich hätte darüber gern ein intensiveres Gespräch in Gang gebracht, als es in der Kürze der Zeit möglich war.

Ich glaube, dass manches von den in den sechs Thesen formulierten Inhalten den direkt Beteiligten bislang nur schwer einsichtig zu machen war, hängt auch zusammen mit der einseitigen Verortung der Taufe allein am Lebensbeginn. Die biographische Vielfalt der Taufsituationen eröffnet die Möglichkeit, Vielfalt und Reichtum der biblisch-theologischen Taufaussagen neu zu entdecken[13]. Damit ist keine Abwertung der bisherigen Platzierung der Taufe am Lebensanfang verbunden (wie das bei der bisherigen Argumentation für die Mündigentaufe der Fall ist). Es findet eine produktive Ergänzung statt. Und die wird auch der Taufpredigt zugute kommen.

3 Die eine Taufe in der Vielfalt der Lebensalter und Lebenssituationen – eine Anregung zur Konkretion

Die inhaltliche Entfaltung der Taufaussagen kann an die besonderen altersspezifischen sowie an allgemeine Fragen und Erfahrungen anknüpfen und daraus Themen gewinnen, die sich auf die Situation der unmittelbar Betroffenen beziehen,

---

[13] Vgl. auch M. Nicol: Eine Taufe – Vielfalt der Deutungen. Ritus, Biographie und Theologie bei der Taufe Erwachsener, in: Maser/Opp (Hg.): Erwachsene taufen, a.a.O. (s. Anm. 2), 28–39.

aber auch die anderen am Taufgottesdienst Beteiligten mit einbeziehen. Denn der Taufgottesdienst vereint ja neben den Menschen, an denen die Taufe direkt vollzogen wird, auch das Beziehungsgeflecht, in dem sie stehen. Das sind die Familien (Eltern, Geschwister, Großeltern, Verwandte), die Freunde und Paten und darüber hinaus die größere Gemeinde der Getauften und (noch) nicht Getauften, wobei sich die Einen im Spiegel der miterlebten Taufe an ihre eigene Taufe erinnern lassen und vielleicht neue Dimensionen ihrer Bedeutung entdecken, die Andern sich fragen werden, ob sie nicht auch den Weg zur Taufe finden wollen. Dieser integrative Aspekt ist bei der Vorbereitung der Taufpredigt mitzubedenken.

Ein erster Schritt bei der Entwicklung eines Konzepts, das die aufgestellte These inhaltlich entfaltet, bestände darin, eine Landkarte typischer Orte und Zeiten für die Taufe zu erstellen, in der die alten und neuen Anlässe, die im Gemeindealltag bereits auftauchen, verzeichnet sind. Sie sind in einen Zusammenhang zu bringen, der die wiederkehrenden Muster homiletisch und liturgisch erkennbar werden lässt[14]. Dabei haben sich in evangelischen Gemeinden bislang etwa folgende Gelegenheiten, die z.T. an Schwellensituationen und Übergängen angesiedelt sind, herauskristallisiert:

– Taufe im Säuglings- und Kleinkindalter: die traditionelle Situation. Sie ist nach wie vor die am häufigsten wahrgenommene Gelegenheit.
– Daneben gibt es vermehrt Taufen im Vorschulalter, oft im Kontext der Arbeit kirchlicher Kindertagesstätten, nicht selten an der Schwelle zur Einschulung. (Wären die neuerdings mit erstaunlichem Erfolg praktizierten „Krabbelgottesdienste" u.U. ebenfalls ein möglicher Ort für Taufen?)
– Im Beziehungsnetz gemeindlicher Kinderarbeit kommt es mehr und mehr auch zu Taufen im Grundschulalter, für die sich der Kinder- und Familiengottesdienst als Rahmen anbietet („Taufe im erinnerungsfähigen Alter", Rainer Stuhlmann[15]).
– Inzwischen hierzulande in fast allen evangelischen Gemeinden etablierter neuer Tauftermin ist die Taufe in der Konfirmandenzeit: Gewiss kein einfacher Kasus, aber einer von steigender Bedeutung! Die Konfirmandentaufe geschieht in unterschiedlichen Formen und zu unterschiedlichen Zeiten und bedarf sorgfältiger Gestaltung. Ein Vorteil ist, dass die gottesdienstliche Feier eingeordnet ist in eine entsprechende Behandlung des Themas Taufe im Konfirmandenunterricht und mit der Gruppe zusammen vorbereitet werden kann.

---

14 Vgl. die Veranschaulichung in einem Diagramm bei Grethlein: Taufe als Leitfaden des Lebens. Wichtige Phasen im Lebenslauf einer Familie, a.a.O. (s. Anm. 2), 27.
15 Vgl. R. Stuhlmann: Kindertaufe statt Säuglingstaufe. Ein Plädoyer für den Taufaufschub, in: PTh 80, 1991, 184–204.

– Schließlich ist in Zukunft damit zu rechnen, und zwar in Ostdeutschland wie in Westdeutschland, dass es vermehrt Taufen von Jugendlichen und Erwachsenen, die aus nichtchristlichen Elternhäusern stammen, geben wird, Menschen, für die das Ja zur Taufe eine bewusst vollzogene eigene Glaubensentscheidung bedeutet.

Ein nächster Schritt bestände darin, wesentliche Themen und Erfahrungsfelder zu benennen, die bei den entsprechenden Gelegenheiten in Tauflituergien und Taufpredigten immer wieder auftauchen, und sie den sechs Motiven einer zeitgenössischen Taufdogmatik zuzuordnen. Die Arbeit daran kann mit einer Sammelphase beginnen, in der aus den zahlreich vorliegenden Agenden, Werkbüchern, an veröffentlichten Predigtbeispielen und theologischen Traktaten zusammengetragen wird, was im jeweiligen Zusammenhang relevant und hilfreich ist. Am Ende stände eine offene Liste systematisch geordneter Beispiele, die der pastoralen Praxis in Gottesdienst und Predigt Anregungen zur eigenen Konkretion liefern. Die ausgearbeitete Topik altersspezifischer und situationsgerechter Taufthemen wäre in der Lage, die Abstraktheit des hier aufgestellten Postulats zu überwinden und die Arbeit an der einzelnen Taufpredigt in einen größeren Zusammenhang zu rücken. Das würde dem hier skizzierten Ansatz – so ist zu hoffen – größere Plausibilität verleihen. Ich halte die Arbeit daran für eine wichtige, interessante und lohnende Aufgabe. Es ist allerdings eine Aufgabe, die in dem genannten TRE-Artikel (schon aus Platzgründen) nicht weiter konkretisiert werden konnte und die auch den Rahmen dieser kleinen Nachlese sprengt.

Liturgie der Liebe zwischen Romantik und Realismus

Beobachtungen zu neueren Trauliturgien

Der Titel des Beitrags soll die Spannung bezeichnen, die heute den Kontext kirchlicher Traupraxis bildet. Es ist eine widersprüchliche Konstellation. Einerseits ist die Zahl der förmlichen Eheschließungen rückläufig. Die Pluralisierung der Lebensformen nimmt zu, die standesamtlichen Trauungen nehmen ab. Und noch einmal weiter abnehmend ist die Zahl der kirchlichen Trauungen. Die Menschen wissen: Die Ehe ist eine schwierige, zerbrechliche Institution. Jede dritte Ehe wird hierzulande geschieden. Das macht viele zögerlicher beim Eingehen von lebenslangen Bindungen und zurückhaltender, sich rechtsverbindlich festzulegen und dem Ganzen auch noch einen öffentlichen Ausdruck zu geben.

Doch das ist nur die eine Seite. Zugleich nimmt der Wunsch zu, die Hochzeit, wenn man sich denn entschließt zu heiraten, zu einem unvergesslichen Erlebnis zu machen. Jede Hochzeit eine „Traumhochzeit", jede Trauung eine „Erlebnistrauung"! Die Medien verstärken diesen Trend. So wächst der Wunsch, die Hochzeit aufwändig zu feiern und auch die Trauung glanzvoll zu inszenieren, in einer schönen alten Dorfkirche, mit Pfarrer und allem Drum und Dran. Offenbar ist irgendwo beides gleichzeitig in uns: Die romantische Sehnsucht und der skeptische Realismus.

Diese gegenläufigen Tendenzen tangieren das kirchliche Handeln. Der zunehmende Verzicht auf förmliche Eheschließung bzw. kirchliche Trauung lässt die Kasualpraxis ins Leere laufen. Die falsche Überhöhung birgt die Gefahr der Unredlichkeit. Wird da nicht Theater gespielt? Pfarrer und Pastorinnen fühlen sich instrumentalisiert von den Wünschen der Leute, verordnen sich und den Brautleuten Nüchternheit und noch mal Nüchternheit. Ist die Trauung vor allem ein schwieriger Kasus?

Ach nein. Ich finde: Hochzeit ist trotz allem ein wunderbares Fest. Ich plädiere dafür, die kirchliche Trauung durchaus emphatisch als Liturgie der Liebe zu verstehen und mit realistischer Begeisterung zu feiern.

Es gibt auch liturgisch Grund zur Freude. Denn wir haben in den Konfessionskirchen zur Zeit im Großen und Ganzen gute, ausdrucksstarke, bedeutungsvolle Trauagenden, mit denen wir die Liturgie der Liebe gestalten können. Das möchte ich an einer Reihe von Beispielen zeigen. Ich konzentriere mich auf Beobachtungen zu drei Agenden. Ausgewählt habe ich die neue römisch-katholische, die anglikanische und die evangelisch-lutherische Ordnung sowie als Zugabe den aktuellen Entwurf einer evangelischen Erlebnis-Trauung im Grünen. Die Ergebnisse fasse ich anschließend in einigen Thesen zusammen. Methodisch nähere ich mich den Agenden auf einem Umweg.

1   Liturgische Beobachtungen zu einem Film:
„Vier Hochzeiten und ein Todesfall" („Four Weddings and a Funeral")

Manchmal geht der Liturgiker ins Kino und kommt bereichert heraus. Dieser Film des Regisseurs Mike Newell mit den Stars Hugh Grant und Andie MacDowell stimmt heiter und ist in liturgischer Hinsicht lehrreich. Eine hübsche Komödie um Liebe und Ehe, witzig, romantisch überdreht, teils aber auch anrührend – very british! Ich habe mich sehr amüsiert und beim mehrfachen Anschauen des Videos (der deutschen und der englischen Version) eine Menge gelernt über Trauungsliturgien und wie sie funktionieren.

Die Story ist einfach und klassisch: Boy meets girl – und nach einigen Turbulenzen kriegen sich Charles und Carrie. Die Handlung entwickelt sich in der Abfolge von vier Hochzeiten und einer Trauerfeier. Dabei werden die Hochzeitsliturgien z.T. recht ausführlich geschildert.

Was geschieht im Traugottesdienst? Worauf kommt es an? Was ist daran komisch? Was kann schief gehen? Sehen wir genauer hin!

Erste Trauung: Anglikanisch. Fokus: Der Ringwechsel

Keine Trauung ohne Ringe. Der Trauzeuge bringt sie mit, überreicht sie dem Brautpaar und das steckt sie sich gegenseitig an. Ein entscheidender Moment! Aber was ist, wenn der Trauzeuge die Ringe in der Hektik des Aufbruchs vergessen hat? Dann kann die Trauung nicht stattfinden. Eine heikle Situation! Und typisch für Charlie, den liebenswerten Chaoten. Es muss improvisiert und mit Hilfe der Freunde in aller Eile Ersatz beschafft werden. Das gelingt schließlich, obwohl die hochgezogenen Augenbrauen des Geistlichen und die überraschten Mienen der Brautleute anzeigen, wie unpassend dieser Ersatz ist: ein bonbonbunter Kitschring aus Teenie-Talmi und ein schwarzer Gruselring mit Totenkopf! Egal. Ring ist Ring. Und so kann die Trauung vollzogen werden.

Zweite Trauung: Römisch-katholisch. Fokus: Das Versprechen und die Ehehindernisse

Eine schwierige Angelegenheit. Denn die Formel, die abschnittweise vom Priester vorgesprochen und von Bräutigam und Braut nachgesprochen werden muss, ist lang und kompliziert. Und es ist Father Geralds erste Trauung („meine Premiere!"). Er kommt mächtig ins Schwitzen, da er die Formeln auswendig vorsprechen muss: „Ich gelobe feierlich, dass mir kein rechtmäßiges Hindernis bekannt ist, weshalb ich, Bernard Delaney, nicht den Bund der Ehe schließen dürfte mit Lydia Hibbitt ..." Der junge Geistliche bemüht sich, bloß nichts falsch zu machen, aber er verhaspelt sich ständig, vor allem bei den vielen Vornamen, und muss von den Brautleuten korrigiert werden: „Ich, Bernard Saint John – nein: Geoffrey Simson Delaney" – und: „Ich, Lydia John" – nein, sie verbessert beim Nachsprechen: „Jane Hibbitt"! Nebenbei: Man kriegt Respekt vor den Synchronisierern, die das englische Original angemessen (und lippengerecht) ins Deutsche übersetzen mussten: zum Beispiel, wenn Father Gerald vorspricht: „nehme ich dich zu meiner gefechtsmäßig angetrauten Ehefrau" und Bernard richtig stellt: „zu meiner rechtmäßig angetrauten Ehefrau" – eine ziemlich gelungene Übersetzung von: „my awfull wedded wife" statt „lawful wedded wife". So werden wir Zeugen einer bemerkenswerten liturgischen Kooperation: Die Laien helfen dem Profi über die Hürden! Als Father Gerald am Ende erleichtert Tempo aufnimmt: „Möge Gott der Allmächtige euch alle segnen – im Namen des Vaters und des Sohnes und des Heiligen Schweißes", applaudiert die Gemeinde spontan mit: „Bravo!" Und die Orgel kann aufbrausen! (Das Ganze wird übrigens fabelhaft gespielt von dem urkomischen Rowan Atkinson, bekannt als „Mr. Bean".)

Man kapiert als Zuschauer, wie wichtig Formeln sind, wie entscheidend für die Handlung! Man zittert gemeinsam und erlebt hautnah: Liturgie ist Arbeit, und manchmal durchaus schweißtreibende Arbeit! Einfacher und risikoloser ist es, wenn der Geistliche die ganze Formel abliest und das Brautpaar nur schlicht „Ja" zu sagen braucht! Wie in der

Dritten Trauung nach schottisch-reformiertem Ritus. Fokus: Das Ja-Wort

Der Pfarrer fragt, und das Paar antwortet mit „Ja". Liturgisch birgt diese dritte Trauung keine Probleme. Nur dass es die falsche Entscheidung ist, die Carrie und Hamish da getroffen haben. Schließlich

Die vierte Trauung: Wieder anglikanisch. Fokus noch einmal: Die Ehehindernisse

Charles hat die Waffen gestreckt. Nachdem seine wahre Liebe, Carrie, geheiratet hat, hat er zugestimmt, Henrietta, eine alte Freundin, die um ihn wirbt, zu ehelichen. Doch unmittelbar vor Beginn des Gottesdienst trifft er Carrie in der Kirche und erfährt, dass sie und Hamish sich getrennt haben. Die Ehe war ein Desaster und ist bereits wieder geschieden. Diese Nachricht stürzt Charlie in schrecklichen Zwiespalt. Er ringt mit sich in der Sakristei, während er auf die Braut wartet. David, sein taubstummer Bruder, bemerkt die Verwirrung. Auf die Frage: „Was soll ich tun?", macht David ihm mit Gebärdensprache klar: Es gibt drei Möglichkeiten. „Erstens: Zieh's durch!" „Zweitens: Geh raus und sag: Tut mir leid, Leute, die ganze Sache ist abgeblasen!" „Dritte Möglichkeit: – Mir fällt keine dritte ein!" Die Feier beginnt. Hochzeitsmarsch. Einzug der Braut, vom Brautvater geleitet. Zur Begrüßung wie üblich die ernste Ermahnung des Geistlichen:

„Die Ehe ist eine ehrbare Lebensgemeinschaft, von Gott geschaffen in den Tagen der Unschuld der Menschheit. Sie stellt die mystische Vereinigung zwischen Jesus Christus und seiner Kirche dar. Und deshalb sollte sie nicht ohne reifliche Überlegung, nicht leichtsinnig oder berechnend eingegangen werden, sondern ehrfürchtig, diskret, nachdenklich, vernünftig und mit Gottesfurcht. Sollte hier jemand sein, der einen guten Grund vorbringen kann, weshalb diese nicht rechtmäßig getraut werden dürfen, so soll er jetzt sprechen oder für immer schweigen."[1]

Bewegung in der Gemeinde. David klopft. „Möchte jemand etwas sagen?" Ja, David will. „Mir ist eine dritte Möglichkeit eingefallen", signalisiert er Charles. „Übersetz es!" Charles dolmetscht, was David gebärdet: „Ich glaube, der Bräutigam hat Zweifel. Ich glaube, der Bräutigam möchte einen Aufschub. Ich vermute, der Bräutigam liebt eine Andere." Irritiert fragt der Pfarrer: „Tust du das, Charles? Liebst du eine Andere?" Lange Pause. Dann sagt Charles: „Ja!" Ein Faustschlag der Braut schlägt ihn k.o. Doch der Wahrheit und der Liebe ist Genüge getan. Und auch das Ritual hat sich bewährt!

Natürlich gibt es ein Happy End. Später, draußen vor der Tür im Regen, erklärt Charles Carrie, was ihm in der Kirche passiert ist: „Ich stand da, und auf einmal wurde mir ganz klar: Nur einen einzigen Menschen liebe ich wirklich. Und das war nicht die Person neben mir mit dem Schleier, sondern die Person, die mir jetzt gegenüber steht im Regen." Und dann stottert Charlie eine Art informelle Traufrage, ernst, aufrichtig und ähnlich umständlich wie in der Agende. Und Carrie antwortet mit „Ja". Kuss. Ende. Abspann.

Manchmal guckt der Liturgiewissenschaftler Filme und lernt daraus. Was kann man hier lernen? Ich resümiere einige Punkte und mache daraus Suchfragen für die Analyse der Agenden.

Zunächst: Die Frage nach den Ehehindernissen ist nur unter einer Voraussetzung sinnvoll, nämlich, dass der Staat die kirchliche Trauung als rechtsgültige Eheschließung anerkennt. Das ist z.B. in Großbritannien der Fall. Nicht aber in

---

[1] Übrigens ziemlich wörtlich nach dem alten Book of Common Prayer.

Deutschland und anderen Ländern mit obligatorischer Ziviltrauung. Bei uns werden Ehen auf dem Standesamt geschlossen. Die Paare sind also schon verheiratet, wenn sie in die Kirche kommen. Nehmen die Agenden darauf eigentlich Bezug? Und welche Funktion geben sie dann der kirchlichen Trauung?

Weiter: Was ist für den Film an der Trauliturgie wichtig? Das, was gefilmt wird. Und das sind in erster Linie die liturgischen Aktionen und Interaktionen. Gezeigt wird, was die Menschen tun: die Fragen und Antworten, Versprechen, Ringwechsel und Handreichung. Nicht gezeigt wird, was sie empfangen: den Segen. Warum nicht? Vielleicht aus Diskretion. Vermutlich aber, weil das für den Plot nicht relevant ist. Doch für die Kirche und die Leute, also nicht nur für das offizielle Konzept der kirchlichen Trauung, sondern auch für das Erleben der Paare und ihre Rezeption ist genau diese Doppelstruktur von Tun und Empfangen entscheidend: sich wechselseitig das Versprechen geben und gesegnet werden. Für die Kirchen ebenfalls wichtig sind das Wort Gottes, Schriftlesung, Predigt sowie Gebet und Gesang. Der Film begnügt sich hier mit Andeutungen. In der ersten Feier singt die Gemeinde laut, inbrünstig – und ziemlich falsch – eine der wunderbaren anglikanischen Hymnen. Und man hört den Anfang der Lesung aus 1.Kor. 13: „Wenn ich mit Menschen- und mit Engelszungen redete und hätte der Liebe nicht, so wäre ich ein tönend Erz und eine klingende Schelle ..."

Suchfrage: Vermittelt die jeweilige Trauagende ein schlüssiges theologisches Konzept von Ehe mit einer klaren Botschaft? Gibt es eine stimmige Handlung und einen plausiblen Aufbau? Und wiederum für die Rezeption zentral: Ist der Ritus ausdrucksstark, sind die Formeln einprägsam? Rühren sie das Herz? Gibt es bedeutungsvolle Symbole, Gesten und Vollzüge?

Schließlich: Welcher Geist bestimmt die Trauliturgie? Im Film wird das Bedürfnis nach Festlichkeit voll erfüllt. Und das nach Rührung. Vieles ist komisch, weil es eigentlich so ernst ist. Für die Agenden kann man fragen: Gilt das ähnlich? Vor allem: Was bildet den Grundton? Freude, Dankbarkeit, gar Überschwang – oder Mahnungen, Vorbehalte, Bedenken?

Das sind einige der Fragen, die uns jetzt beschäftigen sollen.

2 Beobachtungen zu neueren Trauagenden

2.1 Römisch-Katholisch: Die „Feier der Trauung" von 1992

Die katholische Kirche hat die seit dem Tridentinum geltenden Ordnungen im Anschluss an das Zweite Vatikanische Konzil bekanntlich gründlich reformiert. Auf den Reformprozess selbst gehe ich jetzt nicht weiter ein. Ich halte mich an das Ergebnis. Das war zunächst der „Ordo Celebrandi Matrimonii" von 1970 und dann 1975 die Übertragung in die landessprachlichen Ordnungen in der „Feier der Trauung in den katholischen Bistümern des deutschen Sprachgebietes" sowie die Überarbeitung in der 2. Auflage 1992. Ich verzichte auf detaillierte Analysen[2] und beschränke mich auf einige Beobachtungen.

„Die Feier der Trauung" gliedert sich in fünf Akte: Eröffnung, Wortgottesdienst, Trauung, Eucharistiefeier, Abschluss.

    Eröffnung
        Empfang des Brautpaares
        (Taufgedächtnis)
        Einzug
        Begrüßung
        Einführung
        Kyrie
        (Gloria)
        Tagesgebet

    Wortgottesdienst
        Lesungen und Gesänge zu den Lesungen
        Homilie

    Trauung
        Befragung der Brautleute
        Segnung der Ringe
        Vermählung
        Bestätigung der Vermählung
        Feierlicher Trauungssegen
        Fürbitten

    Eucharistiefeier

    Abschluss

Deutlich ist: Es gibt keine Frage nach eventuellen Ehehindernissen. Warum auch. Sie wären funktionslos. Die Ehe ist ja bereits auf dem Standesamt geschlossen. Das wird nicht bestritten. Allerdings sieht man, wenn man sich die Texte zur Begrüßung und Einführung anschaut: Es wird nicht mit einem Wort erwähnt. Der katholische Trauritus geht darüber mit kühler Souveränität hinweg. „Liebes Brautpaar!", heißt es zur Begrüßung. „Ihr seid gekommen, um vor Gott und der

---

[2] Vgl. dazu B. Kleinheyer im Handbuch der Liturgiewissenschaft 1984 sowie die Bemerkungen von F. Schulz: Benedictio nuptialis. Evangelische Marginalien zu einer katholischen Darstellung der Riten um Ehe und Familie, in: Ders.: Synaxis. Beiträge zur Liturgik, Göttingen 1997, 285–300.

Kirche die Ehe zu schließen und für sie den Segen Gottes zu erbitten." (35) Später wird dann zwar gelegentlich differenziert zwischen dem Willen, die Ehe zu schließen, und der Bereitschaft, eine „christliche Ehe" einzugehen – aber diese Differenzierung geschieht eher unauffällig. Die Ehe ist die christliche Ehe. Und die wird jetzt geschlossen[3]. Das ist ein höchst feierlicher Moment. Deshalb heißt es zu Beginn der Trauhandlung:

„Ihr seid in dieser entscheidenden Stunde eures Lebens nicht allein. Ihr seid umgeben von Menschen, die euch nahe stehen. Ihr dürft die Gewissheit haben, dass ihr mit dieser (unserer) Gemeinde und mit allen Christen in der Gemeinschaft der Kirche verbunden seid. Zugleich sollt ihr wissen: Gott ist bei euch. Er ist der Gott eures Lebens und eurer Liebe. Er heiligt eure Liebe und vereint euch zu einem untrennbaren Lebensbund." (36f.)

Die Ehe hat eine individuelle, eine soziale, eine theologisch-heilsgeschichtliche und eine ekklesiale Dimension. Alle diese Dimensionen werden in der Liturgie entfaltet.

Wichtig für das katholische Verständnis der Ehe als Sakrament ist: Die Brautleute sind selbst die eigentlichen Akteure. Sie spenden sich das Ehe-Sakrament gegenseitig. Aufgabe des Priesters ist es lediglich, diesen Bund zu bestätigen[4]. Diese aktive Rolle der Eheleute kommt liturgisch besonders dann zum Ausdruck, wenn sich beide einander zuwenden und direkt wechselseitig das Versprechen geben (statt dass sie – wie es auch möglich ist – auf die Fragen des Priesters mit „Ja" antworten). Die Ordnung nennt dieses Versprechen das „Vermählungswort" (wiederum ein semantisches Signal dafür, dass die Eheschließung jetzt geschieht!). Die Formel lautet:

„N., vor Gottes Angesicht nehme ich dich an als meinen Mann (meine Frau).

Ich verspreche dir die Treue

in guten und bösen Tagen,

in Gesundheit und Krankheit,

bis der Tod uns scheidet.

Ich will dich lieben, achten und ehren

alle Tage meines Lebens." (40f.)

Die Feier der Trauung ist eine festliche Feier, insbesondere dann, wenn sie im Rahmen einer Messe stattfindet. Den festlichen Charakter unterstützt ein reicher Ritus mit festlicher Musik, festlichem Schmuck, in festlichen weißen liturgischen Gewändern. Nach katholischer Lehre ist die Ehe als Sakrament das Abbild der Liebe Christi zu seiner Kirche. Die Liebe der beiden Eheleute wird in der Eucha-

---

[3] Das wird übrigens besonders deutlich in den Formularen der Trauung eines katholischen mit einem nichtgläubigen Partner. Vgl. Feier der Trauung, a.a.O., 97ff.

[4] „Im Namen Gottes und seiner Kirche bestätige ich den Ehebund, den ihr geschlossen habt." (Feier der Trauung, 44)

ristie eingebettet in den größeren Zusammenhang der Heilsgeschichte. Das kommt ausführlich in den Gebeten, in der Präfation, in den Einschüben ins Hochgebet und in dem wunderschönen Brautleutesegen zur Sprache. So wird das Paar hineingenommen in Gottes Bund und mit Christus vereint[5], was darin seine Verdichtung findet, dass die Eheleute gemeinsam kommunizieren, und zwar, was ja immer noch eine Besonderheit ist, festlich, in beiderlei Gestalt.

Wie immer man zu der These steht, dass die Ehe ein Sakrament ist – nach evangelischem Verständnis gibt es dafür keinen hinreichenden Schriftgrund, und auch das apostolische Bildwort Epheser 5,32 scheint uns nicht tragfähig, um die Ehe als Sakrament zu begründen. Dennoch ist m.E. voller Hochachtung anzuerkennen, dass in der katholischen Trauliturgie anschaulich wird: In der Trauung geschieht mehr, als dass zwei Menschen sich in Liebe aneinander binden. Sie bekommen es in ihrer Liebe auch nicht nur allgemein mit Gott zu tun, sie erhalten vielmehr auf sehr persönliche und intime Weise Anteil an Christus, am Zentrum des christlichen Heilsglaubens[6]. Das macht die katholische Trauung zu einem eindrücklichen Geschehen, das die Gläubigen, die sich darauf einlassen, tief berührt.

Allerdings hat diese Intensität auch eine Kehrseite. Sie setzt den intensiven Mitvollzug voraus und hat im Grunde das Ideal der Ehe zwischen einer gläubigen Katholikin und einem gläubigen Katholiken vor Augen, die sich beide aktiv zur Kirche halten und als bewusste Christen Weltverantwortung übernehmen. Die Realität sieht oft anders aus. Und so kommt die Ordnung nicht umhin, neben dem, was sie „die Regel" nennt, eine zunehmende Zahl von „besonderen Fällen" zu konstatieren, wo die Regel nicht mehr gilt, – mit der Konsequenz, dass in diesen Fällen die Trauung im Rahmen einer Messe nicht möglich ist. An die Stelle tritt dann die Trauung im Rahmen eines Wortgottesdienstes. Das ist deutlich eine Konzession an die Realität und hat nicht das gleiche Gewicht.

Die „Pastorale Einführung" listet kasuistisch über zehn solcher „besonderen

---

[5] Es ist übrigens auffällig, dass sich die Aussagen über den sakramentalen Charakter der Ehe nicht so sehr in der Liturgie selbst finden, sondern vor allem in der „Pastoralen Einführung", die das katholische Eheverständnis entfaltet. Dort heißt es zu Beginn einer ausführlichen dogmatischen Instruktion: „Das katholische Eheverständnis sieht die Ehe im Zusammenhang der Schöpfungsordnung, der Heilsordnung des Alten und des Neuen Bundes sowie der sakramentalen Lebensgemeinschaft." (Feier der Trauung, 21) Im Ritus selbst ist davon vor allem im anamnetischen Teil des Brautleutesegens die Rede. Form I: „Wir preisen dich, Gott, unser Schöpfer ... (50). Deutlicher noch in Form II, 121 und Form IV, 132. Ferner in der Präfation der Trauungsmesse, vgl. Die Feier der Heiligen Messe. Für die Bistümer des deutschen Sprachgebietes, Freiburg u.a. 1981, 978f.

[6] Vgl. die Pastorale Einführung, in: Feier der Trauung, 23: „Die eheliche Liebe von Mann und Frau ist daher Teilhabe an der ein für allemal geschenkten Liebe und Treue Gottes, die in Jesus Christus unter den Menschen erschienen und in seiner Kirche bleibend gegenwärtig ist." Ferner die Formulierungen im Trauungssegen IV, a.a.O., 132f. „Ewiger Gott, du hast den Ehebund zu einer neuen Würde erhoben ..." – Ein schöner ökumenischer Respons ist es, dass in der neuen lutherischen Trauagende einige Gebete diesen Bezug aufnehmen (ohne damit das katholische Ehesakramentsverständnis zu übernehmen!). Vgl. Agende für evangelisch-lutherische Kirchen und Gemeinden. Bd. III, Teil 2, Neu bearbeitete Ausgabe, Hannover 1988, 59.66.106.

Fälle" auf: z.B. wenn ein Partner aus einer Kirche mit katholisch ostkirchlichem Ritus stammt oder aus der orthodoxen oder einer altorientalischen Kirche; wenn es sich um die Trauung mit einem getauften „konfessionsverschiedenen Partner anderer Kirchen" (29) handelt; mit einem distanzierten Katholiken, der sich nicht regelmäßig am Gemeindeleben beteiligt; mit einem nicht getauften Partner, der an Gott glaubt, (z.B. mit einem jüdischen oder muslimischen Partner) bzw. mit einem Partner, der an Gott glaubt, aber nicht einer monotheistischen Religion angehört, schließlich – am anderen Ende der Skala – mit einem Partner, der nicht (oder nicht mehr) an Gott glaubt. Jedes Mal müssen Gebete und Formeln auf den Einzelfall hin abgewandelt werden.

Man ahnt, dass da eine Fülle von Problemen auftaucht. Nahezu alle Pluralität, alle Schwierigkeiten, die das moderne Leben bereit hält, sind hier präsent! Das verlangt von Pfarrern das Eingehen auf die komplexe Realität – seelsorgerlich, katechetisch, liturgisch und homiletisch. Wir wissen aus Erzählungen von Betroffenen, welche Konflikte damit gegeben sind, wie viel Kompromisse geschlossen werden müssten und oft nicht geschlossen werden dürfen, welche Härten das katholische Eheverständnis und die Bestimmungen des Kirchenrechts enthalten, wie viel Druck hier auf den Einzelnen lastet.

Man kann es sich vorstellen, dass solche Feiern in schwierigen Sonderfällen vom Geist der Bedenklichkeit geprägt sein können, ausgefüllt mit Ermahnungen über einzuhaltende Pflichten und auch mit Misstrauen. Umso erfreulicher ist es, blickt man allein auf die liturgischen Texte (Einführungen, Gebete, Segen) in den Sonderformularen, zu sehen, wie hier die Bemühung spürbar wird, positiv zu reden, verständnisvoll, einfühlsam, nicht diskriminierend, so dass die nichtkatholischen Partner bzw. Partnerinnen die Formulierungen mit vollziehen können und ihnen nichts abverlangt wird, was ihren Überzeugungen widerspricht. Ich denke, das ist auch von evangelischer Seite aus mit Respekt zu würdigen.

Ich belasse es bei diesen Bemerkungen, obwohl zum Thema Traupredigt, aber auch zur Frage der Auswahl, Zusammenstellung und Funktion der biblischen Lesungen im Traugottesdienst durchaus Diskussionsbedarf wäre. Deutlich ist jedenfalls, dass in unserer heutigen homiletischen Situation die Predigt („Die Homilie") einen neuen Stellenwert bekommt. Die Ordnung sagt nur, sie solle „Sinn und Würde der christlichen Ehe aufzeigen" (36). Das klingt sehr allgemein und lehrhaft und ist wohl auch so gemeint. Sicher ist, dass die komplexe Gegenwartslage ein ungleich stärkeres Maß an Reflexion auf die Kasualpredigt verlangt und dass auch wissenschaftlich eine intensivere Auseinandersetzung um den Zusammenhang zwischen Kasual-Homiletik und Kasual-Liturgik ansteht. Es ist gut, dass es dafür jetzt erste Ansätze in ökumenischer Zusammenarbeit gibt[7].

---

7 Vgl. den Sammelband der Arbeitsgemeinschaft für Homiletik: E. Garhammer/H.-G. Schöttler/G.

Eine Problemanzeige wert wären im Übrigen auch die biblischen Texte, die als Lesungen im Trauungsgottesdienst vorgesehen sind. Das Konzil hat in erfreulichem Umfang dafür Sorge getragen, dass „der Tisch des Wortes reichlich gedeckt" ist. Aber was da jetzt alles auf dem Tisch steht, in welcher Auswahl und in welcher Zusammenstellung, das scheint mir nicht unproblematisch und z.T. ziemlich ungenießbar!

2.2 Anglikanisch: „The Marriage Service".
Aus: "The Alternative Service Book", Church of England (1980)

Wir sind der anglikanischen Trauungsliturgie schon im Film begegnet. Ich möchte jetzt noch etwas genauer darauf eingehen. Warum? Ach, ich bekenne: Ich bin ein romantischer Liebhaber des anglikanischen Ritus geworden. Das hängt mit einem Erlebnis zusammen, das mich vor knapp zweiundzwanzig Jahren sehr beeindruckt hat.

Im Sommer 1981 waren wir mit der Familie in England und haben dort auf einem Campingplatz in Cornwall im Fernsehen die „Royal Wedding", die Trauung von Prinz Charles und Prinzessin Diana, mit erlebt. Fast drei Stunden lang, an einem heißen Tag, in einer stickigen Wellblechhalle ‚mitten mang' dem Volk. Unvergesslich! Ich habe, was mir auffiel, anschließend in meinem „Liturgisches Tagebuch" festgehalten und zur Kontrolle in der nächsten Kirche die Liturgie mit Hilfe des alten „Book of Common Prayer" und des gerade neu erschienenen „Alternative Service Book" rekonstruiert[8]. Eine lehrreiche Nachhilfestunde!

Auch hier jetzt keine detaillierte Analyse, sondern nur einige Beobachtungen: zum Ablauf, zur Rolle des Wortteils und ein Lob der anglikanischen Formeln.

Zunächst zum Ablauf: Der Gottesdienst – in der Regel nicht im Rahmen einer Eucharistie, sondern ein Wortgottesdienst – hat einen klaren dreigliedrigen Aufbau: Eröffnung (mit Lesungen und Predigt) – Die Trauung – Gebete.

Die Eröffnung (The Introduction)
Votum
Gebet

[Modell A]:
Lesungen

Ulrich (Hg.): Zwischen Schwellenangst und Schwellenzauber. Kasualpredigt als Schwellenkunde (ÖSP 3), München 2002. Vgl. darin auch das „Doppelportal" mit den Aufsätzen von Heinz-Günther Schöttler und mir, 13–34; 34–48, vgl. in diesem Band oben 337–349.

8   Vgl. in diesem Band, 393–398.

>   Psalm
>   Hymnen
>   Predigt
>
> Die Trauung (The Marriage)
>   Anrede
>   Frage nach eventuellen Ehehindernissen
>   Konsens-Fragen an Bräutigam und Braut
>   Gegenseitiges Versprechen
>   (mit Handreichung)
>   Segnung der Ringe
>   Ringwechsel
>   Bestätigung der Eheschließung
>   Segen
>   Gebet
>   [Unterzeichung der Ehepapiere –
>   oder am Ende]
>
>   [Modell B:]
>   Biblische Lesung
>   Predigt
>   Psalmen
>   Hymne
>
> Die Gebete (The Prayers)
>   Gebete
>   Vaterunser
>   Segen

Modell A hat den bekannten Aufbau: Die Feier beginnt mit dem Wortteil, dann folgt die Trauhandlung, so wie wir es aus der katholischen Ordnung kennen und wie es heute auch in der lutherischen Kirche üblich ist. Daneben gibt es die andere Form B, wo die Trauung ziemlich am Anfang steht und die Verkündigung nachgeordnet ist. So war es 1981 bei der Royal Wedding. Ich hatte das noch nie erlebt, aber es hat mich von der Dramaturgie her spontan überzeugt: Das Entscheidende (die Handlung) vorweg! Dann, sozusagen in die Phase der emotionalen Entspannung hinein, die Deutung (Lesungen und Predigt). Schließlich Gebete und Segen. Das Ganze wird gerahmt vom feierlichen Einzug und Auszug.

Liturgiegeschichtlich ist dies die ältere Reihenfolge. Sie entspricht der mittelalterlichen Brauttorvermählung, wo der Akt der „Kopulation" (der öffentliche

Konsens der Brautleute und das Zusammensprechen durch den Priester) am sog. Brauttor vor der Kirche stattfand, worauf dann in der Kirche vor dem Altar die Messe mit der „Benediktion" folgte. Auch in Luthers „Traubüchlein" von 1529 ist diese Reihenfolge beibehalten: Zu Beginn an der Kirchentür gibt es den kurzen Akt der Trauung (Konsens – Ringwechsel – Handreichung und „Zusammensprechen") und danach in der Kirche zwar keine Messe, wohl aber Wortverkündigung: das Wort Gottes über die Ehe, eine Predigt (anfangs noch fakultativ) sowie abschließend ein Segensgebet.

Ortswechsel haben oft Sinnverschiebungen zur Folge. Was bedeutet es (syntaktisch und pragmatisch), wenn Lesungen und Predigt ihren Ort nicht mehr vor der Trauung haben, sondern danach? Die biblische Lesungen bekommen einen anderen Klang und auch eine etwas andere Funktion. Es handelt sich dann nicht so sehr um die Proklamation des Wortes Gottes über die Ehe, die christlichen Normen, die zu akzeptieren sind, wenn man eine Ehe eingeht, vielmehr hört man die Texte als Konkretion des Evangeliums der Liebe. So habe ich es jedenfalls in der Royal Wedding erlebt, wo es an dieser Stelle nur eine einzige größere Lesung gab, nämlich 1.Korinther 13, das „Hohelied der Liebe". Das ganze Kapitel – gelesen vom Mr. Speaker des englischen Parlaments. Man hörte den Text an dieser Stelle als hymnischen Lobpreis des „besseren Weges", den der Apostel seiner Gemeinde empfiehlt und den das frisch getraute Paar gehen will. Und die Predigt des Erzbischofs von Canterbury, die dann 1981 folgte, war ebenfalls ein Loblied auf Liebe und Ehe und nahm den festlichen Ton der Freude auf.

Eine dritte Beobachtung, ein drittes Lob, gilt den anglikanischen Formeln. Ich finde sie großartig! Das gemeinsame Eheversprechen enthält so viele feine Nuancen für das Lieben, dass man nur staunen kann über so viel Zärtlichkeit in rituellem Ausdruck:

Frage an den Bräutigam:

„N., will you take N. to be your wife?
Will you love her, comfort her, honour and protect her,
and, forsaking all others, be faithfull to her as long as you both shall live?

He answers: I will."
[Wörtlich wiederholt in der Frage an die Braut.]

Dann sehen beide sich an. Der Bräutigam nimmt die Hand seiner Braut und sagt [ebenso wie anschließend umgekehrt]:

"I, N, take you, N,
to be my wife,
to have and to hold
from this day forward;
for better for worse,
for richer for poorer,
in sickness and health,
to love and to cherish,
till death us do part,
according to God's holy law; and this is my solemn vow."
(290)

Ähnlich eindrücklich sind die Formulierungen während des Ringwechsels:

„I give you this ring
as a sign of our marriage.
With my body I honour you,
all that I am I give to you,
and all that I have I share with you,
within the love of God,
Father, Son, and Holy Spirit."
(292)

Ich weiß nicht, ob Sie meine Begeisterung teilen. Ich finde, diese Formeln sind ein Glücksfall, um die man die Anglikaner beneiden kann. Wir deutschen Katholiken und Lutheraner haben uns ja auch Mühe gegeben, nicht zu geschäftsmäßig zu formulieren, aber diese Kraft und Schönheit haben unsere Formeln einfach nicht!

Was ist das Kennzeichen einer guten Formel? Sie ist einprägsam. Sie hat Rhythmus. Man kann sie leicht memorieren, schon wegen der Alliterationen (z.B. „to have and to hold"). Die Worte bleiben haften. Sie gehen mit; einzelne Wendungen begleiten uns ein Leben lang. Diese Formeln sind gehaltvoll, aber nicht geschwätzig, persönlich, aber nicht zu subjektivistisch. Sie bewahren einige kostbare alte Wörter mit überraschender Aktualität (z.B. „to comfort her", „to love und to cherish", schwer zu übersetzen: „lieben und pflegen", aber das gilt nicht nur fürs Altersheim! Oder: „to honour and protect him" – den andern ehren und beschützen: das geloben hier beide, auch die Frau!). Die Formel umspannt Polaritäten: „for better for worse, for richer for poorer". Und sie bezeichnet auf knappe Weise die Ganzheitlichkeit der Bindung: „All that I am I give to you. And all that I have I share with you."

Eine gute Formel schließt uns mit anderen zusammen, die sich mit diesen Worten gegenseitig versprochen haben, mit den Generationen vor uns. Sie sagt mehr, als wir in solch einem Augenblick von uns aus sagen könnten, aber auch nicht weniger, als angemessen ist. Sie schwingt sich über alle Vorbehalte und Vorsicht hinaus. Die Formel ist poetisch, aber nicht blumig. Sie gibt uns in Situationen, in denen wir keine Sprache haben, Worte, die allgemein sind und die doch unseren aufrichtigen Willen in Worte fassen.

Natürlich ist auch die schönste Formel keine Versicherung dagegen, dass die Liebe stirbt, die Beziehung zerbricht und die Ehe scheitert. Aber das kann auch die beste Liturgie und die strengste Eheauffassung nicht garantieren. Die traurige Entwicklung der Beziehung zwischen Charles und Diana dementiert nicht Würde und Wahrheit der Worte, die da vor dem Altar gesprochen worden sind (und deshalb hatte auch 1.Kor. 13 wieder einen ganz legitimen Ort im Trauergottesdienst für Diana und klang dort, von Tony Blair gelesen, nicht zynisch).

2.3 Evangelisch-Lutherisch: „Ordnung der Trauung" (1988).
Aus: Agende III/2 für evangelisch-lutherische Kirchen und Gemeinden

Die deutschen Lutheraner der VELKD haben sich in einem langjährigen Revisionsprozess, der 1971 begann und bis 1986 dauerte, ebenfalls eine neue Trauagende erarbeitet. Sie ist 1988 erschienen und hat die alte Nachkriegsagende von 1962 (Entwurf 1952) abgelöst[9]. Ich finde, wir haben mit dieser Agende eine gute, gediegene Ordnung. Sie reißt nicht hin zu Begeisterungsstürmen, aber sie kann sich sehen lassen. Auch dazu einige Anmerkungen.

Zunächst eine Beobachtung zum Aufbau. Der Aufbau der Trauung ist traditionell, auch wenn die Gliederung vielleicht überrascht.

    I. Eröffnung
        Gruß [und Einleitung]
    Lied zum Eingang
        Eingangsvotum
        Eingangsgebet oder Psalmgebet
        [Lied]

---

[9] S.o. Anm. 7. Zum Revisionsprozess vgl. den Bericht im Entwurf von 1983: Trauung. Das kirchliche Handeln bei einer Eheschließung. Überlegungen, Ordnung und Texte zur Revision der kirchlichen Trauungsagenden, hg. von der Lutherischen Liturgischen Konferenz (reihe gottesdienst 14), Hannover 1983, 9ff.23ff.

II. Verkündigung, Bekenntnis, Segnung
   [Schriftlesungen]
   [Lied]
   Trautext und Predigt
   Lied
   Schriftworte zur Ehe
   Traubekenntnis
   Segnung
   Lied

[III. Abendmahl]

IV. Sendung
   Fürbitten
   Vaterunser
   Segen

Denn hier wird ja von lutherischer Seite die Trauung erstmals in den Rahmen des Hauptgottesdienstes, der Deutschen Messe, eingeordnet: I. Eröffnung, II. Verkündigung und Bekenntnis (und Segnung), [III. Abendmahl], IV. Sendung. Das ist schon bedeutsam, wenn man sich auch klar machen muss, dass es noch immer eine große Ausnahme darstellt und dass damit mehr signalisiert wird, als faktisch passiert und realistisch ist. Und es beruht auf einer Schreibtisch-Konstruktion, wonach Kasualgottesdienste ebenfalls die gleiche Struktur der vier Phasen aufweisen[10]. Es ist aber eine bloß äußerliche Äquivokation, wenn man das Stichwort „Bekenntnis" mit dem Glaubensbekenntnis gleichsetzt, obwohl im Rahmen der Trauung ja das gegenseitige Versprechen des Paares gemeint ist. Immerhin ist festzuhalten, dass nach lutherischer Ordnung jetzt die Möglichkeit besteht (und durchaus nahe gelegt wird), im Rahmen des Traugottesdienstes gemeinsam Abendmahl zu feiern. Das ist eine beachtliche ökumenische Annäherung.

Ich beschränke mich im Folgenden auf drei Punkte: auf die Konzeption von Ehe, die hier zu Grunde liegt, auf die Rolle der biblischen Lesungen und die Weiterarbeit an den Trauformeln.

Die eigentliche Qualität dieser Agende wird erst erkennbar, wenn man sie mit der Vorgängerin vergleicht. Dann merkt man: Es handelt sich nicht nur um eine behutsame sprachliche Modernisierung, sondern um einen theologischen Paradigmenwechsel. Plakativ gesagt: Die Trauagende der Nachkriegszeit war in Li-

---

[10] Vgl. dazu F. Schulz: Zur Liturgik der kirchlichen Handlungen insgesamt, in: WPKG 69, 1980, 104–122.

turgie gefasste altlutherische Ordnungstheologie. Hier dagegen finden wir ein modernes personales Verständnis von Ehe. In der alten Agende war die Leitvorstellung Ordnung und Gehorsam. Gott hat den Ehestand gestiftet als heilsame, unverbrüchliche Ordnung und hat allen, „die in diesem Stand gehorsam leben", seinen Segen verheißen[11]. Die Erfüllung, so scheint es, ist gebunden an ein dieser Norm entsprechendes Verhalten. Die Normen liefert das Wort Gottes, weshalb ein Katalog von Schriftstellen, als eine Art Lesungsblock zusammengefügt, nach der Predigt dem Paar vorgetragen wird (das sich dazu erhebt): „Hört nun Gottes Wort von der Stiftung und Ordnung des Ehestandes", heißt es. Die Bibelworte, die im Anschluss an Luthers „Traubüchlein" zusammengestellt sind, tragen die Überschrift: Stiftung, Gebot, Sünde/Kreuz und Trost der Ehe. Es handelt sich um eine Kompilation aus Gen. 2,18; Mt. 19,4–6; Eph. 5,21–23.25–26a.30; ferner Gen. 1,27–28a. 31a (sowie fakultativ Kol. 3,12–13. 16a.17 – in einer anderen Variante auch Gen. 3,16a.27b.19a).

Den Revisoren war klar: Das ist ein dogmatisches Konstrukt, das nicht einfach reformatorische Treue zur Schrift widerspiegelt, sondern biblische Belege konservativ-patriarchaler Ehetheologie zu einem fragwürdigen Verbund aus Gebotseinschärfung mit bedingter Verheißung kombiniert. Man hat bei der Revision auf den Rahmen verzichtet und sich damit begnügt, in der Standardform fünf Schriftstellen vorzusehen, unter denen zwei, nämlich Mt. 19 und eine apostolische Paränese, nicht fehlen sollten (ein ganz formales Verfahren). Im Anhang gibt es weitere Vorschläge zur Auswahl, darunter immerhin reichlich Texte aus dem johanneischen Schrifttum, Verse aus 1.Kor. 13 und einiges aus dem Hohenlied, z.B. der ekstatische Schluss.

Man muss also auswählen. Und hat zusammen mit dem Brautpaar die Chance, darüber nachzudenken: Was ist wichtig, was ist fremd? Was ist vielleicht unbequem, aber dennoch heilsam? Was soll für uns gelten? Und wie sieht so etwas wie ein biblischer Orientierungsrahmen für Liebe und Ehe aus? Es kann zu einem Ahaeffekt führen, wenn man gemeinsam entdeckt: Die Bibel geht in ihrer Auffassung von Liebe und Ehe weit über autoritär-patriarchale Ansichten hinaus. Sie preist die Lebensgemeinschaft von Mann und Frau als Gottes Geschenk. Ja, die Bibel preist die Kraft der Liebe! Allein die Überraschung, dass das Hohelied im Kanon enthalten ist und sich Sätze dort finden wie „Stark wie der Tod ist die Liebe, Leidenschaft hart wie die Unterwelt. Ihre Glut ist voll Feuer und eine Flamme des Herrn ..." –, allein das ist es wert, diesen Text aus dem Hohenlied 8,6–7 mit aufzunehmen (oder das ganze Kapitel 1.Kor. 13 lesen zu lassen).

---

11 Aufschlussreich: Die Ordnung für die gemeinsame kirchliche Trauung von 1971 basierte evangelischerseits auf der alten Agende, repräsentiert also das alte Paradigma! Vgl. 1988, 97.101ff. Später erfolgte eine doppelte Angleichung.

In der neuen Agende steht das Paar im Zentrum[12]. In allen Texten wird die personale Zielrichtung deutlich und die partnerschaftliche Gemeinschaft der Liebenden betont. Das kommt im Traubekenntnis zum Ausdruck, und da wiederum besonders in der Form B, in der sich beide direkt anreden. Diese Formel ist lutherisch nüchtern, nicht überschwänglich, aber ehrlich und sympathisch weltoffen:

„N, ich nehme dich als meine Ehefrau [als meinen Ehemann] aus Gottes Hand.
Ich will dich lieben und achten,
dir vertrauen und treu sein.
Ich will dir helfen und für dich sorgen,
will dir vergeben, wie Gott uns vergibt.
Ich will zusammen mit dir Gott und den Menschen dienen. Solange wir leben.
Dazu helfe mir Gott." (32)

Die Agende von 1988 bietet verschiedene Varianten in mehreren sprachlichen Fassungen, mit unterschiedlichen Akzenten. Und auch dadurch ist es ein brauchbares Buch!

Die Ordnung von 1988 ist nun auch schon wieder 15 Jahre alt. Soweit ich weiß, gibt es in der VELKD keine akuten Pläne einer Revision der Revision. Aber die praktisch-liturgische Arbeit mit dem Buch ist weiter gegangen. Man nutzt die Spielräume der Agende, setzt eigene Akzente und experimentiert mit den Möglichkeiten, die Gemeinde (und die Paare) an der Liturgie zu beteiligen, etwa bei Lesungen, bei den Fürbitten, aber auch beim erweiterten, gegliederten Segen.

Ein wichtiges Element, das weiter entwickelt wird, ist das Trauversprechen.

In dieser Hinsicht findet man in neueren Sammelbänden zur Trauung, aber auch bei besonderen Traugottesdiensten Texte, in denen sich vielfach eine ähnliche Tendenz abzeichnet – hin zu einer stärkeren Individualisierung und Ästhetisierung.

Viele PfarrerInnen und manche Paare sind unzufrieden mit den überkommenen Formeln und probieren eigene, möglichst persönliche Formulierungen, mit einer gewissen Lust an sprachlicher Originalität. Während frühere Privatagenden – wie

---

[12] In der Frage nach der Funktion der Trauung ist die Ordnung übrigens nicht hundertprozent eindeutig. Es scheint, als ob zwei Positionen neben einander stehen gelassen worden sind, ohne dass man sich für eine entschieden hat. Vgl. die unterschiedliche Akzentuierung in den Begrüßungen. Form A: „Ihr seid gekommen, um euch trauen zu lassen. Wir freuen uns über euer Ja zueinander und möchten, dass eure Ehe gelingt." (24) Hier stehen Kopulation (als Bekenntnis zur christlichen Ehe) und Benediktion offenbar gleichrangig neben einander. In der Form B lautet der Gruß: „Ihr seid zur N.-Kirche gekommen, weil ihr für euren gemeinsamen Lebensweg um Gottes Segen bitten wollt. Lasst uns an diesem festlichen Tag miteinander dem Herrn danken, sein Wort hören, für euch beten und euch den Segen Gottes zusprechen …" (25) Hier werden nur Wortverkündigung, Gebet und Segnung genannt.

z.B. „Gottesdienst menschlich" – aus den 1970er Jahren in Sachen Versprechen (es heißt da fast bürokratisch „Zustimmung") betont nüchtern, minimalistisch formuliert haben, –

> „Wenn es das Ehepaar gewünscht hat, kann es an dieser Stelle mit folgenden Worten gefragt werden nach seiner ZUSTIMMUNG:
> Nachdem Sie gehört haben, was im Sinne Jesu über Liebe zu sagen ist, frage ich Sie, N. und NN, wollen Sie in diesem Sinn Ihre Ehe führen – in allem, was sie Ihnen bringen wird?
> Eheleute (nacheinander): Ja."[13] –

geht der Trend heute in die andere Richtung: Die Formulierungen sind immer individueller, immer ästhetischer, aber auch immer barocker und wortreicher. Ein Beispiel aus einer größeren Sammlung:

> „In der Kraft der Liebe Gottes will ich dir vertrauen und dir treu sein.
> Ich will dich annehmen, wie Gott uns angenommen hat,
> und dir vergeben, wie Gott uns vergeben hat.
> Ich will dein Anderssein achten
> und nicht aufhören, dich zu suchen.
> In meiner Liebe zu dir will ich wachsen und dich tragen in traurigen wie in glücklichen Zeiten.
> Unsere Liebe gebe uns Kraft, auch für andere dazusein und für die Welt, in der wir leben.
> So will ich dich lieben, mit Gottes Hilfe,
> am liebsten zwei Leben lang."[14]

Ist es übrigens ein Zufall, dass die besonders ausgefeilten, elaborierten Formeln oft von jungen Theologen-Ehepaaren stammen, die sich hier besonders viel Mühe geben, ihre ganze Ehetheologie hineinzulegen? (Sie werden nur noch übertroffen von den Versprechen, die sich gleichgeschlechtliche Paare bei den neuen Segnungsfeiern gern geben.)

Das umfangreichste Bekenntnis, das ich kenne, ist 2001 veröffentlicht worden[15]. Es ist fast eine eigene Dialogpredigt, wo das Paar mit großer Sorgfalt die

---

[13] F.K. Barth/G. Grenz/P. Horst: Gottesdienst menschlich. Taufe, Konfirmation, Abendmahl, Eheschließung, Beerdigung. Eine Agende, Wuppertal 1973, 68.

[14] Trauversprechen von Susanne Kaiser und Michael Stahl am 21.9.91. Vgl. F. Mybes (Hg.): Die Trauung (Dienst am Wort 56), Göttingen 1991 und E. Domay (Hg.): Trauung. Gottesdienste, Predigten, Liturgische Texte. Mit einer pastoralsoziologischen Einführung von Fritz-Karl Daiber (Gottesdienstpraxis Serie B), Gütersloh 1995.

[15] Peter und Irmhild Franz. Nach: H.-D. Kastner: Lasst Raum zwischen euch, in: Erhard Domay (Hg.): Trauung und Segnung von Lebensbünden. Gottesdienste, Predigten, liturgische Stücke und Ideen. (Gottesdienstpraxis Serie B), Gütersloh 2001, 26–35.

vorher im Gottesdienst gelesenen Texte – Kohelet 3 und 9 („Alles hat seine Zeit") und das Weinwunder von der Hochzeit zu Kana, aber auch von Khalil Gibran (der in diesen Zusammenhängen fast unvermeidlich ist) – verarbeitet hat und am Ende (beide haben sich auf einer Märchentagung kennen gelernt!) für ihr Versprechen die Trauformel aus dem Märchen „Fundevogel" gewählt haben:

„Pfarrer: Ihr seid in die Bergkirche St. Peter gekommen, weil Ihr Euch verbinden möchtet – nicht nur nach den Ordnungen staatlichen Rechts – sondern tiefer, weiter und höher als in der Sprache des Rechts aussagbar ist … Wir haben gehört und miteinander bedacht, wie Gott uns Menschen sieht, wie er uns als unverwechselbare Geschöpfe will und würdigt – und wir haben darüber hinaus bedacht, wie Christus uns in einen ständigen Erneuerungsprozess hineinzieht – solange wir sind [Lesungstexte waren Koh. 3, 1–13; 9, 7–10a; Joh. 2,1–11 sowie Texte von Khalil Gibran]. Daran erinnere ich Euch, wenn Ihr Euch jetzt zur Ehe als einem Gottesgeschenk für Euch bekennt.

Peter: Irmhild, Du bist meine Frau, aber Du bist nicht mein Besitz. Ich möchte nichts von Dir abtrennen. Ich möchte vielmehr, dass Du Dein eigentliches Wesen, Deine eigene Gestalt und Deine Freiheit gewinnst.

Irmhild: Peter, Du bist mein Mann; ich will nichts verformen an Dir, Dich mir nicht gleichmachen. Ich will Dich achten und gelten lassen so wie Du bist und wie Du werden wirst.

Peter: Wir wollen es nicht eng werden lassen zwischen uns, nicht in Gewohnheit verkümmern.

Irmhild: Das Gespräch zwischen uns soll nie verstummen; wir wollen Suchende bleiben.

Peter: Sollte uns wirklich einmal der Wein ausgehen, dann lass uns unsere leeren Krüge füllen mit dem, was wir haben, mit unseren Tränen, mit unserer eingestandenen Angst und mit unserer Traurigkeit.

Irmhild: Dann lass uns an die Wirklichkeit des Wunders glauben; denn Gott will uns gewiss Gelingen geben. Lass uns darauf vertrauen, dass guter Wein von Tag zu Tag köstlicher wird.

Peter: Der Tod soll unser heimlicher Gast sein. Er macht unser begrenztes Leben intensiver, farbiger, schöner.

Irmhild: Ja, er macht jede Stunde, die wir zusammen sind, wertvoll. So wollen wir das Leben nicht vor uns herschieben; jeder Tag, jeder Augenblick ist Leben und Ewigkeit.

Peter: Ich will mit Dir lachen und unsere Schwächen und Unzulänglichkeiten mit Humor entschärfen.

Irmhild: Denn das Glück tritt gern in ein Haus, wo gute Laune herrscht.

Peter: Ich will mich mit Dir in der Kunst des Streitens üben, aber ohne Grobheit und Schärfe, und ohne Dich zu benutzen für den Streit mit mir selbst.
Irmhild: Ich will nicht anklagen und nicht verurteilen. Wir wollen uns ertragen in unserer Wahrheit – und uns vergeben.
Peter: Wir wollen uns treu sein, aber ohne Langeweile, sondern mit Phantasie und in bunten Farben.
Irmhild: Und wir wollen uns riechen und schmecken und fühlen – und – wir wollen uns trösten und beistehen in Krankheit und Not.
Peter: Ich möchte Dich schützen und Dir Geborgenheit geben.
Irmhild: Ich möchte Dich frei und froh machen. Ich gehöre zu Dir.
Peter: Irmhild, verlässt Du mich nicht, so verlass ich Dich auch nicht.
Irmhild: Nun und nimmermehr. Peter, verlässt Du mich nicht, so verlass ich Dich auch nicht.
Peter: Nun und nimmermehr.
(Formel aus dem Grimmschen Märchen „Fundevogel")

Ich gestehe, ich habe hier erhebliche Vorbehalte. Ich plädiere an dieser Stelle für eine gewisse Askese in der Selbstexpression. Es muss nicht alles gesagt und ausdrücklich gemacht werden! Manchmal ist weniger wirklich mehr.

Dass viele der Texte, die sich ganz individuell geben, bei näherer Betrachtung übrigens eine durch und durch standardisierte (um nicht zu sagen: konfektionierte), an der Ästhetik von Werbeclips orientierte Sprache sprechen, ist eine Ironie, die manches in der Erlebnisgesellschaft kennzeichnet.

Dafür nur noch ein Beispiel zum Abschluss.

2.4 Eine evangelische Erlebnistrauung im Grünen (2001)
Arno Schmitt: „Time is on my side oder: Farben der Freude"[16]

Diese Feier ist nun in jeder Hinsicht ein postmodernes romantisch-ästhetisches Hochamt! Ich skizziere nur kurz die Szene und nenne die wesentlichen Elemente, aus denen sich das Ritual zusammensetzt.

Es handelt sich um die Hochzeit von Frank und Anke, beide 34 Jahre alt. Frank ist erfolgreicher Verkaufsmanager bei einem US-amerikanischen Software-Konzern. Anke „Regionaldisponentin" einer europäischen Parfümeriekette. Beide haben mit Kirche nicht viel am Hut, Anke ist aus der Kirche ausgetreten, aber Frank hat sich eines Tages seines alten Konfirmators erinnert und ihn gebeten, die Trauung zu übernehmen („in einigen Monaten werden wir dann vielleicht sogar schon

---

16 Im Sammelband „Trauung und Segnung von Lebensbünden", a.a.O. (s. Anm. 15), 19–26.

zu dritt sein ...", 20). Pfarrer Arno Schmitt (Mannheim) hat sich auf die Sache eingelassen und das Ganze dokumentiert.

Herrliches Sommerwetter an einem Sonntag. Abmarsch von der Terrasse des Hotels zu einem Waldplateau, „wo sich (nahe einer fließenden Quelle) hufeisenförmig um einen mit Farn, Steinen und einem Kreuz aus Wurzeln geschmückten Altartisch Platz für rund 100 Personen ergab. Vor dem Altar, mit Steinen, Hölzern, moosbewachsener Erde am Boden aufgehäuft: eine ‚Höhle', in der die beiden Ringe ‚versteckt' wurden (die im späteren Teil der Liturgie mit Hilfe eines ‚Ariadnefadens' zu ‚bergen' waren). An der Gestaltung der Liturgie waren zahlreiche Familienangehörige und FreundInnen des Paares beteiligt. Gestaltungsschwerpunkte: Musik (kleines Ensemble aus Gitarren und Klarinette), Rätsel, Segensparabel, Bereitung der Wegzehrung." (Ebd.)

Die „Liturgischen Bausteine" werden genauer beschrieben. Zum Stichwort „Rätsel" heißt es: Alle müssen sich an der Lösung beteiligen. Sonst kann das Fest nicht beginnen.

„Es werden kleine bunte Zettel, Wollfäden zum Verschnüren und Bleistifte ausgegeben. Die Ergebnisse werden vorgelesen. Die GewinnerInnen erhalten eine bunte Blume aus Krepppapier geschenkt."

Aus den Rätselfragen:

„Wo sie wohnt? – Wand an Wand mit der Verzweiflung.
Wohin sie geht, wenn sie geht? – Niemand weiß es. (...)
Wie lange sie bleibt? – Wenn du Glück hast, solange du lebst."
„Von ihr unberührt zu sein: Ist das gut oder schlecht? – Es ist das Schlimmste, was dir passieren kann.
Wie kann man sie definieren? – Es heißt, Gott habe gesagt, er sei sie selbst."

Nach einer Anregung von Erich Fried. Es folgt ein poetischer Text, eine Art Gedicht, gesprochen von Franks Schwester, in dem die erste Strophe heißt:

„Immerhin
Es könnte doch sein, dass es das gibt
Sag', was du willst
Ein Erbarmen, das mich hält
Von jeher
Ein Erbarmen, in das ich mich bergen kann
Jederzeit

Immerhin, Es könnte doch sein, dass es das gibt ..." (21)

Danach folgt die Ansprache des Pfarrers. Sie ist lang, verbindet ein Märchen (die anspruchsvolle Prinzessin und ihr Zuckermann) mit einer fiktiven Story aus unserer Gegenwart (ein erfolgreicher Karrierist, der eines Tages von einer Kongressreise nach Haus kommt und das Nest leer findet. Seine Frau hat es satt, sein Püppchen zu sein, Strafe für den selbstverliebten Narzissten). Dann eine Art biblischer Teil, mit Anspielungen auf die Sabbat-Tradition („das große Los- und Lockerlassen", kein Leistungssoll, sondern „heiter sich erfüllenden Sein", 23). Ein „kleiner Psalm" auf Jesus, der ganz anders ist als die andern, ein Bezug auf Paulus, Gal. 5: „Zur Freiheit hat uns Christus befreit" ... Dann ein längeres Zitat aus dem Hymnus des Indianerhäuptlings an das „Große Geheimnis", versetzt nochmals mit Zitaten von Erich Fried, sehnsuchtsvolle Akklamation an das geliebte Du:

> „Doch dich sein lassen, ganz dich. Sehen, dass du nur du bist, wenn du alles bist, das Zarte und das Wilde, was sich losreißen und was sich anschmiegen will ... nach deiner Güte und nach deinem Starrsinn, nach deinem Willen und nach deiner Widerborstigkeit, nach allen deinen Gebärden und nach deiner ganzen Ungebärdigkeit ..." (24)

Usw., usw. „Time is on my side. Die Liebe ist mit Euch. Schalom!"

Abgedruckt wird noch die große „Segensparabel". Acht Personen haben acht Motive gesammelt und daraus sieben Segensgebete gemacht. Sieben Wünsche u.a. zu den Stichworten „Blühender Strauch", „Halme im Wasser", „Waldlichtung im Herbst", „Efeu am Baum".

Dann tritt der Liturg in die Mitte und bittet alle, sich die Hände zu geben und das Vaterunser zu sprechen. „Danach spielen die Instrumente in das Lied hinein: „Das wünsch' ich sehr ...", ein zweistimmiger Kanon von Detlev Jöcker, den alle zusammen singen.
Schluss-Segen:

> „Wie das Meer
> Den Glanz der Sonne widerspiegelt
> So leuchte aus Eurem Antlitz die Freude Gottes
> An Euch
> Seinen Geschöpfen." (26)

Der Text spricht von „Liturgischen Bausteinen". Ich weiß nicht, ob das, was ich genannt habe, alles ist; ob es noch ein gegenseitiges Versprechen, eine persönliche Segnung des Paares gab. Von einem Ringwechsel war die Rede. Aber Genaueres erfährt man nicht.

Ich gebe zu, es fällt mir schwer, dies alles einigermaßen neutral und ohne Spott in der Stimme zu zitieren. Trotzdem haben Sie meine erheblichen Vorbehalte gespürt. Die Grenze zum Kitsch ist m.E. hier deutlich überschritten. Dabei weiß ich, dass solche Feiern für die Beteiligten oft einen tiefen Erlebniswert haben. Man müsste das wohl im Einzelnen sorgfältig analysieren. Denn soviel ist klar: Hier eröffnet sich ein charakteristisches Übergangsfeld zwischen kirchlicher (d.h.: bisher wohl nur evangelischen!) Traufeiern und „weltlichen" Hochzeitsritualen mit von beiden Seiten offenen Grenzen, das künftig sicher noch eine größere Bedeutung bekommen wird als heute (in Analogie zum Übergangsfeld zwischen kirchlichen und nichtkirchlichen Bestattungsfeiern).

3 Leitlinien für die Gestaltung des Traugottesdienstes – aus evangelischer Perspektive

Ein Fazit in vier Thesen. These 1 fasst den theologischen Ansatz zusammen. In These 2 grenze ich mich ab von einer gewissen Tendenz, die heute von manchen evangelischen Theologen, vor allem aus unierter bzw. reformierter Tradition, favorisiert wird (und bei der Erarbeitung von neuen Trauagenden z.B. in der rheinischen und der badischen Landeskirche eine Rolle spielt). These 3 resümiert, was mir für den Geist der Trauungsliturgien wichtig erscheint. Und These 4 hebt die familiäre, öffentliche und ökumenische Dimension von Hochzeit und Trauung hervor.

3.1 Den neueren Trauagenden entspricht ein modernes personales und partnerschaftliches Konzept von Ehe. Das ist zu begrüßen.

3.1.1 Gegenüber einem objektivistischen Verständnis, wo alles auf den Eintritt in den „Ehestand" als heilige, unverbrüchliche göttliche Ordnung ankommt, wird die Ehe theologisch zentral von der Liebe her verstanden und begründet.

3.1.2 Zugleich wird auch ein subjektivistisches Missverständnis ausgeschlossen. Als Institution der Liebe ist die Ehe Gottes Gabe und insofern eine Vorgabe für das Paar, das den Lebensbund schließt. Die Ehe wird als Raum und Rahmen menschlicher Gemeinschaft und Treue von Jesus unter Gottes Schutz gestellt (Mt. 19,4ff.). Die eheliche Gemeinschaft gilt ohne zeitlichen Vorbehalt intentional für ein ganzes Leben („bis der Tod euch scheidet").

3.1.3 Es gehört vermehrt zur Lebenserfahrung der Gegenwart, dass die Ehe eine Aufgabe ist, an der man auch scheitern kann, dass die Liebe stirbt, dass Partner sich trennen, dass Ehen geschieden werden. Scheidung ist auch Schuld, ist verbunden mit Verletzung, Enttäuschung, oft mit Verbitterung. Das Leben in der Ehe, jede Lebensgemeinschaft bedarf immer wieder der Vergebung und des neuen Anfangs, im Grenzfall auch mit neuen Partnern. Die Kirche sollte einer Wiederverheiratung Geschiedener nicht prinzipiell entgegenstehen und solchen Paaren den Segen nicht verweigern.

3.2 Die kirchliche Trauung setzt die standesamtliche Eheschließung voraus. Sie sollte sie weder ignorieren noch abwerten.

3.2.1 Einige evangelische Theologen fordern als Konsequenz den völligen Verzicht auf alle Elemente, die das Missverständnis einer Wiederholung nicht nur des „Zusammensprechens", sondern auch des Ehekonsens nahe legen (also kein Versprechen, kein Ringwechsel und Händereichen). Auch die Bezeichnung „kirchliche Trauung" sei abzulehnen. Gefeiert werde ein „Gottesdienst anlässlich einer Eheschließung" mit Verkündigung, Gebet und Segen. Das halte ich für falschen Rigorismus und für eine Missachtung der Wünsche der Menschen.

3.2.2 Die Paare kommen in die Kirche, um ihrem Ehebund eine Fundierung zu geben, die über die rechtlichen Regelungen auf dem Standesamt hinausgeht. Dazu gehört außer der Orientierung an den biblischen Verheißungen und Weisungen die Bekräftigung des wechselseitigen Eheversprechens vor Gott und der Gemeinde sowie der Zuspruch und Empfang des Segens. Die Trauung hat eine charakteristische Doppelstruktur: Tun und Empfangen – sich gegenseitig versprechen und gesegnet werden.

3.3 Die Feier der Trauung als Liturgie der Liebe hat festlichen Charakter.

3.3.1 Den Grundton bilden Dank, Freude, Zuversicht, die gute Gabe Gottes und seine Verheißung für das Leben in der Ehe. Im Zentrum steht der Lebensbund der beiden Liebenden. Der Ringwechsel hat eine tiefe zeichenhafte Bedeutung. Und es ist schön, wenn das Paar sich das Eheversprechen gegenseitig gibt. Dabei kann die Vorgegebenheit und ‚Objektivität' der Formel eine Hilfe sein. Nicht jedes Paar muss sie neu erfinden. Es ist eine Entlastung, sich in die generationenübergreifende Tradition hineinzustellen.

3.3.2 Der Traugottesdienst sollte ehrlich sein, keine falschen Glücksbilder malen und keine Illusionen nähren. Zur Bereitschaft, eine Ehe zu führen, gehört der

Wille, auch den Schwierigkeiten nicht auszuweichen, die Kälte und die Last des Lebens zu teilen. Jede auf Dauer angelegte Lebensgemeinschaft ist eine gefährdete, von innen und außen bedrohte Angelegenheit. Es gehört zum biblischen Realismus, auch das „Kreuz der Ehe" (Luther) anzunehmen und die Verantwortung für das gemeinsame Leben zu übernehmen. Das darf im Traugottesdienst nicht verschwiegen werden – auch wenn es nicht das Primäre ist, was zu sagen ist.

3.3.3 Die Liebenden, die ihr Ja zueinander bekräftigen, haben das Gelingen der Ehe nicht in der Hand. Sie sind angewiesen auf Gottes Gnade und sein Geleit. Sie stellen sich unter Gottes Segen und vertrauen darauf, dass seine Verheißung gilt.

3.3.4 Wir Evangelischen können von der katholischen Trauliturgie lernen, die Ehe in größere heilsgeschichtliche Zusammenhänge einzurücken und den Bezug zu Schöpfung und Bund, zu Christus und zur Kirche wahrzunehmen. Dies wird gestärkt durch die Verbindung der Trauung mit einer Eucharistiefeier.

3.4 Der Traugottesdienst hat öffentlichen Charakter. Das Paar, das die Trauung in der Kirche wählt, zeigt an, dass es sich traut, seine Liebe öffentlich zu machen.

3.4.1 Der Traugottesdienst hat im Kontext der Hochzeit eine sozial-integrative Dimension. Zwei Familienverbände werden zusammen geführt, zwei Freundeskreise mischen sich. Im Gottesdienst wird die größere Gemeinschaft sichtbar, die das Paar trägt. Die Spielräume der neuen Trauagenden für eine stärkere Beteiligung der Gemeinde an der Handlung (Lesungen, Gebete, der gegliederte gemeinsame Segen) sollten genutzt werden.

3.4.2 Wer Ehe will, will auch Familie. Dabei entsteht etwas Neues. Das schließt Offenheit für Kinder ein, für eigene, mitgebrachte, angenommene, fremde (es gibt nicht nur eine physische, sondern auch eine soziale Generativität). Auch das sollte im Traugottesdienst zur Sprache kommen.

3.4.3 Die Ehe stirbt an der Isolation. Die größere Gemeinschaft sollte nicht an den Grenzen der Familie enden. Eheleute sind Nachbarn und Zeitgenossen, sie sind Mitglieder des politischen Gemeinwesens und der Kirchengemeinde. Deshalb heißt es in einem neueren Trauversprechen: „Versprecht ihr, euch beide und eure Familie nicht zum Wichtigsten in der Welt zu erklären; versprecht ihr, Anteil zu nehmen an der Arbeit für das Heil und die Würde aller Menschen?" (Fulbert Steffensky)

3.4.4 Konfessionsverschiedene Ehen nehmen zu. Sie sollten nicht als Belastung angesehen werden, sondern als eine Chance für „Ökumenischen Zugewinn". Die schon gefundenen Möglichkeiten gemeinsamer kirchlicher Trauungen sind zu nutzen, mit fröhlicher Hartnäckigkeit ist darauf hin zu arbeiten, dass sie weiter entwickelt und noch bestehende Hindernisse abgebaut werden.

***

Immer wieder studiert der Liturgiewissenschaftler mit Fleiß Liturgien. Manchmal geht er mit Vergnügen ins Kino. Und manchmal nutzt ihm der Film sogar als Plädoyer. Auf dem Cover der Videokassette des englischen Originals von „Four Weddings and a Funeral" steht: „Five good reasons to stay single". Aber das ist blanke Ironie. Denn ohne Zweifel ist der Film ein Plädoyer für die wahre, lebenslange Liebe, ein Plädoyer für die Ehe und vor allem für schöne, anrührende Traugottesdienste. Ich hoffe, dass der Schuss Realismus, den ich dazu gemischt habe, dieses Plädoyer nicht geschwächt, sondern gestärkt hat.

The Royal Wedding

1 Beobachtungen auf dem Campingplatz (1981)

30.7.1981
Gestern zweieinhalb Stunden morgens vor dem Fernsehapparat auf dem Campingplatz in Lizzard: The Royal Wedding. Hat mich sehr beeindruckt. Und hat den Eindruck relativiert, den wir zu Beginn unserer Englandreise von der britischen Aristokratenhochzeit bekommen hatten.

Wir hatten morgens in Harwich die Fähre verlassen und erholten uns mittags in St.Albans auf dem Rasen vor der wunderschönen alten Kathedrale, als wir merkten, dass dort eine Trauung vorbereitet wurde. Offensichtlich keine bürgerliche, jedenfalls erschienen viele Leute, standesgemäß gekleidet mit Zylinder, Hüten, Cut und Chiffonkleidern. Wir saßen draußen vor dem Eingang und sahen zu, sind dann aber auch mit hinein gegangen. Nach vorn zum abgetrennten Chorraum. Die Aristokratie war unter sich, und das Volk gaffte. Repräsentative Öffentlichkeit. Ritus wie aus dem Bilderbuch.

Ich dachte, ich träume. Vor allem die Herren: Unnachahmlich diese Mischung aus amüsiert-blasierter Arroganz auf den Gesichtern der jungen Dachse. Man macht etwas mit, woran man nicht glaubt, aber das ist auch egal. Der Ritus muss sein, und er wird zu einer Gelegenheit, sich selbst darzustellen vor den anderen: die Garderobe, die Beziehungen, die Präsenz. Bei strikter Distanz zur Handlung, die da vollzogen wird. Dazu passen die Gesten. Man steckt die Hände in die Hosentaschen, solange es geht und immer wieder. Man ist auch während des Gottesdienstes Beobachter, tauscht Kommentare aus nach links und rechts zu den Nachbarn. Wichtig ist, rechtzeitig zu kommen, nicht zu früh, nicht zu spät, gesehen zu werden und zu sehen, begrüßt zu werden und zu begrüßen, kurz: seinen Platz in der Gesellschaft einzunehmen. Vollendet, wie sie das beherrschen, obwohl die Kirche für die meisten ein fremder Ort schien, für die Jüngeren wenigstens. Man war dort nicht zu Hause. Das merkte man beim Singen. Es klappte, weil die ältere Generation mitsang. Die Älteren knieten übrigens zum Teil während der Gebete.

Irgendwann ging es los. Ein Brautzug mit kleinen süßen bridemaiden in hellblauen Kleidern mit Blumenkränzen, dazu ein Bischof mit allem Drum und Dran. Zum ersten Mal erlebte ich eine anglikanische Trauung und merkte gleich die Besonderheiten in der Reihenfolge der Handlungen.

Hinterher nahmen wir unsere Jubelrolle als Volk wieder auf, postierten uns am Seitenportal, wo die Brautleute heraus kamen. Dort wartete ein Oldtimer mit Chauffeur in grauer Livree. Zwei Soldaten in Paradeuniform salutierten mit ihrem Degen. Dann gab es viele Fotos, und ab ging's.

Ich hatte zu keiner Zeit das Gefühl, einer echten religiösen Feier beizuwohnen. Der Ritus lief wie am Schnürchen, wie im Film. Mag sein, dass das auch mein Problem war – mein Abstand, meine Unkenntnis der Leute, die Vorurteile gegen die High Society. Aber es blieb nichts haften außer Äußerlichkeiten. Nur der schöne Schein einer perfekten Show, für die Liturgie und Kirche nur die dekorative Kulisse sind.

Das war gestern bei der Royal Wedding anders. Jedenfalls habe ich es so erlebt. Da war der Ritus nichts nur Mechanisches, die Zeremonie echt und überzeugend. Natürlich war es eine minutiös kalkulierte Angelegenheit. Superregie einer Inszenierung, bei der das Fernsehen omnipräsent war und die Vorgänge transparent machte. Trotzdem waren die Menschen, der Hof, die Beteiligten dabei. Und die Handlung hatte eine ernsthafte, ja irgendwie ergreifende religiöse Bedeutung.

Erster Akt: Der Einzug

Während sich die Gemeinde in der Kirche versammelte, betätigte sich das Fernsehen als kundiger Interpret des Zeichenrepertoires. Die Personen wurden vorgestellt, der Kleidercode, Uniformen und Garderobe dechiffriert. Gekonnt ist, wie das Innen und Außen simultan gezeigt wird. Eine raffinierte, ganz natürlich wirkende Regie, die auf diese Weise Anfang und Ende, das, was in der Kirche und was draußen geschieht, verbindet. Hier auf dem Campingplatz haben die Leute übrigens böse gezischt, als Maggi Thatcher im Bild erschien! Das Volk – das wird deutlich – liebt seine Königsfamilie. Die Begeisterung ist echt und herzlich. Wie es sich gehört, kommen Braut und Bräutigam in getrennten Kutschen, die Braut hinter Glas, unterm Schleier.

Zweiter Akt: Die Trauung

Mich hat die Abfolge der Stationen sehr überzeugt:
- *Das Wichtigste zuerst, nämlich die eigentliche Trauhandlung.*
- *Dann in die Entspannung hinein die Verkündigung: nur eine lange biblische Lesung, das ganze Kapitel 1.Kor. 13 (gelesen vom Mr. Speaker des Parlaments) und die Predigt des Erzbischofs von Canterbury.*
- *Dann Musik und zum Abschluss vorne vor dem Altar (während das Paar dort kniet) Gebete, Nationalhymne und Segen.*

– Als Coda sozusagen noch einmal Musik, während die königliche Familie und die Spencers in der Sakristei verschwinden, vermutlich, um dort Urkunden zu unterschreiben, bevor der

Dritte Akt: Der Auszug

beginnt, der Auszug aus der Kirche und die gemeinsame Fahrt der neu vermählten Paares durch London zurück in den Buckingham-Palast.

Die Dramaturgie ist einleuchtend: Erst der Vollzug, dann die Deutung, dann Gebet und Segen (die liturgiegeschichtliche Genese muss ich noch eruieren). Jedenfalls ist sie plausibler als die Reihenfolge in unserer lutherischen Agende. Dort findet die Trauhandlung erst nach tausend Ermahnungen und Belehrungen statt, die – solange das Eigentliche (doch Rudolf Bohren!) noch aussteht – von den direkt Beteiligten nicht wirklich aufmerksam und entspannt aufgenommen werden können.

Einen Tag später sitze ich in der Kirche von Ruan Minor und rekonstruiere dort (während ich auf die Reparatur unserer Bremsbeläge warte) die liturgischen Einzelheiten mit Hilfe des alten „Book of Common Prayer" (BCP) im Vergleich mit dem neuen „Alternative Service Book" (ASB) der Church of England von 1980 (wobei interessant ist, dass die Liturgie der Royal Wedding an einigen Punkten der älteren Ordnung folgt). Das ASB übernimmt die traditionsreiche Vorlage im Wesentlichen. Nur die Gleichberechtigung von Mann und Frau wird in den Formeln durchgesetzt und z.B. die Symmetrie in der Konserserklärung hergestellt. Die Zusatzfrage an die Frau „Wilt thou obey him, and serve him"? ist gestrichen [die ganze Formel s.o. 378]. Übrigens hat sich Diana gestern ein einziges Mal versprochen: Beim Nachsprechen der Namen kriegte sie die lange Latte der Vornamen von Charles durcheinander und begann mit „Philipp". Alles im Raum lachte! Als ob sie sagen wollten: Ach ja, sie ist halt doch nur eine Bürgerliche! Besonders schön ist im ASB die Formel beim Ringwechsel [s.o. 379]. Dieser Ritus wird dadurch zu einer aktiven eigenen Handlung des gegenseitigen Versprechens. Eine kleine Abweichung findet sich in der anschließenden Erklärung des Priesters. „I therefore proclaim that they are husband and wife", heißt es jetzt – „I pronounce that they be man and wife together" früher (und gestern in St. Paul!).

Zur Lesung: Im Unterschied zum BCP hat das ASB nur eine einzige biblische Lesung, eben 1.Kor. 13. Man hört diesen Text ganz neu: als eine Entfaltung dessen, wozu sich die Eheleute gerade bekannt haben. Nur diese eine Lesung (die ja im Grunde alles andere in sich enthält) und nicht wie bei uns eine ganze Batterie von Schriftworten mit unterschiedlichem Skopos! Auch das hat mich überzeugt, es ist viel sprechender (im BCP folgte eine längere Ehebelehrung mit vielen Bibelzitaten ganz am Schluss, aber wer hört da noch zu)!

Zur Predigt: Mir hat die kurze Ansprache von Erzbischof Dr. Runcie gut gefallen. Sie war knapp, gehaltvoll, unsentimental. Ein Stück Interpretation der allgemeinen Bedeutung dieses Aktes und dieses Paares. Gewiss, es fehlte ein bisschen eine direkte Anrede und persönliche Wärme. Aber was er sagte, war ausgezeichnet: Wir erleben ein Märchen: Der Prinz heiratet die Prinzessin. In den alten Märchen folgt eigentlich nur noch die Abschlussformel: „So leben sie noch heute ..." Für uns Christen ist das anders. Mit der Hochzeit beginnt das gemeinsame Abenteuer! In den alten Märchen gibt es auch das andere: Alle, die heiraten, sind königlich, bekommen eine Krone und werden gekrönt. Charles und Diana, sie sind für uns das exemplarische Paar. Deshalb nehmen wir so sehr daran teil und sind bewegt. Ihr seid ein Spiegel für etwas Allgemeines. Die Zukunft der Menschheit hängt auch von den Familien ab. Wirtschaftlicher Erfolg und politische Macht allein bringen uns kein Glück, wenn nicht in den Familien und Häusern die Basis für das öffentliche Glück, für Liebe, Frieden und Gerechtigkeit gelegt wird. Darum haben wir alle unsere Aufgaben und Verantwortung für die Zukunft. Wir leben in einer Welt, in der immer mehr junge Menschen Angst vor einer Zukunft haben, in der Ungerechtigkeit herrscht, Krieg und Gewalt. Wir feiern diese Trauung auch als Ausdruck der Hoffnung, die sich an das hält, was Gott verheißt und wofür er uns braucht (so ähnlich).

Zu den Gebeten am Schluss: Auch die waren eindrucksvoll. Das Paar kommt nach vorn, kniet vor dem Altar (endlich unbeobachtet von den Kameras). Vier Geistliche sprechen Gebete für sie, wenn ich mich richtig erinnere, jeweils eingeleitet durch allgemeine, vom Chor gesungene, relativ modern komponierte Preces. Auf jeden Fall war das ein eigener, wichtiger Akt. Idee: Wäre das nicht der Ort, wo verschiedene Menschen Fürbitten formulieren und sprechen: für das Paar, für die Eltern, die Freunde, für alle Ehen, Familien und Lebensgemeinschaften, für die Kinder, die Armen usw.? Ein Gebet habe ich behalten, weil es mich an „Godspell", das Musical, erinnerte, an den Song „Day by day". Im ASB habe ich es wieder gefunden:

>„Heavenly Father,
> we thank you that in our earthenly lives
> you speak to us of your eternal life:
> we pray that through their marriage
> N and N
> may know you more clearly,
> love you more dearly,
> and follow you more nearly

day by day;
through Jesus Christ our Lord. Amen."
(S. 299, Nr. 36)

Während die Hochzeitsgesellschaft in der Sakristei verschwand, gab es barocke Schmettermusik. Händel, Arie und Chor aus „Samson und Dalida", mit allen Registern gesungen von einem merkwürdigen Kanarienvogel mit einem Wahnsinnskitschkleid und einer tollen Jubelstimme.

Irgendwann in diesem Schlussteil zeigte die BBC noch einmal, was sie kann und wie das Fernsehen imstande ist, ein Volk zu einer großen Gemeinschaft zusammen zu schließen. Ich glaube, es war während der Nationalhymne: da blendete die Regie Bilder aus dem ganzen Land ein, Naturbilder, Bilder der Stadt London, der Menschen, die mitsangen oder beteten und sich verbunden fühlten mit dieser Feier, mit diesem Paar und die mit ihren Wünschen und Hoffnungen dabei waren. Und ich spürte, wie auch die Leute auf dem Campingplatz dazu gehörten und sich als Teil einer großen nationalen Gemeinschaft fühlten. Natürlich war die Feier selbst schon ein Ereignis repräsentativer Öffentlichkeit, allerdings ist die Cultus-Publicus-Funktion dieser Form von symbolischer Kommunikation in ganzer Breite erst durch die Television realisiert worden.

Und doch, bei aller Begeisterung: War das Ganze nicht auch ein problematischer Akt der Ablenkung von der sozialen Wirklichkeit in diesem Land? Noch am gleichen Tage berichteten die Medien über neue Jugendunruhen und gewalttätige Ausschreitungen. Im Reisegepäck hatten wir das ZEIT-Dossier vom 17. Juli. Titel: „Schlacht um England". Es gibt mehr als 2,5 Millionen Arbeitslose, davon 947 000 Jugendliche in Großbritannien. In Liverpool kommen auf 1000 offene Stellen 8000 Arbeit Suchende. Das Kernproblem der Aufstände ist der Rassismus in den Städten. Die Neonazis setzen Skinheads als Schlägertruppen ein. Die Berichte sind erschreckend. Davon war bei der Royal Wedding nicht die Rede, mit keinem Wort.

2 Die Heile Familie

6.8.1981
Ein Artikel von Christian Graf von Krockow in der ZEIT vom 7.8.1981 ist ein treffender Kommentar zur Royal Wedding. Was symbolisiert die königliche Familie heute? Sie wird zum Idealbild der heilen bürgerlichen Familie! Und dies im gleichen Maß, in dem die Monarchie an Macht verloren hat. Früher waren solche Hochzeiten ein Instrument dynastischer Außenpolitik. Es ging um Machtsicherung und Machtausbau. Erst heute geht es um Liebe. „Damit aber wurde zwangsläufig

und folgerichtig aus dem Gegenbild zur Moralität der bürgerlichen Gesellschaft deren Idealbild. Es zu repräsentieren, als heile Familie darzustellen, was eben zentral zu den Moralvorstellungen der bürgerlichen Gesellschaft gehört, darauf kommt es jetzt an." Liebe wird zum wesentlichen Inhalt, ja zur Aufgabe der Staatsraison. *"Die alten und ehrwürdigen Bindungsformeln vor dem Traualtar, dem Durchschnittsbürger längst zum dekorativen Beiwerk verblasst, gewinnen auf diese Weise fast so etwas wie einen drohenden Unterton: Haltet zusammen und bleibt es – wehe Euch, wenn nicht. Alternativen gibt es nicht, nicht für Euch. Erliegt Ihr Euren Versuchungen, so zerstört Ihr alles, was Euch trägt und aufgetragen ist, Eure Legitimation."* Doch muss es nur eine Drohung sein? Immerhin lautet das Fazit des Soziologen: *„Wünschen wir also Diana und Charles, für ein hoffentlich langes Leben, das Glück der überdauernden Liebe, das sie so dringend brauchen werden!"*

„Like a Candle in the Wind"

Dianas Beerdigung

6.9.1997
Eigentlich hatte ich mir für diesen Samstag etwas ganz Anderes vorgenommen. Aber nun sitze ich seit neun Uhr vor dem Fernseher und komme nicht mehr los. Die Beisetzungsfeier in London zieht mich magisch an. Wie damals vor sechzehn Jahren, als wir auf dem Campingplatz in Cornwall die „Royal Wedding" mit erlebten. Es ist noch schwerer, Bilder, Wahrnehmungen, Gefühle, Assoziationen und Reflexion auseinander zu halten. Der Zusammenhang zwischen Ereignis und Medienereignis ist noch enger geworden. Und die Erzähl- und Deutungsmaschine läuft seit Tagen auf Hochtouren.

Trotzdem merke ich in diesen Stunden: Es ist ein Ereignis, das sich gegen die Medien, nein: in den Medien durchsetzt gegen die reine Instrumentalisierung. Es ist nicht nur Simulation. Die Anteilnahme der Menschen ist echt. Auch wenn man weiß, jetzt werden wir gefilmt. Es gibt Momente, wo sie es vergessen.

Erstens: Der Zug

Die Leute säumen die Straßen, stehen dicht gedrängt dort, wo der Sarg hindurch kommen wird. Sie sind still, gesammelt, es wird nicht geredet. Die Gesichter sind bewegt, nach innen gekehrt. Sie trauern. Dann kommt der Zug. Ein Wagen, von sechs Rappen gezogen, vorweg Reiter, Waliser Garden in schwarzen Uniformen mit goldenen Schnüren. Neben dem Gefährt marschieren rote Garden. Der Sarg ist aufgebahrt und mit der königlichen Flagge bedeckt. Drei Kränze, weiße Lilien, Tulpen, vorn ein kleiner Kranz von Harry für seine Mami.

Ich versuche, mich hinein zu versetzen in das Geschehen. Ich stehe in der Menge, sehe die Pferde, den Wagen, die Uniformierten. Höre das Geklapper der Hufe, das Geräusch der Räder. Es geht alles langsam. Niemand geht hinterher, an dieser Stelle noch nicht. So gehört der Sarg uns. Und während er vorbeirollt, sehen wir andere Bilder von Diana, Medienbilder, die zu inneren Bildern geworden sind, mit Erinnerungen gefüllt, abrufbar.

Die Traumbilder einer Frau, die in allem, was sie getan hat, zur Legende geworden ist. Die Märchenprinzessin. Ein leidenschaftlicher Mensch, der sein Glück suchte und sich nicht mit der Rolle abfand, die für sie vorgesehen war. Sie hat den Mythos zerbrochen und einen neuen geschaffen. Sie war ein Star. Sie inszenierte sich selbst, die eigene Schönheit, ihren Stil und behauptete sich zugleich als Persönlichkeit gegen den Hof, gegen das starre Zeremoniell, gegen die Konventionen der Royals. Als die Entfremdung von Charles immer deutlicher wurde, nach den Entdeckungen, dass es da eine andere Frau gibt (angeblich bereits vierzehn Tage vor der Hochzeit, später dann immer offener), versuchte sie es eine Zeitlang trotzdem, bekam zwei Kinder, wurde depressiv, wurde bulimisch, machte Selbstmordversuche und brach dann ebenfalls aus. Auf die in diesen Kreisen übliche Art, mit peinlichen Affären, trivial, kitschig und doch offenbar zunehmend mit Selbstbewusstsein und Standvermögen. Sie entlarvte die Windsors, gewann die Sympathie der Leute mit ihren offenen Bekenntnissen, setzte Trennung und Scheidung durch. Offenbar ist auch die andere Seite von Diana echt und nicht nur PR-Rummel: ihr Engagement für zahllose Hilfsorganisationen. Jedenfalls gibt es Bilder, die zeigen, dass sie die Berührung nicht scheut. Sie sitzt am Bett eines Aidskranken, nimmt ausländische Kinder in den Arm, sucht die Nähe von Behinderten und Leprakranken. Die Leute nehmen ihr das ab. Ihr Einsatz für die Opfer der Landminen und die Ächtung dieser Waffen ist stark. Sie hat Momente erstaunlicher Aufrichtigkeit. Sie redet in einer Pressekonferenz über das Scheitern ihrer Ehe, über ihre Essstörungen. Auch da ist unsereins natürlich geneigt, nur ein taktisches Manöver zu sehen. Vielleicht ist so etwas nie eindeutig zu machen. Die Menschen haben es ihr abgenommen und sie bewundert. Die letzte Phase war dann noch einmal ein neues orientalisches Märchen. Die Freundschaft mit „Dodi", dem ägyptischen Playboy, die Fotos von der Yacht, das Sommerglück von St. Tropez, „The Kiss". Sie wurde verfolgt von den Paparazzi, ihr Privatleben wurde erbarmungslos-lustvoll öffentlich gemacht. Es war eine kumpanenhafte Symbiose. Sie brauchte und liebte den Ruhm, und am Ende hat sie das alles wohl eher gehasst. Es war Sport und Spiel, bis letzten Sonntag. Das Ende war schrecklich.

Ich glaube, die Menschen, die am Straßenrand stehen, wissen etwas von den Widersprüchen, von der Tragik dieses Lebens. Sie identifizieren sich mit dem Idol, vielleicht ahnen sie auch etwas von der Selbstverstrickung in den circulus vitiosus und ihrer eigenen Beteiligung. Sie haben die Zeitungen gekauft und die Bilder konsumiert. Jetzt sind sie erschüttert und aufgewühlt, beschwören Schönheit, Mut, Engagement und die Rolle des Opfers. Was in diesem Bild steckt, ist widersprüchlich: die schöne, lebendige, offenbar bezaubernde Frau und die junge Schwester von Mutter Theresa. Dass beide in der gleichen Woche gestorben sind, erhöht den Ikonenwert von Diana. Das alles – denke ich – steht denen vor Augen, die auf den Straßen warten, wenn der Sarg vorbeirollt.

Die Menschen sind bewegt. Die Kameras zeigen, wie unterschiedlich sie reagieren. Viele schweigen. Andere fangen an zu schreien. Nein, es sind (der Kommentator hat Recht) „Weherufe". „Diana, we love you!" „God bless you! "

„Auf Wiedersehen, Diana!" Das sind südländisch-orientalische Formen der Trauer. Die jungen Leute, die ihren Star verloren haben, artikulieren so ihre Betroffenheit. Die Kulturen mischen sich. Blumen werden auf den Wagen geworfen. Dann ist wieder Ruhe. Der Wagen rollt weiter. Immer wieder Bilder von Menschen, die weinen, sich umarmen, in der Trauer die Nähe der anderen suchen, Alte bei Jungen, Junge bei Älteren. Insgesamt ein stiller Zug. In dieser Phase wird nicht fotografiert. Es wird nicht (wenig) geschwatzt. Das hat Würde.

Im Fernsehen läuft die Direktübertragung der BBC, in der ARD kommentiert Rolf Seelmann-Eggebert, in SAT 1 Dieter Kronzucker. Ein trauriger Kontrast. Die Menschen auf den Straßen sind ruhig, nach innen gekehrt, ernst. Die Live-Kommentatoren reden und reden, vor allem Kronzucker quatscht unaufhörlich. Das ist nur peinlich.

Dann springt die Übertragung voraus in die Kirche, die sich langsam füllt mit den geladenen Trauergästen. Zweitausend werden es sein. Und gleich ist die Haltung anders. Wir sind wieder Medien-Voyeure. Da ist der Alt-Premier Callaghan, da sitzt der neue Außenminister, ach ja, da ist auch Margaret Thatcher mit ihrem Mann ... Jetzt bewundern wir wieder brav die Prominenz, obwohl es heißt, dass viele eingeladen sind, die nicht zum Establishment gehören.

Unterbrechung (ich muss noch rasch etwas einkaufen). Als ich zurück komme, habe ich den zweiten Teil des Zuges verpasst. Hinter dem Wagen gehen jetzt die männlichen Angehörigen der Familien Spencer und Windsor, Prinz Charles, die Söhne William und Harry, der Bruder Earl Spencer, der Herzog von Edinburgh, dann im Abstand eine Gruppe von fünfhundert Menschen aus den Hilfsorganisationen, vorne weg Rollstuhlfahrer, dann junge Leute, bunt gekleidet, Ältere in Uniformen oder dunklen Anzügen mit Schärpen, Menschen verschiedener Hautfarbe. Die Handlung verdichtet sich.

Der Zug durchquert ein altes Tor. Die Queen fährt vor im Rolls Royce, hinter ihr Queen Mom. Beifall (Elisabeth hat mit ihrer gestrigen Ansprache gerade noch rechtzeitig die Kurve gekriegt). In diesem Augenblick geht die Flagge auf dem Buckinghampalast auf Halbmast. „Das ist das Signal, auf das man lange gewartet hat", sagt der Reporter. Als der Wagen mit dem Sarg an der Königin vorbeifährt, beugt Elisabeth ihren Kopf, erweist Diana ihre Reverenz.

Von jetzt an vermischen sich die Ebenen. Langsam, würdevoll wird der Sarg abgeladen, acht Soldaten im roten Rock schultern ihn und tragen ihn ins Innere der Kirche. Orgelmusik legt sich über die Bilder (Pachelbel: Kanon und Gigue). Einzug über einige Stationen. Am Eingang beginnt der Gottesdienst.

Zweitens: Die Liturgie

(Ich schreibe dies einen Tag später nach Aufzeichnungen, die ich am Abend bei der Wiederholung auf N 3 mit Hilfe der Stenorette gemacht habe; noch später präzisiert mit Hilfe der CD der BBC mit Musik und Texten des Funeral Service; ich hatte morgens doch Schwierigkeiten, der Handlung zu folgen, vieles ging unter, was mich genauer interessierte.)

Der Ablauf:
- Gemeinde: Nationalhymne
- Chor: The Sentences aus dem BCP – während des Einzugs in den Altarraum
- Begrüßung durch Dr. Wesley Carr, dem Dean of Westminster Abbey
- Gemeinde: Hymne „I vow to thee, my country"
- Lyrischer Text, gelesen von Sarah McCorquodale, Dianas Schwester
- Chor, Orchester, Lynne Dawson, Sopran: „Libera me, Domine, de morte aeterna" aus Verdis Requiem
- Lyrischer Text 2, gelesen von Jane Fellowes, der anderen Schwester Dianas
- Gemeinde: Hymne „The King of Love my Shepherd is" (nach Ps. 23)
- Lesung: 1. Korinther 13, gelesen von MP Tony Blair
- Lied: „Candle in the Wind", gesungen von Elton John
- Ansprache von Earl Spencer, Dianas Bruder
- Gemeinde: Hymne „Make me a channal for your peace"
- Fürbittengebet des Erzbischof von Canterbury Dr. George Carey
- Chor: „I would be true, for there are those that trust me", Air from County Derry
- Vaterunser
- Segen (Erzbischof George Carey)
- Gemeinde: Hymne „Guide me, O thou great Redeemer"
- Übergabe („Commendation") durch Dean Wesley Car
- Auszug, während der Chor ein „Halleluja" von John Tavener singt
- Am Portal hält der Zug mit dem Sarg für eine Schweigeminute.
- Glocken

Es ist eine besondere Liturgie, eigens zu diesem Anlass konzipiert, nicht das gebräuchliche Bestattungsritual der Anglikaner. Statt der Predigt eines Geistlichen steht die Rede des Bruders („The Tribute") im Mittelpunkt. Überhaupt wird sehr klar: Dies ist eine Angelegenheit der Spencer-Familie. Das verdeutlichen auch die beiden lyrischen Texte, die in der Familie eine Rolle spielen. Das Ganze demonstriert die große Integrationskraft der anglikanischen Liturgie. Sie verbindet Altes und Neues. Und es passt zusammen. Zum Beispiel Elton Johns Lied. Und das lange Fürbitten- und Dankgebet des Erzbischofs von Canterbury. Vor allem immer wieder die gemeinsam und kräftig gesungenen Choräle. Romantisch, schön, expressiv (übrigens: Sie singen im Stehen, wie wir im Uni-Gottesdienst!). Interessant ist: Bei einigen Liedern, z.B. dem Franziskus-Friedensgebet, und beim Vaterunser wechselt die Kamera nach draußen in den Hyde-Park. Auch dort singen die Leute mit. Sie haben keine Gottesdienstordnung in den Händen, aber offenbar haben mehrere Zeitungen die Texte der Hymnen abgedruckt.

Einiges zum Ablauf, das mir besonders aufgefallen ist.

Zum kinetischen Code:
Die Bewegungsabläufe sind sehr ausdifferenziert. Am Eingang der Kirche wird die Nationalhymne gesungen. Dann folgt der Einzug als richtiger Introitus. Der liturgische Chor zieht in Zweierreihen durch den engen Mittelgang nach vorn. Die Träger tragen den Sarg durch den Lettner vor den Altar. Währenddessen singt der Chor vierstimmig die alten traditionsreichen Sequenzen. Dahinter schreiten die Geistlichen, voran einer mit Vortragekreuz und Leuchter (zum Kleidercode: die Geistlichen in kostbaren taubenblauen Messgewändern, darunter das weiße Unterhabit; die Chorsänger in rot-weiß). Dahinter die männlichen Mitglieder der beiden Familien Spencer und Windsor. Nachdem der Sarg abgesetzt worden ist, bekommt die Royal Family die Möglichkeit, ihrerseits Kränze an den Sarg zu lehnen (den die Spencers mit ihren drei Kränzen ja schon ‚besetzt' hatten). So wird auch dadurch signalisiert, wer das primäre und wer das sekundäre Recht zu trauern hat.

Beim Auszug die umgekehrte Reihenfolge. Wichtig die Schweigeminute vor dem offenen Portal, aber noch in der Kirche. Eindrucksvoll, wie hier Liturgie, Raumaufteilung und Positionierung im Raum verbunden sind. Die Bedeutung der Ansprache von Earl Spencer wird übrigens auch dadurch unterstrichen, dass er oben von der Kanzel spricht! Kein Geistlicher betritt sie in diesem Gottesdienst, sondern ein Laie und Familienangehöriger.

Zum verbalen Code:
Wesley Carr, der Dean oft Westminster Abbey, spricht zu Beginn eine etwas längere Begrüßung und Einführung. Er sagt einiges zur Person, was später wieder aufgegriffen wird: Diana hat uns bezaubert. Ihre Fürsorge für die Benachteiligten hat diesen Menschen ein neues Gefühl von Bedeutung gegeben. Ein zentraler Topos der Diana-Rhetorik. Die Begrüßung steckt den Rahmen ab, in den ihr Bild

gestellt wird. Und gibt den Grundtenor der Feier an. Gott zu danken für das, was Diana für uns war und ist, welchen Glauben und welches religiöse Bekenntnis auch immer wir haben. Mit Dank wollen wir ihr Werk, ihr Leben in Gottes Hand zurück geben, im Bewusstsein unserer eigenen Sterblichkeit und Verwundbarkeit („vulnerability", ein Schlüsselwort, das ebenfalls Echo findet). Ein dichter, guter Text. Er legt die semantische Achse, um die sich im Folgenden alles dreht.

Die beiden Texte, die Dianas Schwestern vortragen, ersetzen die traditionellen Eingangsgebete. Es sind kurze Stücke, „meditative Texte", wie sie junge Leute heute lieben, mit einer weichen, gefühlvollen religiösen Tönung, besonders das zweite Stück über die Zeit („Time is too slow for those who wait, too swift for those who fear, too long for those who grieve, too short for those who rejoice, but for those who love, time is eternity"). Sie sprechen die Emotionen der Menschen unmittelbar an.

Danach die Lesung aus 1.Kor. 13. Es ist der gleiche Text wie vor sechzehn Jahren bei der Royal Wedding. Tony Blair liest eindringlich, mit Pathos und sehr identifiziert. Er kennt den Text, ist nichts aufs Blatt fixiert, spricht einiges direkt in die Kamera. Wer damals den Gottesdienst mitverfolgt hat, wird sich erinnern. Aber wie anders hört man ihn jetzt. Nicht mehr als Trautext, wohl als Bekenntnis. Er ist nicht dementiert durch das, was seitdem passiert ist. Er wird nicht zynisch entlarvt durch das Scheitern der Ehe, sondern behält seinen Wert und bezieht einen neuen durch das, was Diana in ihrer Hinwendung zu den Hilfsbedürftigen praktiziert hat. Und er bekommt den Charakter einer Utopie, einer menschlichen Verpflichtung für uns alle. Die Liebe, die Menschen ihr zurück geben, wird gedeutet als Echo der Liebe, die sie hatte, und beides als Verwirklichung der göttlichen Liebe, die „bleibt" – „abide", ein wunderbares religiöses Grundwort der englischen Sprache.

Der zentrale Wortbeitrag ist die Ansprache von Charles Spencer, Dianas Bruder. Das enorme Echo, das diese Rede findet, der lange Beifall, zunächst draußen, dann auch in der Kirche, zeigt: Diese Deutung des Geschehens hat sehr genau zum Ausdruck gebracht, was die Menschen hier denken. Es würde mich reizen, den Text (8 1/2 Minuten dauerte die Ansprache) im Einzelnen zu analysieren. Hier nur einige Eindrücke:

Es ist eine bemerkenswerte Rede. Doch geht das? Kann ein Betroffener den Hauptpart in einer solchen Feier übernehmen? Das ist ja keine Predigt. Es ist eine Liebeserklärung für die verehrte Schwester. Haarscharf an der Grenze zur Heiligsprechung. Voller Bewunderung, voller Zorn, gegen die Presse und gegen die Windsors. Eine harte Anklage: Die Zeitungen haben sie zu Tode gehetzt! Diana das unschuldige Opfer. Die Mehrheit der Leute stimmt ihm aus vollem Herzen zu. Es fehlte (natürlich?!) jede selbstkritische Überlegung, wie weit „wir" daran mit beteiligt waren. Deshalb gab es auch keinen kathartischen Impuls, der ja mit Selbstkritik hätte gekoppelt sein müssen. Auch der Kontrast zum Hof war stark. Es gab kein „Wir", das die anderen mit einbezog. Hier sprach die „Blutsfamilie". Strikte Abgrenzungen (das dementierte die Gemeinsamkeit hinter dem Sarg)! Und im Blick auf die Söhne deutliche Worte der Warnung: Macht aus den Jungen nicht euresgleichen, lasst ihnen das, was ihr Diana nicht gestattet habt! Das hat das Volk verstanden und unterstützt. Hier wurde auch ein künftiges Königsbild geformt und das Volk zum Wächter darüber bestellt: Die Integration von Pflicht und Phantasie, Tradition und Lebendigkeit, verbunden mit der Drohung: Wenn ihr das verhindert, werdet ihr den letzten Rückhalt im Volk verlieren! Das Volk hat Diana geliebt, eben weil sie es versucht hat. Mit und dann auch ohne königlichen Titel. Man spürte die ganze Härte des in der Vergangenheit ausgetragenen Konflikts. Zugleich modellierte er natürlich die Diana-Ikone. Mit gewissen Aspekten von Nachdenklichkeit und (geringen) Vorbehalten gegenüber der Idolisierung. Das Bild ist strahlend: Diana verkörpert die Dreieinigkeit von Schönheit, Menschlichkeit und Lebendigkeit.

Noch einmal zur Gesamtdramaturgie: Der Verzicht der Kirche auf eine Predigt, so honorig er mir zunächst schien, ist zwiespältig. Wer weiß, was da hinter den Kulissen vorgegangen ist! Er hatte zur Folge, dass die zentrale Botschaft dieses Gottesdienstes das idealistische Evangelium vom guten Menschen war. Eingebunden in das Bekenntnis zu Liebe, Frieden, Barmherzigkeit und in den Dank an Gott. Und verbunden mit Warnungen und Drohungen, eher an andere gerichtet.

So wie das Arrangement war, bekam vor allem ein Wortbeitrag noch besonderes Gewicht: das abschließende große Fürbitten- und Dankgebet von Erzbischof Carey. Zuerst der Dank, dann die Bitten, die in konzentrischen Kreisen alle einbezogen.

„Wir sagen Gott Dank für Diana, Prinzessin von Wales, für ihren Frohsinn (sense of joy) und dafür, wie sie so vielen vieles gab. Herr, wir danken dir für Diana, deren Leben uns alle berührte (whose life touched us all) und für die Erinnerung an sie, die uns ein Schatz ist (that we treasure). Wir danken dir für die Eigenschaften und Kräfte, mit denen sie unsere Zuneigung gewann, für ihre Verwundbarkeit (vulnerability), für ihre strahlende und lebenssprühende Persönlichkeit (for her radiant und vibrant personality), für ihre Fähigkeit, Wärme und Anteilnahme zu vermitteln (for her ability to communicate warmth and compassion), für ihr helles Lachen (her ringing laugh), und vor allem für ihre Bereitschaft, sich mit denen zu identifizieren, die weniger glücklich sind in unserem Land und auf der Welt." Und als Abschlussformel – jeweils variiert – zuerst: „Lord of the loving: (alle) Hear our prayer."

Es folgten die Bitten für die, die von ihrem Tod besonders betroffen sind, für *ihre Familie, für die beiden Söhne. Dazu eine Bitte für die Royal Family, die Bitte um Weisheit und Einsicht, dass sie ihren Verpflichtungen nachkommen – ziemlich förmlich gehalten, aber ohne Kritik. Dann die Bitte für die anderen Opfer jenes Unfalls: „Wir gedenken auch ihres Freundes Dodi Al-Fayed und seiner Familie, des Fahrers Henri Paul und aller, für die der heutige Gottesdienst Trauer wach ruft, die zu früh getragen wurde ..." Es folgt der Hinweis auf die vielen Hilfsorganisationen (charities), mit denen sie sich identifiziert hat. Und eine Ausweitung: „Herr, wir beten für alle, die in diesem Land und auf dieser Welt schwach, arm und machtlos sind, für die Kranken, unter ihnen Trevor Rees-Jones (der Leibwächter), für die Verstümmelten und alle, deren Leben zerstört ist; wir danken dir, dass Diana für so viele ein Licht der Hoffnung und eine Quelle der Kraft wurde ..." „Lord of the suffering: Hear our prayer." Zum Schluss Dank und Bitten für uns selbst ...*

Auch diese Gebete, formbewusst in geprägter liturgischer Sprache, teils persönlich, teils traditionell, liberal und integrativ formuliert, liegen auf der gleichen Linie der theologisch-idealistischen Vorbild- und Tugend-Topik, die den ganzen Gottesdienst kennzeichnet. Es ist eine Predigt in Gebetsform, die das Ganze abrundet. Um mit Bernd Hamm zu reden: Dies ist nicht mehr der mittelalterliche, sondern der moderne „Gradualismus" des anglokatholischen Typs – in einer höchst eindrucksvollen Gestalt (vgl. Bernd Hamm, in: B. Hamm/B. Moeller/D. Wendebourg: Reformationstheorien, Göttingen 1995, 73ff.)

Nur kurz zum musikalischen Code:

Auch hier lässt sich die gleiche Verbindung aus Tradition und Gegenwart beobachten: anrührende, zu Herzen gehende Chormusik, expressive Choräle aus der anglikanisch-romantischen Tradition, (z.B. der 23.Psalm, das Franziskus-Friedensgebet) und daneben bruchlos Elton Johns schwärmerisch-zärtliche Huldigung „Like a Candle in the Wind" („Goodbye England's rose ...") mit der gleichen gradualistischen Eschatologie („Now you belong to heaven, and the stars spell out your name"). Die Musik war absolut stimmig. Und sie zeigte an, dass hier von einer identischen „Struktur" (im Sinne von Karl-Heinrich Bieritz) des Ganzen zu reden ist, weil in allen Dimensionen der gleiche semantische Code herrscht, die gleiche emotionale Gestimmtheit und der gleiche sound, egal ob etwas traditioneller oder etwas poppiger. Alle konnten mitgehen, mitsingen, mitschwingen. Die Engländer (und die Anglikaner) sind in dieser Hinsicht wirklich zu bewundern. Sie haben keinerlei Berührungsängste in Sachen Emotionalität. Die Chöre singen die Choräle immer mit und verstärken in den Schlussstrophen durch ihre Akkorde den affektiven Gehalt. Während bei uns an dieser Stelle unsere Herr-deine-Liebe-ist-wie-Gras-und-Ufer-Affektsperren fast reflexhaft einrasten.

Was sagt uns das? Protestantisch wachsam sein? Oder nicht so ängstlich? Eher wie der Hof und Prince Charles reagieren: korrekt, förmlich, distanziert? Oder mit Diana (und Tony Blair) die Brücke zum Volk schlagen, die Umarmung nicht scheuen? Viele Fragen ...

Drittens: Der Rückweg

Der Sarg wird nach draußen getragen. Jetzt setzen die Glocken von Westminster ein, mischen sich mit dem Orgelnachspiel zu einer bizarren, spannungsreichen Disharmonie. Fröhliches Glockengebimmel. Überhaupt ist der Rückweg in jeder Hinsicht ein anderer. Die Wagen sind ausgetauscht. Nicht mehr die Traditionskutschen, sondern schwarze Limousinen transportieren den Sarg, die königliche Familie und die Spencers. Vorneweg weiße Motorräder. Die Menge ist jetzt gelöst. Es gibt Beifall beim Vorbeifahren (auch für die Königin), es kommt Bewegung in die Leute. Volksfeststimmung.

Einige Schlussfolgerungen:

1. Deutlich und überwältigend: Die Kraft des Ritus, die Stärke der Liturgie. Der Gottesdienst hatte eine offene, klar strukturierte Form. Unmoderiert. Blockhaft, einfach gesetzt. Jedes Stück ist in sich stimmig und im Ganzen konsonant, nachvollziehbar, in sich evident. Was ich besonders schätze, ist die Verbindung von Offenheit und Formbewusstsein. Es ist ihnen gelungen, vieles mit einzubeziehen, was wir (und wohl auch die Anglikaner sonst) eher ausschließen.

2. Überwältigend die enorme Resonanz, die diese Liturgie bei den Menschen gefunden hat. Das Bindeglied war die tiefe Anteilnahme am Geschick der Verstorbenen, eine ganz außergewöhnliche gegenseitige Gefühlsbindung. Das hat eine lange Vorgeschichte. Die Identifikation ist nicht einfach massenmedial machbar, obwohl natürlich durch und durch massenmedial vermittelt. Das sind die neuen Mythen! Sie brauchen eine Basis. In diesem Fall sind die Hintergrundgeschichten, die diese Basis gelegt haben, voll von Spannungen und Konflikten. Jetzt, bei der Beerdigung ist es nicht mehr das naive Märchen von 1981. Es ist eine andere Dimension mit dabei: Schock, Scheitern, Tragik, die Härte des Lebens. Die oft zitierte „Verwundbarkeit" ist offen zu Tage getreten. Die Leichtigkeit des Lebens ist einem tieferen Wissen um Zweideutigkeit gewichen, verbunden mit der starken Sehnsucht nach Schönheit, Menschlichkeit, Liebe und Anteilnahme. Es ist ein Ereignis einer modernen Civil Religion, deren Substanz die private Utopie des Glücks ist. Ist das abschreckend? Ich finde nicht, auch wenn eine angemessene Wahrnehmung dieser Ambivalenz fehlte.

Denn es braucht Worte, die das, was da geschieht, deuten und die Situation benennen. Es braucht Orientierung und eine Richtung, in der die Gefühle und Betroffenheiten gewiesen werden können. Es gab Ansätze dazu. Interessant ist: Die Kirche hat ihre zentrale Deutungsrolle delegiert, wenn man so will, demokratisiert. Es war eine Liturgie, in der Laien wesentliche Beiträge geliefert haben: der Bruder, die Schwestern, der Premierminister, der Popstar. Und dann auch die Geistlichen durch Begrüßung, Gebet, Aussegnung und die kirchliche Tradition durch die Hymnen. Das Ganze hatte einen hoch expressiven Charakter und einen starken affirmativen Gehalt. Man hat sich wechselseitig vergewissert in Glaube, Liebe, Hoffnung (in der benannten idealistischen Melange).

Es gab keine überparteiliche Predigt, sondern eine affektive und teilweise aggressive Rede aus Betroffenheit. Auch das hat beeindruckt und gewirkt.

3. Eine Nebenwirkung dieser Rede: Es gab keine billige Versöhnung. Die Spannung blieb unaufgelöst. Der Bruder hat die Abgrenzung – gegen die Presse, gegen den Hof – im Ringen um die Kinder deutlich markiert. Das war gut, vielleicht reinigend. Die stärker integrativen Momente sind dadurch nicht entwertet worden – Gebete, Vaterunser, Segen, Gesänge („Make me a channal of your peace").

4. Sicher war diese Feier auch ein Beitrag zur Ikonenbildung. Die Stilisierung des öffentlichen Bildes schreitet fort. Die Fixierung der Schuldigen wird nicht aufgelöst, kaum differenziert. Es sind archaische Gefühle und Verletzungen aufgerührt. Da braucht die Katharsis Zeit. Die königliche Familie hat, nach längerem Zögern, einige schwache Gesten vollzogen. Sie steht jetzt unter Druck. Da ist ein Wandel nötig und vielleicht schon im Gange (wie Tony Blair vermittelnd meinte). Und wie steht es mit den Medien? Das werden wir sehen. Hier geht es um Macht und Geld. Deshalb ist Skepsis angebracht. Aber ganz ausgeschlossen ist es nicht, dass zumindest die Rezipienten sich besonnen haben und die Macher schon aus Kalkül etwas vorsichtiger werden.

5. Was den Gottesdienst angeht, so hat sich gezeigt: Es ist möglich, Tradition und Moderne zu verbinden. Die Vermittlung zwischen Altem und Neuem ist immer wieder neu zu suchen. Und sie muss kritisch bleiben und allen reichlich vorhandenen Harmoniebedürfnissen gegenüber Abstand halten. Die hier gefundene Synthese ist kein Patentrezept. Sie verdient Respekt. Aber sie ist theologisch bedenklich.

Nachlese: Die Montagszeitungen

8.9.1997

Ich habe mir heute morgen auf dem Weg nach Hannover am Hauptbahnhof alle Morgenzeitungen gekauft, die ich kriegen konnte. Die deutschen (FAZ, SZ, Berliner Zeitung, Hamburger Abendblatt, BILD, die FR hatte ich schon zu Hause gelesen; taz vergessen) und einige britische (Guardian, Sun, Times, Daily Mirror). Ein paar erste Beobachtungen.

In der britischen Presse dominiert natürlich neben den Bildern die Rede von Charles Spencer. Viele Kommentatoren machen daraus eine rüde Attacke. Die Sache bekommt das Format von Shakespeares Königsdramen. Haus Spencer gegen Haus Windsor! Rache für Diana! Der tödliche Stoß? Sie lieben das Spiel und sind nicht zimperlich in der Dechiffrierung aggressiv gemeinter Rhetorik.

Zu den Bildern: In der „Sun" haben sie einige Szenen vom Anfang und vom Ende gegenüber gestellt. The Royal Wedding und The Funeral Service, 1981 – 1997. Ikonographisch aufschlussreich.

Hohe Beachtung findet auch Elton Johns Lied. Der Text wird abgedruckt (z.B. in BILD). Jemand meinte: Jetzt werden sich alle bei ihren Musikwünschen zu den eigenen Beerdigungen auf Dianas Feier berufen!

In der FAZ interessante Informationen zu den Chorälen. „I vow to thee, my country", das Eingangslied, hatte sich Diana schon für ihre Hochzeit gewünscht. Es wird zur Melodie des Jupiter-Satzes der „Planeten"-Sinfonie von Gustav Holst gesungen (z.B. in „The last Night of the Proms"!) und von allen mitgesungen. Der patriotische Text erfährt eine Spiritualisierung und darf nicht einfach imperialistisch missdeutet werden. „The King of Love my Shephard is" von Henry William Baker und John Bachus Dykes ist „eines der beliebtesten viktorianischen Lieder". Der Komponist und der Texter gehörten „zu den Erneuern der anglikanischen Liturgie im Geist einer zur romantischen Ekstase gesteigerten katholischen Tradition". Ähnlich „Guide me, O thou great Redeemer", wohl eine Anspielung auf Hiob 19 (vermutlich haben viele die Arie aus dem „Messias" „I know that my Redeemer liveth" im Ohr). Fazit im Artikel von Patrick Bahner: „Von der Hingabe der Engländer beim Liedgesang macht sich der Fremde keine Vorstellung." Und: „Die Strenge der Strophenform macht es möglich, den Gefühlen freien Lauf zu lassen". Das spürte man.

In der „Berliner Zeitung" in klassisch britischer Manier der Leitartikel von Christoph Keese. „Manchmal ist es die antike Kunst der Rede, die in seltenen Sternstunden die Geschichte bewegt. Oft kommt sie unerwartet, auf einem Schlachtfeld improvisiert wie von Heinrich dem Fünften. Oft kehrt sie einen Entrüstungssturm in sein Gegenteil um, wie Mark Antons Verteidigung des Julius Cäsar. Immer aber verändert sie ihr Publikum, bringt Licht ins Dunkel und

Klarheit dorthin, wo vorher Verwirrung war ..." usw. Die Rede markiere eine Zäsur in der britischen Aristokratie. *„Nie zuvor wurde eine britische Königin in ihrer Kirche, deren Oberhaupt sie ist, so offen attackiert. Nie kam eine solche Attacke aus dem Adel selbst ..."* Zitat von David Starkey, Historiker an der London School of Economics: *„Anstatt die Wunden zu heilen, riss Earl Spencer sie absichtlich wieder auf. Es sah aus wie ein kalkulierter Akt der Rache."* – Eine Menge Hintergrundinformationen zum Protokoll der Feier und zum Ablauf des Gottesdienstes werden geliefert. Die FAZ druckt 1.Kor. 13 ab. Ein Reporter der SZ gräbt süffisante Details über George VI. und seine Angst vor Rundfunkreden aus (Keine Wörter mit „K"!). In der FR am Samstag ein langer, instruktiver Diana-Artikel von Peter Nonnenmacher. Dazu die Fotos und Texte in der Regenbogenpresse. Habe mir einige deutsche Blätter gekauft und durchgesehen. Wenig über den Gottesdienst, einzig ein paar schöne Farbfotos mit den Hauptbeteiligten. Wenn man nur dieses Echo betrachtet, viel Anlass für Zynismus.

Angerührt hat mich der Artikel von Michael Ignatieff in der ZEIT vom 12.9. Der bekannte Schriftsteller und politische Essayist aus London schreibt dort: *„Eine Lehre ihres Todes ist, wie viel unausgesprochene Trauer in unserer Mitte ist, wie viel Verlust und Schmerz und Einsamkeit. Es scheint, als könnten die Kirchen da nicht helfen. Auch nicht die Therapeuten. Wir reden und reden. Es hilft nicht. In Millionen von uns sitzt offenbar eine gewaltige Menge unbewältigten Kummers. Wir verblüfften uns mit der schieren Fülle unseres inneren Leids. Ihr Tod wurde zum Katalysator dieser unterdrückten Emotionen, weil wir wussten, dass sie selbst sie erlebt hatte."*

IV. Liturgische Bildung

Liturgische Bildung

Der Titel dieses Textes enthält eine versteckte Anspielung. Liturgische Bildung heißt eine kleine Schrift von Romano Guardini aus dem Jahre 1923. Ich vermute, Sie haben das Thema nicht zufällig so formuliert. Ich höre daraus den Wunsch, die Mahnung, wir sollten auf dieser Tagung nicht beim Austausch über Ausbildungskonzepte stehen bleiben; liturgische Bildung ist mehr als liturgische Kompetenz. Ich stimme zu. Ich glaube, wir brauchen beides. Wir brauchen eine Verständigung über Ausbildungsfragen zwischen Fakultäten, Predigerseminaren, kirchenmusikalischen Ausbildungsstätten und Pastoralkollegs. Und wir brauchen eine grundsätzliche Besinnung auf das, was liturgische Bildung und Ausbildung eigentlich ist, sein sollte. Dies ist gerade jetzt dringlich. Denn sonst besteht die Gefahr, dass wir uns in den vor uns liegenden Jahren über der Notwendigkeit, das Projekt Erneuerte Agende umzusetzen und die Einführung und Erprobung zu begleiten, in pragmatisch-pädagogischer Geschäftigkeit erschöpfen. Kann die Erinnerung an den Aufbruch der liturgischen Bewegung nach dem ersten Weltkrieg, die so emphatisch von liturgischer Bildung gesprochen hat, helfen, den eigentlichen Herausforderungen heute gerecht zu werden? Gewinnen wir von hier aus eine weitere und tiefere Sicht der Dinge?

Ich möchte mich dieser Frage stellen und beginne deshalb mit einem längeren Rückblick auf die frühen Schriften von Romano Guardini (1.). In einem 2. Teil will ich dann in Anknüpfung und Widerspruch dazu Ziele und Aufgaben liturgischer Bildung skizzieren. Im 3. Teil folgen Thesen, in denen ich einige Konsequenzen für eine zeitgemäße und realistische liturgische Aus- und Fortbildung formuliere, über die wir dann ins Gespräch kommen können.

1 „Liturgische Bildung" – eine „Relecture" der frühen Schriften Romano Guardinis

In seinem Buch „Liturgische Bildung" führt Romano Guardini fort, was er 1918 mit der kleinen Schrift „Vom Geist der Liturgie" begonnen hatte. Beide Veröffentlichungen enthalten eine kühne Vision von Kirche und Liturgie. Alles, was Guardini später ausgeführt und konkretisiert hat, lebt vom Enthusiasmus und der Formulierungskraft dieser ersten Arbeiten[1]. Natürlich kann hier nicht das ganze

---

1   Vgl. R. Guardini: Vom Geist der Liturgie (Reihe Ecclesia orans 1), Freiburg 1918 (zit. nach Freiburg ^{18}1953 = Geist); ders.: Liturgische Bildung, Burg Rothenfels 1923 (zit. nach: Ders.: Liturgie und

Programm vorgestellt werden. Ich konzentriere mich auf drei Punkte, die mir bedeutsam erscheinen (die Stichworte sind: Symbol, Ordnung, Stil), sowie auf die zeitgeschichtliche Sicht einer liturgischen Bildung nach dem „Ende der Neuzeit".

1.1 Liturgie als symbolisches Handeln und Spiel vor Gott – der Ansatz

In der Liturgie geht es nicht primär um Wissen, sondern um Wirklichkeit. Liturgie ist „ein Tun, eine Ordnung, ein Sein"[2]. Das ist Guardinis phänomenologische Grundeinsicht. Liturgie ist Tun, Handeln, ein Geschehenszusammenhang, in dem Leib und Seele eine Einheit bilden[3]. Man verfehlt das Entscheidende, wenn man das Geistige – den theologischen Gehalt der Liturgie, das Wort, die Lehre – von den sinnlichen Vorgängen trennt. Liturgie ist symbolisches Handeln. „Ein Symbol entsteht, wenn etwas Innerliches, Geistiges seinen Ausdruck im Äußerlichen, Körperlichen findet", und zwar nicht einen zufälligen, beliebigen, sondern einen notwendigen, wesensgemäßen Ausdruck[4]. Dabei hat der „liturgische Akt" eine doppelte Sinnrichtung: von innen nach außen und von außen nach innen. Es geht um „ein Ausdrücken des Inneren im Äußeren und ein Ablesen des Inneren am Äußeren", um ein „Geben des Inneren durch das Äußere und ein Empfangen des fremden Inneren aus dessen Äußeren"[5].

Liturgie ist Symbolhandlung. Sie baut sich auf aus elementaren Vorgängen: stehen und knien, schreiten, beten, singen. Die einfachen Handlungen erweitern sich. Dinge der Umwelt werden einbezogen, Elemente wie Feuer und Wasser, Stoffe wie Öl, Salz, Asche. Elementare Naturgaben wie Brot und Wein werden zu zeichenhaften Trägern der Offenbarung. Eine brennende Kerze symbolisiert Opfer und Hingabe. Zeiten und Räume werden zu Medien des Heiligen[6].

Die erste Aufgabe liturgischer Bildung heißt deshalb: „der Mensch muss wieder symbolfähig werden"[7]. Wir müssen wieder „lernen, auch mit dem Leibe zu beten. Die Haltung des Körpers, Gebärde und Handlung müssen unmittelbar, in sich, religiös werden. Wir müssen lernen, unser Inneres im Äußeren auszudrücken und aus dem Äußeren das Innere abzulesen." Deshalb ist das in der Jugendbewegung

---

liturgische Bildung, Würzburg 1966 (= Liturgie). Ferner: Ders.: Vom Sinn der Kirche (1922), Mainz ⁴1955; ders.: Von heiligen Zeichen (1922/23), Mainz 1936; ders.: Besinnung vor der Feier der heiligen Messe (1939), Mainz ⁷1971. Vgl. zum Ganzen auch die instruktive Biographie von H.-B. Gerl: Romano Guardini. 1885–1968. Leben und Werk, Mainz 1985, und die Studien von A. Schilson: Perspektiven theologischer Erneuerung. Studien zum Werk Romano Guardinis, Düsseldorf 1986, sowie: Ders.: Romano Guardini – Wegbereiter und Wegbegleiter der liturgischen Erneuerung, in: LJ 36, 1986, 3–27.

2 Liturgie, 25.
3 Vgl. ebd., 30ff. im Sinne der aristotelischen Definition anima forma(tio) corporis.
4 Geist, 43.
5 Liturgie, 37.
6 Beispiele: Liturgie, 50f.; Von heiligen Zeichen (s. Anm. 1).
7 Liturgie, 39.

erschlossene neue Verhältnis zur Natur, zum Körper, zu den Dingen für Guardini die beste Form liturgischer Propädeutik[8]. Und darum ist liturgische Bildung auch nicht auf die Ausbildung der Priester beschränkt, sie ist ein lebenslanger Bildungsprozess für alle, die am Gottesdienst teilnehmen. Liturgische Bildung beginnt im Elternhaus, da, wo eine Mutter ihr Kind einführt in die elementaren Gebärden und natürlichen Vollzüge des geistlichen Lebens, sie begleitet den Lebensweg des Einzelnen und ist ein Überlieferungsgeschehen, das generationenübergreifende Kontinuität braucht[9].

Liturgie ist Handeln, und zwar dramatisch voranschreitendes Handeln. Guardini verdeutlich diese Eigenart der Liturgie im engeren Sinne, also der Messe und des Stundengebetes, indem er sie mit der Volksandacht vergleicht. In der Volksandacht (Rosenkranzgebet, Marienandachten, Litanei) herrscht das Gesetz der Wiederholung. Die Andacht umkreist ihren Gegenstand in betrachtender Meditation, und die Gemeinde antwortet immer mit denselben Worten und Formeln. Im Unterschied dazu bevorzugt die Liturgie die dialogisch-dramatische Weise des gemeinsamen Betens, sie ist „lebendig voranschreitende Bewegung", die von den Gläubigen „handelnde Anteilnahme" verlangt (Teilung der Gemeinde in zwei Chöre, Beten im Dialog von Rede und Gegenrede)[10].

Dass die Liturgie ein Tun ist, ein Handeln, ist letztlich in ihrem Inhalt begründet. Die Liturgie ist die feiernde Vergegenwärtigung des Heilsgeschehens und seiner Mitte, des Christusmysteriums. Guardini verweist dazu[11] auf das Grundgeschehen in der Eucharistie, auf die verba testamenti, in denen die Anamnesis, das „Gedächtnis" der Heilstat Jesu geschieht (nach 1 Kor 11,25 ein Tun: „Solches tut zu meinem Gedächtnis"). Und er verweist auf das Kirchenjahr, in dem die Geschichte Jesu Christi in der Abfolge der großen Jahresfeste, mit ihren vorbereiten-

---

[8] „Wächst der junge Mensch in der rechten Weise und im lebendigen Zusammenhang mit der Natur auf und bildet seinen Körper in Wanderung, Spiel und Leibesübung; übt er neben der Kopfarbeit auch Werkarbeit; lehrt ihn die Forderung nach Wahrhaftigkeit, wieder das Gewicht des Wortes zu fühlen; zu empfinden, was Sitte und Umgangsform bedeutet; lernt er, Kleid und Gegenstand des Gebrauchs und der Umwelt selbst zu formen; wird er in sinngemäß geübter rhythmischer Bildung wieder Herr über den Körper; und wächst in die Zusammenhänge von Leib und Seele, Form und Bewegung, von Maß und Sein hinein – dann bringt er die natürlichen Voraussetzungen zur richtigen liturgischen Haltung mit." (Liturgie, 48). Zu Guardinis Begegnung mit der Jugendbewegung vgl. die ausführliche Darstellung von H.-B. Gerl: a.a.O., (s. Anm. 1), 123ff.153ff.

[9] Die Beispiele in: Liturgie, 50ff. zeigen allerdings auch die illusionären und problematischen Züge dieser liturgischen Erziehung und des sie leitenden Menschenbildes.

[10] Vgl. Geist, 14f.: „Die Liturgie hat den Grundsatz: Ne bis idem (Es soll nichts wiederholt werden). Sie will ein beständiges Voranschreiten des Gedankens, der Stimmung, der Willensentschließung. Das Volksbeten hingegen hat einen stark beschaulichen Zug und liebt es, ohne raschen Gedankenwechsel, in einigen einfachen Bildern, Gedanken und Stimmungen zu verharren. Ihm sind die Formen der Andacht oft nur das Mittel, bei Gott zu sein. Deswegen liebt es die Wiederholung. Die stets erneuten Bitten des Vaterunsers, des Ave usw. werden ihm gleichsam zu Gefäßen, in die es sein Herzensleben ergießt" (a.a.O., Anm. 9).

[11] Vgl. den Aufsatz, der bald nach Liturgische Bildung entstanden ist und eine Art Fortsetzung darstellt: Vom liturgischen Mysterium (1925), jetzt in: Liturgie, 127–177.

den Fastenzeiten und den nachfolgenden Festzeiten so feiernd vergegenwärtigt wird, dass die Gemeinde den Weg Christi von Weihnachten bis Karfreitag und Ostern und darüber hinaus Station für Station nachgeht. Der Messgottesdienst im Einzelnen und der sich wiederholende Fest- und Feierzyklus des Kirchenjahres im Ganzen, sie haben die gleiche anamnetische Struktur handelnder Vergegenwärtigung der Geschichte des Heils, in der das, was erinnert wird, lebendig gegenwärtig ist, so dass erkennbar wird: „Es handelt sich nicht um ein ‚Damals', sondern um ein ‚Jetzt'"[12].

Liturgie ist symbolisches Handeln. Dafür gibt Guardini schließlich noch eine Art handlungstheoretische Näherbestimmung, indem er das liturgische Handeln abgrenzt von allen Formen zweckorientierten Handelns. Die Liturgie verwirklicht nicht außer ihr liegende Zwecke, weder dogmatische Zwecke noch volkspädagogisch-erbauliche. Liturgie ist nicht Arbeit, sondern absichtsloses Spiel. Man begreift das Wesen des liturgischen Tuns am ehesten, wenn man es mit dem Spielen der Kinder und dem Schaffen der Künstler vergleicht, vor allem mit dem Spielen der Kinder. Es ist zweckfrei, aber sinnvoll[13], es ist Ausdruck und Darstellung von Leben in Worten, Bewegungen und Handlungen[14]. Dabei ist das Spiel der Kinder nicht willkürlich, sondern folgt strengen Regeln, die genau einzuhalten sind, wenn das Spiel „richtig" gespielt wird: „wie der Reigen zu gehen hat, wie alle die Hände halten müssen, was dies Stäbchen bedeutet und jener Baum"[15]. Liturgie ist Spiel vor Gott. „Vor Gott ein Spiel zu treiben, ein Werk der Kunst – nicht zu schaffen, sondern zu sein, das ist das innerste Wesen der Liturgie."[16]

Liturgie als symbolische Handlung, als gestenreiches, geist-leibliches Geschehen, als zweckfreies Spiel vor Gott – das entdeckt und herausgestellt zu haben, darin besteht das Moderne des Ansatzes von Romano Guardini[17]. Wenn man ge-

---

12 Liturgie, 132.
13 Geist, 50.
14 Vgl. ebd., 55: „Im Spiel will das Kind nicht etwas erreichen. Es kennt keinen Zweck. Es will nichts, als seine jungen Kräfte auswirken, sein Leben in der zweckfreien Form der Bewegungen, Worte, Handlungen ausströmen und dadurch wachsen, immer voller es selbst werden. Zweckfrei, aber voll tiefen Sinnes; und der Sinn ist kein anderer, als dass eben dieses junge Leben sich ungehemmt in Gedanken und Worten und Bewegungen und Handlungen offenbare, seines Wesens mächtig werde, dass es einfach da sei. Und weil es nichts Besonderes will, weil es sich ungebrochen und ungezwungen ausströmt, deshalb wird der Ausdruck auch harmonisch, wird die Form klar und schön: sein Gehaben wird von selbst Reigen und Bild, Reim, Wohllaut und Lied. Das ist Spiel: zweckfrei sich ausströmendes, von der eigenen Fülle Besitz ergreifendes Dasein. Und es ist schön, wenn kein pädagogischer Aufklärlicht Absichten hineinträgt und es unnatürlich macht." Lassen wir auch hier die problematische Idealisierung und die plakative Entgegensetzung einmal beiseite, so ist der Vergleich doch überzeugend. Zumal Guardini die etwas arg romantisierende Schwärmerei für die absichtslose Wesensoffenbarung im engelgleichen kindlichen Spiel durch die schönen Beobachtungen zum Stellenwert der Regeln ergänzt.
15 Ebd., 58.
16 Ebd., 57. Das Spiel vereint Heiterkeit und Ernst. Um dem Vorwurf des Ästhetizismus zuvorzukommen, hat Guardini in der 2. Aufl. ein Kapitel „Der Ernst der Liturgie" hinzugefügt: a.a.O., 61ff.
17 Vgl. dazu den aufschlussreichen Vergleich von Guardinis phänomenologischem Ansatz mit seinem weit gefassten Verständnis von Symbol und Sakrament mit O. Casels Mysterientheologie bei A.

wisse zeitbedingte Idealisierungen und jugendbewegte Romantizismen abzieht, bleibt dieses Grundverständnis von Liturgie aktueller denn je. Es ist im übrigen gemeinsames ökumenisches Erbe der liturgischen Bewegung in der römisch-katholischen wie in der evangelischen Kirche. Wilhelm Stählin, Paul Tillich und die Berneuchener haben ähnlich gedacht und das Wesen des gottesdienstlichen Handelns ähnlich beschrieben wie Romano Guardini und die Freunde der Burg Rothenfels. Und obwohl dieser Ansatz in der evangelischen Kirche in den zwanziger und dreißiger Jahren und dann vor allem im Kirchenkampf heftig umstritten war und von der dialektischen wie von der lutherischen Theologie zeitweise bekämpft worden ist[18], konnte er doch nie ganz verdrängt werden. Seit den siebziger Jahren ist er in der Praktischen Theologie und in der gottesdienstlichen Praxis auf breiter Front rehabilitiert worden. Heute formuliert er eine Art Konsens – gewiss mit unterschiedlichen theologischen Akzentuierungen und eingebettet in unterschiedliche theoretische Konzeptionen[19].

Schilson: Erneuerung der Sakramententheologie im 20. Jahrhundert. Ein Blick auf die Anfänge bei Romano Guardini und Odo Casel, in: LJ 37, 1987, 17–41.

[18] Vgl. P. Cornehl: Der Gottesdienst – Kontinuität und Erneuerung christlichen Lebens, in: T. Rendtorff (Hg.): Charisma und Institution, Gütersloh 1985, 160–173; sowie den historischen Überblick in meinem Art. Gottesdienst VIII, in: TRE 14 (1985), 54–85, bes. 71ff.

[19] Vgl. die Versuche, Schleiermachers Lehre vom darstellenden Handeln aufzunehmen und weiterzuentwickeln: P. Cornehl: Theorie des Gottesdienstes – ein Prospekt, in diesem Band oben, 44–61; ders.: Gottesdienst, in: L. Bertsch u.a. (Hg.): Praktische Theologie heute, München/Mainz 1974, 449–463; ders.: Aufgaben und Eigenart einer Theorie des Gottesdienstes, in: PThI 1, 1981, 12–37; außerdem die Arbeiten, in denen mit Hilfe des Symbolischen Interaktionismus, der kritischen Theorie, der Sprachphilosophie und der Psychoanalyse Symbol und Ritual als Leitbegriffe für das Verständnis des Gottesdienstes genutzt werden: v.a. W. Jetter: Symbol und Ritual, Göttingen 1978; ferner E. Herms: Gottesdienst als ‚Religionsübung', in: Ders.: Theorie für die Praxis. Beitr. zur Prakt. Theol. München, 1982, 337–364; J. Kleemann: Wiederholung als Verhalten. Beobachtungen, Fragen und Hypothesen zur Kommunikation in agendarischen und neuen Gottesdiensten, in: Y. Spiegel (Hg.): Erinnern, Wiederholen, Durcharbeiten, Stuttgart 1972, 34–87; J. Scharfenberg/H. Kämpfer: Mit Symbolen leben, Olten/Freiburg 1980; Y. Spiegel: Der Gottesdienst unter dem Aspekt der symbolischen Interaktion, in: JLH 16, 1971, 105–119; F. Steffensky: Glossalie – Zeichen – Symbol, in: JLH 17, 1972, 80–91; H.-C. Schmidt-Lauber: Die Zukunft des Gottesdienstes. Empirische, liturgische und theologische Grundsatzerwägungen, in: JLH 21, 1977, 121–131; R. Zerfaß: Gottesdienst als Handlungsfeld der Kirche. Liturgiewissenschaft als Praktische Theologie?, in: LJ 38, 1988, 30–59; sowie die Bemühungen, Einsichten der Semiotik theologisch zu rezipieren und auf den Gottesdienst anzuwenden: bes. die Arbeiten von K.-H. Bieritz: Lutherischer Gottesdienst als Überlieferungs- und Zeichenprozess, in: LJ 34, 1984, 3–20; ders.: Gottesdienst als offenes Kunstwerk? Zur Dramaturgie des Gottesdienstes, in: PTh 75, 1985, 358–373; und von R. Volp: Perspektiven der Liturgiewissenschaft, in: JLH 18, 1973/74, 1–35, sowie den von ihm hg. Band: Zeichen. Semiotik und Theologie im Gottesdienst. München/Mainz, 1982.

1.2 Liturgie als Ordnung der Kirche – Freiheit durch Gehorsam

Liturgie ist ein Tun. Wer ist das Subjekt dieses Tuns? Guardini antwortet darauf sehr dezidiert: nicht der Einzelne, sondern die Gemeinschaft, nicht die Einzelgemeinde, sondern die Gesamtkirche. Die zweite grundlegende Aufgabe liturgischer Bildung lautet: Wir müssen lernen, gemeinschaftsfähig zu werden. Liturgische Bildung „soll zum religiösen Gemeinschaftsbewusstsein erziehen"[20]. Hier kommt die andere Seite der Doppelbewegung des liturgischen Aktes zum Tragen. Er ist nicht nur ein Handeln, in dem eine Gemeinschaft von Gläubigen sich ausdrückt, sondern in dem die Gemeinschaft und in ihr der Einzelne das, was ihr von außen in der Offenbarung gegeben wird, aufnimmt und empfängt. Liturgie ist nicht nur Ausdruck, sondern Dienst; vor allem ist sie Dienst: opus Dei – von Gott gewirktes Werk und für Gott getaner Dienst[21]. Liturgische Bildung, die den Menschen gemeinschaftsfähig machen soll, also fähig, in und mit der Gemeinschaft der Kirche zu beten, zu glauben und zu feiern, verlangt deshalb vom Einzelnen zunächst das Opfer seiner individuellen Autonomie, seiner Selbständigkeit und Selbstverfügung.

„Das Einzelwesen muss darauf verzichten, seine eigenen Gedanken zu denken, seine eigenen Wege zu gehen. Es hat den Absichten und Wegen der Liturgie zu folgen. Es muss seine Selbstverfügung an sie abgeben; mitbeten statt selbständig vorzugehen; gehorchen statt frei über sich zu verfügen; in der Ordnung stehen, statt sich nach eigenem Willen zu bewegen. Aufgabe des Einzelnen ist es ferner, die liturgische Ideenwelt zu ‚realisieren'. Er muss aus seinem gewohnten Gedankenkreis heraustreten und sich eine weit reichere, umfassendere Geisteswelt zu eigen machen; er muss über seine persönlichen Zwecke hinausgehen und die Erziehungsziele der großen liturgischen Menschengemeinschaft annehmen, so kommt es von selbst, dass er an Übungen teilnehmen muss, die seinen gerade gefühlten besonderen Bedürfnissen nicht entsprechen; dass er um Dinge bitten muss, die ihn nicht unmittelbar angehen; Anliegen als die seinen ergreifen und im Gebet vor Gott vertreten muss, die ihm fern liegen und nur durch die Bedürfnisse der Allgemeinheit bedingt sind; er muss (das ist bei einem so reich entwickelten Gefüge von Gebeten, Handlungen und Bildern unvermeidlich) auch wohl Vorgängen folgen, die er in ihrem eigentlichen Sinn nicht oder nicht ganz versteht."[22]

---

[20] Liturgie, 86.
[21] Ebd., 57. Vgl. die offenbarungstheol. Beschreibung der Liturgie als das Werk, in dem alle Dinge „zu Stoff und Werkzeug einer höheren Ordnung (werden), der göttlichen wiedergeborenen Welt des christlichen Lebens. Diese Schöpfung und Offenbarung ist aber zugleich zuchtvoller Dienst. Sie geschieht nicht willkürlich, sondern gehorchend. Gehorchend den objektiven Gesetzen, die Gott selbst durch die natürliche Offenbarung gegeben hat, die aus der Wesenheit der Dinge und durch die übernatürliche Offenbarung in Christo zu uns spricht" (ebd., 58f.).
[22] Geist, 22f.

Liturgie ist Ordnung. Da, wo Guardini dies entfaltet, begegnen in seinen Texten massiert Begriffe wie Verzicht, Opfer, Zucht, Gehorsam, Demut. Das Ich muss sich überschreiten und in die größere Ordnung, Allgemeinheit und Weite der Liturgie hineinstellen. Allerdings nicht, um darin völlig zu verschwinden. Nein, der einzelne kommt auf diese Weise erst eigentlich zu sich selbst. Sein Glaube gewinnt auf diesem Weg einen substantiellen Gehalt, gewinnt Wahrheit, der Einzelne kommt zu den anderen, er lernt, ihr Leben zu teilen. Die Selbstverleugnung, die die Liturgie fordert, ist eine Gestalt der Liebe[23].

Ich gebe zu: Diese Passagen haben bei mir zunächst starke Abwehr ausgelöst. Das steile Pathos der Zucht, die Verklärung des Opfers der Autonomie, der Hymnus auf die Ordnung, der soldatisch-mönchische Gestus, mit dem hier der Kampf gegen den neuzeitlichen Individualismus geführt wird, das hat einen falschen Ton – nicht erst heute, aber heute auf jeden Fall. Das passt zwar ganz gut zu einer gewissen neokonservativen Stimmungslage. Doch diese Art von Objektivität der liturgischen Ordnung wird inzwischen – ein Vierteljahrhundert nach dem II. Vatikanischen Konzil und seiner Liturgiereform – auch in der römisch-katholischen Kirche nur noch in sehr eingeschränktem Maße vertreten.

Dennoch möchte ich es nicht bei dem Affekt belassen und mich dem Argument stellen. Wenn man den forcierten Antisubjektivismus abzieht, bleibt ja etwas Richtiges. In der Tat begegnet uns in der Liturgie eine Ordnung, die wir nicht selbst gemacht haben, die nicht unmittelbar unseren Bedürfnissen entspricht und nicht in jedem Falle Ausdruck unserer Gefühle ist. Wir betreten ein Haus, das wir nicht gebaut haben. Wir leihen uns, wenn wir Gottesdienst feiern, von unseren Vätern und Müttern die Sprache, wir singen ihre Lieder und beten ihre Psalmen. Wir begegnen Texten aus einer anderen Zeit und werden mit Zeugnissen konfrontiert, die uns zunächst fremd sind, auf die wir uns einzulassen haben. Darin liegt die Zumutung des Glaubens: dass wir uns selbst überschreiten müssen, um uns neu zu finden. Es entspricht dem Wesen des Glaubens, dass wir unsere Identität nicht in uns selbst finden, sondern in jener Geschichte des Heils, der Befreiung, des Abfalls und der unbegreiflichen Treue Gottes, die mit dem Volk Israel begann und die in der Person, im Weg und Geschick Jesu zum Ziel gekommen ist. Nur in dieser Vermittlung sind wir bei uns selbst.

Liturgische Bildung hat darum in der Tat auch etwas mit Ordnung zu tun. Sie ist Hinführung zu einer Ordnung der Liturgie, deren thematischer Horizont größer ist als der unseres Alltags. Die Liturgie bildet einen eigenen thematischen Zusammenhang in sich, und sie verbindet unser Leben mit dem Leben der nahen und fernen Geschwister im Glauben und mit allen Geschöpfen Gottes. Um gemeinsam Gottesdienst feiern, beten und singen zu können, bedarf es einer Ordnung, bedarf

---

23 Vgl. ebd., 25.

es fester liturgischer Formen, vorgegebener Traditionen und eines agendarischen Rahmens. Wie dann allerdings im Gottesdienst Allgemeines und Besonderes, Objektives und Subjektives, Altes und Neues, Gebundenheit und Freiheit zusammenkommen und zusammenfinden, das zu regeln und zu realisieren ist eine immer neue Aufgabe liturgischer Bildung und gottesdienstlicher Gestaltung. Das ist eine Aufgabenstellung, die auch immer wieder andere Schwerpunkte und Akzentsetzungen erfordert. Es mag sein, dass es gerade gegenwärtig wieder einmal einen Pendelschlag hin zu einem einseitigen liturgischen Subjektivismus und Aktualismus gibt. Dann brauchen wir das Korrektiv der Besinnung auf das Recht der überindividuellen Formen, die auch ein Moment von Objektivität und eine gewisse Strenge haben. An diesem Punkt haben einige von Guardinis Überlegungen Gewicht. Aber man wird sie nur dann mit Gewinn aufnehmen, wenn man ihnen auch widerspricht. Damit bin ich bei dem dritten Punkt, den ich aufgreifen möchte und der mit dem Stichwort Ordnung eng zusammenhängt:

1.3 Liturgie als Form – die Ambivalenz der Stilisierung

Guardini beschreibt die besondere Eigenart der Liturgie immer wieder im Vergleich mit der Volksfrömmigkeit und ihren gottesdienstlichen Ausdrucksformen. Davon war schon die Rede. Die verschiedenen Weisen der Volksandachten sind nicht gering zu schätzen, und Guardinis Eintreten für ihre Legitimität war mutig und entschieden[24]. Die Volksandachten sind als lebendiger Ausdruck des Glaubens unverzichtbar und notwendig. Sie sind gemeindenah, ortsnah, emotional bewegt, ein Ausdruck der individuellen Erfahrungen, Gefühle, Leiden und Hoffnungen des Volkes, dessen Sprache sie sprechen.

Ganz anders ist es in der Liturgie. In der Messe und im Stundengebet tritt das Einzelne vor dem Allgemeinen zurück, das Lokale vor dem Universalen. Vor allem befreit die Liturgie die religiöse Subjektivität von allen Übertreibungen. Sie nimmt alles „Überspannte", „Ungesunde" und Einseitige zurück[25]. In der Liturgie herrscht in der Regel ein temperiertes Maß, die Affekte sind gedämpft, die Gesten stilisiert. Zwar gibt es gelegentlich expressive Höhepunkte (z.B. das Exsultet in der Osternacht, das Dies Irae im Requiem), aber das sind eher Ausnahmen. „Die Liturgie als Ganzes liebt das Übermaß des Gefühls nicht."[26]

An zwei Punkten lässt sich die Ambivalenz liturgischer Stilisierung besonders

---

24 Vgl. ebd., 4. Zu Guardinis Eintreten für das Recht der Volksandachten neben Messe und Stundengebet, aus dem u.a. die späteren Differenzen mit Maria Laach und Odo Casel zu erklären sind, vgl. A. Schilson: Romano Guardini, LJ 36, 1986, 9ff.
25 Geist, 18.
26 Ebd., 9.

gut verdeutlichen: an der Art und Weise, wie die Liturgie die Psalmen rezipiert, und an der Vergegenwärtigung Jesu.

Die Psalmen dokumentieren die Leidenschaftlichkeit, mit der die biblischen Beter Gott bestürmen. Klage und Anklage, Jubel und Lobgesang sind andrängend und ekstatisch. Werden nun Psalmen in die Liturgie aufgenommen und in der Messe bzw. im Stundengebet gebetet, so wird ihre Expressivität eigentümlich gedämpft. Die Liturgie bändigt die Gefühle, es entsteht eine „gehaltene Gebetsstimmung", wozu auch der Gebrauch der Fremdsprache, des Latein, und die Art des gregorianischen Gesangs beiträgt[27]. Das überlieferte liturgische Material wird nicht einfach nur tradiert, sondern in einer ganz bestimmten Weise transformiert. Die Liturgie bewahrt durch Stilisierung.

Eine ähnliche Transformation erfährt die Überlieferung Jesu. Die synoptischen Evangelien zeigen uns den Herrn in irdischer Leibhaftigkeit und Konkretion. Wer sie liest, „spürt die Zeit; er sieht da Jesus von Nazareth über die Straßen gehen und unter den Leuten hinschreiten, hört seine unnachahmlichen, so überzeugenden Worte, fühlt, wie es lebendig von Herzen zu Herzen strömt"[28]. Ganz anders ist das Bild des Heilands, das die Liturgie vermittelt. Hier ist Jesus der „hoheitsvolle Mittler zwischen Gott und Mensch, der ewige Hohepriester, der göttliche Lehrer, der Richter über die Lebendigen und die Toten, der Verborgene im Sakrament, der in seinem Leib geheimnisvollerweise alle Gläubigen zur großen Lebensgemeinschaft der Kirche eint, der Gottmensch, das Wort, das Fleisch geworden ist." Nicht dass Jesu Menschheit geleugnet würde! Doch sie erscheint „ganz verklärt von der Gottheit, hineingenommen in das Licht der Ewigkeit, über Geschichte, Raum und Zeit entrückt." Auch hier also waltet das gleiche Gesetz der Stilisierung, der Verwandlung des irdisch Konkreten in das Erhabene, Vergeistigte. Und selbst dort, wo die Evangelienstoffe der Synoptiker in Form gottesdienstlicher Lesungen zur Sprache kommen, gewinnen sie durch den liturgischen Rahmen, in dem sie zu stehen kommen, einen anderen Charakter.

Guardini macht hier auf eine Tendenz der lateinischen Liturgie, wie sie in der römisch-katholischen Tradition sich durchgesetzt hat, aufmerksam. Doch er beschreibt nicht nur, er rechtfertigt zugleich das Verfahren der liturgischen Stilisierung. Es sei im Grunde nichts anderes als das, was in der Heiligen Schrift selbst bereits geschehe, was etwa das Johannesevangelium mit den Synoptikern und die paulinische Christologie mit der Evangelienüberlieferung machen. Diese Erklärungsversuche sind erkennbar apologetisch und allzu glatt.

Deutlicher werden Guardinis inhaltliche Sympathien mit dieser Art liturgischer Stilisierung überall da, wo er mit innerem Engagement den aristokratischen Zug

---

[27] Vgl. ebd., 35.
[28] Ebd., 34.

der Liturgie hervorhebt: Die Stilisierung ist nämlich die Voraussetzung dafür, dass so etwas wie gemeinsames liturgisches Handeln in einer Gemeinschaft auf längere Dauer überhaupt möglich wird. Gottesdienstliche Gemeinschaft ist eigentlich nur dann auszuhalten, wenn man sich nicht zu nahe kommt. Abstand, Zurückhaltung und Respekt sind nötig, Distanz und Diskretion. Die Stilisierung entfernt aus der Liturgie alles Aufdringliche, Plebejische, „alles, was gemein macht"[29]. Für Guardini sind die liturgischen Formen vergleichbar mit den Anstandsregeln zivilisierter Höflichkeit, die den gesellschaftlichen Verkehr ermöglichen. Liturgische Bildung lehrt die Menschen, „sich in den vornehmen, beherrschten Formen zu bewegen, die im Hause der göttlichen Majestät gelten", heißt es[30]. So lernt die Seele „jene Freiheit der Haltung und Bewegung, wie man sie in Dingen des natürlich-menschlichen Umganges in wirklich vornehmer Gesellschaft lernt, unter Menschen, deren ganzes Sichgeben durch die Überlieferung alter gesellschaftlicher Zucht bestimmt ist"[31].

Ich kann mir nicht helfen: Ich finde diese liturgische Verabsolutierung des vornehmen Lebensstils nur schwer erträglich und das entsprechende Bildungsideal obsolet. Es verrät trotz mancher Relativierungen, die Guardini selbst und seine Freunde später noch vorgenommen haben, einen fatalen Ästhetizismus, dessen innere Prioritäten und emotionale Wertmaßstäbe unterschwellig prägend bleiben, auch wenn man betont, Volksandacht und Volksfrömmigkeit hoch zu achten. Die sublime Vertreibung von Leidenschaft, Schmerz, Hunger, Körpergeruch aus dem Gottesdienst, die hiermit gerechtfertigt wird, lässt sich nachträglich nicht wieder korrigieren. Man stelle sich eine solche Liturgie in einer Basisgemeinde oder auch einer Bischofskirche im Nordosten Brasiliens vor und man ahnt, wie weit die Liturgiereform der römisch-katholischen Kirche sich von dieser Art der Stilisierung entfernt hat und wie nötig es war, solche liturgischen Berührungsängste und Veredelungstendenzen zu überwinden. Gerade die Kirchen der Dritten Welt und ihre Liturgien haben uns Europäer gelehrt, die elementaren Formen des gottesdienstlichen Betens wieder ernstzunehmen. Als gemeinsame Äußerungen des Glaubens, als biblische begründete Sprechakte gewinnen sie eine neue Elementarität und Vitalität. Auf diese Weise kommt es auch zu einer Revitalisierung der überlieferten liturgischen Formen. Sie werden wieder mit Erfahrung gefüllt, und ihr ursprünglicher Erfahrungsgehalt wird neu erschlossen.

Liturgie braucht die Form und braucht die Wiederholung. Sicher, damit ist auch ein gewisses Maß an Stilisierung, Objektivierung, Typisierung gegeben. Die liturgischen Formen konservieren das Leben, indem sie die einzelne Gebetssituation transzendieren und den liturgischen Akt wiederholbar machen. Nur solche For-

---

[29] Ebd., 27
[30] Ebd.
[31] Ebd., 37.

men ermöglichen es, dass größere Gruppen und unterschiedliche Menschen gottesdienstlich kommunizieren und zum gemeinsamen Lob, zur gemeinsamen Klage kommen. Doch sind diese Formen je und dann wieder zu verlebendigen. Sie brauchen die Aktualisierung, die Reibung mit der konkreten Situation, als ätherische Kunstprodukte sind sie ungeeignet für die lebendige Liturgie des Volkes Gottes.

1.4 Liturgische Bildung nach dem „Ende der Neuzeit" – antimodernistische Akzente

Man versteht die eigentliche Stoßrichtung, den Elan und die große Wirkung dieses Konzepts erst dann, wenn man auch seinen zeitgeschichtlichen Ort ins Auge fasst. Guardinis Programm wird beherrscht vom epochalen Pathos einer bevorstehenden Geschichtswende. Es steht im Zusammenhang mit anderen Versuchen, die Krise der bürgerlichen Kultur, die durch den Ersten Weltkrieg ausgelöst wurde, zu überwinden. Sie ist eine Antwort auf das Erlebnis der Infragestellung der bisherigen Orientierungen. Mit vielen anderen Zeitkritikern der jüngeren Generation war Guardini überzeugt, dass das „Ende der Neuzeit" in Sicht ist. Die Formel taucht bereits jetzt auf, auch wenn Guardini das entsprechende Geschichtsbild erst nach dem Zweiten Weltkrieg breiter entfaltet hat[32]. Die Grundsicht ist die gleiche: Ende der Neuzeit, das meint das Ende der Herrschaft des neuzeitlichen Rationalismus, das Ende der Aufklärung und einer einzig auf das Machbare, auf die technische Verfügbarkeit gerichteten Verstandeskultur. Eingeschlossen ist eine Kritik am bürgerlichen Liberalismus, Individualismus, Intellektualismus und Säkularismus. Das ist die generelle Front, an der Guardini streitet, das ist der Gegner, mit dem er sich, auch wenn es um das Verständnis von Gottesdienst und Liturgie geht, auseinandersetzt: der Intellektualismus, der Leib und Seele, das Geistige und das Sinnliche abstrakt auseinanderreißt; der Individualismus, der sich der Ordnung entzieht und dem jedes Gefühl für den großen Stil abhanden gekommen ist. In die Kritik eingeschlossen ist auch der katholische Modernismus, also der Versuch, so etwas wie eine liberale katholische Theologie zu entwickeln und sich der historisch-kritischen Wissenschaft und dem liberalen Geist der Moderne zu öffnen. Guardini hat im Antimodernismusstreit, der die römisch-katholische Kirche seinerzeit tief erschütterte, zwar unter der offiziellen Kirchenpolitik gelitten, er hat den Geist der Enge und der Denunziation verabscheut, aber in der Sache hat das Programm „Liturgische Bildung" durchaus eine antimodernistische Stoß-

---

32 Vgl. R. Guardini: Das Ende der Neuzeit. Ein Versuch zur Orientierung, Basel 1950. Vgl. zur Kritik des dahinter stehenden Geschichtsbildes H. Lübbe: Säkularisierung. Geschichte eines ideenpolitischen Begriffs, Freiburg/München 1965.

richtung („Wir waren dezidiert nicht-liberal"[33]). Es ist ein Plädoyer für die große Alternative nach dem „Ende der Neuzeit".

Dabei handelt es sich nicht um ein voluntaristisches Konzept. Ausgangspunkt ist nicht ein Willensakt, ein intellektuelles Programm, sondern ein Erlebnis. Guardini hat erfahren, was Kirche eigentlich ist, und er hat es im Miterleben der Liturgie im Kloster Beuron erfahren[34]. Da entstand die Vision der erneuerten Kirche. Der Vorgang der Entdeckung hat den Charakter einer Erweckung: „Die Kirche erwacht in der Seele"[35] heißt die Formulierung, mit der er dieses Widerfahrnis beschreibt. Diese Erfahrung trägt alle seine theoretischen und praktischen Bemühungen um die Erneuerung des liturgischen Sinns. Einige wesentliche Aspekte des Programms habe ich genannt. Dabei ist die positive Intention – besonders in „Liturgische Bildung" – untrennbar verbunden mit der polemischen Kritik der Aufklärung und des modernen Zeitgeistes. Es ist im Übrigen ein spezifisch katholisches Weltbild, das Guardini entwirft[36]. Denn es kommt darauf an, das, was im Mittelalter lebendig war, die Bildung aus dem Geist der Einheit, und was in der Neuzeit, auch im modernen Katholizismus zu verkümmern drohte, wiederzugewinnen. „Aus innerer Notwendigkeit wird unsere Zeit reif zur Liturgie ... So ist das liturgische Problem, im rechten Rahmen gesehen, eines der dringlichsten unserer geistlichen wie kulturellen Zukunft."[37]

Das Ergebnis der „Relecture" ist also zwiespältig. „Liturgische Bildung" ist ein hochinteressantes Konzept. Es enthält nach wie vor gültige Ansätze, aber man muss sie m. E. aus ihrem geschichtstheologischen Rahmen herauslösen, um sie heute fruchtbar zu machen, und darf sich von ihrem antiaufklärerischen, antimodernistischen Impetus nicht verführen lassen. Man kann Guardini so oder so lesen. Ob Sie meine eher liberale Lesart überzeugt, werden wir in der Diskussion sehen. Ganz sicher könnte auch eine neokonservative Wendeprogrammatik von Guardini Formeln und Stichworte beziehen und damit auf dem Gebiete des Gottesdienstes jenes Rollback der Reform propagieren, das in den letzten Jahren auf anderen Gebieten so erfolgreich war. Ich bin fast erstaunt, dass davon noch nicht mehr Gebrauch gemacht worden ist. Denn Guardinis Neuzeitkritik hat durchaus populäre Züge, die heute nicht nur bei Konservativen, sondern auch bei Grünen und

---

[33] Zit. bei H.-B. Gerl: a.a.O., 63. Vgl. den ganzen Abschn. 54ff. Die Diskussion um Modernismus, Liberalismus und Neuzeit bedürfte noch einmal einer gesonderten Erörterung.
[34] Vgl. die Vorbemerkungen zur 2. Aufl. von Liturgische Bildung, a.a.O., 20f., ferner H.-B. Gerl: a.a.O., 64ff.
[35] Zuerst in: Hochland 19, 1921/22, 257–267, dann in: Vom Sinn der Kirche (s. Anm. 1), 19.
[36] Die antiprotestantischen Züge der Standortbestimmung in Liturgische Bildung sind in der Neuaufl. 1966 zugunsten eines Plädoyers für die ökumenische Zusammenarbeit angesichts der gemeinsamen Herausforderung der Kirchen durch die Säkularisierung korrigiert worden. Es scheint mir im Übrigen bezeichnend, wie vorbehaltlos ein so profunder Kenner der Aufklärung wie A. Schilson Guardinis neuzeitkritisches Geschichtsbild referiert: LJ 1986, 17ff.
[37] Liturgie, 28.

Alternativen auf Beifall stoßen könnten. Ich bin allerdings der Meinung, dass gerade die Aktualität der wichtigen Einsichten Guardinis gefährdet ist, wenn man sein Geschichtsbild unkritisch restauriert.

2 Liturgische Bildung heute – Ziele und Aufgaben

Ich setze noch einmal neu an und versuche, in diesem Teil – gleichsam freihändig und ohne den ständigen Bezug auf andere – zu skizzieren, worauf es m. E. heute ankommt, wenn wir über liturgische Bildung nachdenken. Ich sehe vor allem vier Aufgaben. Es geht um den Dreischritt Wahrnehmen – Verstehen – Gestalten, und es geht um eine bestimmte liturgische Haltung, in der wir Gottesdienste feiern.

2.1 *Blick und Gespür für Liturgie entwickeln – für eine Erweiterung unserer Wahrnehmung*

Das erste, was zur liturgischen Bildung gehört, ist, dass wir so etwas wie einen liturgischen Blick entwickeln, eine Sichtweise, ein Gespür für die Phänomene (in diesem Sinne nehme ich im Folgenden auch Impulse auf, die Romano Guardini im Auge hatte, dessen phänomenologischer Ansatz den besonderen „Blick" für die Wahrnehmung der Sache schärfen wollte[38]). Was ist Liturgie? Auf diese Frage würde ich mit einer Gegenfrage antworten: Was geschieht im Gottesdienst? Was siehst du, was hörst du? Was erlebst du? Woran erinnert dich das, was da passiert? Liturgische Bildung heißt in diesem ersten Schritt: die Wahrnehmung schulen, liebevoll, neugierig, kritisch-selbstkritisch, nicht ohne Humor hinsehen und hinhören lernen.

Ich habe mir angewöhnt, das zu üben. Seit über zehn Jahren führe ich eine Art „Liturgisches Tagebuch". Das sind kleine Ringbücher, die ich meist dabei habe und in die ich – mal regelmäßiger, mal sporadischer – notiere, was mir auffällt und einfällt: Es sind Beobachtungen zu bestimmten Gottesdiensten. Ich schreibe auf, was mir wichtig war, was mich geärgert oder bewegt hat. Dazu kommen Zitate aus der Zeitung, aus Büchern; Bildbeschreibungen; Eindrücke beim Gang durch eine Ausstellung; ein liturgischer Traum, den ich geträumt habe (oft Alpträume, wo ich alles verwechsele und schrecklich versage). Ich halte fest, was mir bei einem Taufgedächtnisgottesdienst in unserer Gemeinde aufgegangen ist; was mich beschäftigt hat beim Erleben von John Neumeiers getanzter Mat-

---

[38] Vgl. zu Guardinis Rezeption der Phänomenologie H.-B. Gerl, a.a.O., 144ff. sowie A. Schilson, Erneuerung der Sakramententheologie, a.a.O. (s. Anm. 17), 28ff.

thäuspassion; die Glockenszene aus „Andrej Rubljow", dem großartigen Film von Andrej Tarkowski; ein Abschnitt aus einem Kriminalroman, wo ein Inspektor von Scotland Yard mit detektivischem Blick nach zehn Jahren mal wieder einem anglikanischen Hochamt beiwohnt, um einen Mord beim Abendmahl aufzuklären – usw. Mir macht das Spaß. Ich lerne dabei, genauer hinzuschauen und auf Zusammenhänge zu achten. Und ich habe immer wieder auch unseren Studierenden empfohlen, solche Tagebücher zu führen und ihre Wahrnehmungsfähigkeiten zu üben[39].

Man kann das auch systematisieren, z.B. mit Hilfe der „Göttinger Stufentechnik" methodisch Beobachtungen, Gefühle, Einfälle unterscheiden und von da aus zu Schlussbildungen gelangen[40], oder auch mit Hilfe der Code-Theorie der Semiotik. So haben Rainer Volp und Heinrich Immel unter dem schönen Titel „Beten mit offenen Augen" einen Abendmahlsgottesdienst auf dem Kirchenbautag in Marburg beschrieben und ihre Beobachtungen nach den fünf Subcodes Raum, Zeit, Sprache, Musik, Bilder geordnet[41]. Das Ergebnis solcher Übungen ist verblüffend: Auf einmal nimmt man mehr wahr – nicht nur, was der Pfarrer sagt, sondern auch wie er/sie sich am Altar verhält; welche Bedeutung der Raum hat, das Gestühl, die Bilder; welche ‚Sprache' eine liturgische Handlung spricht, was die Gesten bei der Abendmahlsausteilung sagen oder wie die Vorgänge im Gottesdienst bei der Schlussversammlung des Frankfurter Kirchentages im Waldstadion (vielleicht) zu interpretieren sind – usw.

Dabei ist es wichtig, den Blick dann auch auszuweiten und die verschiedenen ‚Liturgien' außerhalb des Gottesdienstes und außerhalb der Kirche einzubeziehen: Symbole und Rituale im Fußballstation, auf Demonstrationen, die neuen Ikonen der Medien, das Kerygma der Werbespots, Klage und Trost im Schlager, prophetischer Protest in einem Antikriegssong – und zu erkennen: Die Welt ist voll von Liturgie, von gestalter Form, von Expressionen, von Botschaften, Verheißungen und Drohungen, von Liturgien des Todes und des Lebens – und ein Gespür zu bekommen für das Gemachte und das Echte, für das Authentische und die Manipulation.

Sicher, das alles ist nicht das Gleiche wie im Gottesdienst, aber es ist doch vergleichbar. Jede Theologie wird diese Zusammenhänge anders sehen und anders bewerten. Das erste ist, sie überhaupt wahrzunehmen.

Der zweite Schritt ist: Verstehen.

---

39 Kostproben aus meinem Liturgischen Tagebuch in: ZPG 7, 1989, H. 1, 30; H. 2, 29f.; H. 3, 32f.; H. 4, 29f.; H. 5, 31f. sowie in diesem Band.
40 Vgl. W.V. Lindner: Kreative Gruppenarbeit nach dem Göttinger Stufenmodell, in: werkstatt predigt 10, Sept. 1974.
41 In R. Volp (Hg.): Zeichen. Semiotik in Theologie und Gottesdienst, München/Mainz 1982, 250–265.

2.2 Den Gottesdienst verstehen – Plädoyer für ein systematisches Verständnis von Wesen und Wirklichkeit des Gottesdienstes

Liturgische Bildung schließt Kenntnisse ein: geschichtliche Kenntnisse, die Entwicklung und das Wesen der Liturgie betreffend, Kenntnisse im Blick auf die verschiedenen theologischen Deutungen des Gottesdienstes, funktionale Erklärungen zur Wirkweise gottesdienstlicher Rituale und ihrer Relevanz für Religion und Gesellschaft.

Wie dieses unübersehbare Feld der materialen Liturgik sinnvoll zu ordnen und zu systematisieren ist, welchen Stellenwert dabei humanwissenschaftliche Methoden haben, das ist in der neuzeitlichen Theologie strittig. Die Diskussion muss hier nicht vorgeführt werden. Ich persönlich plädiere für eine möglichst enge Verbindung theologischer, historischer und phänomenologischer Arbeitsgänge. Für mich gäbe es bei der Entfaltung dessen, was zum Verstehen des Gottesdienstes nötig ist, mindestens drei Ebenen[42]:

I. Theologische Grundlegung: Das Wesen des Gottesdienstes
Was ist und worum geht es im Gottesdienst? Biblische Grundlagen, reformatorische Entscheidungen, wichtige positionelle Ansätze und Konzepte einer Theologie des Gottesdienstes, ihre Hauptmotive, charakteristischen Gedankengänge, Fronten und Abgrenzungen.

II. Phänomenologische Beschreibung: Die Wirklichkeit des Gottesdienstes
Dieser deskriptive Teil einer Art Topographie des gottesdienstlichen Handelns würde drei Kapitel enthalten:
(1) Gottesdienst und Lebenswelt: das gottesdienstliche Angebot (Orte und Zeiten, Anlässe und Themen) und Strukturen der Beteiligung am Gottesdienst, also der Rezeption des Angebotes (zur ‚Logik des Kirchgangs'); das Verhältnis zwischen dem liturgischen Kalender der Institution Kirche und den privaten Kalendern der einzelnen und Familien.
(2) Gottesdienst und Gemeindeaufbau: die verschiedenen Ansätze, die heute dazu entwickelt werden, und die dahinter stehenden Kirchenbilder – und schließlich, daraus folgend:
(3) Plädoyer für eine integrative Gottesdienstarbeit

---

[42] Der folgende Aufriss entspricht einer Gliederungsskizze für ein Studienbuch, das unter dem Titel „Der evangelische Gottesdienst. Predigt und Liturgie in der modernen Welt" in der Reihe Theologische Wissenschaft (Kohlhammer Verlag) erscheinen soll (es hat sich im Laufe der Zeit zu einem mehrbändigen Projekt entwickelt, dessen I. Band in diesem Jahr fertig werden wird. Vorarbeiten und Teilstudien sind in das vorliegende Buch aufgenommen worden). Vgl. zu den Themenkreisen P. Cornehl: Aufgaben und Eigenart einer Theorie des Gottesdienstes, in: PThI 1/1981, 12–37.

III. Liturgische Morphologie: Die Gestalt des Gottesdienstes
Grundvorgänge und Grundformen; Stationen und Strukturen des Gottesdienstes; das Verhältnis von agendarischer Ordnung und gestalterischer Freiheit; Rollen und Ämter im Gottesdienst (liturgische Partizipation).
Die wichtigste praktische Aufgabe liturgischer Bildung betrifft die Gestaltung:

2.3 Gottesdienst als Gestaltungsaufgabe – liturgische Kompetenz

Liturgische Kompetenz, also die Fähigkeit, Gottesdienste vorzubereiten, zu gestalten und zu leiten, umfasst heute zweifellos mehr Aspekte und ist ein schwierigeres Geschäft als früher. Wenn die Erneuerte Agende demnächst erprobt und eingeführt wird, wird das auch amtlich. Mit dieser Agende sachgemäß und phantasievoll umzugehen, wird viel Beweglichkeit erfordern. Der flexible Gebrauch des Angebotes an agendarischen Grundformen, Modellen und Varianten allein ist schon eine komplexe Aufgabe. Aber dazu kommt ja in Wirklichkeit noch mehr. Liturgische Bildung umfasst nicht nur das Verständnis für liturgische Strukturen und Varianten, sie muss die Pastoren und Pastorinnen vor allem befähigen, damit nun auch situationsgerecht umzugehen und sich auf die oft sehr unterschiedlichen Herausforderungen der gottesdienstlichen Praxis einzustellen, also „angemessen" zu reagieren (und dem rhetorischen aptum analog ein liturgisches aptum zu entwickeln). Das schließt ein, dass wir in der Lage sind, neben dem sonntäglichen Hauptgottesdienst z.B. auch einen Familiengottesdienst in ganz freien Formen zu gestalten und zu leiten und uns in diesem Rahmen auch auf Überraschungen durch die spontanen Beiträge der Kinder einzulassen; oder auch ein Feierabendmahl in einer Gruppe auf einer Jugendfreizeit, eine Meditationsnacht, eine Konfirmandentaufe bzw. Kasualgottesdienste für kirchlich Distanzierte. So unterschiedlich die gottesdienstlichen Anlässe und Formen auch sein mögen, es sollte ein Zusammenhang erkennbar sein, es sollte ein überzeugender Stil gefunden werden.

Dazu kommt etwas entscheidend Wichtiges: Die Theologen werden lernen müssen, Gottesdienste nicht im Alleingang vorzubereiten, sondern zusammen mit anderen – mit den Kirchenmusikern und Kirchenmusikerinnen, mit haupt- und ehrenamtlichen Mitarbeitern, mit einer Vorbereitungsgruppe –, um sie dann unter aktiver Beteiligung der ganzen Gemeinde gemeinsam zu feiern.

Das alles braucht sehr viel Übung, und es ist ein langer Weg, bis jemand hier in seinem gottesdienstlichen Verhalten sicher geworden ist.

Ein letzter Punkt liegt auf einer anderen Ebene.

2.4 Liturgische Haltung

Ich meine, zur liturgischen Bildung gehören nicht nur Kenntnisse und Fertigkeiten, sondern so etwas wie eine innere Einstellung. Deshalb spreche ich von einer liturgischen Haltung, die für den Vollzug und das Verhalten im Gottesdienst nötig ist. Und hier scheinen mir einige der Begriffe, die Romano Guardini verwandt hat und gegen die ich mich zunächst gewehrt habe, durchaus angemessen zu sein: Liturgische Haltung meint auch Ehrfurcht, Demut, Respekt vor dem, was im Gottesdienst geschieht, und vor den Menschen, mit denen wir zusammen feiern.

Wir haben in den letzten Jahren neu gelernt: Liturgien werden gemacht, sie fallen nicht vom Himmel, sie haben keinen Ewigkeitswert, sie werden verändert und ändern ihre Funktion. Wir haben die Baugesetze kennen gelernt, nach denen Liturgien entstehen, und beherrschen die Regeln der Verknüpfung von Grundmustern und Varianten. Wir können und wollen hinter diese Einsichten liturgischer Aufklärung nicht zurück. Aber gerade dann ist es um so wichtiger, die Aufklärung selbstkritisch voranzutreiben bis an den Punkt, an dem deutlich wird: Wir sind im Gottesdienst nicht die Macher, die alles in der Hand haben, wir sind nicht die Entertainer und liturgischen Showmaster. Es ist vielmehr entscheidend, dass wir uns innerlich und äußerlich für das öffnen, worum es doch im Gottesdienst der Sache nach geht: für die Begegnung mit Gott, mit dem Heiligen; für Gott, der richtet und rettet, der tötet und lebendig macht und größer ist als unser Herz. Es geht um eine Begegnung mit dem Wort und mit den wirksamen Zeichen, an die Gott seine Gegenwart gebunden hat. Liturgische Haltung ist die Bereitschaft zu hören, sich anreden zu lassen und auf den Ruf zu antworten.

Die Bereitschaft, für die Begegnung mit Gott offen zu sein, schließt die Öffnung für die Begegnung mit der Gemeinde ein, für die Schwestern und Brüder, die Mütter und Väter im Glauben, mit denen wir im Gottesdienst verbunden sind. Und auch hier ist die gleiche Haltung am Platz: Respekt und Aufmerksamkeit und die Bereitschaft, auf ihr Zeugnis zu hören, ihren Glauben und ihre Zweifel, ihre Leiden und ihre Freude ernst zu nehmen, d.h. auch: die Lieder, die ihnen vertraut und wichtig sind, die Gebete und Musiken, die für sie Trost und Gewissheit enthalten, ernst zu nehmen und sich nicht über sie zu erheben.

Ich bin überzeugt: Letztlich haben nur die Gottesdienste eine geistliche Ausstrahlungskraft, denen man abspürt, dass die, die sie vorbereitet haben und leiten und durch ihre Beiträge mittragen, mit einer solchen Haltung der Offenheit und Ehrfurcht dabei sind. Und insofern liturgische Bildung zu solch einer Haltung führt, ist sie in der Tat mehr als die gewiss nötige Fähigkeit und Fertigkeit, einen Gottesdienst sachgemäß und situationsgerecht zu gestalten.

3 Konsequenzen für die liturgische Ausbildung und Fortbildung von Theologen (Thesen)

1. Ein einigermaßen befriedigender Ausbildungsgang ist nur dann gegeben, wenn zwischen den drei Phasen Studium, Vikariat und Pfarrerfortbildung ein erkennbarer innerer Zusammenhang besteht, der differenzierte, aufeinander aufbauende und sich ergänzende Ausbildungsschritte enthält. Davon sind wir immer noch weit entfernt.

Knapp zehn Jahre nach den Thesen der Lutherischen Liturgischen Konferenz zur liturgischen Didaktik und nach dem Memorandum der Ständigen Konferenz für Kirchenmusik in der EKD Kirchenmusik und Gottesdienst in der Aus- und Weiterbildung der Pfarrer von 1979 hat sich die Situation nicht verbessert.[43] Es gibt nach wie vor kein liturgisches Curriculum für das Theologiestudium wie für die Pfarrerfortbildung. Die Situation im Vikariat scheint in den einzelnen Landeskirchen recht unterschiedlich. Zum Teil ist hier einiges verbessert worden. Insgesamt aber fehlt ein stringenter Zusammenhang zwischen den drei Ausbildungsphasen, der für Lehrende und Lernende einsichtig ist.

2. Um ein den Anforderungen der Praxis gerecht werdendes Curriculum zu erstellen, müssen homiletische und liturgische Arbeitsschritte stärker als bisher miteinander verbunden werden.

Zumindest im Studium ist das bislang nicht der Fall. Dort dominiert die Homiletik. Normalerweise wird in den homiletischen Proseminaren und Seminaren der gottesdienstliche Kontext der Predigt kaum oder gar nicht berücksichtigt. Liturgik ist nach wie vor ein Hobby für Liebhaber. Es gibt immer noch keinen einzigen Lehrstuhl für Liturgiewissenschaft, nicht einmal ein liturgischer Schwerpunkt bei mehreren praktisch-theologischen Professuren an einem Fachbereich ist überall gesichert; meist wird das Fach von Lehrbeauftragten vertreten. Für eine didaktisch sinnvolle Verbindung von Predigt und Gottesdienst braucht man mehr Zeit als normalerweise zur Verfügung steht. Hier und da gibt es im Rahmen homiletischer Seminare gemeinsame Gottesdienste der Studierenden in einer Gemeinde, in denen dann die Seminarpredigten gehalten werden. Das ist ein Anfang, reicht aber nicht aus.

Wie die Situation im Vikariat ist und in welcher Weise dort homiletische und liturgische Themen vorkommen und verbunden werden, ist schwer zu beurteilen,

---

[43] Ganz anders ist die Situation in der röm.-kath. Theologenausbildung. Vgl. die Berichte von Klemens Richter: Die Liturgiewissenschaft im Studium der Theologie heute, in: LJ 32, 1982, 46–63; Struktur und Aufbau des Studiums der Liturgiewissenschaft, in: LJ 32, 1982, 89–107. Die Referate der Fuldaer Tagung der LLK ergaben, dass die Ausbildung der Kirchenmusiker im Fach Liturgik sehr viel besser ist als die der Theologiestudenten.

da ein entsprechender Überblick über die verschiedenen landeskirchlichen Ausbildungsordnungen, der auch Berichte aus der Ausbildungspraxis einschließt, fehlt. In der Fortbildung jedenfalls scheint nach meiner Kenntnis ebenfalls die Trennung die Regel zu sein. – Dies ist so, obwohl alle es im Grunde besser wissen und alle darüber klagen! Nun zu den drei Phasen im Einzelnen.

3. Im Theologiestudium steht die Homiletik wohl zu Recht im Vordergrund. Trotzdem ist die Isolation der Predigt gegenüber dem Ganzen des Gottesdienstes eine sachlich nicht vertretbare Abstraktion. Deshalb ist eine Einführung in Grundvorgänge, Grundstrukturen und Handlungsabläufe des Gottesdienstes notwendig. Darüber hinaus sollte in Vorlesungen, Seminaren und interdisziplinären Veranstaltungen zumindest eine Art liturgiewissenschaftliches Grundwissen vermittelt werden, es sollten exemplarisch theoretische Grundfragen erörtert und anfangsweise auch komplexere thematische Zusammenhänge bearbeitet werden.

Der Vorrang der Homiletik scheint mir trotz allem vertretbar, nicht nur aus historischen Gründen („Kirche des Wortes"), sondern vor allem deshalb, weil die Erstellung der Predigt eine wichtige integrative Bedeutung für das Theologiestudium hat. Hier steht die theologische Identität auf dem Spiel. Die Zumutung, (nicht selten zum erstenmal) eine eigenverantwortete theologische Aussage über einen biblischen Text für eine bestimmte Gemeinde zu machen, ist unverzichtbar und muss erhalten bleiben. Dafür brauchen die Studierenden Zeit und Konzentration. Gleichwohl muss der gottesdienstliche Kontext und Ort der Predigt stärker mitbedacht werden. Nötig scheint mir deshalb eine eigene Veranstaltung, in der Gottesdienst als solcher zum Thema wird.

Ich denke dabei an eine Art liturgisches Basisseminar mit dem Titel „Was geschieht im Gottesdienst? Grundvorgänge, Strukturen, Handlungsabläufe", zu dem auch zwei Wochenenden gehören sollten. Hier ginge es darum, den vorhin skizzierten Dreischritt Wahrnehmen – Verstehen – Gestalten ansatzweise umzusetzen. Das könnte so aussehen, wie wir es in Hamburg entwickelt haben:

Den Anfang bilden Wahrnehmungsübungen: gemeinsame Gottesdienstbesuche und der Austausch über das Erlebte. Es folgt das erste Wochenende mit der Gestaltung eines Gottesdienstes in der Gruppe und für die Gruppe (gemeinsames Tun, Erleben und darüber Sprechen). Im Mittelteil wird eine Einführung in den agendarischen Gottesdienst gegeben (Phasen und Abläufe, Grundmodell und Varianten). Am Ende gestaltet die Gruppe noch einmal einen Gottesdienst, diesmal für eine Gemeinde, in dem die Studierenden die entsprechenden Aufgaben übernehmen. Wichtig wäre, dass beides vorkommt: Gottesdienst in agendarischen und in offenen, freien Formen, und dass beides auch praktisch erprobt wird.

Was die interdisziplinären Veranstaltungen angeht, so eignen sich dafür vor allem Themen wie Abendmahl und Taufe, Bestattung und Trauer, der Sonntag und die Feste des Kirchenjahres, bei denen exegetische, historische, systematische und praktisch-theologische Aspekte von verschiedenen Fachleuten gemeinsam vertreten werden.

Insgesamt wird man im Augenblick eher vorsichtig sein mit der Forderung nach neuen umfassenden Programmen! Dafür ist das Fach Liturgik institutionell zu schlecht ausgestattet und der Studienplan zu voll. Im Übrigen darf man wohl auch das Interesse der Studierenden nicht überschätzen und ihre Kapazitäten nicht überfordern.

4. Im Vordergrund der liturgischen Ausbildung während des Vikariats steht die Aufgabe, sich auf eine bestimmte Gemeinde einzustellen und in die neue Berufsrolle hineinzuwachsen. Um die gottesdienstliche Einbindung konzeptionell fruchtbar werden zu lassen, müsste gewährleistet sein, dass die Vikare und Vikarinnen mindestens ein ganzes Kirchenjahr in ihrer Gemeinde Gottesdienste miterleben, gestalten und auswerten und auf diese Weise den Jahreszyklus in seiner prägenden Bedeutung für den Gemeindegottesdienst kennen lernen.

Die Einübung in die neue Rolle dessen, der Gottesdienste selbständig zu gestalten und zu leiten hat, steht dabei sicher im Vordergrund. Darüber hinaus aber sollte danach gesucht werden, für die Vikarzeit einen inhaltlichen Fokus bei der Beschäftigung mit dem Gottesdienstthema zu finden, der der Lebenssituation und dem Lernfeld Gemeinde entspricht. Der Ansatz dafür könnte beim Kirchenjahr liegen. Denn der Jahreskreis[44] ist liturgisch und gemeindepädagogisch ein entscheidendes Zeitmuster, an dem man den Rhythmus, in dem eine Gemeinde lebt und wächst, kennen lernen und das gottesdienstliche Angebot und die unterschiedlichen Weisen der Beteiligung am gottesdienstlichen Leben studieren kann. Für die Vikare und Vikarinnen verliert auf diese Weise die Gestaltung einzelner Gottesdienste ihre Zufälligkeit. Sie lernen, ihre eigene Praxis in einen größeren Zusammenhang einzuordnen. Die Ausbildungssituationen in der Gemeinde und im Predigerseminar lassen sich durch eine solche thematische Fokussierung systematisch verbinden.

5. Für die liturgische Fortbildung, die den Berufsalltag der Pfarrer und Pfarrerinnen begleitet, wird es darauf ankommen, ein ausgewogenes Verhältnis herzustellen zwischen dem Angebot, die eigene gottesdienstliche Praxis mit ihren Problemen und Chancen offen zur Sprache zu bringen und mit anderen zusammen

---

44 Zur Bedeutung des Jahreszyklus für den Gottesdienst vgl. P. Cornehl: Christen feiern Feste. Integrale Festzeitpraxis als volkskirchliche Gottesdienststrategie, in: PTh 70, 1981, 218–233; ders.: Zustimmung zum Leben und Vergewisserung im Glauben. Eine Besinnung auf den Sinn der Feste und Feiertage, in: PTh 74, 1985, 410–425; ders.: Teilnahme am Gottesdienst. Zur Logik des Kirchgangs – Befund und Konsequenzen, in: J. Matthes (Hg.): Kirchenmitgliedschaft im Wandel, Gütersloh Herbst 1990, 15–53.

bedenken zu können (Supervision), und der Arbeit an gottesdienstlichen Innovationen. Zu kurz kommt bislang die Erprobung von Konzepten integrativer Gottesdienstpraxis, deren Realisierung auf kontinuierliche Fortbildung angewiesen ist.

Die erste Aufgabe liturgischer Fort- und Weiterbildung ist die Supervision. Es ist überhaupt nicht einzusehen, warum wir in der Seelsorge und im Unterricht längst sorgfältig geplante Supervisionsangebote (Einzelberatung, Fallbesprechungsgruppen, KSA etc.) haben und davon profitieren und warum dies im Kernbereich der Kommunikation des Evangeliums, im Blick auf Gottesdienst und Predigt nicht geschieht. Vielleicht gibt es hier Hemmungen, weil dieser Bereich der pastoralen Tätigkeit überaus empfindlich ist gegenüber Kritik. Wir brauchen mehr Beispiele gelungener homiletisch liturgischer Beratung und Begleitung.

Am ehesten gelingt die projektbezogene Fortbildung in Werkstattseminaren über eine halbe Woche zu bestimmen Themen (vgl. unsere Arbeit in der Nordelbischen Kirche: Ostergottesdienste, Weihnachten, Passionsgottesdienste; Gottesdienste mit Konfirmanden; Feierabendmahl; Bewegung im Gottesdienst usw. – demnächst die Serien von Einführungen in die Erneuerte Agende*)*. Das ist praxisnah und zum alsbaldigen Gebrauch nutzbar und findet deshalb Anklang.

Am wenigsten geschieht – soweit ich sehe – im Blick auf die Arbeit an Konzepten integrativer Gottesdienstarbeit, bei denen es um längerfristiges Engagement und um komplexere Zusammenhänge geht. Ich bedaure das und wünschte mir hier mehr Initiativen und mehr Kontinuität. Die Themen sind vielfältig: integrale Festzeitpraxis und integrale Amtshandlungspraxis; Tod, Trauer, Bestattung; Abendmahl und Gemeindeaufbau; Tauferneuerung.

Am Beispiel der Tauferneuerung ließe sich exemplarisch zeigen, was integrative konzeptionelle Arbeit im Bereich liturgischer Fortbildung heißen könnte. Wir sind gerade dabei zu entdecken, was es bedeutet, wenn es für die Taufe nicht mehr nur einen Sitz im Leben gibt, sondern mehrere, dazu regelmäßige Feiern von Taufgedächtnisgottesdiensten, wenn neben der Säuglingstaufe vermehrt auch die Taufe im Vorschulalter vorkommt (Kindergarten, Kindergottesdienst), dann – in manchen Großstädten bis zu einem Drittel – die Konfirmandentaufen (die ja nicht zu den unsäglichen Verlegenheiten werden müssen, zu denen sie oft degradiert werden, sondern durchaus ihre eigene Chance und Würde haben – z.B. Taufe in der Osternacht nach dem Vorkonfirmandenjahr) und schließlich vermehrt auch Erwachsenentaufen. Wir wachsen wie von selbst in eine kirchengeschichtliche Situation hinein, in der wir es wieder mit ganz verschiedenen Aspekten der einen Taufe zu tun bekommen. Die Frage ist nur, was wir daraus machen, ob wir diese Herausforderung theologisch annehmen und liturgisch gestalten oder nicht. Das ist eine theologisch brisante Frage und eine liturgische, gemeindepädagogische und seelsorgerliche Aufgabe. Die Fortbildung könnte der Ort sein, wo daran gearbeitet wird, sie verantwortlich wahrzunehmen.

Es spricht allerdings einiges dafür, dass die Pfarrer unter sich und die Pastoralkollegs und Beratungsstellen allein dieser Aufgabenstellung nicht gewachsen sind. Vielleicht brauchen wir, um hier weiterzukommen, neue Formen der Kooperation zwischen den drei Ausbildungsphasen, zwischen Fakultäten und Predigerseminaren, Pastoralkollegs und Beratungsstellen.

Wenn der Gottesdienst die Mitte der Gemeindearbeit ist oder wieder werden soll, dann scheint es ganz angemessen, wenn in der Arbeit am Gottesdienst sich alle zusammenfinden und ihre jeweils spezifischen Erfahrungen, Einsichten und Charismen einbringen in das, was uns auf dieser Tagung beschäftigt, was es noch nicht recht gibt, was wir aber brauchen: liturgische Bildung[45].

---

[45] Vgl. die erweiterte Fassung dieses Beitrags, die ich unter dem Titel „Liturgische Bildung und Ausbildung" auf der Klausurtagung der Bischofskonferenz der VELKD im März 1989 vorgestellt habe, in: F.-O. Scharbau (Hg.): Erneuerung des Gottesdienstes (Zur Sache 32), Hannover 1990, 37–78. Über den Stand der Ausbildungsreform informiert der von O. Neijenhuis hg. Band: Liturgie lernen und lehren. Aufsätze zur Liturgiedidaktik (Beiträge zu Liturgie und Spiritualität 6), Leipzig 2001.

Liturgische Kompetenz und Erneuerte Agende

Mein Manuskript begann mit dem Satz: „Es ist genau zehn Jahre her, dass sich die Lutherische Bischofskonferenz Anfang März 1989 mit dem Schwerpunktthema ‚Liturgische Bildung und Ausbildung' befasst hat." Diesen Anfang kann ich mir nach allem, was schon gesagt wurde, schenken. Aber an eine kleine Szene möchte ich erinnern, sie ist mir unvergesslich: Auf der Klausurtagung in Bederkesa stellte Hans-Christoph Schmidt-Lauber das Konzept des Vorentwurfs zur Erneuerten Agende vor[1]. Ich sehe noch die entsetzten Mienen einiger Oberhirten, als ihnen langsam klar wurde, was denn da auf sie zukommen würde. Obwohl darüber sicher mehrfach auf entsprechenden Synoden und sicher auch in der Bischofskonferenz berichtet worden war, waren die Einzelheiten offenbar für viele neu. Jedenfalls mussten der Referent und Walter Lührs, der Vorsitzende des Liturgischen Ausschusses der VELKD, sich mächtig anstrengen, um den Eindruck zu zerstreuen, diese Agende sei ja schrecklich kompliziert und ein bedenkliches liturgisches Verwirrspiel.

Seitdem ist viel geschehen, politisch, kirchlich, agendarisch. Deutschland ist wiedervereinigt, das Liturgiewissenschaftliche Institut hier in Leipzig seit fünf Jahren an der Arbeit. Aus dem Vorentwurf der Erneuerten Agende ist das „Evangelische Gottesdienstbuch" geworden. Die Generalsynode der VELKD hat es im Herbst 1998 angenommen; die Beschlüsse der EKU-Gremien werden in diesem Jahr folgen; die Einführung ist im Advent 1999 vorgesehen. Dann wird es ernst mit der Umsetzung.

Sie haben mir die Aufgabe gestellt, über „Liturgische Kompetenz" zu sprechen und dabei „die Situation der evangelischen Kirche unter Berücksichtigung der Erneuerten Agende" besonders im Blick zu nehmen. Ich werde mich also auf die Frage liturgischer Kompetenz im Sinne der Erneuerten Agende (= EA) konzentrieren und die Situation der evangelischen Kirchen im vereinten Deutschland zehn Jahre nach der Wende im Auge behalten. Ist die Erneuerte Agende das geeignete Gottesdienstbuch für die evangelische Kirche im beginnenden dritten Jahrtausend? Und was ergibt sich, wenn man diesen Kontext und die daraus folgenden kybernetischen und gemeindepädagogischen Aufgaben berücksichtigt, für die Präzisierung liturgischer Kompetenz?

---

[1] Vgl. H.-C. Schmidt-Lauber: Verständnis und Praxis des Gottesdienstes nach der Erneuerten Agende, in: F.O. Scharbau (Hg.): Erneuerung des Gottesdienstes. Klausurtagung der Bischofskonferenz der Vereinigten Evangelisch-Lutherischen Kirche Deutschlands (VELKD) 1989. Referate und Berichte (Zur Sache 32), Hannover 1990, 93–120.

Doch zunächst gehe ich einen Schritt zurück und beginne (1.) mit den Schwierigkeiten, die nicht wenige evangelische Theologen mit der Erneuerten Agende haben. Danach werde ich (2.) auf die Eigenart der EA eingehen und drei Merkmale hervorheben, die mir wichtig erscheinen. Abschließend folgen (3.) fünf Thesen zu einigen Dimensionen liturgischer Kompetenz.

1 Schwierigkeiten mit der Erneuerten Agende
Oder: Warum sich nicht wenige Praktische Theologen damit so schwer tun

Betrachtet man die Debatte um die EA, so zeigt sich eine gespaltene Szene. Da ist der Kreis derer, die am neuen Gottesdienstbuch mitgearbeitet haben, die den Ansatz produktiv weitergeführt und praxisnah erläutert haben. Und da ist die theologische Zunft, zumindest weite Teile der Praktischen Theologen an den Universitäten, die auf das Unternehmen mit Reserve und Ablehnung reagiert haben. Vehement und grundsätzlich hat Manfred Josuttis das Konzept der Erneuerten Agende kritisiert[2]. Ironisch listig hat Christoph Bizer sie zunächst gerühmt, um ihr dann den Todesstoß zu versetzen. Die Stichworte seiner Attacke: Funktionales Denken, liturgisches Rechenprogramm, Verwaltungsschema, Bürokratie[3]. In etwas gebremster Form hat auch Karl-Heinrich Bieritz – obwohl an den Arbeiten zum Vorentwurf in der ersten Phase maßgeblich mitbeteiligt – Vorbehalte geäußert und „postmoderne" Anpassung diagnostiziert[4], während Hanns Kerner konfessionelles Profil vermisst[5] und Friedemann Merkel das Fehlen eines theologisches Konzepts beklagt[6]. Aber auch Michael Meyer-Blanck, der sich an der EA orientiert, hat – wie wir sehen werden – an manchen Punkten damit seine Schwierigkeiten. Warum?

Natürlich liegt das auch an der EA. Sie hat ihre Schwächen. Die Terminologie ist nicht ganz klar, die Gliederung der Stationen nicht transparent; die Überarbeitung hat nicht nur Verbesserungen gebracht; im Blick auf das Proprium ist das Ergebnis ohnehin vorläufig. Doch die Schwierigkeiten liegen nicht nur in der EA, sondern auch bei den Kritikern. Ich möchte den Spieß einmal umdrehen und

---

2 Vgl. M. Josuttis: Die Erneuerte Agende und die agendarische Erneuerung, in: PTh 80, 1991, 504–516. Vgl. dazu meinen Brief: P. Cornehl: Im Gespräch mit Manfred Josuttis, in: PTh 80, 1991, 517–520.
3 C. Bizer: Das evangelische Christentum und die Liturgie. Zum Kirchenverständnis des neuen Agendenentwurfs, in: PTh 82, 1993, 148–159.
4 K.-H. Bieritz: Postmoderne Liturgik. Eine kritische Würdigung der Erneuerten Agende, in: BThZ 12, 1995, 4–21; ders.: Das neue Gottesdienstbuch. Funktionen und Strukturen, in: J. Nejenhuis (Hg.): Erneuerte Agende im Jahr 2000?, Leipzig 1998 (Beiträge zu Liturgie und Spiritualität 2), 22–34; ders.: Die neue Agende, in: Arbeitsstelle Gottesdienst 36/99, 4–24.
5 Vgl. H. Kerner: Die Erneuerung des Gottesdienstes – Gottesdienst als Gestaltungsaufgabe, in: H.-C. Schmidt-Lauber/K.-H. Bieritz (Hg.): Handbuch der Liturgik, Göttingen/Leipzig 1995, 971–984.
6 Vgl. F. Merkel: Einige theologische Bemerkungen zum Entwurf Gottesdienstbuch, in: Neijenhuis, a.a.O. (Anm. 4), 65–76.

frage: Warum tun sich manche evangelische Theologen so schwer damit? Ich biete dafür zwei Erklärungsversuche an. Ich vermute: Die Kritiker haben andere innere Bilder vom Gottesdienst, andere Wunschvorstellungen und Träume. Und ich sehe zweitens: Die Kritiker haben andere Ansprüche und Erwartungen an die systematische Konsistenz des gottesdienstlichen Geschehens und seiner Inszenierung. Dazu drei Beispiele: Beobachtungen zu Stollberg, Josuttis, Meyer-Blanck.

1.1 Dietrich Stollberg

Stollberg gibt in seinem Buch „Liturgische Praxis" einen interessanten Einblick in seine Marburger Liturgische Didaktik[7]. Er beschreibt sehr anschaulich den Seminarprozess. Der hat zwei Teile. Über zwei Drittel des Semesters stehen vor allem körpersprachliche Übungen im Mittelpunkt: Räume werden erkundet, Seminarraum und Kirchenraum. Es gibt Begehungen und Begegnungen mit Altar, Lesepult, Kanzel, Taufstein. Elementare Körperhaltungen, Gesten und Gebärden werden erprobt – Gehen, Stehen, Sitzen, Liegen, Knien, Singen, Sprechen. Man macht Erfahrungen und tauscht sie aus. Das Ergebnis wird reflektiert und sofort in neue Übungen umgesetzt. Die Erlebnisse sind subjektiv und strittig. Wie soll man sich verhalten? „Dein Körper spricht die Wahrheit!", rät der Seminarleiter: „Lass' ihn machen und lern' ihn kennen!"[8] Über zwei Drittel des Semesters darf die Gruppe kreativ sein, fröhlich herumtoben, frei assoziieren und kontrovers diskutieren. Dann folgt ein Wechsel. Das Seminar beschließt, zum Abschluss einen Gottesdienst zu feiern. Nach welcher Form? Einiges steht zur Auswahl: die Lima-Liturgie, Karl Bernhard Ritters „Eucharistische Feier", auch der Vorentwurf der Erneuerten Agende. Obwohl, wie Stollberg betont, der Ansatz der EA grundsätzlich begrüßt wird, entscheidet man sich für die vertraute und bewährte Agende I von 1955. Und so zelebriert das Seminar am Ende nach allen Regeln der Kunst ein feierliches Hochamt bayerisch-lutherischer Provenienz (mit gewissen Berneuchener Ingredienzen, ein Tribut an den Marburger genius loci) – würdig, gemessen, unverkrampft mit Chorrock und Albe. Der ganze erste Teil der Präparation dient gewissermassen als ‚warming up' für die Inszenierung der großen liturgischen Oper im klassischen Stil, in strenger Ausrichtung an der Vorlage.

Welchem inneren Bild vom Gottesdienst folgt diese Inszenierung? Stollberg deutet es zu Beginn seines Buches an: „Bei all meiner theologischen Arbeit blickt mein inneres Auge stets in den hellen hohen Chor der Kirche meiner Heimatstadt Schwabach."[9] Dort, in der Stadtkirche St.Martin, haben sein Urgroßvater, sein

---

[7] Vgl. D. Stollberg: Liturgische Praxis. Kleines evangelisches Zeremoniale, Göttingen 1993.
[8] A.a.O., 27.
[9] A.a.O., 13.

Großvater, sein Vater als Pfarrer oder Kirchenmusiker ihren Dienst getan, dort ist er selbst getauft und konfirmiert worden, dort hat er im Chor gesungen, als Bläser mitgewirkt, dem Vater beim Orgeln registriert und später gelegentlich als Pfarrer amtiert. Gottesdienst wie in Schwabach – das scheint der liturgische Traum, dem die Seminarinszenierung verpflichtet ist. Ich vermute, das war für viele Studierende fremd und reizvoll zugleich. Sie haben sich gern darauf eingelassen und es genossen. Die Gestaltung eines Gottesdienstes nach der Erneuerten Agende hätte damit nicht konkurrieren können.

1.2 Manfred Josuttis

Auch Josuttis hat andere innere Bilder vom Gottesdienst. Vor allem hat er andere Ansprüche an die systematische Stringenz der gottesdienstlichen Dramaturgie. Der Vorwurf gegen die Erneuerte Agende lautet: Die Gliederung des Gottesdienstes in die vier Stationen „Eröffnung und Anrufung", „Verkündigung und Bekenntnis", „Abendmahl" und „Sendung" bleibt formal und äußerlich[10]. Und die Wahlmöglichkeiten, die die EA einräumt, verundeutlichen den Handlungsweg zusätzlich. Dass man manches so oder auch anders machen kann, zeigt den Ungeist modernistischer bzw. postmoderner „Beliebigkeit", der die EA beherrscht. „Der Weg in das Leben"[11], der im Gottesdienst begangen wird, hat nach Josuttis eine immer gleiche äußere und innere Schrittfolge: praeparatio, purificatio, illuminatio, unio. Vorbereitung, Reinigung, Erleuchtung, Einigung[12]. So vollzieht der Gottesdienst eine liturgische Initiation, die Einführung in das Heilige. Liturgische Kompetenz nach Josuttis ist mystagogische Kompetenz. Die Einführung in die „verborgene und verbotene Zone des Heiligen", wie es seiner neuen Pastoraltheologie „Die Einführung in das Leben"[13] heißt, ist ein geistlich-spirituelles Geschehen, sie braucht Menschen, die geübt sind im Umgang mit dem Heiligen und die die entsprechenden Techniken beherrschen. Der Liturg ist Führer.

Wiederum ist deutlich: Josuttis hat ein bestimmtes inneres Bild vom Gottesdienst, das mit der Erneuerten Agende nicht kompatibel ist. Dabei überlagern sich in der Beschreibung verschiedenste Bilder, vor allem im Abendmahlsteil, dem Zentrum des Gottesdienstes[14]. Manches erinnert an die russisch- oder griechisch-

---

10   Vgl. M. Josuttis: Die Erneuerte Agende und die agendarische Erneuerung, a.a.O. (Anm. 2), 512ff.
11   Vgl. M. Josuttis: Der Weg in das Leben. Eine Einführung in den Gottesdienst auf verhaltenswissenschaftlicher Grundlage, München 1991.
12   Eigentlich folgt noch die separatio/Trennung, der erneute Übergang zurück in den Alltag. Vgl. das zweite Kapitel „Gehen" am Ende des Buches, a.a.O., 299ff.
13   Vgl. M. Josuttis: Die Einführung in das Leben. Pastoraltheologie zwischen Phänomenologie und Spiritualität, Gütersloh 1995, z.B. 18.
14   Vgl. das Kapitel „Essen" in: Josuttis: Der Weg in das Leben, a.a.O., 247–297.

orthodoxe Liturgie, manches an die vorkonziliare römische Messe. Antiker Opferkult, die Rituale moderner Schamanen, aber auch Filme wie Andreij Tarkowskis „Stalker" fungieren als Bildspender. Das ergibt eine ebenso faszinierende wie verwirrende Mischung. Die Begriffe Trance und Traumzeit, Schlachtung, Killing, Inkorporation bilden ein assoziatives Wortfeld. Das Ganze ist eine eigentümliche, schillernde Verbindung von einerseits unbedingt wörtlich zu nehmenden und andererseits weiträumigen metaphorischen Bedeutungen. Die Grenzen verschwimmen. Insgesamt entsteht der Eindruck eines ungeheuer bedeutsamen Geschehens von zwingendem Charakter. Der Vorwurf der „Beliebigkeit", die droht, wenn die objektive Strenge der Vorgabe aufgegeben wird, speist sich aus solchen alternativen Bildern.

1.3 Michael Meyer-Blanck

Aufschlussreich ist auch, wie Michael Meyer-Blanck mit der Erneuerten Agende umgeht. „Inszenierung des Evangeliums" nennt er das, was im Gottesdienst geschieht[15]. Meyer-Blanck orientiert sich dabei ausdrücklich an den Stationen der Erneuerten Agende. Der Inszenierungsgedanke ist interessant und weiterführend (dazu später mehr). Aber auch bei Meyer-Blanck lässt sich die Neigung beobachten, die Abläufe im Gottesdienst mit starken Systematisierungen zu versehen und in eine übergreifende Logik einzubinden, und auch er gerät dadurch stellenweise in Spannung zur EA, zum Beispiel im Eingangsteil „Eröffnung und Anrufung". Hier geht es, so seine These, um Distanz und Nähe. In der „Eröffnung" wird der Abstand zu Gott zur Sprache gebracht, in der „Anrufung" wird die Distanz überwunden, hier geschieht die „Inszenierung der Nähe Gottes"[16]. (Aber was ist, wenn der Gottesdienst mit dem Lied „Die güldne Sonne" beginnt?) Der Sinn der Eingangssequenz wird nicht aus den Inhalten der verschiedenen Gestaltungsangeboten der Agende oder der gewählten Lieder heraus entwickelt, er wird aus einem vorher feststehenden theologischen Gedanken deduziert. Daraus folgt an manchen Stellen die Empfehlung, die Reihenfolge der agendarischen Stücke zu verändern. Zum Beispiel bei der Sequenz Kyrie – Gloria – Kollektengebet. Hier entdeckt Meyer-Blanck eine Strukturanalogie zu den neutestamentlichen Wundergeschichten und deren Dreischritt: Bitte um Erbarmen – Dialog mit Jesus – Dank und Lobpreis nach erfolgter Heilung, und er schlägt deshalb eine Umstellung vor: Kyrie – Gebet – Gloria[17]. Das sind Versuche, eine komplexe, historisch geworde-

---

15 Vgl. M. Meyer-Blanck: Inszenierung des Evangeliums. Ein kurzer Gang durch den Sonntagsgottesdienst nach der Erneuerten Agende, Göttingen 1997.
16 A.a.O., 68.
17 A.a.O., 71f.

ne und auch deshalb nicht völlig eindeutig zu machende liturgische Sequenz theologisch zu systematisieren und dann neu zu ordnen. Hat man solche Schemata im Kopf, wirkt die Erneuerte Agende wie nicht konsequent durchdacht. Dahinter steht die Meinung: Erst durch systematische Stringenz wird der Gottesdienst verständlich und die Inszenierung des Evangeliums nachvollziehbar. Aber ist das überzeugend?

Ich möchte demgegenüber die Erneuerte Agende verteidigen und plädiere dafür, ihren Ansatz ernstzunehmen. Sie ist nicht ein liturgischer Baukasten zu beliebiger Verwendung, sondern impliziert ein bestimmtes formales und inhaltliches Verständnis von Gottesdienst, das m.E. den anderen Leitvorstellungen überlegen ist.

2 Die Eigenart der Erneuerten Agende als Aufgabe für die Rezeption

Ich konzentriere mich auf drei Punkte und gehe sozusagen von außen nach innen. Die Stichworte sind: (1) integrativer Ansatz, (2) geschichtlicher Sinn, (3) Gottesdienst als Gestaltungsaufgabe.

2.1 Der integrative Ansatz

Das „Evangelische Gottesdienstbuch" ist eine moderne Agende, modern, nicht modernistisch. Die Verfasser haben aus der konflikthaften neuzeitlichen Gottesdienstgeschichte gelernt, dass letztlich nur die Agende kirchlich integrativ wirkt, die sich um Konsens bemüht. Die EA verfolgt integrative Absichten. Das zeigen die Grundsätze: Viele sollen beteiligt werden, Tradition und Gegenwart sollen zu ihrem Recht kommen, alte und neue Texte sind gleichrangig, Treue zum reformatorischen Erbe und ökumenische Offenheit sind wichtige Anliegen, die Sprache der Texte und Gebete soll niemanden ausschließen. Diese Agende ist bestrebt, unterschiedliche, ja gegenstrebige, spannungsvolle Zielsetzungen zu vermitteln.

Die integrative Absicht hat ihre Kehrseite. Das Gottesdienstbuch ist keine Agende aus einem Guss. Man kann das beklagen. Was hatte doch die alte Agende I für eine imponierende Geschlossenheit! Sie war so herrlich rücksichtslos und sperrig unzeitgemäß! Die Kritiker, z.B. Bieritz und Josuttis, vergessen, dass sie nachträglich bewundern, worunter sie damals gelitten und wogegen sie später mit Recht rebelliert haben. Aber es stimmt: Alles hat seinen Preis. Eine Konsens-Agende ist immer auch eine Kompromiss-Agende – mit Stärken und Schwächen. Die Schwächen liegen z.B. im Additiven. Weil man bestimmte Traditionen oder Auffassungen nicht ausschließen will, nimmt man sie als eine mögliche Variante auf. Das kann auch ein Ausweichen vor Entscheidungen sein und zu problematischen Unschlüssigkeiten führen.

Die integrative Absicht ist andererseits die große Stärke der EA. Das Gottesdienstbuch berücksichtigt die pluralistische Situation, in der die evangelische Kirche in Deutschland heute lebt und künftig leben wird. Es gibt Mehrheitskirchen und Minderheitskirchen, große und kleine Gottesdienstgemeinden, städtische und ländliche Situationen. Es gibt traditionsbewusste Gemeinden und Kirchengebiete mit lebendiger konfessioneller Prägung, es gibt den landeskirchlichen ‚mainstream', es gibt liberale, dem Neuen aufgeschlossene Gemeinden, wo experimentiert wird, wo offene Formen, moderne Sprache, modernes Liedgut vertraute Praxis sind. Das Gottesdienstbuch gibt dieser Vielfalt Raum und schafft einen Rahmen, in dem Wiederholung und Abwechslung, Kontinuität und Innovation beieinander sein können. Damit wird anerkannt: Die kirchliche Landschaft ist differenziert. Vielfalt ist Reichtum. Das Gottesdienstbuch lehrt den Respekt vor gewachsenen Traditionen, es will der Nivellierung auf liturgisches Mittelmaß entgegenarbeiten, es fördert klare inhaltliche Profilierung einerseits und will zugleich helfen, dass die gemeinsame Feier gelingt.

Das alles geht nicht automatisch. Die Erneuerte Agende braucht Menschen, die sich die integrative Programmatik aus Überzeugung zu eigen machen, sonst bleibt das Ganze ein Spiel mit Formeln. Die Rezeption kann nur dann erfolgreich sein, wenn die, die für den Gottesdienst verantwortlich sind, sie auch wollen, wenn es gelingt, diejenigen, die an den Universitäten, Musikhochschulen und Predigerseminaren mit der liturgischen Ausbildung betraut sind, sie bejahen, wenn Pfarrer und Pfarrerinnen, Kirchenmusikerinnen und Kirchenmusiker, interessierte Laien und Kirchenvorstände dafür gewonnen werden. Das ist eine der Hauptaufgaben bei der Umsetzung der EA in die gottesdienstliche Praxis.

Die Erneuerte Agende kommt dem reflektierten Gebrauch dadurch entgegen, dass sie den Umgang mit ihr selbst organisiert. Sie ist die erste evangelische Agende mit gesamtkirchlichem Zuschnitt, die ausführliche liturgiedidaktische Erläuterungen enthält, die Hinweise geben, wie die Agende zu verstehen ist und wie man damit umgehen kann. Alle künftigen liturgiedidaktischen Bemühungen können daran anknüpfen und das hier (und in einigen Ausgaben des Evangelischen Gesangbuchs) bereits Formulierte fortschreiben, wie Frieder Schulz unlängst gezeigt hat[18]. Darin dokumentiert sich ein zweites Merkmal einer modernen Agende: ihr

---

18 Vgl. seinen instruktiven Bericht: F. Schulz: Die liturgiedidaktischen Erläuterungen als Bestandteil der Erneuerten Agende. Eine Neuerung als Hilfe bei der Gottesdienstgestaltung, in: Arbeitsstelle Gottesdienst 35/99, 25–44.

2.2 Geschichtlicher Sinn

Das Gottesdienstbuch ist eine Agende mit Geschichtsbewusstsein. Herkunft, Sinn und Funktion der einzelnen Stücke und Sequenzen werden in den liturgiedidaktischen Erläuterungen in knapper Form allgemeinverständlich dargelegt. Dabei verbinden sich diachrone und synchrone Betrachtungen. Der Ansatz ist nicht historistisch. Die synchrone Betrachtung steht im Vordergrund. Ziel der Darlegungen ist es, eine in sich stimmige Gestalt gottesdienstlicher Ordnung zu finden, die im Vollzug überzeugt. Aber auch die diachrone Betrachtung ist hilfreich. Die Agende ist ja auch eine Art kollektives Gedächtnis der feiernden Kirche. Die historischen Erläuterungen halten das Wissen um historische und aktuelle Alternativen wach. Sie benennen Gründe für einmal getroffene Entscheidungen, die auf diese Weise plausibel gemacht werden, aber diskutabel bleiben.

Man kann auch sagen: Die Erneuerte Agende hat einen dekonstruktivistischen Zug. Die überlieferten Ordnungen werden dekonstruiert. Ihre auf dem bloßen Herkommen beruhende Autorität wird relativiert, indem gezeigt wird: Die Dinge können so oder auch anders gesehen, so oder auch anders gestaltet werden. Die Liturgie hat ihre Geschichte, die Abfolge der einzelnen Stücke unterliegt Veränderungen, sie wechseln mitunter ihren Ort im Gefüge des Ganzen und gewinnen dadurch teilweise auch eine andere Bedeutung. Die Tradition wird auch korrigiert. Die Kritik geht ein in den Vollzug. Allerdings gilt: Die Dekonstruktion ist hier nicht emanzipatorischer Endzweck. Ihr fehlt deshalb auch das kämpferisch entlarvende Pathos, die Überlieferung endlich aus den machtbedingten Zwängen der Agendenkonstruktion zu befreien. Anders gesagt: Die Dekonstruktion steht im Dienst der Neukonstruktion. Das liturgiegeschichtliche Bewusstsein hält ja auch das Wissen um die Weisheit bestimmter Entwicklungen fest. Nicht alles Alte ist schlecht. Das kann davor bewahren, nun partout alles völlig neu machen zu wollen. Die Neukonstruktionen (die gefundenen oder freigegebenen) müssen sich daran überprüfen lassen, ob sie theologisch verantwortet werden können und ob sie sich im Vollzug bewähren.

Konsens-Agenden müssen Rücksicht nehmen und Kompromisse machen. Ob und wo es schlechte oder gute Kompromisse sind, zeigt sich oft erst später. Aber die Resultate sind nicht irreversibel. Die Erneuerte Agende ist prozessorientiert und nicht ergebnisfixiert. Die Gemeinschaft, die sich die Erneuerte Agende zulegt, versteht sich auch liturgisch als lernende Kirche. Dabei ist die Praxis der Einführung und Einübung zugleich das Medium der Weiterarbeit an der Agende. Das wird äußerlich in der Zweibändigkeit dokumentiert. Auf das „Gottesdienstbuch" folgt das „Werkbuch", zur gebundenen Fassung (sozusagen in Leder und Goldschnitt) tritt das Ringbuch. Auch für die Liturgie der Kirche gilt: sie ist semper reformanda. Das bedeutet: Die Erneuerte Agende braucht Menschen, die zu solchem geschichtsbewussten, erprobungsfreudigen Gebrauch der Liturgie bereit und fähig sind. Das führt zum dritten Merkmal:

2.3 „Gottesdienst als Gestaltungsaufgabe"

Unter diesem Titel ist 1979 das „Strukturpapier" der Lutherischen Liturgischen Konferenz von 1974 veröffentlicht worden[19]. Er ist nach wie vor aktuell. Die Erneuerte Agende fordert konstruktive Gestaltung, sie begnügt sich nicht mit der Einübung in das agendarisch Vorgegebene und nicht mit der Inszenierung bereits fertiger liturgischer Drehbücher. Es ist die Frage, ob das, was sie dafür anbietet, die Qualität hat, die Gestaltung unterschiedlicher Gottesdienste für unterschiedliche Gemeinden in unterschiedlichen Situationen mit unterschiedlichen Zielgruppen und Themen zu fördern. Um die Frage zu beantworten, müsste man darangehen, die Agende im Einzelnen zu prüfen, und zwar nicht nur die Strukturierung des Gesamtablaufs und der vier Phasen, sondern auch die Handlungsabläufe im Einzelnen, z.B. im so wichtigen eucharistischen Teil. Und man müsste den Textteil untersuchen, Lesungen und Gebete. Das kann hier nicht geschehen.

Ich möchte aber noch einmal das Stichwort „Beliebigkeit" aufgreifen und die Erneuerte Agende gegen den Vorwurf verteidigen, sie fördere liturgische „Beliebigkeit", weil sie an verschiedenen Stellen mehrere Möglichkeiten vorsieht, Varianten enthält und Spielräume eröffnet. Der Pluralismus des Angebots, so lautet das Argument, verletze den Ernst der liturgischen Form und leiste keinen Widerstand gegen die überall in Gesellschaft und Kirche zu beobachtende Auflösung verbindlicher Tradition. Ich halte das für falsch und ein Missverständnis der Erneuerten Agende. „Die Erneuerte Agende ermöglicht einen Gestaltungsprozess, der die Vorgaben – Grundformen, Verlaufsphasen, inhaltliche Schwerpunkte [im Vorentwurf waren das die sog. Blockvarianten] in einer liturgischen Dramaturgie zu einer auf die jeweilige Situation passenden gottesdienstlichen Gestalt konkretisiert. Durch die Freigabe der Varianten und die Eröffnung von Spielräumen wird nicht Beliebigkeit produziert. Es ist – recht besehen – gerade umgekehrt: Im Prozess der Gestaltung wird die Beliebigkeit überwunden. Jeder Gottesdienst hat so oder so eine Gestalt. Arbeit an der Dramaturgie ist Arbeit an einer deutlicheren gottesdienstlichen Gestalt. Wer Unverbindlichkeit will, darf sich nicht auf die Erneuerte Agende berufen. Sie schreibt nicht länger eine einzige Weise der Gestaltung vor, aber sie intendiert doch jeweils eine verbindliche Form der Begegnung." So habe ich seinerzeit in meinem Brief an Manfred Josuttis geschrieben (ohne

---

[19] Vgl. H. v. Schade/F. Schulz (Hg.): Gottesdienst als Gestaltungsaufgabe. Praktische Anregungen zur Gestaltung des Gottesdienstes aufgrund der Denkschrift „Versammelte Gemeinde" (Strukturpapier) (reihe gottesdienst 10), Hamburg 1979.

dass ihn das beeindruckt hat)[20]. Der Beliebigkeitsvorwurf ist eine „Killerparole". Sie wird nicht besser, wenn man sie wiederholt.

Gottesdienst ist eine Gestaltungsaufgabe. Das verlangt Pfarrer und Pfarrerinnen, Kantorinnen und Kirchenmusiker und Gemeinden, die bereit und fähig sind, sich dieser Gestaltungsaufgabe anzunehmen. Das ist durch die Erneuerte Agende nicht leichter geworden. Es ist gerade auf Grund der neuen Möglichkeiten, die das Gottesdienstbuch bereitstellt, eine ebenso schöne wie anspruchsvolle Aufgabe. Sie verlangt Prioritätensetzung für den Gottesdienst. Die Erneuerte Agende ist keine Agende für eine ängstliche, faule Kirche.

3 Dimensionen liturgischer Kompetenz

Das bisher Gesagte klingt vielleicht noch sehr pragmatisch-technisch. Ich frage deshalb noch einmal nach dem theologischen Verständnis von Gottesdienst, das in der Erneuerten Agende enthalten ist. Hat sie überhaupt eine Theologie? Das ist von manchen Kritikern bezweifelt worden. Friedemann Merkel z.B., der sich vor einem Jahr hier in Leipzig dazu geäußert hat, bemängelt, es gäbe in der Vorlage „nur rudimentäre theologische Aussagen zum Verständnis des Gottesdienstes"[21]. Der Vergleich mit der „Constitutio de Sacra Liturgia" des II.Vatikanums als auch mit Julius Smends liberalem „Kirchenbuch" fällt nicht schmeichelhaft aus. Smend – konstatiert Merkel – hatte ähnliche formale Prinzipien wie die EA, aber außerdem ein klares theologisches Konzept: „Der Gottesdienst der Gemeinde ist die festliche Vergegenwärtigung des Heils in Form des Wechselverkehrs." Smends Kirchenbuch „war ein Wurf", was man von der Erneuerten Agende nicht sagen könne[22].

Zugegeben, es ist nicht ganz leicht, das theologische Gottesdienstverständnis der EA zu benennen. Die Erläuterungen sind an dieser Stelle tatsächlich karg. Aber ich glaube, es gibt eines, freilich eher implizit und nicht umfassend entfaltet. Die Grundüberzeugung, die den Entwurf trägt, lautet: Gottesdienst ist ein Begegnungsgeschehen. Es geht um Begegnung mit Gott und um Begegnung untereinander. „Der Gottesdienst ist ein Kommunikationsereignis – zwischen Gott und den Menschen und den beteiligten Menschen", heißt es in der Erläuterung des (neuen) sechsten leitenden Kriteriums[23]. Die Einführung in den Gottesdienst im Bayerischen Anhang des Evangelischen Gesangbuchs steht unter dem Leitsatz:

---

[20] Vgl. Cornehl: Im Gespräch mit Manfred Josuttis, a.a.O. (s. Anm.2), 519.
[21] Merkel, a.a.O. (Anm.7), 65.
[22] A.a.O., 75.
[23] Vgl. Evangelisches Gottesdienstbuch für die Evangelische Kirche der Union und für die Vereinigte Evangelisch-Lutherische Kirche Deutschlands. Erneuerte Agende, zit. nach dem Entwurf, der der Generalsynode der VELKD in Husum im Oktober 1998 vorgelegt worden ist, 12.

„Gottesdienst ist Begegnung." „Menschen kommen zusammen, um Gott und einander zu begegnen." Anschließend wird Luthers Torgauer Formel zitiert[24]. Wie kann man das Begegnungsgeschehen Gottesdienst genauer bestimmen? Die liturgiedidaktischen Erläuterungen im Gottesdienstbuch und im Gesangbuch verweisen dazu auf die Vorgänge, in denen sich die Begegnung abspielt. Das erinnert an Luthers Erklärungen zum Vaterunser im Kleinen Katechismus. Auch dort folgt auf die Frage: „Was ist das?" die Frage: „Wie geschieht das?"

Die Einführung in den Gottesdienst beginnt im Bayerischen Anhang zum EG mit einem Kapitel: „Was im Gottesdienst geschieht". Und dann wird aufgezählt, was geschieht, wenn die Gemeinde zusammenkommt: Gott wird angerufen, die menschlichen Erfahrungen, Klage und Lob, Bitte, Fürbitte und Dank werden vor Gott gebracht. Es wird gesungen und musiziert. Im Mittelpunkt steht das Hören der guten Botschaft und die Antwort des Glaubens. Der evangelische Gottesdienst hat einen doppelten Handlungskern, heißt es im Gottesdienstbuch: Wort und Sakrament, Verkündigung und Mahlfeier. Die gottesdienstliche Gemeinschaft ist Erzählgemeinschaft und Tischgemeinschaft, sie ist Bekenntnis- und Gebetsgemeinschaft.

Das heißt für die Frage nach der „liturgischen Kompetenz"? Zuerst und grundlegend ist die Haltung zu bestimmen, die dem entspricht, was im Gottesdienst geschieht und was im Gottesdienst erwartet wird: Offenheit für die Begegnung mit Gott und Christus, mit dem Heiligen, mit der Wahrheit, mit dem, was uns unbedingt angeht und befreit. Es heißt ebenso: offen sein für die Begegnung mit den Geschwistern, in der hier versammelten Gemeinde, in Verbundenheit mit der weltweiten Ökumene. Sich dieser Begegnung zu öffnen, ihr Raum geben, sich davon berühren und bewegen zu lassen, darum geht es. Das ist primär ein geistliches Geschehen, es verlangt spirituelle Präsenz. Aber es folgen daraus dann auch Aufgaben, die mit dem technisch-funktionalen Begriff „Kompetenz" bezeichnet werden können, weil sie mit wissenschaftlichen Kenntnissen und praktischen Fertigkeiten zu tun haben, die man sich in einem methodisch kontrollierten, schrittweisen Prozess der Ausbildung und Fortbildung aneignen kann[25]. Wenn also jetzt von fünf Dimensionen liturgischer Kompetenz die Rede ist, dann darf nicht vergessen werden, dass im Blick auf die Sache des Gottesdienstes solche liturgische Kompetenz nie Selbstzweck ist, sondern von der liturgischen Grundhaltung getragen und an sie immer wieder rückgebunden werden muss.

---

24   Vgl. Evangelisches Gesangbuch, Ausgabe für Bayern, Thüringen und Mecklenburg, 1114, entfaltet 1119ff.
25   Vgl. die stärker wissenschaftstheoretisch reflektierte Fassung des Kompetenzbegriffs bei M. Josuttis: Dimensionen homiletischer Kompetenz (1979), in: Ders.: Rhetorik und Theologie in der Predigtarbeit. Homiletische Studien, München 1985, 47–60.

Ich nenne, ohne Anspruch auf Vollständigkeit, fünf Dimensionen liturgischer Kompetenz im Sinne der Erneuerten Agende: 1. Liturgische Kompetenz ist kommunikative Kompetenz. 2. Liturgische Kompetenz ist formative Kompetenz. 3. Liturgische Kompetenz ist szenische Kompetenz. 4. Liturgische, genauer: homiletisch-liturgische Kompetenz ist hermeneutische Kompetenz. 5. Liturgische Kompetenz hat eine kybernetische Dimension, sie ist auch Planungskompetenz.

3.1 Liturgische Kompetenz ist kommunikative Kompetenz

Das Leitbild der Erneuerten Agende drückt der Titel eines Arbeitsbuchs aus: „Gemeinde hält Gottesdienst"[26]. Das erste der maßgeblichen Kriterien heißt: „Der Gottesdienst wird unter der Verantwortung und Beteiligung der ganzen Gemeinde gefeiert."[27] Ausbildungsziel im Sinne der Erneuerten Agende ist nicht, ein liturgisches Virtuosentum zu kultivieren, sondern die Fähigkeit auszubilden, gemeinsam mit der Gemeinde und als Gemeinde Gottesdienst zu feiern. Liturgische Kompetenz ist kommunikative Kompetenz.

Diese Pointierung enthält eine kleine kritische Spitze. Sie richtet sich gegen aktuelle Tendenzen in der liturgischen Ausbildung, wo unter dem Stichwort „liturgische Präsenz" und „Liturgische Inszenierung" vor allem die Rolle der Liturgen und Liturginnen ins Zentrum der Aufmerksamkeit rückt. Man hat den Zusammenhang zwischen Liturgie und Theater entdeckt. Elemente der Schauspielerausbildung und Theatertheorien werden herangezogen, um das darstellende Handeln im Gottesdienst genauer zu verstehen und von den dort gefundenen Erkenntnissen zu profitieren[28].

---

[26] Hg. von W. Reich und J. Stahlmann (Leiturgia Neue Folge Bd.1), Hannover 1991; vgl. auch G. Ruddat/F. Baltruweit: Gemeinde gestaltet Gottesdienst. Arbeitsbuch zur Erneuerten Agende, Gütersloh 1994.
[27] Evangelisches Gottesdienstbuch, a.a.O. (s. Anm. 24), 12.
[28] Der große praktische Anreger auf diesem Gebiet ist Thomas Kabel, der seit Mitte der achtziger Jahre im Bereich der EKD eine breite Tätigkeit in der Vikarsausbildung entfaltet hat – „eine beispiellose Pionierarbeit mit Tausenden von jungen Pastorinnen und Pastoren und Priestern". So A. Völker: Liturgische Präsenz. Impressionen aus einem Seminargespräch mit Thomas Kabel, in: JLH 36, 1996/97, 50–57, 51. Vgl. inzwischen T. Kabel: Handbuch Liturgische Praxis. Zur praktischen Inszenierung des Gottesdienstes, Bd. 1, Gütersloh 2002; Bd. 2, Gütersloh 2005. Vgl. ferner G.W. Rammenzweig: Lebendige Präsenz im Gottesdienst – eine andere Art, Liturgie zu lernen. Ein Bericht aus der Ausbildungspraxis, in: A. Grözinger/J. Lott (Hg.): Gelebte Religion (FS Gert Otto), Rheinberg-Merzbach 1997, 252–269; M. Meyer-Blanck: Inszenierung und Präsenz. Zwei Kategorien des Studiums Praktischer Theologie, in: WzM 49, 1997, 2–16; U. Suhr: Das Handwerk des Theaters und die Kunst der Liturgie. Ein theologischer Versuch über den Regisseur Peter Brook, in: P. Stolt/W. Grünberg/U. Suhr (Hg.): Kulte, Kulturen, Gottesdienste. Öffentliche Inszenierung des Lebens (FS Peter Cornehl), Göttingen 1997, 37–49; zustimmend rezipiert von K.-H. Bieritz: Spielraum Gottesdienst. Von der „Inszenierung des Evangeliums" auf der liturgischen Bühne, in: A. Schilson/J. Hake (Hg.): Drama „Gottesdienst". Zwischen Inszenierung und Kult, Stuttgart u.a. 1998, 69–101. Vgl. auch M.A. Friedrich: Liturgische Körper. Der Beitrag von Schauspieltheorien und -techniken für eine Pastoral-

Das alles ist interessant, anregend, aufregend. Es gibt hier viel zu lernen. Dagegen will ich nicht pauschal polemisieren, ich hätte nur Bedenken, wenn sich die Phänomene verselbstständigen. Als Aspekte des Begegnungsgeschehens sind sie wichtig. Es kommt auf den Rahmen an. Deshalb die Formulierung: Liturgische Kompetenz ist kommunikative Kompetenz. Es geht darum, Beteiligung zu fördern, die Beteiligung anderer Mitwirkender oder einer Gruppe und die Beteiligung der Gemeinde, im Zusammenspiel zwischen Liturgen, Lektoren, Kantor, Chor, Solisten. Gottesdienst, wie ihn Julius Smend verstanden hat, ist „festliche Vergegenwärtigung des Heils in Form des Wechselverkehrs"[29]. Wie kann das „Ensemble" zu gemeinsamem Handeln kommen? Diese Frage scheint mir gegenwärtig und künftig wichtiger als die Ausbildung von liturgischen Schauspielern zu perfektionieren.

Ich stimme darin mit Ulrike Wagner-Rau überein, die im Herausgeberkreis der Zeitschrift „Pastoraltheologie" über diese neue Tendenz im Bereich der Vikarsausbildung referiert und auf einige Probleme aufmerksam gemacht hat. Es besteht nämlich die Gefahr, dass durch die mit dem Konzept Liturgische Präsenz und Inszenierung einhergehende Stilisierung die priesterliche Rolle der Pastorinnen und Pastoren so einseitig betont wird, dass verloren zu gehen droht, was in der Gottesdienstbewegung der letzten fünfundzwanzig Jahre an Sinn für Gottesdienst als Gemeinschaft gewachsen ist. Wobei sie besonders an die feministischen Liturgien und die Einsichten in Frauengruppen denkt, aber der Gedanke ist ja schon etwas älter und bestimmt auch das Verständnis von „Lebendiger Liturgie", wie es seit der Liturgischen Nacht auf dem Düsseldorfer Kirchentag 1973 und seit 1979 im Feierabendmahl entwickelt worden ist[30].

Wohlgemerkt: Es geht auch hier nicht um strikte Alternativen: etwa Distanz oder Nähe, kühle Stilisierung oder warme Unmittelbarkeit. Die Spannung zwischen den Polen muss erhalten bleiben und darf nicht einseitig aufgelöst werden. Beides ist in der Person und im gemeinsamen liturgischen Stil zum Ausgleich zu bringen. Dabei gibt es natürlich unterschiedliche Begabungen und Fähigkeiten.

Liturgische Kompetenz ist kommunikative Kompetenz. Das ist eine Forderung, die sich auch aus der gegenwärtigen kirchlichen Gesamtlage ableiten lässt. Wir

---

ästhetik (PThe 54), Stuttgart u.a. 2001, in der die wichtigsten Schauspiel(er)theorien (Stanislawski, Brecht, Strasberg, Brook) untersucht werden.

29 Vgl. K. Klek: Erlebnis Gottesdienst. Die liturgischen Reformbestrebungen um die Jahrhundertwende unter Führung von Friedrich Spitta und Julius Smend (VLHKM 32), Göttingen 1996.

30 Das Stichwort stammt von Harry Haas. Vgl. seinen (namentlich nicht gezeichneten) Beitrag „Lebendige Liturgie", in: Arbeitskreis Gottesdienst und Kommunikation AGOK (Hg.): Liturgische Nacht. Ein Werkbuch, Wuppertal 1974, 178–186. Es ist später zum Leitbegriff für die Gottesdienstarbeit des Deutschen Evangelischen Kirchentages geworden. Vgl. S. Fritzsch-Oppermann/H. Schröer (Hg.): Lebendige Liturgie. Texte, Experimente, Perspektiven, Gütersloh 1990, darin bes. H. Schröer: lebendige Liturgie – was ist das? Ein Steckbrief mit 22 Erläuterungen, 9–18; R. Degenhardt: Lebendige Liturgie als Dimension des Kirchentags, 99–106. Zum Feierabendmahl vgl. nur G. Kugler: Feierabendmahl, Gütersloh 1981.

stehen überall in einem tiefgreifenden Prozess des Wandels, im Osten wie im Westen. Überall wird es künftig weniger Pfarrstellen geben, auch weniger hauptamtliche Mitarbeiter, weniger Kirchenmusiker und Kirchenmusikerinnen und zunehmend wohl auch kleinere Gottesdienstgemeinden in größeren Einzugsbereichen. Gerade deshalb muss die Hauptfrage sein: Wie schaffen wir, dass die Gemeinde Gottesdienst feiert, und nicht: Wie versorge ich als Pastor in Zukunft drei Predigtstellen und zehn Filialdörfer?

Wie kann man auch mit wenigen Menschen gemeinsam Gottesdienst feiern? Ich glaube, das verlangt eine gewisse Elementarisierung der Liturgie und die Stärkung der Laien. Sie müssen in ihren Fähigkeiten gefördert werden, selbst zu beten, zu singen, mit der Bibel zu leben, sie zu erzählen und auszulegen, sie müssen ermutigt werden, selbst einfache liturgische Gesten zu vollziehen. Das verlangt eine neue Verbindung zwischen Familie und Kirche, zwischen den einfachen häuslichem Ritualen und Feiern abends in den Kinderzimmern, am Esstisch, an den Festen – und dem Gottesdienst in Gruppen und Gemeinden. Die Erneuerte Agende bietet dafür gute Hilfestellungen. Wodurch? Damit komme ich zum zweiten Punkt.

3.2 Liturgische Kompetenz ist formative Kompetenz

Die Ausbildung sollte das liturgische Formbewusstsein stärken. Die Begegnung mit Gott und untereinander braucht kollektive Formen. Nur so kann eine Gruppe von Menschen gemeinsam handeln. Gottesdienste werden nicht kommunikativer, wenn wir die Formen auflösen, verschleifen, zerreden, sondern wenn wir den Schatz liturgischer Formen und Formeln, über den die Kirche verfügt, sorgfältig pflegen.

Es ist erfreulich, dass sich in dieser Hinsicht eine wachsende Übereinstimmung zwischen den Liturgikern beobachten lässt. In vielen Veröffentlichungen, bei Bieritz oder Steffensky oder Suhr, wächst die Kritik an leider weit verbreiteten Tendenzen, die man in der gottesdienstlichen Praxis beobachten kann: Es gibt zu viel Moderation, es gibt bei vielen Pastoren und Pastorinnen die Neigung, permanent alle Handlungen zu kommentieren, es gibt nicht nur in Familien- und Kindergottesdiensten eine Inflationierung und damit auch eine problematische Banalisierung von Symbolen und Symbolhandlungen. Gottesdienst ist keine Mitspielshow. Kommunikative Liturgie sollte sich nicht an Fernsehen, an lustigen Kindergeburtstagsnachmittagen orientieren, sondern sich auf die eigenen Formgesetze besinnen.

Auch hier gibt die Erneuerte Agende an sich gute Hilfen. Man müsste nur stärker beachten, was in den bisherigen Erläuterungen m.E. noch zu wenig bedacht wird. Die Erneuerte Agende hat ja neben den Gesamtentwürfen der beiden klassischen Grundformen und neben den vier Teilstationen noch eine dritte Ebene, die beidem zugrunde liegt: Das sind einfache liturgische Vorgänge wie z.B. das Gebet in seinen unterschiedlichen Sprechakten Bitte, Fürbitte und Dank, Klage und Lob. Und sie enthält in Verbindung mit dem Evangelischen Gesangbuch eine Fülle von Akklamationen, z.B. Kyrie, Halleluja; dazu Antiphonen, Responsorien, Singsprüche, Kanons, die das gemeinsame Beten strukturieren und mit denen die Anliegen der Vorbeter von der Gemeinde aufgenommen werden. Einige sind bekanntlich mehrfach verwendbar, im Anrufungsteil ebenso wie in der Fürbitte oder als gemeinsame Antwort auf Lesungen. Ein solcher eigenständiger Umgang mit dem Formenschatz der liturgischen Tradition ist in der Ausbildung zu üben. Hier hat die ökumenische Begegnung der evangelischen Christenheit eine erstaunliche Bereicherung des Repertoires beschert, die wir nutzen sollten. Es wäre in dieser Beziehung wichtig, diesen Bestand zu erweitern, zu aktualisieren, Neues zu erfinden, auch in anderen musikalischen Dialekten. Und zugleich ist es volkskirchenpädagogisch wichtig, einige wenige Grundformeln durch Wiederholung so populär zu machen, dass sie auch jenseits der Kerngemeinde ‚gekonnt' werden.

In diesem Zusammenhang noch eine konkrete Anregung: Damit das Formbewusstsein im Blick auf die unterschiedlichen Gebetsgattungen geschärft wird, schlage ich vor, in Seminaren und Übungen an einzelnen Texten zu arbeiten und Unterscheidungen zu lernen: Eine Kollekte ist etwas anderes als ein meditatives Eingangsgebet. Der Einheitsbrei, den wir uns z.T. angewöhnt haben, ist nicht bekömmlich. Eine interessante Aufgabe könnte z.B. lauten: „Nehmen Sie die drei Tagesgebete der EA für den Heiligabend, analysieren Sie Form und Inhalt (auch im historischen Vergleich mit älteren Fassungen), geben Sie eine theologische Einschätzung und wählen Sie die Fassung, die Ihnen in der gegebenen Situation am angemessensten erscheint, eventuell mit kleinen Veränderungen." So eine Aufgabe kompetent zu lösen, erfordert liturgiegeschichtliche Kenntnisse und sie verfolgt ein praktisches Ziel. Wahrnehmen und Verstehen dienen dem Gestalten.

3.3 Liturgische Kompetenz ist szenische Kompetenz

In diesem Sinn möchte ich das Stichwort Inszenierung jetzt positiv aufnehmen. Liturgische Kompetenz schließt die Fähigkeit ein, szenisch zu denken. Dazu gehört, dass wir lernen, die Partitur des Gottesdienstes neu zu lesen, Handlungsabläufe in Raum und Zeit wahrzunehmen, sie im Raum zu lozieren, die gegebenen Räume aktiv einzubeziehen, sie zu gliedern. Szenisches Denken nimmt die in den liturgischen Stücken enthaltenen Bewegungen wahr, versucht, eine Vorstellung davon zu gewinnen, wie sich das Geschehen überzeugend in Bewegung umsetzen lässt. Deshalb ist so anregend, was Dietrich Stollberg aus seinem Marburger Liturgik-Seminar berichtet (und so schade, dass er daraus so wenig Konsequenzen für den gemeinsam gefeierten Gottesdienst zieht!).

Man müsste unter dieser Fragestellung noch einmal die im Gottesdienstbuch enthaltenen Szenarien für die Abendmahlsfeier untersuchen und die reich entfaltete hochliturgische Form mit der gruppengemeinschaftlichen Feier um den Tisch vergleichen. Die Wiederentdeckung der jüdischen Mahlfeier als Strukturmodell und Kernzelle des urchristlichen Herrenmahls hat Folgen für die szenische Gestaltung der Eucharistie. Von den Szenen her wären dann auch die Texte, Gebete und liturgischen Gesänge und Vollzüge neu zu gestalten bzw. die schon gefundene Gestaltungen wären zu überprüfen: Sind sie stimmig? Welche Sprache sprechen die verbalen und nonverbalen Handlungen? Was ist angemessen, was neu zu formulieren, neu zu entdecken?

Die Tragweite solchen szenischen Denkens umfasst im Übrigen nicht nur die Liturgie. Sie ist genauso relevant für die Predigt. Spätestens an dieser Stelle wird klar, dass liturgische Kompetenz eigentlich homiletisch-liturgische Kompetenz ist. Martin Nicol hat den wichtigen Hinweis gegeben, dass die deutsche Homiletik in dieser Beziehung viel von der nordamerikanischen Predigtbewegung der letzten dreißig Jahre lernen kann, wo wiederentdeckt worden ist: Verkündigung ist Ereignis und Predigt nicht Abhandlung theologischer Gedanken[31]. Die systematisch gegliederte Drei-Punkte-Predigt, die wir selbst immer noch recht gern praktizieren und oft genug im Homiletischen Seminar lehren, ist abzulösen durch ein handlungsbezogenes Reden in „moves and structures". Das würde auch der Form vieler biblischer Geschichten besser gerecht werden, die Urszenen der Gottesbegegnung sind und sie dramatisch, narrativ entfalten. Jakobs Gottesbegegnung in Bethel, sein nächtlicher Kampf mit dem Unbekannten am Jabbok (Gen 32); Jesu Gleichnisse vom verlorenen Sohn, vom Pharisäer und Zöllner (Lk 15 und 18); die Konfliktgeschichte Markus 7,21ff., wo Jesus die syrophönizische Frau zunächst so schroff abweist, um von ihr schließlich überwunden zu werden; die nächtliche Szene in Gethsemane („Bleibet hier und wachet mit mir – wachet und betet!" Mt 26,38.41); Bekehrung und Taufe des äthiopischen Ministers durch Philippus (Apg 8,26ff.), Paulus und Silas im Gefängnis und ihre Befreiung (Apg 16,23ff.) und viele andere Geschichten, sie haben alle eine szenisch-dramatische Gestalt und enthalten oft liturgische Elemente. Kann die Erneuerte Agende dazu anleiten, dieses Wissen für die Gestaltung des Gottesdienstes zu nutzen, ihn insgesamt und

---

31 Vgl. M. Nicol: Preaching from Within. Homiletische Positionslichter aus Nordamerika, in: PTh 86, 1997, 295–309; ders.: Homiletik. Positionsbestimmung in den neunziger Jahren, in: ThLZ 123, 1998, 1049–1066; ders.: To Make Things Happen. Homiletische Praxisimpulse aus den USA, in: lernort gemeinde 17, 1999, H.1, 27–30, sowie jetzt zusammenfassend seine Programmschrift: Einander ins Bild setzen. Dramaturgische Homiletik, Göttingen 2002.

in seinen einzelnen Schritten ganzheitlich in Szene zu setzen und (sicher nicht immer, aber immer wieder einmal) die liturgische Dramaturgie aus dem jeweils im Mittelpunkt stehenden biblischen Text heraus zu entwickeln[32]? Ich meine, im Prinzip schon, de facto zu wenig. Der Verkündigungsteil B ist von allen Teilen bislang der konventionellste, seine „Inszenierung" eine homiletisch-liturgische Gestaltungsaufgabe, die noch vor uns liegt.

3.4 Liturgische Kompetenz ist hermeneutische Kompetenz

Auch hier müsste es genauer heißen: Homiletisch-liturgische Kompetenz ist hermeneutische Kompetenz. Denn eine zentrale Aufgabe von Gottesdienst und Predigt ist es, in die biblische Welt einzuführen. Das ist eine Folge der Besonderheit des christlichen Gottesglaubens. Im Gottesdienst geht es um die Begegnung mit Gott. Nach biblischem Verständnis gibt es keine direkte Begegnung mit Gott. Gott offenbart sich in der Geschichte, in den geschichtlichen Heilstaten der Errettung und Befreiung Israels und nach christlichem Glauben abschließend in Jesus von Nazareth. Deshalb ist die Begegnung mit Gott im Gottesdienst vermittelt durch Wort und Zeichen. Wer von Gott reden will, muss die biblischen Texte zur Sprache bringen. Da diese Texte Zeugnisse aus einer vergangenen Zeit sind, brauchen sie Übersetzung und Interpretation, damit wir die darin enthaltene Botschaft als eine erkennen, die uns heute angeht, verpflichtet und befreit. Deshalb hat der evangelische Gottesdienst eine homiletische und eine hermeneutische Dimension.

Manfred Josuttis hat der EA vorgeworfen, dass sie „die Erneuerung der Agende im Rahmen einer Predigttheologie" betreibe[33]. Dafür ist die Spannung zwischen Tradition und Situation konstitutiv. In der Tat, das gilt nicht nur für die EA, es gilt generell für evangelisches Gottesdienstverständnis. Und es ist kein Widerspruch zu einer kultischen Deutung von Gottesdienst, jedenfalls solange nicht, wie man den Kult zentral als Begegnungsgeschehen interpretiert, wie das reformatorischer Einsicht entspricht. Dabei geht es nicht primär um die Übersetzung aus dem antiken in das moderne Weltbild. Die Spannung zwischen Tradition und Situation kommt zwar an einzelnen Texten, die der Predigt zugrunde liegen, zum Austrag, aber ein punktuelles Verständnis der hermeneutischen Aufgabe der Textinterpretation greift zu kurz. Ich möchte stattdessen den Begriff einer „liturgischen Intertextualität" einführen und greife dabei zurück auf den Ansatz des Neutestamentlers Gerd Theißen.

---

32 Einige Versuche in dieser Richtung sind dokumentiert in: P. Cornehl (Hg.): Vision und Gedächtnis. Gottesdienste zur Zeit 1987–1994 (Hamburger Universitätsgottesdienste Bd. 3), Hamburg 1994.
33 M. Josuttis: Die Erneuerte Agende und die agendarische Erneuerung, a.a.O. (s. Anm. 2), 515.

Theißen hat in seiner Homiletik mit dem Titel „Zeichensprache des Glaubens" ein weiteres Verständnis von Predigt und Auslegung entwickelt[34]. Danach sind die einzelnen biblischen Texte Bestandteil einer ganzen „Welt", der biblischen Textwelt. Theißen spricht von einer biblischen Intertextualität. Die Texte des Alten und Neuen Testaments bilden einen Gesamtzusammenhang, ein Netzwerk von Bezügen und Bedeutungen. Man könnte darum mit Blick auf den Gottesdienst und die Texte, die in der Agende im Ordinarium und im Proprium enthalten sind, auch von einer liturgischen Intertextualität reden. Das Kirchenjahr, die Sonntage und Festtage von Advent bis zum Ewigkeitssonntag und jeden Sonntag Epistel, Evangelium, Propheten, Geschichtsbücher, Psalmen, sie sind ein Gesamtkosmos von Geschichten, zwischen denen viele Querverweise, Rückverweise, Bezugnahmen direkter und indirekter Art existieren. Hermeneutische Kompetenz ist die Fähigkeit, sich kompetent in diesem Raum biblischer Intertextualität zu bewegen, den Raum der Texte zu erschließen. Gerade heute ist eine entscheidende Aufgabe von Gottesdienst und Predigt die biblische Initiation: in die Welt der Bibel einzuführen, um den reichen Schatz der Geschichten zu heben und auszuteilen. Nur so bewahrt der christliche Glauben seine Identität. Glauben heißt: mit den biblischen Texten leben, heißt: das eigene Leben im Licht der Bibel zu deuten und die Bibel in ihrer Relevanz für die Gegenwart zur Geltung zu bringen. Das geschieht in der Predigt, aber nicht nur dort. Es geschieht im ganzen Gottesdienst, in der Liturgie, in Liedern, Gebeten und Bekenntnissen, in der Kirchenmusik.

Was tut die Erneuerte Agende für die Initiation in die biblische Text- und Zeichenwelt? Eine ganze Menge. Die EA hat die biblische Intertextualität erweitert, z.B. dadurch dass sie regelhaft eine alttestamentliche Lesung in das sonntägliche Proprium aufgenommen hat. Die letzte, ihr voraus liegende Revision der Perikopenordnung 1977/78 hat den Anteil der alttestamentlichen Texte beträchtlich vermehrt. Vielleicht kann man zum gegenwärtigen Zeitpunkt nicht viel mehr verlangen. Und doch wünschte ich mir, dass im Zuge der Weiterarbeit an der Erneuerten Agende auch das gottesdienstliche Proprium noch einmal geöffnet wird und die Perikopenreform, die einstweilen sistiert worden ist, weitergeht[35].

Ich jedenfalls habe in der eigenen Gottesdienstpraxis in dieser Hinsicht viel gelernt. Mir sind die Augen aufgegangen für Zusammenhänge, die ich vorher so nicht wahrgenommen habe. Das müsste jetzt an Beispielen erläutert werden. Ich habe den Reichtum der liturgischen Intertextualität vor allem durch die Praxis unserer Hamburger Universitätsgottesdienste entdeckt, wo wir oft Gottesdienstreihen mit biblischen Themen gestalten, die Texte aus dem Alten und dem Neuen Testament umfassen. Auf diese Weise entstehen immer wieder überraschende

---

34 Vgl. G. Theißen: Zeichensprache des Glaubens. Chancen der Predigt heute, Gütersloh 1995, bes. 13ff.
35 Vgl. P. Cornehl: Liturgische Zeit und Kirchenjahr, in diesem Band 260–288.

theologische Einblicke, z.B. wenn wir versuchen, bei der Gestaltung einer thematischen Reihe gleichzeitig den Kirchenjahreskontext mit im Auge zu behalten – so im letzten Wintersemester mit dem Thema Segen („Die Kraft des Segens"). Wenn man mit Abraham beginnt („Die Kraft zum Aufbruch", Gen 12), im Advent die Bileamgeschichte traktiert und als Psalm das Benedictus des Zacharias wählt, dazu Adventslieder singt wie „O komm, o komm, du Morgenstern" (EG 19) und „O Heiland, reiß die Himmel auf" (EG 7), und später die Bitte aus Vers 5 „O Sonn, geh auf, ohn' deinen Schein in Finsternis wir alle sein" als Kehrvers in der Fürbitte wiederholt, dann öffnet sich ein weiter Fächer biblischer Assoziationen.

Eine weitere Dimension liturgischer Kompetenz sei abschließend nur noch ganz kurz thetisch angesprochen.

3.5 Liturgische Kompetenz hat auch eine kybernetische Dimension

Liturgische Kompetenz ist heute und in Zukunft nicht nur die Fähigkeit, auf der Basis der Agende Gottesdienste zu feiern. Sie hat auch eine gemeindepädagogische Dimension und schließt Planungsaufgaben mit ein. Gottesdienstarbeit ist ein langfristiges Unternehmen. Bestimmte Konzepte, wie z.B. integrale Amtshandlungspraxis oder Festzeitpraxis oder Gemeindeaufbau aus der Taufe, brauchen Planung, Prioritätensetzung, geistliche Kraft und einen langen Atem. Vielleicht werden sie auch deshalb so selten realisiert. Ähnliches gilt für die gottesdienstlichen Implikationen der zur Zeit überall anstehenden „Regionalisierung" für die Zusammenlegung von Gemeinden und die damit verbundene Neugestaltung von Gottesdienstzeiten. Ohne ein durchdachtes Konzept, also auch ohne kontinuierliche Planungen, ohne Reflexion der Erfahrungen und Supervision verkommt das Ganze zu bürokratischen Manövern, die auf die Dauer nur demoralisieren. Die Chancen, die in solchen Konzentrationsprozessen auch enthalten sind, werden vertan.

So, und nun höre ich schon wieder das Stöhnen: Was sollen wir denn alles noch tun! Macht die Erneuerte Agende nur Druck? Gerät die liturgische Ausbildung nur unter erhöhten Kompetenzsteigerungsstress? Gibt es keine Entlastung? Die Antwort ist: Ja und nein! Es muss gearbeitet werden, vielleicht wirklich mehr und vor allem genauer, wenn man denn das „Evangelische Gottesdienstbuch" klug nutzen will. Die Entlastung erwächst aus dem Kern dessen, worum es inhaltlich geht: aus der Begegnung.

Bis gestern fehlte mir ein guter Schluss für dieses Referat. Dann stieß ich beim Durchblättern der Unterlagen aus dem Liturgik-Seminar, von dem ich gestern erzählt habe, auf einen Ausschnitt aus dem Interview, das der Dirigent John Eliot Gardiner 1993 einem Redakteur der ZEIT gegeben hat. Er passt wunderbar zu unserem Thema. Hören Sie, wie der gläubige Musiker dem skeptisch-agnostischen Journalisten seine Arbeit beschreibt. Die Übertragung auf den Bereich des Gottesdienstes und der liturgischen Ausbildung wird nicht schwer fallen.

Heinz Josef Herbort: „Zur Eröffnung des diesjährigen Schleswig-Holstein Musik Festivals [im Lübecker Dom] haben Sie ein Programm gemacht, das einerseits ziemlich aus dem Rahmen fiel, andererseits außergewöhnlich gut in eine Kirche hinein passte. Muss man eigentlich auch ‚glauben', wenn man diese Musik spielt?
John Eliot Gardiner: Ja, ich bin gläubig …
Auch so christlich wie die Komponisten, Schütz, Messiaen oder Bruckner?
Ich finde, als Musiker: Wenn man Musik macht, ob von Bruckner oder Heinrich Schütz, zwei sehr gläubigen Komponisten, oder eben Messiaen – man muss mitmachen, man kann nicht dagegen-machen; das heißt: in dem Moment, wo man dirigiert, muss man mit-glauben.
Haben Sie das auch den Musikern erzählt?
Nein, aber ich glaube: Sie müssen es erst in der Kirche spüren, und dann kommt der Zauber der Musik ganz von selbst. Der englische Begriff conductor ist viel besser als im Deutschen der ‚Dirigent'. Man muss nichts ‚dirigieren', sondern jemanden mitnehmen, hinführen. Denken Sie an den lightning conductor, den Draht in einer Leitung oder auch den Blitzableiter. Sie müssen der Draht sein, durch den der Strom fließen kann. Wenn Ihr Ego zu groß ist, dann bilden Sie einen Widerstand und der Strom kann nicht fließen, wird unterbrochen. Das Ideal eines Dirigenten-Bewusstseins ist es, sich selber hinreichend schlicht werden zu lassen, einfach (humble), hinreichend verfügbar. So stehen Sie absolut im Dienste des Komponisten.
Aber was ist mit den Zuhörern? Müssen die auch so ausgerichtet sein?
Müssen sie nicht. Aber wenn wir überzeugend sind, dann werden sie es. Hingegen, wenn wir unsere Arbeit nicht schaffen, dann bleiben sie kühl und indifferent. (…)
Wenn bei uns die Zuhörer in den Konzertsaal kommen, bringen sie alle den mentalen und psychischen Ballast mit vom ganzen Tag, von den Geschäften und den privaten Querelen, den Stress von der Parkplatzsuche – wie sollen sie da offen sein. Aber wenn sie dann in eine Kirche kommen und sich selber erlauben, sich zu öffnen, dann kann das Magische sich ereignen. (…)
Nehmen Sie als Beispiel unsere Aufnahme von der ‚Missa Solemnis'. Einige Hörer haben mir gesagt, sie hätten das Gefühl, wir alle seien im Moment der Aufnahme gläubig geworden (…) Ich kann nur sagen: Als wir das aufgenommen haben, war es zufällig genau der Tag, an dem die Berliner Mauer fiel, da war der

Zeitgeist so stark in diesem Moment. Wir hatten es Gott sei Dank gut vorbereitet, und die Aufnahmen sind gut gelaufen. An diesem Abend haben wir als letzten Take, fast als Spaß, einen ganzen Durchlauf in dieser Kirche gemacht. Da kam am Schluss der DG-Aufnahmeleiter mit Tränen in den Augen zu uns, die Techniker waren so begeistert und sagten: Das werden wir nehmen für die Platte; und sie haben, glaube ich, achtzig Prozent von diesem Durchlauf genommen. Das kann also passieren, und es ist etwas von einer Art Zauber, und man kann es nicht analysieren und vor allem nicht planen."[36]

---

36 Aus: DIE ZEIT vom 8.10.1993.

Personenregister

Adam, A. 291
Adolphsen, H. 210
Adorno, T. 102
Albertz, H. 186, 210
Albertz, R. 346
Albrecht, H. 303
Alisch, S. 67
Asmussen, H. 176, 182
Assmann, J. 283, 286
Auf der Maur, H. 295–297, 301, 321

Bach, J.S. 307f., 326
Bahr, H.-E. 126
Bähr, K. 71
Baldwin, J. 157
Baltruweit, F. 77, 446
Barth, F.K. 384
Barth, K. 173, 178f.
Barth, U. 70
Bastian, H.-D. 285
Bauer, W. 180
Bauman, Z. 78
Bayer, O. 60
Beck, U. 73f., 79, 93f.
Becker, K.F. 281
Beck-Gernsheim, E. 73, 79
Becks, H. 92, 102, 104
Bellah, R.N. 75f. 285f.
Benedict, H.-J. 126
Benthaus-Apel, F. 105
Berger, K. 210
Berger, P.L. 46, 47, 189
Berger, T. 205, 276
Bethge, E. 170
Bieritz, K.-H. 13f., 27, 45, 102f., 108, 139, 168, 237f., 260, 262f., 273, 279, 323, 406, 436, 440, 446, 448
Bizer, C. 284, 436
Bizer, E. 172, 174, 177
Blair, T. 404
Blank, R. 355
Böhme, W. 211
Bohren, R. 335, 346, 395
Bolz, N. 102f.
Bonhoeffer, D. 173, 175, 362
Bosshart, D. 102f.
Bourdieu, P. 96
Bronk, K.-U. 78
Bruckner, A. 35
Bruder, O. 168, 170
Brumlik, M. 74, 286
Brunkhorst, H. 74, 286
Brunner, P. 45, 168, 178, 180, 188, 191
Bucer, M. 340
Bühler, K.-W. 56

Bunsen 269

Calvin 178
Carey, Erzbischof 405
Casel, O. 417, 420
Christiansen, R. 184, 210
Clapton, E. 130
Cornelius-Bundschuh, J. 69, 264
Cox, H. 58

Dahm, K.-W. 139
Dahrendorf, R. 36
Daiber, F.-K. 356, 384
Dangschat, J. 92
Darmstadt, H. 35
Degenhardt, R. 447
Delius, F.C. 145
Delling, G. 178, 295
Diana 130, 399
Dierken, J. 338
Domay, E. 281, 321, 384
Douglas, M. 283
Drehsen, V. 140, 269, 344
Durkheim, E. 37, 47, 49

Ebach, J. 210
Ebertz 104
Ebertz, M.N. 103, 105
Eco, Umberto 130
Ehrensperger, A. 53, 69, 265
Elert, W. 177
Eliade, M. 47
Engelhardt, K. 344, 356
Engemann, W. 139
Enzensberger, H.M. 102
Eppler, E. 210
Erb, J. 277
Erk, W. 334
Erler, R. 226
Ermet, A. 286
Etzioni, A. 75

Fechtner, K. 105, 356
Fermor, G. 103
Feydt, S. 64
Fischer, B. 334
Fischer, H. 321
Fontane, T. 154, 155
Forbes, J. 126
Frieder, A. 446
Fröhlich, G. 96

Gamm, H.J. 180
Gardiner, E.J. 454
Garhammer, E. 337, 375
Gebhardt, W. 285

457

Gehlen, A. 46
Geiling, H. 96
Gerhardt, P. 157
Gerl, B. 414f.
Gerl, H.-B. 425
Giddens, A. 33
Girard, R. 313f.
Giuliani 125
Gluchowski, P. 96
Goethe 347, 348
Gollwitzer, H. 170, 173, 177–179
Göth, A. 317
Gräb, W. 70, 103, 140, 337, 344, 363
Graf, F.W. 70, 105, 269, 338
Graff, P. 16, 262, 264
Graß, H. 177
Greinacher, N. 210
Grenz, G. 384
Grethlein, C. 355, 361, 365
Grözinger, A. 103, 140
Grümbel, U. 140, 205, 210
Grünberg, W. 104, 238, 287
Guardini, R. 413–416, 418–420, 422–425, 429
Gundlach, T. 323
Gutmann, H.-M. 103, 210

Haas, H. 447
Habermas, J. 54
Halbfas, H. 284
Halbwachs, M. 283
Hamm, B. 406
Hanisch, G. 64
Hanselmann, J. 344
Harnack, A. v. 157
Harnack, T. 266–269, 277, 281
Haspel, M. 105
Hauschildt, E. 104
Hein, M. 206, 214
Heinze, C. 64
Hempel, J. 65
Henckel, D. 37
Herbort, H.J. 454
Herman, N. 299
Hermann, T. 96
Herms, E. 155, 185
Hesses, H. 157
Hild, H. 228, 243, 344
Hildebrand, C. 205
Hille, R. 204
Hirschler, H. 34, 278
Höfling, J.W.F. 71, 269
Hollbach, B. 37
Honneth, A. 74, 75, 286
Hopf, F.W. 179
Hopf, W. 281
Horkheimer, M. 102
Horst, P. 384
Hradil, S. 96
Huber, W. 360
Hünermann, P. 60

Iden, P. 27
Ignatieff, M. 410
Immel, H. 323, 426
Iwand, H.J. 172

Janetzky, B. 276
Jena, G. 307
Jetter, W. 45, 46, 49, 166, 183, 189, 237, 241, 278, 345
Johannes Paul II. 109, 137
John, E. 130, 409
Jordahn, O. 69
Jörns, K.-P. 188, 211, 262, 265, 275, 277f.
Josuttis, M. 13, 14, 102, 335, 436–438, 440, 443, 445, 451
Joyce, J. 350
Jüngel 237

Kabel, T. 446
Kahlefeld, H. 272
Kaiser, S. 384
Kampfmann, J. 71
Kamphaus, F. 204f., 207
Kapust, A. 280
Kaschnitz 161
Käsemann, E. 29, 171, 174–176, 186, 209
Kastner, H.-D. 384
Keese, C. 409
Kempowski, W. 148
Kerner, H. 71, 436
Kießig, M. 269
Kiessig, M. 71
Kilb, A. 318
King, M.L. 125, 126
Kirchberg, E. v. 271
Klappert, B. 296
Klauser, T. 297
Klein, S. 140
Kleinert, U. 210
Kleinheyer, B. 274
Klek, K. 71, 103, 107
Klimow, E. 318
Knigge, H.-D. 281
Knipping, H.-H. 183
Knolle, T. 269f.
Koch, R. 177
Koch, T. 69, 83, 360
Kochanek, H. 93, 103
Kodalle, K. 127
Kodalle, K.-M. 75, 285
Kohl, P. 358
Korsch, D. 338
Körte, P. 98
Kreckel, R. 96
Kressel, H. 269, 281
Kretschmar, G. 211
Krockow, C. Graf v. 397
Kroeger, M. 110
Kronzucker, D. 401
Kruse, M. 188, 210f.

Kugler, G. 184, 209f., 447
Kuhlbrodt, D. 98
Kühn, U. 177, 203
Kuld, L. 140
Küng, H.K. 132
Künneth, W. 171
Kunstmann, J. 103
Kunz, E. 205, 207, 209, 214
Kunze, G. 262

Lange, E. 29, 32, 59, 61, 76, 104, 189, 238f., 241, 244
Lapide, P. 299
Laube, M. 347
Lefèbvre 57, 132
Leube, H. 69
Linderholm, E. 280
Lindner, H. 104, 210
Loewenich, H. v. 344, 356
Loewenich, W. v. 177
Löhe 269
Lohff, W. 182
Löhrer, M. 45
Lohse, E. 344
Lohse, J.M. 243
Löser, W. 205, 207, 209, 214
Lott, J. 140
Lübbe, H. 423
Lüdtke, H. 96
Lührs, W. 435
Luther, H. 70
Luther, M. 68f., 178, 236f., 262, 299, 339f., 445

MacIntyre, A. 76
Magirius, F. 64
Mahrenholz, C. 321
Martin, G.M. 139, 299
Maser, H.G. 355f.
Matthes, J. 18, 230, 344, 363
Maurer, W. 177
McIntyre, A. 79
Mead, M. 46, 47
Meister-Karanikas, R. 287
Melanchthon, P. 263
Merkel, F. 436, 444
Metz, J.B. 209, 235
Meyer-Blanck, M. 436f., 439, 446
Möbius, H. 334
Moeller, B. 68
Mohaupt, L. 182
Möller, C. 355
Moltmann-Wendel, E. 210
Moritz, K.P. 138, 141
Mörth, I. 96
Moser, T. 144, 156, 158, 160
Mowinckels, S. 294
Müller, D. 96
Müller, H.M. 105
Müller, H.P. 92, 93
Müller, K.F. 44, 183

Müller-Schwefe, H.R. 321
Mybes, F. 384

Neckel, S. 96, 98
Neijenhuis, J. 107, 203
Neumeier, J. 301, 307f., 310, 312f., 425
Nicol, M. 364, 450
Nicolai, P. 326
Niebergall, A. 181
Niemeier, G. 177
Niesel, W. 171, 177
Nitschke, H. 321
Nonnenmacher, P. 410
Nübold, E. 272, 274, 280
Nüchtern, M. 154
Nutt, H. 98

Oertzen, P. v. 96
Ohly, M. 183
Oosterhuis, H. 321
Opp. J. 355f.
Ortega, O. 210
Otto, E. 294
Otto, G. 139, 322
Otto, M. 139, 322
Otto, R. 270, 280

Pannenberg, W. 298f.
Pasolini, P.P. 56
Patz, H. 178
Paul VI., Papst 132
Pesch, O.H. 200, 202, 205
Peters, A. 45, 340
Petersmann, W. 180
Petuchowski, J. 293f., 312
Picander 311
Pieper, J. 292, 299
Postman, N. 303
Propst, M. 261
Przybylski, H. 37, 285

Quest, H.-J. 209, 289

Rahner, K. 45
Rammzweig, G.W. 446
Rau, E. 210
Rau, G. 228
Rauschenbach, T. 78
Rechtner, K. 337
Reese-Schäfer, W. 74, 286
Reich, W. 446
Reincke, H. 289
Richter, J. 64
Richter, K. 302
Rieske-Braun, U. 269
Rietschel, G. 262
Rinderspacher, J. 285f.
Rinderspacher, J.P. 37
Ritter, K.B. 321, 325, 437
Roosen, R. 323

Rosenberg, A. 171
Rössler, D. 140, 285, 337
Roth, G. 77
Roth, K. 38
Ruddat, G. 77, 210, 281, 305, 446
Ruhbach, G. 211

Sandel, M. 79
Sasse, H. 174, 177, 179
Sauter, G. 321
Schade, H. v. 231, 273f., 276, 279
Schaeffler, R. 50f., 59
Schäfer, G.K. 213
Schanz, M. 64
Scharf, K. 186
Scheer, H. 286
Schempp, P. 177
Schian, M. 275
Schieder, R. 75, 130f., 285
Schilling, W. 211
Schilson, A. 285, 414, 417, 420, 425
Schleiermacher, F. 29, 53, 59, 70, 103, 107, 145, 147f., 157
Schlink, E. 167, 170, 177, 180
Schloz, R. 55, 241
Schmidt, W.H. 294
Schmidtchen, G. 228, 243
Schmidt-Lauber, H.-C. 203, 435
Schmitt, A. 386
Schnath, G. 183
Schneider, W. 64
Scholem, G. 299
Schorlemmer, F. 78
Schöttler, H.-G. 38, 337f., 342, 347, 376
Schottroff, L. 210
Schramm, T. 294, 319
Schreyer, L. 334
Schröer, H. 139, 210, 285, 447
Schroeter, H. 103
Schultz, N. 285
Schulz, F. 203, 231, 262f., 273f., 276, 279, 381, 441
Schulze, G. 14, 90–94, 96, 98, 103f., 106f.
Schumann, H. 321
Schwarz, C. 347
Schwarze, B. 103
Schweizer, E. 178
Seelmann-Eggebert, R. 401
Seitz, M. 211
Sievers, H.-J. 64
Slabaugh, D. 287
Smend, J. 71, 107, 444, 446
Söhngen, O. 180
Sölle, D. 160, 362
Sommerlath, E. 179
Soosten, J. v. 83f., 286
Sparn, W. 140
Spencer, C. 404, 409
Spiegel, Y. 344, 363
Spieker, R. 260, 270f.

Spielberg, S. 316
Spitta, F. 71, 107
Stahl, M. 384
Stählin, T. 139
Stählin, W. 181, 269–271, 321
Stahlmann, J. 446
Stark, H. 296
Steck, O.H. 294
Steck, W. 70, 337
Steffen, U. 334
Steffensky, F. 13f., 206f., 214, 283, 448
Steinacker, P. 206, 208, 344, 356
Steiner, G. 320, 335
Steinkamp, H. 234, 235
Stock, A. 54, 321
Stoll, C. 177
Stollberg, D. 437, 450
Stolt, I. 323
Stolt, P. 323, 326
Stolz, F. 294
Stuhlmann, R. 365
Suhr, U. 446, 448
Sundermeier, T. 286
Szczesny, G. 300

Tarkowski, A. 426, 439
Taylor, C. 29, 75f., 79
Tenhumberg 133
Thadden, R. v. 170
Theißen, G. 25, 452
Thieberger, F. 293
Thilo, H.-J. 345
Thomas, E. 271
Thomas, W. 271
Thome, H.E. 323
Tieck, L. 145, 148

Ulrich, G. 38, 337, 376
Usarski, C. 276

Vester, M. 96, 106
Vogel, H. 173, 346
Völker, A. 321, 446
Völler, R. 113
Volp, R. 139, 323, 426
Vondung, K. 180

Wagner-Rau, U. 337, 344, 447
Walesa, L. 135, 137
Walzer, M. 75f., 80f., 151
Wartenberg-Potter, B. 210
Wegner, G. 105f.
Wendebourg, D. 203
Wengst, K. 210
Wenz, G. 340
Wiefel-Jenner, K. 270, 280
Wintzer, F. 336
Wüstenberg, U. 71

Zahlmann, C. 74, 286

Zerfaß, R. 234, 238
Ziemer, J. 80
Zimmermann, P. 140, 281

Zippert, C. 210
Zodrow, L. 356
Zulehner, M. 343

Orte der Erstveröffentlichungen

(Alle in diesem Verzeichnis nicht aufgeführten Beiträge des Buches sind hier erstmals veröffentlicht.)

Öffentlicher Gottesdienst

S. 25 Herausforderung Gottesdienst.
Einführungsvortrag in das Schwerpunktthema der EKD-Synode Wetzlar am 3.11.1997.
In: epd-Dokumentation 50/1997, 4–12

S. 41 Eröffnung des „Konzils der Jugend" Taizé – Reisenotizen Herbst 1974.
Auszug aus: Erwartungen an die Kirche. Schweigende Mehrheit – suchende Minderheit. Auch eine Überlegung zur Eröffnung des „Konzils der Jugend".
In: Wissenschaft und Praxis in Kirche und Gesellschaft 64 (1975), 194–213, hier: 209–211

S. 44 Theorie des Gottesdienstes – ein Prospekt.
In: Theologische Quartalschrift 159 (1979), 178–195

S. 62 King-Kong und die weiße Frau. Liebe und Schrecken – ein Fest gegen die Angst (März 1976).
In: Zeitschrift für Gottesdienst und Predigt 2 (1989), 3

S. 64 Individuum und Gemeinschaft im Gottesdienst. Altes Thema, neue Herausforderungen.
Vortrag zur Eröffnung des Liturgiewissenschaftlichen Instituts der VELKD bei der Universität Leipzig am 10.10.1994.
In: Pastoraltheologie 85 (1996), 292–310

S. 86 „Die andern dürfen alles!" Familiengottesdienst für Urlauber in Løkken (Juli 1975).
In: Zeitschrift für Gottesdienst und Predigt 7 (1989), Heft 4, 29–30

S. 88 „Predigtstuhl" (Juli 1975).
In:: Zeitschrift für Gottesdienst und Predigt 7 (1989), Heft 4, 29–30

S. 90 Erlebnisgesellschaft und Liturgie.
Vortrag auf der Studientagung „Liturgie an der Zeitenwende" in Nothgottes am 14.6.2000.
In: Liturgisches Jahrbuch 52 (2002), 234–253

S. 116 „A Prayer for America". Der interreligiöse Trauergottesdienst in New York am 12. September 2001 als Beispiel für Civil Religion nach dem 11. September.
In: Claus Dierksmeier (Hg.): Die Ausnahme denken (FS für Klaus-Michael Kodalle), Bd. 2, Würzburg 2003, 85–98

S. 138 „Der Sonntag kam. Man ging zur Kirche". Gottesdienst im Spiegel der Literatur – ein rezeptionsgeschichtlicher Ansatz zum Verständnis von Liturgie und Predigt.
Gastvorlesung an der Theologischen Fakultät der Universität Kiel am 14.1.1999.
In: Klaus Petzold/Klaus Raschzok (Hg.): Vertraut den neuen Wegen. Praktische Theologie zwischen Ost und West (FS für Klaus-Peter Hertzsch), Leipzig 2000, 269–285

Brot brechen – Leben teilen. Eucharistie und Abendmahl

S. 165 Evangelische Abendmahlspraxis im Spannungsfeld von Lehre, Erfahrung und Gestaltung. Ein Beitrag zum Gespräch zwischen den Generationen.
In: Hans-Martin Müller/Dietrich Rössler (Hg.): Reformation und Praktische Theologie (FS für Werner Jetter), Göttingen 1983, 22–50

S. 192	Brot brechen – Leben teilen. Elemente der Kirche von morgen. Vortrag auf dem „Forum Abendmahl 2" des Deutschen Evangelischen Kirchentags in Hamburg am 20.6.1981. In: Rolf Christiansen/Peter Cornehl (Hg.), Alle an einen Tisch. Forum Abendmahl 2, Gütersloh 1981, GTB 382, 128–137
S. 200	Gemeinschaft beim Herrenmahl? Probleme – Fragen – Chancen. Vortrag auf der Tagung „Perspektiven der Ökumene im 21. Jahrhundert" in Berlin am 3.11.2001. In: Ernst Pulsfort/Rolf Hanusch (Hg.): Von der „Gemeinsamen Erklärung" zum „Gemeinsamen Herrenmahl"? Perspektiven der Ökumene im 21. Jahrhundert, Regensburg 2002, 195–216
S. 217	Eucharistische Zugewinngemeinschaft. Statement während der Podiumsdiskussion „Wohin wollen wir gehen?" im Rahmen der Podienreihe „Ökumene kontrovers. Ein Glaube – eine Taufe – getrennt beim Abendmahl? auf dem Ökumenischen Kirchentag in Berlin am 30.5.2003. In: Theodor Bolzenius u.a. (Hg.): Ihr sollt ein Segen sein. Ökumenischer Kirchentag 28. Mai – 1. Juni 2003 in Berlin. Dokumentation, Gütersloh/Kevelaer 2004, 497–499

Gottesdienst als Integration

S. 225	Gottesdienst als Integration. In: Peter C. Bloth u.a. (Hg.): Handbuch der Praktischen Theologie, Bd. 3: Praxisfeld Gemeinden, Gütersloh 1983, 59–78
S. 246	„Der Herr der Welten lässt alles gelten" (Weihnachten 1975). In: Zeitschrift für Gottesdienst und Predigt 7 (1989), Heft 6, 12–13
S. 255	Konfirmation in Soest (Mai 1976). In: Zeitschrift für Gottesdienst und Predigt 7 (1989), Heft 3, 32–33
S. 260	Liturgische Zeit und Kirchenjahr. Sinn, Gestalt und neue Gestaltungsmöglichkeiten aus evangelischer Sicht. Vortrag vor der Lutherischen Liturgischen Konferenz Deutschlands in Fulda am 22.3.1994. In: Gemeinsame Arbeitsstelle für Gottesdienstliche Fragen der EKD 23 (1995), 39–73
S. 291	Zustimmung zum Leben und Vergewisserung im Glauben. Integrale Festzeitpraxis als volkskirchliche Gottesdienststrategie. Vortrag auf der Tagung der Bischöflichen Akademie des Bistums Aachen „Feiertage des Herrn – Nähe und Differenz von jüdischem Kalender und Kirchenjahr" am 18.1.1985. In: Pastoraltheologie 74 (1985), 410–425 (unter dem Titel: Zustimmung zum Leben und Glauben. Eine Besinnung auf den Sinn der Feste und Feiertage)
S. 320	Die längste aller Nächte. Zumutungen der Osternacht. In: Peter Cornehl/Martin Dutzmann/Andreas Strauch (Hg.): „… in der Schar derer, die da feiern". Feste als Gegenstand praktisch-theologischer Reflexion (FS für Friedrich Wintzer), Göttingen 1993, 117–133
S. 337	Sakramente oder Kasualien? Zur unterschiedlichen Wahrnehmung der lebenszyklischen Handlungen in evangelischer und katholischer Sicht. In: Erich Garhammer/Heinz-Günther Schöttler/Gerhard Ulrich (Hg.): Zwischen Schwellenangst und Schwellenzauber. Kasualpredigt als Schwellenkunde (ÖSP 3), München 2002, 34–48
S. 355	Taufpraxis im Umbruch. Nachlese zu einem Artikel. In: Zwischen Schwellenangst und Schwellenzauber. Kasualpredigt als Schwellenkunde, a.a.O., 126–137

Liturgische Bildung

S. 413   Liturgische Bildung.
         Vortrag auf der Plenartagung der Lutherischen Liturgischen Konferenz in Fulda am 7.3.1988.
         In: Jahrbuch für Liturgik und Hymnologie 32 (1989), 1–18

S. 435   Liturgische Kompetenz und Erneuerte Agende.
         Referat beim 3. Liturgiewissenschaftlichen Fachgespräch in Leipzig am 2.3.1999.
         In: Jörg Neijenhuis (Hg.): Liturgie lernen und lehren. Aufsätze zur Liturgiedidaktik (Beiträge zu Liturgie und Spiritualität 6), Leipzig 2001, 119–140